德清年鉴

2022 DEQING NIANJIAN

德清县地方志编纂委员会 编

方志出版社
Publishing House of Local Records

图书在版编目(CIP)数据

德清年鉴. 2022 / 德清县地方志编纂委员会编.—
北京 : 方志出版社, 2022.11
ISBN 978-7-5144-5450-5

Ⅰ. ①德… Ⅱ. ①德… Ⅲ. ①德清县 - 2022 - 年鉴
Ⅳ. ①Z525.54

中国版本图书馆 CIP 数据核字(2022)第 247048 号

责任编辑：李志瑜
责任校对：刘玉霞
责任印制：梅中英
出 版 者：方志出版社
地　　址：北京市朝阳区潘家园东里 9 号(国家方志馆 4 层)
邮　　编：100021
网　　址：http://www.zgfzcb.cn
发　　行：方志出版社图书营销中心(010-67110500)
印　　刷：杭州富春印务有限公司
开　　本：889 毫米×1194 毫米　1/16
印　　张：23.75
字　　数：652 千字
版　　次：2022 年 11 月第 1 版
印　　次：2022 年 11 月第 1 次印刷
定　　价：198.00 元

德清县地方志编纂委员会

主　　任：王　波

副 主 任：王剑峰　洪延艳　丁燕英　方　杰

德清县委党史研究室（德清县地方志编纂室）

主　　任：王勤华

副 主 任：方康顺

《德清年鉴（2022）》编辑部

执行主编：赖师红　沈伟平

2021年6月15日，德清县四套班子领导在县博物馆集中参观庆祝中国共产党成立100周年专题图片展

（县委宣传部 供图）

2021年6月15日，德清县举行庆祝中国共产党成立100周年图片展暨集中宣誓仪式 （县委宣传部 供图）

2021年5月21日,"迎建党百年 享美好生活"浙江省民间音舞大型广场展演在德清县举行 (县新闻中心 供图)

2021年6月28日,德清县庆祝中国共产党成立100周年大合唱展演 (县新闻中心 供图)

2021年5月18日，在全省建设新时代美丽浙江暨中央生态环境保护督察整改工作推进大会上，德清县被授予2020年度美丽浙江建设工作优秀县，并夺得“五水共治”（河长制）工作优秀县“大禹鼎”金鼎　（县五水共治办 供图）

2021年6月15日，在全省科学技术奖励大会上，德清县获得全省首批、全市首个省科技创新最高荣誉——科技创新鼎　（县科技局 供图）

2021年6月23日，2021德清投资贸易人才洽谈会开幕式在德清国际会议中心举行，图为(2021—2025)《德清践行2030年可持续发展议程县域方案》解读现场

（县新闻中心 供图）

2021年9月18日，全省促进文化和旅游消费工作会议在德清召开

（县新闻中心 供图）

2021年9月18日，全省数字生活新服务工作推进会在德清召开　（县新闻中心 供图）

2021年9月25日，“深化农村改革 推进乡村振兴——第四届莫干山会议”在德清开幕　（县新闻中心 供图）

2021年7月19日，杭州城西科创大走廊德清片区管委会揭牌成立　（县新闻中心 供图）

2021 年 10 月 21 日，“湖州·德清”高铁列车首发暨莫干山国际民宿生活节启动仪式在上海虹桥站举行，“湖州·德清”冠名的列车顺利首发

（县新闻中心 供图）

2021年12月，莫干山作家村、编剧村、综合艺术村开村暨首届莫干山全国青年空间艺术创意大展启动仪式举行

（县文联 供图）

2021年3月3日，中国首部全景展现新时代航天事业电视剧《大国飞天》投资协议签约仪式在德清举行

（县新闻中心 供图）

2021年4月2日，以“遇见大运河·遇见您”为主题的2021年第二十三届中国德清·新市蚕花庙会开幕

（县新闻中心 供图）

2021年4月15日，全省首部青少年心理健康科普情景剧《心上的阳光》首演活动在德清县举行

（县科协 供图）

2021年4月18日，德清县在地理信息小镇举办“亚运，我来了”百场演出千场赛事启动仪式

（陈艳艳 供图）

2021年6月21日，庆祝中国共产党成立100周年快闪活动在德清县举行 （县文联 供图）

2021年7月15日，德清县蔡永法(左一)等3人被湖州市评为模范拥军人物 （县退役军人事务局 供图）

2021年11月5日，德清县“85后”姑娘章宬当选第八届孝老爱亲类全国道德模范 （章宬 供图）

2021年8月1日，德清县阜溪街道举办第二届“新居民节”，图为阜溪民族艺术团在台上表演节目

（县委统战部 供图）

2021年8月29日，在东京残奥会男女PR2级双人双桨决赛现场，德清县乾元镇选手蒋继剑(右)与队友辽宁选手刘爽(左)以8分49秒42的成绩夺得铜牌

(章莹 供图)

2021年5月，莫干山6373房车公园正式营业

(县文旅集团 供图)

2021年7月14日，德清县首批宅基地使用权抵押贷款启动仪式举行，图为发放全国首批“空白”宅基地使用权抵押贷款 （县农业农村局 供图）

2021年10月1—7日，新市古镇举办“新国潮·非遗——盛世华诞‘非’常之旅”活动 （县文旅集团 供图）

2021年2月13日大年初二，游客在下渚湖街道上杨村观赏梅花 （县新闻中心 供图）

2021年5月7日，英溪河鸟瞰图 （县新闻中心 供图）

德清县行政区划图

注：内部用图

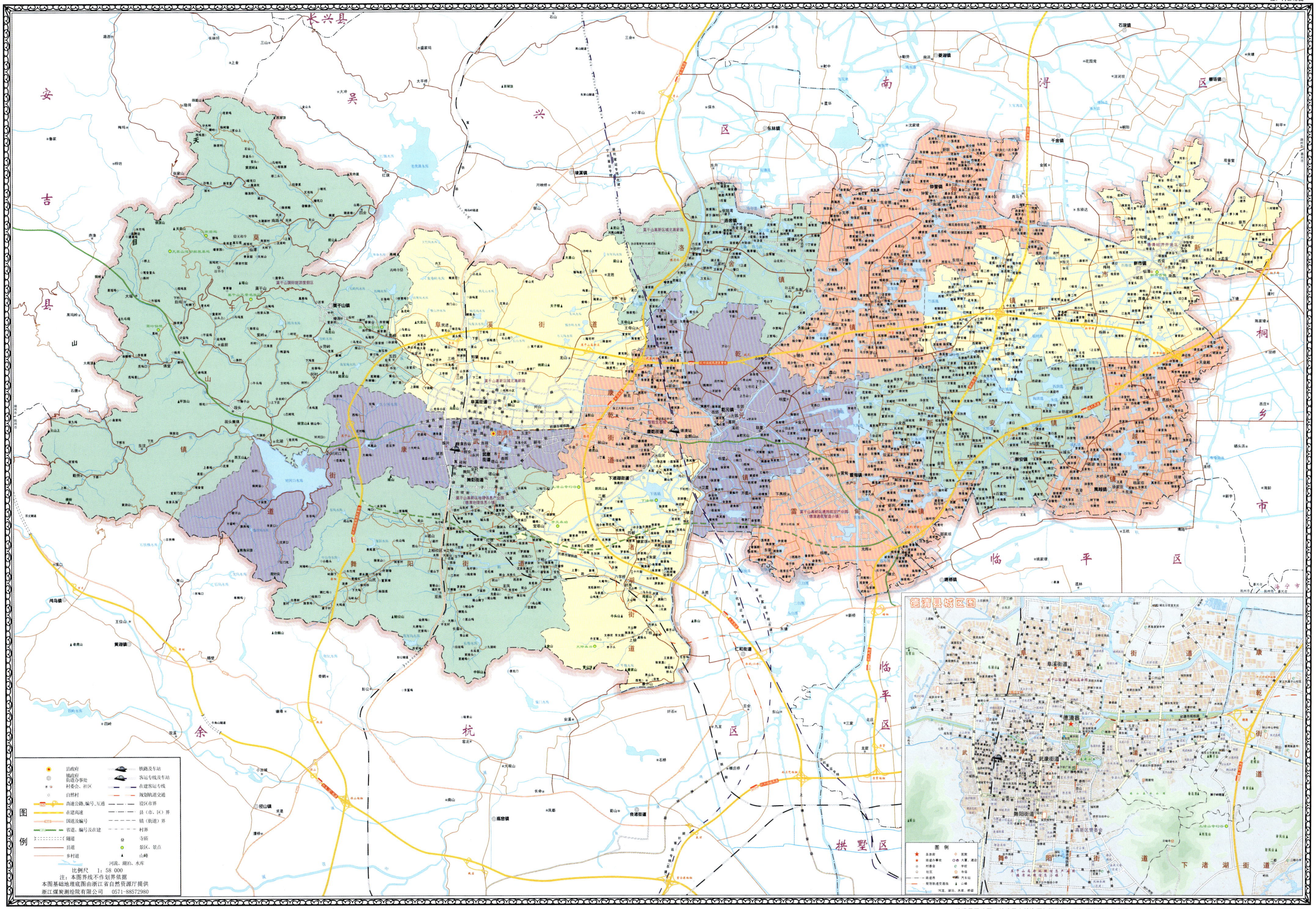

德清县民政局 德清县自然资源和规划局 浙江煤炭测绘院有限公司 联合编制 地图审核号：浙湖S（2020）4号 二〇二二年四月

编辑说明

一、《德清年鉴(2022)》坚持以马克思列宁主义、毛泽东思想、邓小平理论、“三个代表”重要思想、科学发展观、习近平新时代中国特色社会主义思想为指导，坚持辩证唯物主义和历史唯物主义的立场、观点和方法，全面系统地反映德清县委、县政府的工作，真实记述2021年全县自然、政治、经济、文化和社会状况，为各级党政机关、研究机构，以及社会各界人士和中外投资者了解德清、研究德清提供丰富、翔实的地情资料。

二、《德清年鉴(2022)》由中共德清县委、德清县人民政府组织，德清县地方志编纂委员会编纂，高新区、各镇(街道)、各部门负责供稿。该年鉴为《德清年鉴》系列第20卷，记述时间为2021年1月1日至2021年12月31日。为保持叙述完整，部分条目内容或者表格中数据适当上溯或下延。

三、《德清年鉴(2022)》按分类法编纂，主体内容分为类目、分目、条目3个层次，设特载、大事记、县情概貌、中国共产党德清县委员会、德清县人民代表大会、德清县人民政府、中国人民政治协商会议德清县委员会、中国共产党德清县纪律检查委员会 德清县监察委员会、民主党派、群众团体、法治、军事、经济管理与监督、农业·林业·水利、工业、建筑业·房地产业、商业、旅游业·会展业、交通运输·邮政·通信、财政·税务、金融保险业、环境保护、城乡公用事业、教育、科学技术、文化·新闻传媒、卫生·体育、社会事业、镇(街道)、专记、附录31个类目，设分目178个，含条目993个。以条目为记述基本形式，条目后括注的人名为各供稿单位供稿人员。

四、《德清年鉴(2022)》记述涉及的省、市、县三级行政区划名称及机构名称前凡未冠以行政区划专名、只有行政区划通名的“省”“市”“县”，分别指代“浙江省”“湖州市”“德清县”；其他各级行政区划名称通名前一律冠以行政区划专名。

五、《德清年鉴(2022)》中全县基础数据由德清县统计局提供,特色数据由各部门、各单位提供。德清县主要机构及负责人名单由县委组织部提供,“特载”中2个报告所引用的2021年德清县基础数据均为初步统计数据,年鉴中涉及的各类数据一般保留小数点后两位数。

总　目

CONTENTS

目 录

中国共产党德清县委员会

德清县人民代表大会

德清县人民政府

中国人民政治协商会议德清县委员会

中国共产党德清县纪律检查委员会 德清县监察委员会

民主党派

群众团体

法 治

军　事

经济管理与监督

农业·林业·水利

工　业

建筑业·房地产业

商　业

旅游业·会展业

交通运输·邮政·通信

财政·税务

金融保险业

环境保护

城乡公用事业

教　育

科学技术

文化·新闻传媒

卫生·体育

社会事业

镇(街道)

专 记

附 录

索 引

聚力打造“改革创新高地 品质生活新城”阔步奋进“社会主义现代化先行排头兵”新征程

——在中国共产党德清县第十五次代表大会上的报告

（2021年12月24日）

中国共产党德清县委员会书记　敖煜新

今年是中国共产党成立一百周年。回望过往的奋斗路，从1927年5月德清成立第一个党的组织开始，广大党员干部凝心聚力、团结奋进，带领德清人民，在浴血奋战中赢得胜利，在发愤图强中奠基立业，在解放思想中探索新路，在守正创新中开创新局，彰显了德清儿女投身中华民族伟大复兴的时代风采。眺望前方的奋进路，我们要更加紧密地团结在以习近平同志为核心的党中央周围，传承红色基因、赓续红色血脉，全方位推动高质量赶超发展，在阔步奋进“社会主义现代化先行排头兵”新征程中取得更大的成就。

这次大会的主题是：高举习近平新时代中国特色社会主义思想伟大旗帜，大力传承弘扬伟大建党精神，以当好“‘两个确立’忠诚拥护者、‘两个维护’示范引领者”的政治自觉和政治担当，动员全县广大党员和干部群众扛起“展示‘重要窗口’的‘精品窗口’”的光荣使命，聚力打造“改革创新高地 品质生活新城”，加快实现“高质量发展建设共同富裕示范区先行样板地，高品质建成国际化现代山水田园城市，争当社会主义现代化先行排头兵”奋斗目标，为全市勇当绿色低碳发展的探路者作出更大贡献！

一、在全面建成小康社会中争先创优的五年

过去五年，在德清发展史上极不寻常、极不平凡，是抢抓重大机遇、应对重大考验的五年，也是取得重大成就、实现重大跨越的五年。县委在中央和省委、市委的坚强领导下，团结带领全县广大党员和干部群众，深入贯彻党的十八大、十九大和十九届历次全会精神，解放思想、乘势而进，危中寻机、逆势突围，在建党百年重要历史节点，实现了经济社会的快速发展，高标准建成了全面小康社会，交出了一份优异答卷。五年的成就，是全方位的、历史性的，集中体现为“三大转变”。一是实现从“量的积累”到“质的跃升”的县域硬实力之变。面对世界百年未有之大变局和经济下行、新冠肺炎疫情双重挑战，我们始终保持“赶”与“转”的战略定力，坚定不移抓发展、促转型，经济实力持续提升，发展质效进一步凸显。勇夺市对县综合考核“六连冠”，综合实力百强县列第36位，预计地区生产总值有望突破600亿元大关，人均地区生产总值突破2万美元大关、达到中等发达国家水平，财政总收入将达到137亿元，一般公共预算收入将达到85亿元；科技创新百强县列第32位，绿色发展百强县列第30位，制造业高质量发展迈入全省十强，创新指数跃升至全省第六位，规上工业亩均税收和亩均增加值五年分别增长220%、150%，连续两年以全国第一的成绩获“全国县域数字农业农村

发展水平评价先进县”，全省农业现代化发展水平综合评价实现“六连冠”。稳步增长的经济总量、快速提档的发展质效，为德清高质量赶超发展奠定了坚实基础。二是实现从“地理交界”到“战略交汇”的县域竞争力之变。我们坚定不移推进接沪融杭，主动融入长三角一体化、“四大建设”、湖杭一体化等国家和省市发展战略，一系列重大部署在德清交汇叠加，一大批高端要素在德清集聚落地。“办好联合国世界地理信息大会”写入国家《长江三角洲区域一体化发展规划纲要》，德清纳入杭州城西科创大走廊北翼，建成和启动了杭州绕城西复线湖州段、浙江工业大学莫干山校区、杭德市域铁路、浙大儿院莫干山院区等一批事关德清长远发展的重大项目。更加强劲的战略牵引力、基础设施支撑力，为德清高质量赶超发展积聚了新的发展势能。三是实现从“区域关注”到“全球瞩目”的县域影响力之变。我们坚持面向全球、面向未来，坚持比学赶超、争先创优，具有历史性里程碑意义的首届联合国世界地理信息大会在德清成功举办，联合国秘书处在中国设立的首个直属专门机构——联合国全球地理信息知识与创新中心加速落地，民宿发展经验从制定标准到引领全国再到走向全球，“以数字空间治理推动经济高质量发展”等6个案例入选联合国践行2030年可持续发展议程典范案例；累计获得国家生态文明建设示范市县等140多项国家级荣誉，“停不下来”的改革品牌全面打响，以县域第一成绩创成全国文明城市。彰显着“国际现代貌、改革活力心、文明气质魂”的县域内核，为德清高质量赶超发展提供了制胜未来的不竭潜能。

这些突破性进展，是德清发展的精彩缩影，五年历程令人难忘、五年成果十分丰硕。

（一）五年来，我们坚决拥戴核心、维护核心，政治意识持续强化。坚定不移将新思想牢记于心。把学习贯彻习近平新时代中国特色社会主义思想与习近平总书记对浙江、湖州的重要指示批示精神结合起来，一体学习、一体把握，常委会会议、基层党组织“第一议题”制度全面建立，各级党委（党组）理论学习中心组学习制度不断完善，“两学一做”学习教育、“不忘初心、牢记使命”主题教育和党史学习教育扎实开展，推动全县党员干部增强“四个意识”、坚定“四个自信”、做到“两个维护”。坚定不移把新思想践之于行。一以贯之、一贯到底推动中央和省委、市委决策部署落地生根，获国务院督查激励3次、省政府督查激励8次，全县上下政治判断力、政治领悟力、政治执行力不断提高。坚定不移用新思想引领发展。谋定“一五六”工作体系，聚焦立足新发展阶段、贯彻新发展理念、构建新发展格局，对打赢防范化解重大风险攻坚战、县域治理体系和治理能力现代化、培育发展“新时代德清模式”、高质量发展建设共同富裕示范区先行样板地等关键问题进行深入研究、作出部署，梳理一批事关德清长远发展的大事要事进行专班化推进、项目化攻坚，全县上下高举旗帜、同心奋斗的意志更加坚决、行动更加有力。

（二）五年来，我们聚焦创新驱动、转型升级，赶超动能厚积成势。产业发展形成“集群效应”。入围省制造业高质量发展示范县。智能工业“十百千”工程深入实施，12家企业列入省未来工厂、智能工厂、数字化车间，“两化”融合指数稳居全省第一梯队；老旧工业园区改造提升三年行动提速推进，启动改造200个项目6770亩土地，整治提升近5000家“低散乱”企业；高端智能装备、生命健康、绿色智能家居三大主导产业集聚提升、产值占全县规上工业比重达76.5%，上市企业12家、占全市总数近三分之一，“金象金牛”企业7家、居全市第一，入选单项冠军示范、专精特新“小巨人”“隐形冠军”企业10家，主导制定浙江制造标准60项、保持全省领先。数字经济加快培育，全国县域唯一的国家新一代人工智能创新发展试验区落地推进，地理信息、通航智造、智能网联汽车加速成为推动赶超的“新增长极”，地理信息小镇成为全国特色小镇50强。省首批服务业强县试点加快推进，跨境电商、直播经济等新经济新业态快速发展，入选国家电子商务进农村综合示范县，预计网络零售额五年增长270%；金融服务健康发展，银行金融机构达23家，人民币存贷款余额双双突破千亿元大关；推动文旅融合发展，开元森泊等重大旅游项目竣工投用，庾村、地理信息小镇、新市古镇跻身国家AAAA级景区，“名山湿地古镇”旅游品牌进一步打响。科技创新释放“乘数效应”。成为国家科技成果转移转化示范县，勇夺全省首批省级科技最高奖“科技创新鼎”，研发投入强度从2016年的2.72%提升到3.7%、跃居全省县（市）第二。以“1所大学、24家研究院、168家省级以上研发机构”组成的创新策源体系全面建成，列入省“尖兵”“领雁”重点研发计划项目27个，创建省级重点实验室2个。国家高新技术企业、省级科技型中小企业分别达330家、1138家，均比2016年增长300%以上，预计高新技术产业增加值占规上工业比重五年提高15.6个百分点、达到64.0%。创建全国首个县域“海智计划”工作基地、全省首批工程师协同创新中心和院士之家，县域人才总量突破16.3万人，五年累计自主培育国家级人才26名、省级人才65名，各类科技人才数量列全省第一方阵。平台支撑凸显“矩阵效应”。“东—中—西”平台化发展格局基本形成，莫干山国家高新区综合排名四年提升28位、居全国第64位，莫干山国际旅游度假区成功创建国家级，新市工业园升格省级经济开发区。聚力项目引进推进，五年累计签约亿元以上项目超540个，列入省市县长项目23个、省重点建设项目62个、省重大产业项目31个，五年新增产业建设用地超2万亩。

（三）五年来，我们勇于改革先行、开放包容，县域活力日益增强。改革品牌持续打响。全国首张宅基地“三权分置”权证、全省首宗“标准地”在德清诞生，农村“三块地”改革5条创新举措被新《中华人民共和国土地管理法》吸收，入选庆祝中华人民共和国成立70周年大型成就展，新型城镇化综合试点等一批改革经验被复制推广，以“群众出题、政府答题”为主要内容的“微改革”赢得百姓点赞。数字化改革先行突破，形成了“浙里基本公共服务”、GEP核算辅助决策及生态价值转化、工程渣土“一件事”等一批应用成果，“数字乡村一张图”入选《国家数字乡村建设指南1.0》，中国数字治理百强县市列全国第一位。双向开放更加深入。深度对接“一带一路”倡议，对外贸易遍及沿线62个国家（地区），对外投资涉足沿线12个国家（地区），保税物流中心（B型）封关运营，国家外贸转型升级基地（户外绿色家居）成功创建，五年累计实到外资超13亿美元，累计进出口总额近1000亿元，其中外贸出口近900亿元。加快区域协同发展，104国道和09省道改扩建、京杭运河四改三、莫干山通用机场等项目竣工启用，湖杭高速、湖杭高铁等项目顺利开工，招商引资、制造业高质量发展、人才新政等政策组合拳精准实施，打造长三角老字号品牌产业集聚区入选浙江省推进长三角一体化发展“最佳实践”。先后与省内外11个区域开展合作帮扶，高质量完成东西部扶贫协作。

（四）五年来，我们坚持城乡一体、内外兼修，协调发展走在前列。城市面貌美丽蜕变。城市框架迅速拉开，中心城区建成区面积从28平方公里拓展到41平方公里，行政区划调整优化，城区路网改造有机更新，康乾一体、山湖入城成为现实；国际会议中心、国际展览中心等高端功能载体落地建成，东城时代、辰东邻里中心等城市配套建成运营，入选省数字生活新服务样板县；网格化管理、精细化服务、信息化支撑的“城市大脑”成效显现，城市治理现代化水平不断提升。生态环境好中更优。成功创建省大花园示范县，首创的河湖长制经验在全国推广，“五水共治”夺大禹鼎金鼎；$PM_{2.5}$平均浓度降至26微克/立方米、五年下降39.5个百分点，空气优良率达91.3%、五年提升19.8个百分点。苕溪“清水入湖”、水系连通、扩大杭嘉湖南排工程等一批水利项目全面建成，连续两届夺得省政府水利最高荣誉大禹杯金杯奖。文明气质提档升华。用绣花功夫管理城市，社会文明程度显著提升，长效管理机制全面形成。持续放大公民道德“德清现象”，入选全国道德模范2人。志愿服务蔚然成风，注册志愿者占全县常住人口21%，“德清嫂”、清禾公益获评全国“四个100”最佳志愿服务组织，晨曦等3家社会组织获评全国百强。乡村振兴领先领跑。建成1个智慧农业云平台、10个智能农业示范园区、100个数字应用示范园（场）、3200个农业物联网应用示范点。高水平推进农村人居环境提升三年行动，覆盖全域的10条美丽乡村景观线全面建成，A级景区村庄实现宜创村全覆盖，获评“四好农村路”全国示范县、全国村庄清洁行动先进县。成功举办美丽中国田园博览会，连续四年召开民革中央助力乡村振兴莫干山会议，向全国展示德清乡村风貌、振兴成果。

（五）五年来，我们持续改善民生、办好实事，百姓福祉加快提升。普惠民生保障不断强化。五年间，财政支出近250亿元用于民生事业。城乡居民收入增长快于经济增长，预计年均分别增长7.7%和8.9%，城乡收入比降至1.59∶1。城镇登记失业率逐年下降，累计新增就业11.5万人。新增保障性安居住房超1.3万套，完成老旧小区改造28个，危房改造基本完成。社会保障卡“民生一卡通”全面实施。实现县域内高速公路部分客车免费通行。慈善村县域全覆盖。粮食安全和物资保供扎实推进。公共服务供给持续优化。新建和改扩建义务教育阶段学校18所、新增学位6000余个，学前教育获省政府督查激励，实现学校布局、办学条件、师资队伍“三个城乡一体发展”。率先开展县域医疗卫生服务共同体建设，深入实施全省首批“三医联动、六医统筹”集成改革试点，公立医院综合改革受到国务院表彰；县人民医院改扩建、第三人民医院整体搬迁、镇（街道）卫生院改造提升等一批医疗卫生项目建成投用。示范型居家养老服务中心、幸福邻里中心、农村文化礼堂等实现县域全覆盖，成功创建全国无障碍环境示范县。话剧《小镇琴声》进入国家话剧院首演，2022年杭州亚运会排球项目小组赛、三人制篮球赛场馆改造和新建顺利实施。新闻传媒、史志、档案等工作取得实效。社会大局保持平安稳定。常态化抓实洗楼排查、精密智控、疫苗接种等新冠肺炎疫情防控工作，世纪疫情有效应对。法治德清建设持续深化，省级乡镇（街道）法治化综合改革试点经验在全省推广。社会治安、交通安全、公共安全、食品药品安全等形势持续平稳，阜溪街道成为全省唯一“双枫桥”社会治理品牌的街道，圆满完成扫黑除恶专项行动，县镇村三级矛调体系持续深化，信访工作连续两年获全国“三无”县区称号，生产安全事故起数、死亡人数连续16年“双下降”，平安德清实现“十六连冠”、夺一星金鼎。

（六）五年来，我们践行党要管党、全面从严治党，党的建设全面加强。党的全面领导制度不断完善。以党建统领的整体智治体系加快构建，“七张问题清单”特别是省委巡视反馈的4个方面31个具体问题整改成效明显，“三重一大”事项集体决策等制度体系不断完善，党政机构改革成效显著。支持人大、政协依法依章履职，多党合作、民族宗教、民营经济等各领域统战工作创新推进，群团组织作用进一步发挥，党管武装、国防动员取得新进展，县委总揽全局、协调各方的统筹力持续彰显。思想阵地不断巩固。牢牢掌握意识形态工作领导权，新时代文明实践中心全国试点县建设加快推进，融媒体中心2.0版率先建成，网络生态“瞭望哨”建设不断深化，主流思想舆论巩固壮大。铁军队伍担当作为。实施领导干部专业能力和专业知识“双提升”计划，选派4587人次赴“三重一线”压担锻炼、选派46人次赴部委厅局挂职学习，率先探索“政治双检”“正向激励”“澄清正名”等制度，“两个担当”实现良性互动。基层基础打牢夯实。实施“双创双全”组织力提升工程，开展“强村六式”行动，发布全国首个乡贤参事会地方标准，村均经营性收入从2016年的40.6万元增长到130万元、年均增长24.2%。全面从严治党引向深入。管党治党主体责任压紧压实，政治监督持续强化，推动作风建设化风成俗、形成习惯。深化运用“四种形态”，综合发挥惩治震慑、惩戒挽救、教育警醒等功能。清廉德清建设加快推进，农村基层形成“三多一少”良好态势。完成十四届县委任期内巡察全覆盖。全面从严治党战略性成果不断显现，反腐败斗争取得压倒性胜利并全面巩固，风清气正的政治生态大格局总体形成。

成就蕴含艰辛，奋斗开创未来。回首五年，我们在探索实践中积累了诸多经验，为今后发展提供了有益启示：

——只有牢记特殊使命，才能更好把稳政治航向。县委始终把学习贯彻习近平总书记对浙江、湖州的重要指示批示精神以及在浙江工作期间对德清的指示要求作为政治建设关键重点，引领广大党员干部强化“没有走在前列也是一种风险”的忧患意识，确保在贯彻新理念、新思想、新战略的赛道上，始终探路先行、争当示范。实践证明，坚持党的领导、加强党的建设，是我们做好一切工作的根本保证。践行特殊使命越主动，越能显化趋势、引领发展，才能真正从根本上保证县域高质量赶超发展的正确方向。

——只有坚持人民至上，才能更好决胜大战大考。县委始终践行以人民为中心的发展思想，充分依靠人大、政府、政协、统战、群团等汇聚最广泛共识共为，引领广大党员干部持之以恒办实事、解难题、惠民生，带领全县人民成功夺取抗疫、抗台、创文明城市等一系列重要成果。实践证明，越是坚持人民至上、生命至上，越能让发展有温度、基础有厚度、团结有深度，才能从根本上确立交出新时代赶考高分答卷的底层逻辑与历史必然。

——只有善于开拓创新，才能更好抢抓时代先机。县委始终坚持科学谋划、前瞻布局，引领广大党员干部超前把握科技革命、时代变革等规律与大势，从空白格、零基础起步，培育了全球地理信息产业集聚度最高的地理信息小镇，落地了德清有史以来首所综合性大学，创造了多个第一的德清改革，一系列全省乃至全国的首创首例不断塑造出“人无我有”新优势。实践证明，越是敢于和善于无中生有，越能率先赢得政策支持、资源倾斜、破法先行，才能真正从根本上创造争当排头、勇立潮头的先决条件。

——只有勇于超越自我，才能更好闯出全新局面。县委始终坚持跳出德清看德清、立足全局谋德清、面向未来强德清，引领广大党员干部坚定自信对接国内外高端资源要素，将首届联合国世界地理信息大会举办、全国县域唯一的国家新一代人工智能创新发展试验区落户等一系列不可能变为可能，成功把小县城推向长三角焦点、国际化舞台。实践证明，越是勇于突破认知、思维、路径等主观束缚，越能有效破题客观局限，才能真正从根本上为县域格局扩展开辟新的空间。

——只有坚守实干实效，才能更好做到行稳致远。县委始终坚持唯实惟先、善作善成，引领广大党员干部在征收搬迁扫尾清零中碰最硬的钉子，在解决历史遗留问题时攻最难的堡垒，在安全环保各类专项整治中挑最重的担子，困扰德清近20年的私营城整治、乾元小城镇改造等一系列“老大难”全面完成，浙北毛竹市场等10个拆迁遗留项目全面清零。实践证明，越是坚持实字当头、专注把事干成，越能有效解决问题、突破瓶颈，才能真正从根本上奠定县域发展行稳致远的坚实基础。

以上这些经验启示是我们的制胜法宝，必须在今后的发展实践中进一步深化认识，更好地予以坚持和发扬。

五年的砥砺奋进，充分展现了广大党员和干部群众昂扬向上的精神风貌，展示了全县上下团结拼搏的巨大力量。我们取得的一切成就，是中央和省委、市委坚强领导的结果，是在历届县委打下的工作基础上各级党组织接续奋斗的结果，是全县人民辛勤创造的结果。在此，我代表中共德清县委，向全县广大党员和干部群众，向各民主党派、各人民团体和各界爱国人士，向长期关心支持德清发展的各界朋友们，致以崇高的敬意和衷心的感谢！

二、在争当社会主义现代化先行排头兵新征程中肩负起时代赋予的伟大使命

在庆祝中国共产党成立100周年大会上，习近平总书记庄严

宣告，我国实现了第一个百年奋斗目标，在中华大地上全面建成了小康社会，历史性地解决了绝对贫困问题，正向着全面建成社会主义现代化强国的第二个百年奋斗目标迈进。

在“两个一百年”奋斗目标交汇的重大历史关头，党的十九届六中全会召开，全面总结党的百年奋斗重大成就和历史经验，对全党进一步统一思想、统一意志、统一行动，团结带领全国各族人民夺取新时代中国特色社会主义新的伟大胜利，具有重大现实意义和深远历史意义。党确立习近平同志党中央的核心、全党的核心地位，确立习近平新时代中国特色社会主义思想的指导地位，反映了全党全军全国各族人民共同心愿，对新时代党和国家事业发展、对推进中华民族伟大复兴历史进程具有决定性意义。我们必须倍加珍惜党百年奋斗的重大成就，长期坚持党百年奋斗的历史经验，始终沿着总书记指引的方向奋勇前进，坚定不移做“‘两个确立’忠诚拥护者、‘两个维护’示范引领者”，在新征程上开创属于我们这一代人的历史伟业。

新征程任重道远，新使命催人奋进。当前的德清，正处于战略叠加的机遇期、赶超发展的黄金期、调整转型的突破期。站在新的历史起点上，我们必须把深入贯彻习近平总书记对浙江、湖州的重要指示批示精神统领贯穿各项工作全过程，扛起“勇当绿色低碳发展的探路者”的德清担当，肩负“展示‘重要窗口’的‘精品窗口’”的德清使命，加快实现“高质量发展建设共同富裕示范区先行样板地、高品质建成国际化现代山水田园城市、争当社会主义现代化先行排头兵”奋斗目标。要走好新征程、展现新担当、实现新作为，我们必须从自身实际出发、从现实困局突破，抓住主要矛盾、找准主攻方向。要清醒看到，经济发展层面，面对更加激烈的区域竞争，德清经济总量不够大、平台能级不够强、城市能级不够高客观存在，在助力湖州打造长三角新势力城市上贡献度还不够，必须着力破“能级量级瓶颈”之局。要清醒看到，社会发展层面，对照人民群众对美好生活的更高期待，对照共同富裕示范区先行样板地的更高要求，德清在教育、医疗等方面的优质公共服务上还有短板，在环境风貌、文化服务、收入水平等方面的城乡差距依然存在，必须着力破“优质供给不足”之局。要清醒看到，党员干部层面，面对发展新形势、工作新要求，部分党员干部推动创新发展的理念眼界还不够宽、塑造变革的能力本领还不够强、敢拼敢抢的精神状态还不够足，必须着力破“识变应变求变能力不强”之局。为此，未来五年，我们必须着眼高质量赶超发展，始终坚持发展第一要务，坚定不移实施创新驱动首位战略，着力打造更高水平的活力德清、实力德清、开放德清，让德清成为“改革创新高地”；必须着眼共同富裕先行，始终坚持以“以人民为中心”发展思想，不断实现人民群众对美好生活的向往，着力打造更高水平的数智德清、美丽德清、幸福德清，让德清成为“品质生活新城”。

今后五年全县工作指导思想是：坚持以习近平新时代中国特色社会主义思想为指导，深入贯彻习近平总书记对浙江、湖州的重要指示批示精神，坚持稳中求进工作总基调，立足新发展阶段、贯彻新发展理念、构建新发展格局；以推动高质量赶超发展为主题，认真落实省委、市委部署，坚定不移实施“改革创新、接沪融杭”发展战略，聚力打造“改革创新高地 品质生活新城”，加快实现“高质量发展建设共同富裕示范区先行样板地，高品质建成国际化现代山水田园城市，争当社会主义现代化先行排头兵”奋斗目标，为全市勇当绿色低碳发展的探路者作出更大贡献！

今后五年的具体目标是：

一是实现“赶超发展”。经济实力、产业实力、县域竞争力、国际影响力显著提高，主要经济指标增速快于全市。到2026年，地区生产总值突破千亿大关，财政总收入达到220亿元，一般公共预算收入突破130亿元，以重大产业项目、基础设施项目推动固定资产投资快速增长，新增固定资产投资1500亿元。经济动能完成结构性调整，优势产业实现提质增效，特色产业实现规模扩张，未来产业实现超前布局，以先进制造业为支撑、战略性新兴产业为引领的现代产业体系初步建立。

二是形成“创新裂变”。创新生态体系建设迈出重大步伐，创新链、人才链、资金链、政策链的融合更加紧密，企业开展技术创新、产品创新、模式创新蔚然成风，国际化科技人才集聚、人才规模效益凸显，一批基础创新、源头创新科技成果涌现。到2026年，研发投入强度达4.5%，高新技术产业增加值占规上工业增加值比重超70%，每万人高价值发明专利拥有量超20件，跻身全国科技创新百强县前20名。

三是加快“空间重构”。中心城市首位度明显提升，平台化发展格局持续迭代；多层次、立体化综合交通运输体系基本成型，城乡融合发展体制机制和政策体系基本健全；城市生态承载力不断增强，形成安全高效的生产空间、舒适宜居的生活空间、碧水蓝天的生态空间，绿色低碳生产生活方式成为自觉行动。

四是打造“首善民生”。对标湖州打造低成本创业之城、高品质生活之城，“扩中”“提低”改革深入推进，城乡差距不断缩小，“橄榄型”社会结构率先基本形成，就业更加充分更有质量，教育强县建设取得重大进展，高质量卫生健康体系基本建成，社会保障体系更加完善，公共服务供给更加丰富便利，全国文明典范城市建设取得实质性进展，社会治理体系和治理能力现代化水平不断提升，在德清人人都能享有品质生活、感受发展温度、拥有归属认同。到2026年，城乡居民人均可支配收入分别突破97000元、63000元，城乡居民收入比缩小到1.55∶1左右。

五是强化“党建统领”。党建统领的整体智治体系基本成型，总揽全局、协调各方的能力不断增强。全面从严治党纵深推进，党的政治、思想、组织、作风、纪律建设不断加强，“唯实惟先、善作善成”的团队氛围全面形成。党建工作质量全面提升，高质量党建与高质量发展深度融合、同频共振，打造一批有特色、有影响力的党建品牌。

三、聚力打造“改革创新高地 品质生活新城”的重点任务

新起点开启新征程，新目标赋予新使命。今后五年，必须坚持以“改革创新高地 品质生活新城”为主攻方向，以“六大计划”为主要抓手，加大推进力度，狠抓工作落实，奋力在社会主义现代化建设新征程中迈出更加坚实的步伐。

（一）实施“创新裂变”计划，增强直接驱动发展的战略力量。坚定不移实施人才强县、创新强县首位战略，加快释放创新驱动高质量赶超发展的乘数效应、裂变效应。

打造标志性创新平台。凸显高新区“主平台”、杭州城西科创大走廊北翼中心“主引擎”地位，深入推进国家级“双创”示范基地建设，加快地信智慧城、环下渚湖创新圈、环莫干山创新圈“一城两圈”塑优崛起。落实“五谷丰登”规划布局，加快打造莫干“论剑谷”，实现“科、产、城、人、文”融合发展，加速将“环莫干山”区块打造成科技资源集聚区和创新人才密集区，成为“思想与智慧的高原高峰、科技与人才的基地高地”。积极融入综合性国家科学技术中心创建进程，发挥浙江工业大学莫干山校区等高校院所作用，新建一批实验室、新型研发机构和技术创新中心，力争在国家重点实验室、国家大学科技园和大科学装置上实现“零的突破”。支持经开区打造产业创新中心、经开智库等新型孵化平台，鼓励各镇依托功能区存量空间打造镇级南太湖精英计划产业园，推动实现创新平台全县域覆盖。

培育引领型创新主体。完善“创新雁阵”培育机制，实施科技企业“双倍增”计划和高新技术企业“双转化”行动，力争国家高新技术企业达到700家以上、省科技型中小企业达到2000家以上。做实研究院经济，坚持高校院所和企业研究院“两端发力”“双向促进”，完善考核评价体系、建立优胜劣汰机制，打通从科技强到企业强、产业强的通道。深化新时代产学研德清模式，支持以企业为主体建设研究院，支持龙头企业联动上下游协同组建产业创新中心，争取落地一批国家重点科技专项和省“尖兵”“领雁”重点研发计划项目，实现规上企业研发活动、研发机构、发明专利全覆盖，形成产学研结合、上中下游衔接、大中小

企业协同的创新格局。

建设枢纽型人才基地。优化全球引才布局，充分整合国际组织、高等院校、知名企业、游子文化等优质资源，贯通赛会聚才、平台引才、事业留才、环境稳才全链条，加快形成面向全球招才引智的强大磁力场。积极承担要素循环枢纽功能，推动区域人才要素源源不断流入德清、服务湖州。做大县域人才总量，迭代升级人才新政，实施“德清英才计划”和“才聚德清”大学生招引计划，加大力度引育技能人才，高标准打造一站式人才服务中心，全面优化“创享德清”综合体验，让德清成为各类英才向往的机遇之城、逐梦之城。

塑造高效能创新生态。实行土地要素、节能减排指标优先保障科创机制，推动研发人才成为招商引资前置条件，让做强创新驱动主引擎在全县域落细落实。保持财政科技经费投入年均增长15%以上，支持企业科创板上市，加大对研发投入、成果转化、主体培育以及首台(套)、首批次创新产品的政策奖补力度。推进科创体制改革，健全完善关键技术“揭榜挂帅”“赛马制”。大力发展研发设计、技术交易、检验检测、创投孵化等科技中介服务。探索“国资领投”模式，逐步强化国企集团产投、创投职能及市场化运作，建立全周期金融服务体系，加快国有企业上市进程。加强知识产权运用和保护，争创省级知识产权试点示范区，不断优化区域联动创新的良好生态。

(二)实施“产业创强”计划，构建高端高质高新的现代产业体系。打好产业基础高级化、产业链现代化攻坚战，打造体形更美、体质更好、体能更强的“323”现代产业体系。

以实体赋能主导质量变革。推动主导产业成为拳头产业。整零协同推进装备制造再突破，重点向高端工程、特色智能、绿色节能等装备聚力，向新能源智能网联汽车和核心零部件、关键基础件拓展；外延扩容推进生命健康再提升，重点壮大生物制药、现代中药、医疗器械、美丽健康四大领域产业能级；模式创新推进绿色家居再升级，重点以品牌化、特色化、智慧化提升产品附加值，拓展精装定制、智能家居新赛道。推动特色产业成为赶超支柱。以强制造、强研发为核心，加快地理信息跨界融合发展，打造以北斗为核心、具有全球影响力的地理信息产业生态，建成全省“空天一体化”未来产业先导区，力争在落地龙头型、总部型、制造型地理信息企业上取得实质性突破，力争“地理信息+”产业营业收入突破600亿元。加快推动联合国全球地理信息知识与创新中心落地运营，打造面向全球的地理信息技术和产业合作交流平台，创建省级“一带一路”合作示范区；深化国家新一代人工智能创新发展试验区和全域城市级自动驾驶与智慧出行示范区建设，建设具有全国影响力的人工智能应用示范高地，推动产业不断壮大；提速发展通用航空产业，打造长三角地区通航智造基地；支持电子信息装备产业发展，打造全省产业链的示范样本。推动市场主体做大做强做优。实施“冠军领航”行动，梯度培育“雄鹰”“凤凰”“双金”“双银”等重点骨干企业，壮大专精特新“小巨人”和中小企业雁阵集群，支持企业兼并重组、挂牌上市，引导企业厚植以技术、标准、品牌、服务为核心的质量优势。

以要素配置催生效率变革。加快推动劳动力、土地、资本、技术、数据等资源要素配置效益最大化、效率最优化。全面打响新一轮制造业“腾笼换鸟、凤凰涅槃”攻坚战，深化实施全域老旧工业园区改造提升工程，建立健全工业用地全生命周期管理制度，坚决把低效企业移出去、把资源空间腾出来、把亩均产出提上来，力争规上工业亩均税收达到46万元/亩。以数字技术加成提升劳动生产率，加快区域新智造试点建设，推动规上工业企业智能化技改全覆盖，梯度开展“数字化车间—智能工厂—未来工厂”培育，支持引导企业“上云、用数、赋智”，力争规上工业全员劳动生产率达到35万元/人。以绿色低碳提升能源利用率，加快重点行业和重要领域绿色化改造，严控高耗能、高排放项目，持续推动排放减量化、能源替代化、资源循环化。

以有效投资引领动力变革。坚持高质量导向，对接跨国公司、重点央企、知名民企、大院大所、海内外德清精英，以补链强链延链为方向，引进一批有利于做强做优产业链的基地型产业项目、园区型平台项目，布局一批成长性高的产业化项目，落地一批增长潜力大的科创类项目。按照“增量空间向平台配置、镇街重在存量提升”原则，健全招商引资的要素配置体系、考核评价体系，完善项目准入机制，确保好项目不缺土地、好产业不缺空间。强化重大项目推进专班机制，推动项目早落地、早竣工、早达产，力争未来五年工业投资总量领跑全市。培育壮大数字信息、研发设计、检验检测等生产性服务业，大力发展高端商贸、文创文旅、体育康养等生活性服务业，加快建设一批文化园区、街区、景区，更好满足产业转型、消费升级需要。

（三）实施“外联内畅”计划，打造区域协同、全域统筹的空间新架构。增强规划布局引领作用、重大平台承载能级、区域辐射带动能力，在更大范围、更宽领域、更深层次整合优势资源、拓宽发展空间，真正以开放谋共赢，以融合促繁荣。

以系统性规划引领高水平布局。编制实施新一轮国土空间总体规划，优化生产、生活、生态空间布局，引领发展方式从增量扩张型向存量效率型、生态集约型转变，形成“一廊引领、一核两翼、三区联动、四片融合”的县域总体发展格局。推进县域综合立体交通网建设，加快湖杭高铁、杭德市域铁路、德安高速、“三高”联络线等项目建设，融入“轨道上的湖州”，打造湖杭、县域半小时通勤圈和长三角主要城市1小时交通圈。加快推进区域型通用航空机场建设。加快内河航道、德清港改造提升，争取成为长三角世界级港口群建设组成部分。

以集聚化发展打造高能级载体。以园区、城区、镇区为重点，注重成片整合提升，加大资源要素统筹，深化园区体制改革，加快产业集聚发展，提升县域“东—中—西”整体形态、业态、质态。以高新区引领中部片区打造“产城深度融合发展核心区”，推动高新区扩区增容，统筹布局“两核两带四区”建设，积极推动地信科技、生态工业向城市生活功能延伸应用，全面展现面向国际的产城融合现代新城，力争进入国家高新区第一梯队。莫干山度假区以打造“‘两山’转化升级版”为目标，推动“农文体旅”融合、强化山上山下联动，加快建设世界级旅游度假区。以经开区引领东部片区打造“产业高效协同发展增长极”，充分发挥新市县域副中心牵引作用，推进钟管、禹越、新安区块产业的协同化、专业化发展，高水平建设中欧（德清）国际、运河智造城、融杭智谷等产业园区，力争综合实力迈入全省开发区前20强。

以全方位融入推动高层次开放。把握新一轮长三角一体化发展机遇，深化接沪融杭联苏通皖，积极融入杭州都市区、湖杭一体、湖嘉一体建设，重点在与杭州城西科创大走廊的体制共融、平台协作、利税互通、社保接轨、资源共享等方面取得突破。加快形成接轨上海新格局，在落地上海产业转移和高端人才项目上取得更大突破。主动参与长江经济带发展，深度融入宁杭生态经济带建设，深化与周边地区的分工协作，争取产业和城市分工的优势地位。推动保税物流中心（B型）向综合保税区升级，争取国家地理信息服务出口基地落地，深化休闲产业集群跨境电商发展试点，支持优势企业扩大对外投资、参与境外并购，推动外资外贸高质量发展。深化东西部协作、山海协作、对口合作、对口支援等工作。

（四）实施“改革破冰”计划，激发高质量赶超发展的活力。坚持把改革作为推动发展的关键一招，提高以改革破除制约高质量发展、高效能治理、高品质生活体制机制障碍的能力，做到改革“一子落”、发展“满盘活”。

推动数字化改革加快形成实践成果、理论成果、制度成果。坚持以数字化改革引领、撬动、赋能现代化建设，深化落实数字化改革“152”工作体系，整体驱动生产方式、生活方式、治理方式系统性变革。以“三张清单”和重大应用“一本账”为关键抓手，加快推进平台、功能、体制机制贯通，推动重大应用向镇（街道）以下延伸、与基层治理联动。全力夯实数据底座，推进县域特色应用迭代升级，做到治理增效、服务提质、用户点赞、群众满意。深化“政府主导+市场主体+社会参与”的实践探索机制，建立健全与数字化改革相适应的标准规范，积极构建有利于加快实现县域治理现代化、符合未来发展方向的制度体系。

推动关键性改革更加注重试点突破、系统集成、复制推广。全面深化“1+9+N”改革工作体系，谋划布局一批与高质量赶超发展相适应的战略战役性改革，紧紧扭住一批牵一发动全身的重大改革项目，集中力量攻坚关键堵点、关键环节、关键任务，推动形成一批标志性成果。争取国家级、省部级改革试点任务，推出一批首创性、引领性改革举措。以综合性改革试点为牵引，进一步加强改革的系统性集成性谋划，推动改革任务相互配合、改革举措关联耦合、改革成果同频共振。及时总结德清改革经验做法和体制机制创新成果，推动“一地创新、全域受益”。

推动各领域改革充分对接发展所需、基层所盼、民心所向。优化市场化、法治化、国际化营商环境，深入推进“掌上办事”“一网通办”，打造投资便利、审批高效、管理规范的政务服务体系。加快市场信用体系建设，最大限度保障投资者合法权益。建立与国际规则相适应的市场环境，在内外贸、投融资等方面实行更加灵活科学的政策制度。做深做实“三进三服务”，持续推进科技创新、绿色金融、财政体制、国资国企等重点领域改革。全面推进“县乡一体、条抓块统”改革，加快实现县乡高效协同、整体智治。注重从群众普遍关注、反映强烈的关键小事出发，探索在更多领域实施“微改革”，努力让群众获得感更足、幸福感更强。

（五）实施“美丽德清”计划，展现自然之美、人文之美、融合之美的大美德清。推动生态环境、城乡风貌、人文底蕴等全方位提升，建设富有江南特色、具有乡土风情、承载乡愁记忆、展现现代文明的美丽德清。

擦亮山水生态底色。实行最严格生态环境保护制度，健全“三线一单”生态环境分区管控体系，完善生态保护补偿机制，加强生态保护修复与风险防范，呵护“山水林田湖草”生命共同体。打好污染防治攻坚战，让蓝天、碧水、净土成为时时处处的平常景致。落实碳达峰、碳中和举措，积极参与区域水权、排污权、用能权、碳排放权等跨区域交易制度建设，推行绿色低碳生活方式。创新生态产品价值实现路径，全面推进“两山银行”建设，深化GEP核算运用机制，拓宽绿水青山向金山银山转化的通道。

做强城市核心功能。按照“先聚合再辐射、先重点再一般”思路，完善城市功能、提升承载能力。坚持规划建设“一盘棋”，做优中部商贸服务功能，推进东部联乾联湖，加快西部有机更新，拓展南部发展高地，做强北部智造中心，形成“东联、西改、南拓、北强、中优”城区发展格局。高水平推进杭德市域铁路项目沿线TOD开发，推进旧城改造、老城更新、乾元千年古城复兴和新市千年运河古镇复兴建设，高效复合利用地上地下空间资源，增强城市发展韧性。完善县域商业体系建设，加强城建招商、城市经营等领域的探索创新，推动重点商圈、传统街区升级，打造“一核两翼多点”的县域商贸布局。培育会展经济、潮玩经济、夜间经济等，建设一批更具时尚性、活力感、文艺范的“网红打卡地”。因地制宜推进全域土地综合整治，统筹推进美丽城镇、美丽乡村建设。加快城乡风貌整治提升和未来社区建设，深化污水、厕所、垃圾“三大革命”，建设“15分钟品质生活功能圈”，打造让生活更美好的宜居城市，创建让城市更向往的未来乡村。

显化乡村综合价值。推进乡村振兴，深化国家数字农业、数字乡村试点，实施科技强农、机械强农“双强行动”，探索实施全域宜机化改造，率先建成全国智能农业发展示范区和引领区。深入推进高标准农田建设、粮功区整治优化等工程，坚决制止耕地“非农化”、防止耕地“非粮化”。聚焦县域供配一体化，优化农产品全链条服务，加快推进数字生活智能服务站全覆盖，构建“1+N”农村电商发展体系。健全“两进两回”长效机制，加快建设全省乡村人才振兴先行县。全面实施农民致富增收行动，积极培育现代乡村经营主体和职业农民，拓宽农民创业就业渠道，提高农村劳动者就业稳定性和收入水平。

涵养城乡人文气质。聚焦打造精神富有县域样板，推动文化滋养每个市民、文明浸润整座城市，把城市软实力化为精神成长的丰厚滋养。以社会主义核心价值观塑造人，加大“德文化”弘扬传承，推动全民人文素养提升，争创全国文明典范城市，打响“人有德行、如水至清”城市品牌。更好发挥“德清嫂”“德小青”等志愿组织作用，推动志愿服务形成风尚。鼓励发展现代传媒、动漫游戏、创意设计等文创产业，提速建设德清大剧院、国际运动中心等文化地标，加快创作一批具有德清标签的文艺作品。高水平承办好2022年杭州亚运会湖州赛区赛事，最大限度发挥亚运综合效应，着力提升德清国际气质，乘势打造国际会议会展目的地、体育赛事集聚地。深入挖掘“游子文化”，谋划建设游子文化公园。深化“瓷之源”“珠之源”等“源文化”品牌，加快博物馆、瓷之源国家考古遗址公园等项目建设，推进淡水珍珠传统养殖与利用系统申报全球重要农业文化遗产。高水平建设大运河文化带，推进传统村落和历史文化名镇名村保护、利用与开发，做强运河文化经济。实施文化惠民工程，推动城乡文化智融共享，筑牢百姓“精神家园”。

（六）实施“全民幸福”计划，让获得感更为直接、幸福感更可持续、安全感更有保障。紧扣高品质、系统性、共享化，开好“共富班车”，补齐民生短板，更好满足群众对美好生活的向往。

推动公共服务品质化。办好民生实事项目，确保民生支出占比不低于70%。坚持教育优先发展，加大力度培育名校、名校长、名师，推动学前教育普惠发展、义务教育均衡发展、职业教育特色发展，切实补齐高中教育短板，打响“优学德清”品牌。大力推进办名院、建名科、增名医，加快浙大儿院莫干山院区等重点项目建设，确保所有县级医院达到三级乙等或三级服务水平；深化“三医联动”“六医统筹”改革，推进省基层卫生健康综合试验区建设。积极应对人口老龄化，加快完善居家社区机构相协调、医养康养相结合的养老服务体系，落实“三孩”生育政策及配套支持措施。促进更加充分更高质量就业，突出抓好高校毕业生等重点群体就业。健全社会保险制度，完善覆盖全民的社会保障体系，稳步提高待遇水平。坚持“房住不炒”，扩大住房公积金制度的覆盖面和受益面，立足解决新市民、青年人住房问题，加大保障性租赁住房供给力度，同步推进老旧小区整治和既有住宅加装电梯工作。优化退役军人服务保障。抓好公益慈善、社会救助、未成年人关心关爱、助残助老等工作，推动兜底有力、标准提升。

推进县域治理现代化。健全党建统领“四治融合”的现代化基层治理体系，构建小、中、大三级治理闭环，畅通群众参与基层治理渠道。整合基层治理数据资源，拓展治理应用场景，以智治支撑提升自治、法治、德治相融合的治理效能。夯实自治基石，坚持和发展新时代枫桥经验，推进“村村善治”工程，健全村（社区）议事协商机制，引导社会组织参与村社治理。推进法治德清、法治政府、法治社会一体建设，推进“大综合一体化”行政执法改革，做好“八五”法治宣传教育等工作。强化德治引领，注重发挥党员、新乡贤、道德模范等榜样作用，让好家风、好家规、好家训浸润乡里。

全面深化“大平安”格局。树立“共建共治共享”理念，坚持把维护国家和政治安全放在首位，完善风险“监测、预警、处置、反馈”闭环管控大平安机制，建成“大安全、大应急、大减灾”应急管理体系，有效防范化解重大风险挑战。坚决维护国家政治、意识形态等安全，全面提升网络、数据等安全能力。落实生产、交通、消防、食品药品、公共卫生、生态环境等安全责任，建立涵盖危险化学品、生态环境、金融等重点环节的全链条监管体系，坚决遏制较大及以上生产安全事故发生。深化领导下访接访和重复信访、积案包案化解机制，完善社会矛盾纠纷多元预防调处化解综合机制，做到一站式接收、一揽子调处、全链条解决。常态化防范阻击新冠肺炎疫情，健全监测预警、疫情报告、突发公共卫生事件信息网络体系。强化资源、能源、粮食安全保障,守住不发生区域性经济金融风险底线。深化政法队伍教育整顿成果,健全扫黑除恶长效机制,健全立体化、法治化、专业化、智能化的社会治安防控体系,确保圆满完成党的二十大、2022年杭州亚运会等重要节点维稳安保任务,保持社会大局和谐稳定。

四、在弘扬伟大建党精神中一以贯之守好红色根脉

携百年奋斗重大成就和历史经验开启现代化新征程,要求我们必须大力弘扬伟大建党精神、红船精神,深入实施“红色根脉强基工程”,更加坚定自觉地坚持和完善党的领导、加强党的建设,切实引领保障高质量赶超发展。

(一)以践行“两个确立”“两个维护”强化统领。坚持把政治建设摆在首位,持续提升政治判断力、政治领悟力、政治执行力,争做“两个确立”忠诚拥护者、“两个维护”示范引领者。推动对标看齐常态化。把对标对表贯穿体现于思考问题、谋划工作、检验成效全流程,时刻谨记当好窗口、争做示范的政治责任,坚决扛起探路先行、攻坚破难的政治担当。推动首位要求具体化。细化领导班子政治建设具体举措,自觉落实“四个服从”、做到“五个必须”、杜绝“七个有之”,做深做实街道“大工委”和社区“大党委”制,完善“1+2+X”村级领导新体制,确保总书记有号令、上级有部署、德清见行动当示范。推动担当执行制度化。落实“八八战略”实施年度评估机制,健全“七张问题清单”闭环整改机制,支持纪委护航中心工作,推动政治巡察、问题整改及成果运用全链深化。坚决落实对外“一张牌”、全市“一盘棋”要求,严格执行请示报告制度,健全完善审核把关机制,杜绝分散主义、本位主义、好人主义,以更强大局意识推动各项决策部署落地落实。健全党委领导改革、财经、外事等议事协调机构运行机制,深化落实总揽全局、协调各方的制度安排,支持政府依法行政、勤政为民,支持人大、政协依法依章履职,积极构建大统战工作格局,加强多党合作,做好党管武装、群团等工作。

(二)以深化理论武装补钙铸魂。坚持以理论武装正己修身,增强信心信念、催生持久动力。抓实铸魂必修课。扎实推进习近平新时代中国特色社会主义思想教育培训计划,总结运用党史学习教育经验,推动《中共中央关于党的百年奋斗重大成就和历史经验的决议》进党校入教材。强化党委理论学习中心组示范引领作用,深化基层党组织“第一议题”制度,高质量推进千堂党课下基层,让全县党员干部领悟更深、认同更强、执行更坚决。打造溯源新标识。完善习近平总书记对浙江、湖州的重要指示批示精神的定期学习交流机制,深入发掘习近平总书记在浙江工作期间亲临德清考察调研精神富矿,构建以一部纪实片、一组亲历者体会、一批沉浸式体验馆、一套论坛交流机制为内容的“四个一”特色教育资源体系,不断提升创新、生态、信访等工作的标识度和显示度。壮大舆论主阵地。深化建设县级融媒体2.0版,开展乡音党课、流动党校、有德青年宣讲“六进活动”,建好用活网络生态“瞭望哨”,牢牢掌握意识形态工作主动权。

(三)以塑造变革能力打造铁军。按照提升党员干部推进现代化建设新能力要求,坚持目标导向与问题导向相统一,推动干部队伍干部工作系统化重塑、整体性优化,打造堪当守护红色根脉重任的基层骨干队伍。坚持标准引领。全面落实新时代好干部标准,把提升政治素养、国际视野、创新活力贯穿干部选育管用全链条,同步优化选人用人高质量发展指标体系与高质量发展研修培训内容体系,加快打造适应现代化要求的干部队伍。塑造过硬本领。实施干部专业化能力提升工程,推动全县党员干部以过硬专业素质能力担当高质量赶超发展。深化年轻干部“五个一批”一线成长工程,推动“年轻干部到一线去,优秀干部从一线来”。落实澄清正名、容错纠错、能上能下等机制,推动“两个担当”良性互动,全面激发党员干部建功新时代的干事激情和内生动力。用心做好老干部工作,发挥老干部作用。强化赛马争先。丰富拓展专班比拼、实绩考核等赛马平台,加

大"中层干部跨岗位交流""专业干部二次择岗"等举措力度，为各领域各层级党员干部创造更大发展空间、更多出彩机会。坚持以实干实绩实效论英雄，以保障中心工作推进为核心，优化综合考评机制，努力让孺子牛、拓荒牛、老黄牛式的好干部脱颖而出。完善抓落实机制。按照"一切工作具体化、具体工作项目化、项目管理责任化、责任落实高效化"标准，健全"大抓落实、真抓落实"保障体系，探索建立领导干部担当负责、重点工作落实情况报告、会议表态限时对账、改革创新专项奖励、作风建设"曝光台"等配套制度，真正以制度刚性保障工作落地。

（四）以基层党的建设建强堡垒。深化推进"双创双全"组织力提升工程，不断夯实党在基层的执政基础，推动全县基层党组织全面进步、全面过硬。坚持大抓基层、重抓党建。积极构建考评党建看发展、考评全局看党建的评价机制，常态落实书记抓基层党建责任清单、领办重点项目等制度，推动月度论坛、季度走看赛、年度述职的形式创新、内涵拓展，努力形成摆在首位、服务中心、融入日常的抓基层党建浓厚氛围。坚持多跨协同、整体塑优。开展"六域联创、五强五优"强基行动，加快推进全域党建联盟建设，持续深化"强村六式"，积极探索数智党建平台、"乡村振兴共富指数"等新做法新方法，不断提升强村富民质效。实施组织体系优化工程，深化"堡垒指数""先锋指数"考评体系，加大对各领域人才政治吸纳，健全各领域党建规范标准，推动党的领导在各类社会单元有形有效"双覆盖"。坚持聚焦服务、强化功能。扎实推进村社阵地提标提质工程，推动各类资源配置向基层和基础工作领域倾斜，建立以党群服务中心为主阵地的服务矩阵，常态化开展"我为群众办实事、我为企业解难题、我为基层减负担"实践活动，全面提升基层党组织服务群众、组织群众的实际能力。

（五）以"清廉德清"建设正本清源。按照全域推进、全线共进要求，持续深化"清廉德清"建设，推动全面从严治党向基层延伸、向纵深发展，把良好政治生态塑造为守好红色根脉的重要标志。坚持全面从严的主体基调。坚定不移把严的主基调长期坚持下去，着力强化政治监督，充分发挥全面从严治党政治引领和政治保障作用。持续深化"四责协同"机制，从严压紧压实管党治党主体责任，实现"两个责任"贯通联动，推动领导干部"一岗双责"落实落细。加强和规范党内政治生活，完善党委（党组）集体议事规则、决策程序和责任追究制度，规范落实"三会一课"、主题党日、双重组织生活等制度。保持正风反腐的常态长效。坚持"三不"一体推进，始终保持惩治腐败高压态势，做到惩治震慑、制度约束、提高觉悟一体发力。坚持受贿行贿一起查，着力纠治"围猎"与"被围猎"现象，构建亲清新型政商关系。坚持把正风肃纪反腐的着力点放在促进干部廉洁用权、为民用权上，完善"室组地"联动监督机制，重点围绕农村"三资"、教育医疗等群众身边腐败和作风问题，严肃整治以权谋私、以影响力谋私等腐败和不正之风。铸牢日益趋紧的制度笼子。强化以制度管权管事管人，一体推进清廉机关、清廉乡村、清廉文化等清廉单元建设，推动"清廉德清"各项制度机制更趋成熟定型。细化落实加强基层领导班子特别是"一把手"监督制度，深化"一肩挑"后村（社区）"阳光治理"。完善巡视巡察成果运用机制，坚持以点带面、举一反三，解决一个问题、健全一套制度、堵塞一批漏洞，深化标本兼治效果，推动问题易发多发领域转化为治理创新展示窗口。

同志们，历史的车轮永远向前。过去，勤劳智慧的德清人民锐意进取、开拓创新，谱写了一段段催人奋进的奋斗史、发展史。今天，高质量赶超发展的重任落在了我们肩上，使命光荣、责任重大。让我们更加紧密地团结在以习近平同志为核心的党中央周围，在省委、市委坚强领导下，以一往无前的精神状态和实干担当的奋斗姿态，聚力打造"改革创新高地 品质生活新城"，为"高质量发展建设共同富裕示范区先行样板地，高品质建成国际化现代山水田园城市，争当社会主义现代化先行排头兵"而努力奋斗。

德清县人民政府工作报告

——在德清县第十七届人民代表大会第一次会议上

(2022年2月17日)

德清县人民政府县长 王 波

一、过去五年及2021年工作回顾

过去的五年,是德清发展史上极不平凡、浓墨重彩、具有重大转折意义的五年。我们在市委、市政府和县委的坚强领导下,在县人大、县政协的监督支持下,坚持以习近平新时代中国特色社会主义思想为指导,深入贯彻党的十九大和十九届历次全会精神,团结依靠全县广大干部群众,全力以赴推进经济社会快速发展,圆满完成了县第十六届人大历次会议确定的目标任务,高标准建成了全面小康社会,为德清高质量赶超发展奠定了坚实基础、积蓄了强大势能。

这五年,是综合实力跨越赶超的五年。地区生产总值从416.9亿元增加到615.5亿元,年均增长7%,人均地区生产总值突破2万美元大关、达到中等发达国家水平。财政总收入从83.7亿元增加到134.6亿元,其中一般公共预算收入从48.7亿元增加到83.2亿元,年均分别增长13.1%、14.6%,人民币存贷款余额双双突破千亿大关,获国务院督查激励3次、省政府督查激励8次。产业规模持续壮大。规上工业产值、增加值分别达到1200亿元、245亿元,年均分别增长9.2%、8.3%,新增规上工业企业139家、累计达844家。服务业增加值达到233.5亿元、年均增长7.4%。农业现代化发展水平综合评价实现省“六连冠”。投资出口消费保持稳定增长。亿元以上项目累计招引567个、竣工投产410个,累计完成固定资产投资1250.6亿元,其中工业投资426.7亿元,年均分别增长12%、13.2%,外贸出口906.7亿元,年均增长16.9%,实际利用外资13.46亿美元。高规格承办首届“湖交会”,社会消费品零售总额、网络零售额年均分别增长8.6%、21.4%。平台体系日益完善。莫干山国家高新区综合排名从92位提升至54位,首届联合国世界地理信息大会圆满举办,地理信息小镇营收突破260亿元、连续三年进入省级特色小镇“亩均效益”领跑者名单,全国县域唯一的国家新一代人工智能创新发展试验区落地推进。莫干山成功创建为国家级旅游度假区,实现旅游总收入超100亿元,深度融入“五谷丰登”规划布局,全力打造莫干“论剑谷”。省级经济开发区挂牌成立,电子信息装备制造产业链获批全省首批“链长制”试点,“四园协同、一体融合”发展格局加速形成。建发、文旅、交通水利、高新等四大国有集团挂牌运行,国企改革三年行动迈出坚实步伐。

这五年,是新旧动能加速转换的五年。转型升级有力推进。深入实施智能工业“十百千”工程,认定国家级绿色工厂7家,新增省未来工厂、智能工厂、数字化车间18家,“两化”融合指数稳居全省第一梯队,入选首批省级数字经济创新发展试验区。深入开展老旧工业园区改造提升、“低散乱”整治、“五未”土地处置专项行动,累计盘活存量土地1.34万亩,规上工业亩均税收从11.9万元增长到36.6万元。创新驱动蓄势增效。以“1

所大学、24家研究院、168家省级以上研发机构”组成的创新策源体系全面建成，成为国家科技成果转移转化示范县，科技创新主要指标持续走在全省前列，研发投入强度从2.72%跃升至3.7%、位列全省县域第二。国家高新技术企业、省级科技型中小企业分别达330家、1103家，均比2016年增长300%以上，入选省“尖兵”“领雁”重点研发计划项目27个，县域人才总量突破16.3万人，累计自主培育国家级人才38名、省级人才63名、省领军型创新团队3个，各类科技人才数量列全省第一方阵。市场主体活力迸发。深入开展“三进三服务”，高效落实惠企纾困政策，累计降本减负198亿元，新增中小企业贷款409亿元。培育形成优质企业“雁阵”，新增上市公司5家，“金象金牛”企业7家，单项冠军示范、专精特新“小巨人”、“隐形冠军”企业13家。

这五年，是改革开放全面深化的五年。改革集成效应更加凸显。累计承担国家和省级改革试点200余项，全国首张宅基地“三权分置”权证、全省首宗“标准地”在德清诞生，农村“三块地”改革5条创新举措被新《中华人民共和国土地管理法》吸收，“数字乡村一张图”入选《国家数字乡村建设指南1.0》，荣登“中国数字治理百佳县市”榜首。“群众企业点题、政府限时答题”的“微改革”创新做法赢得百姓点赞。开放融合程度不断提升。深度融入长三角一体化，坚定不移实施接沪融杭战略，成功纳入杭州城西科创大走廊规划管理建设，获评G60科创走廊科技成果转移转化示范基地。多元立体交通网不断完善，杭州绕城高速西复线湖州段、104国道和09省道改扩建、京杭运河四改三、莫干山通用机场等一批重点项目竣工启用，累计完成交通投资近270亿元，获批交通强国建设试点。对外影响力持续扩大，浙工大莫干山校区建成开学，杭州亚运会排球小组赛和三人制篮球赛成功落户，全球未来出行大会、第41届亚洲遥感会议等重大活动圆满举办。先后与省内外11个区域开展合作帮扶，高质量完成东西部扶贫协作。县域营商环境全面优化。发布全国首个对标世界银行标准的县域营商环境评价指数。“最多跑一次”改革纵深推进，取消918项证明事项，深化“标准地+承诺制+一窗服务”和“项目经理制”，在全市首推一般工业项目“四证联发”，实现“拿地即开工”。

这五年，是城乡品质大幅提升的五年。城市形态不断优化。中心城区框架在“东进、南拓、西改、北延”中不断拉大，建成区面积拓展到41平方公里，完成部分镇（街道）区划调整。国际会议中心、国际展览中心、市民活动中心等一批公共设施落地建成，入选省数字生活新服务样板县。完成老旧小区改造提升28个，私营城区块面貌焕然一新，获评全省新时代美丽城镇建设优秀县，乾元镇入选全省首批千年古城复兴试点建设名单。乡村振兴领跑领先。成功入选首批部省共建乡村振兴示范省先行创建县，创成“四好农村路”全国示范县，圆满举办美丽中国田园博览会、民革中央助力乡村振兴莫干山会议等全国性会议，县域数字农业农村发展水平连续两年排名全国第一。成功入选全省首批全域旅游示范县，新增国家AAAA级旅游景区3个，10条美丽乡村景观线全面建成，乡村旅游营业收入年均增长15%。所有村年经营性收入达60万元以上。城乡居民人均可支配收入分别达68619元和42548元，年均增长8.1%和9.4%。生态环境明显改善。成为全国生态文明建设示范县、省第三批大花园示范县，6个“德清实践”入选践行联合国2030可持续发展典范案例。高标准打好蓝天、碧水、净土保卫战，$PM_{2.5}$平均浓度从43微克/立方米降至27微克/立方米，空气优良率从76%提升到91%。首创的河湖长制相关经验在全国推广，“五水共治”七夺“大禹鼎”并获金鼎，水系连通、“引水入城”、扩大杭嘉湖南排工程等一批水利项目全面建成，连续两届夺得全省水利最高荣誉大禹杯“金杯奖”。启用危废收贮运一体化中心，工业固废处置基本达到县域平衡。连续三年获评全省生活垃圾分类工作优秀县。绿色矿山建成率达100%，率先实现省级森林城镇全覆盖。

这五年，是民生福祉显著改善的五年。社会保障扩面提质。新增城镇就业人员11.6万人，城镇登记失业率逐年下降、保持全市最低水平。福利院迁扩建工程开工建设，建成安幼养老服务场所20家，新增保障性安居住房8517套，低收入群众基本生活保障水平逐年提高，累计发放救助保障资金3.02亿元。省级双拥模范县实现“五连冠”，成功创建全国无障碍环境示范县。社会事业全面进步。新建和改扩建学校36所、新增学位11000个，实现学校布局、办学条件、师资队伍“三个城乡一体发展”。公立医院综合改革获国务院通报表彰，完成县人民医院改扩建、第三人民医院异地搬迁，61家卫生院、美丽村卫生室建成使用。以全国县域第一成绩创成全国文明城市，成功列入新时代文明实践中心全国试点县，“人有德行 如水至清”成为全国首个入选新华社民族品牌工程的县域品牌，2人获评全国道德模范，“德清嫂”“清禾公益”获评全国学雷锋“最佳志愿组织”。《游子吟》等一批本地文艺精品亮相国家舞台，荣获全国群众体育工作先进集体。圆满完成西部山区农村饮用水和生活污水处理提标、“空调进教室”、泰源商贸城改造提升等一批民生实事项目。社会大局平安稳定。坚持“外防输入、内防反弹”，健全精密智控、“人”“物”同防、平战转换等工作机制，加强洗楼排查、场所管控、疫苗接种等常态化防疫措施，世纪疫情有效应对。深化“四治融合”基层治理模式，建立完善县、镇、村三级矛盾纠纷调处化解体系，创成首批全国信访工作示范县，阜溪派出所获评全国首批“枫桥式公安派出所”，阜溪司法所获评“全国模范司法所”。全力打好“遏较大”风险防控攻坚战，扫黑除恶专项斗争圆满收官，安全生产事故起数和死亡人数实现“双下降”，食品药品安全水平居全省前列，平安德清实现“十六连冠”、夺一星金鼎。国防动员、民族、宗教、港澳台侨、供销、邮政通信、老干部、关心下一代、慈善、红十字、老年体育、档案、史志、机关事务等各项工作都取得新成效。

这五年，是自身建设切实加强的五年。坚定不移推进政府系统党的建设，“两学一做”学习教育、“不忘初心、牢记使命”主题教育、党史学习教育入脑入心，全面从严治党主体责任和“一岗双责”落细落实。严格落实中央八项规定精神，支持纪检监察机关监督执纪问责。坚决执行“三重一大”事项集体决策制度，主动接受人大、政协监督，人大代表建议、政协提案办理满意率均达100%。政府智库建设跃上新台阶，咨询委成立并发挥突出作用，一批高质量课题研究成果得到转化落地。完成政府机构改革，扎实推进基层减负增效。规范行政行为，严格依法行政，深化府院检良性互动，积极化解行政争议，政务公开标准化、规范化水平不断提升。加大审计审查和统计监督力度，全面加强财政资金预算管理，“三公”经费下降34.2%，一般性支出、日常公用经费支出两项年均压减10%，有效防范化解地方政府隐性债务。

各位代表，过去的2021年，我们坚持稳中求进总基调，聚焦“忠实践行‘八八战略’、奋力打造‘重要窗口’”主题主线，以“聚力三进三服务 五个先行开新局”行动为主抓手，统筹疫情防控和经济社会发展，实现了“十四五”良好开局。经济运行交出了高分报表。地区生产总值增长8.7%，财政收入、一般公共预算收入分别增长15.9%、24.1%。规上工业增加值增长12.5%。固定资产投资增长15.5%，工业投资增长21.1%。社会消费品零售总额增长9.4%，外贸出口增长34.5%。全年引进3亿元以上项目103个、20亿元以上项目13个，新增省重点建设项目10个、省重大产业项目7个，实际利用外资3.36亿美元，招商引才考核位列全市第一。大事要事干出了精彩篇章。联合国全球地理信息知识与创新中心加速落地，杭州城西科创大走廊北翼中心发展规划发布实施、片区管委会挂牌成立，地理信息小镇跻身中国特色小镇50强，通航智造小镇正式命名为省级特色小镇，保税物流中心(B型)封关运营。莫干“论剑谷”高点规划、高标推进，之江实验室·AI莫干山基地等重点项目加快建设。杭德市域铁路、浙大儿院莫干山院区项目开工建设。杭州亚运会排球小组赛、三人制篮球赛等筹办工作有序推进，国际运动中心等亚运地标提速建设。产业发展迈出了坚实步伐。在全省各县（市、区）高质量发展综合评价中排名第九，以全省第三获评创建制造业高质量发展示范县优秀单位，成为省首批区域新智造试点，入选省级工业互联网平台3家，鼎力机械入选全国智能制造创新50强，天马轴承成为省创新型领军企业，汇隆新材成功上市。纵深推进新一轮制造业“腾笼换鸟、凤凰涅槃”攻坚行动，完成老旧工业园区改造提升4500亩、“清三低”215家、低效用地盘活超3200亩，规上工业亩均增加值达177.3万元。改革创新积蓄了强势动能。创新指数位列全市第一、全省第六，勇夺全省首批、全市首个省级科技最高奖“科技创新鼎”，新增省级新型研发机构2家、企业研究院5家、企业技术中心2家，全年引进顶尖领军等高层次人才216名，入选省领军型创新团队1个，招引大学生及各类人才2.4万人。全面推进数字化改革，“三地”集成改革荣获年度全省改革突破奖铜奖，“浙里基本公共服务”成为全市唯一入选省数字化改革“最佳应用”，GEP生态价值转化应用纳入“一地创新、全省共享”项目，化工企业安全管理数字孪生、工程渣土“一件事”等一批项目入选全省数字化改革成果展。民生实事书写了满意答卷。聚焦共同富裕，建立“1个总体方案+1个精神富有特色方案+1个缩小城乡差距三年行动计划”的工作体系，探索推进“扩中”“提低”改革，城乡居民收入比缩小至1.55∶1。率先实施城乡风貌整治提升、全域土地综合整治等突破性工程，谋划推进“四核五区”，加快前溪、仙潭等未来社区（未来乡村）建设。境内高速实现德清市民免费通行，赢得群众好口碑。积极回应社会关切，研究出台集体土地房屋征迁房票安置、高层安置小区物业管理补助和调整完善村级安置留用地等系列政策。疫情防控指挥体系高效运转，常态化疫情防控措施精准落实，应急储备和应急能力显著提升，疫苗全程接种实现“应接尽接”，全民免疫屏障加快构筑。

各位代表！五年风雨兼程、砥砺前行、铿锵奋进，所取得的成绩，是县委总揽全局、坚强领导的结果，是县人大、县政协有效监督、鼎力支持的结果，是全县上下团结拼搏、开拓进取的结果。在此，我代表县人民政府，向全县人民，向各位人大代表、政协委员，向驻地官兵、各民主党派、人民团体，致以崇高的敬意！向所有关心和支持德清改革发展的中央省市直属单位、社会各界人士，表示衷心的感谢！

在充分肯定成绩的同时，我们要清醒认识到，跨越发展道路上还存在不少困难和挑战：面对需求收缩、供给冲击、预期转弱的三重压力，同时土地资源、能源供给等要素日益趋紧，高质量发展过程中还存在很多不确定性；面对更加激烈的区域竞争，我们的经济总量还不够大、平台能级还不够强、城市能级还不够高；面对人民群众对美好生活的更高期待，教育、医疗、文化等领域的公共服务还不够优质均衡，疫情防控、安全生产、社会稳定等领域的风险不容忽视；面对发展新形势、工作新要求，部分干部精准服务的能力本领还不够强、敢拼敢抢的精神状态还不够足。这些都是发展中的问题、前进中的障碍，我们一定以高度负责的态度，直面问题挑战，坚决采取有力措施，切实加以解决。

二、今后五年工作总体要求和奋斗目标

今后五年，是德清战略叠加的机遇期、赶超发展的黄金期、调整转型的突破期，发展潜力巨大、前景广阔。特别是县第十五次党代会确定的发展定位、具体目标、重点任务，明确了前进方向，是德清高质量赶超发展的“纲”与“魂”，必须一张蓝图绘到底、一以贯之抓落实。

根据县第十五次党代会战略部署，今后五年政府工作的总体要求是：坚持以习近平新时代中国特色社会主义思想为指导，深入贯彻习近平总书记对浙江、湖州的重要指示批示精神，坚持稳中求进工作总基调，立足新发展阶段、贯彻新发展理念、构建新发展格局，以推动高质量赶超发展为主题，认真落实省委、市

委、县委部署，坚定不移实施“改革创新、接沪融杭”发展战略，聚力打造“改革创新高地 品质生活新城”，加快实现“高质量发展建设共同富裕示范区先行样板地，高品质建成国际化现代山水田园城市，争当社会主义现代化先行排头兵”奋斗目标，为全市勇当绿色低碳发展探路者作出更大贡献！

今后五年政府工作的主要目标是：地区生产总值突破1000亿元，财政总收入达到220亿元，一般公共预算收入突破130亿元，新增固定资产投资1500亿元；研发投入强度达4.5%，高新技术产业增加值占规上工业增加值比重超70%；城乡居民人均可支配收入分别突破97000元、63000元，奋力打造更高水平的活力德清、实力德清、开放德清，让德清成为“改革创新高地”，打造数智德清、美丽德清、幸福德清，让德清成为“品质生活新城”。

重点抓好以下五方面工作。

——高水平建设现代产业强县。始终把实体经济作为德清发展的看家本领，把数字经济作为转型发展的关键增量。围绕推进产业基础高级化、产业链现代化，精准实施延链补链强链工程，全力推动高端智能装备、生命健康、绿色智能家居等主导产业成为拳头产业，推动地理信息+、通用航空等特色产业成为赶超支柱，推动生产性服务业、生活性服务业更好满足产业转型和消费升级需要，构建形成先进制造业主导、战略性新兴产业引领、现代服务业驱动的现代产业体系。

——高起点打造改革创新标杆。持续拓宽改革创新赶超之路，坚持以数字化改革撬动各领域改革，突出引领性、集成性、协同性、标志性，加快谋划落地一批与高质量赶超发展相适应的战略战役性改革；坚持“创新链”“人才链”“资金链”“政策链”四链齐抓，加快释放“创新裂变”效应，初步建成科技创新综合实力领先、区域创新体系有力支撑高质量发展的高水平创新型县域，跻身全国科技创新百强县前二十。

——高品质塑造生态宜居空间。围绕打造“低成本创业之城、高品质生活之城”，坚持走以人为核心的新型城镇化道路，充分发挥城乡融合一体发展的特色优势，加速推动“空间重构”，在城乡风貌提升、功能配套完善等重点领域实现更大突破，形成安全高效的生产空间、舒适宜居的生活空间、碧水蓝天的生态空间，推动全国文明典范城市建设取得实质性进展，加快建成国际化现代山水田园城市。

——高质量推进共同富裕示范。聚焦人的获得感、幸福感、安全感、认同感，全力打造“首善民生”。坚持不懈办好民生实事，全面落实“扩中”“提低”各项举措，推动实现幼有善育、学有优教、劳有厚得、病有良医、老有颐养、住有宜居、弱有众扶，不断提升县域社会治理体系和治理能力现代化水平，创造更多看得见、摸得着、体会得到的共同富裕成果，城乡居民收入比缩小到1.61∶1左右。

——高标准展现有为政府形象。坚持把强执行作为政府工作的生命线，创造性落实中央、省市和县委的决策部署，确保政令畅通、落地见效。以“赶考”的清醒和坚定，在不断变化的环境中牢牢锁定目标任务，千方百计化解矛盾、解决问题。强化系统观念、战略素养、前瞻思维，对理念、机制、工具、手段、方法进行全方位、系统性重塑，全力打造“唯实惟先、善作善成”的变革型政府团队。

三、2022年主要任务

今年是党的二十大召开之年，是系统贯彻省市县党代会精神的关键之年，也是新一届政府的开局之年，好事喜事叠加，大事要事交织，做好全年工作意义重大。综合考虑，全县经济社会发展预期目标是：地区生产总值增长7.5%，财政总收入和一般公共预算收入均增长8%以上，固定资产投资增长8%以上，规上工业增加值增长8%以上，服务业增加值增长8.5%，社会消费品零售总额增长8%左右，研发投入强度达到3.85%，城乡居民人均可支配收入分别增长8.5%和9%以上，节能减排降碳完成上级下达任务。

在具体工作中，要牢牢把握稳进提质、除险保安、塑造变革的要求。必须坚定“争先进位”

的决心。牢固树立“没有走在前列也是一种风险”的意识，积极抢抓重大战略机遇，咬定目标不放松，狠抓落实不松劲，做到干在先、走在前、争第一。必须用好“统筹集成”的方法。掌握系统观念、系统方法，统筹处理好做大与做强、竞争与融入、发展与安全等关系，在多目标平衡中寻找最优路径。必须树牢“实绩实效”的导向。突出重实际、出实招、求实效，全方位加强政策、资金、项目等绩效管理，构建完善闭环推进的工作体系，形成更多标志性、实质性成果。必须拿出“火热沸腾”的状态。始终保持奋进者姿态，激发创造性张力，激扬蓬勃朝气，敢于逆风前行，在赶超发展中跑出德清加速度，全力开创各项事业新局面。必须守住“平安稳定”的底线。将社会和谐稳定作为改革发展大前提，集中精力办好自己的事，守住平安防线、不越生态红线、兜住民生底线，确保持续稳定、长期稳定、全面稳定。

具体来说，重点抓好以下八个方面。

（一）聚焦“能级度”，进一步发挥实体经济优势，在构建现代产业体系上迈出更大步伐

实施平台造峰行动。聚力提升东中西三大平台能级，构建全方位、组团式、特色化发展格局。推动高新区集聚集中，确保财政收入等主要经济指标增速高于全县面上20%，综合排名实现稳中求进。全力推动主体培育、平台建设和要素集聚，以地信智慧城建设为引领，加快北斗产业园、地信学院等高端载体落地建设；加速城北高新园砂村区块产业集聚发展，力争在整车项目招引上实现突破；迭代升级城北高新园、通航小镇基础设施，建成国际展览中心（二期）等一批配套项目。做实经开区融合文章，大力推进高端装备、高新材料、电子信息产业规模化、智能化提升，不断提高土地节约集约利用水平，加快建设经开商务中心等配套项目，综合实力迈入全省开发区前30强。打响度假区“论剑”品牌，聚力建设莫干“论剑谷”，促进山上山下联动，推进“科农文体旅”融合，大力引进一批科技含量高、人才层次高、经济效益高的创新载体，加快完善承接高端会议、高级别论坛的功能配套，在美丽山谷植入美丽经济。

做强工业经济实力。全面实施新一轮制造业“腾笼换鸟、凤凰涅槃”攻坚行动，优化制造业高质量发展政策体系，加快传统优势产业改造提升、新兴产业培大育强。聚焦构建“323”现代产业体系，强化制造业链条式培育、集群式发展，推动“北斗地信+”产业集群争创全国先进制造业集群。深化“亩均论英雄”改革，打好整治提升组合拳，统筹推进“清三低”、“五未”土地处置、“工业上楼”，坚决遏制“两高”项目上马，腾出低效工业用地1500亩、用能空间3.9万吨标煤，累计完成老旧工业园区改造提升6000亩以上，规上工业亩均税收达38万元、全员劳动生产率达29万元/人。

推动现代服务业发展。立足服务制造业高质量发展和满足美好生活需求，抓实抓细金融业、旅游业、商贸业、信息服务业、交通运输业等行业领域，加快推动先进制造业和现代服务业融合发展，力争服务业增加值达到250亿元。坚持生产性服务业高端化、专业化拓展，生活性服务业高品质、精细化提升，加快培育一批服务业龙头企业和市场新主体，新增限上服务业企业50家，培育省级重点电商平台1个、省级新零售示范企业3家。

强化企业梯度培育。持续深化“三进三服务”，全面落实组合式减税降费措施，推动政策直达企业，全年为企业减负60亿元以上。深入开展“凤凰”“雄鹰”“雏鹰”“金象金牛”、专精特新“小巨人”等培育行动，新增上市公司2家以上，新认定“六类”企业10家，冠军培育企业10家，争创全省冠军企业培育优秀县。大力支持名企名品建设，新增“品字标”等省级以上品牌10个以上。纵深推进国资国企改革，做强做优做大国有企业，实现四大集团资产总额2200亿元、净资产800亿元。

（二）聚焦“驱动力”，进一步发挥项目带动优势，在扩大有效投资上凸显更大效益

精准出击招大引强。突出体系化招商、分层分类招商，差异化设置考核指标、个性化定制

招商任务，强化运用“链长”招商、空间载体招商、以商引商等模式，严格执行“2345+节能减排”准入标准，全年引进固投亿元以上项目130个，其中3亿元以上项目65个、10亿元以上项目20个、20亿元以上项目11个、50亿元以上项目3个、百亿项目1个，力争引进龙头型、总部型、制造型“地信+”亿元以上项目10个，在世界500强、中国500强、“国字号”“央字头”直投项目上取得突破。

强势推进项目建设。聚焦投资赛马机制，实施项目全生命周期管控，优化贯通全链条数字平台建设，深化完善双进双产“八大机制”，常态化推进“四证联发”，“一企一策”攻坚“五未”项目，强化“标准地”协议履约验收“硬约束”，全面提高项目开竣工率、投达产率、投资完成率，全年亿元以上工业项目新开工80个、竣工60个、“新升规”40个。充分发挥有效投资“定盘星”作用，实施政府(国有)投资项目三年行动计划，进一步激发民资活力，突出抓好重大项目建设，新增省市县长项目5个、省重点建设项目4个、省重大产业项目3个以上，确保民间投资、工业投资、交通投资、高新技术产业投资增长快于面上投资增长。

持续攻坚要素保障。坚持“要素跟着项目走”，抢抓省扩大有效投资二十条、市“八个一”等政策红利，力争更多项目纳入上级盘子，推动用地、能耗、资金等要素向重大项目倾斜。有序谋划推进项目供地，全年供应土地4500亩，确保新增建设用地指标用于重大项目保障2000亩。大力推广可再生能源，新增光伏装机4.1万千瓦。加强政府资金和产业准入政策引导力度，推动专项债券、产业基金、金融政策精准匹配项目，争取政府专项债50亿元。

（三）聚焦“首位度”，进一步发挥科技创新优势，在建设创新型县域上释放更大效应

搭建科创引力场。坚定不移实施人才强县、创新强县战略，大力推进杭州城西科创大走廊北翼中心建设，推动地信智慧城、环下渚湖创新圈、环莫干山创新圈“一城两圈”塑优崛起与辐射带动，谋划布局浙工大国家大学科技园。深化研究院绩效评估，引导支持研究院创建重点实验室、新型研发机构，推动研究院与企业融通发展、双向促进，力争重大产学研合作项目50项以上。

激发主体活力值。深化推进“产学研用金、才政介美云”十联动，全力构建如鱼得水、如鸟归林的创新生态。落实好研发投入增量补助、高新技术企业所得税优惠等政策，推动规上企业研发活动率达到65%以上。实施科技企业“双倍增”、人才企业“双增效”、国家高企“双培育”、研发机构“双提升”计划，支持企业与高校院所共建创新联合体，组织开展“尖兵”“领雁”计划攻关项目10项以上，新增国家高新技术企业60家、省级科技型中小企业160家、各级各类企业研发机构65家。

打造人才蓄水池。完善升级人才新政，贯通引才、育才、留才、用才全链条，开展“人才起航”十百行动，实施“莫干山英才计划”和“才聚德清”大学生招引计划，加大力度引育知识型、技能型、创新型、管理型人才，推动做大县域人才总量，入选“鲲鹏行动计划”1名、国家和省级人才20名，新集聚大学生2万名以上，新增高技能人才3000名以上，推动“金牛金象”上市企业国家级人才、重点骨干企业省级人才、规上企业市级人才“三个全覆盖”。鼓励支持企业自主引才，着力优化人才发展环境，推动全社会厚植尊重创新、尊重人才的浓厚氛围。

（四）聚焦“国际范”，进一步发挥开放融合优势，在高水平外联内畅上争取更大突破

深度链接国际资源。加速联合国全球地理信息知识与创新中心落地运营，系统推进软硬件环境改造提升，构建适应国际规则的治理生态。充分发挥创新中心服务全球地理信息发展的支撑作用，实施地理信息“二次创业”专项行动，加大力度招引高端项目、人才团队、国际组织落地，加快成为全球地理信息创业创新的首选地。高标准办好杭州亚运会湖州赛区赛事，周密做好场馆建设、竞赛组织、志愿服务、安全保卫等各项工作，大力营造全民参与氛围，确保办得精细、精准、精致、精彩、经

典。最大限度发挥亚运综合效应，借势推动更多国际资源、国际会议、国际赛事落户德清，着力打造国际会议会展目的地、体育赛事集聚地。

全面提升城市品质。围绕打造国际化现代山水田园城市，以承办杭州亚运会为契机，加强城市基础设施建设，推进环境综合整治，强化城市精细化智慧化治理，真正实现"办好一个会、提升一座城"。高标准完成城市入口改造、沿线景观提升等工程，高质量建成国际运动中心等地标性建筑。启动新一轮城区公共设施布局调整，扎实推进公共交通服务中心、污水处理厂、生活垃圾中转站、中心城区停车场等项目建设，加快实施老城区有机更新和老旧小区改造，进一步优化社区布局、阵地建设和治理体系。拓展城市商贸服务功能，提速凤栖湖商业综合体等项目建设，推进杭德市域铁路沿线TOD开发。积极创建全国文明典范城市，开展小区、街巷、市场等典范细胞创建活动，塑造城市文明新形象。

纵深推进外向经济。抢抓RCEP生效机遇，全力稳住外贸基本盘，确保出口占全省份额基本稳定。大力培育外贸主体，新培育外贸进出口实绩企业120家以上。高质量推进国家级外贸转型升级基地和国家地理信息服务出口基地建设，高品质推进保税物流中心（B型）运营服务，努力实现公共海外仓零的突破，力争跨境电商进出口额增长30%以上。加快高能级外资平台建设，持续打造市场化、法治化、国际化的外商投资环境，实际利用外资3亿美元。

（五）聚焦"数字化"，进一步发挥数字变革优势，在撬动全域系统性变革上实现更大引领

增创数字经济新优势。以打造全省数字经济创新发展试验区为引领，推动数字技术与实体经济深度融合，加快数字经济提质扩面。大力推进数字产业化，积极争创国家级车联网先导区，推动"地信+"产业能级提升，数字经济核心产业增加值增长12%以上、占GDP比重达5.5%。大力推进产业数字化，推动传统制造业高端化、智能化、绿色化改造，加快提升规上企业智能化技改覆盖率、装备数控化率、工业设备联网率，工业技改投资增长10%，新增省级智能工厂、数字化车间5家，市级以上未来工厂4家。

迭代升级数字化改革。夯实一体化智能化公共数据平台，加快推动"浙里基本公共服务"等省级重大应用贯通落地，更新迭代"数字乡村一张图"、工程渣土"一件事"等特色应用，大力实施新一轮"景益求精"计划，重点突破应用场景10项以上，力争更多项目纳入重大应用"一本账"，积极争取省级"最佳应用"。深入推进"县乡一体、条抓块统"县域整体智治改革，加快实现"152"体系与"141"体系全面贯通，构建一网统管、高效协同的县域治理现代化新格局。

推动营商环境便利化。深化市场主体全生命周期改革，优化升级政企通、企业码等服务应用，加快打造投资更便利、审批更高效、管理更规范的政务服务体系，推动投资项目审批"极简化"、企业开办审批"零成本"，依申请政务服务办件"一网通办"率达90%以上，新增"跨省通办""异地联办"事项8个以上，争取营商环境评价进入全省第一梯队。

（六）聚焦"一体化"，进一步发挥战略融入优势，在推动共建共享上展现更大作为

主动融入区域格局。抢抓长三角一体化发展、长江经济带建设等国家重大战略机遇，以"接沪融杭"为引领，积极融入上海大都市圈、杭州都市区，靠前引领湖杭一体建设。深度融入"轨道上的湖州"、长三角主要城市1小时交通圈，加快推动杭德市域铁路、湖杭高速、湖杭铁路、浙北高等级航道项目建设，全力推动临杭大道—德安高速项目破解要素制约、取得实质性开工。深入推进东西部协作、对口支援、对口合作、山海协作等工作。

加快城乡融合发展。高质量完成国土空间规划编制，构建"一廊引领、一核两翼、三区联动、四片融合"的县域总体格局。深化城乡风貌全域化整治提升，加快打造群众认可的示范引领性工程，完成绿色生态旅游发展县域风貌区、整体智治特色产业风貌区建设，建成未来社区

和未来乡村6个、启动20个以上，力争创成全省首批"新时代富春山居图样板区"。统筹推进新市小城市培育、乾元千年古城复兴。加快"大仙潭"规划建设，积极探索"整合生态空间、打破行政边界、统筹设施供给、差异联动发展"的乡村组团新模式。

深入实施乡村振兴。围绕打造全省农业农村现代化先行区，因地制宜推进全域土地综合整治和生态修复，启动全面改造提升农村公路五年行动计划，完善村庄长效管理机制，全力以赴争创省级新时代美丽乡村标杆县。大力推进农业"双强"行动，探索实施全域宜机化改造，打造"未来农场"4个，确保农林牧渔业增加值增长2.9%。持续抓好耕地"非农化""非粮化"整治工作，扎实推进粮食生产功能区清理腾退，加快振兴现代种业，全年粮食播种面积14.39万亩、总产量0.6亿公斤以上，全力保障粮食安全。

（七）聚焦"获得感"，进一步发挥均衡发展优势，在加快绿色共富上取得更大成果

改善生态质量。高标准完成第二轮中央生态环境保护督察及省委督查反馈问题整改。深入推进清新空气行动，$PM_{2.5}$浓度控制在26微克/立方米以内，空气优良率达到91%以上。深化"五水共治"碧水行动，确保县控以上地表水监测断面水质100%稳定达标，"五水共治"八夺大禹鼎。加强土壤污染治理和修复，污染地块安全利用率达到96%，力争创成省级"无废城市"。深化GEP核算实践应用，完善生态修复机制。大力开展"绿色低碳发展"攻坚行动，编制实施"碳达峰、碳中和"行动方案。推进资源节约集约循环利用，倡导简约适度、绿色低碳的生活方式。

完善保障体系。全年新增城镇就业1.5万人，城镇登记失业率控制在3%以内。完善城乡居民养老保险政策，增强基金支付能力。规范执行灵活就业人员参保、城乡居保提档补缴等新政策，加快实现法定人员应保尽保。健全城乡居民基本医保政策，人均财政补助提高到1235元。深化社会救助综合改革，实施低收入群众幸福无忧工程，城乡居民低保年标准提高到1.2万元以上。巩固深化全国无障碍环境示范县创建成果。扎实做好双拥共建和退役军人事务工作。健全住房保障体系，筹集保障性住房4800套。支持商品房更好满足购房者合理住房需求，促进房地产业良性循环和健康发展。

促进致富增收。开好"共富班车"，加快实施"扩中""提低"行动，进一步缩小城乡居民收入倍差，低收入农户人均可支配收入增长13%以上。深化农村领域集成改革，持续推进农村承包地"三权分置"改革，深入推进国家农村宅基地制度改革试点，探索宅基地"三权分置"有效实现形式，完善优化"宅富通"系统，打造农民富裕富足"跑道"。全域推动"两山银行"高效转化，持续深化"强村六式"，积极推进"强村公司"实体化、专业化运营，全面消除年经营性收入70万元以下村。

优化公共服务。实施"教育创强"计划，巩固扩大"双减"成果，新建和改扩建幼儿园10所、义务段学校8所，迁建培康学校，扩建职业中专。深化省基层卫生健康综合试验区建设，加快浙大儿院莫干山院区、县中医院迁建等项目建设，确保人民医院创成"三乙"。加强"名师、名医"引育和"名校、名院"建设，提升优质服务供给。加快推进博物馆群建设，建好莫干山作家村、编剧村、综合艺术村等文艺创作基地，打造更多文化精品力作，进一步繁荣群众性文化，丰富"15分钟品质生活功能圈"。继续扎实做好国防动员、民族、宗教、广电、邮政、通信、保险、老干部、关心下一代、慈善、红十字、老年体育、档案、史志、机关事务等工作。

各位代表，在全力办好省市民生实事项目的基础上，我们聚焦群众所需所盼，积极回应社会关注热点，梳理形成了12件县政府民生实事候选项目，经大会票决选出10件。1. 十万吨德清新水厂建设项目。2. 基层医疗机构免"挂号费"就医。3. 全县三万名小学生午休"躺着睡"。4. 德清国际运动中心和德清大剧院落成启用。5. 智慧公交便民工程。6. 十大社区民生服务综合体项目。7. 社会心理健康

服务行动。8.百个数字生活智能服务站项目。9.全学龄段学生视力健康守护行动。10.轻微车损事故十分钟快速处理项目。我们将认真组织实施，确保高标准、高质量完成。

(八)聚焦“安全感”，进一步发挥基层基础优势，在促进社会和谐稳定上提供更大保障

慎终如始抓好疫情防控。坚持“外防输入、内防反弹”，常态化落实各项防控措施，持续推进疫苗接种，加强应急演练和应急能力建设。突出平战结合、扁平化管理，推动疫情防控七大机制有效运转，确保防控体系适应疫情形势变化和防控需要，切实守牢疫情防控底线。

毫不松懈加强安全生产。持续打好“遏较大”攻坚战，紧盯消防、危化品、道路运输、建设施工、城市运行、旅游新业态等重点领域，全面排查整治风险隐患，确保实现较大以上事故“零发生”、一般事故“双下降”。强化食品药品安全监管，确保食品药品领域万无一失。扎实做好防汛防台抗旱等自然灾害应对工作。

全力以赴保持平安稳定。坚持和发展新时代枫桥经验、枫桥品牌，完善基层矛盾纠纷调处化解机制，开展信访积案清零行动，纵深推进“大综合一体化”行政执法改革，推动基层治理组织模块化、事项集成化、手段智能化、协同高效化。扎实做好“八五”法治宣传教育工作。加强社会治安防控体系建设，常态化推进扫黑除恶，严厉打击电信网络诈骗、跨境赌博等涉网新型违法犯罪，全力做好党的二十大等重大活动安保维稳工作，确保平安指数保持全省领先，平安德清实现“十七连冠”。

四、建设人民满意政府

始终坚持把党的领导贯穿政府工作各领域、全过程，牢固树立政治意识、大局意识、核心意识、看齐意识，全面提升履职能力和服务水平，全力打造人民满意的服务型政府。

始终做到忠诚为政。坚持以习近平新时代中国特色社会主义思想武装头脑，切实增强“四个意识”、坚定“四个自信”，坚定不移做“两个确立”忠诚拥护者、“两个维护”示范引领者。不折不扣贯彻落实党中央决策部署、省市县委工作安排，闻令而动，令行禁止。自觉接受县委全面领导，严格落实重大事项请示报告，始终保持思想同心、目标同向、行动同步。

始终做到高效施政。聚焦“四比一争”，坚持实干第一导向，盯牢事关德清长远发展的大事、群众关注期盼的要事，用发展的眼光、改革的办法、高效的机制、创新的手段，对工作实行“清单式管理”“滚动式推进”“销号式验收”，做到能办的事不等、该办的事不拖、难办的事不放、配合的事不推，全力推动政府工作提速增效。

始终做到依法行政。牢固树立法治思维，依照宪法法律行使职权、履行职责。严格执行重大事项决策程序，充分发挥咨询委及各类专家、法律顾问作用，实质性推动合法性审查。深入推进基层政务公开标准化、规范化建设。严格行政执法，突出制度执行刚性，不断增强政府公信力。自觉接受人大依法监督、政协民主监督，加强审计监督、司法监督、统计监督、群众监督、舆论监督。

始终做到从严治政。牢固树立政府过“紧日子”思想，厉行节约，坚决压减非刚性、非重点、非急需支出。全面落实中央八项规定精神，坚决反对和整治一切形式主义、官僚主义，坚决杜绝“四风”问题隐形变异、反弹回潮。切实加强政府系统党风廉政建设，驰而不息正风肃纪，全力营造风清气正的政治生态。

风劲潮涌，自当扬帆破浪；任重道远，更需快马加鞭。让我们更加紧密地团结在以习近平同志为核心的党中央周围，在上级党委、政府和县委的正确领导下，团结再出发，一起向未来，加速推动德清高质量赶超发展，为聚力打造“改革创新高地 品质生活新城”而努力奋斗，以优异成绩迎接党的二十大胜利召开！

政府工作报告有关名词解释

1. "五谷丰登":湖州市推出优化生产力布局的"五谷丰登"计划,即弁山"云起谷"、西塞"科学谷"、阳山"时尚谷"、顾渚"画溪谷"、莫干"论剑谷"。

2. 智能工业"十百千"工程:全县打造形成10个智能工厂、100个智能车间,完成以智能化技术改造为重点的投资1000亿元。

3. 省"尖兵""领雁"重点研发计划项目:由省科技厅牵头组织实施,面向世界科技前沿、面向经济主战场、面向国家和全省重大需求、面向人民生命健康,开展重点技术领域的前沿科学问题研究、重大关键核心技术攻关、重大社会公益性研究、重大国际科技合作等研究活动的科技计划。

4. 宅基地"三权分置":落实宅基地集体所有权,保障宅基地农户资格权,适度放活宅基地使用权。

5. 农村"三块地"改革:农村土地征收、集体经营性建设用地入市、宅基地管理制度等三项农村土地制度改革。

6. 一般工业项目"四证联发":指全县范围内以"标准地"供地的工业项目(除特殊工程以外)在拿地当日同步取得不动产权证、建设用地规划许可证、建设工程规划许可证、建筑工程施工许可证"四证",实现"拿地即开工"。

7. "四治融合":党建统领的自治、法治、德治和智治融合的社会治理体系。

8. "清三低":对"规上低贡献、规下低效益、用地低产出"企业进行处置。

9. "四核五区":为推动城乡风貌整治提升,以"全域美丽,整体大美"为目标,划分全县为4个城市风貌样板区和5个县域风貌样板区作为创建区块,分层次、分类别、分阶段打造城乡风貌样板区。

10. "六类"企业:单项冠军、专精特新"小巨人"、隐形冠军、"金象金牛"、"雄鹰"行动、产业链"链主"等六类企业。

11. 科技企业"双倍增":到"十四五"末,国家高新技术企业、省级科技型中小企业数量较2020年末均增长1倍以上,分别达到550家、1800家。

12. 人才企业"双增效":人才企业人才集聚度增强,对经济社会贡献度增加。

13. 国家高企"双培育":规上工业企业中非高新的培育成高新技术企业,高新技术企业中规下的培育成规上企业。

14. 研发机构"双提升":到"十四五"末,研发机构数量、质量均得到提升,规上工业企业研发机构实现全覆盖,省级以上研发机构达到200家。

15. TOD开发:以公共交通使用最大化为导向的开发模式和规划设计方式。

16. "县乡一体、条抓块统"县域整体智治改革:以党建为统领,以基层治理现代化为目标,以赋权赋能镇(街道)、提升镇(街道)统筹能力为核心内容,以重塑县乡管理体制和基层治理体系为发力点的重大集成改革,是数字化改革在基层的综合性探索和实践。

17. "152"体系:省委数字化改革"152"工作体系,"1"即一体化智能化公共数据平台,"5"即党政机关整体智治、数字政府、数字经济、数字社会和数字法治等五个综合应用,"2"即理论体系、制度规范体系。

18. "141"体系:"一中心四平台一网格"基层社会治理体系。

19. "新时代富春山居图样板区":全省城乡风貌整治提升暨未来社区建设工作现场会上,省委书记袁家军批示指出,要打造整体大美、浙江气质的城乡风貌新时代"富春山居图"。全省主要目标是自2022年起每年建成50个左右城市风貌样板区和30个左右县域风貌样板区,择优公布20个左右"新时代富春山居图城市样板区"和10个左右"新时代富春山居图县域样板区"。

20. 农业"双强"行动:科技强农、机械强农行动。

21. "共富班车":湖州市加

快打造共同富裕绿色样本的重要机制创新，聚焦缩小城乡、地区、收入三大差距，按照共建共享等推进原则，持续供给均衡普惠的富民项目、惠民政策、便民服务，提升群众获得感、幸福感、安全感。

22. **“宅富通”**：农村宅基地管理信息系统，实现宅基地线上盘活，努力促进共同富裕。

23. **“两山银行”**：“存入”绿水青山，“取出”金山银山。指的是把需集中保护开发的耕地、园地、林地、湿地以及可供集中经营的村落、集镇、闲置农村宅基地、闲置农房、集体资产等碎片化资源资产，经摸底、确权、评估后整合推向市场，实现生态资源向资产、资本的高水平转化。

24. **“强村六式”**：“强村志”定目标，“强村论坛”促提升，“强村产业”谋发展，“强村局长”真帮扶，“强村指数”求实效，“强村大会”聚民心。

25. **疫情防控七大机制**：精密智控指挥决策、预防早期发现、“三责”联动快响激活、“三区”最小单元管控、“五快”循环落实、分阶段清零、“三情”联动。

◆大 事 记◆

1 月

1日　新市镇335路、336路公交车同时开通，实行双向对开循环发车模式，打通镇域交通内循环。

4日　自然资源部办公厅发布《关于印发全域土地综合整治试点名单的通知》，洛舍镇被列入全国全域土地综合整治试点名单。

5—6日　2021年德清县首场“才聚德清·百名硕博招引计划”活动在安徽合肥举行。活动吸引近千名毕业生参加，达成初步就业意向163人。

6日　德清县四个重大基础民生项目竣工投入使用，总投资37.78亿元，分别为县人民医院新建住院楼启用、杭师大附属德清医院启用、104国道德清段改建工程通车、洛舍镇绕镇公路项目竣工。

7日　2020年度浙江省装备制造重点领域首台（套）产品名单出炉，德清企业浙江华立智能装备股份有限公司研发的“PX型多功能智能输送式电泳喷漆模块化涂装生产线”，被认定为国内首台（套）。全市实现装备制造重点领域国内首台（套）产品零突破。

8日　德清县举行全国文明城市建设工作推进会暨高质量创成表彰大会。

11日　中共德清县委十四届十次全体（扩大）会议暨经济工作会议在县会展中心举行。

12日　德清县获评浙江新时代美丽城镇建设优秀县。

13日　《数字乡村标准体系建设指南》立项研讨会在德清县禹越镇三林村举行，会上正式启动全国首个数字乡村标准体系团标编制工作。

14日　湖州市委书记到德清县专题调研科技创新工作。

17日　湖州市2020年第二批“南太湖精英计划”领军型创新创业团队和创新领军人才入选名单公布，浙江德清知路导航研究院团队成功入选A类领军型创业团队，是本批次领军型创业团队中全市唯一一支获评A类资助的团队。

21日　长三角数字城市研究合作体首次工作会议在德清县举行，会上成立长三角媒体融合实践（德清）基地和长三角数字城市研究合作体（德清）基地。

22日　浙江省经信厅下达2021年度浙江省医药生产能力储备计划，德清企业浙江朗特医疗科技有限公司位列其中，成为湖州市唯一一家进入省级医药生产能力储备计划的企业。

28日　德清县人民政府与浙江工业大学、浙江警察学院三方合作共建“基层社会治理研究基地”与“信访研究基地”签约暨揭牌仪式在县矛调中心举行。

2 月

1日　中共德清县委召开常委会扩大会议，市委宣布省委干部任免情况。省委决定：提名王波为德清县县长候选人，提议敖煜新不再担任德清县县长。市委常委、组织部部长徐仲仪到会并讲话，县委书记敖煜新主持会议，杨明连、张林华、陈健等县四套班子领导参加。

△　德清县成功创建国家无障碍环境示范县。

3日　科技部火炬中心公布2020年度国家高新区综合排名，湖州莫干山高新技术产业开发区在国家高新区排名上升至64位，跻身新升级国家高新区的第一梯队。

5日　欧诗漫生物股份有限公司化妆品品质与功效测试中心获CNAS国家实验室许可，这是浙江省唯一一家获得CNAS国家实验室认可的化妆品生产企业。

7日　浙江省住房和城乡建设厅公布2020年度全省城镇污水处理工作考核结果，德清县在全省53个县市中排名第一位。

11日　历时两年半建设的304省道PPP项目德清对河口至安吉矮部里工段开通。

22日　中共德清县委理论学习中心组(扩大)报告会举行，省记协副主席周咏南围绕践行"八八战略"作主题报告。

△　德清县举行"地地合作"赴外招聘活动出征仪式，成立12个"地地合作"招聘小组，分赴云南、贵州、四川、安徽、河南5省27地劳务合作地区开展劳务协作交流。

24日　德清县举行2021年首场"亲清直通车·政企恳谈会"。

25日　浙江省政协副主席陈铁雄带领省政协调研组到德清县，围绕"做大县域经济'蛋糕'、促进共同富裕"及"增强造血能力、发展村集体经济"进行调研，专题听取德清县关于促进共同富裕工作的建议。

3月

3日　中国首部全景展现新时代航天事业电视剧《大国飞天》投资拍摄协议签约仪式在德清举行。

4日　德清县成功举办第二届"志愿服务与社会治理"莫干山论坛。

8日　浙江省水利最高奖"大禹杯"结果出炉，德清县再次获"大禹杯"金杯奖，实现两次获"大禹杯"的佳绩。

9日　中共德清县委召开农村工作会议暨大花园示范县建设推进会。

10日　浙江省副省长高兴夫到德清县主持召开座谈会，专题调研并听取城西科创大走廊德清片区规划情况汇报。

△　浙江省人大监察司法委调研组一行到德清县调研法治政府建设情况和综合行政执法情况，就《浙江省综合行政执法条例(草案)》征求意见、建议。

△　"才聚德清　创享工大"德清县科技人才校地合作大会在浙江工业大学莫干山校区举行。

15日　中共德清县委巡察工作动员会暨十四届县委第十二轮巡察工作部署会召开。

16日　德清县召开全县党史学习教育动员部署会。

17日　湖州市委副书记、市长王纲到德清部分制造业企业走访调研。

19日　第四届蠡山花朝节在德清县钟管镇举行，来自全国各地的汉服爱好者相聚蠡山景区。

23日　湖州市首个新冠肺炎疫苗方舱式临时接种点——武康新冠肺炎疫苗方舱式临时接种点正式启用。

24日　浙江省侨商会会长、澳门银润控股集团有限公司董事长廖春荣带领省侨商会部分成员，经贸、法律等方面专家到德清，开展"访侨企送服务"活动，帮助侨企解决发展中的实际困难。

25日　湖州市区县"互看互学互比"活动走进德清，实地了解2021年以来德清县主要经济指标完成情况，考察部分在建项目。

26日　德清县获评2020年度创建制造业高质量发展示范县(市、区)优秀单位，位列全省前三。

△　第23届德清新市蚕花庙会暨2021年经开区(新市镇)融入长三角一体化招商旅游推介会在上海黄浦江畔召开。

29日　由中国报告文学学会、浙江省作家协会主办的"全面建成小康社会的德清样本研讨会暨《德清清地流》新书发布会"在北京举行。

31日　"长三角湿地保护一体化行动暨西溪湿地朱鹮回归试验启动仪式"在杭州西溪湿地举行。德清牵手西溪湿地，正式开启朱鹮首次异地野化放归试验。

4月

1日　德清县"遏较大"(指遏制较大以上事故发生)攻坚战暨安全生产和消防工作会议召开。

2日　德清县四套班子领导前往县革命烈士陵园，向革命烈士敬献花篮。

△　德清企业我武生物十

五年磨一剑：全球首个蒿属花粉舌下免疫治疗药物上市。该药填补我国北方针对花粉过敏原脱敏的空白，为我国蒿属花粉脱敏治疗带来里程碑式的进步。

△ 以“遇见大运河·遇见您”为主题的2021年第二十三届中国德清·新市蚕花庙会在新市古镇拉开序幕。

7日 2021年度浙江美丽城镇建设样板创建名单公布，德清县莫干山镇、下渚湖街道、洛舍镇、钟管镇4处成功入选。

8日 中央电视台新闻频道《新闻直播间》、央视新闻客户端“央视新闻正直播”等栏目关注德清县水木莫干山都市农业园里的别样春耕。

△ 湖州市首家以体验为主的综合性市民健康科普基地——德清县市民健康体验馆正式开馆。

9日 浙江省国际商会协同湖州国际商会组织30家会员企业赴德清县开展考察交流，探讨新发展格局下生物医药产业的新机遇。

△ 浙江省林业局团委联合共青团浙江省委、省发改委团委、省建设厅团委、省烟草局团委、省交投集团团委等到德清县开展“青春有你同行 共建绿色家园”义务植树活动。

11日 德清县举办第十三届莫干黄芽茶王赛，莫干山镇千亩山茶场喜摘“茶王”桂冠。

14日 中国残联党组成员、副理事长相自成一行到德清县调研残疾人工作。

△ 浙江省人大调研组一行到德清县调研“数字人大”建设工作。

15日 国务院副秘书长、国家机关事务管理局局长李宝荣到德清县调研制止餐饮浪费等工作。

△ 浙江省科协党组书记、副主席谢志远一行到德清县调研科协工作。

18日 德清县在地理信息小镇举办“亚运，我来了”百场演出千场赛事启动仪式。

22日 清华大学—浙江德清材料设计与产业创新联合研究中心2020—2021管委会暨清华110周年高端研讨会在清华大学举行，县委书记敖煜新赴清华大学参会，在高端研讨会上作主旨报告。

△ 德清县举办首届东西部人力资源协作交流大会，与全国7省17县共建招工引才平台，畅通信息交流渠道，推动人力资源跨区域深度协作。

23日 浙江省数字政府双循环国际集装箱“一件事”应用建设试点工作推进会在德清县召开。德清县为数字政府双循环重点应用——国际集装箱“一件事”应用场景首批试点地区之一。

25日 浙江省委常委、政法委书记、省委建设平安浙江领导小组成员王昌荣在浙江工业大学莫干山校区调研平安建设工作，主持召开全省平安校园建设座谈会。

△ 中国首部现代航天题材电视剧《大国飞天》到德清取景拍摄。莫干山、乾元镇、下渚湖风景区、上渚山奇幻谷、地理信息小镇、武康健保集团成为拍摄取景点。

27日 “创业长三角、度假莫干山”德清文旅品牌(杭州)推介会在杭州未来科技城海创园顺利举行。

28日 浙江省农村文化礼堂2.0版建设暨新时代文明实践中心建设工作现场会在绍兴柯桥召开。作为全省3个代表之一，县委书记、新时代文明实践中心主任敖煜新代表德清在会上作交流发言。

30日 国务院办公厅印发通报，对2020年落实有关重大政策措施真抓实干、成效明显的地方予以督查激励，德清名列其中，成为省内因财政管理工作完成情况较好而被督查激励的唯一县区。

5月

1日 浙江首家“义新欧”贸易窗口进口商品旗舰店——“义新欧”贸易窗口莫干山旗舰店正式开业。

6日 浙江省副省长刘小涛一行到德清县检查指导防汛工作。

7日 浙江工业大学药学院与德清县红十字会、康乾街道联合举行“‘药’‘救’在身边”校地共建启动仪式。

8日 德清县平台、镇(街道)一把手工作例会暨第二期

"强村论坛"举行，聚焦基层党建、产业强村主题，推动基层党建与乡村振兴融合发展、互促共进。

9日　中央文明办二局局长薛松岩到德清县深入城乡调研县级文明城市建设工作。

△　德清县与品牌中国战略规划院长三角研究中心在上海杨浦区联合主办，以"创新引领高质量发展、品牌铸就美丽德清"为主题的2021长三角老字号品牌合作高峰论坛暨沪德老字号品牌合作成果发布活动。

10日　德清县建设平安德清工作会议暨"平安护航建党100周年"大会战动员部署会召开。

11日　中国社科院副院长、党组成员高培勇和中国社科院相关研究所负责人、相关专家到德清县，调研推进共同富裕工作。

12日　湖州学院党委书记朱斌一行到德清县，围绕开展校地合作、人才培养、服务地方发展等方面进行深入考察交流。

13日　"才聚德清·珈在浙里"校地合作大会在武汉大学举行，推动开启校地深度合作新篇章。

△　湖州师范学院附属德清二中揭牌成立。

14—15日　浙江省党史学习教育第四巡回指导组到德清县考察，通过个别访谈、听取汇报、走访调研等形式，指导德清县党史学习教育高质量开展。

15—16日　由浙江省发展民办教育研究院主办的中国民办教育西湖论坛在德清求是高级中学举办，主题是"新趋势·新战略"。

16日　第十六届枇杷文化节在德清县雷甸镇举行。

17日　国家药监局人事司副司长段慧萍到德清县，调研欧诗漫省级化妆品实训基地建设工作。

18日　在全省建设新时代美丽浙江暨中央生态环境保护督察整改工作推进大会上，德清县被授予2020年度美丽浙江建设工作优秀县，夺得"五水共治"(河长制)工作优秀县"大禹鼎"金鼎。

△　德清县举行农业生产设施登记暨"农企振兴贷"启动仪式，"农企振兴贷"开创浙江省农业生产设施抵押贷款先河。

△　2021"梦回钟管　再遇芳华"钟管镇第四届乡村旅游文化节暨蠡山沄居开园仪式举行。

19日　中国·莫干山第五届全球高层次人才创新创业大赛在德清国际会议中心正式启动。

20日　浙江省纪委常委、省委巡视办主任周峰到德清县开展"三服务"活动。

△　浙江工会劳模工匠志愿服务月暨湖州市工会金牌技术服务队进企业活动在德清县启动。

21日　德清县—小金县东西部协作和对口支援工作首次联席会议召开，双方共商协作事宜，共谋未来发展。

△　以"迎建党百年　享美好生活"为主题的浙江省民间音舞大型广场展演在德清县举行。

22日　TNF100莫干山越野跑在莫干山郡安里拉开帷幕，这是TNF全年赛事的首场。作为亚太地区规模最大、国际影响力最为广泛的越野系列赛，这是德清县第5年承办该赛事。

22—23日　国家发展改革委国际合作中心在北京举办第一期乡村振兴与城乡融合发展研修班。德清县作为全国受邀的五个地方之一，在会上分享以体制机制改革为动力推进城乡融合发展的典型经验。

23日　联合国副秘书长刘振民、联合国驻华协调员常启德等一行到德清，就可持续发展工作进行考察。

24日　"遇见世界，相会德清"国际咨询会议在德清国际会议中心举行，联合国副秘书长刘振民、联合国驻华协调员常启德等出席会议。

25日　浙江省2021年测绘应急演练在德清县举行，来自全省12支测绘应急队伍同台比武竞技，演练模拟局地持续强降雨，突发泥石流，引发山体滑坡、道路冲毁、房屋倒塌、农田受淹等灾情。

△　浙江省委常委、常务副省长陈金彪到德清县调研防汛和特色小镇建设发展情况。

25—26日　德清县委副书记、县长王波率德清县考察团前往建德、义乌、衢州等地，实地学习借鉴当地美丽乡村建设、千年古城复兴、产业经济发展、未来社区建设等工作的先进做法和经验。

27日 浙江省政协主席葛慧君到德清调研政协工作和数字化改革相关情况，就加快数字政协建设听取意见建议。

△ 工信部科技司司长刘多到德清县调研国家级车联网先导区创建工作。

△ “浙”里有“援”浙江省外经贸法律服务月活动在德清县举行。

△ 德清县首个农民专家联络点——乾元镇幸福联络点揭牌运行。

△ 德清县入选2021年浙江省区域新智造试点，成为全市唯一一个区域新智造试点。

28日 长三角县（市、区）“数字乡村”赋能大体验、大联动、大直播广播融媒体活动在德清县五四村正式启动。

△ 德清县首个挂靠基层卫生院的“120”急救站点在钟管镇启用。

31日 浙江省副省长高兴夫带队到德清县，专题调研物产中大电缆研究院、物产中大年产100万千米特种线缆项目建设情况。

6 月

1日 全国政协常委、副秘书长，民革中央副主席兼秘书长李惠东率调研组到德清县就“加快绿色发展，保障农产品质量安全”课题进行调研。

△ 位于康乾街道的浙江大学医学院附属儿童医院莫干山院区正式开工。

△ 浙江省委党校“数字赋能基层治理现代化”现场教学点揭牌仪式在德清县五四村举行。

2日 国家统计局党组成员、副局长李晓超一行到德清调研乡村振兴工作。

4日 2022年杭州亚运会组委会副秘书长、杭州市副市长陈卫强率队到德清县调研亚运筹办工作。

5日 第五届“浙江工业大学—莫干山青年学者”论坛开幕式在德清县举行。

8日 德清县文明委全体（扩大）会议暨全国文明典范城市创建动员会召开，拉开“创建全国文明典范城市”的序幕。

8—11日 第二届中国—中东欧国家博览会暨国际消费品博览会在宁波开幕。德清县兔宝宝装饰板材、泰普森户外休闲用品、洛舍钢琴等特色产品，以及内外贸一体化服务应用场景、智慧社区平台等数字化改革成果纷纷亮相展会。

9日 湖州市区县“互看互学互比”活动走进德清，到高新区通航产业园开展现场交流。

10日 以“天清云旖·山海协作”为主题的德清·缙云文旅专场推介会走进杭州市滨江区。

△ 德清县人民政府与江南大学合作协议签署仪式在江南大学举行。双方将在德清共同培育一批人才领衔、技术创新、发展强劲的好项目，形成人才产业集聚合力，引领带动创新创业新动能。

11日 德清县乡村振兴局挂牌成立。

△ 德清县第三届全民健身节启动仪式在下渚湖街道塘泾村举行。

15日 德清县庆祝中国共产党成立100周年图片展开展暨集中宣誓仪式在县博物馆举行。

△ 德清县获得全省科技创新最高荣誉——科技创新鼎，获得2020年度市县党政领导科技进步目标责任制与人才工作述职评议考核优秀单位，党政领导科技进步目标责任制考核成功蝉联“六连冠”。

16日 湖州市委副书记、市长王纲到德清县调研，下访接待群众。

△ 争创共同富裕县域样板研讨会在杭州举行。本次研讨以德清为样本深入探讨如何争创共同富裕县域样板，在县域层面探索高质量发展建设共同富裕示范区的有效途径。

△ 位于雷甸镇的浙江临杭金属材料市场成功创建湖州市首个五星级市场。标志着湖州市创建浙江省五星级文明规范市场实现“零”的突破，该市场是2021年全省新认定“五星”市场中唯一一家工业品消费市场。

16—17日 德清县委书记敖煜新率德清县党政代表团在四川省阿坝州小金县考察，开展东西部协作和对口支援工作。

17日 “在浙里见美好”——

共同富裕看“浙”里大型融媒行动暨“四季旅行之华夏好风光浙江站”启动仪式在下渚湖街道举行。

18日　中国·莫干山第五届全球高层次人才创新创业大赛德清现场分站赛举行。

21日　中国科协党校2021年青年科技领军人才国情研修活动在浙江工业大学莫干山校区举行开班仪式。

△　湖州市全域公交一体化暨德清—湖州城际公交开通仪式举行。

26日　以“数智共建　德创未来”为主题的2021年德清投资贸易人才洽谈会开幕。

△　以“智荟德清　赛赢未来”为主题的中国·德清首届全球高层次人才创新应用大赛启动仪式在德清举行。

27日　德清县党史学习教育基地启动仪式暨全县新党员集中宣誓活动举行。

28日　德清县举行庆祝中国共产党成立100周年大合唱展演，祝福党的百年华诞。

△　德清县数字化改革推进会暨专题培训会举行，县委书记敖煜新作开班动员。

29日　湖州市委书记到德清县调研莫干山实验室建设情况。

△　中共德清县委举行“两优一先”表彰大会暨党史学习教育专题党课报告会。

△　G25扩容湖州段莫干山互通至104国道接线（北湖西街）改造提升工程正式通车。

7月

1日　湖州市首个楼宇科协——德清县地信产业服务综合体科协在高新区地理信息小镇成立。

3日　德清县开展“学重要讲话·践初心使命”万名党员集中服务日暨强村局长助力人居环境大提升行动，169名“强村局长”分别在137个村、32个社区集中亮相。

7日　湖杭铁路德清段东坡特大桥跨阜溪125米连续梁顺利合龙。

9日　中国·莫干山第五届全球高层次人才创新创业大赛德清现场分站赛举行，现场7个高层次人才领先的优质项目参与路演角逐。

14日　德清县首批宅基地使用权抵押贷款启动。

△　德清县与复旦大学公共卫生学院签订院地合作协议，就德清县健康与公共卫生领域达成战略合作，未来双方将共建“复旦大学公共卫生学院—德清县人民政府科研教学基地”。

16日　2021年度“我飞拥军”慈善项目关爱金发放仪式在德清国际会议中心举行。

19日　德清县举行科技创新暨制造业高质量发展大会，正式发布《杭州城西科创大走廊德清片区发展规划》，揭牌成立杭州城西科创大走廊德清片区管委会，表彰科技创新先进单位和个人。

20日　湖州德清保税物流中心（B型）通过验收。

21日　浙江省副省长徐文光带领省生态环境厅、省建设厅等省级有关部门负责人，到德清调研城市规划建设、城乡风貌提升、未来社区创建等工作。

22日　德清“人有德行　如水至清”城市品牌入选新华社民族品牌工程暨合作共建启动仪式在北京举行，现场首次发布“人有德行　如水至清”德清城市品牌主推广语和视觉识别系统。

△　国务院残工委在北京召开表彰大会，表彰“十三五”期间残疾人工作先进单位和先进个人，德清县人民政府残疾人工作委员会获“全国残疾人工作先进单位”荣誉称号。

28日　商务部流通发展司正式公布2021年电子商务进农村综合示范县名单，全国有148个县区上榜，浙江省有12个，德清县作为湖州市唯一县区入选。

30日　浙江省人民法院首个宣传创作基地在德清揭牌，该基地由浙江省高院、湖州市中院和德清县人民法院联合共建。

△　德清县文物局挂牌成立。

31日　中共德清县委十四届十一次全体（扩大）会议举行。

8月

3日　德清县举行“县委书记倾听委员之声”座谈会，汇聚群智共谋打造武洛文化旅游新走廊。

4日　德清县“碳达峰、碳中和”工作暨“两山银行”建设推进会召开。

5日　德清县举行共同富裕优质教育资源共享暨新校园集中启用仪式，浙江工业大学附属德清高级中学、德清三中、德清五中、秋山中学、上柏小学、千秋幼儿园市心府园区分别启用。

6日　浙江省《数字乡村建设规范》省级地方标准制定推进会在德清县召开，德清县获批制定全国首个数字乡村建设省级地方标准。

9日　浙江升华控股集团有限公司、德华集团控股股份有限公司、完美世界股份有限公司、浙江鼎力机械股份有限公司4家德清企业跻身2021浙商全国500强。

13日　镇海至安吉公路德清至安吉段全线通车，德清到安吉车程只需30分钟。

△　《德清文学百年卷1921—2020》新书首发研讨会在德清县举行。

18日　中国科大—德清阿尔法创新研究院开园周年交流会在德清县举行。

△　浙江省科协公布2021“科创中国”浙江创新基地入选名单，湖州莫干山高新区榜上有名，成为全省6家入选省级创新基地的单位之一。

19日　首届德清县文创设计大赛决赛在县新闻中心举行。

△　“农商银行杯”德清县首届新生代企业家创新创业大赛暨第三届“创青春”青年大学生创新创业大赛复赛举行。

25日　浙江省文化和旅游厅公布“浙江省民间文化艺术之乡”名单，钟管镇以“传统蚕桑生产习俗”入选。

28日　德清县召开欧美同学会成立大会，浙江我武生物科技股份有限公司董事长胡赓熙当选第一届理事会会长。

29日　在东京残奥会男女PR2级双人双桨决赛现场，乾元镇选手蒋继剑携队友刘爽以8分49秒42的成绩夺得铜牌。

9月

1日　从零时起，德清县境内高速公路免费通行，无差别城乡驶入快车道。

2—7日　中国国际服务贸易交易会在北京举行，浙江南方测绘科技有限公司、浙江合信地理信息技术有限公司和完美世界股份有限公司3家德清企业亮相中国服贸会。

3日　2021中国特色旅游商品大赛获奖名单公布，德清产品包揽三金。泰普森的“我飞快收折叠床”、柯利亨缂丝的“缂丝耳环”、欧诗漫的“珍珠净透润白套装”荣获中国特色旅游商品大赛金奖。

6日　湖杭铁路德清段最后一座连续梁顺利合龙，标志着湖杭铁路德清段全面贯通。

7—8日　2021年浙江省新闻道德建设评议会在德清召开，德清县新闻中心被授予“浙江省新闻道德建设基层联系点”。

8日　浙江省委副书记黄建发到德清调研，走访下渚湖街道上杨村、天际森谷户外项目、罗氏沼虾种虾基地等，详细了解乡村治理、农业“标准地”改革、村集体经济发展以及项目建设等情况。

△　浙江省委常委、常务副省长陈金彪到德清县，深入所联系的莫干山镇仙潭村调研指导工作。

9日　浙江汇隆新材料股份有限公司在深圳证券交易所正式挂牌上市，成为德清县2021年首家上市企业，是德清县第6家登陆深交所的上市企业。

9—10日　浙江省职业技能评价监管应用全省推广会在德清县召开。

10日　德清县航空航天工程师协会成立大会暨第一次成员大会召开，浙江海骆航空科技有限公司总裁宣海军当选为第一届理事会会长。

△　浙江工业大学2021级研究生开学典礼在莫干山校区举行。

13日　2021年浙江省省级先进制造业和现代服务业融合发展试点名单公布，浙江省确定15个区域、42家企业为试点单位。湖州莫干山高新技术产业开发区、浙江泰普森实业集团有限公司、欧诗漫生物股份有限公司成功入选。

16日　第三届浙江省高质量发展智库论坛在德清县举办，围绕“聚焦数字化改革，聚力现代化先行”主题，共商高质量发展大计。

17日　浙江省促进文化和旅游消费工作会议在德清县召开。

△　“百年再出发，迈向高水平科技自立自强”2021年湖州市全国科普日主场活动启动仪式在德清县举行。

△　浙江省妇女联合会公布全省20家浙江省巾帼爱国主义教育基地名单，德清县舞阳街道大庙山党建主题公园位列其中，是湖州市唯一一家省巾帼爱国主义教育基地。

18日　浙江省数字生活新服务工作推进会在德清县召开。

19日　2021德清下渚湖防风文化旅游节在下渚湖街道“天际森谷”山野度假区开幕。

23日　知路导航全球首款音频定位芯片发布会在德清国际会议中心举行，首款基于RISC-V架构的室内高精度音频定位芯片Kepler A100面向全球正式发布，实现音频定位芯片“中国造”。

△　“2021年浙江省民营企业100强”榜单公布，浙江升华控股集团有限公司、德华集团控股股份有限公司、浙江泰普森实业集团有限公司等3家德清企业上榜。

24日　全国政协常委、副秘书长，民革中央副主席兼秘书长李惠东一行到德清县，就民革中央助力乡村振兴工作进行考察调研，为地理信息精准林业工程技术应用产业化项目和水木数字农业科技创新中心揭牌，出席高性能新材料及高端装备基地项目开工仪式并宣布开工。

25日　由民革中央、浙江省政协主办的“深化农村改革 推进乡村振兴——第四届莫干山会议”在德清县开幕，全国政协副主席、民革中央常务副主席郑建邦出席会议并讲话。

26日　德清企业欧诗漫受邀参加世界互联网大会，是浙江省唯一一家参展的化妆品制造企业。

27日　湖州市区县“互看互学互比”活动走进德清县，实地考察德清实施乡村振兴战略、推进共同富裕等有关工作。

28日　“2021长三角地区百家旅行商走进德清”旅游推介会在莫干山开元名庭酒店举办。

△　《2021年中国中小城市高质量发展指数研究报告》公布，德清县名列2021年度“全国综合实力百强县市”第三十六位、“全国绿色发展百强市”第三十位、“全国科技创新百强县市”第三十二位。

30日　国家发展改革委组织召开第二次全国发展改革系统特色小镇规范健康发展视频会议。作为全国三个特色小镇代表之一，德清县介绍地理信息特色小镇建设的典型经验。

△　“艺”心向党——浙江省第四届综合艺术优秀作品展（湖州德清站）在德清县文化馆开幕。

△　莫干山镇后坞村入选首批“浙江省气候康养乡村”名单。

10月

9日　德清县能耗“双控”严控“两高”暨“腾笼换鸟、凤凰涅槃”攻坚行动推进会召开。

11日　工业和信息化部公布2021年新一代信息技术与制造业融合发展试点示范名单，德清县德华兔宝宝“客户订单销售管控能力”项目入选，为全市唯一。

13日　浙江省委统战部副部长王利月带领浙江省欧美同学会会员到德清，开展助推德清共同富裕“三服务”活动，为德清打造“无差别城乡”，推进共同富裕先行汇集智慧力量。

△　浙江省欧美同学会莫干山海归之家成立。

15日　德清县文旅集团荣获2021长三角乡村文旅产业优质投融资机构，为全市唯一。

15—19日　第130届中国进出口商品交易会在广州正式举行，德清县33家企业参展，获得81个展位，其中泰普森、兆龙互连、美高电气等13家企业参加线下展会，展位47个，主要分布在电子电气、家居用品、建筑及装饰材料、家用纺织品等十多个展区。

18日　国家市场监督管理总局党组成员、副局长唐军到德清县调研民宿服务认证试点工作开展情况。

20日　中国作家协会副主席张抗抗与德清县举行捐赠签约仪式。张抗抗将向张抗抗书院捐赠大量书籍、作品、珍贵图片及有关文件，用于收藏、学术研究、展览展示等公益性文化活动。

△ 中央党史学习教育调研组一行到德清县，走进阜溪街道新时代文明实践所、莫干山镇五四村和庙前村等地，调研德清县党史学习教育工作情况。

21日 16时17分，由湖州德清冠名的高铁列车在上海虹桥站顺利首发，这是湖州德清首次将城市特色元素在列车上进行展示，将以高铁为媒，进一步提高湖州、德清城市知名度和美誉度。

△ 浙江省现代服务业发展工作领导小组办公室公布首批省级现代服务业创新发展区名单，德清县地理信息现代服务业创新发展区成功列入。

25日 杭德市域铁路德清段工程征迁动员会召开，征迁工作全面启动。此次征迁共涉及武康、舞阳、阜溪、下渚湖、康乾5个街道辖区建设范围内的土地和房屋。

27日 德清县阜溪司法所获评"全国模范司法所"，这次继获评省级"枫桥式司法所"后再添殊荣，再次擦亮德清县司法行政惠民利民的"金名片"。

28日 中国关心下一代工作委员会主任顾秀莲到德清调研德清县关心下一代工作。

△ 由国务院参事室指导，省政府办公厅、市政府主办的"多跨协同提升乡村品质生活"参事研讨会开幕式在德清举行。

29日 第三届美丽中国田园博览会暨德清敬农节在莫干溪谷农耕博物园举行，实景化全面展示德清实施乡村振兴推进共同富裕的美好图景。

△ 中国·莫干山第五届全球高层次人才创新创业大赛总决赛在德清国际展览中心擂响战鼓，半导体光电子集成芯片和新型3D打印技术的研发两个项目斩获大赛一等奖。

31日 2021"裕贡酒"江浙沪莫干山精英骑行赛开赛。

11 月

1—3日 浙江省发改委在德清组织召开杭州至德清市域铁路工程初步设计评审会，同意该项目通过初步设计审查。

4日 浙江省副省长王文序到德清调研退役军人服务体系建设和就业创业工作。

△ 浙江省命名和创建特色小镇2020年度考核结果出炉，德清地理信息小镇、德清通航智造小镇2个特色小镇考核优秀。

5日 德清县"85后"姑娘章宬当选孝老爱亲类全国道德模范。全县涌现"时代楷模"群体1个、全国道德模范2人、全国道德模范提名奖3人、浙江省道德模范7人。

△ 在第四届上海进博会浙江省重大项目签约仪式上，德清县总投资3亿美元的重型商用卡车刹车总成及零部件生产项目在现场成功签约。

6日 浙江省政府发布《关于命名第五批省级特色小镇的通知》，18个小镇被正式命名为第五批省级特色小镇。连续两年考核优秀的德清通航智造小镇榜上有名。

9日 湖州市委副书记、代市长洪湖鹏到德清调研我武生物、地理信息小镇、省微波目标特性测量与遥感重点实验室。

11日 德清企业德华兔宝宝"双十一"期间全网销售额超2亿元。

△ 杭州绕城高速西复线在德清境内最后一段连接线施工道路——杭州绕城高速西复线湖州段乾元互通连接线顺利通车。

12日 第19届杭州亚运会湖州筹备委员会2021年亚运筹办工作推进会在德清县举行。

△ 湖州市首家博士创新站——田润刚教授·德清博士创新站签约揭牌仪式在浙一家酒业有限公司举行。

△ 杭州至德清市域铁路工程可行性研究报告正式获批。

13—15日 德清地理信息小镇科技工作者学会和浙江省地理信息产业创新服务综合体联合主办的"地理信息国际交流与合作"高级研修班暨"一带一路"地理信息国际培训中心挂牌仪式在德清举行。

15日 浙北高等级航道网集装箱运输通道建设工程丁家桥段顺利封道，标志着浙北高等级航道网集装箱运输通道建设工程（德清段）正式进入施工阶段。

△ 浙江省教育科学研究院与德清县教育局在舞阳学校举行深化合作办学签约仪式，签署第二轮合作办学协议，为浙江省教育科学研究院实验学校（秋山校区、千秋校区）揭牌。

17日 2021年湖州市级优秀众创空间名单出炉，德清县朴器·AI众创、德清天适力承新创空间两家上榜。

18日 浙江省委常委、常务副省长陈金彪到德清宣讲中共十九届六中全会精神，下访接访群众。

19日 长三角一体化上升为国家战略三周年浙江省系列主题活动启动仪式在省人民大会堂举行。德清县经合中心获评推进长三角一体化发展先进集体，德清县“浙江制造、上海品牌相互赋能，创新打造长三角老字号品牌产业集聚区”入选最佳实践名单。

△ 杭州至德清市域铁路工程初步设计获省发改委正式批复。

20日 第二届浙江省生态运动会（湖州德清站）暨德清县美好家园运动会在莫干山镇五四村举行。

25日 湖州市宣传文化系统“比项目、看实绩、助赶超”活动在德清县举行。

△ 由民建浙江省委会和浙江省民建企业家协会主办，浙江德悦食品科技有限公司承办的“同舟经济圆桌论坛——周四下午茶”活动在德清县召开。

12月

2日 德清县与浙江省科协全面战略合作——“之江科技智库德清行”活动走进禹越镇。

△ 德清县举办首届传统手工艺及非遗衍生品设计大赛，41件围绕德清文化元素创作的文创产品惊艳亮相。

3日 浙江省人民参与和促进法治工作会议在德清县召开。

4日 “为什么是德清——从驻馆作家现象谈起”研讨会暨第三十期驻馆作家活动开幕式在莫干山郡安里举行。

6日 2021年度浙江省首台（套）装备认定结果公示，浙江谋皮环保科技有限公司研发的热轧不锈钢盘条表面氧化皮无酸处理机组MEC-7.5mm拟认定为国际首台（套）装备。

8日 德清县举行第三届“创青春”青年大学生创新创业大赛。

10日 德清县委宣传部、县共同富裕领导小组办公室和县市场监督管理局共同召开新闻发布会，现场发布全国首个县域精神富有评价标准——《县域精神富有评价指南》。

14日 湖杭高速公路全线首座桥梁完成架设。

16日 由中共中央机关刊物《求是》主办《小康》杂志社发布的“2021中国数字治理百佳县市”榜单出炉，德清县凭借96.47分的高分（总评分100分），位列全国第一。

24日 中国共产党德清县第十五次代表大会在县会展中心隆重开幕。敖煜新代表中共德清县第十四届委员会向大会做题为《聚力打造“改革创新高地品质生活新城”阔步奋进“社会主义现代化先行排头兵”新征程》的报告。

27日 德清县委书记敖煜新，县委副书记王波、王剑峰及其他新一届县委委员、候补委员，四套班子相关领导，共赴莫干山会议旧址、中电科技德清华莹电子有限公司实地考察学习，召开县委常委会扩大会议，专题研究改革创新工作。

30日 纪念俞樾诞辰200周年活动暨德清俞氏文化展示馆开馆仪式在俞氏故里乾元镇金火村举行。

31日 莫干山作家村、编剧村、综合艺术村开村暨首届莫干山全国青年空间艺术创意大展启动仪式在德清县莫干山镇举行。

◆县情概貌◆

基本地情

德清县位于浙江北部，东望上海、南接杭州、西枕天目山麓、北连太湖，处长三角腹地。地理坐标北纬30°26′~30°42′，东经119°45′~120°21′。县境东西长54.75千米，南北宽29.75千米。全县总面积937.92平方千米。地势西高东低，坡度自西向东逐渐变缓变平。按总体地貌分，西部为低山区；中部为丘陵平原区，是山区向平原过渡延伸地带；东部为平原水乡，位于东苕溪之东。

德清区位优势十分突出，是杭州都市区的重要组成部分。杭宁高速公路、申嘉湖(杭)高速公路、104国道、304省道、宣杭铁路、京杭运河、杭湖锡线航道穿境而过，杭州K588公交车直通县城武康。武康距杭州市中心高铁仅16分钟车程，距长三角核心城市上海、宁波、南京均在2小时车程以内，距杭州萧山国际机场40分钟车程。

德清历史悠久，有着良渚文化的遗迹和古代防风文化的传说，有“鱼米之乡、丝绸之府、名山之胜、竹茶之地、文化之邦”之美誉。境内有中国四大避暑胜地之一的国家级风景名胜区莫干山、“中国最美湿地”下渚湖和素有“千年古运河、百年小上海”之誉的新市古镇。环莫干山洋家乐乡村旅游区被评为“全国首批乡村旅游创客示范基地”。

建置沿革

立县之前，今德清县县境，古属防风氏国汪芒氏之守，周初隶吴，春秋属越，越灭属楚。秦始皇二十五年(前222)设会稽郡，领乌程、余杭等26个县，德清是乌程县南疆，武康为余杭县北境。西汉高祖元年(前206)，县境属荊国，十二年(前195)，改属吴国。景帝三年(前154)复属会稽郡。东汉永建四年(129)，会稽郡以浙西为吴郡，县境属吴郡。

三国时，归东吴版图。吴黄武元年(222)，吴郡析乌程、余杭置永安县，这是武康建县之始，县治设永安山(银山)南麓。宝鼎元年(266)吴郡改吴兴郡，领永安、乌程等9县。

晋太康元年(280)，改永安为永康县。三年(282)，改永康为武康县，县治迁前溪北，隶吴兴郡。南朝时，历宋、齐、梁、陈四代未变。

隋开皇九年(589)，废吴兴郡，武康并入余杭县，改隶杭州。仁寿二年(602)，复武康县，属湖州。隋大业二年(606)，废湖州，武康改隶余杭郡，县治迁余英溪南，大业十二年(616)，改隶吴兴郡。

唐武德三年(620)，改武康为安州，次年改为武州，隶属湖州。七年(624)，废武州，复武康县，仍隶湖州。武周天授二年(691)，武康县分出东境17乡另置武源县，县治设下兰山南，为德清建县之始。景云二年(711)，武源改为临溪。天宝元年(742)，定名德清，县治迁百寮山(百凉山)南。此后，湖州改吴兴郡，吴兴郡再改湖州，德清、武康均属之。广德二年(764)，武康县治迁余英溪北。

五代吴越天宝三年(910)，武康隶杭州，德清隶湖州。

北宋太平兴国三年(978)，武康复隶湖州。南宋宝庆元年(1225)，改湖州为安吉州，武康、德清同属安吉州。

元至元十三年(1276)，改安吉州为湖州路。至正十六年(1356)，改湖州路为吴兴郡。

明代改吴兴郡为湖州府，两县同为府属。

清沿明制，隶属如故。

民国元年(1912),废湖州府,武康、德清县直隶于省。民国3年(1914),省下废府州而设道,两县同属钱塘道。民国16年(1927)废道制,由省直辖。民国24年(1935)9月,浙江省设9个行政督察区,德清、武康同属第一区,民国27年(1938)10月改属第二区。民国37年(1948)4月,全省设6个区,两县复属第一区;7月,全省改设9个区,德清仍属第一区(吴兴专区),武康改属第九区(临安专区)。

中华人民共和国成立后,德清县属嘉兴专区,武康县属临安专区。1950年5月,德清县大麻乡划归崇德(今属桐乡县),塘栖水北划归杭县(今属余杭县)。1953年,临安专区撤销,武康县改属嘉兴专区。1958年6月,武康、德清两县合并,称德清县,属嘉兴专区(1970年嘉兴专区改为嘉兴地区)。1963年8月,吴兴县南路公社划入县境。1983年7月,撤销嘉兴地区,实行市管县体制,德清县隶属湖州市。

1986年全县设28个乡镇(城关、武康、新市3个镇,城关、南路、洛舍、戈亭、钟管、梅林、新联、高林、后坞、莫干山、三桥、龙山、干山、士林、筏头、对河口、秋山、下舍、油车、二都、雷甸、勾里、禹越、上柏、三合25个乡)。

1992年,进行扩镇并乡,由28个乡镇调整为21个(对河口乡并入武康镇,后坞乡并入筏头乡,二都乡并入三合乡,城关乡与城关镇合并为城关镇,戈亭乡并入钟管镇,梅林乡、新联乡并入新市镇)。

1994年5月17日,德清县治从城关镇迁到武康镇。

1999年1月,乡镇区域再次调整,由21个乡镇调整为16个乡镇(撤销上柏镇、三桥镇、秋山乡建制,并入武康镇;龙山乡并入洛舍镇;高林乡并入新市镇)。

2003年10月,洛舍镇的龙山、龙胜、王母山3个村划入武康镇。

2004年4月,部分乡镇行政区划再次调整,全县由16个乡镇调整为11个乡镇(撤销徐家庄镇、高桥镇建制,合并为禹越镇;撤销下舍镇、勾里镇建制,合并为新安镇;撤销莫干山镇和南路乡建制,合并组成新的莫干山镇;新市镇和士林镇撤并,组建新的新市镇;撤销干山镇建制,并入钟管镇;城关镇更名为乾元镇)。

2015年,德清县辖11个乡镇(武康镇、乾元镇、新市镇、钟管镇、洛舍镇、雷甸镇、禹越镇、新安镇、莫干山镇、三合乡、筏头乡)、1个开发区(德清经济开发区),共有150个行政村。

2016年,德清县辖8个镇4个街道,共有150个行政村、23个社区居委会、9个居委会。撤销莫干山、筏头乡建制,合并设立新的莫干山镇;撤销武康镇、三合乡建制,其行政区划由德清县政府直辖。撤销莫干山、筏头乡建制,合并设立新的莫干山镇;增设武康街道、舞阳街道、阜溪街道、下渚湖街道。

2020年将阜溪街道秋北村、秋山村及下渚湖街道新琪村划出组建新的康乾街道。5月25日,五四村划归莫干山镇管辖。

历史文化

德清历史悠久,远在新石器时代已有先民繁衍生息。上柏大庙山遗址发现大量陶器和残片,展现长江下游地区新石器时代的马家浜文化。三合羊尾巴山、雷甸杨墩木鱼桥、雷甸下高桥等地出土玉琮、玉管、玉镯、玉璜等大量玉器,说明德清是良渚文化重要分布地。

德清属太湖流域,地势低洼,洪水时常泛滥。大禹治水,防风氏跟随大禹,开山导流,以身殉职,人们筑祠祭祀,习俗延续数千年,香火不绝。

春秋时,吴越争霸,吴越交界之地的德清,留下众多遗迹。干将莫邪为吴王铸雌雄剑,范蠡西施隐居在蠡山,吴憾山、勾里是吴越两军屯兵之所。

六朝时,德清窑是浙江四大名窑之一。小马山遗址、龙山亭子桥遗址,足以证明德清窑在2000多年的时间里,一直兴盛不衰,而黑瓷鸡首壶则表明德清除烧制青瓷外,还具有烧制黑瓷的精湛技艺。

东晋沈充作《前奏曲》,创前溪舞,柔美曼妙的歌舞名扬天下。前溪成习乐之所,武康成歌舞之乡,“江南歌伎大半出自前溪”,赫赫有名的前溪歌舞在中国舞蹈史上写下浓重的一笔。

沈充后裔沈约是南朝齐梁

时期的文坛领袖人物，首创“声律说”，倡导“永明体”，深刻影响唐宋及以后格律诗的发展。

姚察、姚思廉父子撰写二十四史中的《梁书》《陈书》，青史留名。

唐代武康诗人孟郊，一曲《游子吟》，感动天下游子，妇孺皆知，一直传唱。

两宋至明清，德清一直都是富庶繁荣地区，是杭、湖、苏江南金三角中发展程度最高的“内核”县之一，被誉为“丝绸之府、鱼米之乡”。繁荣富庶的经济条件，令德清文运昌盛、人才辈出。管道昇、胡渭、俞樾、俞平伯、赵紫宸……如璀璨的明珠，点缀了中华民族的文明史册。

（县地方志编纂室 供稿）

地方特产

【莫干黄芽】 唐代茶圣陆羽著《茶经》“八之出”中载：“浙西，以湖州上……生安吉、武康二县山谷……”翻阅宋李心传撰宋高宗朝编年史《建炎以来系年要录》里有武康园户买茶引、僧人买茶钞的记载，可见宋代武康人从事茶行业已蔚然成风。明代诗僧秋潭写过一首《咏茶》诗：“峰头云湿皆含雨，溪口泉香尽带花。正是天池谷雨后，松荫十里卖茶家。”清代时茶叶种植范围较广，栽培方式多样，清乾隆《武康县志》载：“莫干山有野茶、山茶、地茶，有雨前茶、梅尖，有头茶、二茶，出西北山者为贵。”西北山即为莫干山主峰塔山。清道光《武康县志》载：“茶产塔山者尤佳，寺僧种植其上，茶吸云雾，其芳烈十倍。”莫干黄芽产于莫干山，是采自竹林中的茶。莫干山为西天目山东支余脉，森林覆盖率达92%。大竹海构成一道天然屏障，营造茶区小气候，山区夏季平均最高气温26℃，素有“清凉世界”之称，年均降水1400～1800毫米，常年云雾缭绕。山区以“黄泥沙土”为主，土层深厚，通透性好，土壤酸性，pH值5.5～6.3，适于茶树生长；另有“红黄泥土”“石沙土”等；海拔600米以上山巅有“山地黄泥沙土”和“山地乌黄泥沙土”，土壤肥沃、疏松，有机质含量在2.5%以上，非常适宜种植茶树。莫干黄芽（黄茶）是六大茶类中最为稀缺的黄茶代表，与君山银针、霍山黄芽、蒙顶黄芽等黄茶共称为“中国七朵金花”，边烘边焖、固质挥香的黄茶工艺形成莫干黄芽“三嫩三黄，香甜味甘”的独特风格，即干茶细嫩润黄，汤色嫩黄透亮，叶底嫩匀黄亮，香中带甜，味有回甘。

1979—1981年，德清县“莫干黄芽”茶样连续获省农业厅“一类名茶”奖。1982年，莫干黄芽由省农业厅公布为浙江省首批“省级名茶”。2017年12月22日，农业部正式批准对“莫干黄芽”实施农产品地理标志登记保护。到2021年，德清县已举办13届“莫干黄芽”茶王赛，莫干黄芽种植面积达到2.7万余亩，产量703吨，其中名优茶产量511吨。

【德清早园笋】 早园笋是德清县的传统特产，富含多种营养成分和微量元素，以鲜、嫩、脆闻名于江、浙、沪一带；它又是一种无公害的“绿色蔬菜”，受到广大城乡消费者的青睐。

德清县西部为天目山余脉，东部为平原水乡，西部为丘陵。气候属亚热带湿润季风区，温暖湿润，四季分明，年平均气温为13℃～16℃，最冷月（1月）平均气温3.5℃，热月（7月）平均气温28.5℃。无霜期220～236天，多年平均降水量1379毫米。德清县气候温和，光照充足，是早园笋栽培发源地。

德清早园笋，又名元笋、春笋、燕笋、早笋。通过覆盖栽培技术，每年春节前后陆续破土而出，泥下挖掘，色黄带白，壳薄油光，笋脯粗壮嫩白、营养丰富。早园笋最早叫“早燕笋”，和普通春笋一样，3月份燕子飞来的时候出笋。德清县有1300多年早园笋种植历史，以10万亩的种植面积成为中国最大的早园笋产区。其中武康独占4成，故又有“武康早园笋甲江南”的说法。

1999年，德清县被浙江省林业局命名为全省唯一的“浙江省早园笋之乡”。同年，德清县开展无公害早园笋标准化栽培技术研究，德清早园笋注册申请“山伢儿”商标。2001年，制定发布县级地方标准《“山伢儿”无公害早园笋系列标准》。2002年，德清县成立山伢儿早园笋专业合作社，专门从事“山伢儿”牌早园笋的生产、销售。2004年，德清县被国家林业局命名为“中国早园笋之乡”，德清早园笋通过国家级无公害农产品认证；同年，万亩“山伢儿”早园竹示范园区被省林业厅命名为“浙江省效益林业十大精品基地”。2005年，“山伢儿”注册商标获得浙江省著名商标。2006年，德清县被国家林业局命名为“中国竹子之乡”。2007年3月5日，国家质检总局批准对“德清早园笋”实施地理标志产品保护，同年，“山伢儿”早园笋被浙江省质量技术监督局授予“浙江名牌产品”称号。2012年注册地理标志证明商标。2009—2013年德清县“山伢儿”早园笋在浙江省林业厅的组织下连续5年参与东北行、西北行、中原行、华北行、齐鲁行活动。参加历届义乌（国际）森林博览会、浙江省农博会以及浙江（上海）名、特、优农博会等由各政府和部门组织的展销展示活动。2018年，成立德清县“山伢儿”早园笋产业农合联，重点打造早园笋经营智能化示范项目，探索“物联网+电商”模式，拓展线上线下市场。

2021年，德清早园笋获得省级特色农产品优势区认定，早园竹投产面积10.1万亩，总产量8.28万吨，总产值4.57亿元，实现农民纯收入2.23亿元。

【雷甸珍珠】 德清县内所产珍珠，分为天然珍珠和人工培育珍珠两种，天然珍珠出干山溪（即龙溪）一带。雷甸珍珠是采用河蚌育珠，又叫淡水珍珠养殖。据民国《德清县新志》载：“蚌珠出干山溪十字港一带，每年大伏后至立秋，乡民泅入深渊摸之，大蚌中常有珠，大如豌豆，光圆滑润。”人工培育始于明朝，后因质量低劣，销售不畅而衰落。1967年，欧诗漫集团创始人、德清雷甸联合养鱼场的沈志荣打破这种现状，他凭借一把镊子，两根铜丝，三张图纸，开始现代人工淡水珍珠养殖技术研究，在继承叶金扬古老珍珠养殖技术的基础上，相继攻克“提高珍珠质量技术”“三角帆蚌（珍珠蚌）人工繁殖技术”和“三角帆蚌病毒性蚌瘟病防治技术”，现代规模化人工育珠技术很快在长江中下游发展起来，逐步推广到全国各地。中国一跃成为全球最大的产珠大国，占世界珍珠总产量的90%以上。由于雷甸地处大海漾一带，漾面空旷，河港四通八达，水体常年顺逆交流，流速缓慢，微生物丰富，具有得天独厚的育珠条件，故所产珍珠，体表细腻，质地坚硬，颗颗圆润，粒粒饱满，富有光泽，在海内外享有盛誉，有“中国雷甸珍珠”的美称，深受消费者欢迎。雷甸镇也成为浙江省闻名的“珍珠之乡”。“德清淡水珍珠传统养殖与利用系统”在2017年入选农业部第四批中国重要农业文化遗产，2019年入选第二批中国全球重要农业文化遗产预备名单。2021年获得中央资金支持，开展淡水珍珠蚌育繁推一体化示范项目建设，为“德清淡水珍珠传统养殖与利用系统”申报全球重要农业文化遗产打下结实基础。

【德清青虾】 德清青虾虾壳薄透有光泽，肉质鲜嫩有韧劲，在当地素有“亿万虾兵出德清”的说法。

三合乡（2016年1月撤销原三合乡建制，成立下渚湖街道）为“青虾之乡”的发源地与核心区，也是德清青虾养殖的示范基地，青虾人工养殖的历史就始于德清下渚湖。20世纪90年代初期，三合乡的个别农民就在低洼田搞起水产养殖试养青虾，2001年，时任国务院副总理温家宝到德清考察效益农业，考察下渚湖的青虾养殖基地。此后，德清青虾的养殖规模迅速扩大，逐渐成为全县农业主导产业。

近年来，德清青虾产业发展迅速，拥有自己的省级青虾种苗繁育基地，创立“水精灵”品牌，建立青虾专业市场，在杭州、宁波、余姚、绍兴多地设置定点经销处，成立青虾产业农民合作经济组织联合会，以强化政策引领、选准育优品种、生态健康养殖、探索联结机制、注重品牌建设等方法，突出抓好种质资源、养殖模式、品牌效益、科技推广等关键环节，走出一条小品种大产业的发展之路，有力带动效益农业提升和农民增收致富。

2012年中国渔业协会授予德清县“中国青虾之乡”称号。2021年，德清青虾养殖面积达8.44万亩，占全县水产养殖总面积的50%，年产量达7777吨，亩产值万元以上。

【德清花鳖】 鳖，俗称甲鱼。德清属太湖流域，素称“鱼米之乡”，其地理环境非常适宜各种野生龟鳖和鱼类的繁衍生长，德清花鳖是采用生态养殖模式培育出的绿色无公害食品，是德清县名优特产之一。

德清花鳖养殖历史已有100余年，主要产在太湖流域一带，外表上看，其鳖纹比较大，而其他鳖腹部是白色的，有花纹也比较小。德清花鳖性格凶残，比较好斗。

2001年，由浙江清溪鳖业股份有限公司培育开发的花鳖、乌鳖更具独特品位。它是从当地成千上万只野生鳖中经过严格筛选后培育出来的，鳖养殖在与自然环境相一致的露天池塘内，池塘水深达1米以上，且池底无硬化处理，采用鱼鳖、虾鳖混养，“稻鳖轮作”的生态养殖模式，采用鲜活饵料及营养丰富的深海鱼粉制成的优质食料。为了防病，在饲料中掺入黄芩、黄连、母草、陈皮、杜仲等中草药。鳖体内没有发现过抗生素、激素等有害残留物，这得益于公司制定的国内最详尽的《清溪鳖繁殖养殖技术标准》。2012年浙江清溪鳖业股份有限公司所在养殖区被评为省级中华鳖主导产业示范区，“清溪”品牌获评中国驰名商标，2001年获得中国浙江国际农业博览会金奖。德清花鳖2002年8月，被评为浙江省消费者协会推荐的唯一品牌甲鱼，获得浙江省绿色农产品称号。2007年花鳖被评为中国名牌农产品，2011年被评为“中国名鳖”。2013年公司获得湖州市政府农产品质量奖，2002—2020年德清清溪花鳖17次荣获浙江省农业博览会金奖，2020年通过浙江省“丽水山耕”品字标认证。2021年德清花鳖养殖面积1.15万亩，产量达1.07万吨。

【雷甸西瓜】 雷甸地处素有“人间天堂”之称的杭嘉湖平原，属亚热带季风性气候区，四季分明，温暖温润，光照充足，土壤肥沃，极适宜西瓜的栽培。微型瓜“特小凤”单个瓜平均重1～1.5千克，西瓜果皮薄、肉色晶黄、肉质细嫩、脆爽、甜而多汁、口感特好，适合三口之家食用。大型瓜“京欣”“圳宝”单个重4千克左右，适合宾馆、酒家、饭店宴会、酒席、会议招待食用。

雷甸西瓜起初以国兴股份、百姓农艺、雷甸3个种植坊为龙头加以种植，主要品种有小型礼品瓜、橘子、拿比特、早红玉、秀丽、小兰、特小兰等；露地西瓜有“点欣1号”“87—14”、早佳、美多等。近年来雷甸镇利用良好田地资源开始发展西瓜，在农林科技人员和种植户的共同努力下，西瓜品种迅速繁育和扩展。2005年，“雷甸”申报商标注册，于2007年12月注册成功；2007年，雷甸西瓜分别认证为无公害农产品和绿色食品；2014年，雷甸西瓜获湖州市政府农产品质量奖；2016年8月，在杭州举办的全省优质西瓜、甜瓜评选活动上，德清县国兴瓜菜专业合作社生产的“雷甸牌”西瓜获得金奖，成为湖州市唯一一个获得金奖的西瓜品牌。

2021年全县西瓜种植面积3759亩，总产量5417吨，实现产值1642万元，其中雷甸镇西瓜种植面积2450亩，产量4135吨，产值1470万元。

【新市羊肉】 新市羊肉起始于宋代，已有1000多年的历史，被载入中国名菜谱，早在民国之初就已享誉港澳及东南亚市场。其以肉质细嫩，无膻味而闻名。新市镇饲养绵羊历史悠久，在特殊的自然条件和传统的饲养方式下，农民以养羊为主，家家户户都有饲养绵羊的习惯。2012年，新市羊肉被认证为“有机转换产品”，是真正的浙北优质绿色食品。

自1997年起，新市镇每年举办“黄酒羊肉节”，新市羊肉已成为新市古镇的一张美食名片。每到秋冬季节，杭州、湖州、上海等地到新市吃羊肉的游客络绎不绝，2021年全镇湖羊出栏3.24万只，存栏3.7万头。

【德清黑鱼】 德清黑鱼养殖历史已有100余年，德清农民自古利用山溪流水在房前屋后、溪边沟旁挖筑坑塘养鱼，面积从几平方米到几十平方米，水流长年不断。独具的生态优势和特有的养殖方式，使流水坑塘养殖的德清黑鱼背部溜黑、腹部淡白、肉细腻鲜嫩有弹性，营养丰富，先后通过无公害、绿色和有机认证，荣获省农博会、渔博会金奖，销往上海、福建、广东等地，深受市场欢迎。

2021年，全县黑鱼养殖总面积达1.04万亩，产量近2.07万吨，全省30%的黑鱼出自德清。禹越镇作为黑鱼养殖重点镇，成立德清县"黑里俏"黑鱼产业农民合作经济组织联合会，2021年黑鱼养殖总面积5860余亩，产量1.2万吨，销售额3.2亿元，黑鱼全产业链销售近4.4亿元。

【杨墩枇杷】 德清雷甸镇素有"水果之乡"之称，枇杷种植更是历史悠久，起于隋而盛于唐，已有1400年的历史。杨墩作为枇杷的主要产区，所产枇杷早在唐代就被列为贡品。其品种分红种、白沙、草种、野头4大类，以红种、白沙为最佳。红种分平头、尖头、大叶和白毛4种，果肉黄中带红，味甜微酸，皮厚肉实耐贮运；白沙分软条、硬条两种，果肉浅黄偏白，色如松脂，味甜汁鲜，皮薄肉软水丰，享誉江、浙、沪市场。因古时杨墩所产枇杷都到余杭塘栖售卖，故有"天下枇杷数塘栖，塘栖枇杷产杨墩"的说法。枇杷有很高的营养价值，含有蛋白质、糖类、脂肪、钙、磷、维生素C和维生素A等多种成分。枇杷中的有机酸，能促进消化腺分泌，增进食欲，帮助消化，具有止渴解暑的功能。

1994年，雷甸杨墩建立面积130亩的枇杷种植基地，2001年，进入投产期，年产枇杷650吨。种植基地推广科学修剪、疏花疏果、高位嫁接、夏季护理、冬春防虫病和主干倒贴皮、促花果等新技术，促进枇杷优质丰产，株产量最高达30余千克。2005年杨墩枇杷分别被认证为无公害农产品、有机食品和绿色食品。2021年，全镇枇杷种植面积4850亩，产量2300余吨，总产值达1000余万元。雷甸镇杨墩村荣获"浙江枇杷之乡"称号，杨墩枇杷已推广至全国12个省份。"东园载酒西园醉，摘尽枇杷一树金。"2021年5月16日，第十六届枇杷文化节在德清县雷甸镇举行，来自长三角的食客慕名前往，体验一场千滋百味的枇杷盛宴。

【新市茶糕】 新市茶糕以历史悠久、选料考究、味道鲜美著称，具有松、香、鲜三大特色，在杭嘉湖水乡平原小有名气。

新市茶糕的历史可上溯到南宋，明朝正德十一年(1516)刊本《仙潭志》与清康熙年的辑本《仙潭文献》均将茶糕列为新市物产，由此可知茶糕已有至少400年历史。

新市茶糕用上等通变糯米精制而成，制作时将糯米用石磨碾成粉，糕馅用瘦肉、纯酱油，也可加入新鲜冬笋(或春笋)。搓粉要潮燥均匀，用糕箱蒸透后出锅。火候适中者茶糕软硬正好，口感糯而不黏、猪肉咸香微带甜味，十分可口。为打开销路、携带方便，清末民初又生产"黄蓝茶糕"，具体用毛竹加工成扁形篮，篮底垫箬叶，内装茶糕10块，上覆红纸以图吉利，凡买8～16块茶糕者黄篮奉送，成为新市人馈赠亲友之佳品。2020年，新市茶糕荣获浙江省特色小吃称号。

(陈　哲)

行政区划

2021年，德清县辖乾元、新市、钟管、洛舍、雷甸、禹越、新安、莫干山8个镇，武康、舞阳、阜溪、下渚湖、康乾5个街道办事处。全县辖137个行政村、38个社区(居委会)。

德清县镇(街道)、社区、行政村情况一览表

表1

镇(街道)	社区(居委会)		行政村	
	数量(个)	名称	数量(个)	名称
武康街道	12	居仁、吉祥、永兴、振兴、祥和、群安、春晖、英溪、丰桥、五龙、新丰、千秋	2	对河口、城西
舞阳街道	3	舞阳、塔山、上柏	11	宋村、塔山、上柏、山民、城山、双燕、长春、龙凤、下柏、太平、灯塔
阜溪街道	3	三桥、狮山、兴山	6	三桥、民进、龙山、龙胜、王母山、郭肇
下渚湖街道	1	封禺居委会	13	二都、宝塔山、塘泾、八字桥、双桥、康介山、上杨、下杨、朱家、四都、唐家琪、和睦、沿河
康乾街道	1	千丰	5	秋北、秋山、联合、金鹅山、新琪
乾元镇	5	东郊、溪街、西郊、北郊、直街	8	明星、金火、卫星、城北、恒星、齐星、联星、幸福
新市镇	4	东升、南昌、西安、仙潭	19	句城、梅林、加元、厚皋、栎林、韶村、城东、蔡界、城西、乐安、谷门、勇兴、丰年、孟溪、士林、白彪、宋市、水北、新塘
钟管镇	1	南湖	19	钟管、沈家墩、三墩、北代舍、东舍墩、审塘、青墩、戈亭、下塘、曲溪、新联、干山、蠡山、茅山、东千、塍头、东坝斗、干村、葛山
洛舍镇	1	洛舍居委会	6	洛舍、雁塘、东衡、三家、张陆湾、砂村
雷甸镇	2	中兴、水产	10	雷甸、双溪、杨墩、塘北、下高桥、东新、光辉、和平、新利、解放
禹越镇	1	徐家庄	10	东港、栖湖、木桥头、杨家坝、钱塘、西港、高桥、天皇殿、三林、夏东
新安镇	1	新安居委会	11	勾里、西庙桥、百富兜、城头、孙家桥、下舍、舍东、舍南、舍西、舍北、新桥
莫干山镇	3	庾村居委会、莫干山居委会、筏头居委会	17	燎原、劳岭、何村、紫岭、高峰、南路、四合、仙潭、筏头、勤劳、东沈、佛堂、后坞、庙前、北湖、大瑶、五四
合计	38	其中社区32个,居委会6个	137	2021年3月5日,德政函〔2021〕13号《德清县人民政府关于同意康乾街道组建千丰社区、禹越政兴隆居委会撤村建社区的批复》新组建千丰社区;撤销兴隆居委会,组建徐家庄社区

(县民政局)

人　口

【常住人口】　2021年，德清县常住人口户数13.6万户，总人口数44.3万人。按城乡分，城镇人口17.6万人，乡村人口26.7万人；按性别分，男性21.72万人，女性22.58万人；按年龄分，0～17周岁6.18万人，18～34周岁8.45万人，35～59周岁17.24万人，60周岁及以上12.43万人。2021年全县共出生2763人，其中男性1469人、女性1294人；全县死亡3404人，其中男性1897人、女性1507人；全县迁入2705人，其中省内迁入697人、省外迁入2008人；全县迁出2270人，其中迁往省内1895人、迁往省外375人。

【流动人口】　2021年，德清县临时居住人口24.34万人，其中男性15.57万人、女性8.77万人。居住时间半年以下6.71万人，半年至1年4.89万人，1年至5年10.41万人，5年以上2.33万人。流动人口来自省内2.93万人，来自省外21.41万人。

（县公安局）

气候特征

【气候特点】　2021年，德清县平均气温比常年显著偏高，年降水量偏多，雨日和日照时数总体接近常年。年内气候异常显著，极端事件频发，出现寒潮、强对流、暴雨、台风、气象干旱等气象灾害，给工农业生产和人民群众生活造成不利影响。

【气象要素分析】

气温　2021年，德清县平均气温17.8℃，比常年偏高1.1℃，属于显著偏高范围，比上年高0.4℃。年内极端最高气温37.7℃，出现在7月15日；极端最低气温-7.7℃，出现在1月8日。时间分布：年内11月接近常年，7月、8月比常年偏低，1—6月、9月、10月、12月比常年偏高，其中2月、9月平均气温分别比常年异常偏高4.2℃、2.2℃。空间分布：西部山区年平均气温为15℃～17℃，冷中心在莫干山风景区、天泉山等高海拔地区，最低天泉山站年均气温仅14.5℃；中东部地区普遍在17℃～18℃，最高禹越站平均达18.9℃。

降水　2021年，德清县总降水量1663.8毫米，比常年偏多13%（常年1478.1毫米），比上年偏少215.3毫米；雨日为162天，比常年偏多19天，属于正常范围，比上年偏少3天。时间分布：降水量6月、9月与常年相

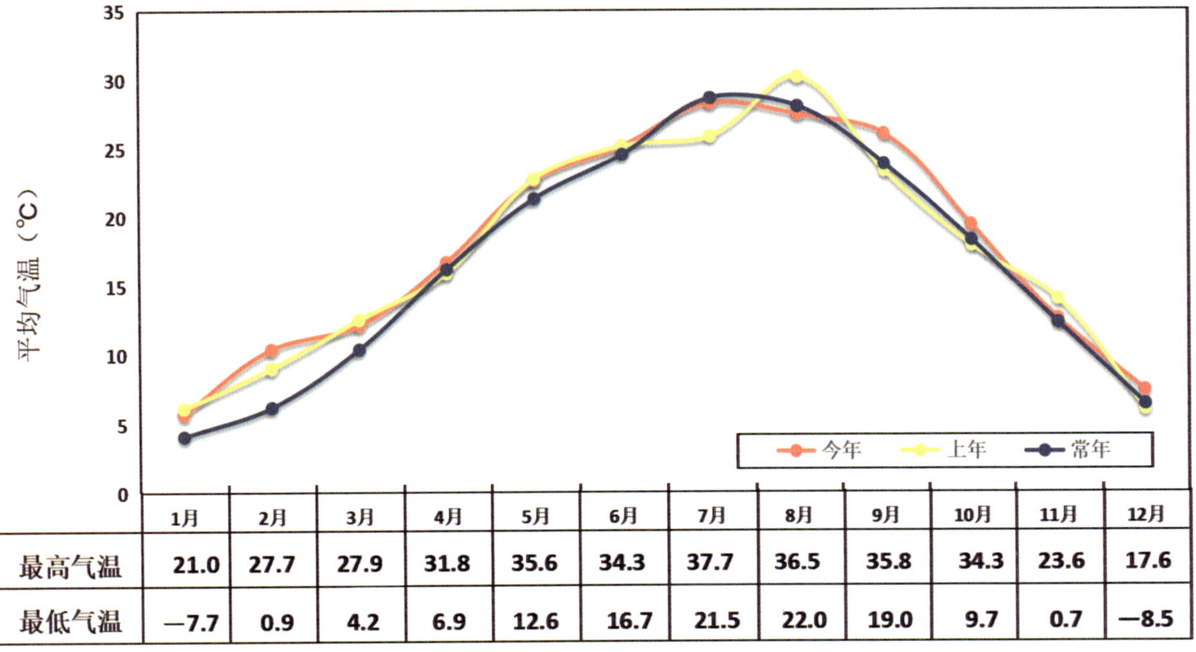

	1月	2月	3月	4月	5月	6月	7月	8月	9月	10月	11月	12月
最高气温	21.0	27.7	27.9	31.8	35.6	34.3	37.7	36.5	35.8	34.3	23.6	17.6
最低气温	−7.7	0.9	4.2	6.9	12.6	16.7	21.5	22.0	19.0	9.7	0.7	−8.5

图1　2021年德清县逐月气温变化图

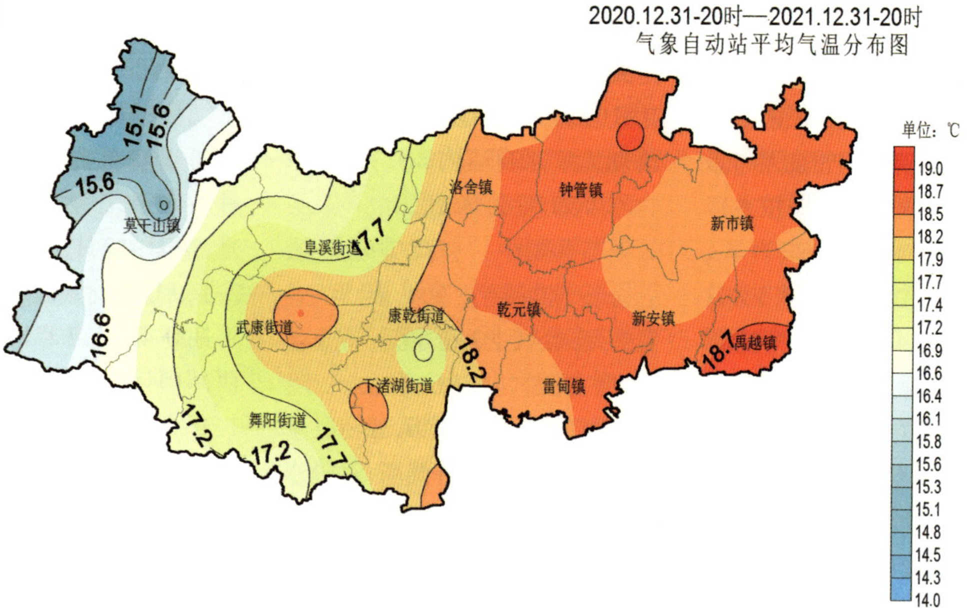

图2　2021年德清县年平均气温空间分布图

当，2月、4月、11月比常年偏少，1月、12月显著偏少，3月、5月、8月比常年偏多，7月、10月比常年异常偏多。5—9月主汛期降水量为1204.1毫米，比常年偏多38%（常年872.9毫米）。空间分布：全县降水量空间分布大致呈现为中西部多，东部平原略少。中部地区和西部山区年降水量均在1700毫米以上，降水高值中心集中在天泉山、横岭、后坞、郭肇和莫家坞，年降水量均超1800毫米，其中天泉山站年降水量达2140.4毫米。东部平原年降水量在1500～1700毫米之间，其中东衡、禹越站年降水量均低于1400毫米。

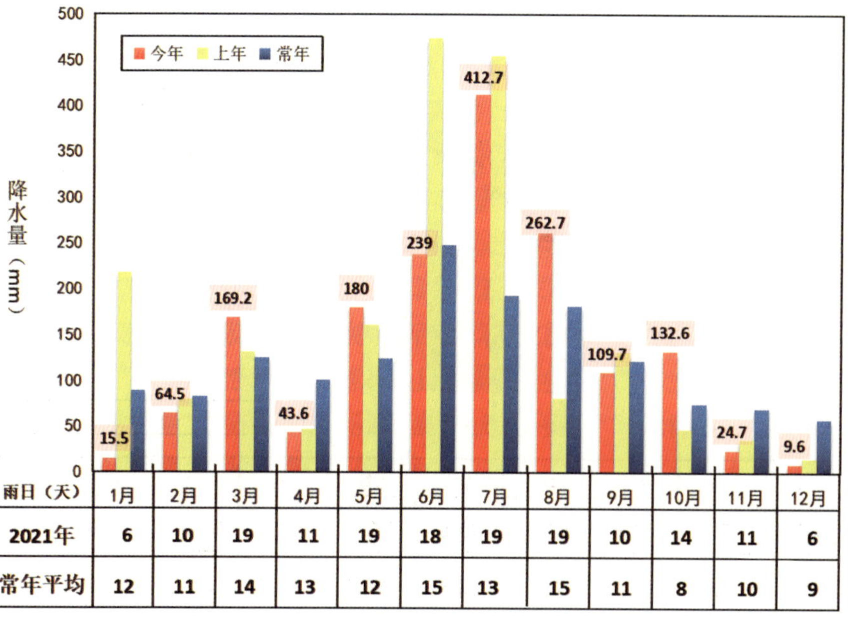

雨日（天）	1月	2月	3月	4月	5月	6月	7月	8月	9月	10月	11月	12月
2021年	6	10	19	11	19	18	19	19	10	14	11	6
常年平均	12	11	14	13	12	15	13	15	11	8	10	9

图3　2021年德清县逐月降水量变化图

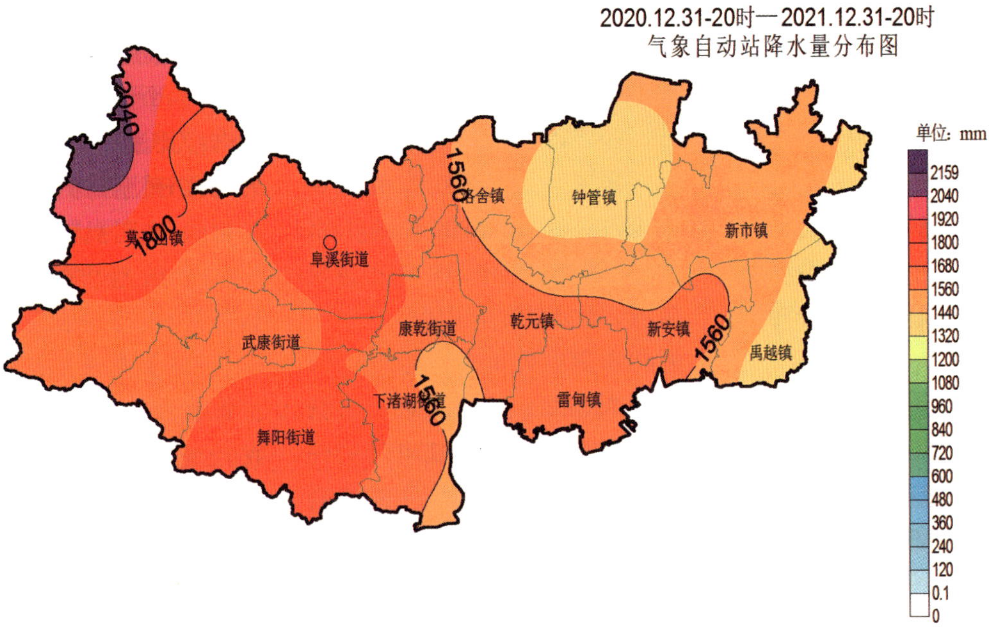

图4　2021年德清县年降水量空间分布图

日照　2021年，德清县总日照时间1627.9小时，常年日照时间为1665.7小时，比常年偏少37.8小时，比上年偏多166.7小时。其中，3—8月、10月比常年偏少，7月显著偏少，1月、2月、9月、11月、12月比常年偏多，1月、12月显著偏多。

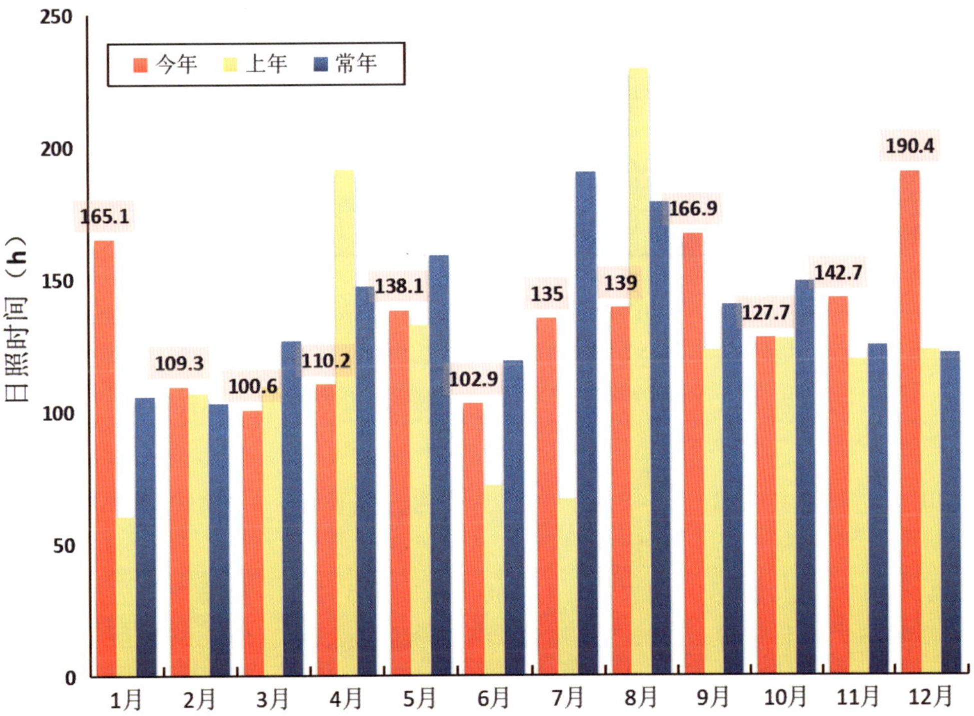

图5　2021年德清县逐月日照时间变化图

其他

入春：2月20日，比常年(3月10日)提前约18天。

入夏：5月6日，比常年(5月20日)提前约14天。

入秋：10月11日，比常年(9月29日)推迟约12天。

入冬：12月1日，比常年(11月27日)推迟约4天。

高温日：16天；低温日：17天。

暴雨日：5天；积雪日：0天。

大风日：7天；降雪日：3天。

大雾日：82天；霾日：43天。

【重要天气分析】

暴雨　2021年，德清县暴雨发生频次和强度略高于常年，全年暴雨日数区域分布较均匀，其中西部高山区、武康城区和东部雷甸部分区域暴雨强度较大，全县40个气象站出现24小时降水量超过100毫米的大暴雨共有15站次。年内暴雨主要出现在梅汛期和夏季局地强对流过程发生期间。受台风“烟花”影响，7月24—27日全县普降暴雨，26日当天有20个站达暴雨，7个站达大暴雨，其中最大天泉山站200.1毫米。8月11—12日，受局地强对流天气影响，德清县东部地区普降暴雨，5个站达大暴雨，最大白彪站161.5毫米。

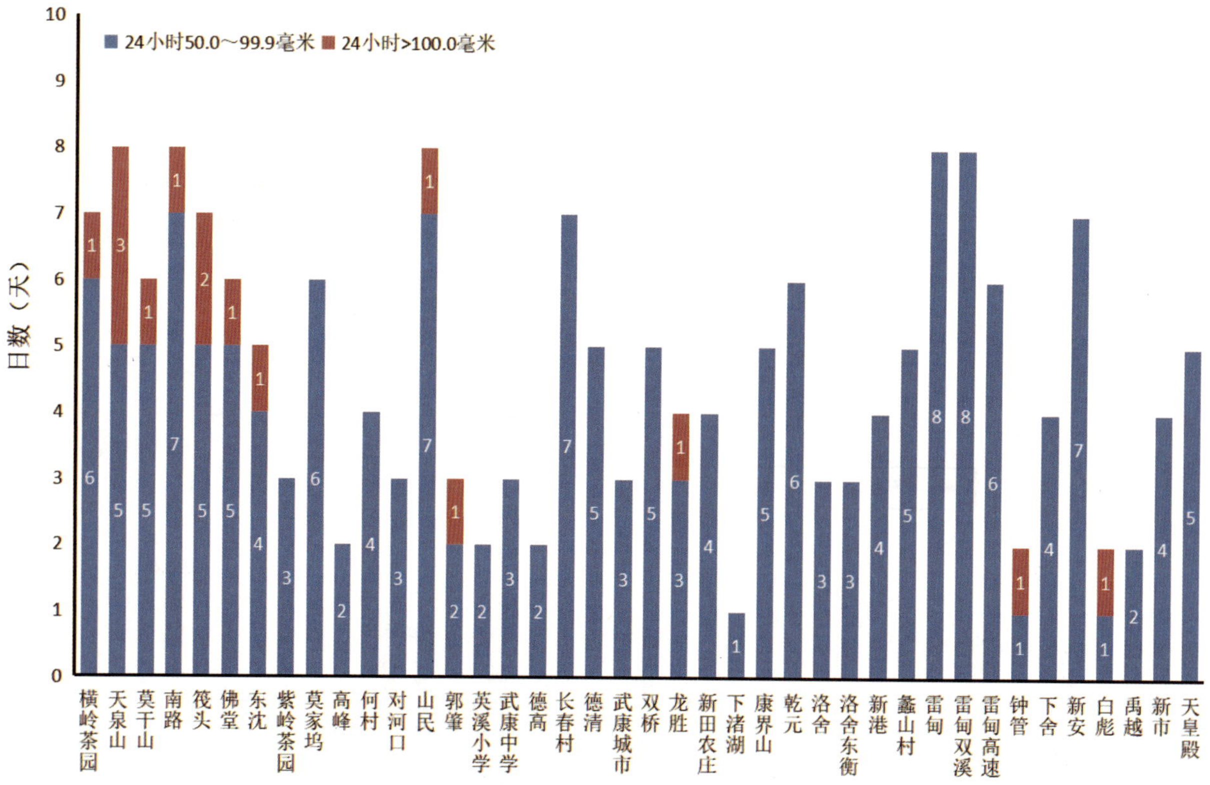

图6　2021年德清县各监测站点暴雨频次图

大风　2021年，德清县以偏南风和偏北风为主，年平均风速为2米/秒，风速≥8级的天数较常年偏多。横岭站大风日数最多达17天，双桥站9天，佛堂站、蠡山村站8天，其余监测站点1～7天。大风主要为春夏季强对流天气的雷雨大风和冬季寒潮大风。4月30日夜间至5月1日，受强对流影响，德清县大部分地区出现8～10级雷雨大风，有30个站出现8级以上大风，最大横岭站35.1米/秒(12级)；11月7日至8日，受强冷空气影响，全县大部分地区阵风6～8级，山区9级，最大横岭站28.9米/秒(11级)。

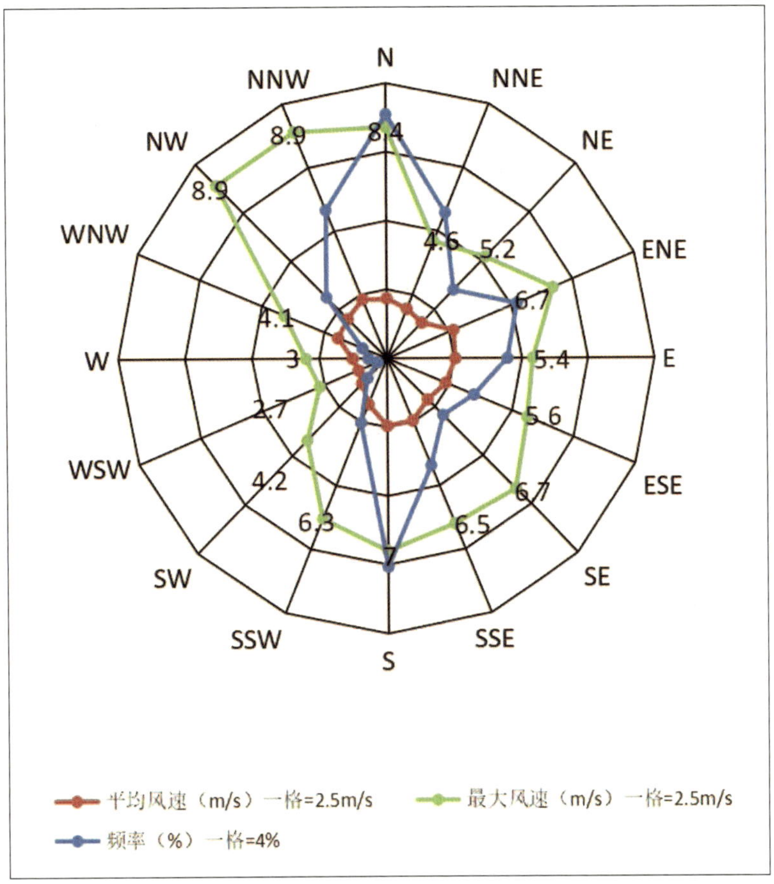

图7　2021年德清县风玫瑰图(其中风速小于1m/s的静风概率为3.14%)

各监测站点大风日数统计表

表2

站点	大风日数	站点	大风日数	站点	大风日数
横岭茶园	17	雷甸高速	5	郭肇	3
双桥	9	康介山	5	筏头	3
蠡山村	8	白彪	5	东沈	3
佛堂	8	紫岭茶园站	4	禹越	2
洛舍东衡	7	下渚湖	4	新田农庄	2
德清	7	天泉山	4	高峰	2
何村	6	莫干山	4	长春村	1
钟管	5	龙胜	4	新港	1
新安粮食区	5	雷甸	4	南路	1
新安	5	天皇殿	3	对河口	1
雷甸双溪	5				

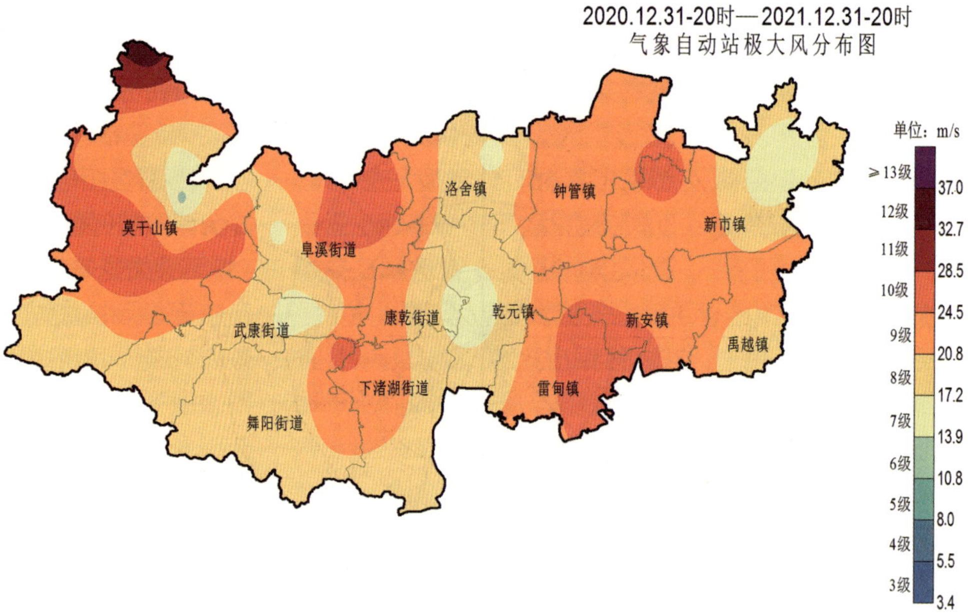

图8　2021年德清县级大风分布图

高温　2021年，德清站高温日数共16天，主要出现在7月和8月，特别是7月连续高温10天，年内极端最高气温37.7℃。西部高山区极端最高气温34℃左右，山区最高气温在35℃～37℃，中部地区最高气温在38℃～39℃，东部地区极端最高气温40℃左右。全县各气象站高温日数在3～43天，雷甸高速站、武康中学站高温日数在40天以上，对河口、高峰、德高、新田农庄、双溪、钟管站高温日数在30天以上。7月14日，受副热带高压影响，全县有34个气象站出现高温，最高雷甸高速、武康中学站39.5℃。

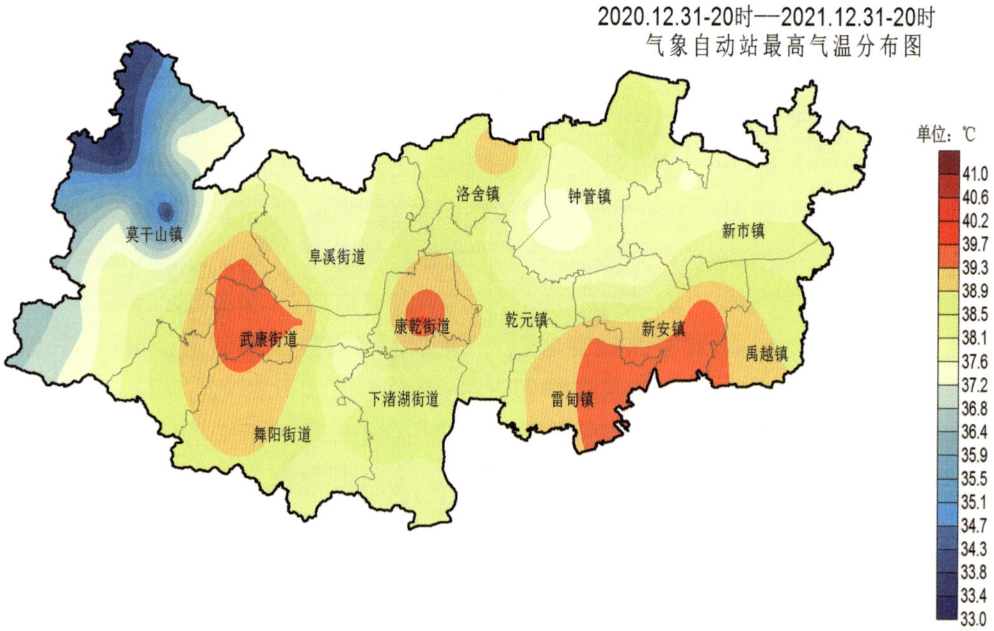

图9　2021年德清县最高气温空间分布图

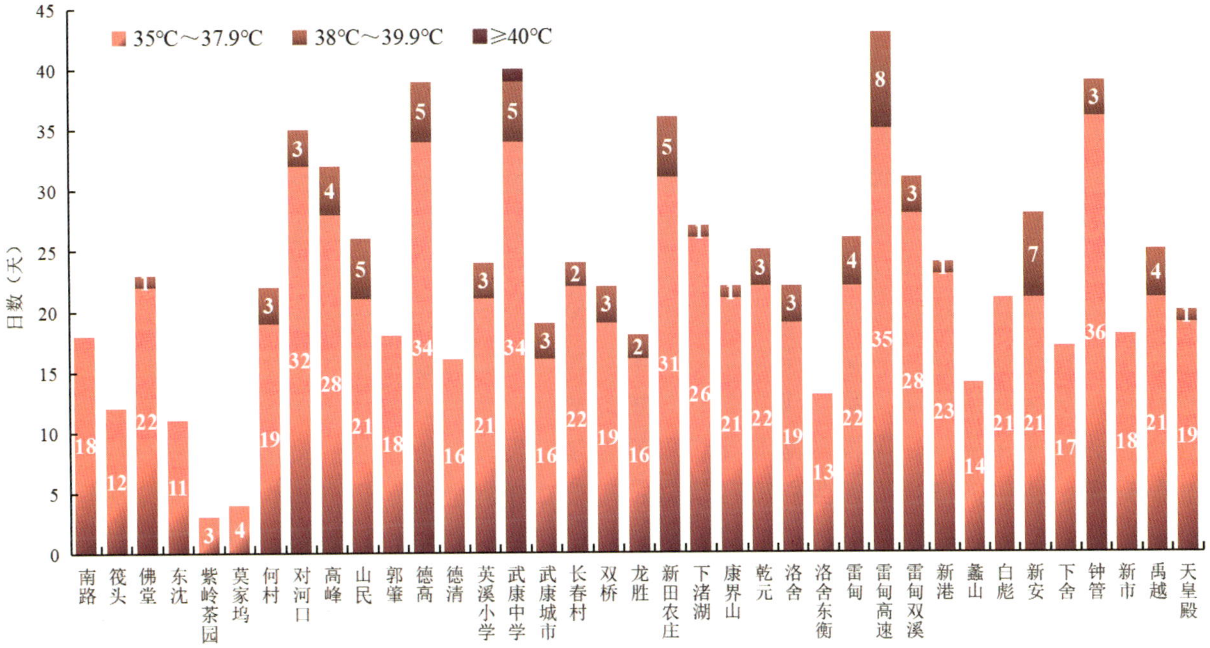

图10　2021年德清县各监测站点高温日数分布图

低温　2021年，德清站测得低温日17天。全县气象站低温冰冻日数主要集中在1月和12月，占全年的89.9%。西部山区在−8℃以下，中部地区在−9℃～−7℃，东部地区在−7℃以上。1月6—8日，受强寒潮影响，全县出现强降温、大风及严重低温冰冻天气，平均气温降幅11℃，最低气温降幅12℃左右，1月7—10日持续严重冰冻，其中8日最低气温中东部地区−6℃～−8℃，西部山区−8℃～−12℃，天泉山站最低−12.9℃。

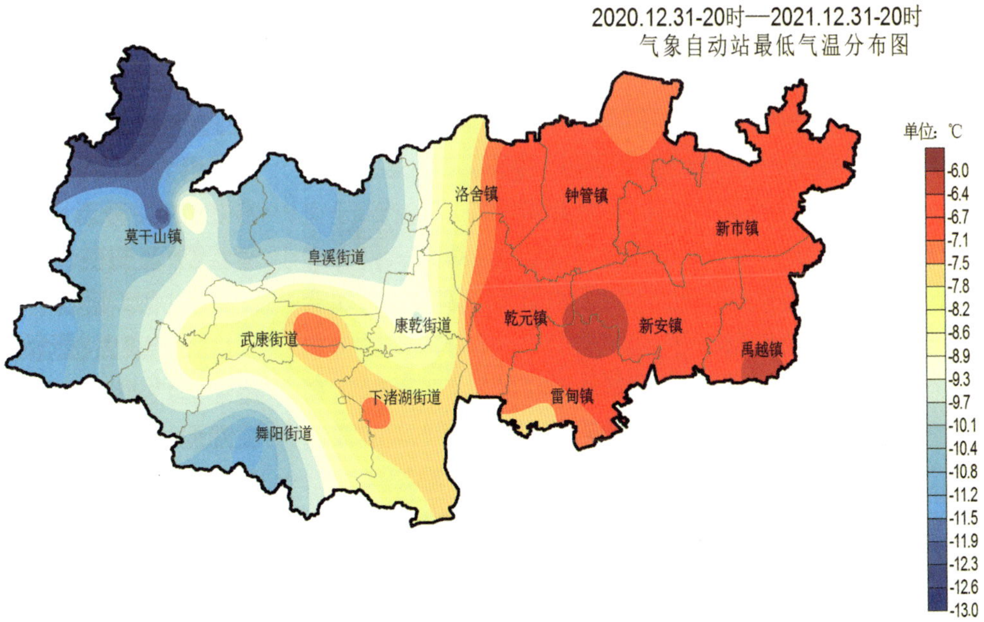

图11　2021年德清县最低气温空间分布图

能见度　2021年，德清县大雾天气日数与常年相当，霾天气略有减少。霾天气主要发生在冬春季；大雾天气发生时段主要在冬春季，且多发生在降水量和降水日数较多的月份，该时段内空气湿度长期保持在较高水平，易形成雨雾、平流雾，影响空气能见度。

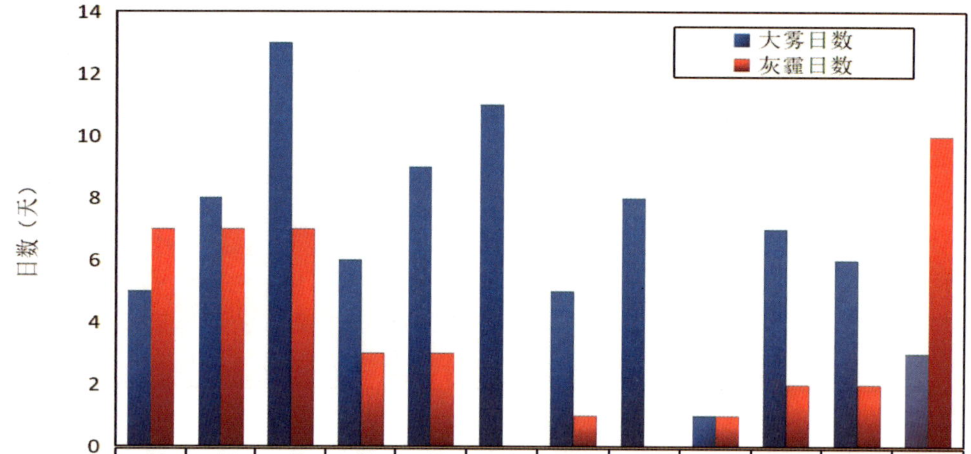

	1月	2月	3月	4月	5月	6月	7月	8月	9月	10月	11月	12月
大雾日数	5	8	13	6	9	11	5	8	1	7	6	3
灰霾日数	7	7	7	3	3	—	1	—	1	2	2	10

图12　2021年德清县逐月雾、霾日数分布图

【2021年天气气候事件】

年平均气温创历史新高

2021年，德清县气候异常偏暖，德清国家气象观测站年平均气温17.8℃，比常年偏高1.1℃，创有气象记录以来历史新高；武康地区平均气温18.2℃，为历史极端最高气温。年内入春（3月10日）、入夏（5月7日）均较往年异常偏早，入秋（10月11日）、入冬（12月1日）相比往年偏迟。

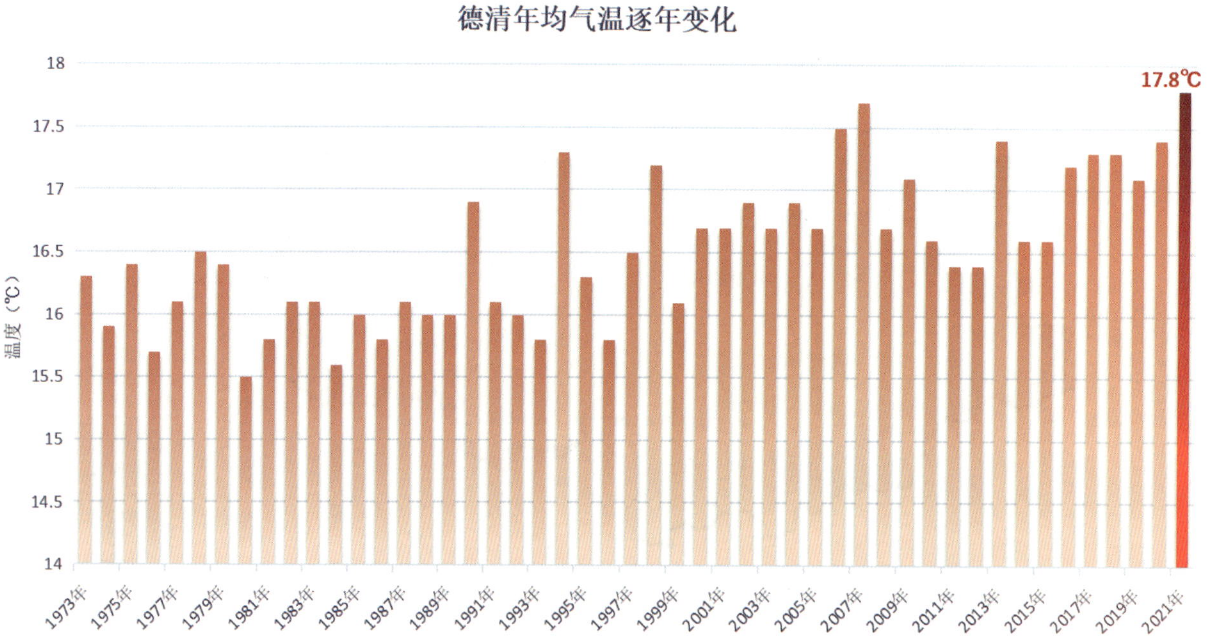

图13　1973—2021年德清县年平均气温逐年变化趋势图

2021年1月上旬，莫干山冰瀑　　（县气象局 供图）

年初遭遇寒潮极冷天气

2021年，共出现5次寒潮天气过程。尤其是年初（1月7—10日）的寒潮过程，出现持续严重冰冻，德清国家站最低气温达-7.7℃，为全年极端最低；全县大部分镇（街道）最低气温降至-5℃～-8℃，高山区-12℃～-13℃，最低天泉山达-12.9℃。

梅汛期多轮强降雨袭击

2021年，德清县6月10日入梅，7月5日出梅，出入梅时间略偏早；梅期25天，接近常年。梅雨期间有多轮较强降雨过程，全县面雨量272.7毫米，雨量分布不均，呈西南部多、东北部少的特点；德清国家气象观测站309.8毫米，总量与常年接近，最大舞阳山民364.6毫米。梅雨形势不典型，呈现分散性、局地性、短时强对流等特点。

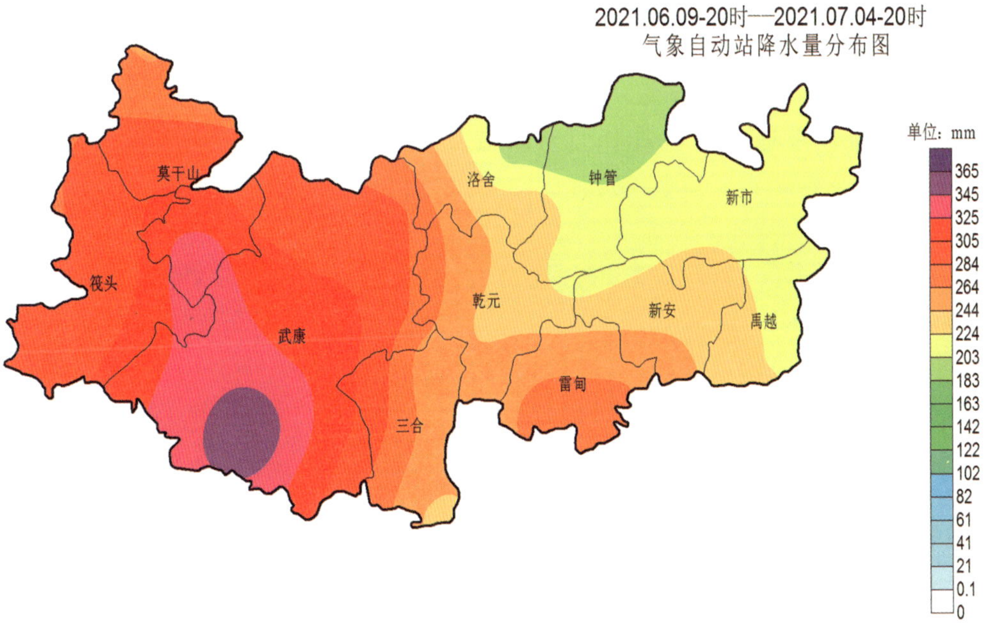

图14　2021年德清县梅汛期雨量分布图

台风“烟花”带来连续暴雨和大风

2021年，第6号台风“烟花”于7月25日和26日两次登陆浙江，具有移动速度慢、影响时间长、风雨强度大等特点，影响德清时间长达6天，是有气象记录以来影响德清县时间最长的台风。“烟花”影响期间全县普降暴雨，过程面雨量241毫米，最大天泉山545毫米，成为影响德清县过程雨量仅次于“菲特”（2013年10月）的台风；全县普遍出现8级大风，最大莫干山横岭20.7米/秒（八级）。台风“烟花”给德清县造成经济损失近千万元。

超级强对流联盟

2021年，德清春夏季对流性天气频发，全年发生强对流过程13次。其中，4月30日晚，全县大部分地区出现8～10级雷雨大风、强雷电和冰雹等强对流天气，最大阵风横岭35.1米/秒（12级）；8月11日，钟管、新市一带出现大暴雨，最大日雨量钟管200.9毫米，最大雨强新市白彪88.2毫米/小时；8月24日傍晚，全县出现7～9级雷雨大风和短时暴雨，最大禹越天皇殿22.1米/秒（9级），阜溪郭肇5分钟最大雨强25.8毫米，造成农房屋顶受损、局部路段积水。

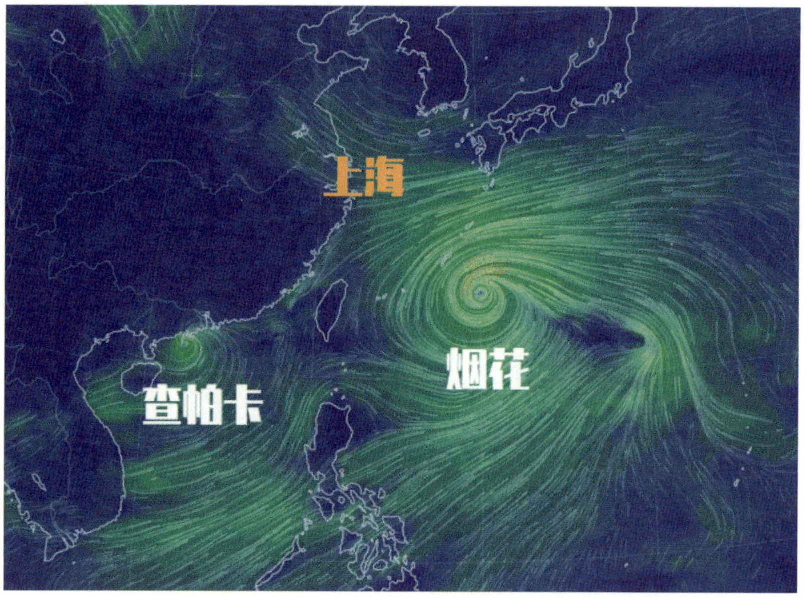

图15　2021年7月台风“烟花”环流图（县气象局 供图）

史上最长夏季，多雨潮湿，高温期短

2021年，德清夏季日数多达157天，是有气象记录以来时间最长的夏季。夏多雨潮湿，雨日86天，比常年同期偏多近3成，德清国家气象观测站测得累计雨量1231.3毫米，比常年同期偏多近4成；夏季最高气温37.7℃（7月15日），高温天数仅16天，是2000年以来高温日数第4少的年份。

国庆气温创新高

2021年国庆假期（10月1—7日）全县平均气温高达26℃，比常年同期高5.8℃，创历史同期

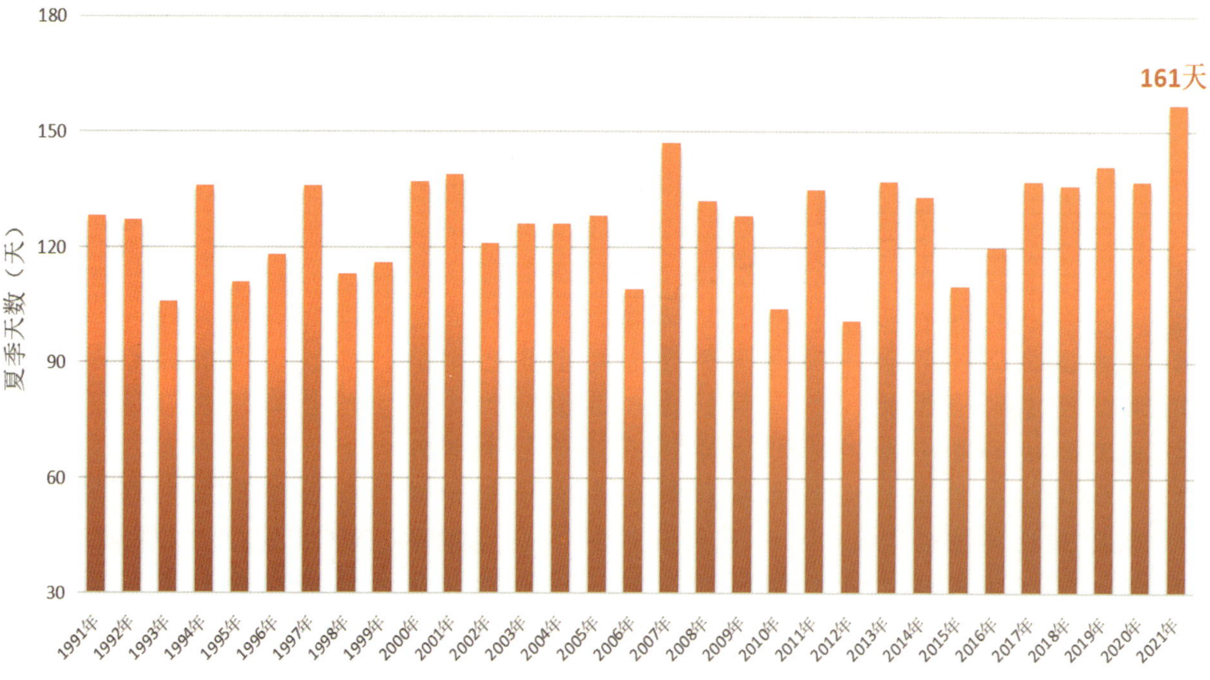

图16　1991—2021年德清县夏季日数逐年变化图

新高，为史上最热国庆节假期。国庆假期最高气温出现在10月4日（34.3℃），其中舞阳街道武康中学站气温最高36.4℃，然而，比温度更火热的是景区的火爆程度。据统计，10月1—7日，赴德清县游玩的游客人数为90.2万人，比上年增长13%；实现旅游收入13.46亿元，比上年增长17%，旅游市场复苏势头明显。

增雨环节旱情解民忧

2021年，德清县多次出现阶段性持续少雨天气，主要集中在秋冬季节，全县出现阶段性轻到中度气象干旱，山区局部中到重度气象干旱。县气象局全年多次组织开展人工影响天气作业，发射增雨火箭弹22枚，增雨量超千万吨，有效发挥在抗旱、森林防火、改善空气质量等方面作用。

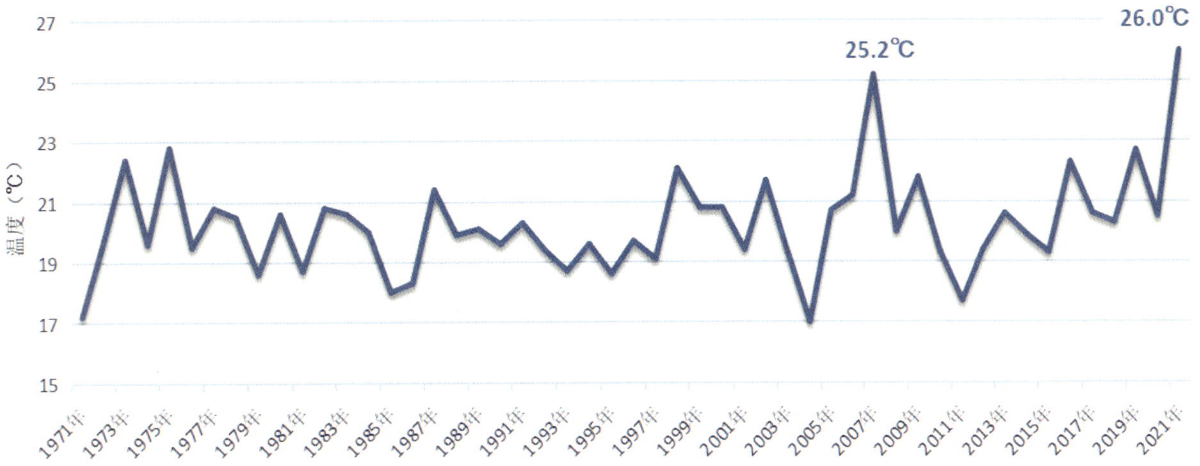

图17　1971—2021年德清县国庆节平均气温逐年变化图

【气候影响评价】

气候与农业　1月上旬晴冷，气温异常偏低，冻害严重，对农作物生长十分不利，造成部分油菜、小麦和蔬菜瓜果受冻；1月中旬连晴持续，气温有所回升，有利于农事活动开展，但气象干旱发展，对作物生长有一定不利影响。2月气温异常偏高，作物生育期提前，晴暖天气有利于农户抢抓农时开展春耕、春管、收获和捕捞等农事活动；2月末连续阴雨，气温有所下降，对农业生产不利。3月上中旬持续阴雨天气对油菜、小麦和蔬菜瓜果生长发育及农事活动开展有一定不利影响；3月23日早晨，部分山区出现低温霜冻，少数茶园受到影响；3月下旬转晴，气温回升，有利于各类作物生长发育和开展春耕、春管等农事活动。4月晴雨相间，温光适宜，气象条件总体有利于油菜、小麦、春茶、春桑、果蔬等农作物生长发育，也有利于春茶采摘、病虫害防治等农事活动开展。5月上旬晴多雨少，气温异常偏高，有利于油菜和小麦成熟及其他各类作物生长发育；5月中旬连续阴雨寡照，气温起伏较大，不利于油菜和小麦成熟收晒，对春蚕饲养有一定不利影响；5月下旬晴雨相间，温高光足，基本有利于农作物生长发育和农事活动开展。6月上旬和下旬晴雨相间，气象条件对农作物生长、单季晚稻播栽基本有利；中旬阴雨天气为主，且多局部暴雨和短时强降水，对单季晚稻移栽、杨梅采摘等农事活动开展造成不利影响。7月内强对流、阶段性高温、台风等灾害性天气，其中7月上旬多云到阴为主，多阵雨或雷雨天气，气象条件基本利于各类作物生长和成熟；7月中旬晴热高温，光照充足，有利于单季晚稻分蘖和瓜果蔬菜成熟采摘；7月下旬台风影响，不利农业生产。8月出现大暴雨、强对流、连阴雨等灾害性天气，其中8月11日大暴雨天气，造成部分地区农田被淹，农作物受灾，设施大棚、农业机械和库房等受损。9月温高光足，但强对流、台风、气象干旱等灾害性天气对作物生长造成一定不利影响，增加农事管理强度。10月初晴热，有利于单季晚稻灌浆成熟，但气象干旱发展，对油菜育苗有一定不利影响；6—21日冷空气活动频繁，多阴雨天气，造成各地单季晚稻出现不同程度的倒伏，影响晚稻生产；下旬中后期，持续晴好天气，温高光足，有利于单季晚稻收割和各类农作物生长发育。11月三次寒潮天气带来的大风、强降温和低温冻害等对农业生产造成一定不利影响。12月气象条件总体有利于粮油、果蔬等越冬作物生长及各类农事活动开展，但寒潮和强冷空气带来的强降温和低温冰冻对农业生产不利。

气候与旅游　1月，天气气候条件总体有利出游。虽然出现严寒低温冰冻天气，但市民出游热情不减，滑雪、看冰瀑、赏梅花等最有冬季特征的景点备受青睐。元旦假日期间天气晴冷，莫干山成为游客的热门选择，累计接待游客4.15万人次，实现旅游收入2亿元。2月气温异常偏高，柳树、梅花、樱花等植物提前萌发绽放，春节长假期间，全市A级景区、宾馆酒店、乡村旅游和文博场馆共接待全域游客334.27万人次，实现旅游收入25.35亿元。3月气温逐步上升，樱花、油菜花、桃花、梨花、杏花等竞相开放，虽阴雨天气较多，但市民外出踏青游玩热情不减。4月晴雨相间，气温适宜，莫干山风景区、下渚湖风景区、新市古镇、奇幻谷等景区人气火爆，掀起春季旅游热潮。5月天气条件总体对出游有利，“五一”小长假全县接待全域游客74.6万人次，实现旅游总收入11.02亿元。6月上旬晴雨相间，总体气象条件对出游有利，中下旬处于梅雨期，强降雨过程对出游略有不利影响。7月西部山区避暑游以及水上游乐场所吸引大批游客，台风、强对流等恶劣天气对出游不利，自7月24日起，全县所有A级旅游景区和旅游新业态项目暂停运营，暂停举办户外文化旅游体育活动，劝退游客总数4.15万人，旅行社暂缓或取消团队75个共4322人，民宿劝退游客1.38万人。8月暴雨、强对流天气对出游不利，受其影响个别景区及高风险项目暂停运营。9月受台风“灿都”影响，共劝退和疏散游客8390人。10月国庆长假全县A级景区、宾馆酒店、乡村旅游点和文博场馆累计接待全域游客560.98万人次，其中外地游客350.49万人次，乡村旅游接待游客305.93万人次。11月中旬莫干山红叶满山，进入最佳观赏季，枫叶层林尽染，美不胜收，吸引众多游客前往打卡。12月晴多雨少，气温偏高，气象条件对出游有利，莫干山出现降雪天气，银装素裹，有利于游客观赏雪景。

气候与交通　1月，受寒潮带来的大风以及低温冰冻影响，

2021年11月18日，莫干山枫叶　　（县气象局 供图）

2021年12月25日，莫干山雾凇　　（县气象局 供图）

莫干山实行联动封道，部分路段出现道路结冰导致交通拥堵事故多发，给出行带来不便。2月，总体气象条件有利交通运输。但由于前期降雨偏少，航道水位相对较低，对航运有一定不利影响。3—5月，总体对交通运输及道路养护修补较为有利，但强对流天气带来的雷暴、大风、短时强降雨以及冰雹等对交通航运不利，造成高速拥堵、树木倒伏等，易造成交通事故，对市民出行不利。6月，梅雨期强降雨造成山区局部路段小规模塌方，武康城区部分路段出现积水，影响市民出行。7月，台风、强对流、高温等对道路交通及船舶通行不利，尤其是台风“烟花”带来的暴雨大风天气造成道路积水、塌方、滑坡、客运停班、航区封航，市民通行受阻。8月中下旬，德清县出现多次雷暴大风、短时暴雨等剧烈天气，造成多处道路积水严重。9—12月，总体气象条件对交通运输有利，但强对流及台风带来的强降雨、大风天气对交通有一定不利影响。9月，台风“灿都”造成湖州市部分列车、班线停运，太湖航区封航；10月，冷空气带来的大风、降雨、降温天气及几次明显降雨过程对航运及道路交通略有不利影响；11月，3次寒潮天气过程对交通出行以及水上航运有一定不利影响；12月中下旬，2次冷空气过程带来强降温、雨雪天气给交通航运较带来不利影响。

气候与健康　1—4月冷空气活跃，气温变幅大，容易诱发感冒、支气管炎、哮喘等呼吸系统疾病以及心脑血管疾病等；此外，春季变应原增多，容易诱发气管炎、呼吸道疾病、皮肤过敏、花粉过敏等，给市民健康带来一定影响。5月气温上升，中旬阴雨寡照，细菌和真菌较易繁殖，毛囊炎、手足癣、荨麻疹、皮炎湿疹、汗疱疹、臭汗症等皮肤病高发；呼吸道疾病、胃肠道疾病等病人也有所增多。6—8月梅雨期天气闷热潮湿，细菌和真菌较易繁殖，加之皮肤排汗不畅，毛囊炎、手足癣、荨麻疹、皮炎湿疹、汗疱疹、臭汗症等皮肤病高发；另外，长期待在空调室内易引起“空调病”。9—12月天气渐凉，昼夜温差加大，且多冷空气影响，尤其是11月3次寒潮天气过程，气温变幅剧烈，易诱发呼吸系统、心脑血管疾病；此外，多晴少雨，天气干燥，易引发鼻咽炎、干咳、眼睛干涩、皮肤干裂、上火等一系列秋燥症。

气候与能源　1月，受严寒低温冰冻天气影响，取暖用电负荷大幅上涨，比上年冬季最高负荷大幅增长，创历史新高。部分小区施行间歇性供水，一些老旧小区水管、水表等自来水设施冻损，影响居民正常生活。2月，气温异常偏高，空调、取暖器等增温设备使用率减少，取暖用电负荷有所降低。3月，气温逐步上升，取暖用电负荷降低，但弱冷空气影响频繁造成电力负荷略有波动。4月，总体晴多雨少，有利于室外电力设施检修，但降水较少不利于水力发电。此外，雷暴大风、冰雹等恶劣天气对电网带来一定不利影响。5月中下旬初受连续降雨影响，全县水库河网水位均出现较明显上涨，5月10日，全县出现大范围高温天气，局部地区达37℃～38℃，居民家用空调等制冷设备开启，电网负荷有所上升；且强对流天气多发易引起跳闸等电力故障。6月，入梅后闷热潮湿，居民家用空调等制冷设备开启，用电负荷增加；且暴雨、雷雨大风等恶劣天气易引起跳闸等电力故障。7—8月高温晴热天气致使制冷用电负荷较高，雷暴、短时强降雨等强对流天气，易引起电力故障。9月，虽高温日数明显下降，但气温异常偏高，制冷用电负荷仍较高。10月，未出现高温及低温天气，上下旬多晴好天气对电力线路检修有利，下旬以来降雨偏少，河网水库水位下降，对水库蓄水和发电有一定影响。11月，寒潮影响，气温骤降，使得空调等取暖设备使用率增加，取暖用电负荷增多。12月末，出现连续低温冰冻天气，空调、取暖器等增温设备使用率增加，居民取暖用电负荷攀升。

（杨丽萍）

国民经济与社会发展概况

【国民经济】　2021年，德清县实现GDP生产总值615.5亿元，首次突破600亿元大关，比上年增长8.7%（按可比价计算）。其中，第一产业增加值26.4亿元，比上年增长2.7%；第二产业增加值

355.6亿元，比上年增长10%；第三产业增加值233.5亿元，比上年增长7.6%。按户籍人口计算，全县人均生产总值为13.89万元，按年平均汇率1:6.45计算达到2.15万美元。三次产业增加值结构由上年的4.6:56.2:39.2调整为4.3:57.8:37.9，其中，制造业占比50.5%，比上年提高1.6个百分点。

【农业农村】 2021年，德清县实现农林牧渔业总产值46.5亿元，比上年增长4.0%（按可比价计算，下同）。其中，农业8.9亿元，比上年增长5.7%；林业5.3亿元，比上年增长2.7%；牧业4.4亿元，比上年增长6.1%；渔业24.4亿元，比上年增长2.8%。实现农林牧渔业增加值28.8亿元，比上年增长3%。

年末，全县拥有现代农业园区80个，其中省级36个；全年新建现代农业园区3个；年末拥有农业龙头企业132家；拥有绿色食品面积5.76万亩，绿色食品122个。全年完成全国数字农业试点县项目建设，推进国家数字乡村试点县，建成省级数字农业工厂8个、数字农业示范园区11个、农业物联网应用示范点4000余个。通过浙农码，打通生产端和销售端对接渠道，“有德鲜生”商城上架优质农产品60余个，浙农码赋码量2.6万余个。推进“一图全面感知”的乡村智治模式，构建“一三五”乡村治理体系，“数字乡村一张图”应用实现县域全覆盖。

【工业】 2021年，德清县规模以上工业增加值244.5亿元，比上年增长12.5%（按可比价计算）。其中，战略性新兴产业增加值97亿元，比上年增长13.6%；高新技术产业增加值161.8亿元，比上年增长11.9%；装备制造业增加值82.9亿元，比上年增长17.2%。全县规模以上工业企业利税总额129.4亿元，比上年增长18.3%，其中利润总额98.1亿元，比上年增长22.8%。

【建筑业】 2021年，德清县建筑企业（拥有资质等级）完成产值139.3亿元，竣工产值98.2亿元，建筑业企业房屋建筑施工面积1125.6万平方米，房屋建筑竣工面积375.6万平方米，其中住宅竣工面积115.9万平方米。新型建筑工业化步伐显著加快，全年新开工装配式项目建筑面积167.96万平方米，其中装配式住宅和公共建筑（不含场馆建筑）116.1万平方米，实施绿色建筑54项，面积166万平方米。

【固定资产投资】 2021年，德清县固定资产投资比上年增长15.5%。其中，工业投资比上年增长21.1%；基础设施投资比上年下降22.8%。三次产业投资结构比例为0.01:37.1:62.89。分产业看，第一产业投资比上年下降94.1%，第二产业比上年增长

2021年德清县地区生产总值及其构成表

表3

	总量（亿元）	增幅（%）
地区生产总值	615.5	8.7
其中：第一产业增加值	26.4	2.7
第二产业增加值	355.6	10.0
第三产业增加值	233.5	7.6
其中：交通运输仓储和邮政业	6.8	11.5
批发和零售业	52.4	12.4
住宿和餐饮业	15.5	19.8
金融业	50.0	10.5
房地产业	29.3	-1.2
其他服务业	77.0	4.2

21.1%，第三产业投资比上年增长12.7%。

【房地产】 2021年，德清县商品房施工面积549.1万平方米，比上年下降2.7%。商品房销售面积106.8万平方米，比上年下降10.2%，其中住宅销售面积94.9万平方米，比上年下降16.2%。商品房待售面积7.1万平方米，比上年下降20.6%。商品房销售额163.4亿元，比上年下降11.4%。全面加强住房保障，全年交付保障性安居工程住房394套，发放公租房租赁补贴697户。

【国内贸易】 2021年，德清县限额以上批发和零售业实现销售额1110.3亿元，比上年增长30.1%。其中，批发业销售额1090.2亿元，比上年增长30.3%；零售业销售额20.1亿元，比上年增长19.6%。限额以上住宿和餐饮业实现营业额14.1亿元，比上年增长27.9%。其中，住宿业营业额10.2亿元，比上年增长28.0%；餐饮业营业额3.9亿元，比上年增长27.7%。全县社会消费品零售总额比上年增长9.4%。全县实现网络零售额97.8亿元，比上年增长21.2%。

【旅游业】 2021年，德清县实现旅游总收入356.66亿元，比上年增长12.4%。全县乡村旅游接待游客1032.5万人次，比上年增长7.3%，实现直接营业收入41.96亿元，比上年增长6.5%。德清上榜"2021全国县域旅游综合实力百强县""2021中国县域旅游综合竞争力百强县市"，并分别列第8位和第16位，莫干山镇获评全国乡村旅游重点镇，莫干山风景名胜区入选第一批国家级文明旅游示范单位，德清文旅影响力提升。

【对外经济】 2021年，德清县实现进出口总额279.4亿元，比上年增长30.1%。其中，出口258亿元，比上年增长34.5%；进口21.5亿元，比上年下降7.1%。分国别看，其中，对"一带一路"沿线国家实现出口额65.4亿元，比上年增长18.4%，占出口总额的25.3%；对美国实现出口额72.2亿元，比上年增长34.8%，占出口总额的28.0%。

合同利用外资12.3亿美元，比上年增长8.7%。实际利用外资3.36亿美元，比上年增长33.9%。2021年，引进百亿元（百强）项目5个，引进亿元以上项目188个。

【交通运输业】 2021年，德清县完成旅客运输量（只统计公路和水路，下同）94.4万人次，比上年下降83.0%；货物运输量3259.7万吨，比上年增长55.0%。旅客周转量6580.8万人公里，比上年下降54.6%；货物运输周转量24.7亿吨公里，比上年增长50.8%。2021年末全县公路里程1384.4公里（含村道），其中高速公路里程94.4公里。内河港口货物吞吐量4845万吨，航道里程222.2公里。年末民用汽车拥有量15.6万辆，比上年增长3%。年末摩托车拥有量2.6万辆，比上年减少0.3万辆。

【邮政电信业】 2021年，德清县邮政业务收入4.7亿元，比上年增长16.9%；电信业务收入6.7亿元，比上年增长15.9%。

【财政收支】 2021年，德清县实现财政总收入134.6亿元，比上年增长15.9%。其中，一般公共预算财政收入83.2亿元，比上年增长24.1%。一般公共预算财政收入主要税种中，增值税25.7亿元，比上年增长8.3%；企业所得税11.7亿元，比上年增长42.3%；个人所得税5.3亿元，比上年下降38.2%。2021年公共预算财政支出80亿元，比上年增长2.2%。

【存贷款】 2021年末，德清县金融机构各项人民币存款余额1106.5亿元，比上年增长14.8%，比年初增加142.7亿元。其中，住户存款531.3亿元，比上年增长12.9%，比年初增加60.7亿元；非金融企业存款395.2亿元，比上年增长18.5%，比年初增加61.8亿元。年末金融机构人民币贷款余额1238.4亿元，比上年增长22.0%，比年初增加223.5亿元。其中，住户贷款535.4亿元，比上年增长19.8%，比年初增加88.7亿元；非金融企业及机关团体贷款695亿元，比上年增长23.8%，比年初增加133.8亿元。

【科学技术】 2021年，德清县专利授权总量5006件，其中发明专利501件。全县新认定国家高新技术企业64家（总数达到327家）、省级科技型企业255家，新增省级新型研发机构2家、省级重点企业研究院1家、省级企业研究院5家、省级高企研发中心16家。落实人才新政，激发人才创新创业活力；引进顶尖领军高端人才216名。

【教育】 2021年末，德清县拥有各级各类学校103所，在校学生6.95万人，在职在编教师3517人。其中，普通高中5所，在校学生8503人；初中16所（含中心学校），在校学生1.19万人；小学21所，在校学生2.94万人；幼儿园44所（所属分园25个、村教学点39个），在园幼儿1.57万人；职教类学校1所，在校学生3935人；特殊学校1所，在校学生81人；成校12所。另有电大德清学院、社区教育学院、综合实践学校各1所。全县小学学龄儿童入学率100%，初中毕业生升学率为99.5%，九年义务教育完成率100%，高中毛入学率99.5%。小学生均教育经费支出2.4万元，比上年增长4.3%；初中生均教育经费支出3.9万元，比上年增长2.6%。

【文化（体育）】 2021年末，德清县拥有公共文化馆（含分馆）13个、公共博物馆1个、非国有博物馆6个、文物保护单位共88处（国保5处19个点，省保7处13个点，县保76处），公共图书馆（含分馆）16个，图书藏书量57.38万册，镇（街道）文化站13个、文化礼堂137家。德清县入选全省新时代公共文化场馆服务功能拓展综合试点，钟管镇申报的传统蚕桑生产习俗获评2021年度“浙江省民间文化艺术之乡”，莫干山郡安里体旅综合体获评2021年长三角地区精品体育旅游目的地，泰普森创建成为省级工业旅游示范基地，莫干山通航机场飞行项目获得2021年浙江省运动休闲旅游优秀项目，蒋继剑获东京残奥会男女PRE级双人双桨铜牌，金银姬荣获第十四届陕西全运会群众比赛女子团体金牌，陈雪君获得乒乓球女子团体项目铜牌。举办全省民间音舞大型广场展演、全县大合唱、大型图片展等庆祝建党100周年系列活动。

【卫生医疗】 2021年末，德清县拥有各类医疗卫生机构278家，其中武康健保集团下辖县人民医院、县中医院、8家镇卫生院（街道社区卫生服务中心）及77家村卫生室（社区卫生服务站），新市健保集团下辖杭州师范大学附属德清医院（德清县第三人民医院）、4家镇卫生院及57家村卫生室（社区卫生服务站）；另有省级医疗机构1家，民营医院（含民营门诊部）16家，个体诊所87家。医疗床位2459张，卫生技术人员3984人，其中执业（助理）医师1597人、注册护士1531人。全年孕产妇住院分娩比例为100%，婴儿死亡率1.32‰，5岁以下儿童死亡率2.65‰。

【生态建设】 2021年，德清空气质量保持平稳，$PM_{2.5}$平均浓度为27微克/立方米，空气优良率达到91%，综合指数为3.36，全市排名第二，空气质量达到国家二级标准。水环境功能区达标率保持100%，国控断面全部达到Ⅲ类水以上。生态建设与治理方面，推进低效用地企业处置，完成“低散乱”企业整治350家，开展老旧工业园区改造提升工作。全县新启动改造提升项目105个267.01万平方米，竣工改造提升项目66个165.07万平方米，新增建筑面积121.2万立方米，完成淘汰落后企业33家。

【生产安全】 2021年，德清县发生各类生产安全事故（包括工矿商贸企业、道路运输、水上运输、渔业船舶事故）12起，死亡10人，受伤7人。事故起数比上年下降36.8%，死亡人数比上年下降33.3%。其中，工矿商贸企业共发生生产安全事故3起，死亡3人；道路运输发生事故9起、死亡7人；水上交通、渔业船舶未发生生产安全事故；发生生产经营性火灾18起，无人员伤亡。

【人口】 2021年年末，德清县总户数13.6万户，户籍人口44.3万人，其中城镇人口17.6万人。按性别分，男性21.7万人，女性22.6万人，分别占总人口的49.0%和51.0%。按年龄段分，18岁以下

6.2万人,18~34岁8.4万人,35~59岁17.3万人,60岁及以上12.4万人。人口出生率6.23‰,人口死亡率7.68‰,人口自然增长率-1.45‰。

【城乡收入】 2021年,德清县常住居民人均可支配收入5.78万元,比上年增长10.9%。其中城镇常住居民人均可支配收入6.86万元,比上年增长10.3%。城镇常住居民人均生活消费性支出4.41万元,比上年增长17.5%,其中食品支出占人均生活消费支出的比重为27.3%。农村常住居民人均可支配收入达4.25万元,比上年增长10.9%。农村常住居民人均生活消费性支出2.87万元,比上年增长18.3%,其中食品支出占人均生活消费支出的比重为27.1%。

【社会福利】 2021年末,德清全县拥有各类福利机构33个,床位5503张。困难群众社会保障水平得到提高。全县低保对象1692户2747人,全年发放低保补助金2600万元;支出型贫困救助对象87户304人,全年发放救助金额294万元;全年县级临时救助619人,支出220万元。

(县统计局 供稿)

德清县主要机构及负责人名录

【2021年度县党政机关群众团体领导人员名单】

中国共产党德清县委员会

县委书记:敖煜新

副书记:

王　波(2021年2月任)
陈　健(2021年12月免)
王剑峰(2021年11月任)

常　委:

赵怀君(2021年3月任)
王　勇(2021年11月免)
金卫亮(挂职)
张文斌(2021年11月任)
陈亦平(2021年12月免)
沈志伟(2021年2月免)
周志方
王云香(女)(2021年11月任)
施震海　黄建丰
卢安学(2021年11月免)
梁天军(2021年11月任)
熊卓越
翟金坚(2021年7月任)

委　员:

张林华(2021年12月免)
姚夏林(2021年12月免)
沈生章(2021年12月免)
陈永明(2021年12月免)
沈亦红(女)(2021年12月免)
毕长征
曹根荣(2021年12月免)
沈　炯(2021年12月免)
沈保梁(2021年12月免)
方　凯(2021年12月免)
许建驰(2021年12月免)
孙宏明(2021年12月免)
杨剑炜　丁燕英(女)
陈旭明
郭志伟(2021年12月免)
章洪春(2021年12月免)
姜庆华(2021年12月免)
夏永明(2021年12月免)
郭坤华
曹汉祥(2021年12月免)
王振权(2021年12月任)
茆　毅(2021年12月任)
符海滨(2021年12月任)
高　群(2021年12月任)
傅贤生(2021年12月任)
周甲准(2021年12月任)
高　芸(女)(2021年12月任)
梁建红(女)(2021年12月任)
姚建强(2021年12月任)
吕秋月(女)(2021年12月任)
黄菊芬(女)(2021年12月任)
唐　捷(2021年12月任)
陈杨名(2021年12月任)
许哲锋(2021年12月任)
朱　琦(2021年12月任)
陈　奇(2021年12月任)
谈国明(2021年12月任)
何爱芬(女)(2021年12月任)

候补委员:

姚国丽(女)(2021年12月免)
施剑锋(2021年12月免)
宣坚锋(2021年12月免)
沈钧晶(女)(2021年12月免)
居晓华(2021年12月免)
李贤富(2021年12月免)
章伟忠(2021年12月免)
黄晓丹(2021年12月任)
朱伯荣(2021年12月任)
金　斌(2021年12月任)
盛丹华(女)(2021年12月任)
吴建勇(2021年12月任)
应璐祺(2021年12月任)
泉江东(2021年12月任)
费　征(2021年12月任)
胡忠文(2021年12月任)

中国共产党德清县纪律检查委员会

书　记:

王　勇(2021年11月免)
王云香(女)(2021年11月任)

副书记：
许　炜(2021年12月免)
居晓华(2021年12月免)
金爱农
常　委：
朱伯荣(2021年1月免)
费力波　孙椒清(女)
茅青青
沈国平(2021年3月任)

县监察委员会

主　任：
王　勇(2021年12月免)
副主任、代主任：
王云香(女)(2021年12月任)
副主任：
许　炜　金爱农
委　员：
费力波
孙椒清(女)
沈国平(2021年3月免)
陈金华(2021年3月任)
徐　敏
办公室主任：
吴为民(2021年3月免)
党风政风监督室主任：
孙朋飞
第一纪检监察室主任：
徐列申
第二纪检监察室主任：
刘雪英(女)(2021年1月免)
姚建峰(2021年3月任)
第三纪检监察室主任：
姚成章
第四纪检监察室主任：
黄　勇
第五纪检监察室主任：
陆　锋(2021年12月免)
信访室主任：
刘　晖(女)(2021年3月免)
干部室主任：
卢　健
案件监督管理室主任：
茅忠明(2021年9月免)
案件审理室主任：
沈　希(女)

派驻第一纪检监察组

组　长：孔宝庆
副组长：
姚文良
盛荣良(2021年12月免)

派驻第二纪检监察组

组　长：纪良忠
副组长：姚松华　周　骏

派驻第三纪检监察组

组　长：
王勤华(女)(2021年12月免)
李志刚(2021年12月任)
副组长：
钱文荣(2021年9月免)
姜隐芩(女)
葛国松(2021年9月任)

派驻第四纪检监察组

组　长：
沈雅萍(女)(2021年12月免)
盛荣良(2021年12月任)
副组长：
吴　林(2021年9月免)
沈法根
周秋香(女)(2021年12月免)

派驻第五纪检监察组

组　长：潘利荣
副组长：
徐香庚(2021年9月免)
陈玉峰

派驻第六纪检监察组

组　长：
杨晓浏(2021年12月免)
杨再良(2021年12月任)
副组长：
吕中文(2021年12月任)

派驻第七纪检监察组

组　长：
沈建国(2021年12月免)
施敏娴(女)(2021年12月任)
副组长：
陆　锋(2021年12月任)

驻县公安局纪检监察组

组　长：
张玉明(2021年12月免)
陶慧莉(女)(2021年12月任)
副组长：
陶慧莉(女)(2021年12月免)
沈旭明
沈建国(2021年12月任)

驻县人民法院纪检监察组

组　长：
姚荣根(2021年9月免)
余　虹(女)(2021年9月任)
副组长：张新波

驻县人民检察院纪检监察组

组　长：
钟加平(2021年9月免)
姚荣根(2021年9月任)
副组长：何　毅

县委办公室

主　任：
沈生章(2021年3月免)
陈兴江(2021年3月任)
副主任：
曹才良(2021年9月任)
嵇会斌
李志刚(2021年12月免)
高　芸(女)(兼)
泉江东(兼)(2021年1月免)
吴丽娟(女)(兼)(2021年1月任)
丁建明(兼)
马　军

谢世奥(2021年12月任)

县委台湾工作办公室、县政府台湾事务办公室

主　任:

沈生章(2021年3月免)

陈兴江(2021年3月任)

县委县政府接待服务中心

主　任:

谢世奥(2021年12月免)

沈燎原(2021年12月任)

县委组织部

部　长:黄建丰

常务副部长:高奇凡

副部长:

黄晓丹(2021年12月免)

陈杨名(2021年3月免)

费　征(2021年9月免)

严　峰

沈　良(2021年12月任)

沈建锋(2021年12月任)

杨铭海(2021年12月任)

蒋　斌(兼)(2021年9月免)

周　敏(兼)(2021年9月任)

史育峰(兼)

县委老干部局

局　长:

黄晓丹(2021年12月免)

县委新经济与新社会组织工作委员会

书　记:

陈杨名(2021年3月免)

副书记:

杨铭海(2021年12月免)

王永新(兼)　吕正洪(兼)

黄　建(兼)(2021年12月免)

县委人才工作领导小组办公室

主　任:黄建丰

常务副主任:

费　征(2021年9月免)

专职副主任:

沈　良(2021年12月免)

县公务员局

局　长:严　峰

县关心下一代工作委员会

专职副主任:

沈建锋(2021年12月免)

县委直属机关工作委员会

书　记:黄建丰

专职副书记:

姚伟红(女)(2021年1月免)

吴玉丽(女)(2021年9月任)

县委机构编制委员会办公室

主　任:史育峰

副主任:沈　华(女)

县委宣传部

部　长:周志方

常务副部长:

吴建勇(2021年9月免)

梁建红(女)(2021年12月任)

副部长:

章卫华(女)(2021年1月免)

余小堂

沈　杭(2021年12月任)

陈　磊(2021年3月任)

县文联

主　席:

吴建勇(2021年9月免)

梁建红(女)(2021年12月任)

副主席:曹利月(女)

县社会科学界联合会

主　席:

吴建勇(2021年9月免)

梁建红(女)(2021年12月任)

副主席:

陆咏虎(2021年12月免)

朱　华(2021年12月任)

县精神文明建设委员会办公室

主　任:余小堂

县互联网信息办公室

主　任:

梁建红(女)(2021年12月免)

沈　杭(2021年12月任)

县精神文明建设指导中心

主　任:

陈　磊(2021年3月免)

陆咏虎(2021年12月任)

县互联网新闻舆情中心

主　任:宋　颖(女)

县委统战部

部　长:

熊卓越(2021年12月免)

施震海(2021年12月任)

常务副部长:王永新

副部长:

潘国良

施敏娴(女)(2021年12月免)

樊宇敏(2021年3月免)

柴鸿斌(2021年3月任)

赵哲含(女)(2021年12月任)

陈　杭(兼)(2021年3月免)

县民族宗教事务局

局　长:潘国良

县归国华侨联合会

主　席:

王永新(2021年3月免)

樊宇敏(2021年3月任)

副主席:高建良

县委政法委员会

书　记:

陈　健(2021年12月免)

王剑峰(2021年12月任)

常务副书记:陈旭明

副书记:

陈亦平(兼)(2021年12月免)

张文斌(兼)(2021年12月任)

茆　毅(兼)

柴鸿斌(2021年3月免)

潘新林
曾海华(女)(2021年3月免)
王　永(2021年3月任)
徐　航(2021年3月任)
政治处主任:王小平

县法学会

会　长:
陈　健(兼)(2021年12月免)
王剑峰(兼)(2021年12月任)
常务副会长:
柴鸿斌(2021年3月免)
潘新林(2021年3月任)
专职副会长:
应雨生(2021年3月免)

县委政策研究室

主　任:高　芸(女)
副主任:
潘文哲(2021年1月免)
王云峰
茅列前(2021年1月任)
盛　玄(2021年3月任)

县委党校(县行政学校、浙江生态文明干部学院莫干山分院、县社会主义学校)

党校校长(生态文明干部学院莫干山分院院长):
黄建丰(兼)
行政学校校长:
陈亦平(兼)(2021年12月免)
张文斌(兼)(2021年12月任)
社会主义学校校长:
熊卓越(兼)(2021年12月免)
施震海(兼)(2021年12月任)
常务副校长(副院长):
朱晓华(2021年12月免)
黄晓丹(2021年12月任)
副校长(副院长):
王　卉(女)　叶　艳(女)
姚国峰

县委、县政府信访局

局　长:
泉江东(2021年1月免)
吴丽娟(女)(2021年1月任)
副局长:
杨再良(2021年12月免)
凌　冰
周帮川(2021年9月任)

县社会矛盾纠纷调处化解中心

主　任:
陈　健(兼)(2021年12月免)
王剑峰(兼)(2021年12月任)
副主任:
陈旭明(兼)
泉江东(兼)(2021年1月免)
吴丽娟(女)(兼)(2021年1月任)
姚　勇

县委巡察办公室

主　任:
朱伯荣(2021年1月免)
孙椒清(女)(2021年1月任)
副主任:
吴　媛(女)

县委巡察组

专职组长:
仲伯华(2021年1月免)
朱　明　朱丽萍(女)
姚伟红(女)(2021年1月任)
专职副组长:
陈永明　盛云标
张　明
朱利农(2021年9月任)
占建平(2021年9月任)
田苏青(女)(2021年9月任)

县委党史研究室(县地方志编纂室)

主　任:
卢凤珍(女)(2021年12月免)
王勤华(女)(2021年12月任)
副主任:
方康顺
姚徐钰(女)(2021年3月免)

县档案馆

党组书记、馆长:丁建明
副馆长:
张玉良　沈　雨(女)

县人大常委会

主　任:杨明连
副主任:
王少华(2021年3月任)
方　芳(女)
孙政文　宋文金
姚夏林　沈生章
委　员:(按姓氏笔画为序)
丁本荣(2021年3月任)
卢安学(2021年8月免)
叶振伟　吕　政
吕海清(2021年1月免)
朱　伟　汤洁文(女)
杨会荣　杨腾伟
沈王英(女)(2021年3月任)
沈炳奎　沈根华
周　云　周金松
项祖宏　赵　震
俞有强
俞忠贤(2021年3月任)
施小强　倪爱国
徐国荣　高奇凡
盛　伟　虞儒雷
蔡国强　潘向荣
党组书记:
杨明连(2021年12月免)
陈　健(2021年12月任)
副书记:王少华
党组成员:
孙政文　宋文金
姚夏林　沈生章

杨腾伟(2021年12月免)
孙宏明(2021年12月任)

县人大常委会机关党组

书　记:
杨腾伟(2021年12月免)
孙宏明(2021年12月任)

县人大常委会办公室

主　任:
杨腾伟(2021年12月免)
孙宏明(2021年12月任)
副主任:
沈华娣(女)
郑伟雄(2021年9月任)
吴　双
蔡霖琳(女)(2021年9月免)

县人大常委会研究室

主　任:
杨腾伟(2021年12月免)
孙宏明(2021年12月任)
副主任:
郑伟雄(2021年9月免)
姚国兴(2021年9月任)

县人大社会建设委员会

主任委员:
倪爱国(2021年12月免)
杨腾伟(2021年12月任)
副主任委员:
潘正福(2021年12月免)
倪爱国(2021年12月任)
章　飚(2021年12月任)

县人大财政经济委员会

主任委员:项祖宏
副主任委员:
章海燕(女)
曹国华(2021年9月任)

县人大监察和司法(法制)委员会

主任委员:周　云
副主任委员:
厉　雯(女)

设立县人大常委会监察和司法(法制)工作委员会,与县人大监察和司法(法制)委员会合署办公

主　任:周　云
副主任:
叶调胜(2021年9月任)

县人大常委会教育科技文化卫生工作委员会

主　任:
吕海清(2021年2月免)
俞忠贤(2021年2月任)
副主任:
章　飚(2021年12月免)
朱建福(2021年9月任)
潘正福(2021年12月任)

县人大常委会农业与农村工作委员会

主　任:杨会荣
副主任:
沈王英(女)(2021年2月免)
曾海华(女)(2021年3月任)
施景杰(2021年9月任)

县人大常委会城乡建设与环境资源保护工作委员会

主　任:
丁本荣(2021年2月免)
沈福康(2021年12月任)
副主任:
胡红根(2021年3月免)
姜德虎(2021年9月任)
梅国民(2021年3月任)

县人大常委会代表与选举任免工作委员会

主　任:
潘向荣(2021年9月免)
黄向阳(2021年9月任)
副主任:
黄向阳(2021年9月免)
屈联国(2021年9月任)
张飞飞(女)(2021年9月任)

县人民政府

县　长:
敖煜新(2021年2月免)
王　波(2021年3月任)
副县长、代县长:
王　波(2021年2—3月)
副县长:
陈亦平
张文斌(2021年12月任)
洪延艳(女)
杨国志(2021年12月免)
陈永明
茆　毅
王振权
金卫亮(挂职)
胡　渊(挂职)(2021年12月免)
党组书记:
敖煜新(2021年2月免)
王　波(2021年2月任)
副书记:
陈亦平(2021年12月免)
张文斌(2021年12月任)

县政府办公室

党组书记、主任:
姚建强(2021年3月任)
副主任:
蔡　明
周立峰
蔡勤锋(2021年12月免)
潘宗敏(2021年9月免)
黄　宇(女)(2021年1月免)
沈　莉(女)
沈　清
沈　忠
夏永明(2021年9月任)
高　群(2021年9月任)
吕秋月(女)(2021年9月任)

沈耀腾(2021年12月任)
朱　超(2021年9月任)
邱连荣(兼)(2021年3月免)
沈福康(兼)(2021年9月免)
丁金伟(兼)(2021年4—12月)
陈海建(兼)(2021年12月任)

县外事办公室

主　任:
丁金伟(2021年4—12月)
陈海建(2021年12月任)
副主任:
刘　晖(女)(2021年3月任)
周赵行(挂职)(2021年6月任)

县委生态文明建设办公室

主　任:
姚建强(2021年3月任)
副主任:
沈艳楠(女)(2021年3月任)

县发展和改革局(县政府区域合作交流办公室)

党委书记、局长(主任):
章洪春(2021年1月免)
宣坚锋(2021年1月任)
副书记:
章卓玮(2021年9月免)
蔡勤锋(2021年12月任)
副局长:
章卓玮(2021年9月免)
潘　皓　胡　俊
徐丽娟(女)
蔡勤锋(2021年12月任)
周梦姣(女)(挂职)

县委社会建设委员会(新增)

主　任:
王剑峰(兼)(2021年12月任)
第一副主任:
张文斌(兼)(2021年12月任)

县经济和信息化局(县中小企业局)

党委书记、局长:施剑锋
副局长:
尤晓春
汪　磊(2021年9月免)
吴丽娟(女)(2021年1月免)
王　莉(女)(2021年4月任)
陈　旭(挂职)
总工程师:
冯枫良(2021年12月任)

县政务服务管理办公室(县公共资源交易办公室、县最多跑一次改革办公室主任)

党组书记、主任:
陈亦平(兼)(2021年12月免)
张文斌(兼)(2021年12月任)
党组副书记:
邱芳荣(2021年12月免)
姚文忠(2021年12月任)
王赛翔(2021年9月任)
常务副主任:
邱芳荣(2021年12月免)
姚文忠(2021年12月任)
副主任:
钟鸿飞(2021年9月免)
王建国
康杭青(女)
王赛翔(2021年9月任)

县应急管理局

党委书记、局长:姚新乔
副书记:
赵志明(2021年9月免)
吴　尧(2021年9月任)
副局长:
赵志明(2021年11月免)
胡华明　岳　奎
朱　良
吴　尧(2021年9月任)
总工程师:钱　峰
党委委员(副科级):查　辉

县教育局

党委书记、局长:丁燕英(女)
副局长:
潘云祥　朱云芳(女)
柳　鸣

县科学技术局

党组书记、局长:黄菊芬(女)
副书记:
陈海建(2021年12月免)
副局长:
陈海建(2021年12月免)
马俊松
姚徐钰(女)(2021年3月任)

县公安局

党委书记、局长、督查长:
茆　毅
政　委:
沈翀炜(2021年2月免)
章陈立(2021年3月任)
副书记:
沈翀炜(2021年2月免)
章陈立(2021年3月任)
陈建峰(2021年1月任)
副局长:
汤建鑫(2021年1月免)
陈建峰
陈灵杰
冯建超(2021年12月免)
应雨生(2021年3月任)
李治磊(2021年3月任)
余　松(2021年12月任)
刘海忠(2021年12月任)
副政委:
余　松(2021年12月免)
方　炜(2021年12月任)
政治处主任:
余　松(2021年12月免)

陈月忠(2021年12月任)
交警大队大队长:刘海忠
交警大队教导员:沈忠明
民政局
党委书记、局长:杨力平
副局长:
于　宏　蔡晓荣
吕正洪
倪　强(2021年12月任)
党委委员(副科长级):
施丽彬(女)(2021年9月任)
县司法局(县行政复议局)
党委书记:陈　浩
局　长:施敏丽(女)
副局长:
陈　浩
叶调胜(2021年9月免)
姚欣平
顾建明(2021年9月任)
政治处主任:夏学方
县财政局(县政府国有资产监督管理办公室)
党组书记、局长:郭坤华
副局长:
陈　强(2021年9月免)
沈漪萍(女)(2021年9月免)
嵇月红(女)　钱伟国
俞明耀(2021年12月任)
总会计师:
俞明耀(2021年12月免)
冯　杨(2021年12月任)
县国有企业监事会
副监事长:
姚连坤(2021年9月免)
县人力资源和社会保障局
党组书记、局长:
蒋　斌(2021年9月免)
周　敏(2021年9月任)
副局长:
闻卫强
杨　升(2021年9月免)
孙　冰(女)
党组成员(副科长级):
谭中河(2021年3月任)
县自然资源和规划局
党委书记、局长:
姜庆华(2021年12月免)
邱芳荣(2021年12月任)
副书记:
蒋仕云(2021年12月免)
沈海峰(2021年12月任)
副局长:
蒋仕云(2021年12月免)
刘树鹤(2021年1月免)
章正洪
吕中文(2021年12月免)
沈海峰(2021年12月任)
归建勇(2021年12月任)
总工程师:白洪青
总规划师:
沈　莹(女)
沈海峰(2021年12月免)
党委委员(副科长级):
归建勇(2021年12月免)
县自然资源专职副总督察:
章　俊(2021年5月任)
县住房和城乡建设局
党委书记、局长:
方　凯(2021年1月免)
唐　捷(2021年1月任)
副局长:
汪春春
陈晓勇(2021年3月免)
蒋慧健(女)(2021年9月免)
沈建峰(2021年9月任)
姚敏亚(女)(2021年9月任)
总工程师:
沈建峰(2021年9月免)
许遗欧(2021年9月任)
县人民防空办公室(民防局)
主任(局长):
方　凯(2021年1月免)
唐　捷(2021年1月任)
县交通运输局
党委书记、局长:杨剑炜
副局长:
吕建强
姜德虎(2021年9月免)
郑青青(女)
余利锋(2021年9月任)
总工程师:朱舟平
设立县交通运输综合行政执法队,撤销县公路管理局
局　长:丁建强(2021年1月免)
队　长:丁建强(2021年1月任)
县港航管理局更名为县港航管理中心
主　任:姚学良(2021年1月任)
设立德清县公路和运输管理中心
主　任:
沈云珏(女)(2021年1月任)
县水利局
党委书记、局长:居晓华
副书记:车金根
副局长:
车金根　丁忠良　蔡兴敏
总工程师:徐虹斌
县对河口水库管理中心
党支部书记:车金根(兼)
主　任:车金根(兼)
县农业农村局
党委书记、局长:
姚建强(2021年3月免)
陈杨名(2021年3月任)

副局长:
马继荣(2021年1月免)
杨　珍(女)　王海强
厉谷炎
崔连勇(2021年1月任)
总农艺师:姚利华(女)

县农业综合行政执法队

队　长:张宇彦

县商务局(县粮食和物资储备局局长、县投资促进局局长)

党委书记、局长:曹娅芬(女)
副书记:袁陈云(女)
副局长:
袁陈云(女)　嵇志浩
沈建昌(2021年1月免)
戴吉强(2021年3月任)
邱文辉(兼)(2021年6月免)
总经济师:
范慧杰(2021年9月任)

县贸促会

专职副会长:王先进

县文化和广电旅游体育局

党委书记、局长:朱海平
副书记:王舒舒(女)
副局长:
王舒舒(女)
屈联国(2021年9月免)
沈国松
董芸芸(女)
张　帆(2021年9月任)

县文化市场综合行政执法队

队　长:张伟民

县卫生健康局

党委书记、局长:
许哲锋(2021年1月任)
党委副书记:
陈伟东(2021年1月免)
副局长:
陈伟东(2021年1月免)
宣建妹(女)
朱建福(2021年9月免)
李治国(2021年9月任)
俞晓明(2021年1月任)
县计生协会专职副会长:
陈明初

县医疗保障局

党组书记、局长:宋生来
党组副书记:
余　虹(女)(2021年9月免)
副局长:
余　虹(女)(2021年9月免)
吴政军
高建林(2021年9月任)

县退役军人事务局

党组书记、局长:
曹才良(2021年9月免)
陈国松(2021年9月任)
副局长:
周文国　徐旭安
党组成员(副科长级):沈旭彬

县审计局

党组书记、局长:
沈松泉(2021年11月免)
陈　强(2021年11月任)
党组副书记:
赵志明(2021年9月任)
副局长:
曹国华(2021年9月免)
汤笑忠
夏　婷(女)
赵志明(2021年11月任)
总审计师:
韩　欣(女)

县统计局

党组书记:
沈建昌(2021年1月任)
局　长:
沈建昌(2021年2月任)
副局长:
吴　川　王会萍(女)
总统计师:李　炜
社会经济调查队队长:
张兰章(2021年9月免)
蔡伟国(2021年9月任)

县综合行政执法局(县城市管理局)

党组书记、局长:邱连荣
副书记:
李　峰(2021年9月免)
副局长:
李　峰(2021年9月免)
沈立强　娄海强
张宏伟
徐荣华(2021年9月任)

县市场监督管理局(县知识产权局)

党委书记、局长:
许建驰(2021年9月免)
肖新方(2021年9月任)
副局长:
黄　建(2021年12月免)
朱　倩(女)
傅小亮　鲍　锋
总工程师:
潘根良

县市场监管综合行政执法队

队　长:钟宇红(女)

县政府金融工作办公室

党组书记、主任:
沈　杭(2021年12月免)
丁金伟(2021年12月任)
副主任:
林　蓉(女)(2021年12月免)
杨晓浏(2021年12月任)
姚建栋(2021年12月任)

县大数据发展管理局

党组书记、局长:应聿央

副局长：
汤献国(2021年12月免)
赵方正(2021年12月免)
姚朔舟(2021年12月任)
总工程师：
姚朔舟(2021年12月免)
王卓丞(2021年12月任)

县机关事务管理中心

党组书记、主任：
孙宏明(2021年12月免)
沈雅萍(女)(2021年12月任)
副主任：
车晓平(2021年1月免)
蔡继表　华　金
马燕飞(女)(2021年3月任)

县政府经济合作交流中心主任

党组书记、主任：
章洪春(兼)(2021年1月免)
宣坚锋(兼)(2021年1月任)
党组副书记：
杨　振(2021年1月任)
副主任：
陈隽一(女)
杨　振(2021年1月任)

县新闻中心(县广播电视台)

党委书记：
吴建勇(兼)(2021年9月免)
梁建红(女)(兼)
(2021年12月任)
主任(台长)：
吴建勇(兼)(2021年9月免)
梁建红(女)(兼)
(2021年12月任)
总编辑：
夏建根(2021年1月任)
副主任(副台长)：
夏建根(2021年1月免)
康娌娜(女)　胡　瑛(女)
巫一波
张哲萍(女)(2021年12月任)
纪委书记：章建飞(女)

县供销合作社联合社

党委书记、主任：章　仁
副主任：
张宏武(2021年3月免)
施景杰(2021年9月免)
傅明亮(2021年9月任)
杨　琦(女)(2021年3月任)
监事会主任：
沈海章
何卫国(2021年9月任)

市生态环境局德清分局

党组书记、局长：张　铧
副书记：吕永强
副局长：
吕永强
陈福星(2021年9月免)
瞿　健　连　毅

县生态环境保护综合行政执法队

队　长：王　平

国家税务总局德清县税务局

党组书记、局长：
俞景云(2021年6月免)
王文国(2021年6月任)
副局长：
赵雪方　潘锦荣
丁红明　俞笑梅(女)
总经济师：
汪朝辉(2021年7月免)
纪检组组长：邱兴建

县气象局

党组书记、局长：李洪权
副局长：
蔡云泉　徐亚芬(女)

德清邮政管理局

党组书记、局长：沈神武
副局长：
王晓东　华　郑

湖州住房公积金中心德清分中心

党组书记、主任：
管继好(2021年3月免)
陈晓勇(2021年3月任)
副主任：
王　芳(女)　张如峰

市政府驻上海联络处德清工作部

副主任：邱文辉(2021年6月免)

湖州海关驻德清办事处

主　任：张　军

县烟草专卖局(烟草公司)

党组书记、局长(经理)：俞新丰
副局长、纪检组组长：杨高荣
副经理：王新康

县供电公司

党委书记、执行董事：
胡勇明(2021年9月免)
党委书记：
莫金龙(2021年9月任)
党委副书记、总经理：
来　骏(2021年9月免)
胡勇明(2021年9月任)
纪委书记：姚建华
副总经理：
孔　鸣　莫金龙
张　超
孙先山(2021年9月任)
总会计师：
庄　洁(女)(2021年4月任)

中国电信德清分公司

党委书记、局长：陈　渊
副总经理：
兰诗慧(女)　陈　新

中国移动德清分公司

总经理：范　勇
副经理：
徐　峰(2021年6月免)
徐永平
王国斌(2021年6月任)

中国联通德清分公司
总经理：
俞国浪（2021年4月任）
副经理：
陈　前　严正伟
俞国浪（2021年4月免）
县邮政公司
总经理：宣　东
副总经理：
魏晓艳（女）（2021年8月免）
姚冬萍（女）（2021年8月免）
纪委书记：
魏晓艳（女）（2021年8月免）
湖州银保监分局德清监管组
组　长：夏勤良
副组长：姚　敏（女）
人民银行德清支行
党组书记、行长：许勤峰
副行长：
吴鸿权　姜文红（女）
纪检组组长：姜文红（女）
农业银行德清支行
党委书记、行长：
邱丹梅（女）
纪委书记：
祁　冰（2021年9月免）
周　霞（女）（2021年9月任）
副行长：
欧智炜
吴一帆（2021年8月任）
倪水明
农发银行德清支行
党支部书记、行长：沈佳音（女）
副行长：沈　昕（女）
浙江德清农村商业银行股份有限公司
党委书记、董事长：陈春仿
行　长：王　芳（女）
监事长：吴国良
副行长：
曹治中（2021年11月免）
张昌信　梅云海
赵战伟（2021年12月任）
工商银行德清支行
党总支书记、行长：沈留良
副行长：
帅军炼　姚季芳
建设银行德清支行
党总支书记、行长：张　麒
副行长：
李　莹（女）
解建军
王佳丽（女）
中国银行德清支行
行　长：
沈耀辉（2021年3月免）
顾旭东（2021年3月任）
副行长：
王建才
陆卫连（2021年2月免）
林斌倩（女）（2021年3月任）
湖州银行德清支行
行　长：潘任斌
副行长：戴维斌　胡艳乐（女）
行长助理：徐怀亮
交通银行股份有限公司湖州德清支行
副行长（主持工作）：朱红伟
副行长：章小荣　卢　义
行长助理：姚玉英（女）
中国邮政储蓄银行浙江省德清县支行
行　长：章　彦
副行长：王天军
湖商村镇银行德清支行
副行长（主持工作）：
姚　毅（2021年6月免）
洪　涛（女）（2021年6月任）
行长助理：
姚　佳（女）（2021年6月任）
郑　良（2021年6月任）
人保财险德清支公司
总经理：
杨晓青（2021年12月免）
边国飞（2021年12月任）
副总经理：
边国飞（2021年12月免）
乔　磊
施　畅（2021年2月任）
国寿德清支公司
总经理：张金良
副总经理：
吴　辉（2021年1月免）
许文强（2021年3月任）
太平洋财保险德清支公司
总经理：
胡允浙（2021年7月任）
副经理：
房有根（2021年1月免）
朱世英（女）
中国人民政治协商会议德清县委员会
主　席：张林华
副主席：
王秀琴（女）　嵇金星
姚　欣　沈　健
王　晶（女）（2021年3月任）
秘书长：
傅友根（2021年2月免）
姚国丽（女）（2021年2月免）
常务委员：（按姓氏笔画为序）
万春霞（女）　王永新
邓善泳　占建平
冯森莲（女）　朱　超
杨文忠　杨　珍（女）
杨　琦（女）（2021年3月免）
应圣俊　汪孔祥

沈建忠　陈国良
陈新年　林　立(女)
周　晖　宓晓明
胡海峰　姚惠忠
袁世杰　莫剑青
徐　羚(女)
戚芳丽(女)
屠春生　董晓莲(女)
董新民　蒋慧健(女)
嵇开颜　戴晓毅
党组书记:
张林华(2021年12月免)
陈亦平(2021年12月任)
副书记:
方　杰
熊卓越(兼)(2021年12月免)
施震海(兼)(2021年12月任)
党组成员:
嵇金星　姚　欣
曹根荣(2021年12月任)
姚国丽(女)(2021年1月任)

县政协机关党组
书　记:
傅友根(2021年1月免)
姚国丽(女)(2021年1月任)
副书记:宓晓明
县政协办公室
主　任:宓晓明
副主任:
蒋剑青　徐红学(女)
县政协提案委员会
主　任:戴晓毅
副主任:佘　琳(女)
县政协文史委员会
主　任:
杨振华(2021年12月免)
副主任:
吴金梅(女)
专职副主任:
蔡蓉(女)(2021年9月任)
县政协经济委员会
主　任:陶卫虎
副主任:殷　藻
县政协教科卫体委员会
主　任:
姚国丽(女)(2021年2月免)
章卫华(女)(2021年2月任)
副主任:
杨国新
县政协民族宗教和港澳台侨委员会
主　任:沈海明
副主任:
史　良(2021年1月免)
专职副主任:
姚如宏(2021年12月任)
县政协社会和法制委员会
主　任:沈建忠
副主任:
沈爱平(女)
莫剑青(兼)
县政协委员工作委员会
主　任:汪孔祥
副主任:沈战明
县政协农业农村和人口资源环境委员会
主　任:潘建良
副主任:姚伟红(女)
县人民法院
党组书记:
方海明(2021年8月免)
傅贤生(2021年8月任)
院　长:
方海明(2021年9月免)
副院长、代院长:
傅贤生(2021年9月任)
副书记:汪庆新
副院长:
汪庆新
吴玉峰(2021年11月免)
叶剑荣
梁　帅(挂职)(2021年11月免)
政治部主任:
蔡　娟(女)
专职委员:
姚舟德　莫剑青
乾元法庭庭长:
姚　俭
新市法庭庭长:
王国青(2021年12月免)
王昆明(2021年12月任)
莫干山法庭庭长:
莫剑青(2021年12月免)
王国青(2021年12月任)
地信小镇法庭庭长:
叶国栋
2020年3月设立雷甸法庭
雷甸法庭庭长:
田芳(女)(2021年12月任)
2020年9月撤销武康法庭,设立洛舍法庭
洛舍法庭庭长:
何建海(2021年12月任)
县人民检察院
党组书记、检察长:周甲准
副书记:
陈文军(2021年1月免)
毕青华(2021年1月任)
副检察长:
陈文军(2021年2月免)
毕青华(2021年2月任)
陈　杨(女)
翁学照
董婷婷(女)(挂职)
政治部主任:杨海涛

专职委员：
张　炜(女)　宣恋勇

县人民武装部

部　长：梁天军

政　委：
卢安学(2021年8月免)
吴　迪(2021年10月任)

县总工会

党组书记、主席：
李贤富(2021年1月免)

党组书记：
朱伯荣(2021年1月任)

主　席：
朱伯荣(2021年9月任)

副主席：
朱伯荣(2021年1—9月)
金　慧(女)(2021年1月免)
占建平(2021年9月免)
房红良(2021年9月任)
蔡永昌
沈小金(2021年9月任)
闻学勤(女)(兼)
宋永良(兼)

经费审查委员会主任：
姚国兴(2021年9月免)
姜晨莺(女)(2021年9月任)

共青团德清县委

2021年1月撤销共青团德清县委员会党组,原任领导职务自行免去

书　记：
郭宁宁(女)(2021年1月免)
沈星一(女)(2021年1月任)

副书记：
吴伟昊
冯森莲(女)(2021年3月免)
陈舒婷(女)(2021年9月任)

县妇女联合会

党组书记、主席：
吴敏瑾(女)

副书记：
敖丽丽(女)

副主席：
敖丽丽(女)
赵哲含(女)(2021年12月免)

县科学技术协会

党组书记、主席：
邵丽霞(女)

副主席：
陈　勇　姚伟峰
陈海建(兼)(2021年12月免)
盛　伟(兼)
张明强(兼)

党组成员(副科长级)：
王　峥(2021年1月任)

县工商业联合会

党组书记：
陈　杭(2021年3月免)
柴鸿斌(2021年3月任)

主　席：
沈王英(女)(2021年2月任)

副主席：
杨哲宇　倪建国
沈伟新(兼)　宋云昌(兼)
张甲亮(兼)　俞有强(兼)
袁世杰(兼)　夏森权(兼)
朱伯明(兼)　陈根财(兼)
姚建华(兼)　顾水祥(兼)
黄永伟(兼)　尤晓春(兼)
潘根良(兼)

县残疾人联合会

党组书记、理事长：
唐　炜

副理事长：
樊立勇
林　立(女)(2021年1月免)
马继荣(2021年1月任)
于　宏(兼)
吴志强(兼)

县红十字会

会　长：
洪延艳(女)(兼)

党组书记、常务副会长：
嵇开颜

副会长：
刘雯雅(女)
陈伟东(兼)

党组成员(副科长级)：施国华

【2021年度镇(街道、园区)领导人员名单】

乾元镇

党委书记：
陈兴江(2021年3月免)
熊卓越(2021年3月任)

副书记：
应璐祺(2021年9月免)
章卓玮(2021年9月任)
徐燕燕(女)(2021年1月免)
王华奇(2021年1月任)
施　强(2021年1月任)

委　员：
朱利农(2021年9月免)
戴吉强(2021年3月免)
方　炜(2021年12月免)
曹淼鑫(2021年9月免)
葛国松(2021年9月免)
张丛轲(2021年1月任)
高玲玲(女)(2021年3月任)
汪　磊(2021年9月任)
李　燕(女)(2021年9月任)
陈　晔(2021年9月任)

纪委书记：
葛国松(2021年9月免)
李　燕(女)(2021年9月任)

人大主席：沈根华

副主席：
沈兴华

蔡瑛瑛(女)(2021年9月免)
镇　长:
应璐祺(2021年9月免)
章卓玮(2021年9月任)
副镇长:
徐荣华(2021年9月免)
梅　莉(女)
姬　涛
曹森鑫(2021年9月免)
汪　磊(2021年9月任)
姚　星(2021年9月任)
叶真男(2021年9月任)
副科级组织员:
施丽彬(女)(2021年9月免)

新市镇

党委书记:施震海
副书记:
许哲锋(2021年1月免)
徐　畅(2021年9月任)
盛丹华(女)(2021年1—9月)
高　钺
郑　滔(2021年9月免)
张水红(女)(2021年9月任)
委　员:
张水明(2021年9月免)
李　瑶
张　帆(2021年9月免)
李　燕(女)(2021年9月免)
陆小明
施　超(2021年9月任)
蔡珊珊(女)(2021年9月任)
许俊骏(2021年9月任)
王骏韬(2021年9月任)
朱　超(2021年9月任)
纪委书记:
李　燕(女)(2021年9月免)
许俊骏(2021年9月任)
人大主席:施小强
副主席:
周帮川(2021年9月免)
徐建良
镇　长:
许哲锋(2021年1月免)
盛丹华(女)(2021年1—9月)
徐　畅(2021年9月任)
副镇长:
徐晓飞(2021年9月免)
范慧杰(2021年9月免)
张水明(2021年9月免)
蔡珊珊(女)(2021年3—9月)
施　超(2021年9月任)
吕旭锋(2021年9月任)
范逸凡(2021年9月任)
沈　琪(女)(2021年9月任)
沈金荣(2021年9月任)
副科级组织员:
蔡珊珊(女)(2021年3月免)

浙江德清经济开发区

党工委书记:施震海(兼)
副书记:
盛丹华(女)(2021年9月免)
徐　畅(2021年9月任)
何建勋
管委会主任:施震海(兼)
常务副主任:
盛丹华(女)(2021年9月免)
徐　畅(2021年9月任)
副主任:
何建勋
蔡伟国(2021年9月免)
沈宇驰(2021年1月任)

钟管镇

党委书记:
宣坚锋(2021年1月免)
朱　琦(2021年1月任)
副书记:
朱　琦(2021年1月免)
徐燕燕(女)(2021年1月任)
许定福(2021年1月免)
沈福康(2021年9月免)
叶敏华(2021年1月任)
沈　瑜(女)(2021年9月任)
委　员:
李治磊(2021年3月免)
陈佳伟
陈小春
顾建明(2021年9月免)
沈华峰(2021年3月任)
朱伟立(2021年3月任)
姚卫平(2021年9月任)
柳丹翼(2021年9月任)
房春华(2021年9月任)
纪委书记:
顾建明(2021年9月免)
姚卫平(2021年9月任)
人大主席:
吕　政(2021年9月免)
潘　侠(女)(2021年9月任)
副主席:
孙连根(2021年9月免)
卫　俊(2021年9月免)
喻万里(2021年9月任)
镇　长:
朱　琦(2021年1月免)
徐燕燕(女)(2021年1月任)
副镇长:
高建林(2021年9月免)
许遗欧(2021年9月免)
叶敏华(2021年1月免)
嵇振海
曹森鑫(2021年9月任)
沈华峰(2021年3月任)
皮勇华(2021年9月任)
蒋旭阳(2021年9月任)

副科级组织员：黄伟强

洛舍镇

党委书记：

唐　捷（2021年1月免）

金　斌（2021年1月任）

副书记：

金　斌（2021年1月免）

郭宁宁（女）（2021年1—9月）

陈福星（2021年9月任）

陈海松

委　员：

章顺龙（2021年9月免）

陈巧华　吴　伟

张飞飞（女）（2021年9月免）

李小荣　高　飞（女）

周淼强

茅忠明（2021年9月任）

郭　蕾（女）（2021年9月任）

朱宇豪（2021年9月任）

纪委书记：

陈巧华（2021年9月任）

茅忠明（2021年9月任）

人大主席：徐国荣

副主席：

张建伟（2021年9月免）

镇　长：

金　斌（2021年1月免）

郭宁宁（女）（2021年1—9月）

陈福星（2021年9月任）

副镇长：

王　永（2021年3月免）

李治国（2021年9月免）

范建强　周淼强

张月娥（女）（2021年3月任）

卫　俊（2021年9月任）

副科级组织员：

郭蕾（女）（2021年9月免）

雷甸镇

党委书记：

夏永明（2021年9月免）

陈　奇（2021年9月任）

副书记：

白　桦　王海荣

委　员：

潘正华（2021年9月免）

陈金华（2021年3月免）

徐　航（2021年3月免）

吴玉丽（女）（2021年9月免）

陈　阳（2021年9月免）

季忠华　沈琛杰

吴为民（2021年3月任）

张　华（2021年3月任）

叶　敏（女）（2021年9月任）

吴雁飞（2021年9月任）

陆娟珏（女）（2021年9月任）

纪委书记：

陈金华（2021年3月免）

吴为民（2021年3月任）

人大主席：

沈兴泉（2021年9月免）

李　峰（2021年9月任）

副主席：

王铭明（2021年9月免）

祝　庆（2021年9月任）

镇　长：白　桦

副镇长：

梅国民（2021年3月免）

祝　庆（2021年9月免）

叶敏（女）（2021年9月免）

沈琛杰

谈建良（2021年3月任）

刘琛哲（2021年9月任）

张澍杰（女）（2021年9月任）

禹越镇

党委书记：

陈　奇（2021年9月免）

盛丹华（女）（2021年9月任）

副书记：

徐　畅（2021年9月免）

施　杰（2021年9月任）

史　良（2021年1月任）

委　员：

钟　凯（2021年9月免）

沈　霞（女）

张丛轲（2021年1月免）

闻佳玮　周文志

陈月忠（2021年12月免）

陈舒婷（女）（挂职）（2021年9月免）

沈国兴（2021年9月任）

郑泽威（2021年9月任）

马燕忠（2021年9月任）

纪委书记：

闻佳玮（2021年9月免）

马燕忠（2021年9月任）

人大主席：白永法

副主席：

宋建华（2021年1月免）

徐晓飞（2021年9月任）

镇　长：

徐　畅（2021年9月免）

施　杰（2021年9月任）

副镇长：

费贵洪（2021年3月免）

沈国兴（2021年9月免）

张丛轲（2021年1月免）

施　超（2021年9月免）

闻佳玮（2021年9月任）

赵春燕（女）（2021年3月任）

朱膺彤（2021年3月任）

沈海良（2021年9月任）

副科级组织员：

赵春燕（女）（2021年3月免）

新安镇

党委书记：谈国明

副书记：
周　敏(2021年9月免)
沈星一(女)(2021年9月任)
吴　尧(2021年9月免)
王一平(2021年9月任)
委　员：
姚敏亚(女)(2021年9月免)
朱国荣
皮勇华(2021年9月免)
田杭峰
朱　杰
郑泽威(挂职)(2021年9月免)
钟　凯(2021年9月任)
陈昕晔(2021年9月任)
张菊婵(女)(2021年9月任)
嵇浩翔(2021年9月任)
纪委书记：
王一平(2021年9月免)
陈昕晔(2021年9月任)
人大主席：王国良
副主席：
喻万里(2021年9月免)
镇　长：
周　敏(2021年9月免)
沈星一(女)(2021年9月任)
副镇长：
崔连勇(2021年1月免)
姚敏亚(女)(2021年9月免)
姜晨莺(女)(2021年9月免)
杨　凯
王勇荣(2021年1月任)
钟　凯(2021年9月任)
高雅荣(女)(2021年9月任)
副科级组织员：
范逸凡(2021年9月免)

莫干山镇

党委书记：
高　群(2021年9月免)
吴建勇(2021年9月任)
副书记：
蔡加星
任国良(2021年9月免)
黄芳宴(2021年9月任)
委　员：
何卫国(2021年9月免)
潘　侠(女)(2021年9月免)
余利锋(2021年9月免)
沈小金(2021年9月免)
陈国英(女)(2021年9月免)
张　华(2021年3月免)
潘海萍(女)(2021年3月任)
宋建根(2021年9月任)
屠伟曙(2021年9月任)
沈斌强(2021年9月任)
李世鹏(2021年9月任)
章耀文(女)(2021年9月任)
纪委书记：
何卫国(2021年9月免)
李世鹏(2021年9月任)
人大主席：
朱　伟(2021年9月免)
朱菊华(2021年9月任)
副主席：
宋建根(2021年9月免)
孙国文(2021年9月免)
镇　长：
蔡加星
副镇长：
潘　侠(女)(2021年9月免)
田苏青(女)(2021年9月免)
夏　叡
沈斌强(2021年9月免)
闵　瑛(女)(2021年9月任)
闻玉良(2021年9月任)
房振兴(2021年9月任)
副科级组织员：
杨　振(2021年1月免)

莫干山国际旅游度假区

党工委书记：
敖煜新(兼)(2021年2月免)
王　波(兼)(2021年2—12月)
符海滨(兼)(2021年12月任)
党工委副书记：
高　群(2021年9月免)
吴建勇(2021年9月任)
主　任：
洪延艳(女)(兼)(2021年12月免)
符海滨(兼)(2021年12月任)
常务副主任：
高　群(2021年9月免)
吴建勇(2021年9月任)
副主任：
沈耀腾(2021年12月免)
施　杰(2021年9月免)
戚芳丽(女)
张水明(2021年9月任)
沈海峰(兼)

武康街道

书　记：何爱芬(女)
副书记：
侯海明
陈　珏(女)(2021年9月免)
冯建超(2021年9月任)
委　员：
房红良(2021年9月免)
王笑山　张　健
姚　熠
沈星一(女)(2021年1月免)
冯森莲(女)(2021年3月任)
舒晓曦(2021年9月任)
纪工委书记：王笑山
人大常委会主任：蔡国强
人大常委会副主任：
李　俊(2021年9月免)

沈掌华（2021年9月任）
主　任：侯海明
副主任：
沈掌华（2021年9月免）
陈会峰　廖邓锋
房红良（2021年9月免）
张　健（2021年9月任）
葛建凤（女）（2021年9月任）
副科级组织员：
徐　磊（2021年9月免）

舞阳街道

书　记：
吕秋月（女）（2021年9月免）
应璐祺（2021年9月任）
副书记：
俞忠贤（2021年1月免）
许定福（2021年1月任）
朱　超（2021年9月免）
许苏明（2021年9月任）
委　员：
张松苗　沈永泉
谭中河（2021年3月免）
祝丽萍（女）
周秋香（女）（2021年9月免）
蔡霖琳（女）（2021年9月任）
童家楠（2021年3月任）
方志刚（2021年9月任）
人大常委会主任：
张敏杰（2021年9月免）
陈　珏（女）（2021年9月任）
人大常委会副主任：
傅明亮（2021年9月免）
张建伟（2021年9月任）
纪工委书记：
沈永泉（2021年9月免）
方志刚（2021年9月任）
主　任：
俞忠贤（2021年1月免）
许定福（2021年1月任）
副主任：
吴雁飞（2021年9月免）
陈海平　曹忠立
许苏明（2021年9月免）
沈永泉（2021年9月任）
高小丽（女）（2021年9月任）
副科级组织员：
陈小荣（2021年9月免）

阜溪街道

书　记：
肖新方（2021年9月免）
沈钧晶（女）（2021年9月任）
副书记：
沈钧晶（女）（2021年9月免）
丁金伟（2021年4月免）
郑　滔（2021年9月任）
委　员：
黄芳宴（2021年9月免）
茅青青（2021年1月免）
杨琦（女）（2021年3月免）
喻运哲　金　鑫
姚文权
刘雪英（女）（2021年1月任）
夏赛祎（女）（2021年3月任）
归永伟（2021年9月任）
人大常委会主任：
朱菊华（2021年9月免）
陈建伟（2021年9月任）
人大常委会副主任：
茅根良（2021年9月免）
刘建平（2021年9月任）
纪工委书记：
茅青青（2021年1月免）
刘雪英（女）（2021年1月任）
主　任：
沈钧晶（女）（2021年9月免）
郑　滔（2021年9月任）
副主任：
归永伟　林得荣
郑秋红（女）
黄芳宴（2021年9月免）
陈　阳（2021年9月免）

下渚湖街道

书　记：
泉江东（2021年1月任）
副书记：
陈国松（2021年9月免）
郭宁宁（女）（2021年9月任）
王华奇（2021年1月免）
黄　宇（女）（2021年1月任）
委　员：
王　峥（2021年1月免）
屠伟曙（2021年9月免）
蔡　蓉（女）（2021年9月免）
许俊骏（2021年9月免）
毛鹏程
陈　溯（女）（2021年1月任）
许　樑（2021年9月任）
徐　磊（2021年9月任）
姜丽娜（女）（2021年9月任）
喻省喜（2021年9月任）
人大常委会主任：
简芳佳（女）（2021年9月免）
沈生荣（2021年9月任）
人大常委会副主任：
王忠德（2021年9月免）
仲建伟（2021年9月任）
纪工委书记：
王　峥（2021年1月免）
陈　溯（女）（2021年1月任）
主　任：
陈国松（2021年9月免）
郭宁宁（女）（2021年9月任）
副主任：
沈全播　许　樑
仲建伟（2021年9月免）
顾嘉辉（2021年1月任）
王旭东（2021年9月任）

县下渚湖湿地风景区管理委员会

主　任：

泉江东(2021年1月任)

副主任：

钱　江　高文英(女)

沈生荣(2021年9月免)

何晓燕(女)(2021年9月任)

康乾街道

书　记：

熊卓越(2021年9月免)

费　征(2021年9月任)

副书记：

沈群涛

王赛翔(2021年9月免)

潘宗敏(2021年9月任)

委　员：

于寅峰　吕　杰

马佳佳(女)　杨继成

魏　山

朱宇豪(挂职)(2021年9月免)

杨　升(2021年9月任)

人大常委会主任：王明江

人大常委会副主任：朱弘良

纪工委书记：于寅峰

主　任：沈群涛

副主任：

李　涛

蔡欣怡(女)(2021年1月任)

杨　升(2021年9月任)

陈　远(2021年12月任)

【2021年度高新区领导班子及各办局(中心)领导人员名单】

湖州莫干山高新技术产业开发区

党工委书记：

王琴英(女)(兼)(2021年1月免)

敖煜新(兼)(2021年1月任)

副书记：

敖煜新(2021年1月免)

王　波(2021年2月任)

沈志伟(2021年2月免)

赵怀君(2021年3月任)

党工委委员：

曹根荣(2021年11月免)

沈亦红(女)

章洪春(2021年1月任)

姜庆华(2021年11月任)

沈保梁　章伟忠

沈　祺(挂职)(2021年8月免)

管委会主任：

敖煜新(兼)(2021年2月免)

王　波(2021年2月任)

常务副主任：

沈志伟(2021年2月免)

赵怀君(2021年3月任)

副主任：

毕长征

曹根荣(2021年12月免)

章洪春(2021年1月任)

姜庆华(2021年12月任)

沈　祺(挂职)(2021年8月免)

市纪委市监委派驻纪检监察组更名为湖州莫干山高新技术产业开发区纪检监察工作委员会

书　记：沈保梁

副书记：冯月明

办公室

主　任：焦宝义

副主任：

牛奔(女)(2021年12月免)

王开利

党群工作部

部　长：

陈建伟(2021年9月免)

陈晓峰(2021年12月任)

副部长：

陈燕红(女)

陈晓峰(2021年3—12月)

科学技术局(人力资源局)

局　长：

陆莉芳(女)

副局长：

陈敏良(2021年12月免)

吕　沐

经济发展局

局　长：朱国忠

副局长：

沈卫国　沈丽飞(女)

陈　磊

师为清(2021年12月任)

姚　剑(2021年12月任)

投资促进局

局　长：

曹娅芬(女)(2021年12月免)

王玮(2021年12月任)

副局长：

陈小强

陈　远(2021年12月免)

胡红根(2021年12月任)

蔡志伟(2021年12月任)

国土与规划建设局更名为规划建设局

局　长：潘建宏

副局长：祝建荣　施　颖(女)

财政局

局　长：沈新惠

副局长：

林　蓉(女)(2021年12月任)

驻地理信息产业园建设发展局更名为地理信息产业发展局

局　长：

姚文忠(2021年12月免)

汤献国(2021年12月任)

副局长：
姚如宏（2021年12月免）
王更亮
姚　剑（2021年12月免）
牛　奔（女）（2021年12月任）

驻通用航空产业园建设发展局更名为通用航空产业服务中心

主　任：
王　玮（2021年12月免）
副主任：
陈永良　徐　海
沈华峰（2021年3月免）
蔡志伟（2021年12月免）
胡红根（2021年3—12月）
汤巍巍（2021年12月任）
蔡姚伟（2021年12月任）
邱　奕（2021年12月任）

撤销驻智能生态城建设发展局

局　长：
王　彤（2021年1月免）
沈群涛（2021年1—12月）
副局长：
沈晨虹（2021年9月免）
张　琦（女）（2021年12月免）

投资服务中心

主　任：
陈敏良（2021年12月任）
副主任：
师为清（2021年12月免）
谢晓兰（女）
张　琦（女）（2021年12月任）

【2021年度县属国有企业领导人员名单】

县建设发展集团有限公司

党委书记、董事长：
金伟明（2021年9月任）
副书记、总经理：戴红翔
副总经理：许晓杰
沈昕荣（2021年9月免）
倪丽艳（女）（2021年9月任）
蒋钻伟（2021年9月任）
沈莉莉（女）（2021年9月任）
纪委书记：丁建峰
监事会监事长：
周云娥（女）（2021年9月任）

县文化旅游发展集团有限公司

党委书记、董事长：姚海根
副书记：
杨国亮　孙　红（女）
总经理：杨国亮
副总经理：
邵坤泉　孙　红（女）
周云娥（女）（2021年9月免）
吴成浩（2021年9月任）
纪委书记：殷　洪
监事会监事长：
傅　悦（2021年9月任）

县交通水利集团有限公司

党委书记、董事长：王国树
副书记、总经理：陈建华
副总经理：
章银银（女）
施建祥
俞　辉（2021年9月任）
纪委书记：梁卫斌
监事会监事长：
沈昕荣（2021年9月任）

湖州莫干山高新集团有限公司

党委书记、董事长：沈志刚
副书记、总经理：
金伟明（2021年9月免）
钱晓辉（2021年9月任）
副总经理：
姚欢亮　丁　曼（女）
闫　丰（2021年9月任）
纪委书记：彭苗斌
监事会监事长：
陈晓峰（2021年9月任）

撤销浙江德清经开投资集团有限公司

副书记、总经理：
钱晓辉（2021年9月免）
副总经理：
倪丽艳（女）（2021年9月免）
蒋钻伟（2021年9月免）

中国共产党德清县委员会

重要会议

【中共德清县委第十四届十次全体（扩大）会议暨经济工作会议】 2021年1月11日召开，出席全会的县委委员30名，候补委员7名。全会学习贯彻习近平新时代中国特色社会主义思想和中共中央总书记习近平考察浙江重要讲话精神，全面贯彻中共十九大和十九届二中、三中、四中、五中全会以及中央经济工作会议精神，按照省、市委全会和经济工作会议要求，总结2020年成绩，研究今后5年全县发展规划，谋划部署2021年工作，动员全县上下立足新起点、全力开新局，为奋力打造"重要窗口"的"精品窗口"、争当社会主义现代化先行排头兵开好局，以优异成绩庆祝中国共产党成立100周年。县委书记、县长敖煜新主持并代表县委常委会作工作报告。

【中共德清县委第十四届十一次全体（扩大）会议】 2021年7月31日召开，出席全会的县委委员33名，候补委员5名。全会高举习近平新时代中国特色社会主义思想伟大旗帜，学习中共中央总书记习近平关于共同富裕的重要论述精神，按照省委十四届九次全会和市委八届十一次全会决策部署，总结上半年工作、部署下阶段任务，讨论审议《中共德清县委关于高质量发展建设共同富裕示范区先行样板地的实施方案（2021—2025年）》《中共德清县委关于率先打造精神富有县域样板的实施意见》，动员全县上下真抓实干、奋勇前行，努力推动德清在共同富裕新征程上走在前列、先行示范，为高品质建设国际化现代山水田园城市、奋力打造"重要窗口"的"精品窗口"、争当社会主义现代化先行排头兵不懈奋斗。县委书记敖煜新主持并代表县委常委会作工作报告。

【中共德清县委常委会会议】 2021年，中共德清县委员会常委会召开常委会会议31次，即第107次至137次，由县委书记敖煜新主持，对德清县的重大决策、重大部署、重大事项和干部人事任免等内容进行研究、讨论并作出会议决定。

2021年德清县委常委会会议情况表

表4

会议时间	会议名称	会议内容
1月7日	第十四届县委第107次常委会会议	传达学习《中共浙江省纪委浙江省监委关于8起违反中央八项规定精神问题的通报》；传达中央农村工作会议精神；传达省委常委会会议暨省新冠肺炎疫情防控工作领导小组会议精神，听取德清县贯彻落实建议的汇报；传达市委八届十次全体（扩大）会议暨经济工作会议精神；听取县委十四届十次全体（扩大）会议暨经济工作会议安排及有关材料准备情况的汇报；传达学习军委军事训练会议精神、《军队政治工作条例》；听取关于2021年春节期间有关走访慰问工作安排情况的汇报；传达中央全面依法治国委员会《关于加强综合治理从源头切实解决执行难问题的意见》、中共浙江省委全面依法治省委员会《关于加强综合治理从源头切实解决执行难问题的实施意见》、中共湖州市委全面依法治市委员会《关于加强综合治理从源头切实解决执行难问题的实施意见》

续表4

会议时间	会议名称	会议内容
1月22日	第十四届县委第108次常委会会议	传达学习中共中央总书记习近平在省部级主要领导干部学习贯彻党的十九届五中全会精神专题研讨班开班式上的重要讲话精神；传达学习全国、全省宣传思想工作会议精神，听取德清县贯彻落实建议的汇报；传达学习省委农村工作会议精神；听取关于2020年经济社会发展主要指标预计完成情况和2021年目标任务初步安排的汇报；听取关于2020年全县扩大有效投资完成情况和2021年投资计划安排的汇报；书面汇报《德清县农村宅基地制度改革试点实施方案》《德清县第二轮中央生态环境保护督察反馈问题初步整改方案》《德清县第二轮中央生态环境保护督察反馈问题举一反三清单》
1月24日	第十四届县委第109次常委会会议	讨论干部人事
2月1日	第十四届县委第110次常委会会议	传达省"两会"、全国安全生产工作电视电话会议精神；听取德清县贯彻落实建议的汇报；传达中央政法工作会议、省委政法工作会议精神，听取德清县贯彻落实建议的汇报；传达学习《中共浙江省委办公厅印发〈关于巩固深化"不忘初心、牢记使命"主题教育成果的实施意见〉的通知》精神；讨论县委常委会民主生活会对照检查材料；听取县人大常委会党组、县政府党组、县政协党组、县人民法院党组、县人民检察院党组2020年工作情况、2021年工作安排的汇报；书面汇报《关于全面深化"导师帮带制"的实施意见》；讨论干部人事
2月7日	第十四届县委第111次常委会会议	传达学习中央纪委全会精神；听取德清县贯彻落实建议、2020年度县综合考核结果、全县"聚力三进三服务 五个先行开新局"动员大会有关情况的汇报；讨论《关于深入开展"聚力三进三服务 五个先行开新局"行动实施方案》《聚焦高质量赶超发展 奋战一季度实现"开门红"的指导意见》
2月25日	第十四届县委第112次常委会会议	通报县人大常委会原副主任杨林官典型案例；传达学习党史学习教育动员大会、全面推进数字化改革大会、中央一号文件精神；听取德清县贯彻落实建议的汇报；讨论《关于进一步深化"双创双全"组织力提升工程 以高水平基层党建统领推动高质量发展的实施意见》；听取关于2021年度全县人才工作、组织部、宣传部、统战部、党校工作、2021年全县干部教育培训工作思路和主体班次建议安排的汇报；传达学习省纪委十四届六次全会和市纪委八届五次全会精神；书面汇报关于授予李小荣"百姓身边好党员"称号并给予记三等功奖励有关情况，2021年度县领导接访(下访)、接听活动安排、群团工作、德清县食品药品安全工作情况
3月5日	第十四届县委第113次常委会会议	传达市"两会"精神；传达学习中共中央总书记习近平在全国脱贫攻坚总结表彰大会上的重要讲话、全省党史学习教育动员部署会精神；听取德清县贯彻落实建议的汇报；传达学习全国、全省有关会议精神，听取德清县贯彻落实建议的汇报；讨论《德清县重点领域"七张问题清单"整改方案》《关于庆祝中国共产党成立100周年系列活动的实施方案》；听取关于《政府工作报告》《2020年政府民生实事项目完成情况和2021年政府民生实事候选项目形成情况的报告》的起草情况汇报；讨论《德清县2020年度环境状况和环境保护目标完成情况与2021年环境保护目标任务的报告》《德清县2020年财政预算执行情况和2021年财政预算(草案)的报告》《德清县国民经济和社会发展第十四个五年规划和二〇三五年远景目标纲要(草案)》《德清县2020年国民经济和社会发展计划执行情况与2021年国民经济和社会发展计划(草案)的报告》、县十六届人大五次会议、县政协九届五次会议筹备工作情况、县人民法院、县人民检察院工作报告起草情况的汇报；书面汇报《县委理论学习中心组2021年学习计划》

续表4

会议时间	会议名称	会议内容
3月27日	第十四届县委第114次常委会会议	听取关于调整部门领导职数的汇报；讨论干部人事；听取县政府领导班子分工情况的汇报；通报丁绍雄违纪案；传达《中共中央办公厅关于加强巡视巡察上下联动的意见》、中央单位巡视工作调研座谈会、全省统战部长会议精神，听取德清县贯彻落实建议的汇报；讨论《德清县2021年“工作亮相 考核亮牌 奖惩亮剑”方案》；听取关于杭德城际铁路工程项目有关情况、莫干山国家级旅游度假区创建工作行政奖励名单的情况汇报；书面传达全国、全省党史和文献部门主要负责人会议精神；书面传达学习全省公安局局长会议和全市公安工作会议精神，汇报2020年以来全县公安工作情况及2021年工作安排；书面汇报《关于落实中央巡视浙江反馈问题开展能力提升“六大行动”实施方案》、2020年度落实党风廉政建设责任制情况反馈问题整改报告、档案工作
4月6日	第十四届县委第115次常委会会议	传达学习“牢记重要嘱托 建设‘重要窗口’”专题交流会、深入学习贯彻中共中央总书记习近平重要指示批示精神座谈会、在中央党校(国家行政学院)中青年干部培训班开班式上的重要讲话精神；听取关于联合国全球地理信息知识与创新中心推进工作情况的汇报；书面汇报《关于坚决打赢遏制较大生产安全事故风险防控争先战的实施意见》
4月25日	第十四届县委第116次常委会会议	传达学习关于嘉善县违规发放津补贴奖金问题的通报；分析一季度经济和社会稳定形势；传达学习省数字化改革第一次工作例会精神、中央、省市委关于乡镇领导班子换届工作有关精神，听取德清县贯彻落实建议的汇报；听取“建党百年 辉煌德清”庆祝中国共产党成立100周年图片展工作情况汇报；书面汇报《2021年全面从严治党工作组织领导与责任分工》《关于开展“转作风强执行 全力护航‘五个先行’专项行动”实施方案》《进一步加强德清县生活垃圾分类管理实施方案》；听取关于民盟德清支部、民建德清支部届中调整主委、副主委建议人选的情况汇报
5月14日	第十四届县委第117次常委会会议	传达学习中共中央总书记习近平关于统计工作重要讲话指示批示、中央《意见》《办法》《规定》有关文件精神；听取迎接国家统计督察准备工作情况的汇报；传达学习推进新时代文明实践中心建设试点工作电视电话会议、全省农村文化礼堂2.0版建设暨新时代文明实践中心建设工作现场会和中央文明办二局调研组到德清调研指示精神，听取德清县贯彻落实建议的汇报；传达学习省委专题学习会、数字化改革多跨场景重大改革需求研讨会暨市委书记工作例会精神；听取德清县2021年防汛工作情况、关于打击治理电信网络诈骗犯罪工作情况、关于杭州至德清城际铁路工程有关情况的汇报；书面传达全省建设平安浙江工作暨扫黑除恶专项斗争总结表彰会议、全市建设平安湖州工作会议精神
5月28日	第十四届县委第118次常委会会议	传达学习《中共浙江省纪委关于曹娥江嵊州段污水入河损害生态环境问题追责问责情况的通报》、省委书记袁家军到湖州调研重要讲话精神、全省碳达峰碳中和工作推进会精神；听取德清县拆迁安置、招商引资、工程建设项目招投标工作有关情况的汇报；讨论《2021年度镇(街道)、县级机关部门和领导干部综合考核办法》；听取关于调整护航建党100周年期间有关县领导坐班接访安排的汇报、关于康乾街道党政机关与智能生态城建设发展局工作整合发展的情况汇报
6月22日	第十四届县委第119次常委会会议	传达学习《中共中央关于加强对“一把手”和领导班子监督的意见》、中央省市有关庆祝中国共产党成立100周年安保维稳工作会议精神，听取德清县前期工作开展情况及下步贯彻落实建议汇报；传达学习中共中央总书记习近平关于安全生产重要论述指示和全国安全生产电视电话会议精神，听取德清县贯彻落实建议汇报；听取关于“人有德行 如水至清”城市品牌打造工作的情况汇报；讨论《关于加快推进农业高质量发展的若干政策意见》；听取关于2021德治会筹备工作进展、2021年度县“两优一先”推选表彰工作的情况汇报；书面汇报德清县2021年上半年政治生态建设状况、全市基层党建工作重点任务推进会精神及德清县贯彻落实建议、设立德清县乡村振兴局、扫黑除恶专项斗争行政奖励建议名单、《关于进一步减轻中小学教师负担营造教育教学良好环境的实施意见》；讨论干部人事

续表4

会议时间	会议名称	会议内容
7月6日	第十四届县委第120次常委会会议	传达学习中共中央总书记习近平在庆祝中国共产党成立100周年大会上的重要讲话精神及省委常委会会议、市委常委会会议、省委书记袁家军在浙江省庆祝中国共产党成立100周年大会上的讲话、全省县乡两级人大换届选举工作部署会精神，听取德清县贯彻落实建议的汇报；听取关于德清县教育资源布局调整情况的汇报；书面传达《中国共产党组织工作条例》；书面汇报县四套班子第十四届以来工作总结和实绩材料、《德清县2020年财政决算草案的报告》
7月13日	第十四届县委第121次常委会会议	研究提出换届会议推荐建议人选；传达学习省委书记袁家军在学习中共中央总书记习近平"七一"重要讲话精神专题读书班上的讲话、省委书记袁家军在县(市、区)委书记工作交流会上的讲话精神；通报《关于对德清县换届风气督导情况的反馈意见》；听取关于2020年度市对区县综合考核情况、省市反馈"七张问题清单"整改落实情况、省委巡视组反馈意见中未完成整改问题推进情况汇报；书面汇报省委和市委对台工作会议精神、德清县2020年对台工作情况及2021年对台工作安排
7月16日	第十四届县委第122次常委会会议	研究换届考察对象建议人选
7月30日	第十四届县委第123次常委会会议	传达学习市委八届十一次全体(扩大)会议精神；听取县委十四届十一次全体(扩大)会议安排及有关材料准备情况的汇报
8月6日	第十四届县委第124次常委会会议	传达学习《中共浙江省纪委浙江省监委关于钱镠墓被盗事件追责问责情况的通报》；传达学习中共中央总书记习近平在党外人士座谈会上的重要讲话和在中央政治局会议上的重要讲话、对防汛救灾工作作出的重要指示精神，听取德清县贯彻落实建议的汇报；通报7起意识形态领域典型问题案例，传达学习当前浙江省意识形态领域形势的通报；听取关于当前德清县意识形态领域形势、落实市对县意识形态督查反馈问题整改情况汇报；传达学习中央及省市关于进一步清理规范地方违规发放公务员工资津贴补贴工作有关文件精神，听取德清县贯彻落实建议的汇报；听取关于第四届莫干山会议有关情况、部分机构编制事项调整的汇报；书面汇报《打造数字化美丽山水田园城 高水平建设新时代美丽德清规划纲要(2020—2035)》
8月20日	第十四届县委第125次常委会会议	传达市委常委(扩大)会议精神
8月24日	第十四届县委第126次常委会会议	学习《党的十九大以来省纪委省监委查处的严重违纪违法省管干部忏悔录选编》第一篇；传达学习中共中央总书记习近平关于防范化解重大风险的重要论述、中央财经委员会第十次会议、《中共中央关于加强新时代检察机关法律监督工作的意见》精神，听取德清县贯彻落实建议的汇报；讨论《关于加强应急管理体系和能力建设的实施意见》《德清县未成年人思想道德建设工作三年提升行动方案(2021—2023年)》；听取关于推进县建发集团和经开集团整合重组工作的情况汇报
9月6日	第十四届县委第127次常委会会议	研究共同富裕工作；传达学习中央及省、市关于"双减"工作有关文件精神，听取德清县"双减"工作有关情况，省、市维护安全稳定有关会议，德清县面上情况及贯彻落实建议汇报；传达学习近期中央及省、市关于巡视巡察工作有关会议精神，听取德清县贯彻落实建议的汇报；传达学习省、市组织系统学习中共中央总书记习近平"七一"重要讲话精神暨推进干部队伍干部工作系统性重塑建设变革型组织专题培训精神，听取德清县贯彻落实建议的汇报；书面汇报2021年以来全县公安工作情况及下阶段工作安排、省市对口工作有关会议精神及全县对口工作情况

续表4

会议时间	会议名称	会议内容
9月10日	第十四届县委第128次常委会会议	传达学习省委副书记、统战部部长黄建发，省委常委、常务副省长陈金彪，市委副书记、市长王纲到德清调研座谈会精神；讨论干部人事；书面汇报乡镇党委换届和乡镇党代表推选有关工作情况
9月11日	第十四届县委第129次常委会会议	听取关于迎亚运倒计时1周年活动有关问题情况的汇报
9月15日	第十四届县委第130次常委会会议	传达学习中共中央总书记习近平在中央党校（国家行政学院）中青年干部培训班开班式上的重要讲话精神；传达市委副书记、市长王纲批示精神；传达学习市数字化改革领导小组第六次会议精神；传达省、市关于疫情防控工作有关精神；讨论《中共德清县人大常委会党组关于做好县、镇两级人民代表大会换届选举工作的意见》《德清县进一步贯彻〈浙江省国企改革三年行动实施方案（2020—2022年）〉的通知》
9月26日	第十四届县委第131次常委会会议	传达学习《中国共产党重大事项请示报告条例》、省宣传思想文化工作领导小组会议、省委文化工作会议精神，听取德清县贯彻落实建议的汇报；听取关于中国共产党德清县第十五次代表大会筹备工作有关情况的汇报；讨论干部人事
10月13日	第十四届县委第132次常委会会议	传达学习中共中央总书记习近平在中央人才工作会议上的重要讲话及省委常委会会议、市委理论学习中心组学习会、习近平总书记在纪念辛亥革命110周年大会上的重要讲话精神、《中华人民共和国监察法实施条例》，中央、省委民族工作会议精神，听取德清县贯彻落实建议汇报；传达学习《关于市、县（市、区）党委落实巡察工作主体责任的实施意见》精神，听取德清县贯彻落实建议的汇报；听取德清县能耗"双控"、保电供电工作有关情况、在德清县全面推进"共享法庭"建设工作、县工商联（总商会）换届工作情况汇报；书面汇报全县"八五"普法规划工作、贯彻落实《加强全省消防救援队伍建设的意见》有关情况
10月22日	第十四届县委第133次常委会会议	传达学习海洋强省建设推进会精神，听取德清县贯彻落实建议的汇报；分析三季度经济和社会稳定形势；听取关于高质量实施全域综合整治助推共同富裕示范区先行样板地建设、乡镇推选县第十五次党代会代表候选人预备人选有关情况汇报；书面汇报《关于县第十五次党代会代表提案征集与办理工作的建议方案》、机构设置情况、《关于全面深化林长制的实施方案》
11月2日	第十四届县委第134次常委会会议	传达学习中共中央总书记习近平在中共中央政治局第三十四次集体学习时的重要讲话、中央人大工作会议、省有关会议精神，听取德清县贯彻落实建议汇报；讨论《中国共产党德清县第十四届委员会工作报告》提纲；传达学习全省基层党建工作会议精神，听取德清县贯彻落实建议汇报；传达学习全省重复信访治理工作经验交流暨集中交办视频会、市有关部署会精神，听取德清县当前信访形势及贯彻落实建议、全国文明城市创建工作培训班、湖州市打造全国文明典范城市工作推进会精神、德清县贯彻落实建议、德清县第三次全国国土调查有关情况、第十届县政协人事安排有关事项汇报；书面汇报《德清县矿产资源"十四五"规划》
11月17日	第十四届县委第135次常委会会议	传达学习《中共浙江省委关于规范领导干部廉洁从政从业行为进一步推动构建亲清政商关系的意见》《中共湖州市委印发〈关于进一步加强政治建设切实转变干部作风的意见〉的通知》，市委副书记、代市长洪湖鹏到德清调研讲话精神；讨论《加强对"一把手"和领导班子监督"五张责任清单"》；听取关于"七张问题清单"工作情况及下步工作建议、2021湖州·德清第十二届游子文化节筹备工作情况的汇报；讨论《德清县制造业高质量发展若干政策意见》《关于加快生物医药产业高质量发展的若干意见（试行）》；书面传达学习习近平法治思想；书面汇报《德清县青年发展"十四五"规划》编制情况

续表4

会议时间	会议名称	会议内容
11月29日	第十四届县委第136次常委会会议	传达学习浙江新一届县(市、区)党政正职集体谈话会精神;讨论《德清县推进"大综合一体化"行政执法改革实施方案》;书面传达全国加强换届风气监督工作电视电话会议精神,汇报德清县贯彻落实建议;书面汇报部分单位领导职数调整情况;听取关于县第十七届人民代表大会代表候选人初步建议人选推选情况的汇报
12月4日	第十四届县委第137次常委会会议	听取德清县出席市第九次党代会代表推选工作情况、县委提名德清县第十七届人民代表大会代表安排建议的情况汇报;讨论干部人事

【县级重要会议】 2021年,德清县召开全县工作会议部署落实省市委和县委有关德清发展的重要会议10次。

德清县"聚力三进三服务 五个先行开新局"动员大会 2月19日召开。会议强调,全面贯彻部署省市决策,表彰先进,鼓舞士气,向全县上下传递"开局开战"的强烈信号,以"争先、创新、实干、为民",推动"党建引领、创新驱动、共同富裕、开放融通、数字变革"五个先行开新局,确保"十四五"高位推进、高点开局。

县委农村工作会议暨大花园示范县建设推进会 3月9日召开。会议强调,学习贯彻中央和省、市委有关会议文件精神,以更高站位、更实举措、更优成效,巩固扩大领跑领先优势,加快打造乡村振兴标杆县,以率先实现农业农村现代化的显著成效,为争当社会主义现代化先行排头兵提供最强力支撑。

全县建设平安德清工作会议暨"平安护航 建党100周年"大会战动员部署会 5月10日召开。会议强调,要贯彻落实省、市平安建设工作会议精神,增强风险意识和底线思维,坚定必胜信心、扛起稳定重任、夯实平安之基,高分夺取平安德清"十七连冠",为庆祝中国共产党成立100周年创造平安稳定和谐的社会环境。

德清县文明委全体(扩大)会议暨全国文明典范城市工作推进会 6月8日召开。会议强调,要分析形势、明确目标、落实责任,为加快打造"重要窗口"的"精品窗口"、争当社会主义现代化先行排头兵提供更加优异的县域环境、更加丰润的文明滋养、更加强大的精神动力。

全县科技创新暨制造业高质量发展大会 7月19日召开。正式发布《杭州城西科创大走廊德清片区发展规划》,揭牌成立杭州城西科创大走廊德清片区管委会,表彰科技创新先进单位和个人,在全县上下汇聚起更强共识、形成更大合力,书写创新引领高质量发展的时代新篇。

全县"碳达峰""碳中和"工作暨"两山银行"建设推进会 8月4日召开。会议强调,要贯彻中央和省、市"碳达峰""碳中和"决策部署和市委"两山银行"建设要求,统一思想、明确目标、迅速行动,做好"碳达峰""碳中和"工作,探索推进"两山银行"建设,率先走出一条生态优先、绿色低碳的高质量发展之路,为全国、全省实现"碳达峰""碳中和"作出更大贡献。

全县数字化改革推进会 9月3日召开。会议强调,要认真贯彻落实全省数字化改革推进会的最新部署要求,坚定信心、明晰思路、突出重点、凝聚合力,推动数字化改革工作系统迭代、整体提升,加快打造"最佳应用"、取得"硬核"成果。

全国文明城市复评工作动员会 10月15日召开。会议强调,全县上下要迅速行动起来,提高站位、明确目标,对标对表、压实责任,以志在必得的决心、行之有效的举措、决战决胜的姿态,努力争创全国文明典范城市,为德清县率先打造成为精神富有的县域样板贡献更大力量。

全县学习贯彻中共十九届六中全会精神"六讲六做"大宣讲活动动员部署会 11月25日召开。会议强调,全县上下要以高度的思想自觉、政治自觉、行动自觉，认真学、深入讲、扎实做，把学深悟透党的全会精神与推动全县各项工作有效结合起来，最大程度地把学习成果转化为加强和改进工作的实际成效，努力推动德清经济社会实现更高质量发展，以优异成绩迎接中共二十大胜利召开。

县委全面深化改革委员会第七次会议（全县数字化改革工作推进会）暨共同富裕领导小组会议　12月30日召开。会议强调，要贯彻落实省、市最新决策部署，坚持问题导向、对标更高要求，持续发力、再接再厉，努力为全省、全市推进共同富裕、重大改革贡献更多德清力量。

（县委办　供稿）

办公室工作

【秘书工作】　2021年，县委办完成各类各项重要会议、活动、接待工作，文风会风得到改善，县委工作高效有序运转。

严把公文可行关、合法关、规范关、合理关，实行多人多重审核，提高文件制发质量，加强和规范上级文件的传阅和管理工作。特别是涉密文件管理，做好文件领取、清退工作，全年未发生失泄密事件。起草印发文件稳中有降，文件数量比上年下降0.81%，收发传阅文件581件，转发处理领导批示572件，转办人民来信64件。

做好县委召开的各类会议的会务工作和协调服务工作，把好会前准备关、会中服务关和会后收尾关，控制会议规模，完成县委各类重要会议的承办服务工作。全年筹备县委、县政府规模性会议25个，常委会31次，中央、省、市视频会34个，统筹省级以上会议活动13个。接待重要来宾148批次2361人次，其中副部以上32批次455人次。

发挥“总枢纽”职能，合理配置各方资源，加强沟通联系，实行四大办公室秘书科周会商、四大办公室主任月例会制度，在县委“一盘棋”统揽下同频共振、合力共为。严格执行请示报告的政治纪律、工作纪律，梳理每周、每月、每季度安排，制定常委会计划安排，县委活动安排秩序井然。

（王芸晶）

【信息工作】　2021年，县委办围绕县委、县政府中心工作，突出重点，主动挖掘，做好本级信息编发，为领导了解情况、科学决策和指导工作发挥参谋助手作用。按照中办、省委办、市委办信息工作要求，做好德清经验、群众反响、基层建议等各类信息上报工作，取得较好成果。全年累计编发《德清信息（每日动态）》《德清信息（领导专报）》《德清信息（工作情况交流）》等刊物202期，向上级部门（中办、省委办、市委办）报送信息1200余条，其中被《浙江信息（每日简报）》《浙江信息（专报）》《湖州信息（近日要情）》《湖州信息（工作情况交流）》等各级刊物录用95条（中办录用1条），得到各级领导批示87条，其中省委副书记、省长郑栅洁在《浙江信息（专报）》第61期“德清地理信息小镇推进科技援青探索对口支援新路径”上作出批示。信息总分在全市三县三区中排名第二。

（张文杰）

【督查工作】　2021年，德清县开展各项督查130余批次，编发督查专通报48期，疫情防控相关快报等50余期（篇）。以“三进三服务”活动为依托，落实问题交办转办机制，全年累计交办各类问题317个，开展跟踪督查，问题办结率95%以上。响应党中央、国务院关于基层减负、精简督查考核事项的要求，特别是总理李克强提出的“严禁重复督查、多头督查、越权督查，力戒形式主义、官僚主义，为基层减负”意见，依据县委决策部署，借助“三进三服务”活动这一载体，在精简督查事项的同时，推动全县中心工作不打折扣。

年内，针对疫情防控、大气污染防治、城乡环境综合治理、“五未项目”处置、百亿元以上及重大项目百亿元工程项目推进等中心工作开展督查；对照时间节点，对开门红、半年红等工作落实情况、全县各类重点指标“月晒”开展阶段性跟踪督查；围绕基层减负、国土耕保、防汛防台等重点工作，会同纪委监委、自然资源、水利等相关部门妥善开展实地督查；针对领导关注的会风会纪、住夜值班情况以及其他临时交办事项开展督查。妥善履行县“三进三服务”活动领导小组办公室相关职责，在组织好全覆盖走访、月度联系、系统维护等工作的同时，做好全县层面问题排查处置，累计交办化解各类问题317个，落实后续回访及跟踪督查。市“政企通”系统服务专员累计走访25422家次、排查解决问题4904个。

（童　毅）

【考核工作】 2021年，德清县围绕上级和县委、县政府各项决策部署，按照省、市、县委全会和经济工作会议部署，以打造“重要窗口”的“精品窗口”、争当社会主义现代化先行排头兵为目标，考核“五个先行”方面的举措和成效。通过对镇（街道）、部门实施分类差异化考核，科学设置考核指标和考核权重，发挥考核“指挥棒”“风向标”作用。通过“月晒、季亮、半年考”等工作机制，对全县重点中心工作进行阶段性检验，把牢“争先、创新、实干、为民”四个关键，通过搭建比拼赛场、健全比拼机制、浓厚比拼氛围，以实打实地亮计划、晒成绩、比进度，推动高质量发展实现新突破。其中，每月对财政收入等各项重要指标进行亮晒；每季度对项目引进、项目推进、财政收入、“三改一拆”（平台拓展）、平安稳定、文明城市建设、水气土治理、人居环境（生活垃圾分类）长效管理8项重点工作进行亮牌，全年共亮出蓝牌156张、黄牌44张、红牌3张；半年度对镇（街道）实行过程性考核，将考核得分按20%权重纳入年度目标考核，强化动态弥补短板和不足的考核工作导向。完善高新区、镇（街道）、部门三方互评机制，以评价推动工作。做好市对区县考核材料上报、向上对接、督促责任部门查漏补缺等相关工作，推进德清县在市对区县综合考核中争先进位。

（沈　丹）

【保密工作】 2021年，德清县保密局把握“十四五”时期保密工作面临的复杂变化，紧扣定密管理、涉密人员管理、保密制度建设、技术防范和宣传教育等核心环节，筑牢保密防线。贯彻落实中共中央总书记习近平关于保密工作的重要指示批示精神和党中央、省委、市委和县委关于保密工作的各项决策部署，严把涉密人员进入门槛. 解读《全县保密工作要点》，推进《党政机关，单位保密“五个规范”创建手册》的落地。

加大保密宣传教育，下发《关于组织全体机关干部开展保密教育培训的通知》，6月8日组织召开全县保密教育培训会议，85家单位92名涉密人员参加。开展保密工作责任书、涉密人员保密承诺书和离职离岗人员承诺书签订，共签订600余份。依托专题学习会、保密案例展示、保密警示教育等多种形式集中学，分批学，自主学，参加集中培训8200人。

加强与县纪委第一纪检组联系，推进保密纪检定期联合检查常态化，组织检查17次，联合检查单位27家。梳理德清县保密工作事项清单29件，查摆问题326项。全县各镇（街道）完成涉密计算机配备，全县新配备的网络检查工具投入正常使用。

（高　康）

【接待工作】 2021年，德清县委办围绕“规范接待工作，提高接待水平”的目标，“因地制宜”制定有特色、有亮点、有个性的“一对一”接待方案，各类接待任务主题明确、行程紧凑、成效明显、来宾满意。遵守中央八项规定精神和省、市、县办法等有关规定，控制接待规模、陪同人员数量、接待餐饮标准等方式，接待工作有温度不失风度、有热度不违反规定。全年，接待领导164批次2496人次，其中副部以上39批次514人次。

2021年德清县接待部分副部级以上领导情况表

表5

序号	时间	领导	考察点
1	1月6日	浙江省政协副主席、浙江大学医学院附属邵逸夫医院院长蔡秀军一行	德清县人民医院与浙大附属邵逸夫医院深化合作暨新建住院楼启用仪式
2	2月25日	浙江省政协副主席陈铁雄一行	五四村、鼎力机械、涡轮院、座谈会(行政中心H楼第一会议室)
3	3月10日	浙江省副省长高兴夫一行	汇报会(行政中心H楼第三会议室)
4	3月25日	中共中央委员,全国政协教科卫体委员会副主任蔡名照一行	裸心堡
5	4月14日	中国残联党组成员、副理事长相自成一行	残疾人民宿创业典型(后坞村李安明)、五四村、佐力药业残疾人之家、无障碍改造进家庭项目(周连海户)、火车西站无障碍环境综合体、大数据智能运营中心
6	4月14日	浙江省委统战部副部长张润生一行	郡安里(院士之家)、省欧美同学会莫干山选址1、选址2
7	4月14—15日	国务院副秘书长、国管局局长李宝荣一行	莫干山
8	4月21日	浙江省军区副司令员刘建伟一行	莫干山、德清展示馆、德清地理信息科技馆
9	4月25日	浙江省委常委王昌荣一行	浙工大莫干山校区、座谈会
10	4月29日	国务院参事室特邀研究员、原农业部常务副部长尹成杰一行	德清蓝祥科技发展有限公司、研讨会(凤栖酒店)
11	5月6日	浙江省副省长刘小涛一行	德清大闸
12	5月13日	全国政协委员、中国红十字会原党组成员、副会长王海京一行	新市镇会员之家等、隆泰医疗
13	5月15日	浙江省政协原副主席孙文友一行	“我心向党书写辉煌”书法展开幕式暨现场雅集活动(师生活动中心)、参观校园(浙江工业大学莫干山校区)
14	5月20日	中国文联党组成员徐永军一行	三秋美宿、莫干山居图、莫上隐、裸心堡、莫干山国际文化交流中心、庾村广场
15	5月25日	浙江省委常委、常务副省长陈金彪一行	德清大闸、浙江省微波目标特性测量与遥感重点实验室、千寻位置网络有限公司、联合国全球地理信息知识与创新中心(筹)
16	5月26日	中国红十字会党组成员、副会长尹德明一行	新市镇会员之家、沈哥工作室、红十字救护站、宋村村红十字会、吉祥社区红十字会
17	5月27日	浙江省政协主席葛慧君一行	城市大脑、水木莫干山项目、德清地理信息科技馆、联合国全球地理信息知识与创新中心(筹)、联合国全球地理信息管理德清论坛会址
18	5月31日	浙江省副省长高兴夫一行	物产中大元通电缆德清智慧产业园一期项目年产100万千米特种电缆项目、物产中大西安交大电缆研究院项目
19	6月1—2日	时任全国政协常委、副秘书长、民革中央副主席兼秘书长李惠东一行	水木莫干山项目、郡安里、裸心堡
20	6月2日	国家统计局党组成员、副局长李晓超一行	裸心堡、水木蔬菜数字化工厂

续表5

序号	时间	领导	考察点
21	6月7日	浙江省咨询委常务副主任、省人大常委会原副主任冯明一行	水木莫干山项目、座谈会(行政中心会议室)
22	6月20—21日	中国科协党组成员、机关党委书记王守东一行	参加开班式、专题授课，调研德清地理信息科技馆、联合国全球地理信息管理德清论坛会址
23	7月8日	公安部副部长、国家移民管理局局长许甘露一行	莫干派出所、裸心堡
24	7月16日	中国爱国拥军促进会会长(原民政部副书记、副部长)罗平飞一行	发放仪式(地理信息会址二楼下渚湖厅)
25	7月20日	中央政研室副主任田培炎一行	洛舍镇东衡村、五四村、义新欧贸易窗口、塔莎杜朵、远山·星空民宿
26	7月21日	浙江省副省长徐文光一行	余英坊污水零直排、农村生活污水智慧化管理平台、德清地理信息科技馆、联合国全球地理信息管理德清论坛会址、前溪未来社区、仙潭村
27	7月31日	浙江省人民政府副省长刘小涛一行	五四村、莫干山镇农贸市场、大乐之野民宿
28	8月11日	浙江省政协副主席马光明一行	拟创建的德清钢琴小镇政协委员会客厅、座谈会(东衡文化街二楼会议室)
29	9月8日	浙江省委副书记、统战部部长黄建发一行	上杨村党群服务中心、天际森谷项目、罗氏沼虾种虾培育基地项目
30	9月8日	浙江省委常委、常务副省长陈金彪一行	地热森林酒店、仙潭村产村融合田园综合体、双创中心、银杏广场、碧坞门楼、民宿、仙潭村党群服务中心、座谈会(仙潭村党群服务中心三楼会议室)
31	9月16日	浙江省委常委、宣传部部长朱国贤一行	浙江省高质量发展智库论坛第一阶段(开元名庭酒店莫干厅)、春晖小学、贝特英语培训学校、座谈会(行政中心H楼第三会议室)
32	10月9—10日	中国妇幼保健协会终身荣誉会长、原卫生部部长张文康一行	德清县妇幼保健与计划生育服务中心、下渚湖
33	10月13日	第十九届中央候补委员、中科院院士、航空推进理论与工程专家李应红一行	德清通航机场基地
34	10月27—28日	国务院副秘书长、督查室主任、参事室主任高雨一行	“多跨协同提升乡村品质生活”参事研讨会(开元名庭酒店)
35	10月28—29日	中国关心下一代工作委员会主任顾秀莲一行	关心下一代阵地(县市民活动中心)、出席“第三届美丽中国田园博览会暨德清县敬农节”(莫干溪谷)
36	11月4日	浙江省人民政府副省长王文序一行	阜溪街道退役军人服务站、高峰村退役军人服务站、逐山小憩民宿
37	11月9日	浙江省副省长、公安厅厅长王成国一行	阜溪派出所、县政法一体化执法办案管理中心(县看守所)
38	11月17—18日	浙江省委常委、常务副省长陈金彪一行	接访(县社会矛盾纠纷调处化解中心)、宣讲中共十九届六中全会精神、走访农户(仙潭村半步精品民宿)
39	11月22日	浙江省政协副主席周国辉一行	纳奇科、我武生物、省微波实验室、上渚山奇幻谷(田博园)

(王千戈)

【对台工作】 2021年,德清县台办以习近平新时代中国特色社会主义思想为指导,根据中央、省委和市委对台工作的总体要求,按照县委、县政府的决策部署,坚持一个中国原则和"和平统一、一国两制"方针,以"服务大局、防控风险、强化大势、主动谋略、精准施策、提质增效、积极作为、塑造新局"的总体思路,勇于担当、奋力作为,开展提升对台工作体制机制建设,提升服务台胞台企水平,提升德、台两地交流合作"三大提升行动",促进对台工作再上新台阶。

重视对台工作　年内,召开对台工作领导小组会议,县委常委会听取德清县2021年对台工作安排。完善对台工作网络体系,在明确镇(街道)分管领导的基础上,镇(街道)落实人员担任对台工作联络员,明确信息报送、涉台事务处置等职责,让对台工作在基层有人管、有人做。首次将对台工作列入县对镇(街道)考核(反向扣分,最多扣0.2分),推动各镇(街道)重视对台工作。

开展贴心服务　年内,德清县台办"迈步进车间,俯身听诉求,出招解难题",贴近台企台胞开展贴心服务。为台企万事盛服饰协调解决信保赔付事项,帮助一批台企台商解决接种新冠肺炎疫苗事宜,为3名台胞子女解决就学问题。用心用情关爱台胞台属,利用元旦、春节、中秋等重要节点,组织走访慰问在德台企台胞,掌握相关群体期盼诉求,撰写《基层反映部分台资企业及台胞对惠台政策存三方面诉求亟待关注》《关于台湾疫情告急对德清县陆生群体影响及下步工作建议》。5月,在市台办的指导支持和沟通协调下,解决昆山台企赛艺货物在德清被扣押问题。

加强考察交流　年内,依托莫干山民国资源,利用海峡两岸交流基地组织开展在德台青交流、台属联谊活动,吸引台胞到德清考察交流。做好中国社科院、湖州嘉兴两地台青、衢州台办到德清交流工作。全年,接待台胞台属10批次。发挥台联组织优势,鼓励县台联加强与县外、市外、省外台联工作优秀地区单位联系交流,互通有无、相互借鉴。5月,县台联组织部分骨干赴山东诸城考察学习,借鉴好经验、好做法。

做好经验总结　年内,做好上级台办调研指导接待工作,精心承办全市、区(县)台办主任会议暨基层交流点培育现场会,配合市台办举办好全市基层交流培训班。总结工作,主动上报信息,全年,县台办上报信息被上级录用18篇,其中《市县联动开展"暖台商助台企"行动护航台企发展》在《湖州信息》刊发,获市委常委、统战部部长李上葵批示肯定。

(旷　怡)

【史志工作】 2021年,县委党史研究室(县地方志编纂室)服务做好党史学习教育工作。编著党史学习教育读本。选取中国共产党在德清这一百年中的近百件大事、要事,以专题著作的形式,在七一前出版《初心不改再展新程——中国共产党德清纪事》一书,向机关、镇(街道)、村社、学校等赠送2000余本。该书入选《百年党史在浙江》系列成果,是德清县庆祝中国共产党成立100周年系列活动的重要成果之一。

指导党史相关展馆建设　参与"建党百年 辉煌德清"庆祝中国共产党成立100周年图片展布展工作,提供布展大纲及相关党史照片。联合县档案馆开展"红色记忆·峥嵘岁月"主题党史学习教育展览。为乾元镇建设党史学习教育基地、阜溪街道改造龙山村茶山岭烈士陵园、新市镇改造新市党史馆等提供地方党史资料、图片素材。推动地方党史宣教工作。参与德清县庆祝中国共产党成立100周年专题纪录片《余英溪畔别样红》拍摄工作,提供基础史料和参与脚本审核。依托"学习强国"湖州学习平台、德清发布微信平台、德清组工微信平台、德清档案微信平台等新媒体平台,联合县委组织部、县新闻中心、县档案馆,分别开设"百年纪事""伟大历程 德清记忆""百年党史 德清红韵""读档案 学党史"四个专栏,发布主题稿100余篇,单篇最高阅读量1.9万人次。自6月1日起,选取《初心不改 再展新程——中国共产党德清一百年》中的30篇文章,在纸媒《德清新闻》同步发表。结合县党史学习教育宣讲工作和“文化点餐”活动，向武康街道、莫干山镇、雷甸镇等多个乡镇送党课。

推进党史三卷编写　明确编写工作目标。按照省委党史研究室在“十四五”期间基本完成地方党史三卷编写出版的总目标。8月，县委分管领导召集财政、编办等部门召开党史三卷专题工作会议，明确挂图作战、如期完成的工作目标，落实人员经费等保障。充实编写工作队伍。通过调回抽调人员、临时聘用2名、招聘编外人员1名等方式，建立起一支稳定的党史编写队伍。完成1名公务员招录的资格初审工作。建立编写管理规范。制定《中共德清县委党史研究室党史著作书稿管理规范》，建立初稿统一管理制度。建立三卷编写交流例会制度，截至12月底，完成第一编第一章至第二章和第四编第十三章至第十五章的修改工作。完成第二编12个目、第三编6个目、第五编10个目的初稿编写工作。

做好地方志工作　完成《德清年鉴2021》编纂出版任务，持之以恒做好《德清史志》期刊发行工作，全年完成《德清史志》期刊2期。协助完成县委宣传部有关德清全面小康相关大事记（1949—1986年大事记、2002—2019大事记）的资料征集工作。开展旧志整理，完成嘉靖《武康县志》点校工作。

配合省市史志工作　为市委党史研究室庆祝中国共产党成立100周年专题纪录片《逐梦南太湖》提供照片和资料，做好拍摄的对接工作。参与湖州市庆祝中国共产党成立100周年编撰的《百年百事》一书的编写和审稿工作。参与湖州市《蚕茧大战》一书中对德清老同志的口述史采访工作，对原德清县蚕茧丝绸联合公司贸易公司经理嵇荣华的采访稿进行整理。参与“学习强国”浙江学习平台“浙里学史”文章报送，报送4篇。完成《浙江年鉴2021》《湖州年鉴2021》德清县的相应内容撰述。完成全国、省、市级地方志工作情况统计任务、全省地方志系统数字化改革有关情况记录。

加强史志队伍建设　参加省市负责人会议、培训、研修班、专题学习会等，及时学习中央、省、市的党史和方志工作精神，加强与兄弟县市的工作交流。提升理论业务水平。参与省、市征文，论文《德清县数字化治理与地理信息产业发展回顾》入选全省青年党史工作者资政课题三等奖，《德清百年党史中的莫干山》在《湖州史志》期刊上录用。专题《德清苦战40载消灭血吸虫病》被“学习强国”湖州学习平台录用。参与中共十九届六中全会精神宣讲，微视频《莫干山红了》被“学习强国”湖州学习平台录用。参与德清县微党课比赛并获得二等奖。

（任茹香　赖师红）

组织工作

【概况】　2021年，德清县有基层党组织1693个。其中，党委94个、总支部138个、支部1461个。全县有党员30757名，比2019年度净增791名。其中，预备党员885名，占党员总数2.88%。女党员8564名，占总数27.84%。少数民族党员90名，占总数0.29%。35岁以下党员7100名，占总数23.08%；36～45岁党员6103名，占总数19.84%；46～60岁党员8250名，占总数26.82%；61岁以上党员9304名，占总数30.25%。大专及以上文化程度的15370名，占总数49.97%。其中，研究生816名、大学本科9186名、大学专科5368名；中专1947名，占总数6.33%；高中、中技3963名，占总数12.88%；初中及以下9477名，占总数30.81%。年内，紧贴县委、县政府中心工作，举办生态文明建设、数字化改革等县委主体班次15个，培训干部人才1590人次。创新实施“专班+专员”服务形式，集中抽492名干部驻企服务。分类攻坚深化“三整一全”建设，织密建强党的组织体系，新建党组织18个，按照不低于5%的比例倒排20个后进党组织全面整转提升，完成21个联合党支部规范化管理。全年引进“鲲鹏行动”计划1人、国家引才计划38人、省级引才计划70人、省领军型创新创业团队4个，国家“万人计划”人才2人、省“万人计划”人才10人。

【党建阵地建设】 2021年，德清县委组织部开展村社阵地建设专项调研，掌握全县169个村社阵地建设情况，按照新建、提升、规划“三个一批”对村社阵地进行梳理，“一村(社)一策”制定提升方案。明确目标，狠抓提升。坚持对标提质，排定美丽山村、山水文旅等5条党建示范带33个重点村狠抓整改提升，推进星级党群服务中心创建工作，完成全市五星级党群服务中心申报项目23个。聚焦中心，重点推进。调研中心城区15个社区阵地情况，会同县民政局和部分街道赴杭州等地考察学习，形成专题调研报告，梳理“党建引领·幸福家园”阵地建设标准，形成三年提质提标工作方案。

【基层党组织培训】 2021年，德清县委组织部实施“群雁领航”工程。举办全县新时代基层党组织书记培训班，分层分类开展精准培训，加强村社干部队伍现代化能力培养。选拔优秀村社党组织书记进班子人选1名，拓宽基层干部队伍晋升渠道。树优典型，举办5期“强村论坛”，遴选推荐40名村社党组织书记交流发言，以“红黑榜”“曝光台”等形式推动村社比学赶超。抓实党员教育管理。完成820名年度党员发展指标。深化党员队伍分类管理试点，提升流动党员、非公企业党员日常教育。配合做好省、市“两优一先”推荐表彰工作，评选表彰县级“两优一先”300名。认领微心愿2730个，开展各类志愿服务和公益活动80余场次，服务群众1万余人次。提升党务工作者业务水平。由组织科牵头，通过集中培训+实地检查的方式，提升基层党务工作者业务能力和工作水平，举办基层党组织换届、发展党员、党费收缴等培训班20余场，开展基层党建交叉检查3次。

【“数智党建”云平台优化】 2021年，德清县委组织部优化“数智党建”云平台。依托“数字乡村一张图”，借助“我德清”微信小程序，构建“1+7+1”总体架构，推出“三务”云公开、阵地预约等功能，打通数据壁垒，实现系统集成、双向互动、闭环管理，推动数字化基层治理水平迈上新台阶。全域推广“幸福指数”考评体系。推行“幸福指数”考评体系，以家庭为单位对每位村民建立幸福账本，围绕美丽庭院、平安稳定等内容每月赋分评议，排定月度“幸福榜”，指数与经济合作社分红、年夜饭、评先评优等挂钩，激励村民参与乡村自治。推行特色做法。强化网格化管理、组团式下沉服务等治理机制，推广“人人都是保洁员”“村社党建联盟”等10项做法，组织党员带头、群众参与人居环境整治提升等乡村建设行动。

【“强村六式”乡村振兴动能】 2021年，德清县委组织部推行以“强村志”“强村局长”“强村公司”等为内容的“强村六式”，增强村集体自身造血功能。年初，全县169个村社逐一梳理涵盖阵地、经济、环境等“10+X”任务清单，线上线下发布“强村志”，以项目化管理、清单化推进，定人定责定时抓好落实。干部结对真帮扶。根据各村社发展类型和难易程度，安排49名县级领导挂点联系后进村，选派21名“第一书记”驻点联系重点村，选派169名科级领导干部“一对一”担任“强村局长”，认领强村项目268个，开展驻点服务85场。布局乡村振兴产业，深化基层党建“契约化”共建，推广“银企村”党建联盟等命运共同体建设，促进资源要素双向流动。全年整合财政、农业农村等近2亿元资金、100余个项目投向乡村，强村公司、同心富民等项目相继落地推行，实现村级集体经济经营性收入60万元以上村全覆盖。

【“两新”党组织建设】 2021年，德清县委组织部分类攻坚深化“三整一全”建设，新建“两新”党组织18个，整转提升后进党组织20个，完成联合党支部规范化管理21个。深化非公企业党员分类管理试点，分类推进企业出资人、管理层、一线职工及流动党员管理，排摸流动党员118人纳入管理。建成浙江鼎力党群服务中心、通航小镇党群服务中心、地信小镇党群服务中心2.0等“两新”党建示范阵地11个，打响“红鼎党建”“温暖党建”“五美党建”等特色品牌。深化

"红色动力信用贷2.0",为97家企业、4家社会组织、13名党务红领放贷7.08亿元。组建"专班+专员"服务机制,组织437名服务专员下沉,选派40名驻企服务员"一对一"助企服务,579名"两新"党员争当"红色代办员"。开展"支部定议题、党员找问题、党群破难题"主题党日活动,泰普森党委"车间政委"做法获评全国非公企业党组织发挥实质作用最佳案例。创设红领学院41家,设立党员创新创业示范岗149个,推广"攻坚克难我领办""提质增效做表率"实践案例31个。推动178家非公企业、社会组织党组织组建"银企村""武工生物""天空智造"等103个党建联盟。深化上市公司党建"头雁领航"行动,组建"上市公司党建联盟"。

社区治理"六方协同"机制　年内推行社区治理"六方协同"机制,创新"周一敲门日""居民自治堂""楼道红管家""党员楼道长"等载体,打造中央公馆、东方府等20个"红色物业"示范点。推进快递物流、互联网行业等新业态,成立"红色速递党建联盟",推动园区、社区、小区三级建成100个"蜂享小屋"红色驿站。依托德清县社会组织党群服务中心,推动340余家社会组织参与基层治理,累计开展公益活动380余次。推动律师、会计师等组建"红领律师团""金算盘先锋工作室"等志愿队伍,入企开展财务审计、法务咨询等专业"红色互动"50余场次。

【干部队伍建设】

乡镇换届工作　2021年,德清县委组织部开展乡镇换届工作。精心制定换届考察方案,组织乡镇换届考察,联动对所有街道、县级机关部门、县属国企和高新区各办局(中心)进行集中考察。坚持"一线识人""干换结合",综合运用政治素质专项考察、个别谈话、实地考察、查阅档案、集体面谈、专题调查、综合评价等方法进行考察,做到人选考察精准"画像"。建立"口碑"评价机制,深入项目一线、扶贫前线、防疫战线、防台火线,与考察对象身边同事、服务对象、联系村社、结对群众了解干部在共同富裕、民生实事、大战大考中的表现情况。9月,完成换届人事调整工作,指导好乡镇党代会、人民代表大会召开。

统筹开展"两代表一委员"推选工作。成立联审小组,对"两代表一委员"初步人选全面联审。坚持结构服从质量,强化"两代表一委员"履职能力研判,突出政治素质、履职能力、作风表现三项标准,调整履职能力相关较弱人员38人,提升"两代表一委员"整体功能。完成县委换届选举工作。

公务员队伍结构优化　年内,优化公务员队伍结构,完成新公务员录用分配34人,择优选调高校应届毕业生17人,转任45人次。树优公务员职级晋升导向,完成6批次280余人次晋升工作。健全干部大监督体系,开展个人事项查核395人次、两圈考察180人次、资格联审14批2228人次,配合省、市委完成4轮换届风气督导,督查指导38名主要领导干部完成离任交接,完成中层干部预审44批次。

优秀年轻干部选拔　开展"90后"优秀年轻干部集中面谈,构建年轻干部"赛马场",通过中心工作历练、专题演说比选、无领导小组讨论等形式,大胆打破学历、资历等隐形台阶,树优实绩实干导向,提拔使用"90后"优秀年轻干部8人。按照市委部署探索开展"面向国有银行综合比选副科级优秀年轻干部"工作,选拔3名懂金融财务、会资本运作的优秀金融人才3人充实到国有企业领导班子中,提升整体功能。

【干部专业能力轮训】　2021年,德清县委组织部开展年轻干部"专班比拼、择优比选",将专班作为锻炼舞台,营造比学赶超的浓厚氛围。根据跨单位、跨岗位、跨专业原则,选派324名年轻干部赴18个重点工作专班实践锻炼。通过定期跟踪考察、专班择优推荐、路演晾晒、无领导小组讨论等逐轮比拼的形式,发现掌握一批优秀年轻干部。加大干部上挂外派力度,选送20名优秀年轻干部赴中央国家部委、省、市级机关及其他先进地区挂职锻炼,加快推动年轻干部成长。开展与四川省小金县干部交流互派,选派农业产业、城乡规划、教育医疗等领域20名年轻干部人才前往挂职帮扶。

围绕干部政治能力过硬，结合党史学习教育，开展中共中央总书记习近平新时代中国特色社会主义思想教育培训。紧贴县委、县政府中心工作，举办生态文明建设、数字化改革、制造业高质量发展等县委主体班次15个，培训干部人才1590人次。突出干部专业化能力提升，创新开设经济类、工程类高质量发展专题研修班，不间断开展干部专业能力轮训。抓深抓实新时代基层干部主题培训，围绕乡村振兴、基层治理重点，依托重点示范主体班次、行业系统专题班次、“全覆盖”特色培训等方式，实现6623余名基层干部培训全覆盖，通过分层分类、精准施训，提升基层干部工作能力。探索研发干部教育智慧化管理系统，强化培训全过程监管，提升培训实效。

【干部信访、信息调研工作】 2021年，德清县委组织部受理来电、来信、来访31件次，立案31件次，结案31件，办结率100%。

【中国·莫干山第五届全球高层次人才创新创业大赛】 2021年10月29日，中国·莫干山第五届全球高层次人才创新创业大赛总决赛在湖州德清举办。此次大赛自5月份启动以来，历时5个多月，共举办8场分站场，吸引全球202个项目报名参赛。从中脱颖而出的12个优质项目采用“线上+线下”双模式进行最后角逐，这些项目中有院士领衔项目1个，国家级人才领衔项目5个，省级人才领衔项目2个，部分项目具备国际领先水平的技术研发能力与核心团队。半导体光电子集成芯片项目和新型3D打印技术的研发项目突出重围，获大赛一等奖。

2021年10月29日，中国·莫干山第五届全球高层次人才创新创业大赛总决赛在德清举办（县委组织部 供图）

【德清县欧美同学会成立大会】 2021年8月28日，德清县欧美同学会成立大会在德清召开。大会审议通过《德清县欧美同学会章程》《德清县欧美同学会选举办法》，进行德清县欧美同学会仪式和德清县海归创业园授牌仪式。德清县欧美同学会肩负着重要的责任和使命，要强化思想引领，坚持政治建会，要服务中心大局，坚持创新强会，要当好桥梁纽带，坚持服务立会。德清县欧美同学会要发挥出群众性、高知性、统战性的特点和优势，立足国内，开拓海外，共同为德清高质量发展建设共同富裕示范区先行样板地、打造“重要窗口”的“精品窗口”，争当社会主义现代化先行排头兵凝聚最大向心力。

【第五届“浙江工业大学—莫干山青年学者”论坛】 2021年6月5日，第五届“浙江工业大学—莫干山青年学者”论坛开幕式在德清县举行。此次论坛是2021年浙江·杭州城西科创大走廊国际青年论坛的分论坛活动和2021德清投资贸易人才洽谈会的子活动，由德清县与浙江工业大学共同主办，旨在为海内外青年才俊搭建学术交流和成果展示平台，通过专题报告、学术研讨和人才洽谈等形式，促进海内外青年学者互动交流，全方位展示浙江工业大学与德清的优势特色、优惠政策等。活动共吸引来自剑桥、加州理工、清华、北大等知名学府200余名博士通过“线上+线下”方式参会，现场提供博士岗位500个，收到

2021年6月5日，第五届“浙江工业大学—莫干山青年学者”论坛开幕式在德清县举行　　　（县委组织部　供图）

简历154份，初步达成就业意向55人。

【中国·德清首届全球高层次人才创新应用大赛】 2021年10月30日，中国·德清首届全球高层次人才创新应用大赛总决赛在德清国际会议中心举办。大赛围绕德清高端装备、生物医药、新材料、人工智能等八大重点产业领域发布20道专业技术赛题，开展企业技术需求“揭榜挂帅”。吸引海内外10多个国家、100余位高层次人才揭榜。大赛历时5个多月，经过技术方案优选及杭州分站赛、北京分站赛的选拔，最终有16名选手入围总决赛。经过激烈比拼，最终针对“海量CIM（城市信息模型）三维模型数据加载展示技术解决方案”参赛选手获得本届大赛一等奖，“智能电梯的远场语音控制技术解决方案”“高性能镁板、镁管挤压技术解决方案”的2名参赛选手获得二等奖，产生3名三等奖及2名优秀技术解决方案奖。

2021年10月30日，中国·湖州·德清首届全球高层次人才创新应用大赛总决赛在德清国际会议中心举办　　　（县委组织部　供图）

宣传工作

【概况】 2021年，德清县宣传系统掌握意识形态工作领导权，强化创新理论武装，做大做强主流舆论，持续培育“德文化”品牌，构筑精神富有高地，提升文化产业整体实力，完善清朗网络空间，提高文化领域数字化改革水平，为全县宣传思想文化工作贡献德清力量、德清经验。浙江省社科联“重要窗口”建设德清调研基地挂牌，举办第三届浙江省高质量发展智库论坛；桃花庄文化产业园、江南瑶坞、“莫干论剑谷”会议中心等一批文旅“大好高”项目基本建成；章宬荣获第八届全国“孝老爱亲”道德模范，2人入选“浙江好人”；“人有德行　如水至清”成为全国首个入选新华社民族品牌工程的县域品牌；省级以上媒体刊播德清县各类稿件2500余件，其中1篇获中央领导批示；推出报告文学《德清清地流》，合作创作《大国飞天》等文艺精品，侦办浙江省首起、全国规模最大的“扫黄打非”案件；宣传工作获省委书记袁家军批示3

德清革命历史题材纪录片《余英溪畔别样红》，由德清县委宣传部、县文联（社科联）历时一年拍摄制作，先后寻访德清境域内数十位革命英雄或亲人，查阅上百册德清史志典籍，记录收集2500分钟的原生态影像资料，剪辑成100:1浓缩的成片　（县委宣传部　供图）

次，省委常委、宣传部部长朱国贤批示3次。

【特色亮点】　2021年，德清县宣传思想文化主要呈现九大亮点。

中国共产党成立100周年系列庆祝活动　建立百年莫干山文化资源库建设，展现百年来莫干山在革命、解放和改革开放时期的历史变迁。承办省民间音舞大型广场展演活动等百场文化活动、创作一批优秀文艺作品、拍摄播出纪录片《余英溪畔别样红》、举办中国共产党成立100周年图片展、开展中国共产党成立100周年社会宣传，营造浓厚氛围。

党史学习教育　年内，县委理论学习中心组带头，学习中共中央总书记习近平在浙江工作期间3次到德清调研考察讲话精神，挖掘“三旧址”及抗战史料、改建龙山烈士陵园、打造“水至清足迹园”教育平台，整合县域内长廊、小道和馆藏等资源，打造群众身边“党史学习充电站”，相关做法在全省党史学习教育座谈会上交流发言，“党史廊道馆构筑红色风景线”入选省党史学习教育百法百例，在全省党史学习教育热力图中，德清贡献3颗亮灯。中央党史学习教育调研组到德清调研肯定该做法。“微改革服务大民生”经验做法在《中央党史简报》上刊发。

共同富裕示范区课题调研　年内，创新精神富有工作。举办全面建成小康社会的德清样本研讨会、争创共同富裕县域样板研讨会、第三届浙江省高质量发展智库论坛3个高层次论坛。刊发《共同富裕示范区精神富有先行地的德清探索及启示建议》等调研课题，获得省委书记袁家军批示3次，省委常委、宣传部

2021年9月16日，第三届浙江省高质量发展智库论坛开幕式在湖州德清举办　（县委宣传部　提供）

2021年9月16日，第三届浙江省高质量发展智库论坛在湖州德清举办。省委常委、宣传部部长朱国贤出席开幕式并致辞　（县委宣传部　供图）

部长朱国贤批示2次，被省社科联授予省"重要窗口"建设首批调研基地。完善顶层设计，县委全会通过《关于率先打造精神富有县域样板的实施意见》，配套出台《"德享美好"十大标识性项目建设三年行动计划》《精神富有"十个一百"提升行动实施方案》等一揽子组合方案。联合省标准化研究院编制发布《县域精神富有评价指南》，系全国首个精神富有评价地方技术性规范。

"有德系列"文化品牌培育　年内，"85后"姑娘章宬当选孝老爱亲类全国道德模范、第七届浙江省道德模范、中国好人，德清县连续两届有市民获全国道德模范。实施有德少年、有德青年、有德榜样全生命周期培育工程，推动"有德系列"群像落地。评选县道德模范和最美志愿者20人，发布季度"德清好人"25人，评选"新时代好少年"100人。浙江省皮肤病防治研究所上柏住院部团队荣获"之江楷模"荣誉称号，李小荣等4人获评"最美湖州人"。锺炼以"山鹰救援队"等为代表的"专职+兼职+志愿者"三合一队伍，定制以"生日益起暖""爱出者爱返"为代表的优质项目，形成新时代文明实践可复制可推广的"德清模式"。清禾公益获全国学雷锋"四个100"最佳志愿服务组织，医路同行365被新华社评为"中国网事 感动2021"年度人物。

全国文明城市典范城市创建　年内，举办全国文明城市建设工作推进会暨高质量创城表彰大会，中央文明办二局局长薛松岩带队调研，鼓励德清县以创建全国文明城市为新征程的新起点，打造全国文明城市典范城市。县委书记敖煜新在全省农村文化礼堂2.0版建设暨新时代文明实践中心建设工作现场会上作交流发言。《德清县以新时代文明实践赋能全国文明城市创建》信息获得省文明办主任卢春中批示。

引导主流舆论　年内，新华社疫情防控主题内参稿件获中央主要领导批示肯定。高质量完成AI赋能融媒体中心一期智能化改造项目，"策采编审发"流程实现再造。推出舆论监督栏目《直击》75期，形成曝光—整改—反馈的督媒结合闭环管理新模式。突出做好经济报道，开设《头条新闻》《深一度》栏目，全媒体聚焦复工复产政策等经济工作，刊播稿件200余篇、深度评论30余篇。启动"为奋斗""百名新闻记者进百企"系列主题报道活动，用高质量的新闻作品为群众、企业做好宣传服务，其中水木九天在中央电视台《新闻联播》播出56秒，为企业带来近20亿元的合作订单。推动由国家广电总局批准的第二十八届媒体融合技术研讨会落地德清，与甘肃临洮县融媒体中心签订结对共建协议，推动结对县级融媒体中心共同发展。长三角县（市、区）"数字乡村"赋能大体验、大联动、大直播广播融媒体活动启动，助力提升国家数字乡村试点县市区在长三角的知名度。

网络综合治理和数字乡村建设　年内，国家数字乡村试点阶段性评估列全省第一，"数字乡村一张图"遥感监测助力乡村智治入选《数字乡村建设指南1.0》版并推广全国多地，"乡村

2021年12月，德清县钟管镇干山村农家书屋获评第九届全国服务农民、服务基层文化建设先进集体名单（全省仅此1家农家书屋获此殊荣）

（县委宣传部 供图）

全域数字化治理体系建设”入选联合国践行可持续发展优秀范例。“让数字点亮乡村未来”乌镇咖荟于世界互联网大会期间举办。“有德小驿”网络文化家园投入使用，同步建成网络安全应急指挥中心。精准构建县域“民情哨”体系，布建哨点46处，培育瞭望哨兵334人。查处湖州市首起通过网络设备非法收集使用消费者人脸识别信息案，对非法收集4510位消费者人脸信息的某房产公司依法作出行政处罚。开展“迎接建党100周年”网络安全专项监督检查工作。

文艺作品和出版物　年内，投资并在德清取景拍摄的中国首部新时代航天事业电视剧《问天》登陆央视一套黄金档。“新华书店+农家书屋”的乡村书房建设模式入选2021年全省宣传思想文化工作十大创新项目，报告文学《德清清地流》首发研讨会在北京举行。破获全省首起、全国系列案件最大规模的“九尾一狐狸”等微博用户引流至淫秽色情网站传播淫秽物品案，禹越镇三林村荣获全省“扫黄打非”进基层示范点。开展全民阅读活动，居民阅读指数达90.6%，干山村农家书屋获评中宣部服务农民、服务基层文化先进集体。在4月23日世界读书日，启动“物化春归　卷开德清”为主题的全民阅读节活动，浙江省作协副主席、茅盾文学奖获得者王旭烽作专题讲座。

文化产业发展　全年规模以上文化企业总营收26.41亿元，比上年增长50.80%，文化制造业、文化服务业营收分别比上年增长59.72%、33.29%。修订出台《德清县人民政府关于支持文化创意产业发展的若干意见》，加大对现代传媒(影视)、动漫游戏、创意设计等文化新业态领域的扶持力度。洛舍镇通过中国轻工业联合会和中国乐器协会组织的“中国钢琴之乡”复评。成立德清县文化产业发展领导小组，建立“2+8+N”联企服务机制，相关经验做法被中宣部宣传信息网刊载。《德清县做优“质”造生态　赋能钢琴产业发展》获市委常委、宣传部部长范庆瑜批示。全市首个数字文化诗路体验馆“新市大运河数字文化诗路体验馆”项目启动建设，获得省级专项资金补助200万元。

【理论学习与宣讲】　2021年，德清县宣传部党史学习教育成立一办五组，统筹协调党史学习教育工作。开展“我在‘三个地’学党史”“追寻‘真理的味道’”“忆党史·守初心·建窗口”“我为群众办实事、我为企业解难题、我为基层减负担”等专题学习宣讲教育实践活动。推出全媒体栏目《奋斗百年路　启航新征程》，下设“3万+党员的初心”“伟大历程·德清记忆”等子栏目，其他设《和主播一起学党史》《红韵德清》《深一度》《党史知识有奖竞答》《〈习近平在浙江〉采访实录在德清持续引发热议》等专栏，累计刊播各类新闻作品2000余件，新媒体累计阅读量超390万人次。中央、省、市级主流媒体报道400余篇。遴选18个党史学习教育基地开展红色主题体验游，参与3万余人次。市级以上信息简报录用25条，县委书记敖煜新署名文章、视频分别在省《党史简报》《浙江日报》、浙江新闻客户端刊发(播)，完成省、市巡回指导组督导工作。

年内，出台《县委理论学习中心组2021年学习计划》《关于抓好2021年全县党员干部理论学习的通知》等文件，开展县委理论学习中心组集中学习会15次(研讨6次)，邀请周咏南、黄祖辉等专家学者作“习近平在浙江”“共同富裕”等主题报告。组织观看《红船》《永不消逝的电波》等红色电影，下发《中国共产党简史》《习近平在浙江》等学习书目，抓好党员领导干部理论学习。推行“清单式”督学，下发学习任务“周清单”30次、巡回督学160次。评选县级“学习强国”“学习之星”先进个人311名和先进组织38个，获市级先进12个，省级1个。

组建由“有德青年”“乡音党课”宣讲名师、行业创富带头人组成的党史宣讲团，由浙江工业大学教授、市委党校教师、领导干部组成的县委宣讲团，举办追寻“真理的味道”理论宣讲工作专题培训班和“毕业加一课”暨青少年红色研学夏令营，累计开展各类党史宣讲活动216场。举办青年理论宣讲大赛暨微型党课大赛，文艺宣讲节目“红色跑小二”代表湖州市参加省级比赛。组织62名青年干部参与“演说者”“云直播”“微讲堂”等共富主题宣讲，钱亮获“风华百年·青春逐梦”2021湖州青年说决赛一等奖。开设“有德说”线上宣讲平台，通过“干部说”“青年说”“模范说”“记者说”短视频学习贯彻中国共产党的十九届六中全会精神，全年累计拍摄短视频28个，获省级及以上媒体刊登14篇。县处级领导干部分赴相关基层联系点，以调研会、座谈会或报告会等形式开展党史专题宣讲，累计开展宣讲100余场。

【新闻外宣工作】 2021年，省级以上媒体刊播各类稿件3500余篇（条），比上年增长16.7%。其中央视《新闻联播》栏目26条，《人民日报》头版（含海外版）3篇，《新华每日电讯》头版25篇，《浙江日报》头版47篇。1月8日，央视《新闻联播》栏目播出《“微改革”让浙江德清百姓拥有更多获得感》，时长1分26秒。6月7日，新华社《新华每日电讯》头版头条刊登《浙江德清：打通改革“神经末梢”，让改革红利可感受能触摸》，报道德清县33项“微改革”项目经验做法。

媒体深度融合推进　年内，沉浸式虚拟演播室有6个新闻应用场景，新闻、专题的可看性得到提升，县级融媒体中心2.0版本初步建立。运用5G+4K、全息+MR、短视频+直播等新型技术和手段，推出一系列创意融媒产品。运用《主播说》《莫干山观察》等载体，全媒体累计刊播各类系列化稿件220余篇，新媒体产品阅读总量超230万次，掀起新闻宣传热潮。对广播、电视和“我德清”App进行全新改版，优化时政电视新闻《德清新闻》，推动平台定位更立体，传播更具针对性。

城市品牌工程推进　年内，制定下发《“人有德行 如水至清”城市品牌打造2021年重点工作任务》《德清县打造“人有德行 如水至清”城市品牌五年行动计划（2021—2025年）》。7项重点工作纳入市级工作专班重点督查项目，全市城市品牌路演成绩排名第一，成为全国首个入选新华社民族品牌工程县域品牌。由湖州德清冠名的“湖州·德清”高铁列车在上海虹桥站首发，中央、省、市级媒体刊发此次活动相关报道50余篇，总阅读量300万+。参加2021中国企业家博鳌论坛并交流发言，展示德清城市形象及品牌。

【精神文明建设】 2021年，德清县推进全国文明城市建设。制定《关于建设“双一流”全国文明城市的实施意见》，成立“双一流”建设专班，开展专项行动22项。利用日巡查、周例会、月考核、季亮牌的工作机制，通过日常督查、跟踪督办、亮化考核，推进工作落地落实。全年，召开问题交办周例会19次，巡查发现问题2.28余万个，整改2.04余万个，交办整改2407余个，下发交办单439个。亮蓝牌33张，亮黄牌10张，亮红牌1张。

道德高地文明建设　年内，发挥群众口碑库、媒体报道库、大数据视频库，拓宽好人发现路径，涌现一批道德典型。朱秋娥、周连珍家庭入选省“最美家庭”。刘志国等5人入选湖州市道德模范，李小荣、沈利华、洪祖华、俞守明、赵文娟、潘晓利、蒋继剑入选“湖州好人榜”。注重家庭文明建设，开展“最美家庭”评选活动，评选县级“最美家庭”18户。“德者有得”志愿服务项目获评省新时代文明实践志愿服务项目大赛优秀项目奖。参与“长三角共建新时代文明实践圈”活动，举办县志愿服务项目大赛，孵化“第一响应人”等一批优秀项目。完成德清县志愿服务联合会第二届理事会换届工作。完成《人民日报》头版报道点赞志愿服务工作。

城乡移风易俗推进　年内，联合县纪委制定《德清县文化礼堂酒宴礼俗准入十条》，对文化礼堂酒宴规模、礼金、餐标等内容做出限制。开展“坚决制止餐饮浪费”专项行动，印发《德清县“坚决制止餐饮浪费行为”专项行动实施方案》，成立专项行动专班，开展常态化检查督查5400余次，发现整改问题8935个。在全县范围的300余块楼宇电视广告和20块沿路电子广告屏上投放节约用餐宣传片及公益广告4.2万余次。

青少年心理健康工作　年内，制定《德清县未成年人思想道德建设工作三年行动方案(2021—2023)》。举办“毕业加一课”暨青少年红色研学夏令营,开展“建党百年 走进百校”红色宣讲进校园,组建由33名学生组成的“有德少年”宣讲团,推进爱国主义教育走进青少年。实施“阳光有你 益路同行”“公益小天使”等青少年身心健康志愿服务项目20余个,志愿服务活动3293场次,辐射未成年人10万余人次。开展春泥计划活动749场次,评选“新时代好少年”100人。

【文艺文化工作】 2021年,德清县推进文化事业发展。下发《关于开展特色示范文化礼堂建设的通知》,打造、提升一批书香型、文旅型、耕读型等特色示范文化礼堂,庙前村文化礼堂获评省书香文化礼堂、东衡村文化礼堂获评省墨香文化礼堂。《以“四个全覆盖”标准推进农村文化礼堂建设》在全省农村文化礼堂2.0版建设暨新时代文明实践中心建设工作现场会做书面交流,胡海燕入选浙江省第四届最美文化礼堂人,钟管镇干山村文化礼堂、禹越镇夏东村文化礼堂2家文化礼堂入选全省“文化礼堂 我的乡村我的家”展示活动。实行文化礼堂建设进度每周督察、每月通报,制定《2021农村文化礼堂“文化点餐制”基层惠民服务项目菜单》。原创音乐小品《未来畅想曲》参加2022年省村晚主场录制,4个民间艺术团体获湖州市基层优秀文艺团队扶持,获扶持数居全市第一位。开展“一镇一节一村一品”品牌文化活动,举办新市蚕花庙会(云直播)、雷甸枇杷节、第七届莫干山赏花节、阜溪街道敬农节等多场文化节庆活动。

创作文艺精品 围绕共同富裕、大运河文化带建设等开展2021—2022年文艺精品创作。编撰完成《德清文学百年卷》。动画片《奇妙环游记》荣获浙江电视牡丹奖,以全国道德模范潘美儿为原型创作的曲艺评书《香樟树下》荣获浙江省第十一届群众曲艺大赛获银奖,出版发行《中国珍珠王》,广播剧《追光人》《欢乐小镇》首播,本土导演执导的电影《乘船而去》进入后期制作阶段。推动莫干山作家村、编剧村、综合艺术村开村,打造高端文艺人才集聚平台,优化文艺创作环境。

落实新闻出版与电影工作 做好影院疫情防控等安全生产工作,开展农村数字院线红色电影展映活动。做好新闻出版年检工作“四大员”,完成178家印刷企业、67家出版物经营单位的年检工作,未发生一起投诉。开展联合执法行动,出动执法人员1050余人次,排查出版物经营单位115家,取缔非法出版物经营场所1家,关停因未落实疫情防控措施影院1家,办理行政案件8起,收缴各类非法出版物及印刷品3000余册(份)。联合文化执法、市场监管、邮政管理局共同开展校园周边检查,出动执法人员300余人次,检查印刷企业58家、文具店59家、报刊亭5处、书店11家,确保文化市场的安全。

【文化产业工作】 2021年,德清县产业营商环境。出台《德清县文化产业“十四五”发展规划》《德清县人民政府关于支持文化创意产业发展的若干意见》,强化“十四五”期间全县文化产业高质量发展顶层设计和政策扶持。全年,全县规模以上文化企业数量上升到40家,新增12家,净增9家;龙头文化企业岩华科技受邀参加深圳文博会;4家企业入选浙江省第六批成长型文化企业,2家企业入选浙江省成长型文化培育企业,2家企业入选湖州市第五批成长型文化企业,位列全市第一。

产业培育平台 聚焦发展现代传媒、影视动漫、创意设计等行业,新设立智能生态文创产业园、下渚湖文创产业园;省级文化创意街区“莫干山国际休闲文化创意街区”获市委宣传部推荐申报省文促会园区街区分会副秘书长单位;新安镇数码印花产业园获评湖州市第四批文化产业园区(基地)。

项目双进工作 新引进AI超级电影工场项目、圣拉维莫干山婚礼中心项目等7个亿元以上文化产业项目,总计划投资额40.06亿元;新入库年产3000台无人机智能制造基地项目、年产80万件汽车电子产品项目等6个5000万元以上文化产业项目;12个市重点项目开工建设,完成投资额10.25亿元，5个项目竣工；“下渚湖上杨村乡村户外运动项目”当年度完成开竣工并转企上规，其产村融合发展模式获市委宣传部推荐申报省文化产业发展创新案例。

丰富企业服务形式　举办首届德清县文创设计大赛，推选优秀作品参加湖州市第二届文创设计大赛，半亩文创、兴怡泰、欧诗漫等5家公司的7件作品获奖；组织岩华科技、斯波奈尔等6家文化企业参展深圳文博会、嘉兴文博会；组织县传媒集团、桃花庄传媒、乐富文旅等11家文化企业赴陕西、内蒙古开展高校人才精准招引；组织一映剧全、乐韵钢琴等5家文化企业负责人参加素质提升工程培训班。

【网信工作】　2021年，德清县网络舆情实现闭环管理。会同相关部门、属地镇(街道)有效处置涉及城市管理、劳资纠纷、道路交通、环境污染、房地产等舆情，及时化解重大舆情风险点，查删不实信息。编发《外宣网信动态》254期，实现工作日网络舆情“每日一报”、重大舆情“专事专报”。推进政务信息系统网络安全等保工作。

网络文化建设　开展“从德清出发”等各类网络主题活动，参与全省“初心使命·百年百人”“潮头·身边的党员”等短视频征集，在“旗帜·身边的党员”省互联网企业党建故事分享活动中获评优秀作品。打造“有德小子”网红IP，结合有德小子征名、演员招募等网络文化活动，“有德小子”漫画评论作品多次被省委、市委网信办录用推广。“有德小子”抖音号粉丝16万余人，收获点赞39万余次。8月，完成县网络文化协会换届选举工作。

数字乡村工作　参展第四届数字中国建设峰会，展示数字乡村的创新做法。获批牵头制定全国首个数字乡村建设省级地方标准——《数字乡村建设规范》，《数字乡村建设规范》省级地方标准制定推进会在德清召开。

【意识形态工作】　2021年，德清县委巡察中成立意识形态工作专项检查组，精准查找被巡察单位存在的问题，对12家单位提出问题40余个。建立全县政务新媒体不定期通报机制，对不规范用语现象进行通报。建立意识形态工作学习要点提示机制，丰富意识形态工作学习内容。出台《关于全面加强网络舆情安全工作的实施意见》和《加强网络安全整体能力建设的意见》，重塑性变革网络舆情应对智治体系，建立网络舆情闭环管控工作机制。

开展纪念设施、展览展陈不规范设立、展陈问题专项检查，规范讲坛、论坛等网络意识形态阵地管理，与第三方技术监测公司合作，对全县“两微一端”平台定期进行敏感词监测，共监测涉政敏感词24个、严重错误表述209处、错别字2333个。根据上级下发整改通知，督促自然资源局、卫健局等10家单位落实关键信息系统安全漏洞修补工作。

镇(街道)宣传委员分工和宣传干事调整实行“一备一审”制度，纳入年度考核，清理不规范兼职和频繁调整现象，宣传干事主要精力用于宣传思想工作。提高意识形态考核权重，督促意识形态纳入对村(社区)考核体系。

【干部人才工作】　2021年，德清县完成部机关中层干部调整，提拔中层正职2人、中层副职5人、平级交流6人。规范选人用人，通过商调方式调入干部4人。制定上挂下派计划，选派3名干部上挂省委宣传部、省委网信办、市委宣传部；3名干部上挂省市党史学习教育专班，选派1名干部挂职“第一书记”。

落实人才项目补助资金，向泰普森品牌传播团队和新闻中心急需紧缺人才下拨资金20万元。加强与浙江卫视、南京邮电大学等合作，柔性引进高层次人才2人，刚性引进团队1个。入选南太湖特支计划青年拔尖人才1人。

【数字文化改革工作】　2021年，德清县“家头条”“邻里帮”“文E家”三大文化应用场景在省级未来乡村试点五四村落地，县新闻中心被列入“浙里民情在线智治应用”的“首批民情直报试点及各县(市、区)省级舆情直报点名单”。县新闻中心构建“一核两翼”媒体融合新格局，以AI赋能新闻采编全流程，“我德清”App集合新闻发布、政务服务、消费支付等功能，“智慧广电”与智慧安监、智慧IP广播、车联网等有机融合。在产业新政中明确重点发展数字传媒、影视动画等数字文化产业新业态，推动图书馆、文化馆、博物馆等文化设施数字化建设，全省第4家、全市第1家数字文化诗路体验馆“新市大运河数字文化诗路体验馆”项目启动建设。

（许生杰　刘晨　董宏　钱斌　俞思衍　孙亮　嵇锴）

统战工作

【概况】　2021年，德清县统战系统学习《中国共产党统一战线工作条例》，主动适应新形势、新任务、新要求，立足统战资源禀赋，抓融合、抓重点、抓特色、抓改革，以凝聚人心、汇聚力量为目标，县委统战部获评2021年度全省统战系统先进集体、全省统战信息工作成绩突出单位。《以莫干山会议为平台——开启民主党派赋能共同富裕履职新模式》获评全省统战工作实践创新成果，《以组织优化激发基层新联会内生动力——以德清为例》获评全省统战理论政策研究优秀成果二等奖。阜溪街道上榜第九批全国民族团结进步示范区示范单位，宗教（民间信仰）活动场所专项规划一张图入选首批全省统战系统重点培育应用场景，民革德清县基层委员会荣获民革中央“助力脱贫攻坚工作先进集体”称号。全年荣获国家级荣誉3项、省级荣誉18项，莫干山会议、清廉民企、新的社会阶层人士统战工作和基层统战工作获得省、市领导批示肯定6次。

【思想引领】　2021年，德清县统战部引导全县统一战线广泛开展党史学习教育。结合“同心日”、主题党日活动，统一组织开展“学习中国共产党的十九届六中全会精神”专题学习会、“学党史，筑同心”主题故事会、“红色足迹学党史·红色年轮见初心”等活动12次，挖掘百年党史中的丰富素材，讲好统一战线各成员在党的领导下参与社会主义建设的生动故事，切实巩固新时代统一战线团结奋斗的思想政治基础。

制定落实《德清县统一战线“助力‘十四五’开新局、献礼百周年庆华诞”专项行动实施方案》，举办“百日行动践初心，同心向党迎百年——德清县统一战线庆祝中国共产党成立100周年系列活动”启动仪式和“同心圆梦——德清县统一战线庆祝中国共产党成立100周年”线上线下专题展览。牵头各民主党派在《德清新闻》开设“不忘合作初心携手前进”民主党派主委谈中国共产党成立100周年连载专栏6期，全面展现新时代统一战线风采和精神面貌。

县委统战部定于每月17日为“同心日”，开展形式多样“同心向党”“同心战疫”“同心助学”等主题活动11次，团结引导党外人士1000余人次。成立“同心成长营”，制定人才培养三年规划，举办党外代表人士、党外中青年干部、统一战线宣传骨干等各类培训班，通过座谈交流、实地考察、乡情调研、开放空间等形式与统战骨干之间保持广泛深入的交流。

贯彻落实《中国共产党统一战线工作条例》。在“德清统战”微信公众号开设“学《条例》·部长说”“学《条例》·书记说”专栏，发布县委书记、统战部部长、部分镇（街道）党委书记结合《条例》新精神、新要求的心得体会。全县各镇（街道）领导班子换届后，第一时间召开全县基层统战干部集体见面会，解读落实《中共湖州市委统一战线工作领导小组办公室关于加强乡镇（街道）党（工）委统一战线工作领导小组规范化建设的指导意见（试行）》等文件精神。

【聚焦中心】　2021年，德清县统战部举办第四届莫干山会议，搭建乡村振兴战略学习交流平台。3名“三农”领域知名专家学者作主旨演讲；49个项目集中签约，总投资123亿元。征得投稿论文341篇，其中218篇优秀论文收入《第四届莫干山会议论文集》。推进“双百结对·同心共治”“百十千同心助力”等活动，引导党派与村、企、校等单位开展结对共建活动33次，有效拓宽民主党派收集社情民意、参政议政的渠道。

【德清县欧美同学会成立】 2021年，德清县欧美同学会成立，排摸组建高端海归人才库50人，对接上层资源，促成浙江省欧美同学会莫干山之家落地，举办“汇聚海归之智助推共同富裕”浙江省欧美同学会助推湖州德清共同富裕“三服务”活动，邀请40余名省欧美同学会的专家走进德清，签订战略合作框架协议一个。开展海燕助飞“走读家乡报春晖”活动，吸引在美国、英国等21个国家（地区）的130余名留学人员参与。推荐110余名优秀留学人员加入侨联、欧美同学会等组织，引导参与疫情防控、抗台防汛等志愿服务工作。

【民族团结进步示范区示范单位】 2021年，指导阜溪街道创建第九批全国民族团结进步示范区示范单位，围绕架设“1+6+N”民族服务阵地网络，做好“跨区域共建共富，融平台共学共创，提服务共居共乐”“六共”文章，新增民族团结进步示范单位7处，申报省、市级民族团结进步示范单位5处，打造县级铸牢中华民族共同体意识教育基地2处，铸牢中华民族共同体意识的县级试点学校2处。

【统战系统数字化改革】 2021年，着眼全省统战系统“1+6+3”数字化改革工作体系，打造德清县云上统战数据平台，通过平台“移动端”，一键上传或补充人物库、组织库、场所库数据画像2000余条，实时迁移数据底座至“浙统云”系统；定期对接收数据进行二次统计分析、分类汇总，通过“数据足迹”分析，全年针对性地为统战成员制定活动方案、跟踪培养计划36个，发布政策解读215条次，收集咨询建言275个，有效破解意识把控难、人员发现难、活动组织难问题。

【数字宗教管理新机制】 2021年，创新建立数字宗教管理新机制。聚焦治理现代化难点、痛点、堵点，多跨整合部门资源力量13个，打通业务系统3个、数据接口12个，高质量打造德清县宗教（民间信仰）活动场所专项规划一张图，《德清县建设“1+3+N”数字宗教多跨场景应用助力宗教领域治理现代化》在《中国宗教》杂志刊登。

【涉侨疫情防控新举措】 2021年，落实涉侨疫情防控新举措。慎终如始做好境外疫情输入防控工作，对拟入境人员录入预申报平台系统、修改拟入境人员航班等信息261人，确保入境人员100%受控。开通24小时为侨服务热线，为侨胞和留学生寄送口罩等防疫用品1.2万件、预约紧急接种新冠肺炎疫苗220人、解答政策咨询和诉求350余人次。

【“德贤亲清”新乡贤品牌】 2021年，完善一核四维的“德贤亲清”新乡贤品牌。以新乡贤学院为平台，以游子文化节为载体，引导新乡贤在爱心帮扶、文化教育、养老助老等领域积极作为，结合“两进两回”“百贤百企兴百村”行动，完善全县乡贤人物库2706人，推动各镇（街道）重点村企结对全覆盖，梳理下渚湖街道上杨村“天际森谷”、钟管镇蠡山村“古风爱情小镇”等典型合作项目34个，有效带动周边产业经济发展，助力夯实共富基石。

【“新居民节”民族工作品牌】 2021年，围绕“1+6+N”民族服务阵地网络，唱响“新居民节”民族工作品牌，组建民族互助、青年创业、“小候鸟”关爱、技能共享等8支民族志愿服务队伍，参与各类活动60余次，吸纳少数民族志愿者500余名。组建民族艺术团、民族艺术队5个，演出200余场次，促进各民族广泛交往、全面交流、深度交融。开展民族结对村帮扶工作，落实丽水市遂昌县大柘镇后垄村帮扶资金20万元，帮助建成后垄村茶叶加工厂。

【“亲清政商”民营经济品牌】 2021年，打响“亲清政商”民营经济品牌。精准开展“三进三服务”，全年组织政企恳谈会5期，邀请51位企业家代表参加，收集问题156个，建立“交办、主办、督办”的闭环问题流转机制，实现问题反馈率、企业满意度两个100%。召开首届新生代企业家创业创新大赛，OLED显示国产化设备量产项目、基于EC系列的节能电机产业化等6个项目参加首届湖州市新生代企业家创新创业大赛复赛，其中2个获奖。

【统战阵地建设】 2021年，成立高新区“小镇e创”网联会，完成“小镇e创”网络人士统战工作创新实践基地与“网星之家”的阵地建设，加快新的社会阶层（网络统战）阵地覆盖。指导高新区、各镇（街道）建立基层新联会组织，制定实施《德清县新的社会阶层人士“凝聚新力量助力共富裕”专项行动方案》，引导各新联会发挥优势、开展活动，助力共同富裕。开展《以组织优化激发基层新联会内生动力——以德清为例》等课题调研，为共富实践提供理论建议。

深化民营企业清廉文化阵地成效。2021年，德清县统战部组织开展法治宣传“八个一”活动，将民营企业内部贪腐、企业合规等法治课程纳入民营经济人士培训班主体课程，指导企业规范内部治理。为1288家民营企业进行“法治体检”，建立“一企一档”法治体检档案库，完善年度法治体检分析报告1500份，在民营企业打造清廉文化墙（长廊）、“廉动力学院”8个。注重挖掘提炼，形成《发挥民间设奖示范效应，以“德文化”引领民营企业履行社会责任》等5个民营经济统战工作案例。

2021年，制定实施《“基层统战提质增效”行动实施方案》《2021年德清县新乡贤工作推进方案》，结合基层实际，着力突出“标准+特色”模式，前三季度通过上门指导、座谈交流、月周上报、检查考核等方式，排定各类统战示范点29个进行提升改造，已有25个统战示范点基本完成建设改造。发挥优秀民间信仰文化优势，加强与时代的同频共振，防风祭典、舞阳侯会被列入省“民间民俗·多彩浙江”优秀传统文化系列活动。

【培养使用】 2021年，开展全县党外副科级以上干部、党外中青年干部及民主党派领导班子成员摸底调研工作，健全补充党外中青年干部人才库，新增党外中青年干部人才库84名。组织召开党外中青年干部座谈会，加强党外中青年干部培养选拔。完善联合调训机制，利用社会主义学校平台，举办第十一期全县党外代表人士培训班，培训党外骨干50名，切实提升协商能力、增强履职实效。

落实分管领导实地走访调研制度，组织开展镇（街道）统战干部一对一座谈会，梳理重点任务39项。举办德清县统一战线同心成长营之2021年首期新乡贤暨农村返乡创业“领头雁”培训班，提升新乡贤在助力乡村振兴、参与基层治理、推动经济发展、促进社会和谐上的能力。

2021年，德清县统战部举办全县宗教界代表人士培训班，组织开展党史学习教育、反邪教、宗教中国化、普法宣传、美丽城镇建设等系列活动，切实增强宗教界人士爱国爱教意识，坚定心向党、听党话、跟党走的信念。做好宗教教职人员认定备案工作，累计上报备案宗教教职人员20名，调整宗教活动场所负责人8名，提升宗教教职人员队伍素质能力。

（叶舒康）

机构编制

【概况】 2021年，德清县设置党委工作机关10个，县政府工作部门27个，市政府派出机构1个，市级部门派出机构1个，县政府派出机构4个，人大常委会、政协、法院、检察院机关共4个，群众团体组织机关14个（含与部门合署5个），其他组织3个。全县有8个镇，5个街道办事处。核定县各级各类行政编制2058名，事业编制8321名。德清县委编办荣获浙江省“事业单位改革成效突出集体”荣誉称号。

【机构设置与变更】 2021年，德清县委编办根据工作需要，进行体制改革省级试点、管理机构设置、调整、更名等工作。

公办幼儿园办园体制改革省级试点 2021年，德清县作为全省公办幼儿园办园体制改革创新配套政策试点县（市、区）之一，县委编办、县教育局、县财政局、县人力社保局等部门从定政策、建机制入手，制定出台“1+N”政策体系（“1”是一个改革试点工作实施方案，“N”是总量管理、登记管理、教职工管理、财政分担、生均拨款、待遇保障六个配套制度），构建形成公办幼儿园多元化办园管理体系。7月7日，核准登记设立德清县首家公办幼儿园——地信小镇第二幼儿园，核定劳动合同制教职工38人，优化学前教育资源配置。相关做法以专刊形式被省委编办简报刊登，试点工作获副省长成岳冲、副市长闵云批示肯定。

莫干山高新区编委会机构调整　2021年，德清县按照《关于整合提升全省各类开发区(园区)的指导意见》精神，7月5日，经县委编委研究并报市委编委同意，莫干山高新区管委会机构编制作以下调整：一是调整纪检监察机构。将市纪委市监委驻莫干山高新区管委会纪检监察组调整为莫干山高新技术产业开发区纪检监察工作委员会。二是优化内设机构设置。设立地理信息产业发展局，为莫干山高新区管委会的内设机构，机构规格为正科级；国土和规划建设局更名为规划建设局。三是调整派出机构设置。撤销莫干山高新区管理委员会驻地理信息产业园建设发展局、莫干山高新区管理委员会驻通用航空产业园建设发展局、莫干山高新区管理委员会驻智能生态城建设发展局。四是优化事业单位设置。设立莫干山高新区通用航空产业服务中心，为莫干山高新区管委会所属公益一类财政全额补助事业单位，机构规格为正科级。

经开区管委会内设机构调整　7月28日，经县委编委研究并报县委同意，经开区管委会内设机构招商服务部更名为投资服务部，科技人才部调整为在投资服务部挂牌。撤销综合部和规划建设部，主要职责由新市镇人民政府相关内设机构承担。调整后，经开区管委会综合设置2个内设机构，为经济发展部、投资服务部(科技人才部)。

县委社会建设委员会设立　2021年，德清县落实高质量发展建设共同富裕示范区的重大任务，经县委编委研究并报县委同意，11月3日，市委编委批复，设立中共德清县委社会建设委员会，作为县委派出机关，与德清县发展和改革局合署办公。

县乡村振兴局挂牌成立　2021年，德清县贯彻落实中共中央总书记习近平重要指示精神，经县委编委研究并报县委同意，6月3日，市委编委批复，德清县农业农村局增挂德清县乡村振兴局牌子。县乡村振兴局主要负责巩固拓展脱贫攻坚成果、统筹推进实施乡村振兴战略及完成上级交办的有关工作。

县文物局挂牌成立　2021年，德清县落实党中央和省委、市委关于加强文物保护工作相关决策部署，推动文物保护事业持续健康发展，经县委编委研究并报县委同意，7月28日，市委编委批复，德清县文化和广电旅游体育局增挂德清县文物局牌子。

县综合行政执法指导办公室、县综合行政执法队挂牌成立　2021年，德清县贯彻落实中央和省委、市委关于深化行政执法体制改革、“大综合一体化”行政执法改革的决策部署，经县委编委研究并报县委同意，11月3日，市委编委批复，德清县综合行政执法局增挂德清县综合行政执法指导办公室牌子。12月21日，市委编委批复，德清县综合行政执法局增挂德清县综合行政执法队牌子。

应急管理综合行政执法机构改革　2021年，德清县加强应急管理领域行政执法监管工作，7月28日，经县委编委研究决定，整合应急管理监管执法职责，组建县应急管理行政执法队，为县应急管理局所属公益一类(执法)事业单位，机构规格为正股级。印发《德清县应急管理行政执法队机构编制规定》。为强化基层应急管理能力建设，13家镇(街道)内设机构社会治理办公室挂牌的综合信息指挥室增挂应急管理站牌子。将乾元镇、新市镇、钟管镇、洛舍镇、雷甸镇、禹越镇、新安镇、莫干山镇、武康街道、舞阳街道、阜溪街道、下渚湖街道所属事业单位公共事业服务中心更名为应急管理服务中心，挂公共事业服务中心牌子。

人大常委会监察和司法(法制)工作委员会设立　2021年，德清县为促进人大更好地履行宪法和法律赋予的职责，加强人大及其常委会工作机构履职能力建设，经县委编委研究并报县委同意，7月5日，市委编办批复，设立县人大常委会监察和司法(法制)工作委员会，与县人大监察和司法(法制)委员会合署办公，机构规格为正科级。

登记设立德清县首家民办事业单位研究院 为深化地校合作，4月12日，确定德清县浙工大莫干山研究院为德清县各类事业单位统一登记管理工作试点单位。4月13日，登记设立德清县首家民办事业单位研究院德清县“浙工大莫干山研究院”。

建立县硕博人才事业编制“蓄水池” 深入实施新时代人才强县战略，优化德清县人才生态环境，7月28日，经县委编委研究决定，建立县硕博人才事业编制“蓄水池”，核定县人才发展研究服务中心事业编制控制数50人，专项用于硕博人才引进。

县交通建设发展中心设立 为规范管理县域内公路、水运等政府投资项目，7月28日，经县委编委研究决定，设立德清县交通建设发展中心。德清县交通建设发展中心为德清县交通运输局所属公益一类财政全额补助事业单位，机构规格为正股级。印发《德清县交通建设发展中心机构编制规定》。

驻上海联络处德清工作部调整为由县政府经济合作交流中心管理 根据市政府上海联络处机构设置调整，7月28日，经县委编委研究决定，将县发展和改革局管理的市政府驻上海联络处德清工作部调整为由县人民政府经济合作交流中心管理。

【“部门职责分工一键查”系统】 2021年，德清县为推动机构职责争议协调更快捷、服务更高效，迭代升级党政机关办公自动化系统现有功能，创新开发“部门职责分工一键查”系统，设置“部门主要职责”“部门间职责分工”“县乡属地管理清单”“部门案例”“一对一咨询服务”“争议协调”六大功能模块，涵盖职责文件和职责分工文件（会议纪要）300余份，实现职责一键查询、职责争议一键咨询及快速处置等功能。

【“五位一体”全流程闭环管理体系】 2021年，德清县有效推动机构编制工作法治化、规范化、科学化进程，3月11日，制定出台《机构编制函告制度实施办法》《机构编制事项请示申报制度实施办法》《机构编制事项合规性审查及科学性论证办法》《编制动态管理办法》《机构编制绩效评估办法》5个制度文件，形成“五位一体”的机构编制全流程闭环管理体系。

以“凡变动必函告”为原则，启动机构编制“函告制”，完成县信访局、县发展和改革局等17家单位主要领导的函告工作，为主要领导直观清晰知晓本单位机构编制情况、筑牢机构编制法规意识打下基础。

【编外人员岗位等级“五级管理”体系】 2021年，德清县为深化编外用工管理，打破编外人员晋升瓶颈，从岗位等级管理入手，深化编外用工激励机制。7月28日，县委编办、县委组织部、县财政局、县人力社保局、县审计局等部门制定印发《编外人员岗位等级管理实施细则（试行）》，明确编外人员岗位等级管理的试行范围、等级分类、初定依据、积分规则、调整程序等内容。健全以积分制管理为载体的晋升、降级、淘汰机制，形成编外人员“一级职员”至“五级职员”的岗位等级管理新体系。9月30日，印发《关于开展机关事业单位编外人员岗位等级初定工作的通知》，全面开展岗位等级初定工作。截至12月底，完成42家部门初定申报的联审工作。

【“大综合一体化”行政执法改革】 2021年，德清县根据省市统一部署，会同县综合行政执法局，制定印发《德清县加快推进“大综合一体化”行政执法改革工作实施方案》，拟订《德清县“大综合一体化”行政执法改革行动方案（2021—2022年）（征求意见稿）》。推进新市镇“一支队伍管执法”改革试点工作，赋权新市镇集中行使县发改局、县经信局、县教育局等部门19个方面615项行政处罚权及与之相关的行政检查权、行政强制权；整合新市镇、县综合行政执法局、县应急管理局、县人力社保局、县自然资源和规划局、市生态环境局德清分局等部门（单位）执法力量，实行集中办公，统一管理，提升基层治理水平。

【权责管理体系】 2021年，德清县动态调整“属地管理”清单，将“属地管理”清单嵌入“基层治理四平台”信息系统，实现任务“双向派单”和信息流转闭环管理；

根据基层治理实际，加快推进康乾街道现代智慧街道试点建设工程，将“属地管理”清单导入“智慧街道”数字治理平台；开展部门监管事项清单认领和检查覆盖工作，完成行政监管事项认领10057项，检查覆盖3700项（除无检查对象的外），完成全年度“双率”100%工作目标。

【事业单位登记管理】 2021年，德清县全面梳理教育、科技、文化、卫生四大领域事业单位情况，完成127家事业单位章程制定工作。根据市委编办《关于开展湖州市教育领域事业单位2020学年公益性评价的通知》要求，完成71家学校公益性评价数据采集和报告分析工作。

（沈　苗）

政策研究

【概况】 2021年，德清县委政研室围绕县委、县政府中心大局，发挥党委核心智库作用，以“重要窗口”的“精品窗口”、争当社会主义现代化先行排头兵为目标，加快打造共同富裕示范区先行样板地为任务，开展调查研究，提升以文辅政成效。完成县委、县政府调研课题和党代会报告课题调研、征集调研文章50余篇。完成《中国共产党德清县第十四届委员会工作报告》等文字材料500余篇。

【调研成果转化】 2021年，德清县委政研室编制印发《德清政研》3期，内容涵盖政府治理能力、生态环境、社会发展等领域，获县委、县政府主要领导批示肯定。向上对接，报送德清经验和做法，其中《以数字赋能为生态环境治理注入“智慧基因”》在省委政研室《政策瞭望》杂志刊发，供全省各地参阅借鉴；《关于党政机关整体智治的县域实践与思考》在《湖州改革》杂志刊载。以数字化改革为引领，牵头推进全面深化改革，农村“三地”集成改革打造共同富裕绿色样本荣获2021年度浙江省改革突破奖铜奖、“浙里基本公共服务（五四未来乡村试点）”荣获2021年度浙江省改革突破奖提名奖。全年争取省级以上数字化改革试点47项，纳入“一本账S1”应用24项，形成浙里智惠·基本公共服务等一批应用成果，相关做法获省领导批示10次。

【政策文件】 2021年，德清县委政研室结合德清实际，牵头起草出台《德清高质量发展建设共同富裕示范区先行样板地实施方案（2021—2025）》《中共德清县委关于进一步加强自身建设的意见》《中共德清县委全面深化改革委员会2021年工作要点》《德清县数字化改革“景益求精”计划》等政策文件。

（沈　铭）

政法工作

【概况】 2021年，德清县政法委贯彻落实各级政法工作会议、平安建设会议精神，深化“平安德清”“法治德清”和过硬队伍建设，实现平安德清建设“十六连冠”，牵头开展“护航开门红、平安再夺冠”两节“两会”大会战、“平安护航建党100周年”大会战、“确保大平安、护航全年红”百日攻坚专项行动，完成中国共产党成立100周年等节点期间安保工作，全县社会大局保持持续稳定。查补短板、整治隐患，完成县级暗访检查与镇街交叉互查9次，检查场所部位1723个，闭环处置问题2094个。风险防控一张图、重点人员管理态势分析、智慧警情分析系统、民事执行大数据研判分析、检察大数据分析研判5个项目入选省级“揭榜挂帅”应用场景。

【“平安德清”创建工作】 2021年，发挥平安稳定“三亮”考核导向作用，累计对镇（街道）亮蓝牌18次、黄牌6次。坚持问题导向，完善平安建设工作责任追究制度，查症结、找根源，做到举一反三，确保类似问题不再发生。深化矛盾纠纷和安全隐患“两个排查见底”，累计排查化解各类矛盾纠纷1.04万件，走访各类人员1.5万余人次；强化安全生产、公共安全、社会治安等风险隐患的大排查大整治，累计排查单位2.74万家，发现和整改各类隐患4.78万处，整改闭环率98.6%。针对不同人群，分级分类开展平安宣传，浓厚平安建设氛围。坚持原有宣传阵地不放弃，推出手机彩铃、重点时段平安答题抽奖、固定电话精准服务、专职网格员平安宣传群、定期问卷测评等方式，组织开展固定和移动电话模拟测评10次，开展网上“平安三率”有奖答题活动，参与人数10万余人。

【基层社会治理】 2021年，以县域社会治理现代化为牵引，推进“141”工作体系、社会矛盾纠纷调处化解中心（简称矛调中心）等工作，提升基层社会治理水平。抓好示范创建工作任务推进，191项任务中完成185项，完成率96.8%，建设示范点33个。激发“基层治理四平台”运行效能，全县流转处置事件总数15.54万件，其中综治工作平台9509件、综合执法平台12.97万件、市场监管平台1.61万件、便民服务平台115件。推进“全科网格”建设规范提升，累计收集流转处置各类网格事件14.5万条；网格员队伍共发现问题隐患18.2万余起，排查矛盾纠纷4763起，有效降低隐患存量。

开展矛盾纠纷和安全隐患的排查化解，推进平安企业创建，建成企业（片区）综治工作站55个，零距离服务企业职工7.48万人，排查化解各类矛盾纠纷1732起，整治各类安全隐患2236处。发挥三级矛调中心（工作站）作用，构建“信访打头、调解为主、诉讼断后”的递进式矛盾纠纷分层过滤体系。县级矛调中心累计接待来访群众1.55万人次，为群众提供法律咨询服务4085人次，调解成功案件1254件；镇级分中心累计调解成功案件4156件。深化数字法治建设，完成总门户上线，矛调系统使用率、“基层治理四平台”事件办结率、统一行政处罚办案系统应用率3项核心指标均超额完成。上线子任务31项，初步上线社会矛盾纠纷调处化解集成应用、基层社会治理综合信息平台、提升法院智能办案应用、数字警务一张图等8个微门户。

【社会稳定】 2021年，落实每日会商、情况报送、值班备勤等相关制度，深化重大决策社会风险评估工作，落实“应评尽评”“真评实评”，年度累计完成备案165个。全面推进教育转化攻坚工作，组织开展邪教人员关爱教育学习班。开展反邪教警示宣传教育，实现重点场所“三有”（“警钟”海报、宣传资料、宣传标语）全覆盖，举办宣讲活动30余场，发放反邪教承诺卡10万余份。落实常态化扫黑除恶，信息网络、自然资源、交通运输、工程建设四大领域专项整治工作有序推进。围绕打早打小、组织领导、源头防范、激励约束，建立完善防范整治、举报奖励、依法惩处等机制45项，将制度机制的效力转化为工作的常态长效。

【政法队伍建设】 2021年，高标准开展教育整顿，开展“政治教育、党史学习教育、警示教育、英模教育”四项教育，县委书记带头讲党课、县纪委书记作廉政教育报告、各单位“一把手”上党课。制定《全县政法队伍教育整顿实施方案》《委机关队伍教育整顿工作方案》，开展自身“大体检”、开门“大问诊”、组织“大排查”，问题线索全部清零，顽瘴痼疾全部整改销号。教育整顿期间，建立健全正风肃纪等方面的制度机制45个，推进队伍建设从“治当下”向“管长远”转变。准确把握新时代政法队伍建设规律特点，逐步健全教、学、练、战一体化培训机制，采取“请进来、走出去”的方法，举办2021年“平安德清”建设暨县域社会治理现代化工作培训班和第六届全县政法系统中层干部培训班等，邀请相应领域的专家学者、知名教授为政法骨干授课，提升德清县政法队伍的整体水平。深化法学会工作，建立“法润邻里”实践点，共开展法治活动60场，参与志愿者人数285人，服务群众人数2573人。推动涉法涉诉信访问题纳入法治轨道解决，落实司法救助促进息诉罢访，对54个案件56个当事人进行司法救助，涉及救助金额74.1万元。

（沈卓异）

信访工作

【概况】 2021年，德清县信访总量件2659次，比上年下降26.4%，其中来访200批553人次，比上年下降44%，人次下降45.6%；来信196件，比上年下降28.2%；网上信访2263件，比上年下降8.75%；“12345”政府阳光热线共受理来电135678个，比上年增长16.8%。四级走访县级占比86.9%，网上信访占比74%。全县完成各级“两会”、中国共产党成立100周年等重大维稳安保任务30次45天，实现“零进京”工作目标，荣获“全国信访示范县（区）”称号。

【“党建引领”信访生态体系建设试点工作】 2021年，德清县信访办坚持和加强党对信访工作领导，建立组织部门和信访部门联动工作机制，联合印发《德清县“党建引领 融合共治”信访生态体系建设试点工作方案》，明确把信访工作作为基层党建述职评议、党建考核和基层干部考察内容，融入全县党建工作大局。贯彻落实各级党委政府关于信访工作及解决突出问题的决策部署，落实“七张清单”管理要求，履行好主体责任，逐级压实解决重大信访问题的责任。建立完善主官批阅群众来信制度，落实“有信必阅、初信均批，限期反馈”，回应群众关切和诉求，营造“写信管用”的浓厚氛围。县级领导批阅群众来信100件，其中县长、书记批阅群众来信80件。县委常委会专题听取关于领导干部接访接听活动的安排汇报，推行事先公告、随机接访接听、定期下访。全年安排县领导249人次接待来访群众100批235人次；安排县领导17人次开展“领导接听日”活动，接听群众来电155件，其中80个来电得到群众满意评价；安排51位县领导下访接待群众64批73人次。以问题、责任为导向，将民政服务热线“12349”等8条热线整合至热线办，狠抓热线事项办理质效，建立健全热线工作管理体系。深化与县新闻中心、县纪委合作，对承办单位存在推诿扯皮、调处不落实、态度不端正等问题进行跟踪督办，压实承办单位责任，提升来电群众对政府的认可感和美誉度。全年县热线办提供德清电台《民声在线》栏目工单线索106件，被节目采纳78件，解决53件。4月，会同县纪委总结优秀案例10篇并报送市纪委和市热线办。

【治理重复信访化解信访积案】 2021年，按照“六必排、六必访”要求，针对重点领域、重点问题、重点群体、重点人员保持动态排查，落实领导干部包案化解制度，全年排摸7次，累计排摸重点人员939人次，全部录入浙江省统一政务咨询投诉举报平台并落实“五包一”责任制。健全情报信息网络，有效推进省统一平台与基层治理四平台互联互通，启动信息“零报告”制度，做到有事报事，无事报平安，重大情况随时报告。完善信访信息分析研判机制，加强与县政法委、县公安局等部门的信息联通，发挥领导决策“情报部”作用，对重点人员及重点群体做到动知轨迹、行知去向。推进集中治理重复信访、化解信访积案专项工作，相继开展集中治理重复信访事项“百日攻坚”专项行动、“12345”热线重复投诉突出问题集中排查治理攻坚行动，巩固扩大治理化解成果。为确保第二批集中交办力争年底前化解70%以上，以信访工作联系会议文件的名义下发《德清县第二批国家和省重复信访事项交办工作方案》，做到一个信访案件、一个工作专班、一张任务清单、责任一抓到底，让信访群众“事心双解”。第一批78件重复访化解率100%；第二批8件重复信访事项化解率87.5%，省局剩1件待化解。

【信访工作设立人民建议征集点】 2021年，县级社会矛盾纠纷调处化解中心（信访超市）率先打头，设立人民建议窗口，主要负责人民建议事项的受理、转送、交办工作。镇（街道）、村（社区）同步设立人民建议征集点，实现县域征集点三级全覆盖。全县13个镇（街道）初步完成征集点设立。联手县大数据局在“我德清”App上开设“我建议”板块，将服务群众的触角延伸到最前端，实现让老百姓足不出户享受便捷服务。强化县联席会议牵头协调、组织推动、督导落实等职能作用，常规列席部门由6个增至7个，将会议与现场办公相结合，有效提升信访工作的及时性和高效性。对重大信访隐患，提前介入，协调涉事单位，依法妥善处理，将矛盾消灭在萌芽状态；对疑难信访问题，助推各事权单位发挥主观能动性，寻求化解措施，压实工作责任，确保“责任清、措施清、结果清”。全年召开联席会议32次，研究信访问题81件。作为全省智能办信、智能接访、智能网信试点，明确分管领导和牵头部门，落实专人负责智能应用试点工作的方案制定、业务办理、联络沟通、推广指导、汇报进展动态等工作。要求参加试点的工作人员应用智能设备，针对试点发现的问题，结合核心业务发展，对智能应用的使用场景梳理汇总，进行科学评估，提出合理化建议，与省里沟通，做好试点反馈，提高智能应用的使用效果。

【信访业务规范化建设】 2021年，坚持以“短板”“漏洞”为导向，完善信访业务规范化建设，制定下发《信访件规范办理手册》，学习重新修订《办信基础业务操作流程》《网上信访登记录入操作流程》等业务操作规范，及时掌握新要求、精准把握新变化。健全内部管理机制，扩展至入驻部门20个，充实调解力量，突出中心“全链条调处、全领域覆盖、全方位参与”的多元解纷模式。探索“品牌工作室+法官/+律师/+乡贤/+志愿者/+心理咨询师”等纠纷调处模式，深化人民调解、司法调解、行政调解等优势互补的多元化解合力。以开展心理健康教育、心理动态分析、异常心理干预和团体心理辅导等工作为出发点，开设“舒心工作室”，让信访人与工作人员双重受益。结合全域数字治理，以“事前分析、事中化解、事后管控”为需求出发点，创新打造以“一网二化三库五应用”为框架的德清智慧信访管理平台。坚持“全周期管理”理念，形成集信访超市、监测预警、案例事件、人员管理、信访高质量发展指数五大应用场景于一体的信访事项闭环管理，即信访事项产生前，态势感知全县动态，实时预警提示；信访事项化解中，深度挖掘初信初访化解与重复访治理的各级指标，对于待化解的事件做好人员信息管理；信访事项办结后，借助信访高质量发展指数的指标评价体系，综合评估反馈全县信访工作质效。有效消除区域间的空间距离，实现信访的统一集中可视化管理，为领导决策提供科学依据。编发德清信访高质量发展指数报告4期。

【信访法治环境治理】 2021年，依法引导群众通过复查复核、听证程序终结信访事项，确保有序退出。依法解决与依法处置两手抓，创新形式，推动形成办事依法、遇事找法、解决问题用法、化解矛盾靠法的良好信访法治环境。全年收到复查申请咨询67件，办理信访复查申请5件，经审查均不予受理，全部按期办结。每月由局领导带头携部分党员干部走村进社入户开展“构筑连心桥 服务365”信访局党员进村（社区）活动，邀请律师全程陪同，将“信访服务直通车”开到群众身边为市民提供法律咨询及信访法治宣传。全年进社区9次，收集人民建议131条。规范信访人的行为，对有理无序上访的，先批评教育，再常规接访；对无理无序上访的，采取强制措施，依法处理。落实依法处理信访活动中违法犯罪行为，出台《德清县行政中心区域异常上访行为应急处置预案》，处置行政中心区域异常访、聚焦上访等行为，保障党政机关正常工作秩序。截至12月底，批评教育37人，公安训诫13人。

【信访清廉机关清廉干部活动】 2021年，坚持以政治建设为统领，出台《德清县信访局关于开展2021年度清廉机关活动的实施方案》，采取“党纪教育一刻钟”“书记说廉”、党史学习教育、“学习强国”平台等传统形式，以及紧抓廉政文化阵地建设，开展“以清立信 以廉促访”主题摄影比赛等创新形式，推进清廉信访建设。组织开展“护航中国共产党成立100周年，信访岗位练兵比武”活动，提高全县信访干部专业素养和实践能力，形成比学赶超的良好氛围。针对重复访件化解、“12345”政务服务便民热线“效能指数”测评办法，复查复核与督查科、热线办相继以集中培训、业务辅导的形式分别举办2场、答疑会1场，全面系统组织全员培训。县党政主要领导年初看望慰问信访干部，不定期与信访干部交流谈心，落实各项关爱措施，提振信访干部干事创业的精气神，激励信访干部增强荣誉感、归属感、责任感，争做“重要窗口”的排头兵。

（田　凡）

机关党建

【概况】 2021年底，县直机关工委下辖59个直属机关基层党组织，其中8个基层党委、16个总支、35个支部；共有各级党组织198个，党员3370人。县直机关工委以建设清廉机关、创建模范机关为指引，出台《机关党建标准化建设细则》，围绕责任制落实、基层组织生活、队伍建设、运行机制、阵地建设、双建工作等方面，通过月督季评年考机制，推动机关党建进一步规范化。

【机关党支部标准化建设】 2021年，德清县机关工委结合“机关党建20条”，完善支部标准化认证办法和星级评定细则，开展“整固提升”专项行动，通过自查自纠、片区交叉检查、专项督查等各类活动，发现问题69个，全部完成整改提升。推进“月督季评年考”制度，全年检查党组织180余个次，指导问题200余个。实施“星级支部”评定制度，评选出“五星级”党支部10个。

【“清廉机关、模范机关”建设】 2021年，根据省、市《实施意见》，大力推挤“清廉机关、模范机关”建设，实现机关单位创建全覆盖。制定下发《关于全面深化清廉机关建设的实施意见》，微信公众号平台开设《“双建”迎百年》系列专栏，各单位展示“双建”工作方法，总结工作经验，形成互比互学互看的良好创建氛围。开展“双建”示范单位验收工作，评选10佳示范单位。

【“强村局长”驻村服务制度】 2021年，以“一对一”形式，选派机关单位科级领导干部担任“强村局长”，驻点服务全县132个村、37个社区。重点履行“建强一个战斗堡垒、带出一支铁军队伍、助力一批强村项目、化解一批治理难题、办好一批民生实事”“五个一”职责，建立承诺公示制、牵头协调制、组团服务制“三项制度”，助力共同富裕县域示范样板地建设。

【家园支部功能性党组织建立】 2021年，根据省、市部署，全县建立86个“家园支部”功能性党组织，全县3000余名机关党员、党员教师、党员医生全部到所在小区报到，加入支部。定点定位，明确家园楼道、小区网格、路段等责任岗，以及垃圾分类督导员、文明创建劝导员、老娘舅调解员等具体任务工作，常态化开展服务进小区活动，以实际行动践行“工作在单位，奉献双岗位”。“家园支部”建立以来，1万余人次党员累计开展各类活动289次，领办“微心愿”2000余个。

【全域“党建联盟”建设】 2021年，召开全域党建联盟建设工作推进会，全县59个机关党组织至少牵头成立1个党建联盟，实现“全覆盖”。机关党组织力量下沉、资源共享、优势互补，通过组织共建、发展共谋、人才共育、资源共享、活动共办、治理共抓“六共一体”，推动基层党建全面进步全面过硬，为德清县高质量发展建设共同富裕示范区先行样板地提供坚强组织保证。

老干部工作

【概况】 2021年，德清县共有离休干部49人，其中抗战离休干部11人。离休干部平均年龄93.3岁，最年长的101岁，最年轻的88岁。德清县共有县处级退休干部41人，其中正处级退休16人，副处级退休25人。平均年龄74岁，最年长的91岁，最年轻的61岁。推出“银晖智耀”“银晖乡贤”“舞阳大妈”等银晖品牌志愿服务团队，组织开展“百场红色思政宣讲课”“百个心愿我来实现”“百名书画师进文化礼堂”活动等志愿行动21场，参与活动的志愿者达637人次，服务对象累计达3000余人。激发数字化活力，制作如何申领健康码、网上预约挂号、微信使用等20个关乎老年人使用智能手机的视频资料。

【离退休干部党建党组织建设】 2021年，德清县老干部局依托数字学习平台，开设“指尖微课堂”“银晖直播间”，实行“云端学”。结合宣讲品牌“银晖讲堂”，在全县启动“‘今天我来讲党史'之百年党史故事会"活动。抓住中国共产党成立100周年时间节点，分"银晖共进""银晖共展""银晖共助""银晖共乐"四个篇章，组织开展"百场红色思政宣讲课""百名老干部助力县乡换届""百名老干部助力共同富裕"等"一四十"系列活动。深化"一支部一品牌"，在全县54个离退休干部党支部中启动"标准+示范+特色"支部标准化建设，2021年，支部规范化建设完成率达80%以上。完善"银晖红管家"社区治理模式，开展组织联建、资源联通、活动联办、数字联治，推进离退休干部党建深度融入城市基层党建。

【老干部志愿服务项目"银晖"品牌建设】 2021年，依托"银青"党建联盟驿站，启动"银青同辉"月月行精品志愿服务项目，组建银晖讲师团、科技帮扶队、医疗服务队、文艺服务队、爱心助力团等银晖志愿者队伍，通过"人才联库""服务联动""活动联办""经验联学""信息联通"相结合的运行模式开展"他乡即故乡·就地迎新春"银晖暖冬活动、"百个心愿我来实现"认领捐赠行动、"百名书画师进文化礼堂"活动等志愿行动21场，参与活动的志愿者637人次，服务对象累计3000余人。在全县范围内广泛建立全领域老干部志愿服务团队和品牌工作室，推出一批"银晖乡贤""阜溪好婆婆""舞阳大妈"等银晖品牌志愿服务团队，在发挥老同志作用上抓聚焦、树品牌、求实效，精心打造"包娘舅调解室""微笑塘北"新居民服务站、"甲宁"工作室、"老包工作室"等一批银晖品牌工作室。

【离休干部居家养老网格化服务体系】 2021年，按离休干部居住地划分若干片组，由部领导担任网格组长，整合原单位、社区、社工组织、社区责任医生、"12349"居家养老服务等多方资源，完善离休干部居家养老网格化服务体系，建立离休干部"一人一策"，开展"个性定制""结对服务"，提升老干部的获得感、安全感和幸福感。突出"精准关怀"，通过举办县处级读书会、"走看促"活动、意见建议座谈会等形式，组织引导老领导"建言献策"发挥正能量。探索副科级以上退休干部的服务管理模式，县老干部活动中心以政府购买服务形式委托社工组织举办歌唱红色革命歌曲、趣味运动会、棋牌比赛等文娱活动。

【老干部"银晖智耀"志愿服务队】 2021年，成立"银晖智耀"志愿服务队，制作如何申领健康码、网上预约挂号、微信使用和滴滴打车等20个关乎老年人使用智能手机的视频资料，通过云平台进行推送普及。成立以老年大学、镇（街道）老年分校、社区老年等教学点为阵地的"智慧学堂"，开设"智享集市"，对智能应用互动、防诈骗、智慧金融、智慧医疗、生活便民、心理服务等多个方面进行智享科普。创设线上银晖直播间，学习习近平总书记"七一"重要讲话精神及党史学习教育相关内容，传播民生实事新导向、新政策、新知识，定期发布医疗卫生、法律法规等。创设共享银晖智慧学院，成立银晖智慧学院，为全县广大老干部提供金融服务、志愿服务、数字服务，携手跨越数字鸿沟，共享德清美好生活。

（金静宓）

关心下一代工作委员会

【概况】 2021年，德清县关心下一代工作委员会（简称德清县关工委）围绕"青少年身心健康护航行动"，发挥老干部、老教师、老战士、老模范、老专家"五老"优势，加强青少年思想道德教育、家庭教育指导服务、困难群体关爱帮扶等工作。中国关工委主任顾秀莲到德清调研并肯定相关工作，市委副书记、政法委书记夏文星对德清县关工委工作作出批示。退休教师蔡永法荣获"全国教育系统关心下一代工作先进工作者"称号，县教育局关工委"少儿进步奖"工作室荣获"全国关心下一代工作先进集体"称号。

【青少年思想政治教育】 2021年，开展"红心筑梦·礼赞百年"庆祝中国共产党成立100周年主题教育，组建"五老"党史宣讲团并巡回开展"建党百年·红宣百校"党史宣讲活动30余场，开展“我心中的中华小英雄”亲子共读融媒体直播、“红色印记大寻访”研学实践活动、“学习百年党史 传承红色基因”全县中小学秋季“开学第一课”等系列活动，选树表彰“新时代好少年”100名，承办全市关工委系统党史学习教育暨青少年思想道德建设培训班。

【特殊青少年关爱帮扶】 2021年，落实困难青少年帮扶各项机制，开展2021年贫困大学生资助、“爱心灯塔计划”“暖冬行动”以及“童心向党·健康成长”身心健康关爱行动等系列活动，帮助困难学生330名，募集并发放助学金和爱心物资40余万元。实施“好姆妈相伴励志前行”“童心护航 益起成长”等困境儿童系列关爱项目，定向服务特殊青少年100名。组织发动200余名“五老”投入农村“暑期夏令营”以及企业“小候鸟”暑假班等各类“假日学校”志愿服务。推进未成年人保护工作，“合适成年人”队伍全年到场参与涉案未成年人询(讯)问、审判等刑事诉讼过程200余次。

【家庭教育指导服务】 2021年，推进县家庭教育指导服务中心建设，协同县教育局、县妇联等成员单位优化家庭教育讲师队伍，常态化开展宣传指导服务进基层活动，全年赴各级“家长学校”开展家庭教育报告130余场。启动第二季“德清嫂”家教学堂，邀请著名央视少儿主持人鞠萍等作现场报告。录播“双减”专题论坛、“如何在原生家庭中给予孩子心理营养”等节目24期，全年网络阅读46.42万人次。

【基层关工委建设】 2021年，抓实基层关工委组织队伍建设，举办学习中共中央总书记习近平重要指示精神暨“五老”骨干培训班、党史学习教育专题辅导暨工作研讨会等系列培训活动。拓展组织网络，新建县检察院关工委、浙江隆泰医疗科技股份有限公司关工委等一批关工委组织。开展“五好”关工委建设行动，武康街道群安社区关工委、洛舍镇砂村村关工委等5个基层组织被命名为市级“五好”关工委。

（沈丹琳）

党校工作

【概况】 2021年，德清县委党校和德清行政学校、浙江生态文明干部学院莫干山分院、德清县社会主义学校实行“四块牌子，一套工作班子”的管理体制，全校在编人员20人。其中，事业编制14人、参公编制6人。年内，县委党校贯彻落实《中国共产党党校(行政学院)工作条例》，紧扣中国共产党成立100周年主题，突出红色基调，以“办学质量提升年”为抓手，努力提升办学质量。年内，中央党校常务副校长李书磊到浙江召开调研座谈会、省委党校后勤工作会议和市委党校全体教职工大会，在会上做交流发言。以星级酒店的标准对党校住宿楼内部重新装修，在综合楼加装电梯，实现无障碍校园，在教学区和综合楼大厅设置AED急救装置，全校33.3%教职工取得急救证。

【干部教育】 2021年，举办主体班次17个，培训2191人次。新开发党史专题精品课程19门，初步形成较为完善的党史课程体系。新型冠状病毒肺炎疫情防控常态化背景下，在全市县区党校中率先探索课堂直播教学，打造“云课堂”，直播38场次，累计收看4000人次，在线人数超过现场人数，每次授课均有上百名基层干部实时互动。开展“百堂党史课进基层”行动，向各单位提供点单式宣讲服务，把党史课送到基层一线，全年宣讲200场，受众1.5万余人次。打造德清县廉政教育基地，选优配强讲解教师队伍，全年讲解87场，接待参观2126人次，开发“清廉池边话清廉”特色品牌，构建“室内+室外”“线上+线下”“联动+流动”多维度的廉政教育模式。

【科研工作】 2021年，在省委党校优秀科研工作组织奖评选中获优秀，县委党校位列全省县区党校第七名。全年获省委党校优秀课题结题5个，位列全省县区党校第一名；省委党校课题立项9个，位列全省县区党校第二名；市委党校课题立项17个，并列全市县区党校第一名。完成省市县各类课题43项，申报72项，立项47项，其中获全省党校系统专项课题1项；提交各级征文63篇，获奖及入选20篇；提交咨政报告14篇，获得县处级及以上领导批示13次；党校教师在《湖州日报》等刊物上发表文章12篇，年轻教师录制6门党史专题微党课，2名骨干教师分别获得市委党校精品课比赛精品奖和优秀奖，1名年轻教师获得全县微党课比赛二等奖、市委党校微党课比赛二等奖。

【对外培训】 2021年，浙江省委党校主体班次现场教学点在德清县挂牌，现场教学常态化，年内，德清县委党校承接省内外培训班89期(其中省委党校现场教学班次24期)，培训人数7000余人次。承接中国妇女发展基金会主办的“2021年女性参与乡村振兴专题培训”等3期国家级培训班次，得到中央媒体报道点赞。承接3期四川省小金县干部交流培训班，与小金县委党校签订合作备忘录，为东西部地区共同富裕贡献力量。总结提炼德清改革发展实践经验和成果，打造红色党建、绿色乡村、蓝色产业、金色改革四色精品现场教学线路，开发现场教学基地25个。做好现场教学预案，健全学员反馈机制，提升培训质量。

【教学管理】 2021年，与浙江大学签订合作办学协议，在师资选配、课程设计、时间安排等方面通盘谋划，办好全县高质量发展专题研讨班。与组织部门紧密联系、同商共管，县委组织部的分管部长、相关科室全程跟班跟训，在培训中熟悉干部，观察学习表现，追踪思想动态，了解学习收获，拉近学员与组织的距离，调动学员参加培训的积极性。要求学员签署《干部教育培训纪律承诺书》，将学员学习表现通报所在单位，把遵守政治纪律和政治规矩作为教师第一要求，做到讲台有纪律、言论守规矩。

(倪辛桐)

档案工作

【概况】 2021年，依法依规做好“最多跑一次”事项电子文件归档工作，全年接收应归档单位的电子文件32.83万件，归档率98%。基层档案数字化转型步伐加快，13个镇(街道)，129个村(社区)完成室藏文书档案数字化，172.2万条目录和124.4万个原件数字化成果上载全域档案共享平台进行查阅利用。2021年，德清县档案工作数字化改革受到省档案馆馆长李波调研充分肯定，在省档案局数字化改革第二次专班会议上做交流发言，相关经验做法在省委办《浙江信息》刊登并得到县委领导批示肯定；全域档案共享服务平台入选县党政机关整体智治系统特色应用。

【档案数字化建设】 2021年，德清县档案数字治理水平明显提升。县域档案资源实现互联互通。打通县、镇、村三级档案数据互联互通的瓶颈，实现全县数字档案资源“一盘棋”管理。“1+N”档案查询服务中心全面运行。档案查询服务网点延伸辐射到各级便民服务中心，形成横向到边、纵向到底的查档服务数据网络，实现县域内“一网查档，就地出证”和机关查档“零跑腿”的便捷服务，全年服务4746人次。档案数字化改革有效推进。谋划打造数字档案监管智治应用场景，县域数字档案资源监管智治持续推进，监管手段增强，共在线反馈各基层档案室监督指导意见300余条，在线监管指导初具雏形；推广完善查档直通车应用场景，查档服务提能增效，特别是在服务基层和群众查档中成效明显，累计提供网上查档服务3351人次，服务覆盖全县84%的行政村(社区)。馆藏档案数字化建设持续深入。完成馆藏档案第九期数字化加工项目，完成数字化加工1.19万卷3.21万件，完成数字化成果135.4万页，馆藏数字档案资源进一步丰富，馆藏档案数字化率92.1%。

【档案基层治理能力建设】 2021年，德清县档案馆全面完成档案服务基层社会治理省级试点工作，获得验收组一致好评通过。基层档案收集整理不断完善，出台《德清县镇街管理档案基本目录》《德清县行政村(社区)档案归档基本目录》两张“基础清单”，一张基层落实重点中心工作年度归档“扩展清单”，基层档案资源建设实现清单管理，动态调整。基层档案数字化转型步伐加快，13个镇（街道），129个村（社区）完成室藏文书档案数字化，172.2万条目录和124.4万个原件数字化成果上载全域档案共享平台进行查阅利用。基层民生档案专题数据库不断丰富，包含新冠肺炎疫情防控、脱贫攻坚在内的13个不同类型的专题数据库建立，共整合专题目录46万条。基层档案阵地固化提升工程不断推进，因地制宜推进“村档乡管”，乾元、钟管两家乡镇档案馆推进数字档案馆标准化提升建设，新市镇档案馆初步建成。村（社区）强化标准化档案室建设，累计安装密集架1950立方米，安装率达72%以上，提升档案安全保管条件。

落实国家档案局13号令《机关档案管理规定》，有27个机关档案室获评省级示范数字档案室。推进档案依法移交接收工作，接收文书档案43批次，共7317卷和7.6万件；接收疫情防控档案、脱贫攻坚档案等重点档案5585件，形成数字化成果121.152GB。接收205个竣工项目档案2.11万卷，其中有图纸6404卷。

【档案基础业务建设】 2021年，德清县档案馆牢固树立“服务优先”的工作理念，围绕“用”字做足文章。查档利用服务工作持续提升，通过电话预约查询、全域档案共享服务平台查阅、浙江档案服务网查阅等渠道，为查档群众提供优质高效的档案服务，全年接待查档4746人次，调阅档案2.73万卷次、4034件次，为市民办理退休、申请贷款、落实社会保障等提供大量翔实的第一手资料。

全年开展“双随机、一公开”执法检查8次，其中掌上执法8次，掌上执法率100%；档案“互联网＋监管”事项覆盖率、事项清单编制率、抽查事项覆盖率等指标均为100%。依法依规做好“最多跑一次”事项电子文件归档工作，全年接收应归档单位的电子文件32.83万件，归档率98%。

【档案干部新知识、新技能培训】 2021年，德清县档案馆面对新形势下档案工作新课题、新任务，加强对档案干部新知识、新技能培训。年内，选派业务骨干参加省级培训10人次，组织镇（街道）档案员参加省档案培训中心的业务专题培训班9人次，全面提升档案队伍的业务能力。举办全县镇（街道）档案业务能力提升暨档案数字化改革专班培训会、德清县档案服务基层社会治理暨新任村社档案员业务培训会，机关部门档案员业务培训会3个专题培训，通过理论教学、现场演示、交流答疑等方式，加强档案队伍的业务素质和能力。健全完善“专家+专员”和机关干部联系部门、镇（街道）档案工作制度，让干部深入基层一线，在指导工作中提升业务能力，带动基层档案员的业务能力提高，有效推动基层档案工作的开展。

【档案编研成果及文化建设】 2021年，档案文化惠民工作逐步提升，加强编研展览工作，完成《记忆德清2020》编写，出版《德清抗战档案史料汇编》，在2021年公布的编研成果评选中，编研成果《德清进士诗钞》荣获“2019—2020年度全省优秀档案编研成果暨档案学优秀成果”二等奖；全县档案系统荣获“十三五”期间全市优秀档案编研成果一等奖4项、二等奖1项；荣获“十三五”期间全市档案学优秀成果一等奖3项、二等奖1项、三等奖1项，获奖数量在全市排在首位。举办“红色记忆 峥嵘岁月”主题展览，送到基层社区和企业展出，向市民赠送编研书籍500余册。县档案馆“印象德清”展厅的“红色记忆”主题展区成为全县党史学习教育现场教学点之一，全年共接待参观群众21批400余人次。联合县党史办、德清广播电台播出37期的“学档案说党史”节目，用足用好馆藏红色资源，发挥好档案史料在讲好党的故事、传承红色基因方面的独特价值。

（林　平）

德清县人民代表大会

综述

【概况】 2021年，德清县人大常委会在中共德清县委的领导下，以习近平新时代中国特色社会主义思想为指导，贯彻落实党的十九大和十九届历次全会精神，始终坚持党的领导、人民当家作主、依法治国有机统一，紧扣全县中心大局，团结带领广大代表，履行法定职责，全年召开常委会会议7次、主任会议20次。市对县人大工作综合考核、信息宣传考核连续五年蝉联全市第一名。

【学党史悟思想政治引领】 2021年，德清县人大常委会着力学党史悟思想。学习中共中央总书记习近平在党史学习教育动员大会、庆祝中国共产党成立百年大会、中央人大工作会议、党的十九届六中全会上的重要讲话精神，组织常委会及机关系统学习百年党史，尤其是习近平总书记系列重要论述、《习近平在浙江》采访实录等，并通过专题研讨、基层宣讲、演讲比赛等方式，推动党史学习教育入脑入心、深信笃行，增强"四个意识"、坚定"四个自信"、做到"两个维护"。

共同富裕的重大决策部署 着力共同富裕开新局。紧扣省、市、县委关于推进共同富裕的重大决策部署，谋划推进人大工作。出台《关于促进和保障高质量发展建设共同富裕示范区先行样板地的决定》，凝聚共识、增进合力，助力德清争创先行样板地。围绕县委"五个先行开新局"行动，牵头推进"共同富裕先行""生活垃圾精准分类"等中心工作，加强监督指导和协调对接，推动各项工作取得实效。

重大项目服务指导 着力"三进三服务"办实事。联系推进地理信息产业中心、湖杭铁路（德清段）等24个重大项目，牵头参与招商引资引智工作并推动签约亿元以上科技人才项目29个，加强对联系镇街、村社、人才、企业的服务指导，助推项目"双进双产"。发挥人大优势，开展"我为群众办实事、我为企业解难题、我为基层减负担"专题实践活动，走访企业和村社963次，协调解决问题128个。

【财政扶持政策监督】 2021年，德清县人大常委会服务助力经济持续健康发展。依法审查计划、预算、决算、审计、国有资产、政府性债务化解等工作，加强专项资金绩效、审计查出问题整改等方面的跟踪问效。制定《关于财政扶持政策监督暂行办法》，推动政府部门加强对500万元以上财政扶持项目的全过程监督，着力提升预算资金使用绩效。主动助力经济转型升级，对科技成果转化、老旧工业园区改造提升、文旅融合发展、工程建设施工安全等工作开展专项监督，提出审议意见。

保障和改善民生服务 助力保障和改善民生。开展《湖州市美丽乡村建设条例》执法检查，组织300余名代表开展寻访短板活动，16个方面问题建议以"清单式""图片式"移交政府部门处理，问题清单整改率达90%以上。围绕乡村产业振兴，开展"同心富村"项目和"四好农村路"建设工作专项监督，助推村级集体经济发展壮大。开展《浙江省粮食安全保障条例》执法检查，推动市人大关于制止餐饮浪费决定贯彻执行，督促保障粮食安全、控制源头浪费。

生态文明建设服务 助力生态文明建设。开展大气污染防治专项监督，成立8个督查组，聚焦"四大污染源"开展排查、治理、整改、执法"四个监督"行动，暗访34次、检查项目178

个，推动现场交办、限期整改问题402个。牵头主抓生活垃圾精准分类，聚焦重点问题、重点环节召开3次推进会狠抓落实，组织各专工委、各镇街人大开展常态化监督检查，推动《浙江省生活垃圾管理条例》有效实施。打好“水气土”治理监督“组合拳”，进行专题代表问政，开展污水零直排专项监督和《中华人民共和国固体废物污染环境防治法》执法检查，监督检查对河口饮用水源保护工作。

县域治理现代化服务　助力县域治理现代化。审议“七五”普法工作情况与“八五”普法规划情况的报告，作出“八五”普法决议。开展《中华人民共和国道路交通安全法》执法检查，组织605名人大代表开展集中视察、交管警务体验、问题隐患查找、解难点办实事“四个一”活动，解决问题隐患170处，解难点办实事52项。听取法治政府、规范性文件备案审查等报告，监督推动《中华人民共和国妇女权益保障法》《湖州市物业管理条例》有效实施，对33名员额制法官、14名员额制检察官进行履职评议，出台《关于依法监督和支持县人民检察院法律监督工作的实施办法》。常态化推动代表入驻矛调中心，组织代表578人次，助力化解矛盾纠纷246件。

【代表主体作用】　2021年，德清县人大常委会推进“站点窗岗”延伸联系渠道。出台《关于全面深化代表联络站“站点窗岗”，密切人大代表与人民群众联系的实施意见》，在各镇街全面推行“站点窗岗”联系群众新模式，共建成代表联络站21个、联络点38个、联络窗105个、联络岗680个。代表接待选民812次，收集问题建议1236条，帮助解决问题1112个。深化完善代表联络站数字云平台。增设民生实事、意见建议、人大要闻等3个履职模块，开通群众联系代表“短信”功能，对8大类问题建议进行分类统计分析，实现代表线上操作更便捷、问题建议办理更高效、履职绩效考评更精准，群众累计参与达7万余人次，推动问题解决1500余个，为全市代表工作“数字云平台”联建应用场景建设提供德清样本。

代表为民履职　推进代表为民履职。开展“强化履职担当，贡献智慧力量，助力开展‘五个先行’行动”代表主题活动，走访企业585家、群众1.31万人次，推动解决问题769个。组织代表开展对10件民生实事项目推进情况和126件代表建议办理情况的全过程监督，民生实事项目满意率100%，代表建议解决率达80.95%。

代表换届选举　完成代表换届选举工作。组织开展县镇两级人大代表换届选举工作，严守节点、严格程序、严肃纪律，牢牢把住连任代表和新当选代表的“政治关”“结构关”“素质关”，依法选举产生县人大代表245名、镇人大代表577名，代表结构进一步优化，代表素质进一步提高，为新一届人大工作的顺利开展奠定良好基础。

【队伍建设】　2021年，德清县人大常委会重抓政治机关建设。实施《关于加强“五大”建设，打造“五型”机关的实施意见》，牢牢掌握意识形态工作主导权，健全理论学习中心组集体学习制度，强化机关党建，推动党总支和党支部规范化、标准化，打造政治型、学习型、服务型、效能型、清廉型机关。

重抓履职能力提升　加强对优秀人大代表、新进人大干部、新当选代表的履职培训，组织代表参与重点议题审前调研、执法检查及审议评议问政等活动，实现基层代表列席人大常委会会议、向选民述职全覆盖。创新开设“人大崇学讲堂”，加强对人大数字化改革、法律法规等知识培训，全面提升依法履职水平。

重抓作风建设　落实中央八项规定精神，压紧压实全面从严治党主体责任和“一岗双责”，健全完善党组议事、干部考核、效能建设等14项制度，深化学廉、说廉、谈廉、悟廉、建廉“五廉”机制，高质量完成人大常委会机关巡察整改任务，着力塑造风清气正的政治生态。

重要会议

【德清县第十六届人民代表大会第五次会议】　2021年3月11—13日在武康召开。会议出席代表211名，列席57名。

会议听取和审议县人民政府代县长王波所作的《德清县人民政府工作报告》、县十六届人大常委会主任杨明连所作的《德清县人民代表大会常务委员会工作报告》、县人民法院院长方海明所作的《德清县人民法院工作报告》、县人民检察院检察长周甲准所作的《德清县人民检察院工作报告》。书面审议《德清县国民经济和社会发展第十四个五年规划和二〇三五年远景目标纲要(草案)》、县发展和改革局《关于德清县2020年国民经济和社会发展计划执行情况与2021年国民经济和社会发展计划(草案)的报告》、县财政局《关于德清县2020年财政预算执行情况和2021年财政预算(草案)的报告》、县人民政府《德清县2020年度环境状况和环境保护目标完成情况与2021年环境保护目标任务的报告》。会议表决通过上述决议。

会议书面审议县人民政府《2020年政府民生实事项目完成情况和2021年政府民生实事候选项目形成情况报告》,票决2021年10件政府民生实事项目。

会议选举王波为德清县人民政府县长,王少华为德清县第十六届人民代表大会常务委员会副主任。会议补选丁本荣、沈王英(女)、俞忠贤为县第十六届人民代表大会常务委员会委员。

会议期间,大会秘书处收到代表提出的议案6件,建议、批评和意见120件。根据《德清县人民代表大会代表议案处理规定》的要求,经议案审查委员会审查,提请大会主席团审议通过,决定将代表提出的6件议案改作代表建议、批评和意见处理。因此,本次大会代表提出的建议、批评和意见共126件。

【德清县第十六届人大常委会会议】 2021年2—12月,德清县第十六届人民代表大会常务委员会共召开常委会会议7次。

2021年德清县人大常委会会议情况表

表6

时间	会议名称	会议内容
2月2日	县第十六届人大常委会第38次会议	(1)听取和审议县人大常委会副主任方芳所作的关于提请召开县十六届人大五次会议的议案,原则通过德清县人大常委会关于召开德清县第十六届人民代表大会第五次会议的决定。(2)听取和审议县人大常委会副主任方芳所作的关于县十六届人民代表大会第五次会议日程及议案截止日期说明的汇报,会议原则通过的会议日程、关于议案截止日期的决定(审议稿)将提交县十六届人大五次会议主席团第一次会议表决。(3)听取和审议县人大常委会副主任沈生章所作的县人大常委会主任会议关于提请接受敖煜新辞去德清县人民政府县长职务的议案,会议以无记名投票表决的方式决定免去敖煜新的县人民政府县长职务。(4)听取和审议县人大常委会副主任沈生章所作的关于提请接受潘月山等辞去湖州市第八届人民代表大会代表职务的议案,会议以无记名投票表决的方式接受潘月山、孙长志辞去湖州市第八届人民代表大会代表职务。(5)听取和审议县人大常委会副主任沈生章所作的关于提请接受吕海清等辞去县十六届人大代表职务的议案,关于接受沈文松辞去县十六届人大代表职务的议案,会议以无记名投票表决的方式接受吕海清、唐捷、沈文松辞去县第十六届人民代表大会代表职务。(6)听取和审议县人大常委会副主任沈生章所作的关于提请俞忠贤等职务任免的议案,会议以无记名投票表决的方式任命俞忠贤为县人大常委会教育科技文化卫生工作委员会主任,免去吕海清的县人大常委会教育科技文化卫生工作委员会主任职务、沈王英的县人大常委会农业与农村工作委员会副主任职务。(7)听取和审议县人民政府副县长洪延艳所作的县人民政府关于提请王波任职的议案,会议以无记名投票表决的方式决定任命王波为县人民政府副县长。(8)听取和审议县人民政府副县长洪延艳所作的县人民政府关于提请宣坚锋等职务任免的议案,会议以无记名投票表决的方式决定免去章洪春的县发展和改革局局长职务、方凯的县住房和城乡建设局局长职务,决定任命

续表6

时间	会议名称	会议内容
2月2日	县第十六届人大常委会第38次会议	宣坚锋为县发展和改革局局长、唐捷为县住房和城乡建设局局长、许哲锋为县卫生健康局局长、沈建昌为县统计局局长。(9)听取和审议县人民法院院长方海明所作的关于提请任命沈霖法律职务的议案,会议以无记名投票表决的方式任命沈霖为县人民法院审判员。(10)听取和审议县人民检察院检察长周甲准所作的关于提请任命毕青华等职务的议案,会议以无记名投票表决的方式任命毕青华为县人民检察院副检察长。(11)听取和审议县人大常委会副主任方芳所作的县人大常委会主任会议关于提请王波代理德清县人民政府县长的议案,会议以无记名投票表决的方式决定王波代理德清县人民政府县长。(12)听取和审议县人大常委会副主任方芳所作的县人大常委会主任会议关于提请补选王波等为湖州市第八届人民代表大会代表的议案,会议以无记名投票表决的方式选举王波、沈生章、吴登芬、周爱民为湖州市第八届人民代表大会代表。(13)听取和审议县人大常委会副主任沈生章所作的县人大常委会主任会议关于补选县十六届人大代表报告的汇报,会议原则通过,德清县人大常委会关于补选县十六届人大代表的决定。(14)举行新任命人员向宪法宣誓仪式,受任人员王波作供职发言。(15)县人大常委会主任杨明连讲话
2月26日	县第十六届人大常委会第39次会议	(1)听取和审议县人大常委会研究室副主任郑伟雄所作的县人大常委会主任会议关于《德清县人民代表大会常务委员会工作报告》(讨论稿)起草情况的说明,书面审议《德清县人民代表大会常务委员会工作报告》,原则通过的《德清县人民代表大会常务委员会工作报告》将根据会议讨论提出的意见作进一步修改完善后,提交县十六届人大五次会议讨论审议。(2)听取和审议县人大常委会研究室副主任郑伟雄所作的关于德清县第十六届人民代表大会第五次会议有关名单等事项的说明,会议原则通过《德清县第十六届人民代表大会第五次会议主席团和秘书长名单》(讨论稿)、《德清县第十六届人民代表大会第五次会议主席团常务主席名单》(讨论稿)、《德清县第十六届人民代表大会第五次会议执行主席分组名单》(讨论稿)、《德清县第十六届人民代表大会第五次会议副秘书长名单》(讨论稿)、《德清县第十六届人民代表大会第五次会议议案审查委员会建议名单》(讨论稿)、《德清县第十六届人民代表大会第五次会议财政预算审查委员会建议名单》(讨论稿)、《德清县第十六届人民代表大会第五次会议各代表团正副团长名单》(讨论稿)、《德清县第十六届人民代表大会第五次会议列席人员建议名单》(讨论稿),以上名单如需变动,授权县人大常委会主任会议确定。(3)听取和审议县人大常委会代表工委主任、代表资格审查委员会副主任潘向荣所作的县人大常委会主任会议关于补选产生的县十六届人民代表大会代表资格的审查报告,原则通过德清县人大常委会关于确认补选的县十六届人民代表大会代表资格的决定。(4)听取和审议县发改局局长宣坚锋所作的县人民政府关于《德清县国民经济和社会发展第十四个五年规划和二〇三五年远景目标纲要(草案)》的情况报告,原则通过德清县人大常委会关于对《德清县国民经济和社会发展第十四个五年规划和二〇三五年远景目标纲要(草案)》的审议意见。(5)县人大常委会主任杨明连讲话
4月9日	县第十六届人大常委会第40次会议	(1)听取和审议县人大常委会副主任沈生章所作的县人大常委会主任会议关于提请曾海华等职务任免的议案,会议以无记名投票表决的方式免去胡红根的县人大常委会城乡建设与环境资源保护工作委员会副主任职务,任命曾海华为县人大常委会农业与农村工作委员会副主任、梅国民为县人大常委会城乡建设与环境资源保护工作委员会副主任。(2)听取和审议县委常委副县长金卫亮所作的县人民政府关于提请姚建强等职务任免的议案,会议以无记名投票表决的方式决定免去姚建强的县农业农村局局长职务,决定任命姚建强为县政府办公室主任、陈杨名为县农业农村局局长。(3)听取和审议县纪委副书记、县监察委副主任许炜所作的县监察委关于提请陈金华等职务任免的议案,会议以无记名投票表决的方式免去沈国平的县监察委员会委员职务,任命陈金华为县监察委员会委员。(4)听取和审议县人民法院副院长汪庆新所作的县人民法院关于提请任免谈晓丽等法律职务的议案

续表6

时间	会议名称	会议内容
4月9日	县第十六届人大常委会第40次会议	(5)听取和审议武康街道人大工委主任蔡国强所作的德清县人大常委会武康街道工作委员会关于2020年度工作情况和2021年工作打算的报告,原则通过关于批准德清县人大常委会武康街道工作委员会工作报告的决议。(6)听取和审议舞阳街道人大工委主任张敏杰所作的德清县人大常委会舞阳街道工作委员会关于2020年度工作情况和2021年工作打算的报告,会议原则通过关于批准德清县人大常委会舞阳街道工作委员会工作报告的决议。(7)听取和审议阜溪街道人大工委主任朱菊华所作的德清县人大常委会阜溪街道工作委员会关于2020年度工作情况和2021年工作打算的报告,会议原则通过关于批准德清县人大常委会阜溪街道工作委员会工作报告的决议。(8)听取和审议下渚湖街道人大工委主任简芳佳所作的德清县人大常委会下渚湖街道工作委员会关于2020年度工作情况和2021年工作打算的报告,会议原则通过关于批准德清县人大常委会下渚湖街道工作委员会工作报告的决议。(9)听取和审议康乾街道人大工委主任王明江所作的德清县人大常委会康乾街道工作委员会关于2020年度工作情况和2021年工作打算的报告,原则通过关于批准德清县人大常委会康乾街道工作委员会工作报告的决议。(10)书面审议德清县人大常委会2021年讨论决定重大事项工作计划,员额制法官、检察官履职评议意见整改报告。(11)新任命人员向宪法宣誓仪式,受任人员姚建强作供职发言
5月24日	县第十六届人大常委会第41次会议	(1)听取和审议县人大常委会农业农村工委主任杨会荣所作的关于《湖州市美丽乡村建设条例》执法检查情况的报告,原则通过德清县人大常委会关于贯彻实施《湖州市美丽乡村建设条例》情况检查的审议意见。(2)听取和审议县人大监察和司法(法制)委主任委员周云所作的关于《中华人民共和国道路交通安全法》执法检查情况的报告,原则通过德清县人大常委会关于《中华人民共和国道路交通安全法》执法检查情况的审议意见。(3)听取和审议县经信局局长施剑锋所作的关于德清县老旧工业园区改造提升工作的报告,原则通过德清县人大常委会关于对德清县老旧工业园区改造提升工作情况报告的审议意见。(4)听取和审议县科技局局长黄菊芬所作的关于德清县科技成果转化工作情况的报告,原则通过德清县人大常委会关于德清县科技成果转化工作情况报告的审议意见。(5)听取和审议县建设局局长唐捷所作的关于德清县工程建设施工安全工作情况的报告,原则通过德清县人大常委会关于德清县工程建设施工安全工作情况报告的审议意见。(6)听取和审议县交通局副局长吕建强所作的关于德清县“四好农村公路”推进情况的报告,原则通过德清县人大常委会关于德清县“四好农村公路”推进情况报告的审议意见。(7)听取和审议县人民检察院副检察长毕青华所作的关于提请免去陈溯法律职务的议案,以无记名投票表决的方式免去陈溯县人民检察院检察委员会委员、检察员职务。(8)县人民政府副县长陈永明讲话
7月29日	县第十六届人大常委会第42次会议	(1)听取和审议县财政局局长郭坤华所作的关于德清县2020年财政决算草案的报告,原则通过德清县人大常委会关于批准2020年财政决算的决议。(2)听取和审议县审计局局长沈松泉所作的关于2020年度县本级预算执行和其他财政收支的审计工作报告,原则通过德清县人大常委会关于对2020年度县本级预算执行和其他财政收支审计工作报告的审议意见。(3)听取和审议自然资源和规划局副局长章正洪所作的关于德清县2020年国有自然资源资产管理情况专项报告,原则通过德清县人大常委会关于对2020年度国有自然资源资产管理情况专项报告的审议意见。(4)听取和审议县人大监察和司法(法制)委主任委员周云所作的关于县十六届人大以来规范性文件备案审查工作情况的报告。(5)有关人事任免事项。(6)听取和审议县人民法院院长方海明所作的关于提请免去沈云飞等2人法律职务的议案,以无记名投票表决的方式免去沈云飞、范炜炜的德清县人民陪审员职务。(7)听取和审议县人民法院院长方海明所作的关于提请任命王荣超等30人为人民陪审员的议案,以无记名投票表决的方式任命。(8)县人民政府副县长胡渊讲话

续表6

时间	会议名称	会议内容
9月29日	第十六届 人大常委会 第43次会议	(1)听取和审议县人大常委会办公室(研究室)主任杨腾伟所作的关于《德清县人民代表大会常务委员会关于促进和保障高质量发展建设共同富裕示范区先行样板地的决定(草案)》起草情况的说明,原则通过《德清县人民代表大会常务委员会关于促进和保障高质量发展建设共同富裕示范区先行样板地的决定(草案)》。(2)听取和审议县人大监察司法委主任委员周云所作的关于《德清县人大常委会关于依法监督和支持县人民检察院法律监督工作的实施办法(试行)》起草情况的说明,原则通过《德清县人大常委会关于依法监督和支持县人民检察院法律监督工作的实施办法(试行)》。(3)听取和审议县人大常委会副主任王少华所作的关于提请调整县十六届人大常委会代表资格审查委员会主任委员的议案,会议原则通过德清县人大常委会关于调整县十六届人大常委会代表资格审查委员会主任委员的决定。(4)听取和审议县人大常委会副主任沈生章所作的关于提请设立德清县选举委员会、县选举委员会办事处和镇选举委员会的议案,原则通过德清县人大常委会关于设立德清县选举委员会的决定、关于设立县选举委员会办事处和镇选举委员会的决定。(5)听取和审议县人大常委会副主任沈生章所作的关于提请审议县、镇两级人民代表大会换届选举的议案,会议原则通过德清县人大常委会关于县、镇两级人民代表大会换届选举的决定。(6)听取和审议县人大常委会副主任沈生章所作的关于提请对新一届镇人民代表大会代表名额作出决定的议案,原则通过德清县人大常委会关于新一届镇人民代表大会代表名额的决定。(7)听取和审议县人大社会建设委副主任委员潘正福所作的关于《中华人民共和国妇女权益保障法》执法检查的报告,原则通过德清县人大常委会关于对《中华人民共和国妇女权益保障法》贯彻实施情况报告的审议意见。(8)听取和审议县发改局局长宣坚锋所作的关于德清县2021年上半年国民经济和社会发展计划执行情况的报告,会议原则通过德清县人大常委会关于对2021年上半年国民经济和社会发展计划执行情况报告的审议意见。(9)听取和审议县发改局局长宣坚锋所作的关于德清县2021年政府投资项目年中调整计划(草案)的报告,会议原则通过德清县人大常委会关于批准《德清县2021年政府投资项目年中调整计划(草案)》的决议。(10)听取和审议县财政局局长郭坤华所作的关于德清县2021年上半年财政预算执行情况的报告,会议原则通过德清县人大常委会关于对2021年上半年财政预算执行情况报告的审议意见。(11)听取和审议县司法局局长施敏丽所作的关于德清县"七五"普法工作情况与"八五"普法规划情况的报告,会议原则通过德清县人大常委会关于开展第八个五年法治宣传教育的决议。(12)听取和审议县农业农村局副局长厉谷炎所作的关于县级发展壮大集体经济航母工程——"同心富村"项目推进情况的报告,会议原则通过德清县人大常委会关于县级发展壮大集体经济航母工程——"同心富村"项目推进情况报告的审议意见。(13)听取和审议县文广旅体局副局长王舒舒所作的关于德清县文旅融合发展工作情况的报告,原则通过德清县人大常委会关于德清县文旅融合发展工作情况报告的审议意见。(14)听取和审议县五水共治办专职副主任沈福康所作的关于德清县污水零直排实施情况的报告,会议原则通过德清县人大常委会关于德清县污水零直排实施情况报告的审议意见。(15)听取和审议县人大常委会副主任沈生章所作的关于提请郑伟雄等职务任免的议案,以无记名投票表决的方式决定。(16)听取和审议县委常委、常务副县长陈亦平所作的关于提请周敏等职务任免的议案,会议以无记名投票表决的方式决定。(17)听取和审议县人民法院副院长汪庆新所作的关于提请任命傅贤生法律职务的议案,会议以无记名投票表决的方式任命。(18)书面审议县人大常委会主任会议关于德清县"七五"普法工作情况和"八五"普法规划情况的调研报告、关于德清县2021年上半年国民经济和社会发展计划执行情况的调查报告、关于德清县2021年上半年财政预算执行情况的调查报告、关于县级发展壮大集体经济航母工程——"同心富村"项目推进情况的调研报告、关于德清县文旅融合发展

续表6

时间	会议名称	会议内容
9月29日	第十六届人大常委会第43次会议	工作情况的调研报告、关于德清县污水零直排实施情况的调研报告，县人民政府关于《中华人民共和国妇女权益保障法》贯彻落实情况的报告、关于县第十六届人大常委会对贯彻实施《湖州市美丽乡村建设条例》情况检查审议意见落实情况的报告、关于县第十六届人大常委会对工程建设施工安全工作情况报告审议意见落实情况的报告、关于县第十六届人大常委会对贯彻实施《中华人民共和国道路交通安全法》情况检查审议意见落实情况的报告、关于县第十六届人大常委会对“四好农村公路”推进情况报告的审议意见落实情况的报告、关于县第十六届人大常委会对科技成果转化工作情况报告的审议意见落实情况的报告。(19)听取和审议县人大常委会副主任沈生章所作的关于提请接受方海明辞去县人民法院院长职务的议案，会议以无记名投票表决的方式。(20)听取和审议县人大常委会副主任沈生章所作的关于提请傅贤生代理德清县人民法院院长的议案，会议以无记名投票表决的方式决定。(21)举行新任命人员向宪法宣誓仪式，受任人员傅贤生、周敏作供职发言。(22)县委常委、常务副县长陈亦平，县人大常委会主任杨明连分别讲话
12月18日	县第十六届人大常委会第44次会议	(1)听取和审议县人大财经委主任委员项祖宏所作的县人大常委会主任会议关于提请审议《德清县人大常委会关于财政扶持政策监督暂行办法(草案)》的议案，会议原则通过德清县人民代表大会常务委员会关于财政扶持政策监督暂行办法(草案)。(2)听取县人民政府副县长王振权所作的县人民政府关于2021年民生实事项目完成情况的报告。(3)听取和审议县人民政府副县长王振权所作的县人民政府关于县十六届人大五次会议代表建议办理情况的报告、关于2020年度县本级预算执行和其他财政收支审计查出问题整改情况的报告，会议原则通过德清县人大常委会关于对2020年度县本级预算执行和其他财政收支审计查出问题整改情况报告的审议意见。(4)听取和审议县财政局局长郭坤华所作的县人民政府关于德清县2021年财政预算调整及地方政府债务限额方案的报告，会议原则通过德清县人大常委会关于批准德清县2021年财政预算调整及地方政府债务限额方案的决定。(5)听取和审议县人大常委会副主任沈生章所作的县人大常委会主任会议关于提请接受陈健等辞去选举委员会、选举办事处职务的议案，会议原则通过德清县人大常委会关于接受陈健等辞去选举委员会、选举办事处职务的决定。(6)进行有关人事任免事项。(7)听取和审议县人大常委会副主任沈生章所作的县人大常委会主任会议关于提请接受杨国志辞去德清县人民政府副县长职务的议案，关于提请孙宏明等职务任免的议案。(8)听取和审议县人民政府副县长王振权所作的县人民政府关于提请陈强等职务任免的议案，关于提请丁金伟等职务任免的议案，关于提请张文斌等职务任免的议案。(9)听取和审议县监察委员会副主任金爱农所作的关于提请王云香等同志任职的议案，会议以无记名投票表决的方式任命王云香为县监察委员会副主任。(10)听取和审议县人民法院院长傅贤生所作的县人民法院关于提请任免杨璐婷等人法律职务的议案，关于提请任免田芳等同志法律职务的议案。(11)听取和审议县人民检察院副检察长杨海涛所作的关于提请任免毕青华等法律职务的议案。(12)听取汪庆新、姚舟德、莫剑青、沈筱婕等4名员额制法官履职情况报告，严疏君、高骏、詹玲玲等3名员额制检察官履职情况报告。(13)听取和审议县人大监察和司法(法制)委主任委员周云所作的关于对员额制法官、检察官履职情况的调查报告。(14)听取和审议县人大常委会副主任沈生章所作的县人大常委会主任会议关于提请接受王勇辞去德清县监察委员会主任职务的议案。(15)听取和审议县人大常委会副主任沈生章所作的县人大常委会主任会议关于提请王云香代理德清县监察委员会主任职务的议案。(16)书面审议县人民政府关于县第十六届人大常委会对老旧工业园区改造提升工作报告审议意见落实情况的报告、40名员额制法官、检察官履职情况报告。(17)举行新任命人员向宪法宣誓仪式，受任人员符海滨作供职发言。(18)县人民政府副县长王振权讲话

(孔泽鑫)

监督工作

【审查监督】 2021年，德清县人大常委会紧盯政府“钱袋子”，依法审议预算、决算、审计、国有资产等报告，推动政府债务限额及债务化解落实。强化预算全过程监督，把牢每年人民代表大会前期“审查关”，建立预算联网监督系统并实时监督预算执行情况，推动监督重点向支出预算和政策拓展。加大政府投资项目监督力度，修订办法实现监督从亿元以上项目向所有项目全覆盖，从严控制和审查项目数量和资金，督促调整项目5个、资金19.05亿元，切实提升项目质量和效益。

【审议监督】 2021年，聚力污染防治攻坚，开展行业污染整治、污水零直排、大气污染防治、垃圾分类等专项监督，督促政府完成环境状况和环境保护目标任务，制定实施公检法机关环境资源案件办理情况定期报告制度，连续5年监督视察对河口饮用水源保护工作，助力“水气土”有效治理。助推乡村产业振兴，审议下渚湖旅游板块发展、产村融合发展、农文旅融合发展、农业“标准地”项目、村级集体经济发展、土地违法防控等专项报告，监督支持环莫干山休闲旅游度假产业发展，督促政府落实土地、政策等要素支持，督导“花开德清”项目，着力推动美丽乡村向美丽经济转化。

【跟踪监督】 2021年，监督义务教育、职业教育、学前教育工作，开展教育重点项目建设集体视察，推动教育高质量均衡发展。专项审议医疗改革、食品药品安全等报告，监督检查城市治堵、消防安全等工作，督促政府依法强化服务管理，提升普惠水平。开展省级现代水利示范区建设、交通水利重点工程、武康城西片旧城改造、“四好农村路”建设等专项监督，促进基础设施优质供给。运用多种监督方式，推动低收入群体增收、妇女权益维护、残疾人保障等社会事业健康发展，助力高水平全面建成小康社会。

【评议监督】 2021年，找准监督“小切口”，对公检法取保候审案件、决定不起诉案件、判处缓刑案件、破坏环境资源保护案件等进行评审，开展员额制法官、检察官履职评议，推动“两院”加强司法队伍建设，有效促进严格执法和公正司法，相关做法在《人民代表报》头版刊登并附评论员文章。

【法律监督】 2021年，监督推动法律贯彻实施，对16部法律法规开展执法检查，出台《关于依法监督和支持县人民检察院法律监督工作的实施办法》，把“盯住法”与促发展、惠民生、保稳定结合起来，取得较好的法律效果和社会效果。听取监察委工作报告，开展法院执行、未成年人刑事检察、矛盾纠纷调处化解等专项监督，率先组建监察司法工作专家咨询团，建立基层立法联系点3个，协助省、市人大对近40部法律法规开展立法调研，常态化推动人大代表入驻县镇两级矛调中心，监督支持社区治理，抓实人大信访工作，推动社会善治迈上新台阶。

人大代表活动

【代表履职水平】 2021年，德清县人大常委会组织代表开展届初集中轮训、届中专题培训，依托代表联络站广泛开展学习交流。健全常委会联系代表、代表联系群众“双联系”机制，组织代表参与重点议题审前调研、执法检查及审议评议问政等活动，实现基层代表列席人大常委会会议全覆盖，代表整体履职能力不断提升。作出《关于在县人大代表中开展“五好一争”活动的决定》，加强代表履职绩效考核管理，组织代表向选民述职，每年评选优秀代表和优秀建议，保障代表活动经费和履职补贴，激发代表履职热情。

【代表履职平台】 2021年，建成“一站一品”五星级代表联络站21个，常态化推动人大代表、国家机关负责人进站接待群众，全面推行“站点窗岗”代表联系群众新模式，接待走访群众近11万人次，推动问题解决4569个、矛盾纠纷化解1027件。聚焦数字赋能，率先建立代表联络站数字云平台，切实打通闭会期间代表意见建议办理通道，群众参与达7万余人次，推动问题解决1596个。通过线上线下双轮驱动，代表群众“连心桥”越走越宽、“联系网”越织越密，代表桥梁纽带作用得到充分发挥，“德清品牌”逐渐形成。相关做法获省市人大常委会组成人员高度肯定，被《浙江人大信息》专刊推广。

【代表主题活动】 2021年，德清县人大常委会紧扣县委中心工作和代表履职需要，每年组织各级人大代表开展代表主题活动，组织开展“助力十大工程”“助推五个先行”“服务地信大会”“战疫情助复工促发展”“助推县域治理现代化”“助推矛盾纠纷调处化解”“剿灭劣V类水”“三进四访大走访”“代表连心桥，有事找代表”等系列活动，代表参与活动5万人次。通过主题实践活动，代表履职的组织力、向心力明显增强，活跃度、贡献度显著提升。

【代表换届选举工作】 2021年，德清县人大常委会根据宪法、选举法和省市人大常委会的统一部署，在德清县委的领导下，组织开展县、镇两级人大代表换届选举工作。常委会坚持党的领导，发扬民主，依法办事贯穿始终，严守节点、严格程序、严肃纪律，牢牢把住连任代表和新当选代表的“政治关”“结构关”“素质关”。通过全县上下的共同努力，完成代表换届选举任务，依法选举产生县人大代表245名、镇人大代表577名，代表结构进一步优化，代表素质进一步提高，为新一届人大工作开展奠定良好基础。

人事任免

【德清县第十六届人大常委会第三十八次会议】 2021年2月2日召开。决定免去敖煜新的县人民政府县长职务。接受潘月山、孙长志辞去湖州市第八届人民代表大会代表职务，吕海清、唐捷、沈文松辞去县第十六届人民代表大会代表职务。任命俞忠贤为县人大常委会教育科技文化卫生工作委员会主任，免去吕海清的县人大常委会教育科技文化卫生工作委员会主任职务、沈王英的县人大常委会农业与农村工作委员会副主任职务。任命王波为县人民政府副县长。免去章洪春的县发展和改革局局长职务、方凯的县住房和城乡建设局局长职务；任命宣坚锋为县发展和改革局局长、唐捷为县住房和城乡建设局局长、许哲锋为县卫生健康局局长、沈建昌为县统计局局长。任命沈霖为县人民法院审判员、毕青华为县人民检察院副检察长。决定王波代理德清县人民政府县长。

【德清县第十六届人大常委会第四十次会议】 2021年4月9日召开。免去胡红根的县人大常委会城乡建设与环境资源保护工作委员会副主任职务；任命曾海华为县人大常委会农业与农村工作委员会副主任，梅国民为县人大常委会城乡建设与环境资源保护工作委员会副主任。免去姚建强的县农业农村局局长职务；决定任命姚建强为县政府办公室主任，陈杨名为县农业农村局局长。免去沈国平的县监察委员会委员职务；任命陈金华为县监察委员会委员。免去谈晓丽的县人民法院新市法庭副庭长职务，沈妮的县人民法院民事审判三庭副庭长职务，谢芳的县人民法院立案庭副庭长职务，嵇阳的县人民法院武康人民法庭副庭长职务，顾敏芳的县人民法院乾元人民法庭副庭长职务，翁璐娴的县人民法院民事审判一庭副庭长职务，王丹的县人民法院刑事审判庭副庭长职务，杨静的县人民法院民事审判一庭副庭长职务，沈筱婕的县人民法院立案庭副庭长职务，冯晓芳的县人民法院审判委员会委员职务，章溯的县人民法院审判委员会委员、审判员职务，王勇荣的县人民法院立案庭庭长、审判员职务；任命谈晓丽为县人民法院刑事审判庭庭长，沈妮为县人民法院民事审判一庭庭长，谢芳为县人民法院民事审判三庭庭长，嵇阳为县人民法院新市人民法庭副庭长，顾敏芳为县人民法院雷甸人民法庭副庭长，翁璐娴为县人民法院民事审判三庭副庭长，王丹为县人民法院综合审判庭副庭长，杨静为县人民法院洛舍人民法庭副庭长，沈筱婕为县人民法院雷甸人民法庭副庭长，徐芳芳为县人民法院刑事审判庭副庭长，梅佳丽为县人民法院民事审判一庭副庭长，沈霖为县人民法院民事审判二庭副庭长，沈丽娜为县人民法院行政审判庭（环境资源审判庭）副庭长，孙德胜为县人民法院乾元人民法庭副庭长，李腾为县人民法院新市人民法庭副庭长。

【德清县第十六届人大常委会第四十一次会议】 2021年5月24日召开。免去陈溯县人民检察院检察委员会委员、检察员职务。

【德清县第十六届人大常委会第四十二次会议】 2021年7月29日召开。免去沈云飞、范炜炜的德清县人民陪审员职务。任命王荣超、毛寒松、孔祝华、朱菖、李成、沈国庆、陆宏伟、陈月明、陈思思、陈晓燕、余春根、林平连、周宇蕾、郑建妹、胡昱、俞国新、施华标、闻雯、姚水泉、姚美娟、姚晶、姚娇、夏雪萍、夏静、钱江、倪慧宽、康丽、蔡青青、翟永梅、衡珏为德清县人民陪审员。

【德清县第十六届人大常委会第四十三次会议】 2021年9月29日召开。免去潘向荣的县人大常委会代表与选举任免工作委员会主任职务、张敏杰的县人大常委会舞阳街道工作委员会主任职务、朱菊华的县人大常委会阜溪街道工作委员会主任职务、简芳佳的县人大常委会下渚湖街道工作委员会主任职务、郑伟雄的县人大常委会研究室副主任职务、蔡霖琳的县人大常委会办公室副主任职务、李俊的县人大常委会武康街道工作委员会副主任职务、傅明亮的县人大常委会舞阳街道工作委员会副主任职务、茅根良的县人大常委会阜溪街道工作委员会副主任职务、王忠德的县人大常委会下渚湖街道工作委员会副主任职务，任命周云为县人大常委会监察和司法（法制）工作委员会主任、黄向阳为县人大常委会代表与选举任免工作委员会主任、陈珏为县人大常委会舞阳街道工作委员会主任、陈建伟为县人大常委会阜溪街道工作委员会主任、沈生荣为县人大常委会下渚湖街道工作委员会主任、郑伟雄为县人大常委会办公室副主任、姚国兴为县人大常委会研究室副主任、张敏杰为县人大社会建设委员会副主任委员、叶调胜为县人大常委会监察和司法（法制）工作委员会副主任、朱建福为县人大常委会教育科技文化卫生工作委员会副主任、施景杰为县人大常委会农业与农村工作委员会副主任、姜德虎为县人大常委会城乡建设与环境资源保护工作委员会副主任、屈联国为县人大常委会代表与选举任免工作委员会副主任、张飞飞为县人大常委会代表与选举任免工作委员会副主任、沈掌华为县人大常委会武康街道工作委员会副主任、张建伟为县人大常委会舞阳街道工作委员会副主任、刘建平为县人大常委会阜溪街道工作委员会副主任、仲建伟为县人大常委会下渚湖街道工作委员会副主任。决定免去蒋斌的县人力资源和社会保障局局长职务、许建驰的县市场监督管理局局长职务、曹才良的县退役军人事务局局长职务，决定任命周敏为县人力资源和社会保障局局长、肖新方为县市场监督管理局局长、陈国松为县退役军人事务局局长。任命傅贤生为县人民法院审判员、审判委员会委员、副院长。接受方海明辞去县人民法院院长、审判委员会委员、审判员职务。决定傅贤生代理县人民法院院长。

【德清县第十六届人大常委会第四十四次会议】 2021年12月18日召开。决定接受杨国志辞去县人民政府副县长职务；免去杨腾伟的县人大常委会办公室（研究室）主任职务，丁本荣的县人大常委会城乡建设与环境资源保护工作委员会主任职务，潘正福的县人大社会建设委员会副主任委员职务，章飚的县人大常委会教育科技文化卫生工作委员会副主任职务；任命孙宏明为县人大常委会办公室（研究室）主任，沈福康为县人大常委会城乡建设与环境资源保护工作委员会主任，潘正福为县人大常委会教育科技文化卫生工作委员会副主任。决定免去沈松泉的县审计局局长职务，沈杭的县政府金融工作办公室主任职务；决定任命张文斌为县人民政府副县长，符海滨为县人民政府副县长，陈强为县审计局局长，丁金伟为县政府金融工作办公室主任。任命王云香为县监察委员会副主任。免去吴玉峰的县人民法院副院长职务，梁帅的县人民法院副院长职务，莫剑青的县人民法院莫干山人民法庭庭长职务，王昆明的县人民法院行政审判庭（环境资源审判庭）庭长职务，何建海的县人民法院民事审判二庭庭长职务，王国青的县人民法院新市人民法庭庭长职务，谢芳的县人民法院民事审判三庭庭长职务，嵇阳的县人民法院新市人民法庭副庭长职务，沈怡赟的县人民法院综合审判庭庭长职务，李腾的县人民法院新市人民法庭副庭长职务，沈霖的县人民法院民事审判二庭副庭长职务，王丹的县人民法院综合审判庭副庭长职务，沈筱婕的县人民法院雷甸人民法庭副庭长职务，翁璐娴的县人民法院民事审判三庭副庭长职务，夏辰雪的县人民法院审判员职务；任命田芳为县人民法院雷甸人民法庭庭长，王昆明为县人民法院新市人民法庭庭长，何建海为县人民法院洛舍人民法庭庭长，王国青为县人民法院莫干山人民法庭庭长，谢芳为县人民法院立案庭庭长，嵇阳为县人民法院综合审判庭庭长，沈怡赟为县人民法院行政审判庭（环境资源审判庭）庭长，李腾为县人民法院地信小镇人民法庭副庭长兼民事审判三庭副庭长，沈霖为县人民法院莫干山人民法庭副庭长，王丹为县人民法院民事审判二庭副庭长，沈筱婕为县人民法院综合审判庭副庭长，翁璐娴为县人民法院民事审判二庭副庭长，杨璐婷为县人民法院审判员，吴开田为县人民法院审判员，周云凯为县人民法院审判员。任命毕青华为县人民检察院检察员、检察委员会委员，黄勇为县人民检察院检察员。同意接受王勇辞去县监察委员会主任职务。决定王云香代理德清县监察委员会主任。

自身建设

【机关党建工作】 2021年，德清县人大常委会发挥常委会党组把方向、管大局、保落实的政治保证作用，制定实施《县人大常委会理论学习中心组学习制度》，开展“两学一做”学习教育、“不忘初心、牢记使命”主题教育、党史学习教育，提高政治判断力、政治领悟力、政治执行力。加强常委会及机关党建工作，创设“架桥连心为人民”党建品牌，推动党总支和党支部规范化标准化，营造唯实惟先、善作善成、担当有为的浓厚氛围，打造政治型、学习型、服务型、效能型和清廉型机关。

【党风廉政建设】 2021年，落实中央八项规定精神，压紧压实全面从严治党主体责任和“一岗双责”，严肃党内政治生活和组织生活，运用监督执纪“第一种形态”，把纪律和规矩挺在前面。修编《制度汇编》，规范党组议事、财务管理、干部考核等，驰而不息纠“四风”、正作风，塑造风清气正的政治生态。

【十大创新成果】 2021年，完成全省街道人大工作和建设试点工作，制定《人大街道工委工作规则》等32项制度，有效推动人大街道工委依法履行监督职能，获“浙江人大工作与时俱进奖”特别奖。加强与镇（街道）人大的工作协同，实现学法用法、监督检查、评议问政、接待群众、主题活动“五大联动”，形成并巩固发展部门评议、案件评审、民生实事满意度票决、“组合拳”监督、预算联网监督、现场+会议+电视问政、代表“五好一争”活动、代表入驻矛调中心、代表“站点窗岗”履职、代表“云履职”等十大创新成果，全县人大系统整体履职质效和水平显著提升。相关做法被《人民日报》《人民网》《新华网》《人民代表报》等中央媒体报道174次。

（孔泽鑫）

德清县人民政府

综　述

【概况】 2021年，德清县人民政府高举习近平新时代中国特色社会主义思想伟大旗帜，坚持稳中求进工作总基调，以“聚力三进三服务·五个先行开新局”行动为主抓手，全县经济社会实现持续健康发展。全年，全县地区生产总值615.5亿元，比上年增长8.7%。完成财政总收入134.6亿元，比上年增长15.9%，其中一般公共预算收入83.3亿元，比上年增长24.1%。规模以上工业增加值比上年增长12.5%，固定资产投资比上年增长15.5%。获得国务院督查激励1次、省政府督查激励2次。联合国全球地理信息知识与创新中心加速落地，杭州城西科创大走廊北翼中心发展规划发布实施，片区管委会挂牌成立；浙江省首批、全市首个省级科技最高奖“科技创新鼎”；“浙里基本公共服务应用”（五四未来乡村试点）成为全省数字化改革“最佳应用”；杭德市域铁路、浙大儿院莫干山院区项目正式开工；“五水共治”夺大禹鼎金鼎，平安德清实现全省首批“十六连冠”。

重要施政

【经济运行】 2021年，德清县政府坚持“项目为王”理念，健全完善项目“双进双产”工作机制，每半月召开工作例会、每两月召开现场推进会，率先探索“拿地即开工”“赋码即开工”新模式，完成全湖州市首个企业投资“四证联发”项目。全年新引进3亿元以上项目103个，20亿元以上13个；新增亿元以上项目开工118个，其中3亿元以上42个；新增亿元以上项目竣工131个；新列入省市县长项目5个，落地率80%。招商引才和项目推进绩效综合评价连续7个月位居全市第一，新增省重点建设项目10个、重大产业项目6个，分别居全市第一名、第二名。实施“五未”项目破解攻坚行动，强化项目推进清单化、全流程管理，完成低效用地盘活超212.33万平方米、“五未”项目化解90个。

重点行业智能化示范引领　年内，实施重点行业智能化示范引领等“三个全覆盖”行动，成为湖州市唯一入选省区域新智造试点县区，鼎力机械入选智能制造创新50强。推进新一轮制造业“腾笼换鸟、凤凰涅槃”攻坚行动，新竣工老旧工业园区改造项目66个165.07万平方米，以全省第3获评省制造业高质量发展示范县。实施冠军领航行动，统筹推进“雄鹰行动”“凤凰行动”“金象金牛”企业培育，建立单项冠军培育库，汇隆新材上市，浦森新材等5家企业成为工信部专精特新“小巨人”、省“隐形冠军”。服务业增势稳定，荣获国家级“电子商务进农村综合示范县”，上渚山奇幻谷入选AAA级旅游风景区，全国县域旅游综合实力百强县榜单位居第八名。外贸出口保持上行，保税物流中心（B型）封关运营。

【改革创新】 2021年，德清县政府改革集成效应凸显，200余项省级以上改革试点系统化、集成化推进落地，在全国首创“单一”宅基地使用权抵押贷款，试点经验获中央政研室调研肯定。列入数字化改革全省“一本账”应用24项，“浙里基本公共服务”成为全市唯一率先破题全省“最佳应用”的改革成果，“GEP核算应用”被列为全省数字政府系统首批“一地创新、全省共享”应用，乡村治理数字化平台入选国家数字农业农村新技术新产品新模式优秀案例，“宅富通”获评省农业农村数字化改革第一批“优秀应用”,“数字乡村一张图”入选《国家数字乡村建设指南1.0》。推进国家数字乡村建设试点,数字赋能乡村成为全国数字乡村建设典型案例。

强县首位战略创新　坚持创新强县首位战略,联合国国际咨询会议召开,杭州城西科创大走廊德清片区管委会落地运行,“创新指数”列全省第六位、全市第一位,研发投入强度达到3.7%,居全省县(市)第二位。新认定高新技术企业64家、省科技型企业255家,累计分别达到330家和1138家,实现三年翻一番。新增省级新型研发机构2家、省级企业研究院5家、省级企业技术中心2家,列入省尖兵“领雁”重点研发计划项目8个。莫干“论剑谷”建设稳步推进,核心区块新签约亿元以上项目8个,总投资27.34亿元。

人才引进　完善“人才新政4.0版”,预计招引大学生及各类人才超2.4万人,新增青年博士超170人,各类科技人才数量列全省第一方阵。

【城乡风貌】　2021年,德清县政府统筹抓好城乡融合、生态文明等工作,“以数字空间治理推动经济高质量发展”等2个案例入选联合国践行2030年可持续发展议程典范案例,已累计达到6项。打好污染防治攻坚战,高标准推进第二轮中央生态环境保护督察问题整改,开展大气“双百攻坚·雷霆行动”,推进能源“双控”和煤炭减量替代,$PM_{2.5}$平均浓度降至27微克/立方米,空气优良率达91%,连续2年空气质量因子达到国际二级标准。在全市率先启动城乡风貌整治提升和乡村新社区建设,乾元镇入选全省首批、全市唯一的千年古城复兴试点建设名单,前溪未来社区加快建设,全面启动新一轮城乡环境集中整治提升行动,全域土地综合整治与生态修复绩效评价获得全省县区第六名。

【民生福祉】　2021年,德清县政府实施富民惠民安民行动计划,在发展中保障和改善民生。纵深推进低收入群众增收、困难群体帮扶等系列行动,城乡居民人均可支配收入比降至1.59∶1。优化调整教育资源,浙江工业大学附属德清高级中学等6所新校区集中启用,高水平通过全国首批学前教育普及普惠县验收,12对“共建型”教育共同体全面建成。医疗资源布局加快落地,作为全市唯一县区入选浙江省基层卫生健康综合试验区。湖杭高速、湖杭铁路等重大工程加快建设,获评“四好农村路”全国示范县。推进亚运会筹办工作,重大场馆改造和新建实施。统筹推进新冠肺炎疫情防控、安全生产、社会稳定等各项工作,平安德清实现全省首批“十六连冠”、夺一星金鼎。

重要会议

【县政府全体会议】　2021年3月15日,县长王波部署召开县政府全体会议。王波强调,要树牢“唯实惟先”工作导向,紧扣全年目标任务,大干实事、大抓落实,确保夺取各项工作高分答卷,齐心协力推动“十四五”强势开局。要聚焦聚力抓落实,聚力抓项目、抓平台、抓创新;要精益求精抓落实,做到精密智控、精致发展、精细服务;要守正创新抓落实,在工作中正确处理守正与创新的关系。

8月20日,县长王波部署召开县政府全体会议。王波强调,要认真贯彻落实省政府第九次全体会议精神以及市委县委全会精神,咬定目标、坚定信心,创新实干、高效落实,多目标统筹推进各项工作,高质量完成全年各项目标任务,确保实现“三季进”“全年红”和“十四五”良好开局。要集中精力推动产业高质量发展;要高质高效抓好项目“双进双产”;要快人一步推动共同富裕先行示范;要千方百计守住能耗强度指标的底线;要加压加力提升城乡风貌整体品质;要全心全意办好省、市、县民生实事。

【县政府常务会议】　2021年1—12月,德清县人民政府召开常务会议16次。

2021年县政府常务会议情况表

表7

会议时间	会议名称	会议内容
1月20日	第十六届人民政府第76次常务会议	传达学习中央、省委农村工作会议精神；听取关于2020年经济社会发展主要指标预计完成情况和2021年目标任务初步安排、2020年全县扩大有效投资完成情况和2021年投资计划安排、2021年县政府为民办实事候选项目建议、当前安全生产形势和下一步安全生产工作安排、调整德清县土地整治项目指标收购和种粮补助资金标准的方案的汇报
2月4日	第十六届人民政府第77次常务会议	传达学习省"两会"精神；听取关于聚焦高质量赶超发展奋战一季度实现"开门红"和全县"聚力三进三服务 五个先行开新局"动员大会有关情况及2020年度全县工业经济工作奖励情况、被征地农民参加城乡居民基本养老保险有关筹资标准的汇报
2月25日	第十六届人民政府第78次常务会议	听取关于《政府工作报告》《县政府2020年度民生实事项目完成情况和2021年度民生实事候选项目情况的报告》《德清县2020年度环境状况和环境保护目标完成情况与2021年环境保护目标任务的报告》《德清县国民经济和社会发展第十四个五年规划和二〇三五年远景目标纲要（草案）》《德清县2020年国民经济和社会发展计划执行情况与2021年国民经济和社会发展计划（草案）报告》《德清县2020年财政预算执行情况和2021年财政预算（草案）的报告》、莫干山国家级旅游度假区创建行政奖励工作方案、康乾街道组建千丰社区、禹越镇兴隆居委会撤居建社区、德清县第一次自然灾害综合风险普查工作有关情况的汇报
3月26日	第十六届人民政府第79次常务会议	听取关于传达全国森林草原防灭火工作电视电话会议精神及德清县贯彻落实建议、坚决打赢遏制较大生产安全事故风险防控争先战实施意见及县安委会（含各专业安委会）组成单位人员调整情况、杭德城际铁路工程项目有关情况、莫干山国家级旅游度假区创建行政奖励名单、县政府领导班子分工的汇报
4月8日	第十六届人民政府第80次常务会议	通报丁绍雄违纪案；听取关于《德清县土地利用形势评价三色预警机制》、规范设施农业用地管理、修改《进一步加强德清县生活垃圾分类管理实施方案》《德清县党政数字化项目管理办法》、2018—2020年度德清县劳动模范和模范集体推荐评选情况的汇报
5月8日	第十六届人民政府第81次常务会议	听取关于传达学习市政府第六次全体会议精神、《国务院关于进一步深化预算管理制度改革的意见》精神及省市关于化解政府债务的有关要求、习近平总书记关于统计工作重要讲话指示批示精神、中央《意见》《办法》《规定》有关文件精神、迎接国家统计督察准备工作情况及下一步工作建议、2021年全县法治政府建设工作要点、《德清县城乡环境集中整治提升工作方案》《德清县城乡环境网格化管理工作实施方案》、德清县亚运筹办工作、武康中心城区城西片旧城改造六期（前溪未来社区）国有土地房屋征收决定有关情况的汇报
6月1日	第十六届人民政府第82次常务会议	听取关于《关于推行耕地保护"田长制"的实施意见（试行）》《德清县涉矿工程矿产品报批交易规则（试行）》《德清县镇（街道）内部控制体系建设试点工作方案》《〈德清县人民政府关于调整征地补偿安置政策及加强征地管理的通知〉和〈德清县人民政府关于进一步明确国有土地使用权出让收支管理有关规定的通知〉有关内容的补充意见》《加快推进农业高质量发展的若干政策意见》、德清县2021年发展粮油生产扶持政策、2021德清投资贸易人才洽谈会筹备工作进展情况、建议调整德清县被征地农民参加城乡居民基本养老保险缴费标准的汇报
6月21日	第十六届人民政府第83次常务会议	观看《生命重于泰山——学习习近平总书记关于安全生产重要论述》专题片；听取关于数字政府、数字经济、数字社会系统建设、"人有德行 如水至清"城市品牌打造情况、德清县境内练杭高速、杭宁高速、杭州绕城高速西复线差异化收费行政决策以及市域公交卡互联互通工作实施方案、《德清县新能源汽车推广应用地方补助实施办法》、2021年度加快德清县外经贸发展若干意见的实施细则的汇报
7月5日	第十六届人民政府第84次常务会议	传达学习中共中央总书记习近平在庆祝中国共产党成立100周年大会上的重要讲话、浙江省庆祝中国共产党成立100周年大会精神；听取关于《德清县科技创新发展"十四五"规划》《德清县制造业高质量发展"十四五"规划》、德清县粮食生产功能区整治优化行动方案、德清县促进保税物流中心（B型）发展若干政策、做好德清县机关事业老制度参保人员养老保险关系衔接工作的汇报

续表7

会议时间	会议名称	会议内容
7月13日	第十六届人民政府第85次常务会议	听取关于调整公布德清县房屋征迁补偿安置有关标准、征收集体土地房屋高层公寓安置小区物业管理补助政策的汇报
8月10日	第十六届人民政府第86次常务会议	传达学习《中共浙江省纪委浙江省监委关于钱镠墓被盗事件追责问责情况的通报》;听取关于《德清县教育事业发展"十四五"规划》《德清县现代服务业发展"十四五"规划》《德清县旅游业发展"十四五"规划》《加强应急管理体系和能力建设的实施意见》、高水平推进"美丽小区"建设、高质量推进"美丽街巷"建设以及《德清县城乡环境常态长效管理考核办法》《进一步规范财政扶持政策的通知》、推进县建发集团和经开集团整合重组工作的汇报
9月2日	第十六届人民政府第87次常务会议	传达学习市委常委会会议暨市共同富裕领导小组第一次会议精神;听取关于降低能耗强度和落实"赛马"激励机制扩大有效投资有关情况、全县2021年度碳排放强度考核指标有关情况、贯彻落实"双减"工作有关情况、调整《德清县集体土地上住宅房屋征迁房票安置实施意见》、2021年度数字化补报项目拟实施计划、《德清县进一步贯彻浙江省国企改革三年行动实施方案(2020—2022年)的通知》起草情况、乾元镇危旧住房治理涉及相关资产处理、开展德清县数字门牌项目建设的汇报
9月28日	第十六届人民政府第88次常务会议	传达学习全国秋冬季森林防灭火工作电视电话会议精神及全县安全生产工作情况;听取各专委会履职情况及下一步工作打算、贯彻落实《加强全省消防救援队伍建设的意见》有关情况和建议、调整完善村级安置留用地政策、《进一步深化完善生态保护补偿机制实施意见(试行)》情况;全县对口工作任务分解;传达全省文物安全专题工作会议精神;听取县文物保护和文物安全防范工作情况的汇报
10月21日	第十六届人民政府第89次常务会议	听取关于高质量实施全域综合整治、第三次全国国土调查有关情况、矿产资源"十四五"规划、《德清县老旧小区改造工作实施方案》《进一步强化和规范镇(街道)财政管理的实施意见》、杭德市域铁路项目有关招投标工作、地信大会期间纳入"绿色通道"制度的建设项目结算审计问题的汇报
11月16日	第十六届人民政府第90次常务会议	传达学习市委副书记、代市长洪湖鹏到德清调研时的讲话精神;听取《德清县新一轮制造业"腾笼换鸟、凤凰涅槃"攻坚行动实施方案(2021—2023年)》《德清县制造业高质量发展若干政策意见》《加快生物医药产业高质量发展的若干意见(试行)》和兑现老旧工业园区改造补助资金、《德清县推进"大综合一体化"行政执法改革实施方案》《德清县工程渣土"一件事"工作方案》《支持文化创意产业发展的若干意见》修订工作、《建设城西科创大走廊北翼中心人才发展体制机制综合改革试点的实施意见》制定情况、浙工大教职工生活补助和交通补助政策调整有关情况、县十六届人大五次会议代表建议、县政协九届五次会议提案办理的汇报
12月15日	第十六届人民政府第91次常务会议	传达学习中央经济工作会议精神;听取关于传达全省"扩大有效投资、抓好重大项目"专题工作电视电话会议精神以及德清县贯彻落实意见、全县新冠肺炎疫情防控工作、《德清县电动自行车综合治理集成改革工作实施方案》《进一步推进全县商品交易市场高质量发展的实施意见》、行政事业单位发放补贴奖金扣缴个人所得税有关事项、调整德清旺能生态科技有限公司餐厨垃圾收运处置补贴、加快推进乾元镇千年古城复兴试点工作的若干意见、2022年度数字化项目建设计划、华夏幸福德清(雷甸)项目进展情况、进一步整合优化德清县政务服务便民热线有关情况的汇报
12月30日	第十六届人民政府第92次常务会议	传达学习县第十五次党代会精神;听取关于2021年四季度县安委会和各专委会履职情况以及岁末年初安全防范工作打算、《莫干"论剑谷"建设工作方案》《德清县民宿管理办法》修订情况、《德清县巡游出租车电动化改造和行业体制改革实施方案》、进一步完善县属国有企业负责人养老待遇的情况汇报

政府政务施略

【民生实事项目完成】 2021年，德清县政府将民生实事项目作为回应群众关切、保障民生需求、提升群众获得感和幸福感的重要抓手，落实县十六届人大五次会议决定，完成德清市民免费通行境内高速、养老安心服务、免费医疗服务、青少年心理健康护航行动、智慧快递建设工程、残疾人帮扶暖心工程、电信网络诈骗综合治理工程、教育资源扩容提升工程、畅通绿色出行、城乡防洪排涝提升工程十方面的民生实事项目，人大代表评议满意。

【县政府重要文件】 2021年，德清县人民政府共发布重要文件122件。

1月，县政府发出的文件：《德清县人民政府 德清县人民武装部关于调整明确县征兵工作领导小组成员的通知》《德清县人民政府办公室关于调整土地整治项目指标收购和种粮补助资金标准的通知》。

2月，县政府发出的文件：《德清县人民政府关于公布2020年度全县经济工作考核结果的通知》《德清县人民政府关于增补县政府第一届咨询委员会委员的通知》《德清县人民政府关于印发德清县电子商务扶持政策的通知》《德清县人民政府办公室关于印发德清县2021年国土绿化实施方案的通知》《德清县人民政府办公室关于公布2020年度全县金融保障与风险防范工作考核结果的通知》。

3月，县政府发出的文件：《德清县人民政府关于新市镇人民政府相对集中行使行政处罚权公告》《德清县人民政府关于县政府领导工作分工的通知》《德清县人民政府关于下达德清县2021年度政府投资项目计划的通知》《德清县人民政府办公室关于印发德清县稻虾轮作扩粮增效"5115"行动计划(2021—2023年)的通知》《德清县人民政府办公室关于印发德清县2021年农业农村工作要点的通知》《德清县人民政府办公室关于印发2021年政府工作报告重点工作和十方面民生实事责任分解的通知》《德清县人民政府办公室关于印发德清县政务新媒体管理办法(试行)的通知》《德清县人民政府办公室关于公布2020年度食品药品安全工作综合评价结果的通知》《德清县人民政府办公室关于印发德清县2021年度应急管理、安全生产和消防工作目标管理责任制考核办法的通知》。

4月，县政府发出的文件：《德清县人民政府关于给予莫干山国家级旅游度假区创建工作有功集体和个人行政奖励的决定》《德清县人民政府关于印发德清全域城市级自动驾驶与智慧出行示范区建设2021年工作计划的通知》《德清县人民政府关于公布2018—2020年度德清县劳动模范和模范集体的通知》《德清县人民政府关于印发德清县国民经济和社会发展第十四个五年规划和二〇三五年远景目标纲要的通知》《德清县人民政府关于公布重要水域名录的通告》《德清县人民政府办公室关于印发2021年德清县服务业强县建设工作要点的通知》《德清县人民政府办公室关于下达2021年全县污水处理厂及配套设施建设计划的通知》《德清县人民政府办公室关于印发德清县巩固浙江省慢性病综合防控示范区建设实施方案的通知》《德清县人民政府办公室关于下达2021年度全县招商引才、对外贸易、社会消费品、楼宇经济、利用外资、境外投资、服务外包、电子商务工作目标任务的通知》《德清县人民政府办公室关于印发德清县土地利用形势评价三色预警机制的通知》《德清县人民政府办公室关于印发2021年度县政府常务会议学法计划的通知》《德清县人民政府办公室关于印发德清县党政数字化项目管理办法的通知》《德清县人民政府办公室转发县人防办"5·12"防空防灾警报试鸣方案的通知》《德清县人民政府办公室关于公布2021年德清县重大行政决策目录的通知》《德清县人民政府办公室关于开展德清县第一次全国自然灾害综合风险普查工作的通知》《德清县人民政府办公室关于印发德清县2021年度住房公积金工作考核办法的通知》。

5月，县政府发出的文件：《德清县人民政府关于武康中心城区城西片旧城改造六期（前溪未来社区）国有土地上房屋征收的决定》《德清县人民政府关于公布德清县农用地基准地价和城镇标定地价体系建设成果的通知》《德清县人民政府办公室关于规范设施农业用地管理促进设施农业健康发展的通知》《德清县人民政府办公室关于印发德清县大花园示范县建设三年行动计划的通知》。

6月，县政府发出的文件：《德清县人民政府办公室关于印发德清县2021年发展粮油生产扶持政策的通知》《德清县人民政府办公室关于印发德清县2021年铁路沿线安全环境治理工作实施方案的通知》《德清县人民政府办公室关于印发2021年德清县食品药品安全工作要点的通知》《德清县人民政府办公室关于印发2021年政务公开工作考核办法的通知》《德清县人民政府办公室关于印发德清县政府质量奖评审管理办法（2021年修订）的通知》《德清县人民政府办公室关于推行耕地保护"田长制"实施意见（试行）的通知》《德清县人民政府办公室关于印发德清县涉矿工程矿产品报批交易规则（试行）的通知》《德清县人民政府办公室关于印发德清县镇（街道）内部控制体系建设试点工作方案的通知》《德清县人民政府办公室关于印发德清县生态环境安全大排查大整治工作方案的通知》《德清县人民政府办公室关于印发德清县2021年度金融工作考核办法的通知》《德清县人民政府办公室关于印发德清县2021年金融支持地方经济发展考核办法的通知》《德清县人民政府办公室关于印发德清县国家现代农业产业园创建整改实施方案的通知》《德清县人民政府办公室关于印发德清县新能源汽车推广应用地方补助实施办法的通知》《德清县人民政府办公室关于印发德清县省级乡村振兴集成创新示范建设实施方案的通知》《德清县人民政府办公室关于印发2021年德清县招商引才项目推进考核办法的通知》。

7月，县政府发出的文件：《德清县人民政府关于调整部分县政府领导工作分工的通知》《德清县人民政府关于印发德清县促进保税物流中心（B型）发展若干政策的通知》《德清县人民政府关于〈德清县人民政府关于调整德清县征地补偿安置政策及加强征地管理的通知〉〈德清县人民政府关于进一步明确国有土地使用权出让收支管理有关规定的通知〉有关内容补充意见的通知》《德清县人民政府关于给予扫黑除恶专项斗争有功集体和个人行政奖励的决定》《德清县人民政府关于印发德清县科技创新发展"十四五"规划的通知》《德清县人民政府关于印发德清县制造业高质量发展"十四五"规划的通知》《德清县人民政府关于印发德清县生态环境保护"十四五"规划的通知》《德清县人民政府办公室关于印发德清县政府采购支持绿色建材促进建筑品质提升试点工作实施方案的通知》《德清县人民政府办公室关于印发德清县鼓励银行业金融机构开展宅基地使用权（农房财产权）抵押贷款的指导意见的通知》《德清县人民政府办公室关于印发德清县闲置农房与闲置宅基地盘活利用实施方案的通知》《德清县人民政府办公室关于印发德清县粮食生产功能区整治优化行动方案的通知》《德清县人民政府办公室关于公布房屋征迁补偿安置有关标准的通知》。

8月，县政府发出的文件：《德清县人民政府关于印发德清县金融业发展"十四五"规划的通知》《德清县人民政府关于印发德清县教育事业发展"十四五"规划的通知》《德清县人民政府关于印发德清县旅游业发展"十四五"规划的通知》《德清县人民政府关于印发德清县现代服务业发展"十四五"规划的通知》《德清县人民政府关于印发德清县"两山银行"建设工作方案的通知》《德清县人民政府办公室关于建立德清县农村宅基地村级组织主体作用履行机制的实施意见》《德清县人民政府办公室关于印发德清县防汛防台抗旱应急预案的通知》《德清县人民政府办公室关于印发德清县国有经营性用地做地工作若干意见（暂行）的通知》《德清县人民政府办公室关于印发2021年德清县政务公开工作要点的通知》《德清县人民政府办公室关于进一步规范财政扶持政策的通知》。

9月，县政府发出的文件：《德清县人民政府关于公布德清县2021年“师德楷模”、德清县“优秀教育管理者”选树结果的通知》《德清县人民政府关于印发德清县数字政府建设“十四五”规划的通知》《德清县人民政府关于印发德清县卫生健康事业发展“十四五”规划的通知》《德清县人民政府关于印发德清县综合交通运输“十四五”规划的通知》《德清县人民政府关于调整〈德清县城乡居民基本医疗保险暂行办法〉有关条款的通知》《德清县人民政府办公室关于转发县人防办“9·18”防空警报试鸣方案的通知》《德清县人民政府办公室关于印发德清县集体土地上住宅房屋征迁房票安置实施意见(试行)的通知》《德清县人民政府办公室关于印发德清县奋战四季度 冲刺“全年红”百日攻坚专项行动方案的通知》《德清县人民政府办公室关于印发德清县创建浙江省蚕桑丝织文化传承生态保护区实施方案的通知》《德清县人民政府办公室关于印发德清县自然资源(不动产)权属争议引发群体性突发事件应急预案的通知》《德清县人民政府办公室关于印发德清县数字门牌建设工作实施方案的通知》《德清县人民政府办公室关于印发德清县创建浙江省食品安全示范县工作方案的通知》。

10月，县政府发出的文件：《德清县人民政府关于印发德清县突发事件总体应急预案的通知》《德清县人民政府关于印发进一步深化完善生态保护补偿机制实施意见(试行)的通知》《德清县人民政府关于印发德清县残疾人事业发展“十四五”规划的通知》《德清县人民政府办公室关于进一步强化和规范镇(街道)财政管理的实施意见》《德清县人民政府办公室关于印发德清县创建浙江省4A级景区城实施方案的通知》《德清县人民政府办公室关于进一步明确全县政府专职消防队伍建设相关事项的通知》《德清县人民政府办公室关于印发德清县老旧小区改造工作实施方案的通知》《德清县人民政府办公室关于印发德清县突发事件道路水路运输应急保障行动方案的通知》《德清县人民政府办公室关于印发德清县药品安全事件应急预案的通知》《德清县人民政府办公室关于印发德清县森林火灾应急预案的通知》。

11月，县政府发出的文件：《德清县人民政府关于印发德清县基层卫生健康综合试验区建设方案的通知》《德清县人民政府关于新增中初鸣遗址等3处遗址为县级文保单位及调整安济桥等6处县级文物保护单位保护范围的通知》《德清县人民政府关于印发德清县妇女发展“十四五”规划和德清县儿童发展“十四五”规划的通知》《德清县人民政府关于印发德清县加快生物医药产业高质量发展的若干意见(试行)的通知》《德清县人民政府关于印发德清县新一轮制造业“腾笼换鸟、凤凰涅槃”攻坚行动实施方案(2021—2023年)的通知》《德清县人民政府关于印发德清县制造业高质量发展若干政策意见的通知》《德清县人民政府关于支持文化创意产业发展的若干意见》《德清县人民政府办公室关于印发德清县粮食安全应急预案的通知》《德清县人民政府办公室关于调整农村集体经营性建设用地入市调节金有关政策的通知》《德清县人民政府办公室关于推进高水平气象现代化和防灾减灾救灾“第一道防线”建设的实施意见》《德清县人民政府办公室关于印发德清县突发公共事件财政应急保障专项预案的通知》《德清县人民政府办公室关于印发德清县涉外突发事件应急预案的通知》《德清县人民政府办公室关于印发德清县突发事件科学技术应急保障行动方案的通知》《德清县人民政府办公室关于印发德清县网络与信息安全应急预案的通知》《德清县人民政府办公室关于印发德清县小微企业三年成长计划(2021—2023年)的通知》。

12月，县政府发出的文件：《德清县人民政府关于加快推进乾元镇千年古城复兴试点工作的若干意见》《德清县人民政府关于做好“十四五”期间森林限额采伐工作的通知》《德清县人民政府关于公布2021年德清县政府质量奖获奖企业名单的通知》《德清县人民政府关于新增综合行政执法事项的通告》《德清县人民政府办公室关于印发德清县农作物生物灾害应急预案的通知》《德清县人民政府办公室关于印发德清县重大动物疫情应急预案的通知》《德清县人民政府办公室关于印发德清县智慧社区建设工作实施方案的通知》《德清县人民政府办公室关于印发德清县突发公共卫生事件应急预案和德清县突发急性呼吸道传染病事件应急预案的通知》《德清县人民政府办公室关于印发德清县进一步推进全县商品交易市场高质量发展实施意见的通知》《德清县人民政府办公室关于印发德清县民宿发展管理办法(2021年修订)的通知》《德清县人民政府办公室关于印发进一步优化政务服务便民热线实施方案的通知》《德清县人民政府办公室关于印发德清县水事纠纷应急预案的通知》。

(陆晨晖)

政务服务

【概况】 2021年,德清县政务办以"五零五心优服务"党建特色品牌为引领,坚持群众(企业)需求和事项办结问题导向,抓牢数字化改革契机,秉持"服务永远在路上"的理念,优化营商环境,为德清县打造高质量发展"重要窗口"中的"精品窗口"贡献政务服务力量。全年,办理各类政务服务事项61.53万件,日办件量2461件,其中网办件量32.79万件,日网办件量1319件;公共资源交易项目922个,涉及交易金额109.05亿元,其中工程建设项目266个,政府采购项目588个,产权交易项目51个,土地矿产交易项目17个。

【数字化改革】 2021年,建立完善告知承诺制负面清单,梳理出县级75个企业投资审批事项中的23个事项、31个涉企经营审批事项以及141个机关内部办事事项纳入承诺事项清单,以线上承诺方式实现"承诺即审批";推进"一件事"集成应用61个,实现省定"一件事""一窗一网"可办37个,推出"档案协查""建筑工程档案归档"等德清特色"一件事";深化"无证明化"改革,公布下发取消(918项)和保留(30项)两张证明清单,常态化开展"无证明化"督查暗访;聚焦用水、用气、用电、消防、安检、运输等审批流程,简化重点涉企服务事项审批。

【服务延伸】 2021年,构建政务服务全域帮办模式,以1个县级行政服务中心、13个镇(街道)便民服务中心、170个村(社区)帮办点为重心,组建一支由430余名专业化帮办人员和40余名答疑解惑专家组成的帮办队伍,拟定帮办工作规则和管理考核制度,建立常态化业务培训和定期沟通协调机制;延伸"一网通办"2.0平台应用末梢,实现镇(街道)、村(社区)"全覆盖",推进群众(企业)"就近办";完善"长三角"区域通办服务机制,梳理出高频政务服务事项110个,搭建与桐乡市3镇便民服务中心的互办通道,打通群众(企业)"跨域通办"藩篱与堵点。

【公共资源交易数字监管】 2021年,提升交易数字监管,迭代升级交易系统2.0,推行在线云播、在线开标、电子保函(保单)。建设"国资网上平台",与阿里拍卖合作,有效实现国有闲置资产交易的保值增值。强化交易程序规范,实现中介超市"有序化"、政府集中采购"零投诉"、资源交易"零风险"、行政诉讼"零败诉"。

(皮　维)

数字现代化

【概况】 2021年,德清县大数据局围绕省、市、县数字化改革部署要求,在省、市大数据局的指导下,夯实一体化、智能化公共数据平台,有效支撑五大综合应用建设,重点围绕"一统两试五提升"抓好推进。"浙政钉"活跃度全省领先,综合门户上线优秀应用全市第一名。争取公共组件和数字孪生两项试点,地信组件全部纳入省空间中心,数字孪生试点率先建立数据标准并在全省交流发言。助推GEP生态价值转化、"浙里智惠"等重大应用建设落地，协力争创“一地创新全省共享”试点、省首批IRS优秀案例和省“最佳应用”。数字化项目绩效评价入选省数字政府理论成果。“数字乡村一张图”入选国家《数字乡村建设指南1.0》和联合国“2030”可持续发展案例。“德清通”防疫应用迭代为“湖州通”在全市推广，纳入全省在建精密智控体系。德清县一体化公共数据平台成为湖州市唯一比拼进入全省区县15强之一。

【新冠肺炎疫情精密智控】 2021年，依托“我德清”微信小程序在全市率先推出“返德通”，协助村（社区）基层工作人员对返德人员实行扫码管理。“德清通”防疫应用迭代为“湖州通”在全市推广，上线1个月实现全县注册用户超47万人，创建应用场所1.3万个，预警异常人员25万次，助力全市疫情精密智控和百姓安心出行。创新实施“数字乡村一张图+健康码”图码结合的网格化精密智控模式，完成标准地名地址库规范化建设，将全县48万条人员数据、省疫情防控系统下发数据、健康码数据和地名地址数据库匹配，联动视频摄像和电子围栏，实时感知、精准定位每户村居的健康码状态，红黄绿码和无码人员动态变化一目了然，切实守好乡村平安“家门”。

【基础底座建设】 2021年，坚持以“平台+大脑”为主阵地，夯实数据底座，梳理形成数据中心、算法中心和安全中心，着重提升四大能力。提升基础设施支撑力。实现政务外网县镇村全覆盖、全联通。督促80个村接入整改，10家单位政务外网违规外联整治。视联网实现镇街全覆盖，优化县公共视频资源共享平台，汇集3.3万路视频资源提供共享服务。参与湖州智联体建设，智慧工地、停车、市政、油烟监测等5类物联数据全量实时接入全市物联中台。提升数据供给力。完成59个应用2108个数据表编目，14亿条县级自有数据的归集，承接省市回流数据206个数据表，形成数字乡村、地名地址等13个专题库。县级平台收到数据共享申请404批次，需求满足率96.5%。为GEP生态价值转化、渣土一件事、“浙里智惠”等纳入“一本账S_1”目录数字化改革重大应用提供85类共享数据。新增开放交通、旅游等7大领域50个数据表。提升网络安全保障力。建设安全运营分中心，构建云、网、数、端、边界和应用一体化安全防护系统，实现市县联动防御。建立《数据回流安全保障》等管理制度，开展安全扫描和渗透测试6次，修复中低危漏洞8000多个，形成高危漏洞问题清单，指导各部门举一反三、整改提升。IRS上完成47个应用系统等保备案，完成率80%。

【资源统筹管理】 2021年，坚持以“建好+用好”IRS为主抓手，推进三大统筹。聚焦资源统筹。新建应用100%上架IRS，IRS应用产生数据关联率、被关联数据目录占比、云资源关联率均为100%。项目绩效管理、渣土协同管理应用推广纳入省IRS应用目录使用优秀案例集。完善县域应用“一本账”，IRS应用同源发布率80%以上；完成公共数据管理系统升级改造和数据资源自动化开通。聚焦项目统筹。规范数字化项目立项流程；把牢数字化项目建设“七要素”；落实项目绩效评价机制，构建项目绩效档案，进行存量应用“关停并转”。

【场景应用拓展】 2021年，坚持以“务实+管用”为主方向，推动场景建设集成高效。提升两端实效。“浙里办”累计个人实名注册用户37.14万人、法人9.5万人，分别比上年增长18.11%、21.27%。上架地方特色应用6个，“健康德清”“企业自巡查”入选全省高频应用。一网通办工作台覆盖所有村（社区），一网通办率86%。浙政钉贯通县乡村和网格，注册用户8945人，关键信息规范完整度100%，活跃率96%以上。清理不活跃群230个。上架19个钉应用。赋能多跨应用。构建共同富裕基本单元，以“大仙潭”建设为契机，加快农业、医疗、养老等应用落地，打造“德系列”场景。统筹全县未来社区数字化建设架构，健全数字化应用支撑体系，助力新丰等未来社区建设推进。助推宅富通、来浙里、内外贸一体化等多跨应用建设。

【省级试点建设】 2021年,一批智能组件为全省提供共享服务,数字孪生试点率先建立数据标准并在全省交流发言。抓实组件试点建设。入选省组件共建共享试点,联合20多家地信企业向省组件超市申报17个高频空间组件(13个入选)。其中县域数字化遥感监测、地名地址库检索救济引擎等4个组件上架组件超市,其余9个整合至省自然资源厅空间组件。抓实数字孪生试点。依托省域空间治理应用试点率先探索搭建数字孪生底座。"化工园区安全管理"应用在物联网+E监管基础上迭代开发,入选省数字孪生首批试点应用。围绕"精准映射、双向互动、先知先觉、以虚控实",初步实现对全县117家化工企业人和物的不安全行为及状态实时监测,累计预警1329起,问题处置率达99.3%。

【体制机制建设】 2021年,制定实施《德清县党政数字化项目管理办法》等制度,《德清县数字化项目绩效评价实施细则(试行)》纳入省数字政府系统理论成果。牵头起草全国首个省级数字乡村建设规范。参与制定《德清县数字化改革"景益求精"计划》《浙里智惠·基本公共服务"惠小二"服务规范》《渣土一件事应用系统评价指标体系》等配套机制。

(郑丽伟)

机关事务管理

【概况】 2021年,德清县机关事务管理中心用心服务,推进各项工作开展。全年会务保障1176场,接待参会人员6.7万余人次,接待副国级领导1批次,省部级领导56批次,完成县"两会"会务服务保障工作。

【办公用房管理】 2021年,根据领导班子换届实际情况,确定并实施人大楼办公室装修改造方案,协助县科协和总工会完成办公用房搬迁工作,妥善安排集中换届后办公用房调配问题;完成县委办、县府办、县人大、供销社等10多家单位52个办公用房维修改造项目。做好全县党政机关办公用房信息统计工作,排摸具备实行权属统一登记条件的党政机关办公用房清单,完成数据收集工作。完成全县党政机关办公用房清理整改"回头看"工作。

【公务用车管理】 2021年,坚持"安全第一,预防为主",加强司勤人员安全教育培训,全年安全行车82万千米,无安全责任事故发生。结合公车中心司勤人员队伍建设中存在的各类问题和短板,针对性开展"四争四提"暨廉政教育、驾驶员技能比武等系列活动,提升公车服务质量。县级机关公务用车接入省"一张网"平台,用车效率得到提高,全年派出车辆约9344单。规范社会化车辆租赁工作,租车量大幅下降,有效节约财政支出。上线运行"德清县国有企事业单位用车统一监管平台",加强对镇(街道)、国有企事业单位公务用车使用管理的日常指导。

【公共节能管理】 2021年,推动创建节约型机关,全县47家公共机构完成创建工作,提前完成2022年目标任务数。组织开展节能知识线上竞答,参与答题6000余人;开展"节能降耗我带头"签名墙活动,党政机关干部参与500余名,发放节能倡议书600余张、宣传手册1200余份、环保袋宣传用品600余份。率先在行政中心开展限塑行动,全面禁止一次性不可降解塑料袋、打包盒使用,在机关食堂安装环保袋发放机,免费为机关干部提供可降解环保袋。机关单位垃圾分类精准投放率90%以上,垃圾分类参与率、垃圾分类知晓率100%。

【物业服务保障】 2021年,实施行政中心会议室提升改造项目,会务保障能力提高。落实各项安全管理制度,对各类设备设施进行维保和检修,各类设备设施全年安全运行无事故。完成行政中心防撞桩增设、外围电缆铺设、二楼大厅屋顶补漏、冷却水塔改造等10余个维修改造项目,处理日常各类水、电、门锁等零星维修任务8200余次。落实行政中心进出口来访登记、测温,亮码、戴口罩等要求;更新访客一体机4台，全年来客登记4.63万人次，接待群众来访60起约921人次。

【公务活动保障】 2021年，完成各项接待工作任务，全年接待重要来宾382批次。其中，国家领导人3批次，省部级领导59批次，厅局级领导221批次，党政代表团35批次，重要客商49批次。完成德洽会、田博会、莫干山会议等重大会务活动接待保障工作，完成县"两会"、县第十五次"党代会"保障任务。协助相关部门做好在德清举办的一系列重大活动等接待服务工作。

（徐 姣）

安全生产和应急管理

【概况】 2021年，德清县亿元GDP生产安全事故死亡率为0.017（目标值为0.02以内），未发生较大以上事故。全县发生各类生产安全事故（包括工矿商贸领域、道路运输领域、水上运输领域、渔业船舶领域）12起，死亡10人。事故起数、死亡人数分别比上年下降36.8%、33.3%。其中，工矿商贸领域生产安全事故3起，死亡3人，事故起数和死亡人数均与上年持平；道路运输领域发生事故9起，死亡7人，事故起数、死亡人数分别比上年下降44.8%、41.6%；水上交通领域未发生生产安全事故，事故起数和死亡人数比上年均下降100%。"七张问题清单"中的"重大安全生产问题清单"总体指数评价全市第一名，平安考核危险化学品安全专项工作指标排名全市第一名。县应急管理局荣获全省2021年防汛防台先进集体、湖州市风险防控争先战先进集体、湖州市2021年度森林防灭火工作先进单位。

【安全生产检查】 2021年，德清县调整安全生产委员会架构，先后建立9个专业委员会，县政府有关领导均担任专业委员会负责人。各专业委员会坚持周例会、月会商、严督查，全年召开工作例会28次，发文35个，专委会主任参加例会21次、带队检查39次。元旦、春节、五一、国庆等重点时段，县四套班子领导分赴各联系镇（街道），开展节前安全生产检查，重点领域和重要时段安全稳定。县安委办发挥牵头抓总和指导协调作用，融合推动安全生产综合治理三年行动、"遏较大"风险防控争先战、安全隐患"洗楼"式排查见底等专项行动，排查单位5.64万家，发现各类隐患10.15万处，整改10.09万处，整改闭环率99.4%。对照重大隐患判断标准，排查重大隐患190处，全部闭环整改。查办重大隐患违法案件20起。

【工矿领域专项治理】 2021年，德清县办理非事故案件215起，罚款746.87万元，分别比上年增长47.2%和71.5%，办理行刑衔接案件3起，移送公安机关追究刑事责任4人。制定印发《德清县化工行业安全发展规划》《德清县化工产业"禁限控"目录》等文件，控制高风险危险性化学品建设项目，完成项目准入安全审查1200余家，否决涉毒涉爆化工项目19家。开展工矿企业安全生产标准化创建工作，工矿领域新创二级标准化7家，居全市第一位；探索数字赋能企业安全，工业企业安全在线应用指数全市第一位。在化工企业开展安全风险"防、控、救"数字孪生应用场景建设。化工园区企业安全管理数字孪生应用试点通过省大数据局组织的项目初步验收，入选省数字化改革优秀成果展。

（罗建良 谢晓东）

【应急管理体系建设】 2021年，德清县出台《关于加强应急管理体系和能力建设的实施意见》，在各镇（街道）开展应急管理机构建设，成立应急管理站13个，配备应急管理专职人员115人，其中在编77人，编外38人，持有行政执法证人员31人。以"理论+实训"的形式，分批组织镇（街道）安全监管干部到县应急管理局执法队实习，培训18批36人次；完善"1+52"县级应急预案体系，督促、指导镇（街道）修编应急预案381个。指导全县168个行政村（社区）编制综合性"多案合一"应急手册。承办市级综合应急演练2场、县级应急演练7场，联合桐乡市共同承办长三角嘉湖区域高速公路危险化学品运输事故应急处置联合演练。承办全市应急救援实训和技能竞赛，救援队伍包揽综合能力前两名；县应急管理局常态化开展24小时在岗值班1460人次，参与协调处理各类紧急信息1025条。应急联动指挥平台全年发送联动指令8969条，基本覆盖所有跨部门、跨领域事件，事件处置率100%。每月对10个相对偏远镇（街道）开展可视化调度演练全覆盖，县应急联动体系建设获市应急管理局充分肯定。

（吕腾　蔡哲俊　沈东）

【应急安全宣传教育】 2021年，德清县统筹推动高危行业技能提升、百万员工安全大培训等工作，高危行业领域安全技能提升行动合计完成5806人，完成市下达任务指标152.79%，全市排名第一位；百万员工安全大培训合计完成1.92万人，完成率113.18%。组织开展森林消防宣传日、“5·12”防灾减灾日、安全生产月、“11·9”消防宣传日、新《中华人民共和国安全生产法》宣传等活动。举办县级大型宣讲咨询活动11场，在商场、超市、楼宇、公交车等处LED屏滚动播放森林防灭火、防灾减灾、安全生产宣传视频21个，布设各类宣传展板214张，发放宣传资料2.25万余份，推动“安全云课堂”覆盖全县所有行政村（社区），162个点位。依托社会救援力量，开展129场惠及8000余人次的防灾减灾、应急救护等公共安全知识的宣传推广活动，提升社会公众防灾减灾避灾意识和自救能力。组织发动全县企业从业人员参加全国应急管理普法知识竞赛，参与人数、答题总得分均列全市第一名。

（董　栋）

外事工作

【概况】 2021年，德清县外事办围绕服务国家总体外交和全县高质量赶超发展的目标，着力于外事工作力量的增强和外事工作水平的提高，推动联合国全球地理信息知识与创新中心的落地，服务于亚运会的召开。多次赴省、市外事部门主动汇报创新中心相关工作进展，接待外交部、省市外办、省自然资源厅领导来德清调研指导。

【联合国创新中心落地进展】 2021年，联合国全球地理信息知识与创新中心作为联合国秘书处在中国设立的第一个直属机构，在联合国方面与中方国家部委、浙江省、湖州市、德清县等通力配合下，在省、市外事办的支持指导下，创新中心落地取得实质进展，中方和联合国方完成《东道国协议》《中心运行谅解备忘录》两份法律文件所有条款的谈判，为两份法律文书和中心的成立奠定坚实的基础。

【“遇见世界，相会德清”国际咨询会议】 2021年5月22—24日，联合国副秘书长刘振民、联合国驻华协调员常启德到德清考察并参加“遇见世界，相会德清”国际咨询会议，商讨联合国全球地理信息知识与创新中心如何为各国获得有效、及时的地理信息数据，提供工作框架、实施办法及组织架构，支持各国决策、制定政策以推动各国优先事项发展。会后，常启德对德清印象深刻，称赞德清在乡村振兴、共同富裕、可持续发展等方面取得的卓越成绩，专门写了感谢信。

2021年9月6—7日，德清县外事办赴义乌开展外事工作调研

（县外事办　供图）

【"城市国际标识系统"建设】 2021年，德清县外事办抓住2022年第19届杭州亚运会部分赛事在德清举办的重要契机，开启亚运会"城市国际标识系统"建设工作。多次赴杭州市外事办学习其规范公共外语标识的先进经验。组织人员对城区重点场所的英文标识标牌进行核查，发起"全民来找碴！德清外语标识标牌邀您来纠错"活动，吸引百余人参与并上传报送相关问题照片。多次赴浙工大外国语学院对接，邀请其利用专业优势协助德清县政府对"城市国际标识系统"进行系统化的整改提升。

【境外疫情闭环管控】 2021年，为严防境外疫情输入，设立境外疫情防控专班，上下联动，将人员摸排、闭环转运、居家隔离、日常健康监测等各环节纳入境外疫情闭环管控工作中，全年累计转运入境人员290人，协助50余位外籍人士接种新冠肺炎疫苗。在省、市外事办带领下，万里驰援，为在境外受疫情影响的德清人民提供领事保护，先后救治在埃塞俄比亚确诊感染新冠肺炎的公司职员4名，接回滞留在俄罗斯留学生1名，劝返滞留非洲人员3名，保障在外德清人民的生命安全。

【合作设立研究生实训基地】 2021年，以筹备联合国创新中心落地工为契机，与浙江大学外国语学院合作设立研究生实训基地，深化校地合作，力促早结硕果，携手推动德清县国际化水平提升。浙大外国语学院专业优势明显，国际合作交流工作经验丰富，能为德清外事工作的开展提供有力支撑。双方将在国际交流、学生实践、课题研究、智库建设等方面进行深入务实合作，以合作促共赢、以交流促提升，共同打造校地合作新典范。

（吴裕秋）

办公室工作

【概况】 2021年，德清县政府办公室贯彻落实中央、省、市、县的各项决策部署围绕共同富裕、数字化改革等重点工作，立足德清经济社会发展实际，研究出台集体土地房屋征迁房票安置、高层安置小区物业管理补助和调整完善村级安置留用地、数字政府建设"十四五"规划等系列政策，制定出台政策性文件125个，助推政府工作取得新突破。紧扣县政府中心工作，坚持以"参谋政务、做好服务"为根本任务，集全办之智确保综合文稿质量，起草、撰写各类文字材料1300余篇；周密细致地为县政府领导调研做好服务准备工作，服务县政府领导调研基层800余批次。

【公文处理会务组织】 2021年，完善公文流转机制，细化县政府办公室文件流转规则，全年发出各类文件494份。非涉密文件基本全部实现网上传输、办理，提高公文办理水平和效率，全年收到上级来文2864件，基本做到急件马上处理、平件当天处理，没有发生因公文处理不及时造成重要工作延误的情况。落实中央八项规定，坚持精简、效能、务实原则，控制会议次数和规模，承办德洽会等大中型会议70余次，小型会议190余次，会务工作保持零差错。

【督查督办】 2021年，会同有关部门就疫情防控"四不两直"、城乡环境整治提升、莫干"论剑谷"建设等各项重点工作开展实地督查95次；办理县政府主要领导批示指示660余件，其中督办件125件，做到件件有落实、事事有反馈；牵头编发《政务督查》《督查快报》等刊物共31期，其中得到县委、县政府主要领导批示16期。

【政务信息】 2021年，完成国务院办公厅、省政府办公厅、市政府办公室约稿380余条（篇），向上报送政务信息1100余条（篇），编辑《德清政务信息（动态）》75期，新增刊物《德清政务（每日信息）》编辑129期。其中，《德清县厚植"三大因子"夯实产业基础助力乡村振兴》专报被国务院办公厅单篇采用（为历年来首次）。上级领导批示150余条（篇）次，40余项工作经验获得全市交流推广。

【建议提案】 2021年，面对建议提案办理工作时间紧、任务重、要求高的形势，明确职责分工和进度时序，建好、用好网上办理系统，通过邀请人大代表、政协委员列席县政府常务会议、参加政府民生实事督查、县长倾听委员之声等形式，促进建议提案高效办理、优质答复、有效落实。126件人大建议和111件政协提案均按要求及时答复，满意率100%。

【政务公开】 2021年，推动“数字化+政务公开”，推进政务公开专区建设，设置“五统一”专区建设标准，设置专区“4+X”标准化功能，完成县、镇、村三级政务公开试点专区标准化建设。全年发布政策文件116件，各类政策解读102条，主动回应关切204件。在省政府办公厅开展的半年度政务公开第三方评估中，德清在全省县区排名第五。

【法治建设】 2021年，按时制发德清县2021年度重大行政决策目录，确定县政府重大行政决策事项7项，涉及全县重大行政决策事项50项。全年审核各类文件304件、立项规范性文件13件。审查县政府常务会议议题44件，提出各类修改意见11条。

【生态文明】 2021年，建成全国首个县域GEP核算决策支持系统，推进“GEP辅助决策和生态价值转化”应用建设，纳入“一地创新 全省共享”试点。探索GEP核算成果进政策体系与考核机制，出台《进一步深化完善生态保护补偿机制实施意见(试行)》，形成“2+2+1”领导干部自然资源资产离任审计量化评估体系。

【外事管理】 2021年，接待联合国副秘书长刘振民、联合国驻华协调员常启德一行到德清就可持续发展工作进行考察并召开相关国际咨询会议。做好外国人来华邀请工作，全年，审核外国人来华邀请函申请32人次。抓住亚运会部分赛事在德清举行的重要契机，启动城市国际标识系统建设工作。

（陈　驰）

中国人民政治协商会议德清县委员会

综　述

【概况】 2021年，中国人民政治协商会议德清县委员会(简称政协德清县)坚持“巩固提升、善作善成”的工作主基调，深化创新实践工作，着力擦亮“三跨三延伸”[持续深化跨政协届别的“重点提案跟踪追办”机制，延伸民主协商的社会时效、跨行政层级的“村(社区)议事会”机制，延伸民主协商的社会触角、跨行政区域的“重点主题会商”机制，延伸民主协商的社会宽度]特色协商品牌，推动县域发展中的政协贡献度和协商民主质量两个提升，创造富有“时代特征、政协特点、德清特色”的新时代德清政协工作新业绩，为德清县高品质建设国际化现代山水田园城市、打造“重要窗口”的“精品窗口”、争当社会主义现代化先行排头兵贡献政协智慧和力量。

【思想政治建设】 2021年，把坚持党的领导放在首要位置，完善以政协党组理论学习中心组学习为引领，党组会议、主席会议、常委会会议、机关周一例会为常态的学习体系，笃学深悟习近平新时代中国特色社会主义思想，提高政治判断力、政治领悟力、政治执行力。开展党史学习教育和党的十九届六中全会精神学习研讨，组织政协委员和机关干部参与“读党史、凝共识、聚合力”委员读书活动、“参观老渔阳里，感悟星火初燃”主题党日活动、观看庆祝中国共产党成立100周年图片展等，领悟中国共产党百年光辉历程、伟大成就和宝贵经验。全体政协委员和机关干部自愿爱心捐资，在莫干山上山步道旁兴建一座风雨凉亭“襄亭”，缅怀80年前在抗战中壮烈牺牲的德清籍抗日先烈褚定侯及其母亲的家国情怀。强化中心意识，参与省、市政协三级联动专项集体民主监督等工作，按照县委部署，助推“聚力三进三服务，五个先行开新局”行动、杭德市域铁路、全国文明城市建设、危旧房改造等各项工作任务落到实处。

【制度效能】 2021年，县把服务全县大局放在重要位置，彰显专门协商机构制度效能。开展全体会议协商，在县政协九届五次全会上准备26个大会发言材料，其中3个口头发言得到县委书记敖煜新批示肯定，提交的《县政协九届五次会议协商纪要》得到县长王波批示肯定。举办“党政主要领导倾听委员之声”座谈会，以“挖掘文旅新路线，推进文旅融合发展”“加快大运河德清经济建设”为主题，县委书记和县长与部分政协委员进行“面对面”交流，委员们经过调研提出的许多真知灼见，得到两位主要领导的充分肯定。开展常委会会议专题协商，围绕智慧城市建设、发挥亚运会溢出效应、增加农民收入等内容深入调研，其中《关于数字化改革背景下智慧城市建设的思考与建议》得到县委书记批示肯定。强化双月协商，围绕传统产业改造提升、健康德清建设、推进绿色渔业发展、加快建设养老服务体系、引导宗教界助力乡村振兴、融入杭州城西科创大走廊6个方面主题，与有关部门开展对口协商，形成一系列意见建议供相关部门决策参考。围绕浙江工业大学效应发挥、现代水利事业发展、“五未项目”推进、美丽大花园建设、数字乡村“一张图”建设等8项工作内容，加大主席视察和民主监督力度。

【履职能力水平】 2021年，把提高履职能力作为重要环节，加强政协委员和机关干部两支队伍建设，着力锤炼新本领，砥砺新担当。系统梳理九届政协大事要事、委员风采、系列工作经验和成果，提炼形成的“三跨三延伸”协商机制得到省政协领导充分肯定。注重对委员的培育引领，举办第五期“德清政协·莫干山讲堂”，组织骨干委员到厦门大学参加培训，搭建委员履职讲习平台，营造委员崇学向上的浓厚氛围。由县政协领导带队分成7组对县政协委员开展届末大走访，征求委员意见建议53条，协调解决困难或问题16个，取得良好的成效。结合换届工作，开展政协委员届末考核评估，着力把履职优秀的委员留在政协，向县委提出新委员提名推荐的原则性方向。加强政协机关建设，健全完善机关党组议事规则、干部考核、财务管理、公文管理、“三重一大”事项集体决策等制度，提升机关服务保障能力。配合县委巡察组对县政协机关党组开展巡察，落实巡察整改工作任务，涉及的30个整改问题66条整改措施全部完成。

政协重要会议

【政协德清县委员会第九届第五次会议】 3月11—13日在武康举行。会议听取审议政协主席张林华代表政协第九届德清县委员会常务委员会所作的工作报告和政协副主席姚欣代表政协第九届德清县委员会常务委员会所做的提案工作情况报告。与会人员列席县人大十六届五次会议，听取和讨论《政府工作报告》及其他报告。会议通过各项决议。

【常委会会议】 2021年1—11月，政协德清县第九届委员会召开常委会会议5次。

2021年3月11—13日，中国人民政治协商会议第九届德清县委员会第五次会议召开
（县新闻中心 供图）

2021年政协德清县常委会会议情况表

表8

时间	会议名称	会议内容
1月5日	政协德清县第九届第十八次常委会会议	听取县政府通报2020年全县经济社会发展情况和县政协九届四次会议以来提案办理工作情况，县纪委县监委通报2020年全县党风廉政建设和反腐败工作情况，县人民法院、县人民检察院分别通报2020年工作情况。听取有关部门跨届重点提案办理工作情况的汇报，对有关跨届重点提案办理工作进行民主评议
2月4日	政协德清县第九届第十九次常委会会议	传达学习县委常委会听取县政协党组汇报情况精神，审议通过县政协常委会工作报告、九届四次会议以来提案工作情况的报告和县政协九届五次会议议程(草案)、日程(草案)等有关事项，协商讨论有关人事调整任免事项等
3月12日	政协德清县第九届第二十次常委会会议	听取各组关于县政协常委会工作报告、提案工作情况报告、县政府工作报告等讨论情况；审议通过县政协提案委员会关于九届五次会议提案收集初审情况的报告(草案)，县政协九届五次会议选举办法(草案)，补选县九届政协副主席、秘书长候选人员名单(草案)，县政协九届五次会议总监票人、监票人名单(草案)，县政协九届五次会议决议(草案)

续表8

时间	会议名称	会议内容
7月15日	政协德清县委员会第九届第二十一次常委会会议	听取县委副书记、王波县长作的2021年上半年全县经济社会发展情况的通报，审议通过《关于数字化改革背景下智慧城市建设的思考与建议》，听取县政协委工委副主任沈战明作的《关于数字化改革背景下智慧城市建设的思考与建议》调研报告的起草情况说明，审议通过此项调研报告
11月3日	政协德清县第九届第二十二次常委会会议	听取跨届重点提案办理工作情况，开展跨届重点提案办理工作民主评议，审议通过县政协换届工作有关事宜、县政协有关人事任免事项等

【主席会议】 2021年1—11月，政协第九届德清县委员会召开主席会议13次。

2021年政协德清县委员会主席会议情况表

表9

时间	会议名称	会议内容
1月12日	政协德清县九届三十一次主席会议	讨论县政协对镇(街道)和部门考核工作
2月2日	政协德清县九届三十二次主席会议	讨论第九届德清县委员会常务委员会工作报告(讨论稿)和提案工作报告(讨论稿)，协商讨论县政协九届五次会议议程、日程等相关事宜并研究有关人事事项
2月8日	政协德清县九届三十三次主席会议	听取各专委会负责人对于2020年开展的主要工作完成情况和2021年工作思路的汇报
2月23日	政协德清县九届三十四次主席会议	传达学习全县“聚力三进三服务、五个先行开新局”行动动员大会精神，审议政协德清县委员会2021年工作要点、关于2021年县政协协商民主重点议题安排的意见、县政协2021年重点工作任务分工方案
3月9日	政协德清县九届三十五次主席会议	传达学习《习近平在浙江》采访实录和市政协八届五次会议精神
4月9日	政协德清县九届三十六次主席会议	讨论“德清数字政协”建设实施方案、政协委员履职平台建设与管理办法、反映社情民意信息工作的实施方案等有关事项
5月24日	政协德清县九届三十七次主席会议	听取县政协常委会专题协商课题情况汇报和2021年度县领导重点提案领办情况汇报
6月4日	政协德清县九届三十八次主席会议	县政协副主席王秀琴传达省政协主席葛慧君到德清调研时的讲话精神；县政协副主席王晶传达省政协主席葛慧君在全省政协工作提质增效专题研讨班上的讲话精神
7月13日	政协德清县九届三十九次主席会议	讨论县政协九届二十一次常委会会议日程、议程安排，讨论2021年度县政协对县级部门、镇(街道)考核办法，通报2021年半年度县政协机关社情民意信息工作情况，讨论“褚亭”建设相关情况及资金募集方案，讨论2021年镇(街道)政协工作半年度考核情况
9月14日	政协德清县九届四十次主席会议	听取县政协机关集中开展委员大走访活动方案汇报，听取九届县政协委员履职考评情况汇报，讨论在德市八届政协委员留任提名建议
10月8日	政协德清县九届四十一次主席会议	开展党纪教育一刻钟，学习《中国共产党重大事项请示报告条例》，传达学习市政协《2021年度区县政协工作考核办法》
10月27日	政协德清县九届四十二次主席会议	讨论县政协《关于推进“请你来协商·民生议事堂”平台建设的实施办法》、县政协跨届重点提案办理工作情况、县政协十届一次全会提案准备工作
11月18日	政协德清县九届四十三次主席会议	讨论第五期“德清政协·莫干山讲堂”暨2021年“界别活动周”活动方案，部署市政协组织的“千名委员上线”网上学习会工作

【政协党组会议】 2021年1—12月，政协德清县第九届委员会召开党组会议12次。

2021年政协德清县委员会党组会议情况表

表10

时间	会议名称	会议内容
1月12日	政协德清县九届五十一次党组(扩大)会议	传达学习县委十四届十次全体(扩大)会议暨经济工作会议精神
2月2日	政协德清县九届五十二次党组(扩大)会议	传达学习贯彻中央纪委第五次全体会议精神，学习传达省政协第十二届四次全会精神和县委常委会听取县政协党组汇报精神
3月15日	政协德清县九届五十三次党组(扩大)会议	传达学习县委常委(扩大)会议精神，总结县政协九届五次会议情况
4月9日	政协德清县九届五十四次党组(扩大)会议	讨论县政协机关党组分工事宜，开展党纪教育一刻钟，就党史学习教育进行学习研讨
5月24日	政协德清县九届五十五次党组(扩大)会议	听取县委巡察组巡察县政协机关党组有关情况汇报，开展党纪教育一刻钟，就下阶段政协工作进行部署
6月15日	政协德清县九届五十六次党组(扩大)会议	传达学习省委十四届九次全体(扩大)会议和市委、县委常委(扩大)会议精神
7月13日	政协德清县九届五十七次党组(扩大)会议	传达学习习近平总书记在庆祝中国共产党成立100周年大会上的重要讲话精神，传达学习省委书记袁家军在浙江省庆祝中国共产党成立100周年大会上的讲话精神以及省委常委会会议、市委常委会会议、县委常委会会议等各级有关会议精神
8月2日	政协德清县九届五十八次党组(扩大)会议	传达学习县委十四届十一次全体(扩大)会议精神，听取县委巡察组巡察县政协机关党组反馈情况及整改工作计划汇报
9月14日	政协德清县九届五十九次党组(扩大)会议	开展党纪教育一刻钟，讨论通过县政协机关党组落实县委巡察整改要求出台的相关制度
11月18日	政协德清县九届六十次党组(扩大)会议	传达学习党的十九届六中全会精神
11月29日	政协德清县九届六十一次党组(扩大)会议	县政协领导交流学习贯彻党的十九届六中全会精神心得体会，讨论通过《县政协党组关于深入学习贯彻党的十九届六中全会精神，开展以“同心向党”为主题的“一十百千”学习宣传活动的实施方案》
12月27日	政协德清县九届六十二次党组(扩大)会议	传达学习中共德清县第十五次代表大会精神，研究县政协2022年春节前后重点工作安排

重要活动

【提案工作】 2021年，德清县政协九届五次会议收到提案127件，交办111件，绝大多数在规定时间办理完毕，按规定进行答复。个别提案因承办单位需要延期办理也事先向县政府办公室和提案者说明情况，经同意延期后在承诺期限内办结。当年解决或基本解决91件，占81.98%；正在解决或列入解决计划20件，占18.02%；因受条件限制需待以后解决、留作工作参考均为0件。从反馈情况看，提案者对111件提案办理情况均表示满意，满意率100%。

【领导视察】 2021年，聚焦党政关注的重点工作，德清县政协领导带队先后开展浙江工业大学效应发挥、推动现代水利事业发展、“五未项目”推进、民族团结进步创建、老旧小区改造提升5项主席视察活动，通过实地视察、了解相关情况，直接与被视察单位交换意见，既肯定成绩，又提出意见建议，推动相关工作的落实。

【专项民主监督】 2021年，围绕推进美丽大花园建设、《中华人民共和国民法典》社会宣传、数字乡村“一张图”建设3项涉及民生较广的项目。开展年度专项民主监督，帮助查找工作过程中的相关问题，促进为民办实事项目的加快落实。

【全会协商】 2021年，德清县政协九届五次会议期间，组织政协委员围绕政府工作报告、“两院”工作报告等，发表意见、建言献策，提出有针对性和可操作性的意见建议。以“立意高、切口小”为原则，精心准备大会发言，9个口头发言和17个书面发言均得到广泛好评。

【“县委书记县长倾听委员之声”座谈会】 2021年，德清县政协精心选择事关德清发展的大事，组织委员与书记县长“面对面”对话协商。8月，召开“县委书记倾听委员之声”座谈会。县委书记敖煜新与部分县政协委员面对面交流，8位政协委员围绕“挖掘文旅新路线 推进文旅融合发展”主题，从建设洛舍漾水上运动乐园、做精做亮研学旅行、培育德清个性文创产品、挖掘水乡特色美食等方面建言献策。11月，“县长倾听委员之声”座谈会召开。县委副书记、县长王波与部分县政协委员面对面交流，7位政协委员围绕“加快打造大运河德清经济带”主题，从大运河沿线规划布局、新市古镇发展、雷甸融杭发展等方面建言献策。

2021年8月3日，“县委书记倾听委员之声”座谈会召开

（县新闻中心 供图）

【常委会专题协商】 2021年，围绕高标准高质量建设城市大脑、高水平办好杭州亚运会德清赛事、以增加农民收入为抓手加快推进共同富裕、全县经济社会发展情况通报等内容开展常委会专题协商。

【双月协商】 2021年，围绕传统产业改造提升、健康德清建设、推进绿色渔业发展、加快建设养老服务体系、引导宗教界助力乡村振兴、融入杭州城西科创大走廊6个协商主题开展双月协商，形成相关建议书。

【界别协商】 2021年，根据《关于创建界别活动室的实施办法（试行）》开展各项界别活动，彰显政协界别特色，探索发挥界别作用的新途径，拓宽委员履职渠道，规范委员履职活动，激发委员履职热情，提高委员履职成效。推进界别活动室载体建设，深化委员联系界别群众工作机制，开展“界别活动周”活动，通过各界别活动组形式多样的协商活动，在宣传政协工作的同时，又密切与界别群众的联系。

【跨区域协商合作】 2021年，德清县政协开展跨区域协商合作4次，通过议题协商、成果发布、主题交流、考察调研等，深化两地之间的交流合作。4月，在上海黄浦区组织召开黄浦政协·德清政协跨区域协商会。黄浦区政协主席左燕、副主席黄玮，县政协党组副书记方杰、副主席王晶等参加。双方围绕城市社区治理、地理信息产业发展、黄浦区名医名师委员结对帮扶德清教育卫生健康工作、德清名优特产进上海4个议题开展协商。5月，在上海杨浦区举办以“创新引领高质量发展、品牌铸就美丽德清”为主题的2021长三角老字号品牌合作高峰论坛暨沪德老字号品牌合作成果发布活动。市政协副主席竺鸽、县政协主席张林华参加并致辞。6月，长三角13县(市、区)政协工作研讨会第四十七次会议在上海市嘉定召开，县政协副主席嵇金星代表浙江县区政协围绕“探索政协协商同社会治理相结合、推动政协协商与基层协商有效衔接”主题作交流发言。10月，县政协主席张林华带队赴四川省小金县就对口支援工作开展考察调研，小金县县领导李恒春、李涌、翟金坚陪同。

2021年4月1日，黄浦政协·德清政协跨区域协商会现场 （县政协 供图）

【新闻宣传及历史研究】 2021年，编撰《德清政协》杂志4期，编发“德清政协”微信公众号信息226条，在《浙江日报》《联谊报》、浙江卫视等省级新闻媒体刊登报道38篇，在《人民政协报》“学习强国”等国家级新闻媒体刊登报道3篇。庆祝中国共产党成立100周年期间，为中国共产党秘密战线和文艺战线工作者李一航编印纪念文集《李一航：青春岁月》，召开首发座谈会。配合相关部门做好张抗抗书院建设、布展等工作，完成《张抗抗与德清外婆家》纪录片拍摄的剧本。发挥文史资料工作“存史、资政、团结、育人”的社会功能，开展文史资料的挖掘、征集、审核和编辑工作，完成《书影文踪——致敬张抗抗文学创作五十周年》文稿编辑。

【社情民意工作】 2021年，德清县政协将反映社情民意信息工作纳入对镇(街道)、部门的综合考核，完善特邀信息员队伍，定期举行培训交流活动。全年编发社情民意信息741篇，其中以委员建议书形式转办相关部门46篇，专报市县领导5篇，获市领导批示1篇。市委办、市政协录用68篇，全国政协录用25篇。《疫情反复暴露信息披露及联防联控等多个薄弱环节，建议进一步织密防控体系全面提高公共安全能力》等社情民意信息被政协全国委员会办公厅转送有关部门，《关于补好国产新冠肺炎疫苗冷链运输网络短板的建议》等社情民意信息被政协全国委员会办公厅录用，《建议补齐培育单项冠军企业的短板，推动我国制造业高质量发展》获副省长批示肯定。

（邵　帅）

◆ 中国共产党德清县纪律检查委员会 德清县监察委员会 ◆

综　述

【概况】 2021年，德清县各级纪检监察组织坚持稳中求进总基调，发挥好监督保障执行、促进完善发展的作用，把工作放到中心大局中去把握、谋划和推动，履行正风肃纪反腐的职责使命，提高一体推进“不敢腐、不能腐、不想腐”的能力和水平，交出纪检监察工作实干担当的新答卷，保障县域经济社会高质量赶超发展。全年共处置问题线索598件，比上年增长14.1%；立案173件，比上年增长1.8%，其中乡科级干部13人；结案176件，比上年增长8%；党纪政务处分172人，比上年增长7.5%；采取留置措施7人，移送司法机关8人；挽回经济损失1173.07万元。

【政治监督】 2021年，德清县纪委监委坚持把政治监督作为首要职责，制定印发《2021年政治监督工作方案》，加强监督检查学习中共中央总书记习近平重要指示批示精神等贯彻落实情况，推动共同富裕示范区建设、长三角一体化发展等重大战略贯彻到位，保障县域营商环境优化、“七张问题清单”整改、湖州德清亚运场馆建设等重点工作落实到位。常态化开展新冠肺炎疫情防控监督，开展严肃换届纪律风气监督，协助县委制定《2021年全面从严治党工作组织领导与责任分工》，完善《德清县领导干部落实全面从严治党主体责任工作纪实手册》。

【纪检专项治理】 2021年，实施漠视侵害群众利益问题专项治理，督促启动困难群众因病致贫返贫、侵占集体资产资源、保健食品虚假宣传等15个民生领域治理项目。推进粮食购销领域专项监督，发现涉粮领域问题27个，立案查处1人。开展基层监督“提质增效年”活动，深化清廉乡村建设，全面提升“全科体检”“三维监督”“问廉书记”基层监督质效。

【正风肃纪】 2021年，持之以恒纠治“四风”，制定《2021年德清县纪委“清风行动”方案》，按月明确监督重点开展正风肃纪。大力整治形式主义、官僚主义突出问题，围绕县委、县政府“五个先行”工作部署，开展“转作风强执行 护航‘五个先行’”专项行动，查纠不作为、慢作为等“庸懒散怠乱”突出问题。从严查处享乐主义、奢靡之风，实施违规发放津补贴、“公车私用、私车公养”、餐饮浪费、酒驾醉驾背后“四风”等问题专项治理。

【政治巡察】 2021年，完成第十二轮、第十三轮共20个党组织的巡察工作，推动监督贯通融合，探索纪委监委纪检监察室、巡察组、巡察办“三方联审”制度，对被巡察党组织整改情况实施联审，强化与组织、宣传、审计、财政等部门的协作配合，发挥巡察综合监督平台作用。探索建立被巡察党组织向领导小组汇报整改情况机制，从严履行整改主体责任。坚持“每巡必回”，通过对被巡察党组织整改落实情况进行“再督办”，提高巡察质效。

【执纪执法日常监督】 2021年，把握执纪执法政策策略，综合运用监督执纪“四种形态”，发挥谈心谈话、约谈函询等作用，用好批评教育、党纪处分、组织处理、审查调查等手段，释放“四种形态”党性教育、政策感召、纪法威慑的功效。坚持法纪情理融合，把思想政治工作贯穿始终，深化案后回访教育，探索将回访情况纳入干部廉政档案或个人档案管理，加强对受处理干部教育帮助。

【执纪执法机制改革】 2021年，迭代升级监督执纪执法机制，统筹衔接纪律、监察、派驻、巡察“四项监督”，加强同执法机关、司法机关的衔接协调，一体落实《中华人民共和国监察法》《中华人民共和国监察官法》《中华人民共和国监察法实施条例》等法律法规。深化派驻机构改革，建立县纪委常委会每季度专题听取派驻机构工作汇报机制，加强对派驻机构的全面领导。制定《德清县纪检监察数字化改革实施方案》，推进基层小微权力运行平台建设与应用，平台运行、“监督一点通”等数据增量居全市第一位。

【反腐倡廉】 2021年，常态化开展扫黑除恶“打伞破网”，协同推进政法队伍教育整顿，受理相关问题线索34件。一体推进国企、教育、医疗、金融、供销系统等领域腐败和作风问题专项整治，以零容忍态度减存量、遏增量。坚持以清廉单元建设固本培元，协助县委纵向压实清廉机关建设主体责任，深化清廉乡村、学校、医院、银行、企业、工程、交通等清廉单元建设。弘扬清廉文化，深化“人德家清”品牌建设，相关做法获《浙江信息》刊登录用。常态化开展警示教育，组织“书记说廉”“党纪教育一刻钟”920场次，受教育4.2万余人次。督促开展“两法一条例”普法宣传，教育引导党员干部、公职人员依法履职、秉公用权、廉洁从政从业。

【干部教育初心使命】 2021年，制定《德清县纪检监察系统加强党的政治建设实施办法》，学习领会市委《关于进一步加强政治建设切实转变干部作风的意见》精神。开展党史学习教育，把学党史的成果转化为开新局的成效。从严砥砺过硬作风，执行纪检监察干部个人有关事项报告制度，签订“八小时外”行为承诺书，强化纪检监察干部违纪违法典型案例警示教育。自觉接受党内、人大、社会、群众等各方面监督，发挥特约监察员作用，对反映纪检监察干部的问题线索实现“零暂存”，坚决防止“灯下黑”。

重要会议

【中共德清县第十四届纪委第六次全会】 2021年2月10日，中共德清县第十四届纪律检查委员会第六次全体会议在德清召开。会议强调，要坚决贯彻中共中央总书记习近平在十九届中央纪委五次全会上的重要讲话精神，全面贯彻落实省市委各项决策部署，坚定不移全面从严治党，一刻不停推进党风廉政建设和反腐败斗争，推进清廉德清建设，为奋力打造“重要窗口”的“精品窗口”，争当社会主义现代化先行排头兵提供坚强保障。要围绕开好局起好步，抓紧抓实纵深推进全面从严治党的重点任务。各级党委和纪委监委要聚焦“两个维护”强化政治监督，扭住“三不”一体深化反腐斗争，

2021年2月10日，中国共产党德清县第十四届纪律检查委员会第六次全体会议召开
（县纪委县监委 供图）

紧盯“四风”顽疾加压正风肃纪，紧贴“急难愁盼”保障群众权益，突出全程受控压实政治责任，坚持刀刃向内锻造过硬铁军，确保“十四五”时期目标任务落到实处。

【德清县委巡察工作动员会暨十四届县委第十二轮巡察工作部署会】 2021年3月15日，德清县委巡察工作动员会暨十四届县委第十二轮巡察工作部署会召开，会议全面落实中央巡视工作方针、省市巡视巡察工作新部署新要求，对县委第十二轮巡察工作进行动员、部署和安排。县委书记敖煜新讲话，县委常委、县纪委书记、县监委主任王勇主持。会议要求，要牢牢把握巡察对象的工作特点，做到在方式方法上注重灵活管用，工作流程上注重规矩章法，责任落实上注重分工协作，真正把当前影响和制约这个单位发展的主要矛盾、突出短板指出来。

【德清县纪检监察系统党史学习教育暨加强党的政治建设动员会】 2021年3月19日，德清县纪委县监委召开全县纪检监察系统党史学习教育暨加强党的政治建设动员会，全会贯彻落实全县“聚力三进三服务 五个先行开新局”行动动员大会、县纪委十四届六次全会精神，部署开展党史学习教育，推进纪检监察系统带头加强党的政治建设，推进德清纪检监察工作高质量发展。

2021年3月15日，德清县委巡察工作动员会暨十四届县委第十二轮巡察工作部署会召开
（县纪委县监委 供图）

【中共德清县十五届纪律检查委员会召开第一次全体会议】 2021年12月26日，中共德清县十五届纪律检查委员会举行第一次全体会议。王云香主持会议。会议以举手表决方式通过《中国共产党德清县第十五届纪律检查委员会第一次全体会议选举办法》、监票人和计票工作人员名单及中共德清县第十五届纪律检查委员会常务委员会委员和书记、副书记候选人名单。在监票人的监督下，会议以无记名投票的方式差额选举产生中共德清县第十五届纪律检查委员会常务委员会委员；选举产生中共德清县第十五届纪律检查委员会书记、副书记。选举结果经中共德清县第十五届委员会第一次全体会议审议通过。

党风廉政建设

【清廉乡村建设】 2021年，德清县纪委监委督促出台《关于切实加强农村组级“三资”管理的实施办法》，重点加强涉及财务权力运行流程管理，做到钱账分离、全程监督。开展基层监督“提质增效年”活动，深化清廉乡村建设，全面提升“全科体检”“三维监督”“问廉书记”基层监督质效。健全完善村社“一把手”履职正负面权力清单，强化对“一肩挑”后村社党组织特别是“一把手”的履职监督。全年查处村社党员干部103人，其中村社“一把手”19人。

【全面从严治党主体责任落实】 2021年，协助县委制定并印发《2021年全面从严治党工作组织领导与责任分工》，将71项全面从严治党重点工作分解给21位县领导，职责明确，任务到人。根据中央落实主体责任有关规定，深化完善《德清县领导干部落实全面从严治党主体责任工作纪实手册》，针对换届后领导班子调整及时督促新提任领导领取到位，推动全县领导干部明责履责。协助县委开展省委对湖州市委2020年度落实全面从严治党主体责任延伸检查和市委对县委2020年度落实全面从严治党主体责任检查反馈意见的整改工作，针对反馈的7个方面10个具体问题，研究制定《2020年度德清县党风廉政建设责任制落实情况检查反馈意见整改落实任务分工》，具体制定50项整改措施。

【党内政治生态】 2021年，制定《2021年政治监督工作方案》，紧盯政治监督八项重点任务，明确项目化选题17个，制定具体举措53项，推动政治监督落实落细。印发《关于开展"转作风强执行 全力护航'五个先行'专项行动"实施方案》的通知，围绕县委、县政府"五个先行"工作部署，聚焦"党建引领""创新驱动""共同富裕""开放融通""数字变革"五个方面18个工作专班，优化监督举措，强化问责处置，注重标本兼治，着力查纠一批"庸""懒""散""怠""乱"等不作为、慢作为突出问题。

监督检查

【纪检专项监督】 2021年，德清县纪委监委开展漠视侵害群众利益专项治理监督。组织7个监督检查组，对15项漠视侵害群众利益专项治理工作开展情况全程监督，对监督发现的漠视侵害群众利益的突出问题，按照力量最精、程序最简、处置最快的标准，建立问题线索"快报、快查、快处"工作机制。全年，开展监督检查136次，查处民生领域腐败和作风问题案件10起12人，其中党纪处分9人，组织处理3人。

长三角一体化发展战略实施情况监督　制定《关于开展长三角一体化发展推进情况专项监督的工作方案》，明确将贯彻落实中共中央总书记习近平关于长三角一体化发展重要要求、中央和省市县委重大决策部署情况作为政治监督重点。

换届纪律换届风气监督　开展严肃换届纪律换届风气监督。印发《关于加强换届风气监督确保换届风清气正的通知》，要求全县各级纪检监察干部，紧盯重点地区、关键环节和薄弱部位，强化监督检查。换届工作开展以来，开展专项检查25批次，查处享乐主义、奢靡之风问题15起17人，处分14人。

数字化改革专项监督　开展德清县数字化改革专项监督。以"县纪委党风政风监督室+联系纪检监察室+派驻纪检监察组"的模式，围绕7个牵头推进部门，组成3个日常监督小组，不定期开展联合监督，发现问题及时反馈。全年开展监督检查6次，发现问题12个。

公职人员行为专项监督　深化公职人员"八小时以外"行为专项监督。坚持一个问题一个问题检查、一个专项一个专项推进，强化对党员领导干部"八小时以外"行为的监督。2021年，着重开展领导干部违规操办婚丧喜庆事宜专项检查。经查核，2020年1月以来，全县领导干部操办婚丧喜庆事宜67人次，25人次未按要求进行报告，其中17人次在专项检查自查阶段主动补报，8人次在核查阶段经提醒后补报。

【"清风行动"方案实施】 2021年，德清县纪委监委制定《2021年德清县纪委"清风行动"方案》，组建督查工作小组，每月明确监督重点，深化正风肃纪。执行《落实中央八项规定负面清单》《公职人员"八小时外"负面清单》，印发《党员干部监督管理制度汇编》《警示案例汇编》，组织拍摄警示教育片《作风建设永不止步》，督促各级党组织强化学习贯彻。对照形式主义、官僚主义4个方面12类问题，围绕县委县政府中心工作贯彻落实中不担当、不作为、不负责问题，开展监督检查。全年，查处违反中央八项规定精神问题56起59人。享乐主义、奢靡之风问题32起35人，给予党纪政务处分31人；查处形式主义、官僚主义问题24起24人，给予党纪政务处分13人。

【监督执纪实施细则】 2021年，贯彻落实《运用监督执纪"第一种形态"实施细则》，综合考虑违纪性质情节和认错悔错态度，区分情况给予不同处置，督促各级党组织加大"第一种形态"实践运用。坚持执纪执法贯通、有效衔接司法，精准把握“四种形态”适用条件和政策界限，运用监督执纪“四种形态”处理581人次。其中，第一种形态394人次，占比67.8%；第二种形态139人次，占比23.9%；第三种形态23人次，占比4%；第四种形态25人次，占比4.3%。

【纪检监察系统规范线索处置】 2021年，规范线索处置流程，全程跟踪处置进度，发现问题及时纠正，确保问题线索规范管理、处置到位。全年，全县纪检监察系统处置问题线索598件，比上年增长14.1%；立案173件，比上年增长1.8%，其中乡科级及以上干部立案13人(县管干部6人)；结案176件，比上年增长8%；党纪政务处分172件，比上年增长7.5%。定期召开问题线索集体会商会议，累计召开会议12次，会商问题线索99件。

【反腐败协调工作】 2021年，召开县委反腐败协调小组会议，学习贯彻上级关于国有企业境外腐败治理工作和政法队伍教育整顿期间适用“自查从宽、被查从严”政策有关精神，建立健全德清县追逃和跨境腐败治理工作协调机制，研究部署全年反腐败工作任务。向县公安局、县人民检察院、县人民法院、县委组织部等单位传达学习中办关于《查办党员和公职人员涉嫌违纪职务违法职务犯罪案件协作配合工作机制》文件有关要求，加强与各职能单位的沟通协作配合。严格审批流程，规范协查工作，协助中央纪委国家监委驻自然资源部纪检组、北京市纪委等6批次到德清县调查取证。

【审查调查安全保障】 2021年，坚持把安全工作作为纪律审查的底线，把好谈话审批关、岗前培训关、全程监督关，落实审查安全“双十”规定，建立健全审查调查安全“两张清单一张网”制度，编印《德清县纪委县监委“走读式”谈话工作手册》。完善谈话人员工作职责、场所管理、设备管理、保密、陪护、医疗保障等多项安全工作制度，定期开展审查安全自查自纠工作，确保审查安全“零事故”。督促承办单位落实安全首课和领导首谈制度，做到与谈话对象职务职级相适合，明确安全责任，确定安全责任人员，规范谈话措施的使用，有效防范各类安全风险。全年县纪委开展走读式谈话37人次，实施留置7人(其中主要对象5人)。

巡察工作

【概况】 2021年，德清县委巡察机构科学谋划、组织开展十四届县委第十二轮、第十三轮常规巡察，对县委办公室(台办、史志办)等20个单位党组织进行政治体检，发现问题239个，立行立改问题29个，移交问题线索11人次，清退资金425.06万元，形成1个专题报告并移交有关职能部门处置，完成一届县委任期内巡察全覆盖任务。

【巡察工作方式】 2021年，加强巡中走访、组办会商等工作，开展巡中走访12次、中期会商1次和组办会商3次，对巡察发现涉及15人次的问题线索和20个巡察报告逐条、逐项研讨会商，提高发现问题精准度。发挥巡察组工作主动性，因地制宜改进巡察模式，增强工作针对性。

【巡察整改落实工作】 2021年，根据省市巡视巡察工作统一部署，结合县供销系统腐败和作风问题重点整治工作，抽调人员组成回访检查组对县供销社党委巡察整改落实情况进行回访检查。回访检查期间，发放并收回调查问卷22份，个别谈话16人，走访农机项目1处，发现问题5个；注重发挥县纪委、组织部巡察整改日常监督责任，与巡察组共同派员，通过个别谈话、实地察看、调阅资料等方式，完成对第十一轮、第十二轮巡察整改进展情况的回访检查工作，推进第十三轮回访检查工作。第十一轮巡察发现问题整改到位，第十二轮巡察反馈的问题150个，完成整改问题148个，整改完成率98.7%。

【巡察工作基础】 2021年，完善抽调全县部门、镇(街道)财会人员参加巡察工作的做法，完善县纪委县监委纪检监察室派员“一对一"联系巡察组工作，参与巡察驻点期间谈话突破、线索研判等工作。推动巡察监督与各职能部门业务监督的统筹衔接，有针对性地了解被巡察党组织的基本情况，确定需进一步了解的内容和方向。加强与县纪委县监委相关科室的协作配合，落实室、组、办三方联审制度，通过召开巡察整改联审会议完成对第十二轮、第十三轮巡察整改方案和整改进展情况报告的联审工作，以制度形式进一步固化做法。

干部队伍建设

【体制改革】 2021年，德清县纪委监委修订派驻机构、国企纪委工作考评办法。推进综合派驻监督单位调整优化，派驻六组、七组驻在单位分别调整为县人大常委会机关、县政协机关，调整部分派驻纪检监察组领导职数，组长均按正科长级配备。加强开发区(园区)纪检监察机构建设。制定德清经济开发区纪检监察机构建设方案，明确经开区由新市镇纪委、监察办负责监督，指导新市镇增配专职纪检监察干部，加强经开区纪检监察工作。研究出台《关于贯彻落实发展运用好"枫桥经验+后陈经验"推动基层监督制度化、规范化、常态化工作任务的通知》，协调各相关纪检监察组织推进任务落实。推进镇(街道)纪检监察工作规范化建设，开展联络站运行情况调研，研究完善监察工作联络站和监察信息员工作运行机制。

【纪委干部培训】 2021年，重点组织学习各级纪委全会报告、《中共中央关于加强对"一把手"和领导班子监督的意见》《组织处理规定(试行)》《党员权利保障条例》《地方组织选举工作条例》《监察法实施条例》，以及《"钟纪晟"业务指导文章汇编》《审查调查课程讲义》等。组织参加中央纪委监察法实施条例专题培训班、市纪委集中培训班和中央纪委、省纪委有关业务培训，制定"德纪研讨班"工作方案，组织各纪检监察机构梳理监督检查和审查调查工作中遇到的疑难复杂问题，对"初核工作如何做精做细"等议题进行研究讨论，形成初步研讨成果。开展"五个一"一线轮岗锻炼，全年，抽调干部170余人次，省市纪委监委挂职、以干代训等14人次。

【纪检干部培养和交流】 2021年，德清县纪委县监委班子成员调整4人，纪检监察干部提任正科长级3人、副科长级4人，交流到系统外领导干部11人，新进系统领导干部15人，职级晋升13人。年初，7名中层及以下干部在机关室、派驻组、巡察办之间轮岗，机关室、镇纪委2名干部互派挂职。全年商调干部3人；公开招聘事业编制工作人员1名。

【干部监督管理】 2021年，协助组织召开县纪委县监委领导班子年度民主生活会，印发《关于落实纪检监察干部参与巡视巡察审查调查等专项工作实行"两书"风险防控办法的通知》。组织各室梳理业务流程及风险控制措施，制定内部控制制度。分层分类签订党风廉政建设责任书、纪检监察干部八小时外行为承诺书，动态更新完善廉政档案，落实谈心谈话和家访制度。开展涉及纪检监察干部的问题情况大起底，调查处理涉及纪检监察干部检举控告、问题线索5件次，谈话提醒1人次。年初，调整不适宜担任纪检监察干部的街道专职干部2名。

(姜鸿丹)

◆民主党派◆

中国国民党革命委员会德清县基层委员会

【民革思想建设】 2021年，民革德清基层委组织党员参加理论学习，增强政治共识。组织党员传达学习中国共产党十九届六中全会、中共中央总书记习近平在中国共产党成立100周年大会和辛亥革命110周年纪念大会上的讲话精神，省委十四届十次全会和市委、县委有关会议精神；传达学习民革十三届十六次中常会、民革省委会十三届二十次常委会和市委会精神；传达学习县委十四届十一次全体（扩大）会议精神，要求党员对照目标贯彻落实到具体工作中去，进一步提高政治站位。组织党员开展“铭记革命烈士·传承红色基因”清明祭英烈活动，增强党员爱国主义、革命历史教育。重温民革党史和党章，走访慰问70岁以上老党员8人，新党员围绕学习六中全会等内容谈认识、谈体会。组织召开基层委民主生活会，要求党员明白合作初心，继承和发扬民革的优良传统。2021年，民革德清基层委获民革中央助力“脱贫攻坚”先进集体，党员沈建忠获民革中央助力“脱贫攻坚”工作先进个人。

【民革参政议政】 2021年，民革德清基层委组织人大代表、政协委员围绕全县经济社会的热点难点问题开展调研，撰写议案提案。向市“两会”提交建议提案5篇，县“两会”提交建议提案18篇，其中集体提案3篇，《后疫情时代加快德清县农村电商物流业高质量发展的建议》在大会上口头发言，获县政协优秀提案。全年报送民革市委会、县政协和县委统战部社情民意46篇，录用28篇。其中党员倪锡春“以利用北斗为核心的时空信息‘新基建’面临瓶颈，建议加强顶层设计提升国际‘话语权’”被省政协录用；“关于优先保障德清高层次人才和企业家接种新冠肺炎病毒疫苗的建议”作为中共德清县委统战部“金点子”获中共德清县委书记敖煜新批示肯定。课题“新冠肺炎疫情后城市社区治理的建议和思考”获民革市委会三等奖。

【民革服务社会】 2021年9月24—26日，“深化农村改革 推进乡村振兴——第四届莫干山会议”在德清县召开。会议签约项目49个，投资额120亿元，其中民革项目15个，涉及资金4亿元。

开展“同心共治，双百结对”活动，助推社会治理发展。赴乾元镇东郊社区开展“社保知识政策进社区”、送医送法等活动，齐星村开展“春季鱼病防治”讲座，现场指导渔民如何净化鱼塘水质；联合县政协赴新市镇宋市村开展议事会活动，围绕“美丽乡村如何催生美丽经济”开展座谈；赴下渚湖街道上杨村开展“美丽乡村与生活垃圾分类”和村民乡贤座谈会，共谋村集体发展之路；赴武康街道春晖社区开展“送法进社区”服务基层法律讲座。

基层委组织民革党员回报社会。“民革法律援助工作站”办理法律援助事件16件，接待咨询解答40件，举办法律讲座3次；为抗战老兵陶百良老人捐款，直至其过世；组织党员赴乾元镇东郊社区、武康街道春晖社区开展“助推全国文明城市复评，德清民革在行动”活动；开展“莫干山的清、民革的心”公益活动；开展重阳节和春节慰问老党员。

发挥党员个人优势，服务社会。党员童晓晔设立的“晓晔”爱心奖用5万元资助50位贫困母亲，参与腾讯公益等捐款2.3万元。童晓晔荣获全国巾帼建功标兵称号，当选市女科技工作者联谊会会长；童晓晔、吴建萍分别被聘任为市监察委、县人民法院特约监督员；方林福为重度残疾人和残疾儿童提供免费医疗指导和康复指导服务；夏森权出资百万元设立的“浦森奖学金”，2021年已是第七次奖励；柯昕设立的“冰心义工奖”，奖励优秀社工，获县优秀人大代表。

中国民主同盟德清支部委员会

【民盟思想建设】 2021年，民盟德清支委围绕中国共产党成立100周年活动，组织盟员开展学党史、学盟史活动，拍摄庆祝中国共产党成立100周年短视频，组织盟员参观嘉兴红船、沈钧儒纪念馆等，让盟员理解中共伟大建党精神，以中国共产党为师，加强自身建设。学习《中国新型政党制度》、中共中央总书记习近平在党外人士座谈会上的重要讲话精神，参加市委统战部组织的培训班、报告会，树牢政治立场，把握政治方向。围绕中心大局，学习传达省、市、县重要会议精神，提升盟员的政治素养，将自身履职主动融入中心大局。

【民盟参政议政】 2021年，参加县“两会”，提交集体提案。参加县委书记倾听委员之声，撰写《关于打造具有德清个性的文创产品的建议》调研课题。参加县党代会、全委会等重要会议及相关报告意见征求会，提出的意见建议获得采纳，发出民盟好声音。着眼数字化改革、新冠肺炎疫情等，提出建立乡村数字专管员队伍，及时反映疫情下全县民宿企业面临的旅游退订纠纷、经营困难等，提出有效建议，盟员撰写的多篇社情民意被盟省委、盟市委采纳。

【民盟服务社会】 2021年，依托民盟阜溪街道工作站和民盟求是教育基金，开展“迎六一、献爱心”光明小区童玩区捐赠活动，与郭肇村召开民情恳谈会，指导民宿发展，助力乡村振兴。向上对接，邀请民盟省委会来郭肇村调研考察，争取在郭肇村设立民盟浙江省委会助力乡村振兴实践基地，在文化、医疗等方面争取优势资源，助力共同富裕。组织郭肇村参加市委会赴南浔区石淙村、港胡村调研乡村振兴，为2022年工作谋篇布局。盟员企业求是教育集团参与民盟湖州·贵州望谟——共同富裕教育共同体三年行动计划，开展赠送学生床上用品、棉衣，安排优秀骨干教师与望谟县7名教师进行结对帮扶。

中国民主建国会德清支部委员会

【民建思想建设】 2021年，民建德清支部成员参加各项培训学习、座谈读书会和调研活动。观看庆祝中国共产党成立100周年大会，学习中共中央总书记习近平“七一”重要讲话，撰写学习体会；专题传达学习十九届六中全会精神、习近平总书记在党外代表人士座谈会上的讲话精神等；开展学中共党史、学民建会史活动，“不忘合作初心，继续携手前进”，从中国共产党百年伟大奋斗历程中汲取继续前进的智慧和力量；会员自编自导自演的视频短片《读党史、阅湖州，在湖州看见美丽中国》得到省市委会、市县统战部门的高度肯定。创新开展组织活动，以党为师，结对中共先进支部加强学习交流，专题开展“党派赋能助力共同富裕”，与阜溪街道龙山村开展结对共建互帮互学活动；召开班子组织生活会，进行批评与自我批评；实施年度述职报告评议制度，会员对支部班子和个人进行考核评议；根据工作需要，支部班子人员进行届中微调，班子成员分工及时进行调整。

【民建参政议政】 2021年，突出“共同富裕”“数字化改革”“绿色高质量发展”“善治和谐”等重点，针对性建言献策。会员撰写的《全面提升依法行政能力和水平，切实优化法治化营商环境的建议》被市委会转化为市政协大会发言和集体提案，被确定为市政协年度重点提案，由市领导牵头、市司法局具体主办。县“两会”上，支部提交集体提案4个、个人提案1个，其中《关于加快全县技能型人才队伍建设的建议》1件获得优秀提案，《关于加快全县技能型人才队伍建设的建议》《关于抓住长三角一体化机遇加快都市卫星城市发展的建议》2件获得重点提案。会员撰写的《关于加强春节前社会稳定工作的几点建议》《从“光盘”行动到“光瓶”行动》《关于外贸企业面临集装箱“一箱难求”困境的相关分析及建议》等17篇社情民意信息先后被省委会、市委办等相关部门录用。由支部会员企业浙江德悦食品科技有限公司具体承办的,全省2021同舟经济圆桌论坛“消费升级与高质量发展——聊聊舌尖上的商业”主题活动,得到省委会领导、与会专家和会员们的一致认可。

【民建服务社会】 2021年,参与各类扶贫帮困、爱心捐助活动。年内,参与四川小金县对口帮扶、春溪养老服务、“爱心午餐”“爱心冰箱”、夏日送清凉活动等,捐款捐物52万余元。开展“学史守初心,同心三服务”系列活动,如联合莫干山高新区经发局、县商务局,发挥会员企业优势特长,为外贸企业进行外贸综合服务和出口数据贷等专业培训;联合浙工大、县市场监管局,开展“聚焦企业需求”科技服务活动;联合县司法局、县教育局、县妇联等部门携手升华公益团队开展“女童保护计划”;联合镇街、蚂蚁公益开展“定格幸福,百年党情千年爱”公益摄影活动及“自我关爱、生命教育、家庭共成长”公益讲座。贯彻落实“双百结对、同心共治”,开展送医疗进结对社区、端午慰问走进结对村。打造民建“思源”品牌,募集资金捐助龙山村龙山烈士陵园改造项目,建“思源亭”缅怀革命烈士。发挥民建经济特色和优势,参与乡村振兴发展计划,如围绕“村级集体经济提质增效”“民主党派助推共同富裕”等主题,与结对村社探讨和交流,献策乡村休闲旅游与特色文化产业发展等。

中国民主促进会德清基层委员会

【民进思想建设】 2021年,民进德清县基层委通过领导班子会议、扩大会议、各支部会议等,在全体会员中开展时事政治学习教育。基层委以集中学习、支部会议、个人自学等形式在全体会员中开展党史学习教育。为庆祝中国共产党成立100周年,组织会员撰写《我想这辈子都用来做好事》等省、市、县各级主题征文,用短视频展示基层委“不忘合作初心,继续携手前进”主题教育成果。德清民进开明画院全体画师平均每人创作契合主题的书画作品7幅,举办“德清民进开明画院庆祝建党100周年书画展”。2021年,民进德清县基层委获得“省级优秀基层组织”和“民进湖州市委会2016—2021年度先进集体”荣誉称号。

【民进参政议政】 2021年,参政议政小组坚持每月集中讨论一次,通过个人、合作等多种形式撰写社情民意,发出民进之声。全年向上级部门提交社情民意83篇。会员撰写的社情民意屡次获民进中央、省、市、县各级部门录用。组织参政议政骨干力量,参加民进省委会、市委会组织的课题调研工作,申报《以亚运为契机,提升德清县医疗服务国际化能力》等课题,其中《推动志愿服务高质量专业发展》被列为市委会备选提案;撰写《关于打造区域优质品牌高中的调查与建议》等研究报告参加浙江省第五届开明教育论坛征文比赛,获优秀奖。民进德清县基层委有15人出席县“两会”,《关于加快推进德清县融入“杭州城西科创大走廊”未来社区和智能产业规划的建议》作为大会书面发言。

【民进服务社会】 2021年,突出医卫、文化、教育的服务重点,发挥好界别特色。年内,开展“传承非遗 弘扬国医”——庆祝中国国医节主题活动、医卫支部下乡惠民活动、“德清民进·开明讲堂”公益讲座活动、“青春法护航”——青少年法律援助公益志愿服务活动、“童心向党迎‘八一’·我是交通小卫士”亲子志愿服务活动等。基层委在结对村、社区开展“双百结对”活动,在县域范围内首创“民进社情民意·社会服务联络站”,利用党派优势,主动服务乡村振兴,助力共同富裕。基层委会员沈亮获市委统战部颁发的“新冠肺炎疫情防控一线表现突出党派人士”荣誉,姚建栋获县级“抗击新冠肺炎疫情个人嘉奖”。

中国农工民主党德清基层委员会

【农工党思想建设】 2021年，农工党德清基层委组织全体党员围绕中国共产党成立100周年，开展系列学习共建活动。在县委统战部“百日行动践初心，同心向党迎百年”活动上代表全县民主党派做主题发言，在《德清新闻》上刊发“百年光辉路·携手践初心”为主题的主委谈中国共产党成立百年、贺百岁华诞的理论文章。学习中共十九届六中全会，全国“两会”，省、市、县委重要会议精神，特别是学习领会中共中央总书记习近平在党外人士座谈会上的重要讲话精神，牢牢把握浙江作为全国首个高质量发展建设共同富裕示范区光荣而艰巨的使命，为高品质建设国际化现代山水田园城市、奋力打造“重要窗口”的“精品窗口”、争当社会主义现代化先行排头兵不懈奋斗。

【农工党参政议政】 2021年，围绕县委、县政府中心工作，聚焦文明城市创建、健康生活方式、科学居家养老等主题，在“两会”上，基层委《关于高度关注德清县老年认知障碍现象日趋严重，建设老年友好社区的建议》被列为优秀提案，党员管建强撰写的《关于加强“十四五”期间德清县人才队伍建设的建议(三件合一)》被列为重点提案。在农工党省委会参政议政调研课题中，基层委申报的《关于进一步规范招投标(政府采购)评标专家库管理的建议》课题被农工党省委会立项。全年累计撰写社情民意信息65篇，其中省委办录用1篇，农工党省委会录用1篇，市政协录用数篇，党员孙频2篇提案被省人大列为优秀建议。结合民主党派参政议政的基本职能，在公众健康咨询工作室的基础上设立政协委员工作室，省政协原主席葛慧君调研工作室运营情况，对工作室整合资源、创新模式、敢于探索的做法表示肯定。紧扣“生态”“健康”等主题，赴市生态环境局德清分局和县卫生健康局就“饮用水安全”“疗救治体系建设”建设项目开展民主监督工作，针对存在的问题，提出切实可行的意见建议，得到两部门的高度肯定，切实推动相关工作落实。

【农工党服务社会】 2021年，通过践行初心使命、凝聚发展共识、探索发展路径、搭建履职平台，打造“同心”品牌、“共富”品牌。雷甸镇中兴社区“同心”品牌有效推动民主党派资源优势与基层社会治理深度融合，得到市委统战部的充分肯定，刊登在中国新闻网；禹越镇三林村“共富”品牌，作为市委会首个“共同富裕实践基地”，基层委常态化组织开展“我为共同富裕献良策”专题活动，为基层社区高质量发展精准把脉。在全省首创的公众健康咨询工作室，累计为普通群众、民营企业家、劳动模范和“双创”人才发放3500余张健康服务绿卡，咨询群众3200余人次，帮助患者联系省级专家会诊、解决疑难杂症400余例，《联谊报》专题采访工作室并刊发《小平台发挥大效用》的宣传信息。11月，在农工党省委会共同富裕和乡村振兴工作推进会上，主委董晓莲作《以社会服务基地为抓手，聚力汇智助力共同富裕》为主题的交流发言，获得省委会肯定。

九三学社德清基层委员会

【九三学社思想建设】 2021年，九三学社德清基层委按照人才强社战略，强化思想引领。及时传达学习各类重要会议、领导讲话精神，促使广大社员了解掌握当前国家重大方针政策，提高政治素养。围绕中国共产党成立100周年主题，召开纪念活动动员会，拍摄短视频《归》展现老社员爱国爱党的崇高精神，以激励新一代年轻社员坚持中国共产党的领导、为国建功立业。组织开展兴趣小组活动，提升组织凝聚力。

【九三学社参政议政】 2021年，在各级“两会”上提交建议、提案19件，其中集体提案2件。社员杨文忠在浙江省第十三届人民代表大会第四次会议上提交《关于将CPR和AED使用培训内容纳入机动车驾驶证准入考试的建议》《关于推进实施长期护理保险，提升养老服务能力的建议》《关于建设儿童青少年健康管理平台，切实加强校园公共安全的建议》等5件议案均被采纳。《加快建设杭州城西科创大走廊北翼中心，打造创新活力之城的建议》被列为县政协1号重点提案由县委书记领办。社员吴志广、周枫、张丽君等在县政协大讲堂，县委书记、县长与政协委员“面对面”活动中建言献策、献计出力，得到广泛认可。撰写上报各类社情民意60余篇，有19篇被市级以上刊物录用。其中，《建议完善三方面制度遏制“民间送养”乱象》《外商投资信息报告制度运行存三大梗阻，建议完善制度强化精准服务》等7篇社情民意被全国政协、九三学社中央等录用。根据县委、县政府全年重点工作安排，确定城西科创大走廊、研究院经济、未来社区建设等调研课题，开展调查研究。

【九三学社服务社会】 2021年，邀请社省委副主委盛颂恩见证基层委与浙工大委员会结对共建，联合开展庆祝建党100周年红色经典唱诵会等活动，导入浙工大优质资源、高端人才，推动浙工大进一步融入德清，助力全县经济社会发展。联合九三学社浙江中医药大学委员会，在乾元镇举办“同心·三服务”大型义诊活动。联合邵逸夫医院行政第三党支部为基层卫生院、群众开展校正血压仪等医疗器械社会服务活动，慰问困难群众。与结对学校春晖小学开展“百十千同心助力”中医药文化宣传活动，邀请春晖小学的孩子们走进社员企业凯润药业，传播中医药文化；联合杭州市口腔医院德清分院，为春晖小学四年级250名小学生带来爱牙护牙课。有业务专长的社员结合本职工作，深入企业、村社区以及其他基层单位提供不同领域的咨询、服务工作。社员宋慧琴到乾元镇直街社区开展专题普法讲座，社员丁国美到武康街道千秋社区面向老年人开展“如何防治中风”讲座。社员吴志广获得国家发明专利2项，为林业种植产业发展贡献智力。

（叶舒康）

◆ 群众团体 ◆

德清县总工会

【概况】 2021年，德清县总工会下辖1个高新区总工会、13个镇（街道）总工会、18个产业（系统）工会。全县有基层工会1205家（其中联合工会149家），涵盖机关、企事业单位3144家，职工12.13万人，工会会员11.79万人，入会率97.24%。服务留在德清过年职工工作在央视等主流媒体报道并获得省委领导黄建发肯定；《德清县钟管镇出台“产改12条”推动产业工人队伍建设改革走深走实》获省、市总工会领导的批示肯定，获评县三季度“担当破难”典型案例。

【助力各项中心工作】 2021年春节期间，高效服务留在德清过年外来务工人员，开展“你留德过年 我为爱加码”活动，向留德过年的外来务工人员送去公益培训、加大疗休养补助、开放活动阵地等八大春节礼包，过年期间累计服务留德过年职工1.5万余人次，央视新闻等主流媒体予以宣传报道。

新冠肺炎疫情防控工作　发动县总工会机关干部和基层工会干部助力新冠肺炎疫情防控工作，选派3名年轻党员干部赴防疫隔离点、核酸检测一线参与疫情防控工作，全年组织286名基层工会干部参与疫情防控864人次，其中1人获评“县疫情防控大考大赛先锋榜先锋点长”。投入13.93万元资金购买口罩、消杀液等防疫物资用于基层工会防疫，在疫情防控工作中有效发挥工会作用。

工会助企专项活动　结合“三服务”工作，开展工会助企专项活动。领导班子带队赴企业开展大走访活动，协调解决上学难、通勤难等实际问题177个。县、镇两级工会开展工会助企招工行动，通过流动列车招聘、定点招聘等方式，招引职工2675人，有效助力企业复工复产。县总工会发挥工会技术服务队优势，围绕设备投产、产线升级等在全县企业开展技术大巡查86次，协助企业解决实际困难46个。

【思政教育工作】 2021年，组织“我心向党”主题宣教活动，开展“职工大讲堂”和千名工会主席、百名匠人讲党史活动，利用教育培训、班组会议、新媒体阵地等开展党史和党的十九届六中全会精神宣讲127场次，辐射职工1.5万人。

劳动模范工匠表彰　举办德清县庆祝“五一”国际劳动节

2021年4月28日，德清县庆祝“五一”国际劳动节暨劳动模范表彰大会召开

（县总工会 供图）

暨劳动模范表彰大会，评选表彰县级劳模56人、县模范集体20个，推荐获评“全国五一劳动奖章”1人、市“五一劳动奖章”3人、市“五一劳动奖状”1个、市“工人先锋号”2个，推荐获评浙江工匠7名、湖州工匠9名。在《德清新闻》等平台开设《新时代的奋斗者》专栏25期，在全社会营造弘扬和学习劳模精神、劳动精神、工匠精神的浓厚氛围。

职工文化体育艺术节　举办全县第二届职工文化体育艺术节，2000余名职工参与乒乓球、篮球、排舞等各类文化竞技项目。联合县委宣传部举办德清县庆祝中国共产党成立100周年大合唱比赛，全县31支队伍2300余名干部职工参加。志愿服务凝聚合力。

“德工益”工会志愿服务队　建立“德工益”工会志愿服务队，健全“1+8+14”服务机制，完善“点单式”服务模式，围绕理论宣讲、科技服务、维权帮扶、劳动保护、文体艺术、劳动关系协调、法律咨询服务、职业技能提升八个方面，引导职工争做志愿服务的倡导者和践行者。吸纳志愿者1600余名，开展服务61场次。

【产业工人队伍建设改革】 2021年，推动召开产业工人队伍建设改革推进会、培训会，成立工作专班，制定重点工作任务清单67项，开设“先行先试话产改”专栏，开展全县产改工作专项督查，掌握产改工作进度，推动全县产改向纵深发展。钟管镇、欧诗漫集团、德华集团三家省级产改试点单位围绕思想政治引领、技能提升、权益维护等重点内容，结合自身优势先行先试、大胆创新，产改工作有新突破。

职工职业技能大赛　举办第二届“金蓝领”职工职业技能大赛，举办美发师、茶艺师、民宿管家等十余个职业（工种）的县镇（街）级比武39场，职工参赛2680余人，举办职业技能培训217场，培训职工2.13万余人次，职工实现技能晋级3512人。同步探索实施《技能和技术创新薪酬激励集体合同》，引导企业根据职工降本增效贡献给予不同等级的薪酬激励，企业签约实施26家。联合县委组织部在20家非公企业创新选聘“车间政委”100人，在技术攻关、比武竞赛、解决纠纷等方面发挥作用，其中泰普森“车间政委”工作入选全国非公企业党组织发挥实质作用“最佳实践”案例。

【矛盾纠纷调处化解】 2021年，德清县总工会整合区域资源助力劳动关系预警调处，建成钟管镇南舍片区和莫干山镇民宿行业两个区域社会矛盾纠纷调处化解中心，化解各类劳资纠纷21起，为职工挽回经济损失50.3万元。

【工资集体协商】 推进工资集体协商，全县工资集体协商完成单签816家，区域工资集体协商149份，覆盖企业2000余家，联合“三方四家”（三方指政府、工会、企业，四家是人社局、经信局、工商联、总工会）对503家企业开展劳动用工体检。

【非公企业职代会制度】 推动非公企业职代会制度全覆盖，涉及产业工人民主权益的事项通过职代会落实解决。开展“春送岗位、夏送清凉、秋送助学、冬送温暖”活动，春送岗位，服务就业1.5万人次；夏送清凉，高温慰问快递小哥、防疫人员等一线工作人员3.3万人次；金秋助学7人次；冬送温暖，慰问困难职工156人，投入资金41.17万元。

【职工医疗互助工作】 做细普惠服务工作，大力推进职工医疗互助工作，打通与医保局的数据端口，实现医疗互助和医保报销同步结算，第七期参保职工6.04万人，发放互助金414.1万元，惠及职工6238人次。引导广大非公企业开展职工疗休养活动，新建成各级职工疗休养基地5家，参与疗休养“本地行”职工人数突破5600人，组织514名机关事业单位职工赴对口地区开展疗休养。健全职工活动阵地网络，新建成“职工驿站”7家、“流动图书站点”20个，新增“妈咪暖心小屋”33家。

【数字化工作】 2021年，构建工会大数据仓1个、数字工会可视化系统1个、“云上办公、掌上服务、数字宣教”3大平台、“组建通、匠领先锋、经费云、阵地宝”等应用场景的“113+X”工会数字化改革体系。以“匠领先锋”“组建通”“经费云”“阵地宝”等应用场景建设为切入点，打造云上办公更加高效、掌上服务更加便捷、数字宣教更加有效、应用场景更加智能的“数智工会”。“匠领先锋”精准服务技术人才。升级劳模工匠的会员码为“匠领先锋”，实现劳模工匠信息“掌上清”、享受政策服务“秒掌握”、企业职工服务需求“有回应”。劳模(工匠)数据全面入库并正式上线启用。

工会组建全流程服务 “组建通”在线服务工会组建。整合优化工会组建批复、法人证办理和工会账户开设，通过业务协同、流程再造，实现工会组建一件事全流程服务。全年，全县新建工会190家，新增会员1.25万人，其中50家企业率先体验在网上办结工会组建全流程。“经费云”闭环管理工会经费。基于多跨数据共享比对，运用云财务、云经审、工会数据短信平台，层层通报、及时催缴、实时指导各级工会经费收管用情况，实现经费管理“一键直达”、收支情况一览无遗。全年完成拨缴经费收入3197.76万元，其中税务代收2255.8万元，比上年增长8.32%，落实减负经费1187.32万元，惠及企业713家。“阵地宝”打造便捷服务圈。精心绘制涵盖工人文化宫、区域工建服务中心、职工驿站、疗休养基地等工会服务阵地的电子地图，标记不同功能分区、实时更新管理数据，打造便捷服务圈，方便职工快速了解身边的阵地资源和服务资源，累计服务职工线上导览、线下参与各类活动5万余人次。

(郭 俊)

共青团德清县委员会

【概况】 2021年，共青团德清县委员会(简称共青团德清县委)有直属团委51个(其中镇团委8个、街道团委5个)、团工委4个、团总支17个、团支部807个。全县14~28周岁青年共10.41万人，其中德清籍5.59万人。全县团员1.68万人，共青团员、青年比为16.1%。年内，德清县成为浙江省公益诉讼志愿观察员制度试点县并获评优秀试点地区，入围首批浙江共青团数字化改革“揭榜挂帅”项目并初步入选全省首批十个“最佳实践”案例；完成中长期青年发展规划实施省级培育试点单位各项任务；助农乡村振兴志愿服务项目获得2021年浙江省青年志愿服务项目大赛银奖；“有机光电领域核心真空装备”项目获得2021年“创青春”浙江省青年创新创业大赛铜奖；“辊筒螺纹加工专用设备”获得2021年“振兴杯”浙江省青年职业技能竞赛创新创效专项赛铜奖；供电公司团委获得2021年湖州市党团知识竞赛特等奖、浙江省共青团党团知识竞赛决赛三等奖；“有德青年”宣讲团成员钱亮在“风华百年·青春逐梦”2021湖州青年说、湖州青年说“奋进在路上”主题短视频创作大赛中分别获得一、二等奖；5名少先队员获市新时代好少年、两山追梦好少年荣誉称号；党史学习教育、志愿服务等工作获《新闻联播》、人民网等省级以上主流媒体报道250余次。

【青少年思想引领】 2021年，在县属团委中分层分类开展“青年说”“微党课大赛”“党团知识竞赛”等党史学习教育1000余场次，覆盖团员青年2.6万余人次。以读书班、宣讲会等形式，在全县649个团支部开展中共中央总书记习近平“七一”重要讲话、中共十九届六中全会精神学习。在少先队员中组织开展“真善美大寻访”红色研学等活动158场，参与少先队员1.3万余人次。组建由德清县“十大杰出青年”等35名青年典型组成的“有德青年”理论宣讲团，选拔78名少先队员组建“小喇叭”红领巾党史宣讲队，开展“六进”宣讲活动160余场。举办“百年风华正青春”庆祝中国共产党成立100周年主题团日活动，线上累计观看3.7万余人次。发挥县、校两级红领巾学院阵地作用，深化“理论+研学”模式，编制研学地图和2本县域教材，累计开展培训28期，覆盖少先队员1449人次，让“请党放心，强国有我”成为广大共青团员、少先队员的行动自觉。

【青年创新创业】 2021年，举办“农商银行杯”德清县第三届“创青春”青年大学生创新创业大赛，挖掘培育青年创业典型10

人、优质创业项目10个。深化与浙工大团委合作，实施“德行计划”五大行动，培育并签约落地优质大学生创业项目7个，吸引赴基层挂职实践大学生39人。联合县人社局推动青年就业，推出278家企业1.2万余个岗位，达成初步就业意向1226人。举办“5·28”“两山”青年创业贷款现场咨询对接会，受理青创贷款119笔、金额1.1亿元。高标准打造青创农场8家，带动青年就业400余人，获评省级示范性青创农场2家。挖掘培育新农人45人，累计开展“新农人”培训班6期，参与200余人。深化“山中青年”品牌，累计开展创业培训、头脑风暴、项目路演等活动12场，帮助“山中青年”提升创业能力、解决创业难题。

【“德小青”志愿服务】 2021年，举办“人有德行 如水至清”2021年德清县志愿服务项目大赛，涌现出“爱出者爱返”“红旗下的少年”等优质志愿服务项目20余个。开展“加油吧，南太湖好少年”亲子志愿服务、志愿服务进社区等活动近200场。发挥“德小青”群像作用，常态化开展“循小青”助力垃圾分类、“青心青力”助力疫情防控等活动350余场，参与团员青年1.6万人次，夯实精神富有的青年基础。特别是在台风“烟花”来袭期间，发动“德小青”志愿者4000余人，做好防台防汛宣传、安全隐患排查等工作，动员各级青年企业家、团员青年捐款捐物20.7万元，生力军和突击队作用得到有效发挥。

【青少年成长成才】 2021年，以县委、县政府发文出台县域首部《青年发展“十四五”规划》，实施十项主要任务、八大重点工程，推出“青春筑梦·乐享生活”“乡村青年赋能”等服务青年发展十大民生实事项目，其中青少年心理健康护航行动纳入县民生实事项目。推出“亲青港湾”品牌，构建“1+1+N”工作体系，开展青少年心理健康护航活动200余场。设立“青德商”青少年发展专项基金，资助青少年心理健康项目3个，家庭困难学生107人，帮助困境青少年实现微心愿8个。在全县共青团系统开展“留‘德’过年，‘清’暖一冬”八大青春行动，累计发出总价值30余万元的留德礼包3000余份。打造“遇见德青”系列交友品牌，针对机关、社会、企业等6个领域青年开展“亲青恋”相亲交友活动16场，牵手2对。举办全市“关爱新兴青年，携手共同富裕”——百名团干结对小哥服务月启动仪式，率先打造小哥驿站19家。在“双减”大背景下，组织开展暑期公益托管课堂、公益夏令营、“小时光”流动少年宫等活动15场，服务青少年800余人次。

【数字化改革】 2021年，“云聚英才”青年就业实习云平台系统，作为全市唯一项目入围全省共青团数字化改革“揭榜挂帅”第一批中榜项目。构建个人用户和企业单位双向交互的青年就业实习云平台，完成涉及企业端注册认证、岗位发布、个人端应聘等9个应用模块设计，11月底正式上线。入驻企业1.49万家，发布招聘职位9161个，累计登记人才7000余人，召开线上线下招聘会33场，投递简历3000余份，访问人数达5万余次。

2021年11月22日，举办“关爱新兴青年，携手共同富裕”——湖州市百名团干结对小哥服务月启动仪式，图为“骑小青”授旗仪式现场　（团县委 供图）

【少先队工作】 2021年，落实少先队省级试点要求，全面铺开分批入队工作，全县28所小学全部完成首批入队工作，1577名一年级新生率先入队。推动少先队达标队室、校级红领巾学院等少先队校内活动阵地建设，完成全县校级红领巾学院全覆盖。推进基层组织改革试点与少先队试点成果有机融合，探索编制“青少年成长记录册”，推动少先队红领巾争章与积分制入团有效贯通，构建党团队一体化思政育人体系。

（徐颖佳）

德清县妇女联合会

【概况】 2021年，德清县常住人口中女性311794人（含流动人口85923人），0～17周岁户籍人口中儿童61789人。镇妇联8个，街道妇联5个，机关部门妇联（妇委会）29个，事业单位妇联50个，“四新”领域妇联40个。县妇联荣获全国维护妇女儿童权益先进集体、国家级节约型机关。全国实施妇女儿童发展纲要先进个人1人，全国巾帼建功标兵1人。德清县妇女联合会（简称德清县妇联）以“巾帼心向党·百年绽芳华”为主线，立足党政“最关切”、妇女“最需要”、妇联“最擅长”、家庭“主阵地”，勇于担当、主动作为，履行引领、联系、服务职能，为助力共同富裕贡献巾帼力量。履新助力基层治理、新领域妇联助企和“五化联动”激活国企妇联等创新工作获市领导批示肯定。德清县妇联荣获全国维护妇女儿童权益先进集体、国家级节约型机关和2021年度市级平安妇联模范单位，“德清嫂”工作室获省婚姻家庭纠纷化解品牌工作室称号，涉案未成年人闭环式救助机制入选2021年度县第二批“微改革”项目。市级以上媒体宣传报道1018篇。其中，国家级媒体141篇、省级媒体572篇、市级媒体305篇，比上年增长173.6%。

【巾帼心向党】 2021年，纵深推进清廉机关、模范机关建设，联合晨曦社工党支部建立“德清嫂·五共领航”党建联盟，探索数字化党建模式，开发并启用妇联党建智慧码。县妇联党支部被评为市级双建示范基地，“德清嫂·红心向党”品牌荣获县十佳机关优质服务品牌。围绕党史学习教育、“六讲六做”大宣讲，组建“德清嫂”宣讲团进村入户走企，开展各类宣讲400余场、覆盖4万余人。举办“巾帼心向党百年绽芳华”主题宣讲比赛暨“德清嫂·讲党史”宣讲活动、“‘人德家清’传万家 礼赞建党100周年”首届家庭亲子书画展等，“德清嫂”代表队喜获市党史知识大赛二等奖。深化美丽“德清嫂”、最美家庭等典型选树，推荐全国道德模范1人、全国巾帼建功标兵1名、省百名最美巾帼新农人1人。获评市三八红旗手5人、三八红旗集体3个，舞阳街道大庙山党建主题公园入选浙江省巾帼爱国主义教育基地名单。

【组织队伍提升】 2021年，实施巾帼头雁领航工程，建立优秀年轻妇联干部人才库，深化校地合作，联合浙工大妇联建立“德清嫂”智库，探索产学研融合全方位合作；推进女性社会组织培育，形成“巾帼护航”“五防教育”“公益红娘”等特色项目品牌；深化组织共建赋能，建立全省首个巾帼创业互助联盟。累计组建“四新”领域妇联39家，妇女微家328家，县级部门和四大国有银行实现组织全覆盖。实施村社千名执委“聚力三进三服务、开门履新三件事”、县镇执委“233”两大行动，以网格、妇女小组、妇女微家、“德清嫂”工作室等作为联系点，做深做实项目领办、“四必访”等工作，形成执委履职目标管理、闭环处理、季度亮晒等长效机制。以“微实事”“微联谊”“微论坛”为抓手，开展“我为妇女群众办实事”“微家走亲”等活动。建立“德清嫂e家”数字化平台，实现微家活动和管理的指尖操作，9月份全面上线，累计惠及妇儿1万余人次，真正实现服务妇儿零距离。

【妇儿权益维护】 2021年，开设普法网络“云课堂”，邀请女律师、女法官、女检察官、禁毒女民警等进行线上授课；编印普法知识口袋本，开通村（社）线下普法课；开展“德清嫂”调解工作室开放日、“护航建党百年·‘德清嫂’平安大联防”、暑期“守护童年六个一”等主题实践活动，全面提

2021年11月30日，县妇联联合县人民法院开展"协童远航"未成年人救助项目启动仪式 （县妇联 供图）

升妇女和家庭的法治素养。推动家长学校与家教名师工作室共建，打造示范点2个。联合莫干山女子强制隔离戒毒所成立全省首个女子戒毒所"家长学校"；联合县人民法院建立多跨协同闭环式救助未成年人工作机制；举办"德清嫂"参与社会治理主题展，评选十大优秀案例，织密"德清嫂"维权网络。突出顶层设计，完成"十四五"妇儿"两规"编制。做强"德清嫂"家教学堂、家庭教育云课堂、亲子课堂、未成年人假期托管课堂四个"课堂"，做优"双减"政策背景下的家庭教育指导服务工作。建立"五色家庭"分类档案，创新"妇联+网格+志愿者+家庭"机制下的精准帮扶，举办第二届"晒晒传家宝·传承好家风"家风宣传活动，开展家庭系列典型选评学活动，评选县级以上各类特色家庭110户。

【妇女创业创新】 2021年，成立"德清嫂"美丽庭院创建导师团，打造美丽庭院数字化试点平台。创建镇（街道）级以上美丽庭院示范户1.3万余户，高标准建成市县级美丽庭院示范带13条、样板片区美丽庭院示范区4个和美丽庭院展示窗口1个，湖州市美丽庭院现场会在德清召开。实施"花开德清"点位42个，打造"强村项目"花海、党建示范带花墙等项目。举办巾帼新农人推动共同富裕培训班、巾帼休闲农业与乡村旅游培训班、双循环与企业转型专题讲座等，与上海崇明妇联达成区域共建，结对四川省小金县开展东西部协作，深化岗村结对，新创成市级巾帼文明岗6个。中国妇基会@她创业计划——一针一线中西艺术工坊落户德清，全国妇联原副主席、书记处书记、中国妇女发展基金会理事长甄砚等领导出席揭牌仪式。联动浙工大巾帼教授团，开展"科技助发展·慧创她时代"科技走亲活动。举办家政服务员、育婴师等各类实用技能培训397期，参训妇女5800余人次。莫干山镇仙潭村妇联主席获得省巾帼村播大赛优秀奖（全市唯一）。两名家政服务员在"长三角G60九城家政技能风采展示"中获魅力风采奖。举办百道"妈妈的味道"向党献礼活动，胡梅嫂烘豆茶连续2年亮相上海世博会。

（姚玉华）

德清县工商业联合会

【概况】 2021年，德清县工商联常态化走访企业，建立健全联系服务企业长效机制，全体干部职工走访企业800余家次。强化调查研究，撰写调研报告2篇，调研报告《关于优化服务供给挖潜增效提动能的建议》获得2021年度全省工商联系统优秀调研成果二等奖。开展民营企业社会责任、民营企业运行情况、民营企业军民两用高新技术产品研发生产情况等调研7次，参与调研民营企业1000家，撰写《关于长三角一体化背景下加快德清现代服务业发展的建议》等政协提案5篇，有效畅通民企反映问题渠道。开展商会助推高质量融入长三角一体化活动，加强与长三角区域内异地德清商会的联络联谊。县工商联被评为"全国五好县级工商联"和"全省民营企业调查点工作先进单位”，总商会被评为“国家中小企业公共服务示范平台”。“施展组合拳 打好预防针共筑新时代清廉民企‘防护墙’”“政治事业双传承经济发展新动力 高标准打造青年创业铁军”分别获评全省工商联系统二季度、四季度服务“两个健康”最佳实践案例，获得年度最佳实践案例1项，“清廉民企”建设经验获得市委常委、统战部部长李上葵的批示肯定。

【德商“青蓝接力”工程实施】 2021年，实施德商“青蓝接力”工程，提升新生代企业家综合素养。组织新生代企业家赴重庆开展“致敬建党百年 奋进青年德商”活动，赴宁波开展“传承红色基因 汇聚共富动力”专题培训。召开新生代企业家座谈会，与县委领导和有关部门负责人面对面交流座谈。举办《德清县“十四五”规划解读》《税收筹划与风险防范》《目标管理OKR》《企业降本减负》等专题培训，提升会员企业经营管理水平。举办“青蓝接力”新生代德商沙龙2次，邀请老一辈企业家讲述创业故事。启动“薪火工程”，新生代企业家与老一辈企业家师徒结对，传承德商精神，认领微心愿。新一届工商联执委中，新生代企业家占比达到40%。

【服务平台建设】 2021年，双月举办“亲清直通车·政企恳谈会”，聚焦县委、县政府中心工作，民营企业意见诉求，社会治理难点热点，搭建县委、县政府主要领导与企业家面对面座谈交流的服务平台。通过加强常态化沟通协调，跟踪推动问题有效解决，形成问题发现、解决、落实、反馈的工作闭环，提升工作实效。全年举办“政企恳谈会”6期，收集企业反映诉求115件，与相关部门对接协调，做到问题反馈率和企业满意度两个100%，撰写《关于“亲清直通车·政企恳谈会”企业反映问题的分析》供县委、县政府决策参考。着力构筑德商特色服务体系，利用“财富大讲堂”“中介大讲堂”两个公益培训平台，开辟线上培训服务，打造“品质德商”培训品牌。全年开展各类专题培训讲座等服务活动20场，服务1000多人次。

【工商联参政议政】 2021年，开展商会助推高质量融入长三角一体化活动，加强与长三角区域内异地德清商会的联络联谊。组织4家企业赴南京考察，对接南京高校资源，开展“以商引商”、高层次人才招引工作；成立宁波市湖州商会德清分会，组织开展湖州莫干山高新区推介会。组织德清县在京企业商会开展相关选商引智活动。联合商务局，组织企业参加跨境电商和经贸交流活动，组织12家企业参加上海中国进出口博览会、10家企业参加第一届中国海南消费者博览会、10家企业参加中国北京国际服务贸易博览会。

【民营企业助力活动】 2021年，围绕“德商联谊谋发展，合作双赢谱新篇”主题，强化对德商的关心关爱，开展面向全体执常委企业家的全覆盖走访、体检和生日慰问，举办“留·在德清”系列活动5场次。实施融资畅通工程，开展“百地千名行长进民企送服务”专项行动，创新“商会+企业+银行”合作模式，全县1994家企业通过“贷款码”融资平台发布融资需求，建设银行德清支行向县工商联派驻1名金融指导员，农商银行为县工商联会员企业推出“人才贷”等特制项目等。深化“万家民企评银行”活动，联合各金融机构累计走访对接民营企业1032家，授信额度136.3亿元，实际发放贷款68.23亿元。

【对口协作活动】 2021年，鼓励引导德商助力“共同富裕”，围绕“弘扬德商精神”，引导民营企业履行社会责任。在工商联微信公众号开辟“共同富裕”专栏，引领民营企业家正确认识和解读共同富裕的内涵意义。引导民营企业投身“千企结千村万企帮万村”行动，与蠡山村共建成立“商会助村”党建联盟。深化“东西部协作、山海合作”系列活动，先后组织3批次16家民营企业赴缙云开展“助力26县跨越式发展”活动。德华集团、泰普森、佐力集团等企业购买缙云优质土特产。牵线15家企业与四川小金县5个薄弱村（扶贫车间）结对，落实帮扶资金15万元。

开展贫困大学生帮扶工作，牵线民营企业家结对5名贫困大学生。

【工商联队伍建设】 2021年，强化县工商联新一届常执委队伍建设，健全发挥企业家主体作用的平台机制。实施“品质德商提升工程”和德商“青蓝接力”工程，实施新生代企业家培养“311”领航计划，推动工商联组织体系、制度体系、服务体系等工作体系建设，提高工商联的统战性和经济性。推进商会组织建设，引导基层商会参与“浙江商会周”和“百家示范商会”创建活动。推进基层商会规范化管理，加强对所属商会主要负责人考察考评工作，探索示范商会建设。探索“民营经济人士之家”服务的方式方法，打造具有工商联特色的商会培训品牌，促进商会服务能力提升。开展党性党纪教育一刻钟20余次、书记说廉9次、廉政谈话26次。加强党支部标准化、规范化建设，落实“三会一课”，开展主题党日9次。推进党组理论学习中心组学习制度化、规范化，开展理论学习中心组学习10次，建设一支忠诚干净担当的高素质工商联干部队伍。

（金　凌）

德清县科学技术协会

【概况】 2021年，德清县科学技术协会（简称德清县科协）主管县级学会11个、企业科协11家，创新设立农民专家联络站2个。德清县科协紧抓与省科协全面战略合作机遇，坚持围绕中心、结合职能、创新打法、主动作为，实施政治引领、科创赋能、科普惠民三大行动，提升县级科协的凝聚力、贡献力和服务力，打响“智荟德清”品牌，取得明显成效。荣获“浙江省科协系统成绩突出集体”荣誉称号，连续3年获市对县考核第一名，连续2年获得全县人才工作先进集体和“三重一大”深化改革创新先进集体。

【“科创中国”浙江全域试点样板间】 2021年，在“科创中国”省级试点的基础上，协同莫干山高新区创成全省首批6个“科创中国”浙江创新基地之一。落实中科协束为书记调研德清指示精神，联合县委组织部（人才办）、高新区通航局等部门，发起成立德清县航空航天工程师协会，汇聚中高级工程师89名，科技型企业13家，推动学科交叉、融合发展，累计协同攻关技术难题133项。通航智造小镇连续2年获得省级优秀特色小镇，“科创中国”试点建设有力地推动德清航空航天产业高质量发展。

【莫干山浙江院士之家】 2021年，累计邀请进家院士50名。其中，中科院院士23名、工程院院士11名、海外院士16名。组织开展院士专家德清行活动13次，院士团队到访130余人次，新增进家院士18名。德清县院士之家建设工作在全省院士专家智力集聚“一家三站”（院士之家，院士工作站、专家工作站、博士创新站）平台建设推进会上作典型经验介绍，获得省科协书记谢志远、副市长夏坚定的批示肯定。

【院士专家工作站建设】 2021年，遴选阿尔法研究院、申达机器、佳玮线缆3家单位创成南太湖院士专家工作站，组织县图书馆创建南太湖专家工作站。牵线绍兴文理学院生命科学学院教授田润刚博士与湖州浙一家酒业有限公司合作，成立全市首家博士创新站。中科卫星、升华云峰两家院士专家工作站市级绩效评价优秀。院士专家团队全年帮助企业认定省市级新产品51个、获得专利124个、制定技术标准37项、签订技术开发与合作项目72个，增加利润3亿余元。

【院士专家德清行活动】 2021年，坚持以会聚才、以会引才，争取院士资源，导入学术论坛活动，加大德清创新创业环境推介力度。承办中科院地学部院士专家德清行、中科协党校青年科技领军人才国情研修活动、中科院环境研究所——莫干山环境与健康学术论坛、BIG COM国际学术会议等活动，吸引海内外高端人才千余人参加。其间，谋划德清县地理信息产业院士专家建言咨政座谈会、中科协党校

2021年5月30日，全国科技工作者日庆祝活动暨“银龄跨越数字鸿沟”科普专项行动仪式启动
（县科协 供图）

青年科技领军人才产业对接会、院士专家美丽乡村行暨强村局长助力共同富裕研讨会，形成顶尖科技工作者建议，得到多位市领导的批示肯定。促成加州农业与中国农科院国家重点实验室开展合作，推动朱永官院士团队在康乾街道联合村挂牌成立院士专家乡村振兴研教点，合作实施大健康农业项目。“强村局长牵线高端智力助力乡村振兴工作”获得新华社高管信息和每日电讯点赞。

【学会学术建设】 2021年，梳理制定一套规范化标准流程，指导学（协）会按标准完成换届、年检等工作。完成学（协）会换届5个，学（协）会年检登记工作10家。结合第5个“5·30”全国科技工作者日，围绕“众心向党 自立自强”主题，指导学（协）会开展一系列科普活动和学术交流活动。县药学会开展2021年全国化妆品安全科普宣传周等系列科技志愿服务行动，组织县内中药制剂生产企业4家40名会员，参加浙江省药学会中药与天然药物专委会举办的中药新药创制技术研讨会腾讯线上会议等。落实中国科协、省市科协工作部署，切实发挥海智工作基地创新助力作用，举办莫干山全球高层次人才创新创业大赛等一系列活动，为吸引和举荐归国留学人才，做好人才发现、培养、使用、服务工作搭建提供组织依靠。

【全省首部科普情景剧】 2021年，围绕护航青少年心理健康工程，组建创作专班，精心创作全省首部青少年心理健康科普情景剧——《心上的阳光》，寓教于剧，弘扬积极向上正能量，以线下巡演和线上“扫一扫，送你一部科普剧”等多种形式呈现，累计观看人数10万余人。

【专项科普实施】 2021年，以“百年再出发迈向高水平科技自立自强”为主题，承办湖州市全国科普日主场活动。开展“银龄跨越数字鸿沟”科普专项行动，联合11个部门布局“智慧学堂”，布点授课点60个，开展上门点单式服务，帮助老年人玩转智能手机，完成培训及数据上传工作1万余人次。开展“破解疫苗犹豫”科普专项行动，消除部分群众疫苗接种顾虑。联合县教育局开展青少年科技创新大赛和人工智能创新能力提升等特色科普项目。

【乡村振兴发展】 2021年，发挥农民土专家乡村振兴示范引领作用，创新设立农民专家联络站2个，定期召开经验技术分享交流会，实现共创共赢。推动山海协作，开展德清、龙游两地农民专家互帮互学活动。推进科普资源向基层集聚，新增科普e站6处，市民健康科普体验馆1处，标准科普长廊4条，申报省级科普教育基地4家、全国科普教育基地1家、“金桥工程”重点项目8个。加强特色科普场馆建设，指导蛇文化与桑蚕文化教育基地提档升级。

【基层组织建设模式】 2021年，聚焦地理信息、数字经济等新兴产业，组建全市首个楼宇科协——地信产业服务综合体科协，为楼宇内企业和科技工作者提供科技成果共享、专利技术交流等科技全产业链服务，累计开展业务培训267场次，服务科技工作者1.2万余人次，服务企业300余家。指导培育德清县地理信息科技者工作学会申报2021年中科协"一带一路"国际科技组织合作平台建设项目，策划推动省数字经济学会与莫干山国际旅游度假区共建莫干山数字旅游产业学会服务站，以数字化撬动莫干山民宿产业高质量发展。

【"智联"党建联盟】 2021年，扩大党史学习教育成果，与县政府办、康乾街道、武汉大学技术转移中心党支部共建"智联"党建联盟，梳理出"资源""项目""需求"三张清单，有针对性地开展技术攻关，破解发展难题，帮扶联系村实施"科普公园""水下森林"等重点项目，创新探索资源共享、信息互通、优势互补、合作共赢的发展模式。

（沈凯飞　胡顺豪）

德清县文学艺术界联合会

【概况】 2021年，德清县文学艺术界联合会（简称德清县文联）有下属作家协会、书法家协会、美术家协会、摄影家协会、音乐舞蹈家协会、戏剧曲艺家协会、民间文艺家协会等7个文艺家协会和乾元镇文联、新市镇文联2个镇级文联，协会会员总数近700人，体制外的会员约占58%。其中市级及以上会员385名，省级及以上会员121名，国家级会员32名，省"新峰""新荷"青年人才7名，省文联系统成绩突出个人2名。德清县文联围绕中心、守正创新、倾情服务、积极作为，挖掘德清丰厚文化底蕴，热情讴歌德清人民的生动实践，致力于出精品、出人才，提升文艺工作质量和水平，为打造德清县"重要窗口"的"精品窗口"贡献文艺力量。

【中国共产党成立100周年献礼活动】 2021年，把握文艺活动与创作的政治方向，配合庆祝中国共产党成立100周年系列活动。3月，由中国报告文学学会、省作家协会主办的全面建成小康社会的德清样本研讨会暨《德清清地流》新书发布会在北京举行。6月，以"共同富裕的德清现象"为主题的"争创共同富裕县域样板研讨会"在杭州举行，现场专家学者对德清先行先试取得的共同富裕先行示范的经验进行研讨，为打造共同富裕示范区探索路径、寻找答案。助力开展"百年潮涌——德清县庆祝中国共产党成立100周年"大型图片展，拍摄播出革命英雄纪录片《余英溪畔别样红》，完成莫干山百年文献资料基本数据库整理建档，完成出版《德清文学百年卷1921—2020》及《德清文丛》第五卷《我的德清外婆家》，举办"一颗红心向着党——释放协会正能量"庆祝中国共产党成立100周年快闪活动等。

【文化书画作品联展活动】 2021年，新增国家级会员1人、省级会员6人，获得省级以上重要文艺奖项60余人次。组织各类书画摄影等视觉艺术展览。举办"孟郊故里 诗画德清"全国摄影大展和"看德清·话小康"大型主题摄影展，创建摄影图库；开展"山海谱情谊·翰墨颂党恩"

2021年5月，"山海谱情谊 翰墨颂党恩"庆祝中国共产党成立100周年德清缙云书画作品联展开展

（县文联 供图）

庆祝中国共产党成立100周年德清·缙云书画作品联展暨文艺交流活动、“新时代·新青年——浙江省青年综合材料绘画展”暨浙江省美术家协会综合材料艺委会2021年工作会议、第九届“中国梦想杯”书画大赛颁奖典礼及展览、“寄情莫干”写生展、“千年运河·百年潮涌”庆祝中国共产党成立100周年主题书画展、“庆祝建党100周年毛泽东诗词专题”——王顺章书法展、“笔墨诗情——庆祝中国共产党成立100周年”张功华五体书法展等。

【民宿为主体的文学艺术创作基地乡村业态】 2021年，着力谋划打造莫干“论剑谷”艺术创作板块。争取省委宣传部、省文联、省作家协会和省美术家协会的指导和支持，结合未来乡村建设，在莫干山镇庙前村、仙潭村、五四村分别打造具有标识度、吸引力和影响力的莫干山作家村、编剧村、综合艺术村，以文艺手段作为小切口打开乡村振兴、共同富裕的新通道。三个特色村将按照“当年挂牌运营，三年初见成效，五年形成规模”的目标，打造以精品民宿为主体的文学艺术创作基地，建设文学艺术展示区和活动区，形成集文艺作品创作、互动交流、项目孵化、作品转化等于一体的新业态。

【文艺工作者之家】 2021年，探索文联改革，完善规范工作机制，加强文艺阵地建设。启用“文艺家之家”，召开文艺家座谈会。修订《德清县文学艺术工作考核办法》，完善协会、镇文联管理机制。实施中国文联“精神伟力——‘学党史 传精神 跟党走’中国文艺志愿者在行动特别节目”的推广播出；配合中国文联及新疆和浙江作协到德清采风创作；结合党史学习教育，组织实施市剧协思想培训班暨市文艺界“三服务·强四力”走进新市戏曲纳凉晚会；组织各协会骨干参加培训学习和前往丽水、缙云等地采风交流等。

（杨宇力）

2021年度德清县文联部分文学艺术创作成果统计表

表11

序号	作者	作品类别、名称	主办单位或出版刊物	备注
1	张林华	文学作品《黑金》	《花城》《散文》	发表于《花城》《散文》杂志，2021年第三期
2	杨振华	文学作品《丹心长照碧湖青》	《联谊报》	发表于2021年8月10日《联谊报》“春秋版”
3	慎志浩	文学作品《美丽真相与孔亚雷的世界》	《北京青年报》	发表于2021年7月16日《北京青年报》“青阅读”
4	王征宇	文学作品《带着感恩的心，走入秋天》	《新民晚报》	发表于2021年9月22日《新民晚报》副刊头条
5	臧运玉	文学作品《一心只想王宝钏》	《中国铁路文艺》	发表于2021年11期《中国铁路文艺》
6	赵俊	文学作品《一种可贵的对照》	《文艺报》	发表于2021年4月2日《文艺报》
7	朱炜	文学作品《俞楼人尽识》	《浙江日报》	发表于2021年3月21日《浙江日报》钱塘江副刊
8	陈德明	文学作品《板刀馄饨》	《扬子晚报》	发表于2021年4月26日《扬子晚报》副刊头条
9	梅苏苏	文学作品《汤盅深似海》	《散文选刊》	发表于2021年第8期《散文选刊》
10	张海滨	文学作品《馄饨阿炳》	《扬子晚报》	发表于2021年5月27日《扬子晚报》副刊头条
11	罗永昌	文学作品《藕塘与藕粉》	《联谊报》	发表于2021年11月6日《联谊报》副刊头条
12	盛荣良	文学作品《乡贤》	《联谊报》	发表于2021年1月26日《联谊报》副刊头条
13	张健梅	文学作品《大暑割稻 颗粒归仓》	《联谊报》	发表于2021年8月14日《联谊报》副刊头条
14	稽学仙	文学作品《柚子》	《扬子晚报》	发表于2021年10月11日《扬子晚报》副刊头条

续表11

序号	作者	作品类别、名称	主办单位或出版刊物	备注
15	杨宇力	书法作品篆书对联《初阳谷鼎湖峰》	浙江省书法家协会	入展2021年9月浙江省书法家协会主办的“陆维钊奖”第九届浙江省中青年书法篆刻展
16	陈宽顺	书法作品行书条幅《渚山堂词话选录》	浙江省书法家协会	入展2021年9月浙江省书法家协会主办的“陆维钊奖”第九届浙江省中青年书法篆刻展
17	姚季方	书法作品草书《墨子墨经录》条幅	浙江省文旅厅	入展2021年10月浙江省文旅厅全省第七届群星视觉艺术综合大展
18	金晓敢	美术作品《与时间赛跑》	中国美术家协会	入展2021年9月武汉记忆——庆祝中国共产党成立100周年全国美术作品展(中国美协)
19	金祖梁	美术作品版画《盛世社火》	中国美术家协会	入展2021年10月中国新兴版画运动九十周年·全国版画展(中国美协)
20	鲁建萍	美术作品《水乡一隅》	中国美术家协会	获2021年10月家园·乡情——“古堰画乡”首届全国风景油画双年展优秀奖(中国美协)
21	王苇	美术作品《江流曲》	中国美术家协会	入展2021年10月家园·乡情——“古堰画乡”首届全国风景油画双年展(中国美协)
22	严诗璐	美术作品《能不忆江南》	中国美术家协会	入展2021年9月“精神·图式”——第二届中国写意油画双年展(中国美协)
23	沈 佳	美术作品《铿锵迎盛世》	浙江省美术家协会	获2021年8月庆祝中国共产党成立100周年——“美益求美”浙江省女画家作品展学术奖(浙江美协)
24	郑建辉	美术作品《和谐·共生》	浙江省美术家协会	入展2021年9月浙江省第八届青年美术作品展(浙江美协)
25	王伟荣	美术作品《彼岸》	浙江省美术家协会	入展2021年6月“乡村振兴、童话云和”美术作品展(浙江美协)
26	卢建云	美术作品《雨后的4号码头》	浙江省美术家协会	入展2021年6月“乡村振兴、童话云和”美术作品展(浙江美协)
27	范虹燕	美术作品《花语·2》	浙江省美术家协会	入展2021年6月浙江省美术家协会主办的“乡村振兴、童话云和”美术作品展
28	王旖睿	曲艺作品《龙腾钱江赋》	浙江省文旅厅	2021年10月获浙江省文化和旅游厅浙江省第十一届群众曲艺大赛金奖
29	吾茜蕾	舞蹈《叶球灯》	浙江省文旅厅	2021年7月获浙江省文化和旅游厅民间音舞精品奖
30	陆美红	舞蹈《红》	浙江省文旅厅,浙江省农业厅,浙江日报报业集团	2021年9月获浙江省文化旅游厅,浙江省农业厅,浙江日报报业集团“幸福像花儿一样——首届浙江乡村文化艺术节暨乡村舞蹈大赛”“金穗奖”优秀奖
31	王晓亮	评书《香樟树下》	浙江省文旅厅	2021年7月获浙江省第十一届群众曲艺大赛银奖

德清县残疾人联合会

【概况】 2021年，德清县有持证残疾人11557人，其中一级、二级重度残疾人2581人。按残疾类别划分，视力残疾1777人，占15.38%；听力残疾1223人，占10.58%；言语残疾108人，占0.93%；肢体残疾5203人，占45.02%；智力残疾990人，占8.57%；精神残疾1880人，占16.27%；多重残疾376人，占3.25%。

德清县被住建部、中国残联等五部门命名为“全国无障碍环境示范县”，全县无障碍创建工作得到省、市领导的批示肯定，无障碍创建经验、“残疾人之家”建设工作经验在全省推广，县政府残工委被国务院残工委评为“全国残疾人工作先进单位”。德清县“无障碍在线地图”获评为“2020年省残联系统担当作为十大优秀案例”之一。9月5日，中央电视台《新闻联播》头条播出《德清县建立“无障碍在线地图”切实为残疾人打造便利出行环境》的报道，在全市实现零的突破。德清县入选省政府残工委首批促进残疾人共同富裕“全链条”无障碍建设先行区。

【残疾人基本公共服务】 2021年，围绕打造“残疾人之家·我的家”服务品牌，通过“心手相连”残疾人之家爱心助残服务联络站建设和“支部结对·党员助残”志愿服务活动等为“残疾人之家”提升进行赋能，完成新建3家，改造提升1家，提前超额完成省政府民生实事项目残疾人之家提升改造2家的目标任务，另对2家改造提升未达标的机构进行清退摘牌。全年为115名有康复需求并有康复适应指征的残疾儿童进行康复费用报销294.68万元。完成德清县扬帆康健园残疾儿童定点康复机构规范化提升建设工作，扬帆康健园面积从原来的310平方米，扩大到750多平方米，通过省市残联验收。重新出台《德清县残疾学生和贫困残疾人子女助学办法》，提高补助标准和补助范围。对全县幼儿园、小学和初中200名残疾学生补助特教补贴19.5万元，对高中以上61名残疾人学生发放助学金15万元，对12名残疾人大学生补助学费和住宿费16.68万元。原德清县培康学校校长王晓虹编写，专为送教上门学生辅导的资源性教材《就这样陪你成长——特殊学生送教上门辅导读本》首次刊发。县残联在建成101个辅具共享站点的基础上，再新增90多个辅具共享站点，实现县域村（社区）全覆盖。

【残疾人帮扶助残模式】 2021年，作为全省残疾人“两项补贴”移交试点县，县残联做好在享人员补贴的全面复核，做到应发尽发（从10月份起残疾人“两项补贴”移交民政发放）。多部门联合开展超比例安置专项检查，对21家企业发放残疾人超比例安置奖75.53万元，确保奖励资金规范发放。落实残疾人驾驶机动车停放收费减免优惠政策，将152名残疾人车辆信息录入公共停车场系统。在县职业中等专业学校建立全县首个残疾人职业技能培训基地，全年组织各类技能培训16期、培训人数近400人次。设置“爱心岗位”150多个，累计帮扶258户残疾人实现就业增收。全部实行残疾人按比例就业网上申报审核，审核通过的589家企业按比例安置残疾人就业1570人，其中2021年新增78人。年内，德清县单招单考录用公务员编制和事业单位编外残疾人各1人，国企按比例安置残疾人就业2人，3名应届毕业残疾大学生全部按比例就业。全年，全县社会各界慰问残疾人家庭2500多户，慰问金189万元、物资价值25.7万元。开展公益助残活动，成立全县首个“博爱助残公益金”，全县10余家企业捐赠助残公益金400万元。与四川省小金县残联签订5年对口支援帮扶协议，完成3个帮扶项目，慰问残疾人家庭50户，投入资金21万元。

【残疾人康复服务体系】 2021年，聘请专业辅具评估公司，对有需求人群进行辅具适配评估工作，依据评估结果免费发放相应辅助器具。全年发放轮椅、护理床、假肢等辅助器具275件，其中助听器验配63台，发放轮椅类辅具122件，护理床类辅具22件，白内障复明手术47例，假肢安装21具。全年还发放四脚拐、洗浴椅等小额辅具89件，满足不同残疾人多样化的辅具需求。对有需求的残疾人进行入户筛查，制定个性化的改造计划，因人而异，一户一方案，全年完成66户困难残疾人家庭的无障碍改造工作，帮助其提高生活自主能力和质量，拓展生活空间。联合县卫生健康局为全县所有精神病患者提供免费用药。做好残疾人大病再保险服务，全年为252名残疾人自费医疗费用赔付76.46万元。

2021年3月26日，德清县"'心聆·感影'观影无障碍·志愿暖人心"专项行动启动仪式（县残联 供图）

【残疾人文化体育生活】 2021年，与县新闻中心合作开设电视栏目、报刊专栏和广播节目。全县残疾人工作相关报道被45家媒体采用稿件442件，比上年新增252件，增长133%。国家级稿件录用70篇，其中央视《新闻联播》栏目2次、《朝闻天下》栏目1次。德清县残疾人运动员蒋继剑首次代表中国参加日本东京残奥会，在男女PR2级双人双桨项目决赛中勇获铜牌，成为湖州市首位获得奥运奖牌的残疾人运动员，获得"湖州市五一劳动奖章"荣誉。在全国第十一届残运会上，德清县获2金1银好成绩，重大残疾人体育赛事成绩实现新突破。打造"最美残疾人"系列，全县推选出"最美残疾人家庭"10户、"最美残疾人家庭"提名奖5户，其中获评湖州市"最美残疾人家庭"2户、"最美残疾人家庭"提名奖1户。举办湖州市第六届残疾人艺术会演德清分赛区暨德清县第四届残疾人艺术会演，鲍森龙的二胡独奏《看花灯》节目被推选参加浙江省第九届残疾人艺术会演。组织开展文化、体育、参观等活动40余场，3500余名残疾人参与其中。特殊艺术走进农村文化礼堂巡演13场，为1200多名残疾群众带去丰富多彩的文艺演出。为全县250名重度残疾人送去康复体育器材。

【残疾人工作效能提升】 2021年，参与"揭榜挂帅"活动，"助残服务码"应用成为湖州市残联系统"数字化改革"唯一中榜项目。以全国"无障碍环境示范县"创建为抓手，投入1.5亿元建成的无障碍设施将以数字化形式呈现，推进"助残服务码"项目的残疾人基础信息和政策法规数据仓建设，无障碍出行、辅具申领、教育补助等3个应用模块研发完成，在"浙里办"上线试运行。优化"无障碍在线地图"，标记出各类无障碍设施300余个点位、辅具共享200余个点位，全县无障碍公交车达到120辆，保障残疾人出行无障碍。开设民生新闻栏目《百姓连线》手语新闻节目，为新闻栏目《德视聚焦》加配字幕。

【残疾人权益保障机制】 2021年，组织参加省残联党史学习教育主题征文、书画摄影创作和微视频演讲大赛，参加的3件作品获征文和微视频一等奖各1个、征文三等奖1个。在全省率先启动"支部结对党员助残"志愿服务活动，29个党支部结对助残服务机构，形成"党建+"的助残服务模式。全年开展党员志愿服务110余次，参与党员近500人次。以开展阳光"益"站为品牌的助残志愿服务活动为抓手，指导助残社会组织建立"心晴有家""益路有爱""圆梦1+1"三支助残志愿服务队，全年开展助残服务1000余人次。联合县委宣传部、县文明办开展“观影无障碍·志愿暖人心”专项活动，组织无障碍观影活动18场，观影1200余人次。开展纪念《中华人民共和国残疾人保障法》实施30周年活动。聘请律师一名为常年法律顾问，全年为6名残疾人进行法律咨询服务。落实信访工作责任制，全年接受来电来访45批次，办结率100%。完成武康街道群安社区创建省级无障碍社区的各项改造任务，通过省级无障碍社区创建检查验收。

（陈宏鑫）

德清县红十字会

【概况】 2021年，德清县红十字会围绕浙江省“打造群众身边的红十字会”县域试点任务，健全组织网络，夯实基层基础，创新运行机制，激发组织活力，提升服务能力，发挥党和政府在人道领域的助手和联系群众的桥梁纽带作用。召开德清县红十字会第六次会员代表大会，选举产生新一届领导集体。新增红十字会员2649人，注册红十字志愿者1373人。建成红十字志愿（会员）服务中心，红十字服务站29个，博爱家园4个。全年完成应急救护普及培训157场15462人次，救护员培训42场2013人次。全年募集款物价值331.53万元，支出197.18万元。实现3例造血干细胞捐献，2例遗体捐献，1例器官捐献，3例角膜捐献。接待全国政协委员，中国红十字会原党组成员、副会长王海京和中国红十字会党组成员、副会长尹德明等两批次中国红十字会总会领导到德清调研；承办全省红十字会博爱家园建设现场交流培训班、浙江省红十字（湖州）赈济救援演练、湖州市红十字系统志愿服务工作推进会以及“生命乐章 致敬捐献”纪念活动。

【组织建设】 2021年，德清县新增红十字会员2649人，注册志愿者1373人，建成启用县红十字志愿（会员）服务中心。新建红十字服务站29个（累计49个）。新增完成宋村村、狮山社区、东郊社区、中兴社区4个博爱家园建设，基本形成“三同二化一体”建设模式（即阵地同建、资源同享、服务同推，社会化运营、数字化应用，城乡一体推进）。在湖州市红十字会的具体指导下，通过总结前期建设经验、多轮调研座谈、邀请专家审查，经湖州市市场监管局批准，10月正式发布全国首个博爱家园建设地方标准《红十字博爱家园建设与服务规范》。新成立“黄河工作室”“姚璐怡工作室”。“黄河工作室”主要开展无偿献血、造血干细胞捐献、人体器官（组织、遗体）捐献知识宣传，动员更多的爱心人士加入。“姚璐怡工作室”主要为青少年提供心理咨询服务，协助青少年围绕个人、家庭、同伴、学校等进行多元化思考，提升青少年鉴别问题、解决问题的能力，助力青少年健康成长。

【人道救助】 2021年，德清县实施“善行德清”博爱行动，初步构建“1+N”人道救助体系。在常态化开展“博爱送万家”传统品牌项目的基础上，与单位、企业共建合作成立“尊师助教”“博爱助残”“德林匠心”等公益项目，针对困难师生、残疾人、建筑工人等弱势群体，开展慰问救助和助力东西部协作共富。全年

2021年4月1日，德清县东山陵园的“生命礼敬园”开园，开展“生命乐章 致敬捐献”纪念活动，缅怀人体器官捐献者 （县红十字会 供图）

募集款物价值超331.53万元，支出197.18万元。其中，支援河南洪灾款物价值14.52万元，支援四川省木里藏族自治县4.42万元，缙云县博爱家园项目4万元，小金县沃日镇幼儿园的儿童0.54万元，向小金县捐赠钢琴和自动化演奏系统价值41.33万元。

【救护培训】 2021年，德清县围绕“健康德清”建设，深化红十字应急救护培训“七进”活动，全年完成应急救护普及培训157场15462人次，救护员培训42场2013人次。与浙江工业大学药学院、绿色制药协同创新中心、康乾街道办事处联合开展“‘药’‘救’在身边”校地共建，成立应急救护培训实践基地、志愿服务与社会实践基地，承办“红钥匙”社会实践联盟启动暨出征仪式。为提升师资授课水平和增进友谊，举办救护师资交流研讨会1期，开展师资团建活动1场，救护师石秋晨在省红十字应急救护培训师教学大赛中荣获二等奖。在全省红十字系统领导干部培训班上，以《重谋划 强阵地 建机制 高水平推进应急救护工作》为题作交流发言。完成“百千万”工程三年目标任务，全年新增投放AED 38台（累计104台）、急救箱344个（累计1075个），免费发放家用医疗急救包13100个（累计超4万个）。制定《德清县公共场所AED使用管理制度》，创新推行“机长制”，确保设备随时能正常使用。

【救灾救援】 2021年，德清县编制全国首本《第一响应人》培训教材，致力于普及应急救护和防灾避险知识技能，培训基层干部群众，增强公众防灾意识和能力，建立“防灾+减灾+救灾”闭环式、全方位志愿服务机制。选送的“第一响应人”志愿服务项目获得第二届浙江省新时代文明实践志愿服务项目大赛银奖，被市文明办评为2021年最佳志愿服务项目。“第一响应人”项目入选“情暖浙江·红十字志愿服务”第五轮扶持项目。“建立‘防灾+减灾+救灾’闭环式志愿服务机制”入选德清县2021年第二批微改革项目。

【“两捐”工作】 2021年，德清县推动“三献”工作，启用湖州市首个生命礼敬园。全年完成造血干细胞采样入库84人，新增签订器官捐献协议489人，实现造血干细胞捐献3例、遗体捐献2例、器官捐献1例、角膜捐献3例。在全省“三献”工作会议上，县红十字会以《传承红色根脉 播撒生命希望》为题作交流发言。

【数字红十字会】 2021年，德清县运用“数字红会”综合业务管理系统，完成有关数据录入工作，构建“数字红会”工作新格局。“第一响应人”入选省红十字会数字化改革“揭榜挂帅”场景应用清单。启用智慧物联AED数字平台，实现AED远程智能实时管控，为群众提供AED查找、分享、导航、呼救、急救知识线上学习等服务。用好微信公众号，关注人数突破1000人，全年推送各类信息160余篇。

【宣传传播】 2021年，德清县在《德清新闻》上开设“群众身边红十字会”专栏，挖掘红十字好人好事，全年宣传报道先进人物6人、救援事迹2例、工作事迹4例。其中，德清县红十字会员沈鑫铭入选中国红十字会总会公布的“全国红十字会志愿服务先进典型”名单、首届健康浙江行动“健康达人”名单，黄河入选中国红十字会“会员之星”，时檫、周海珍、陶羽卒分别获评2021年度省社会组织领军人物、省“最美救护员”、市“最美志愿者”，红十字山鹰救援队获评2021年市“最佳志愿服务组织”；《经济日报》头版、《人民日报》4版刊登台风“烟花”县红十字会救援报道；新闻报道《一场特殊的接力》《夫妻携手成为救护师》分别讲述德清县一对母女、一对夫妻先后成为救护培训讲师，为普及应急救护知识无私奉献的事迹，受到广泛好评。

（陈宇俊）

法　治

公　安

【概况】 2021年，德清县公安局聚焦“三个更美”愿景，聚力“三大警务”建设，推进队伍教育整顿，锻造“三能”过硬铁军，勇当护航高质量发展建设共同富裕绿色样本的排头兵，完成各项工作任务。全县有效接警8.65万起、交通事故警情3.35万起，均为全市三县最少。刑管类刑事案件1264起，比上年下降3%。交通亡人事故52起、死亡53人，分别比上年下降5.45%、3.64%。命案发1破1，“两抢”案件“零发案”。电信网络诈骗万人发案率全市最低，破获全市首起国督微博传播淫秽物品案、全市首起网上走私毒品案，侦破全市首起“两卡”黑灰产犯罪案件并率先发起全国集群战役。涉外“教科书式”执法样板工作，得到公安部副部长、国家移民管理局局长许甘露，副省长、公安厅厅长王成国批示肯定，全市政法一体化执法办案管理中心现场会在德清召开。德清县公安局荣获湖州市扫黑除恶专项斗争先进集体、市域社会治理现代化突出贡献集体等称号。全年有90个集体、317名个人获得表彰奖励，其中莫干派出所荣立集体二等功，刑侦大队等7个集体荣立三等功，2名个人荣立二等功，36名个人荣立三等功，涌现出全国优秀人民警察候选人李小荣等一大批先进典型，在全市公安及全县政法系统中推广学习。

【国家政治安全】 2021年，实施人力情报“复兴工程”，对全县重点人纳入政保管控视线，实行“一人一策一专班”管控，联合县委政法委教育转化在押邪教人员2名，成为全市首个监管场所转化成功案例。对523家宗教场所落实分层分级管控，联合县相关部门取缔宗教私设聚会点3个、非法共修点2个，查处宗教非法活动2起。深化邪教专案攻坚，依法打击邪教分子8人，基本摧毁县内邪教组织架构。开展反恐怖工作，常态化运行“415”机制，查处涉政不当言论案件7起，累计核查涉恐预警关注人员169人次；督导检查重点单位204家次，累计发放整改通知书16份，整改隐患27个。强化外国人管理，核查境外人员未按规定登记案件46起，查办“三非”案件10起10人。

【社会矛盾风险】 2021年，建立健全情报会商通报机制，为党委、政府提供情报线索，流转发布涉稳预警指令。推进矛盾纠纷排查见底行动，累计排查矛盾纠纷1.34万起，调解1.14万起，移交外单位1812起，案件查处167起，对尚存隐患的52起矛盾纠纷落实分级分类化解矛盾。深化“双非”警情分流工作，累计分流5754起。开展公安信访突出问题攻坚化解专项工作，县公安局领导开门接访群众11批次14人次，18件公安部、省公安厅交办信访积案提前清零。

【违法犯罪打击行动】 2021年，纵深推进扫黑除恶、跨境赌博、涉黄赌毒等违法犯罪打击行动，保留原扫黑除恶专业队建制不变，累计核查涉黑恶线索15条，破获各类案件40余起，打处涉黑恶犯罪嫌疑人159人；摧毁跨境赌博三人以上团伙23个，抓获违法犯罪嫌疑人158人，侦破“12·23”特大跨境网络赌博案件；依法对153人涉黄赌犯罪嫌疑人采取刑事强制措施，行政拘留991人，斩断一条从外省进入德清的非法经营“笑气”利益链条。

电信网络诈骗综合治理　强力开展反诈工作，以县“两办”名义下发《德清县打击治理电信网络新型违法犯罪工作实施方案》，推动电信网络诈骗综合治理工程纳入县十大民生实事；县公安局反诈中心全天候运行，拦截高危交易438起，止损资金358万余元，累计抓获犯罪嫌疑人193人、破获相关案件113起，分别比上年上升36.88%、118.28%，百日攻坚行动拿下全市“三个率先”，全链条侦破省督案件4起。其中“孙海霞被诈骗案”百万案件破获4环节，抓获嫌疑人11人，研判报告被省公安厅评为优秀报告，在全省推广学习；“徐丽霞被诈骗案”被市公安局定为省比武案件，破获4个环节，抓获7名犯罪嫌疑人，全数追回赃款20.3万元。

传统侵财违法犯罪案破获　打击防止传统侵财违法犯罪，实行“群众吹哨、民警报到，基层吹哨、机关报到”机制，推进“警邮企”联动、“拉车门”行动，拦截重点地区未成年人专业夜盗团伙6批19人次，累计破获传统侵财案件1041起，打处违法犯罪嫌疑人541人，追赃挽损206.5万元，分别比上年上升48.7%、52.8%和97.2%，在全市传统侵财案件破案会战大比武中勇夺团体第一名。

经济案件破获　打击经济犯罪，对县内21家私募机构落实“一企一档”管控，累计开展各类金融机构联合执法9次、“五级联审”8次，立破涉众型经济案件3起，抓获4人。开展涉企犯罪破案大会战，建立“11087”服务平台，破获涉企案件9起，抓获犯罪嫌疑人12人，挽回企业损失518万元。

【公共交通安全隐患】 2021年，创造稳定安心的社会环境，全年完成25处省、市、县级重点隐患挂牌整治。查处交通违法行为60.18万起，其中“酒醉驾”1194起、电动自行车违法5.09万起，分别比上年上升25.16%、21.48%。开展货车“扫雷”及钢材装载运输领域专项整治，查处超载超限1112起、“百吨王”19起。牵头统一德清、余杭两地装载作业标准和行业规范，得到市委书记王纲批示肯定。对主城区4处重点拥堵路段落实“一校一医一路一策”治理，配合施划“限时车位”66个。依法查处2021年全市首起瓶装液化气非法存放案件。加强涉毒失驾人员多警种联合治理，查处“毒驾”“失驾”11人。推进“禁毒+文化”全域宣传，创新打造全国首条“全民禁毒智慧跑道”。

【“枫桥式公安派出所”建设】 2021年，推进“枫桥式公安派出所”创建，莫干派出所被评为省级“枫桥式公安派出所”，禹越派出所在全市公安机关第二批“枫桥式公安派出所”创建实绩量化积分中排名第一。专班推进“全国社会治安防控体系建设示范城市”创建工作，推进成效得到省公安厅调研组充分肯定。建成平安家园卫队332支8578人，开展家园卫士活动4667次，解决问题6783个，培育“蓝骑义警”“清禾公益”“警管家”等一批有实效、有口碑的志愿服务团队。实行基础防控中心值班警力每日检查制度，对13个镇（街道）开展24轮治安场所（部位）全覆盖检查，发布检查通报24期，发现问题1612个，整改率100%。深化户口整顿工作，清理无户口人员12人并完成落户。舞阳派出所营房竣工并投入使用，交警指挥保障中心及水上派出所（乾元交警中队）项目建设稳步推进。

【“三大警务”建设】 2021年，打造“公安大脑·智慧安保”应用平台，完成基础管控、场馆安保、智慧安检、交通警卫、一体化指挥五大模块建设并上线运行。认领全市智慧警务揭榜挂帅项目，完成“智慧警情分析系统”建设并上线运行。推进“数字警务一张图”建设，通过专家组评审纳入政府数字化改革试点项目启动建设。完成2000路普通前端视频的智能化改造和147路重复视频监控前端点位的整改治理，超额完成480个社会停车场及路边停车位数据的接入工作；引进无线视频对讲系统152套，试点打造“平安304”智慧治理平台。升级打造具备身份证、健康码“二选一”双重验证功能的“无感亮码”2.0版本，实现“两码一库”一体化查验，得到市委书记王纲批示肯定。优化“智慧交警”平台建设，共安装诱导屏、高位监控55处，更换老旧电警169处，升级模型3个、新建模型4

个。县公安局“情指勤舆”一体化合成作战中心通过验收，完成14个派出所综合指挥室规范化建设，推动实现全县派出所移动接处警App使用全覆盖。推进“智慧安防小区（单位）”创建活动，新建“智安小区”14个、“智安单位”65家。

【“生态警务”品牌】 2021年，围绕“运河守护”“旅游警察”“智慧巡防”主题，建成全市首个运河生态联勤警务站，配套建立“五个统一”“六个一体”联动机制并实体化运作。推进“守青山、护绿水”“昆仑2021”“剑锋”“净音”等专项行动，侦破“环食药知”四类案件49起，其中“省标”案件3起，累计采取刑事强制措施115人，依法移送起诉111人，分别比上年上升113%、61.9%和131.25%。打造“渣土整治”品牌，以扫黑除恶模式推进渣土领域专项整治，破获相关刑事案件2起，抓获犯罪嫌疑人7人，查处擅自倾倒渣土案件8起，行政拘留27人，县内非法倾倒渣土乱象得到根本性遏制，得到县委书记敖煜新批示肯定。着力打造“警长守护”品牌，补强配齐“七大警长”208名，累计开展各类巡逻检查6315次，发现问题262个。

【“三能”主题教育实践活动】 2021年，常态化组织开展每周政治学习42次、局党委理论学习中心组（扩大）学习12次。完成“三能”主题教育实践基地建设并正式启用，组建百人讲师团，开设“三能”警事栏目，组织开展“百人百讲”、现场研学、主题征文、读书会等“三能”主题活动，全警举行“光荣在党五十年·薪火相传续新篇”“警徽闪耀壮歌行·安保一线写忠诚”“学党史悟思想·忆初心立新功”主题党日活动及“党史故事会”“重温入党誓词”“我和党旗合个影”等专题活动；县公安局党委书记带头为全体党员民警上专题党课2次，各分管联系局领导、支部书记带头讲党课35场次。开展“最强党支部”“最红党支书”“最美党员”创评，治安（治安机动、出入境）党支部获评全省公安出入境“最强党支部”，全局有5个党支部荣获市先进基层党组织、县优秀基层党组织等称号。健全辅警党组织建设，完成181名在编辅警党员组织关系转接工作。

【学习“李小荣式优秀民警”】 2021年，组织开展“聚力‘三服务’、学习李小荣、奋勇开新局”新春集训，全局民警分层分类分批次参训。举办李小荣先进事迹报告会、制作《李小荣故事集》、拍摄《所长李小荣》先进事迹专题片，参与全国“寻找2021最美基层民警”云直播，开展“四星”民警、“李小荣式优秀民警”，有效营造学习先进、崇尚先进、争当先进良好风尚。

【公安宣传工作】 2021年，坚持“防为主防为上”工作理念，聚焦“三个更美”愿景，围绕建党100周年主题和全县公安机关全年主要工作目标，发挥现有媒体资源的基础上，协调沟通各级媒体，宣传县公安局打击防范工作及展示德清县公安局民警良好形象。先后策划完成建党100周年、首个中国人民警察节、“5·19”讲话四周年、“三大警务”等大型融媒主题宣传。依托微信公众号集中开展“365湖州公安影像日历”及中国共产党成立100周年专题美图宣传。将德清公安原创歌舞剧《骗子的剧本》搬上市公安局“向党和人民报告”晚会。精心组织参加全县庆祝中国共产党成立100周年大合唱比赛并获金奖。组建65名核心网评员队伍，在2021年全市公安机关网上实战培训及对抗演练中取得第一名，在《人民日报》《人民公安报》《法治日报》《浙江日报》《平安时报》《浙江法制报》等主流媒体上报道。李小荣外宣报道121篇，其中国家级41篇。全年在各级媒体共刊发各类稿件923篇，其中国家级179篇、省级170篇、市级290篇。

【出入境管理】 2021年，以“三能”精神为引领，抓好疫情防控，建立“战时联防联控”工作机制，对境外到德人员实行“清单式、闭环式、网格化”挂图评估；“精密智控”，开展地毯式排查，全年排查境外入境到德清人员517人次。推进“助企双引”直通车服务，为符合条件的外籍高层次人员提供永居、一次多年的签证便利申请；推进“最多跑一次”

"三服务"活动，以"一窗通办"和政务服务2.0建设优化民生服务，对想要出入境的复工复产人员推出全流程"一站式"服务。在确保涉外安全方面，对境外人员分重点、分辖区、分类别地分层管控；推进境外人员基础排查，建立"一人一档"工作台账；对境外临住人员开展网上巡查，开展旅馆民宿从业人员培训，1—9月全县登记临住境外人员1.02万人次，居全市第一位，登记准确率99.94%，居全市第二位。全年为全县居民、新居民办理各类出国境证件2245件，其中护照159件、港澳通行证2082件、台湾通行证4件。

（夏莹钟）

检 察

【概况】 2021年，德清县人民检察院聚焦法律监督主责主业，全年受理审查逮捕案件328件345人，批准逮捕188件254人，受理审查起诉案件740件1131人，起诉478件696人。建立扫黑除恶常态化工作机制，开展"回头看"专项行动，立案监督追诉13人，制发社会治理类检察建议2件。严厉打击治理电信网络新型违法犯罪、涉众型经济犯罪，办理帮助信息网络犯罪活动案48件92人。办理全国首例涉地理信息数据刑事案件，2起案件获评全省知识产权保护典型案例。向43名因案致贫生活困难当事人发放国家司法救助金36.2万元。市对县综合评价连续两年居全市第一名，连续五年获评全国检察宣传先进集体，7个案件获评全国、全省精品典型案例，其中"某公司环境污染民事公益诉讼案"获评全国检察机关"大运河保护公益诉讼检察专项办案典型案例"，12个集体和35名个人获评县级以上荣誉。

【营商环境优化法治化】 2021年，德清县人民检察院办理涉民营企业内部贪腐案件14件18人，帮助涉案企业挽回损失千万元。会同县工商联出台《推进清廉民营企业建设工作方案》，召开"惩治预防并行 共建清廉民企"联合新闻发布会，发布《德清县民营企业内部贪腐犯罪案件白皮书》。推动筹建全省首家清廉民企法治教育基地，创新"五式工作法"护航民营企业廉政建设，推动全省开展打击侵害企业利益经济犯罪专项治理行动，得到省委副书记、省长批示肯定，《法治日报》《浙江日报》等媒体进行报道，该服务案例获评2021年市、县担当破难典型案例。

【保障未成年人权益】 2021年，办理涉未成年人刑事案件62件99人。率先试行融合式监督，办理民事、行政监督案件27件，开展涉未成年人食品药品安全和校园周边安全的公益诉讼专项监督，制发检察建议6件。联合县妇联出台《关于强制性亲职教育服务站工作流程的实施方案》，依托"星星点灯"未成年人观护帮教基地，构建体系化、常态化、专业化亲职教育体系，获市委副书记、政法委书记批示肯定，被《法治日报》、最高检微信公众号宣传报道。

【刑事检察】 2021年，对证据不足或不认为是犯罪的案件，实行监督撤案14件，依法不捕不诉365人；纠正有案不立、有罪不究等问题，监督立案34人，依法追捕追诉36人，其中被判处三年以上有期徒刑10人。协同推进反腐败斗争，排查司法工作人员职务犯罪线索5件，以滥用职权罪立案1人。加强刑事审判监督，提出抗诉、再审检察建议6件。加强刑事执行监督，审查看守所呈报减刑、暂予监外执行3件。联合县司法局出台《在认罪认罚从宽制度实施过程中加强控辩量刑协商的工作意见》，建立检律互督互评长效机制，控辩协商过程全程同步录音录像。联合县委政法委、县司法局和县矛调中心出台《办理轻微刑事案件和解工作适用调解的若干规定》，轻微刑事案件和解率40%。

【民事检察】 2021年，办理民事生效裁判监督案件43件，审判程序和执行活动监督144件。开展民间借贷领域的虚假诉讼专项行动，以县人民法院公布的职业放贷人名录为切入点，立案查处13件，重拳打击损害司法权威、扰乱社会秩序的违法犯罪行为。立足德清县绿色金融调解中心,化解一起长达5年涉诉信访案件,帮助国有企业挽回损失30余万元。

【行政检察】 2021年,办理行政审判活动监督案件10件,非诉执行活动监督案件19件,化解行政争议6件,助推法治政府建设。聚焦资源资产保护,保障公共利益,通过实地丈量土地、研判违拆方案、精准普法宣传、处置全程监督,善于寻找当事人双方利益平衡点,推动拆违处置政企矛盾、干群矛盾实质性化解,助力解决国土资源领域“执行难”“执行乱”问题。

【公益诉讼检察】 2021年,立案办理公益诉讼案件40件,其中重特大案件11件,案件办理数量和质量居全市前列。开展“无障碍环境建设”“服务保障乡村振兴战略”“守护红色军事文化史迹”等公益诉讼专项行动,以诉前磋商、制发检察建议等形式,科学有效修复全省首批革命文物——洛舍镇新四军革命红色标语,联动余杭区检察院加强良渚文化保护跨区域协作。以国有土地使用权出让金、公租房租金费用收缴问题为重点,督促有关部门履行土地监管职责,11315平方米的国土资源得到有效利用。开展外来物种入侵生态检察专项整治活动,制发诉前检察建议13份,保障农业发展和生态安全。试点全省公益诉讼志愿观察员制度。

【“数字检察”改革工作】 2021年,成立“数字检察”改革工作领导小组,组建精干专班定期研究部署“数字检察”工作,成为全省首批“数字检察”应用场景创新任务承担院。联合承接检察大数据分析研判平台、民事执行大数据研判分析等2个省级试点项目。“刑事案件行政处置衔接机制改革方案”获评省“数字检察”创新应用创意设计十佳方案,研发完成轻微刑事案件社会调查辅助应用,有效提升交通类轻微刑事案件办理质效。

【检察干部队伍建设】 2021年,紧扣中国共产党成立100周年制定“十个学”工作方案,以参观红色基地、邀请专家上党课、打造红色教育基地等形式,引导干警从百年党史中汲取奋进力量。依托“莫干论剑”“周一夜读课堂”等常态化学习机制,开展专家授课、庭审观摩、辩论对抗等活动。开展政法队伍教育整顿,聚焦“六大顽瘴痼疾整治”,举办党风廉政教育周活动。落实“三个规定”等重大事项记录报告制度和离职竞业禁止承诺制度。深化检校合作,聘请专家咨询委员,成立专家工作室。

（夏毓琳）

审 判

【概况】 2021年,德清县人民法院受理各类案件1.04万件,办结1.05万件,一线法院人均结案263.86件,比上年人均增加15件,各项质效指标均在上级人民法院确定的合理区间内良性运行,诉源治理等重点工作取得明显成效。全年荣获全国青年文明号、全省最美公务员、全市矛调中心建设突出贡献集体等市级以上荣誉25项。

【审判执行】 2021年,审判执行工作总体平稳向好,“八升五降”指标完成“六升五降”,比上年高出10个百分点,4项指标进入全省基层法院前10位。新收一审刑事案件520件,审结558件,审结的一起涉未成年人强奸案被最高人民法院司法案例研究院收录于《中华人民共和国刑法修正案(十一)新规则案例适用》一书。新收一审民事案件5560件,审结5462件,诉源治理成效显著,收案数连续三年实现下降,下降幅度居全市首位;繁简分流改革试点推进,分案规则优化;新收一审行政案件146件,审结138件,办案质效实现再提升;新收执行案件4198件,审结4347件,推进执行“一件事”改革,构建综合治理执行难工作格局。多次开展涉民生、涉拒执专项执行行动,妥善高效处置欠薪案件执行,得到县领导批示肯定。

【商事领域诉源治理与多元解纷】 2021年,推进商事审判方式改革,依法妥善处理涉企纠纷2819件;推动商事领域诉源治理与多元解纷,联合县工商联成立诉源治理工作站，建立健全“一商(协)会一法官”工作机制，整合商会调解力量，将一起标的额为1.02亿元的股权转让纠纷化解在诉前，得到县领导批示肯定。

【“共享法庭”“村巷法官”工作机制建立】 2021年，在全省县(市、区)率先出台推进“共享法庭”建设实施意见，有效融合德清“数字乡村一张图”“村巷法官”工作机制，构建三级矛盾纠纷分流化解体系，得到省高院程建乐专委、市中院杜前代院长批示肯定。全年累计建成“共享法庭”187家，实现县域镇(街道)、村(社区)全覆盖；通过“共享法庭”指导调解62次，化解矛盾纠纷52件，开展普法宣传20余次，作为全省建设专班成员参与“共享法庭”建设标准制定依据。

【知识产权保护】 2021年，推进“三合一”审判机制改革，审结全市首例侵犯著作权刑事案件，入选湖州法院知识产权审判典型案例；聚焦数据安全，审结全国首例涉地理信息数据刑事案件；拍摄专题片《守护》，被《人民法院报》公众号转发，相关工作成果亮相第八届中国国际版权博览会。

【全域美丽大花园建设】 2021年，推进环境资源保护司法协同机制建设，发布德清县首个《环境资源司法保护白皮书》；贯彻修复性司法理念，在下渚湖成立生态环境公益保护示范基地；坚持以案释法，强化典型案例培育，审结的“德清明禾保温材料有限公司等污染环境罪”一案入选中国环境资源审判十大典型案例，被联合国环境规划署收录。

【未成年人权益】 2021年，联合县妇联共同启动“协童远航”未成年人救助项目，建立涉诉未成年人闭环式救助工作机制，织密法院指导、妇联牵头、社会力量参与的涉诉未成年人权益保护网。该项目启动1个多月就为7名未成年人提供救助资金，入选德清县第二批“微改革”名单。

【数字法治建设】 2021年，推进多跨协同应用场景建设，AODR项目被列入“浙江全域数字法院”改革重点项目，作为德清“数字法治”成果上报省委政法委。探索执行“一件事”改革，对接全县13个部门制定实施细则，健全综合治理执行难工作格局，执结率提升3.36个百分点。承担全市繁简分流改革试点，案件分配更均衡，办案质效再提升；开展全院内部管理数字化升级改造，人脸识别及电话录音等系统全面启用。

【学习教育】 2021年，开展政法队伍教育整顿和党史学习教育，组织集中学习30余次，开展谈心谈话150余人次，排查并落实整改问题136项。开展“缅怀革命先烈，传承红色基因，弘扬英模精神”专题教育实践活动，邀请党史研究专家为全院干警上党课；选树先进典型，发挥模范带头作用，洛舍法庭获评全国青年文明号，田芳获评全省“最美公务员”、全市“十大法治人物”。

(姚丽婷)

司法行政

【概况】 2021年，德清县司法局围绕“抓班子、带队伍、促改革、强基层、创亮点、保稳定”工作思路，承担全面依法治县重大问题的政策研究，承办县政府及其部门规范性文件备案审查，承担统筹推进全县法治政府建设，指导、管理全县社区矫正及县刑满释放人员帮教安置工作，负责拟订全县公共法律服务体系建设规划并指导实施。全年省、市、县领导调研德清司法行政工作18次，县领导对司法行政工作作出批示肯定7次。政务信息居全省司法行政系统区县第一位，获评“优秀单位”。

【法治政府建设】 2021年，召开县委全面依法治县委员会第三次会议，制定法治建设任务清单和法治政府工作要点。做好法治浙江(法治政府)建设示范县创建工作，县司法局以“争创示范县”为目标，内强外联、上通下达，统筹协调各创建单位。在全市率先召开镇街合法性审查现场会，开展各类审查123件，提出意见94条，入选全省首批合法性审查与行政裁决“最佳实践”培育试点单位。开展“以案治本”专项行动，审结行政复议案件73件，纠错7件，调撤率51.47%。行政败诉率5.22%，实现行政争议总量和败诉率“双下降”。应诉湖州市规模最大的行政高风险败诉案件——私营城系列案件。建立行政执法评议制，对全县水利系统进行专项评议。开展涉民生执法专项监督，制发行政执法监督书8份，查出行政执法问题25个，督促及时整改。

【基层“枫桥式”司法所创建】 2021年，创成省级“枫桥式”司法所3家，创建成功率居全市第一位。创建市级“文明规范公正”的3家司法所通过现场考评。阜溪司法所获评全国模范司法所，县司法局获全省“枫桥式”司法所创建工作先进单位。阜溪街道法治化综合改革试点经验被省委依法治省办肯定，在全省推广，阜溪街道成为全省人民参与和促进法治工作会议的现场观摩点。推进法治乡村建设，农村集体经营性建设用地入市改革试点入选“法治浙江”重要窗口实践100例，2021年度省级“民主法治村(社区)”德清11个村上榜，新市镇蔡界村获评全国民主法治示范村。

【法治宣传教育】 2021年，启动“八五”普法，创新“数字化精准普法平台”，工作经验被《法治浙江简报(司法要情)》录用，获省普法工作成绩突出集体，出台《法治保障共同富裕意见》22条。推出《“典”亮人生》普法连续剧，把民法典案例化，获全省优秀普法文创产品。短视频《曾经的少年》获平安中国“三微”比赛优秀奖。开展法治宣传教育，进村普法、普法入企等模式受到广大群众喜爱，主动自觉地投入全民普法、全民守法实践中。

【公共法律服务】 2021年，制定出台《德清县司法行政系统2021年度“法雨春风”法律服务月活动工作方案》《德清县“十百千万”法律服务民营企业高质量发展专项行动实施方案》等文件，在全省率先推出不动产继承、赠与公证“一件事”联合网办，开展“法雨春风”行动，全市率先完成自助机镇(街道)全覆盖，各级平台接待来访法律咨询4139人次，使用法务地图110次。打造“数字化精准普法平台”，推出三大类八子项服务民营企业举措，累计走访企业1388余家，出具法治体检报告书1500余份，荣获省“法雨春风进万家”爱民实践活动突出集体、县高质量发展工作先进集体。

【安全稳定工作】 2021年，深化“德润矫正”管教品牌，全省率先构建常态化经常性跨市县活动机制，晨曦社工参与社区矫正工作获评省级社区矫正社会化精品项目。打造好人民调解质效提升样板，推进“一镇街一品牌”，完成13个镇街和167个村社调委会换届，“张林泉”调解工作室获评“省级金牌人民调解工作室”。强化“援来有你”兜底保障，实施特定人群法律援助优先办理机制，办理法律援助案件541件，为当事人挽回经济损失1300余万元。

【司法机构队伍建设】 2021年，制定出台《干部队伍管理“积分制”考核制度》等制度文件，健全完善“大党建”格局，狠抓队伍能力提升，共选树培育各类先进典型9人次，受到各级表彰17人次(其中省级以上3名)，1名中层正职提拔为副科级领导。抓队伍教育整顿，建立健全制度机制9项，“我为群众办实事”“六个一”等项目得到省委驻点指导组肯定。抓党史学习教育，建成全省首家县级司法行政品牌党建馆——“法印德清”党建馆。2个红色文物故事分别在“学习强国”省级平台、《湖州日报》头版刊发。

(王东亚)

◆军　事◆

人民武装

【概况】 2021年，德清县人民武装部（以下简称县人武部）在军分区党委和县委、县政府的坚强领导下，坚持以习近平新时代中国特色社会主义思想为指引，贯彻落实习近平强军思想，牢牢把握稳中求进总基调，坚定举旗铸魂，聚力练兵备战，守牢安全底线，有力有序推进各项工作落实。

【政治教育】 2021年，县人武部开展党史学习教育，在“学”“实”“严”上下功夫。组织观看《守岛人》《长津湖》等红色影片，“七一”前夕专题组织全体党员参观中国共产党成立100周年图片展、重温入党誓词，突出学习中共中央总书记习近平“七一”重要讲话精神和十九届六中全会精神，加强“四反”教育，推动政治教育走深走实。

【练兵备战】 2021年，县人武部落实党委议战议训，抓好首长机关训练。采取“函授作业自主学、网上专栏专题学、军事职业教育在线学”等方式，组织人员制定月度、季度和年度网上学习计划，完成每季度“2+1”军事职业教育平台在线课程学习。在落实大纲必训课目基础上，探索抓好人民战争、动员支前、抢险救灾等典型案例研训。在抗击台风“烟花”任务中，先后出动民兵1245人次，完成加固堤坝、抢修道路、转移群众等任务。备战军分区第四届岗位练兵大比武活动，县民兵程世杰获得手榴弹投掷个人单项第一名。

【民兵整组】 2021年，县人武部按照筹划部署、组织实施、检查验收、整改提高四个阶段，严密推进工作落实。组织新入队民兵开展入队训练，完成年度参训对象共同基础训练和应急连专业技术训练。协助对口保障空军专业分队专业训练，采取“跨区联训、基地轮训”的模式抓好专业分队民兵训练。舞阳街道武装部被省政府、省军区评为民兵工作成绩突出单位，下渚湖街道武装部副部长朱胜平被省政府、省军区评为民兵工作成绩突出个人。

【基层规范化建设】 2021年，县人武部根据军分区基层规范化建设任务部署会和“评星挂牌”活动安排，推动基层规范化建设。结合民兵整组检查时机，对基层规范化建设工作进行检查指导，加强基层基础建设。新市镇武装部、洛舍镇武装部、下渚湖街道武装部被评为“五星基层武装部”。

【安全工作】 2021年，县人武部着眼“十四五”规划开局之年和喜迎中国共产党成立100周年，统筹政治、管理、作风、防疫工作，做到“四个安全”一起抓；坚持依法从严治军，开展“安全大检查”“保密工作专项整治”“微信失泄密整顿行动”等活动，落实各项规章制度，规范“四个秩序”。压紧压实安全责任，牢牢守住安全稳定底线。

【队伍建设】 2021年，县人武部以党委工作条例来规范班子建设，从基本制度抓起，从严开展批评和自我批评，严肃党内政治生活。党委正、副书记带头开展思想交锋，营造坚持原则、团结共进的浓厚氛围。落实考勤登记、督导补课，常态开展政治学习和纪律教育。加强全方位常态化管理监督，狠抓作风建设。通过上级集训、以会代训、送学培训和岗位自训等方式，加强队伍能力提升。

【后勤服务保障】 2021年，县人武部围绕中心服务大局，抓好综合服务保障。执行财务规定，审核经费开支，开展资产大清查和枪弹大清查活动，实现资产管理“见底账”“明白账”，抓实“四查清一建档”制度。人武部办公营院整修工程2月完工，国防园改造提升工程10月开始施工。

（沈娇娇）

人民防空

【概况】 2021年，德清县人民防空办公室（以下简称县人防办）坚持以习近平新时代中国特色社会主义思想为指导，履行“战时防空、平时服务、应急支援”的职责使命，各项工作稳步推进。根据省市人防指挥部统一部署，制定下发县人防指挥部年度工作要点，为全年工作把关定向。结合县人防专项规划编制，完成警报设施建设规划编制工作。

【防空实战化演习】 2021年，县人防办召开县级层面指挥部会议暨联络员培训会。“5·12”防灾减灾日期间，在人防地面指挥中心开设指挥所，在时代公馆设立演练现场，组织街道及社区干部、居民、物业公司工作人员等80余人开展人员紧急掩蔽演练，重点突出人防门启闭、通风方式转换、心理防护等环节。在德清环中制水有限公司举行金盾——21实战化演习，演习以重要经济目标防护为重点，新建人防指挥信息保障专业队和人防指挥工程维护管理专业队，进行专业队点验仪式，开展指挥所开设和通信保障演练。年内，完成1个重要经济目标防护方案编制、5个街道的人口疏散掩蔽方案、1个镇的人口接收安置方案，以及县级人员疏散行动方案。以全省人防警报设施建设和使用大检查为契机，对全县警报器开展巡查检修3轮次，完成“5·12”防空防灾警报、“9·18”防空警报试鸣。

【人防工程建设管理】 2021年，县人防办启动人防专项规划（2021—2035）编制。将城镇建设用地人防规划设计条件向工业用地延伸，实现各类建设用地人防规划指标全覆盖。服务市域铁路项目前期工作，完成人防专项初步设计批复，实现德清县轨道交通兼顾人防工程“零”的突破。在公建项目中配建防空专业队、医疗救护工程，提升高等级防护工程占比。推进人防领域“互联网+监管”改革，人防事项全部纳入“互联网+监管”系统，认领率、覆盖率100%。

【宣传教育】 2021年，县人防办对“数字人防”系统的数据进行更新完善，与软件开发公司围绕人防规划、工程管理、组织指挥、警报管理等应用场景进行探讨。选址五四公园增加五类人防元素，新建人防主题公园1个。“3·1”国际民防日期间，联合祥和社区、山鹰救援队、彩虹桥社工开展“趣味民防闹元宵主题活动”；“5·12”防灾减灾日期间，在时代公馆及沃尔玛广场开展宣传活动；“9·18”事变纪念日期间，在东城时代广场和武康中学、上柏小学、莫干山外国语学校开展宣传活动；“10·31”新中国人防创立纪念日期间，在逸夫小学、三桥小学安排人防主题教育课等一系列活动，发放宣传资料600余份，布置展板180余块，接受群众咨询400余人次，媒体宣传17次，安排人防师资培训5人次，落实党校人防教育1次，完成中小学人防教育20所，受教育人数6500余人。

（许晓春）

经济管理与监督

综　述

【概况】 2021年是"十四五"规划的开局之年，是中国现代化建设进程中具有特殊重要性的一年，全县上下坚持以习近平新时代中国特色社会主义思想为指引，按照中央和省、市部署，围绕打造"重要窗口"的"精品窗口""高质量发展建设共同富裕示范区先行样板地"的新目标新使命，统筹常态化疫情防控和经济社会发展。德清县实现地区生产总值615.5亿元，比上年增长8.7%。完成财政总收入134.6亿元，比上年增长15.9%，其中一般公共预算收入83.2亿元，比上年增长24.1%。

【项目扩大有效投资】 2021年，德清县上下以"聚力三进三服务·五个先行开新局"行动为引领，以项目推进"1166"工作为主抓手，突出重大项目建设，全力扩大有效投资。全县共签约亿元以上项目189个，其中，市认定"大好高"项目69个；实际利用外资3.36亿美元；亿元以上产业项目新开工入库118个、竣工投产131个；抢抓政策窗口期，入选省重点建设项目名单23个，总数居全市第一位，固定资产投资比上年增长15.5%。

发展与改革

【概况】 2021年，德清县以"聚力三进三服务·五个先行开新局"行动为主抓手，坚持统筹协调、精准施策，经济运行恢复到高质量赶超发展正常轨道，三次产业协调发展。规模以上工业增加值244.5亿元，比上年增长12.5%。服务业增加值233.5亿元，比上年增长7.6%。农林牧渔业增加值28.8亿元，比上年增长3.0%。

坚持创新驱动、赶超发展，夺取全省首批省级科技最高奖"科技创新鼎"。创新指数跃居全省第六位，研究与试验发展经费支出相当于生产总值的比例达到3.7%，位列全省县域第二。连续4年获全省人才工作考核优秀县。

坚持改革先行、开放包容，"浙里基本公共服务"成为全市唯一入选省数字化改革"最佳应用"，"推进农村'三地'集成改革·打造共同富裕绿色样本"获全省改革突破奖铜奖。杭州城西科创大走廊北翼中心发展规划在省级层面正式印发，片区管委会正式挂牌并进入实体化运作阶段，联合国地理信息知识与创新中心加速落地，杭德市域铁路等重大项目正式开工。

坚持民生优先、普惠共享，聚焦共同富裕，建立"1个总体方案+1个精神富有特色方案+1个缩小城乡差距三年行动计划"的工作体系，探索推进"扩中""提低"改革，城乡居民收入比缩小至1.61∶1，户籍人口养老保险、医疗保险参保率分别达98.9%和99.9%。城乡教育资源结构进一步优化，浙江工业大学附属德清高级中学等6所新校区投入使用，16对教育共同体全面建成。

【投资及重点项目】 2021年，德清县全年完成投资269亿元。其中，工业投资、民间投资、高新技术产业投资、生态环保、城市更新和水利设施投资分别比上年增长21.1%、18.4%、39.4%、30.8%；交通投资比上年下降48.9%。落实新版《政府投资条例》，2021年全县政府投资项目共140项，完成投资41.57亿元，完成年度计划的92%。狠抓项目推进"1166"工程，2021年县"重大项目百亿工程"完成投资145.5亿元，杭德市域铁路工程、浙大儿院莫干山院区、鼎力机械五期等69个重大项目实现开竣工。新增省市县长项目5个、省重点建设项目10个、省重大产业项目7个。

【经济体制改革】 2021年,德清县推进政务服务数字化改革、高质量融入长三角一体化发展、新型城镇化综合应用、科技体制机制创新、社会信用体系建设等重点改革,加快完善经济高质量赶超发展体制机制。联合国全球地理信息知识与创新中心加速落地,杭州城西科创大走廊北翼中心发展规划发布实施、片区管委会挂牌成立,地理信息小镇跻身中国特色小镇50强,通航智造小镇正式命名为省级特色小镇,保税物流中心(B型)封关运营。创新指数位列全市第一名、全省第六名,获全省首批、全市首个省级科技最高奖“科技创新鼎”。在全省各县(市、区)高质量发展综合评价中排第九位,以全省第三获评创建制造业高质量发展示范县优秀单位,成为省首批区域新智造试点。

(刘毅男)

国内经济合作

【概况】 2021年,德清县顺应长三角一体化发展、脱贫攻坚与乡村振兴有效衔接等一系列新形势、新要求,紧扣国家、省、市行动方略和规划纲要,踏实践行“长三角一体化”“对口工作”两大历史使命,以开放融通为重要支撑,以打造成为服务长三角城市群协同发展的重要节点为目标,推动区域合作打开新局面;以共同富裕为根本追求,推动对口工作打开新局面。县经合中心承担德清县更高质量融入长三角一体化工作领导小组和全县对口工作领导小组办公室日常事务,完成年度工作,在市对县考核中位列第一。

【区域战略要素联动】 2021年7月19日,杭州城西科创大走廊德清片区管委会正式揭牌,成立工作领导小组。《杭州城西科创大走廊德清片区发展规划》作为城西科创大走廊“十四五”规划专篇正式发布。谋划出台《杭州城西科创大走廊北翼“十件大事”》。与安徽省当涂县签订合作共建框架协议,全方位、多层次推进两地跨界一体化发展。

【长三角老字号品牌集聚区建设】 2021年5月9日,县经合中心牵头在上海举办2021长三角老字号品牌合作高峰论坛活动,深化与上海老字号品牌合作。长三角8家老字号品牌签约入驻德清基地,发布《长三角老字号品牌创新合作发展报告》。启动莫干山老字号品牌集聚区设计工作。“浙江制造、上海品牌相互赋能,创新打造长三角老字号品牌产业集聚区”案例入选浙江省长三角一体化发展第一批“最佳实践”(全省15个),县经合中心获评浙江省推进长三角一体化发展先进集体(全省20个)。沪德老字号品牌合作得到中央政治局委员、上海市委书记李强和浙江省委常委、常务副省长陈金彪批示肯定。

【人才、重大项目引进】 长三角一体化领导小组各成员单位全年举办2021德清投资贸易人才洽谈会、经开区上海融入长三角一体化招商旅游推介会、德清智能制造产业上海推介会、杭州春季招聘大会等10余场人才、项目引进和城市推介大会。全年引进长三角地区产业项目259个,亿元以上项目164个,5亿元以上项目56个,20亿元以上项目11个,50亿元以上项目2个,百强企业投资4个。引导德清本土企业参展第四届上海进博会,上海乐器展等高规格展会活动,开拓长三角地区,链接全球市场。

【科技人才校地合作】 2021年,浙江工业大学莫干山研究院签约落地,与阿里巴巴联手打造的德清县电商企业产业园投入运营,入驻企业13家。举办“才聚德清创享工大”德清县科技人才校地合作大会,联合省科技评估与成果转化中心、上海科学技术交流中心举办技术经纪人培训班等活动,开展“@0572校企直通车”活动,围绕产业发展和企业创新需求,组织60余家企业走进浙江大学、同济大学、浙江工业大学、安徽大学等高校,促成科技合作项目35项。

【高层次人才引进】 2021年,德清县举办“才聚德请·百名硕博招引”合肥站、第五届全球高层次人才创新创业大赛暨浙江工业大学—莫干山青年学者论坛全球启动仪式、武汉大学专场招聘会等系列活动，出资1.85亿元开展关键核心技术全球“揭榜挂帅”活动。设立上海、深圳等5个云飞地。组建德清籍在外高层次人才联系会。发挥活动引才、以才引才和中介引才等作用，招引各类高精尖人才。全年引进青年博士230人、大学生2.17万人，申报国家和省级引才计划235人，国家和省“万人计划”人才14人，申报“鲲鹏计划”1人，申报数位列全市第一。

【公共服务同城化共享】

铁路高速物流共享　2021年，杭德市域铁路正式开工，湖杭铁路、湖杭高速加快推进。保税物流中心(B型)通过验收，国家外贸转型升级基地(户外绿色家居)创建。

教育医疗共享　推动德清县12所中(小学)、幼儿园与杭州、上海、宁波等地结对合作。舞阳学校教育集团与省教科院签订合作办学协议，成为杭州市外唯一的县域合作学校。浙江大学医学院附属儿童医院莫干山院区工程建设正式启动；推动德清县医院与沪、杭三甲医院更加密切合作，与浙江大学医学院附属邵逸夫医院建立专家工作站3个，与浙江大学医学院附属邵逸夫医院国际医疗保健中心建立双向转诊机制，实现医疗保健服务专车和联络专员全程陪护无缝对接。

【对口合作支援结对关系调整】　2021年，德清县根据浙川东西部协作结对关系调整优化方案，调整结对县为四川省阿坝藏族羌族自治州小金县；山海协作(丽水市缙云县)、对口合作(吉林省白山市靖宇县)和对口支援(重庆市涪陵区武陵山乡)等结对关系不变。

【东西部协作】　德清县与四川省阿坝州小金县自2021年5月结对以来，完成高层互访任务3次，召开联席会议2次，两地政府签署合作框架协议，引导促成镇镇、村村、学校、医院、企村、社会组织等一一结对；落实帮扶资金2355万元，组织社会帮扶捐赠467万元；援派20名干部和专技人才赴小金县挂职上任，帮助小金县组织乡村振兴干部和专技人才培训30期；帮助小金县打造乡村振兴示范村1个、共建产业园2个。引导“政府、国企、市场”共同施力，累计完成消费帮扶金额4991万元。“一朵玫瑰共富一方百姓——浙江德清对口支援四川小金的实践探索”入选2021年度中国基层领导力典型案例。德清县驻小金县帮扶工作队在小金县达维镇冒水村先行试点项目被四川省发改委评为浙川对口支援工作典型案例，《一朵玫瑰共富一方百姓——浙江德清对口支援四川阿坝州小金县的实践探索》成功入选2021年度“中国基层领导力典型案例”。

【山海协作帮扶工作】　2021年，德清县按时足额拨付山海协作帮扶资金361万元，援派赴缙云县挂职干部2人，缙云县到德清县挂职干部1人，组织部门、镇(街道)、企业考察对接10余次，助力2个乡村振兴示范点建设。续建产业合作项目2个，探索建设消薄项目——“千企结千村”小微产业园项目，承租企业陆续入园，年租金220万元，大幅增加缙云22个经济薄弱村的经营性收入，实现增强结对村持续“造血”的示范效应。浙江德清经开区与丽缙园两大省级高能级平台签订合作共建意向书，开启产业共建、资源共享合作模式。调整德清县13个镇(街道)与缙云县结对，实现结对关系全覆盖，通过开展交流研学活动、文艺交流活动、文旅专场推介、民宿从业人员技能培训等多种形式的活动不断加深情谊，实现共赢。

【靖宇县与德清县对口合作】　2021年，根据2020年签订的《靖宇县与德清县对口合作推进协议》内容，德清县教育局捐赠50万元用于靖宇县幼儿园园区提升项目；德清县中医院与靖宇县中医院签订《对口合作协议》，捐赠帮扶资金50万元用于靖宇县中医院异地新建项目建设。

【慈善总会帮扶工作】　2021年，县经合中心引导县慈善总会捐赠100万元帮扶资金专项用于白山—湖州现代农业合作示范园建设。引导白山市电商春雨助农信息技术有限公司在德清县文旅集团旗下德力捌小时超市设立专区，在县政府机关食堂开展中秋促销展示展销活动。

【对口支援青海乌兰县、新疆柯坪】 2021年，对口工作领导小组办公室推进“科技援青”探索对口支援新路径，捐赠30万元专项用于乌兰县改善教育硬件设施，组织浙江国遥等地信企业为当地牧场量身定制“数字方案”，利用项圈定位技术破冰骆驼产业发展困境，形成工作专报上报省主要领导并获批示。引导县内大西域消费帮扶专馆在柯坪发展番薯种植试验地和恰麻果深度加工产业合作项目，为新疆柯坪群众增收致富谋划切实可行的致富途径。截至年底，帮助乌兰、柯坪等地消费帮扶1500万元。

（沈姝虹　吴平　陈郊）

国有资产监督管理

【概况】 2021年，德清县国有一级企业18家，其中国有全资企业16家、国有控股企业2家。国有企业资产总额1988.46亿元，比上年增长19.78%；负债总额1199.89亿元，比上年增长19.48%；资产负债率为60.34%，比上年下降0.15%；净资产788.57亿元，比上年增长20.24%；营业收入87.49亿元，比上年增长39.7%；利税总额12.12亿元，比上年增长25.05%。

全县18家国有企业中，县政府授权县国资办履行出资人职责的企业3家（2021年浙江德清经开投资集团有限公司并入德清县建设发展集团有限公司），建发集团托管企业1家，高新区管委会履行出资人职责的企业1家，5家企业资产总额1964.52亿元。其他有关部门履行出资人职责的国有企业13家，资产总额23.94亿元。

全县行政事业单位独立核算机构数281个，其中行政单位66个，事业单位215个。全县行政事业性资产总额为288.47亿元，其中行政单位资产总额87.76亿元，事业单位资产总额200.71亿元。

【国资企业监督管理】 2021年，德清县审批县属国有企业资产处置及使用196笔。其中，资产报废及报损135笔，价值8012.45万元；资产划转56笔，价值3.19亿元；资产出租5笔。全年审批配置计划调整210笔，完成国有资产评估项目备案10项。

强化资产管理数字化，制定升级方案，明确时间节点，升级资产云2.0系统，实行全方位、全口径、全流程的资产管理理念；采取“线上培训+远程辅导+单户上门”的培训方式，对所有单位实施24小时培训工作。通过事前指导、事中监控、事后预警，执行各项工作流程。

加强监管制度建设，出台《德清县县属国有企业资金信用监督管理暂行办法》等制度，构建由20余项制度组成的监管制度体系；加强国资基础性管理工作，全年完成企业国有产权登记47项，资产评估项目备案58项。收缴国有资本经营收益1472万元，划转48.70万元收益至浙江省财务开发有限责任公司，充实社保基金；强化资产交易监督，利用“数字+公共资源”思维，建立国有资产网络竞拍机制，对全县国有资产产权、租赁权进行网络公开竞拍，全年完成国有资产网络交易155宗；健全考核激励机制，对功能类、竞争类企业设置不同考核指标，实现差异化考核管理。根据企业负责人岗位职责、工作内容、风险承担等情况，将薪酬分配系数作分档管理，实现差异化薪酬分配。

【国资国企改革】 2021年，德清县深化国企整合重组，完成浙江德清经济开发区管理委员会集团股权划入建发集团，完善县属国有企业资本布局；健全现代企业制度，规范董事会运作，健全董事会议事规则，完善外部董事管理机制。以外派内设的方式建立监事会，加强监事会体制机制建设。试点建立董事会向经理层授权机制，发挥经理层经营管理作用；深化混合所有制改革，完成6家县属二级及以下国有企业混合所有制改革，在完善公司治理、市场化选人用人、激励约束机制等方面加大探索创新；健全市场化经营机制，建发集团下属7家子企业试点推行经理层任期制和契约化管理，落实董事会对经营班子、职业经理人的业绩考核、薪酬分配权力。强化落实职工市场化薪酬分配机制，推进全员考核，深化工资总额管理，实现以岗定薪、按绩取酬、岗变薪变。

【国企党组织建设】 2021年，德清县健全组织架构压实责任，完善多层次的国有企业党风廉政建设机制，将清廉国企建设与企业发展通盘考虑，推动国企党风廉政建设与业务工作同布置、同检查、同考核，构建纵向到底、横向到边的全覆盖党建工作体系。完善县属国有企业机构编制与联席会议制度，指导监督县属国有企业机构设置、人力资源管理工作，严把选人用人政治关、品行关、作风关和廉洁关；加强清廉国企建设，企业党委书记担负“第一责任人”责任，班子成员落实“一岗双责”，国企纪委履行好监督执纪问责职责，将清廉国企建设融入企业生产经营和改革发展全过程；注重清廉文化宣传，推进清廉文化“进企业、进岗位、进家庭”等活动，树立一批清廉示范典型，以点带面示范先行，强化党性法纪教育，营造诚信守法、廉洁从业的氛围。

（胡悦　董净　沈红霞　阮燕敏　马应）

价格监管

【概况】 2021年，德清县发改局落实县委、县政府和上级发改部门决策部署，服务全县经济社会发展大局，履行管理重要商品、服务价格和调查分析公用事业生产成本及收费项目成本相关职责，坚持问题导向，突出降本减负。全年成本审核核减不应计入的成本9536.55万元，为企减负约1亿元，确保民生物价稳定、企业轻装上阵，助力优化营商环境、提升民生福祉。

【价格成本监审】 2021年，德清县发改局贯彻执行《政府制定价格成本监审办法》《浙江省政府制定价格成本监审目录》，依法依规开展成本监审工作。完成污水处理、民办学校教育、景区运营等成本监审，分别核减不应计入成本费用4335万元、1112万元、4089.55万元。完成供热成本调查，为完善煤热联动机制提供数据支撑；完成培训学校培训成本调查，为制定收费标准奠定基础。

【农产品成本调查】 2021年，德清县发改局根据《关于实施新农产品调查核算指标体系的通知》要求，组织生猪、油菜籽、粳稻等农产品开展成本收益调查、变动情况对比和分析工作。明确市场粮价监测点5家，明确新市、新安、雷甸、乾元4个镇作为粮食生产（种植）成本和收益情况调查点。按照《浙江省物价局关于在全省建立产调户生猪生产及生产成本情况调查月报制度的通知》，建立生猪生产成本预警制度。

【民生重要商品和服务价格监测】 2021年，德清县发改局贯彻落实《浙江省重要商品和服务价格监测报表制度》，落实粮食安全责任制。上报《浙江省农业生产资料价格监测报告表》《浙江省主要畜禽产品及饲料价格监测报告表》《浙江省生猪生产情况监测报告表》《浙江省能源专项液化气价格监测（市县）报告表》《浙江省农村居民服务价格监测报告表》《居民商品价格监测报告表》《特色商品监测报告表》《工业生产资料价格监测调查表》《价格监测质量检查指导工作季度报告表》等。优化完善采价网点52个，全面、及时采集上报各类监测品种价格信息。完成对粮食类、蔬菜类、肉类、生产资料类、服务价格类的9张报表148个品种监测，报送报表209份、监测信息39篇、价格动态与分析8篇。

【价格管理】 2021年，德清县发改局紧盯降本减负，督促相关职能部门和企业落实政策要求，全年实现电费、水资源费、人防工程易地建设费分别减负9700万元、150.44万元、155.11万元。做好“‘双减’工作”，制定义务教育阶段课后服务费标准（初中每生每学期550元，小学每生每学期450元）。完善供热价格联动机制，每月及时公布合理供热价格，公平分担成本上涨压力，化解供用双方矛盾。完成德清县体育中心乒乓球馆、羽毛球馆、游泳馆等收费标准制定或调整工作。科学合理制定下渚湖景区门票价格,促进旅游业健康发展。完成对德清县莫干山外国语学校、育才学校和华盛达外语学校调价审核工作,除莫干山外国语学校初中部学费微调外,其余暂不做调整,遏制学费过快上涨趋势。结合县域实际,整合车位资源,分类制定停车场收费标准。

(刘毅男)

自然资源管理

【概况】 2021年,德清县土地供应量累计224宗417万平方米,其中工业用地95宗216.67万平方米;消化批而未供土地310.8万平方米,完成全年目标任务的222%;盘活存量建设用地124.07万平方米,完成全年目标任务的116%;城镇低效用地再开发87.73万平方米,完成全年目标任务的146%。自然资源和规划系统履行好自然资源"两统一"职责,加强资源管护能力建设,深化土地制度改革创新,统筹推进疫情防控与自然资源和规划管理工作,荣获湖州市自然资源和规划系统年度考核优秀单位。

【自然资源要素保障】 2021年,德清县自然资源和规划系统立足本县资源禀赋,通过内部挖潜和向上争取,获取各类用地指标,解决重点项目保障过程中的突出问题,推动湖杭高速公路吴兴至德清段工程、苕溪清水入湖河道整治工程(德清段)、智能生态城房地产、宝塔山安置小区二期、浙江西子新能源、浙江鼎力机械有限公司等一批重点项目落地。年内,全县共获得各类新增建设用地指标4324.79万平方米,其中上级下达盘活挂钩计划指标、省重大产业奖励指标、特色小镇奖励指标等各类奖励指标111.8万平方米,盘活指标6831平方米,湖杭高速公路吴兴至德清段工程、苕溪清水入湖河道整治工程(德清段)、练杭高速公路德清雷甸互通改扩建工程三个项目获得省留指标234.56万平方米,复垦项目产生增减挂钩指标49.21万平方米,农民建房专项指标36.22万平方米,为全县经济社会高质量发展提供资源要素保障。

【土地利用实行三色预警机制】 2021年,在全县范围内实行土地利用形势评价红、黄、蓝三色预警机制,通过定期研判各镇(街道)土地利用和管理形势,根据研判情况对全县土地利用和管理情况进行预警,最大限度发挥有限土地的承载力,增强土地利用管理措施的前瞻性和有效性,形成动态预警、上下联动、有序推进、措施有力的管理格局。该机制运行以来,新增违法用地管控、耕地保护工作、土地利用效率和管理水平进一步提升。全年完成消化批而未供土地310.8万平方米,消化2009—2018年批次94.4万平方米,盘活存量124.07万平方米,低效用地再开发87.73万平方米;垦造新增耕地70.27万平方米,复垦115.4万平方米;加强土地违法查处整改,立案查处土地违法51宗,查处数比上年增长80%,查处面积116.3万平方米,比上年增长148%。

【耕地监督保护】 2021年,坚持最严格的耕地保护制度,压实耕地保护责任,加强永久基本农田保护,落实耕地占补平衡,做到守底线、保红线、强保障、求突破。在全省率先推行"田长制",开发"田长"巡田系统及后台监测监管系统,设置"4+N"的田长组织架构("4"指县、镇、村、组"四级田长","N"指人民群众、社会人士、志愿者等"民间田长"),明确各级"田长"职责,构建"县级田长"季巡、"镇级田长"月巡、"村组级田长"周巡、"民间田长"不定期巡的耕地保护巡查体系;落实耕地占补平衡制度,落实"占优补优""占水田补水田"要求,全年落实补充耕地方案13个,补充耕地196.66万平方米,荣获2021年度区县政府耕地保护责任制考核优秀单位。

【国土调查确权登记】 2021年,推进第三次全国国土调查统一时点更新工作,搭建完成国土变更调查及第三次全国国土调查信息平台,公布并启用第三次全国国土调查成果,全面查清德清县国土利用状况,掌握国土资源家底,荣获浙江省第三次全国国土调查成绩突出集体。完成莫干山风景自然公园、下渚湖风景自然公园、湘溪、余英溪四个自然资源统一登记工作，合计57.07平方千米。以不动产登记“最多跑一次”改革为切入点，力推“网办”“掌办”和公证与转移登记“一件事”线上办，全年办理不动产业务9.68万件，其中电子证明证书4.16万件，公证助力不动产交易登记“一次也不跑”1.2万件，分流办事群众3万余人次。

【全域土地综合整治与生态修复】 2021年，推进全域土地综合整治和生态修复工作，开展全域土地综合整治“优化集成”工程，出台《关于高质量实施全域综合整治助推共同富裕示范区先行样板地建设的实施意见》。年内，完成开发项目16个，完成复垦项目25个，完成农整项目3个。在推进工作中引导群众开展粮食种植生产，实行土地整治项目粮食种植补助，验收核定符合粮补标准的项目75个，可获补助的种植面积有609.53万平方米。洛舍镇东衡村全域整治工程被评为省级精品工程，被自然资源部批准为国家试点工程。

【农村土地制度改革】 德清县自2015年承担国家农村土地制度改革试点至2021年，围绕中央顶层设计，大胆探索实践，实现农村集体经营性建设用地的全国入市第一宗、登记第一证、抵押第一单，部分经验做法被新《中华人民共和国土地管理法》吸纳。2021年，全县累计入市279宗，面积147.96万平方米，成交金额6.9亿元，集体收益5.48亿元，打造农村集体经营性建设用地入市德清范本。推进新一轮农村宅基地改革试点工作，配合县农业农村局对农村宅基地基准地价、确权登记、村庄规划等方面开展探索研究，参与《德清县宅基地基准地价》《德清县鼓励银行金融机构开展宅基地使用权（农房财产权）抵押贷款的指导意见》《德清县闲置农房与闲置宅基地盘活利用实施方案》等文件编制。

【自然资源管理执法监察】 2021年，德清县自然资源和规划系统推进违建别墅清查整治专项行动及“大棚房”回头看行动。开展全县农村乱占耕地建房问题专项整治行动摸排行动，纳入全省农村乱占耕地建房综合监管平台项目地块176宗。加快推进督察发现问题整改工作，上报2020年例行督察核销案件33件，其中通过市级审核报省自然资源厅25件；严厉打击非法开采矿产资源行为，立案查处矿产资源违法案7起，暂扣非法开采机械9台。完成2020年度森林督查违法案件查处整改工作，严厉查处破坏野生动物违法行为，查处野生动物执法案件4起。推进“三改”及拆违等各项工作。全年，全县完成“三改”388.5万平方米，拆除违法建筑166.09万平方米。

（童兰兰）

能源与管理

【概况】 2021年3月9日，德清县召开县委农村工作会议暨大花园示范县建设推进会，印发《德清县大花园示范县建设三年行动计划的通知》《德清县大花园建设2021年度工作实施计划》，明确“六大行动”“六个花园”建设任务。印发《德清县塑料污染治理三年攻坚行动实施方案（2021—2023年）》《德清县塑料污染治理专项工作机制方案》，健全塑料污染治理专项工作机制。成立“碳达峰”“碳中和”工作领导小组，推进相关方案编制。加强能耗“双控”管理，有效确保有序用电和油气管道安全，同步加快整县分布式光伏推进。

【资源管理】 2021年，德清县推进大花园示范县创建，创新实现生态产品机制和“两山”银行建设，“GEP项目决策优化”和“核心指标离任审计”两个功能应用列入省级试点。完成省级资源循环利用示范城市试点中期评估，完成省级餐厨垃圾资源化综合利用和无害化处置试点城市终期验收。推进塑料污染治理，广泛开展治塑宣传，联合生态环境局、市场监管局、商务局、机关事务管理中心等职能部门，对超市、农贸市场、外卖店及机关食堂进行专项检查。做好长江经济带环境问题警示宣传，完成“河长制”考核工作。

【节能监察】 2021年，德清县发改局紧盯“双控”指标，年综合能耗增幅控制在2.3%以内。做好节能监察工作，对南方水泥、益众新材料等12个企业做好“双随机”检查，完成投资额4.4亿元，年节能量为5000吨标准煤，有效监管企业项目能源利用状况。做好光伏发电补贴工作，完成2021年屋顶光伏发电补贴资金1572.4万元。

（刘毅男）

市场监督管理

【概况】 2021年，德清县市场监管局优化企业开办流程，全年有2479家企业实现0.5个工作日常态化开办，为1444家企业提供印章刻制“免费套餐”，减免36.8万元；完成1.55万家个体工商户摸底调查工作，全面了解个体工商户发展中存在的主要问题和服务需求。

【食品安全监管】 2021年，德清县市场监管局推进“浙冷链”系统推广应用。响应省市场监管局、市市场监管局的冷链食品全追溯要求，推广全县冷链食品贮藏冷库、生产经营单位、农贸市场等从事进口冷链食品的主体接入“浙冷链”平台，实现全县进口冷链食品经营单位激活使用，实现首站赋码。组织召开德清县冷链食品经营主体“浙冷链”系统使用培训会，现场交流解答冷链食品追溯相关问题，要求各冷链食品生产经营者做好“三证一码”（即货物检验检疫证明、新冠肺炎病毒核酸检测证明、消毒证明和追溯二维码），做到县内所销售的冷链食品“可追踪、可溯源、可管控”。排查从事冷链食品经营主体113家，从业人员734名。9家进口冷链食品生产经营单位按照“浙冷链”系统的规范要求从事进口冷链食品工作，在岗从业人员237名。可追踪溯源的进口冷链食品1260.57吨，进口冷链食品库存64.76吨。

冷链食品生产经营者新冠肺炎疫情防控　年内，强化主体责任实施闭环监管。通过建立“冷链食品生产经营者疫情防控”浙政钉工作群，及时发布最新疫情防控动态和注意事项，第一时间落实疫情防控工作要求。按照“人物同查、人物同检、人物同管”要求，监督指导相关生产经营单位落实体温检测、健康异常报告等措施，督促生产经营贮存单位对直接接触冷链食品的从业人员，科学佩戴口罩、规范工作服和手套穿戴、做好个人卫生和健康管理，定期对经营环境进行全面消杀。组织县内冷链食品从业人员接种新冠肺炎疫苗，增强免疫力，有效保障个人安全。全年组织350名冷链食品从业人员接种疫苗，开展从业人员核酸检测6378人次，对进口冷链食品生产经营单位从业人员、物品、经营环境进行核酸检测，抽取57家经营单位、检测样本5066份，经检测结果均为阴性。

进口冷链食品的赋码和消杀检测　依托“浙食链”食品安全追溯系统，以进口的畜禽肉、水产品、水果、乳制品等为重点，实现一端上报、多端共享，及时准确上传货物来源、去向、数量、位置等关键数据，所有存量经专业消杀和检测合格后，全部进入“浙冷链”赋码上线。自“浙冷链”平台上线以来，德清县“浙冷链”激活企业用户135个，累计赋码入库2.11万个。设立进口冷链食品“集中监管仓”。邀请有资质的第三方公司，对所有进口冷链食品存量进行集中消杀和检测，直至最小包装，消杀率100%，检测率100%。

监管仓和监测站的进口食品检测　按照《浙江省进口冷链食品专业核酸检测站工作操作指南》规定程序，配合好湖州市市场监管局和德清县物防专班做好冷链食品核查工作。检测站共进站核酸检测车辆33辆，进口冷链食品核酸检测20万千克。其中，检测出呈阳性物资4批次183千克。所有涉阳物资均销毁处理。

【药品安全监管】 2021年，德清县全县有药品、医疗器械和化妆品单位839家。其中，生产企业43家，经营企业541家．医疗机构255家。年内，县市场监管局药品安全监管多项工作走在全市乃至全省前列。检查员队伍建设工作在全省工作会议上做经验交流；在全省率先开展药品生产智慧监管“黑匣子”工程和疫苗监管“浙苗链”试点；联合市市场监管局举办药品安全应急演练；药品平安考核和药品生产、医疗器械、药品检查工作条线考核均居全市第一位。2021年获得药品流通监管业务比武团体一等奖，在全市药品上市许可持有人（药品生产企业）应知应会竞赛中，企业团体和个人均荣获一等奖。在基层药品安全治理、扶持生物医药产业发展、数字化监管能力建设等方面工作得到国家药监局分管领导批示1次，省药监局主要领导、分管领导批示6次，得到湖州市政府副市长批示2次，有关工作连续3次被《浙江卫视新闻联播》栏目报道。

【新冠肺炎疫情常态化防控】 2021年，德清县市场监管局抓好新冠肺炎疫情常态化防控，筑牢疫情防控坚强屏障。根据疫情形势变化，及时、科学调整零售药店疫情防控管理措施，强化各零售药店守好“小门”，落实退热、止咳、抗病毒、抗生素四大类药品销售监测，发挥疫情防控“哨点”作用。全年全县零售药店上报监测信息40余万条，发现红码或黄码人员100余人，均第一时间与当地疫情防控办联系及时闭环处理。采取“全覆盖式”明查＋“顾客体验式”暗访相结合的方式对零售药店疫情防控工作开展常态化督查，出动执法人员3500余人次，检查零售药店1621家次，约谈15家，关停整顿6家。加强新冠肺炎病毒疫苗流通环节监督检查，实行领导带队、科所联动等机制，落实疫苗每周巡查制度，对县内疾控中心、疫苗接种点开展监督检查67家次，确保新冠肺炎病毒疫苗质量安全。

【民生药事服务站设立】 2021年，德清县市场监管局打造民生药事服务品牌。新建成“民生药事服务站”6家，为群众提供各类用药用械咨询、免费测血压血糖、制定用药档案、中药打粉熬胶、“网订店送”等药事服务27项，累计服务群众1.35万人次，辐射覆盖人群近10万人。联合县商务局建设智慧快递点自助售药服务项目，在全县居民小区、村智慧快递点内设置智能化自助售药机，为居民和村民提供“24小时不打烊”“无接触式”的自助购药服务。智慧快递点“24小时”自助售药服务机的投入使用，让群众在家门口就能享受到安全、便利的购药体验。

【特种设备安全监管】 2021年，德清县系统内在册特种设备使用单位3617家，特种设备数量约2.53万台（在用1.96万台，待用2850台，停用2800台）。其中，电梯7322台，锅炉187台，压力容器6366台，起重机械6044台，场（厂）内专用机动车辆4682辆，大型游乐设施19台，管道单元670条。

县市场监管局开展“洗楼”（洗楼式排查是彻底排查，不漏一户）专项行动、安全生产综合治理三年行动计划、“遏较大”（遏制较大风险）攻坚整治工作、“风险普查和隐患排查整治”攻坚行动等专项整治工作。累计检查企业数1475家，排查隐患289项，整改270项，整改率93.4%，责令停产整顿1家，发出安全监察指令书211份，立案68起，处罚罚款到位数208.55万元。

修订下发《德清县人民政府办公室关于调整设立德清县安全生产委员会及其专业委员会的通知》文件，成立县特种设备专业委员会，起草制定《德清县特种设备安全专业委员会关于印发工作规则（试行）》等制度，明确市场监管职能及特种设备领域专委会工作职责，加强部门间协调联动和联合执法检查力度。贯彻省委、省政府全面推进数字化改革要求及省市场监管局推进特种设备安全监管全周期“一件事”改革总体部署，德清被列为全省8个“赋码”（特种设备赋码）试点县区之一。

借助“安全生产月”等活动，向社会、群众以及特种设备使用单位宣传特种设备使用规范及法律法规，普及特种设备知识。对存在安全隐患整改不力的企业开展警示约谈，对隐患突出的单位主动曝光。6月2日，联合县电视台曝光浙江丝之源丝绸有限公司电梯未经检验非法使用存在重大安全隐患，有效宣传特种设备安全知识，震慑非法使用特种设备的不法行为。6月10日，联合市特种设备检测研究院及县公交集团开展2021年电梯应急救援演练及安全知识宣传活动；6月23日，联合县教育局在春晖小学组织“特种设备安全进校园”宣传教育活动，给学生们讲解电梯乘坐安全知识；6月26日，联合市特检院来到浙江中圆管桩有限公司，针对该公司特种设备安全隐患现状进行安全教育进培训活动。

【产品质量安全监管】 德清县市场监管局以数字赋能为驱动，以互联网为技术支撑，以校服、床上用品为试点，以工许、3C、计量器具企业为重点，推行“浙品码”赋码应用，解决消费无感、追溯不畅、投诉无门的痛点和难点。以浙江省产品质量监督抽查管理系统（网络版）为依托，加快推进全县重点工业产品生产企业基本信息的摸底调查工作，累计排摸并录入6000家企业基本情况和产品信息，实现监督工作大数据管理，也为“浙品码”赋码应用打好基础数据库。组织县内工许企业、3C和计量器具企业代表召开赋码工作会议，建立统一的工作群，对产品赋码工作进行指导，对大量计量器具企业以及部分有困难的其他企业采取上门帮扶的政策。全年完成企业赋码875家，位居全市第一、全省第十二。

电动自行车综合治理 推进电动自行车综合治理集成改革，实现“码牌合一、一码统管”。在全市率先成立德清县电动自行车综合治理集成改革工作专班，由县长担任组长，分管副县长担任副组长，县政府办、县委宣传部等18个单位主要负责人为成员，负责统一部署、统筹协调和综合决策。10月16日，组织各分局（所）分管领导及联络员召开全县电动自行车综合治理集成改革工作暨业务指导培训专题会议，重点对各分局（所）开展业务培训。辖区内1家电池生产企业和179家电动自行车商家、电池销售商家、维修和回收单位100%签订承诺书并上墙公示，“浙江E行在线”注册家数180家，发放宣传资料180份。现有库存车辆3332辆，累计赋码3332个，完成率100%。库存电池3790个，累计赋码3790个，完成率100%，标配销售数265辆，合体登记数803辆。

“质安校园”全流程管理系统 构建“质安校园”全流程管理系统，保障学生用品质量安全。作为全市“质安校园”先行试点单位，制定“质安校园”全流程管理系统建设方案。联合县教育局，组织县内部分中（小）学校代表、部分校服及床上用品生产企业代表召开座谈会，邀请宁波纤检所专家、方大信息技术人员到场，就系统建设开展讨论，听取代表对系统开发、运用、模块等方面的意见与建议，在此基础上，对系统功能作进一步的完善。经过反复修订，5月，系统正式试运行。全县94家中（小）学校、幼儿园的基础信息被导入系统，监管对象数据库进一步完善。6月底，配合市市场监管局在德清县召开“质安校园”全流程管理系统上线启动含义暨推广部署会。对全县各学校、供货企业进行业务指导和培训，推进系统的全面落地，为全市全面推广“质安校园”专项工作探索做法、积累经验。全年赋码产品12.41万件。

产品质量监督抽检 强化生产及流通领域重点产品质量监督抽检，预防产品质量重大风险。着力营造公平竞争的市场秩序和安全放心的消费环境。以重要工业品、消费品和生产资料为着力点，开展相关食品产品、防护口罩、电动自行车、头盔、电线电缆、童装童鞋、学生玩具、文具、成品油、冰箱冷柜、学生服及床上用品等21类重点领域的产品质量监督抽查抽检行动，出动执法人员600多人次，抽检产品338批次。有不合格产品33个批次，其中20个处理完毕。针对抽检中发现的问题，及时纠正或立案查处，做到产品质量问题早发现、早处置、早制止。督促并跟踪抽查不合格企业整改复查情况，实现监督抽查工作体系中的严谨闭环。

【稽查执法】 2021年，德清县市场监管局立案查处案件1217件，比上年增长68%。其中，大要案252件，比上年增长19%；移送公安案件21件，比上年增长16%，罚没款908.46万元；经检领域案件261件；食品领域案件737件；质监领域案件159件；药械化领域案件75件。大要案方面，罚没款10万～30万元的案件12件，罚没款30万～50万元的案件1件，罚没款50万元以上的案件1件，市市场监管局督办案件4件，省公安厅督办案件1件。

稽查执法数字化改革　紧扣数字化改革，推进实施“简案快办”执法模式。落实全市推广实施工作意见，组织对全局各办案机构操作培训，启动“简案快办”执法模式。对于食品领域情节简单、后果轻微的违法行为通过数字赋能，快办快结，实现智慧执法，提高基层执法效率，查办相关案件589件。深化行刑衔接，贯彻落实“执法协作备忘录”。落实《德清县食品药品安全领域案件办理协作机制》《关于加强企业知识产权保护的工作意见》，完善联合会商机制，搭建行刑衔接“案研平台”，定期与县公安局食药环知大队、县检察院第一、二、五部互通案件线索和案件进度，强化打击食品药品、知识产权领域违法犯罪。完成商务、盐业行政处罚事项划转工作。全省商务、盐业执法职责事项划转部署会议召开后，积极行动，强化落实，主动加强与商务局、经信部门对接，在规定时间内完成执法事项划转协议签订和发布公告，及时调整权力事项库所涉及行政处罚事项。

知识产权和制售假冒伪劣打击　贯彻落实“双打”工作。根据国家、省、市要求，及时调整德清县打击侵犯知识产权和制售假冒伪劣工作领导小组。依托“亮剑2021”“铁拳行动”等专项执法，以商场、超市、农贸市场以及城乡接合部、农村地区等单位或区域为重点，主要开展酒水饮料、服装、化妆品、建材、洁具等领域的商标侵权专项行动及专利真实性检查行动。

扫黑除恶专项斗争工作　推进行业乱象整治，开展培训、中介、房地产、家装等领域信息安全整治，开展重点行业领域反垄断整治行动，加强扫黑除恶线索排查，获全县扫黑除恶单位嘉奖。

【消费者权益保护】　2021年，德清县市场监管局全年受理各类投诉举报咨询件4871件，比上年下降3.4%。其中，投诉3443件，比上年增长24.3%；举报1375件，比上年下降22%；投诉举报转案件53件，处理率100%，为消费者挽回经济损失87.65万元。

探索“放心消费+”模式，焕发放心建设新活力。以东城时代放心消费商圈为试点，赋予数字化场景应用，实现商圈管理手段智能化、管理模式综合化、管理成效可视化、风险预警数字化、公众监督常态化“五化”管理，打造东城时代放心消费“数治”商圈，唱响放心消费德清好声音。与德清农商银行签订《金融助商惠民战略合作协议》，将“金融”与“放心消费”有机融合，为金融助推经济回稳向好提供平台，为其他金融机构参与放心消费建设提供示范样板。倡导绿色放心消费民宿建设，将放心消费与低碳环保理念融合，加强民宿认证工作，建设莫干山劳岭村放心消费民宿集聚区，围绕“让民宿更温暖”主题，建立村级“最多跑一地”纠纷调解室。

消费维权新机制　德清县市场监管局“标准+阵地”双管齐下，探索消费维权新机制。制定《线下无理由退货服务与管理规范》市级地方标准，推进“放心消费在浙江”行动，广泛推行线下实体店无理由退货承诺，提升经营者诚信经营水平。优化市场消费环境，激发市场消费潜力活力，通过探索标准运用，打通线上线下渠道，打造长三角无理由退货样板地，以退货承诺促品质提升，以品质提升促消费增长，建设高标准市场服务体系，激发创新活力推动构建放心消费新发展格局。加强消费维权阵地建设，实现消费维权“最多跑一地”工作。

村级消费维权联络站建立　德清县市场监管局建立村级消费维权联络站58家，设立联络员，畅通联络机制，助力消费纠纷快处机制，力争消费维权“不出村”，打通消费维权“最后一千米”。完善诉调对接机制，实现消费纠纷调处工作专业化、多元化、精准化，提高消费纠纷化解率和群众满意率，将调解结果进行司法确认，减少消费维权跑，办理诉调对接案件13起，支持消费者诉讼3起。

知识产权与专利

【概况】 2021年,德清县突出抓好发明专利质押融资和建立全县区域有效发明监理系统,做到全面监控各镇(街道)企业发明专利运行、管理、保护情况。发挥德清县知识产权一站式综合服务中心的宣传、沙龙和服务作用,推进县内上市企业知识产权评议、知识产权"三清零"工作行动,来推进德清县每万人高价值发明拥有量、发明申请量等重要考核任务的提升。全年,全县完成国际发明PCT申请50件、国家知识产权"贯标"认证16家、商标质押2亿元,均居全市第一位;完成专利质押融资8.9亿元,新增专利内审员培训23人,新增专利案件数登记250件。

【商标保护】 2021年,德清县新申请商标注册2163件,新增核准注册商标1890件,新增"莫干黄芽"茶叶协会、科技创业园两家品牌服务指导站,新培育地理标志证明商标2个,禹越镇黑鱼、下渚湖青虾商标已申报至国家市场监管总局;新增"有德小子"和"地信大会图标美丽乡村"品牌商标2个,培育"新市围巾"制造业产业集群品牌及知识产权联盟各1个。

【知识产权宣传】 2021年,德清县做好世界"4·26"知识产权周宣传工作,开展知识产权宣传活动6场,主要包括"4·26"宣传周暨上市企业启动仪式、质押机构培训、品牌指导服务站培训、企业负责人培训、知识产权业务培训等。发放宣传资料2000余份,有力地推进区域内知识产权宣传工作。

【专项行动】 2021年,德清县开展打假侵权和"双随机"检查专项行动。以"双随机、一公开"监管和知识产权保护综合执法为重点,对全县重点商品市场和大型商超开展知识产权保护专项检查,共出动检查120人次,发现存在问题并要求整改到位6个,立案查处知识产权领域违法案件24起,罚没款27.41万元。

(王　亮)

审计工作

【概况】 2021年,德清县审计局完成审计项目10个,审计查出主要问题金额1.28亿元,非金额计量问题100个;审计处理处罚金额4943万元;提出审计建议33条。全年向上级报送审计信息78篇,省级及以上刊物、网站录用相关信息文章23篇次,促进政府、部门出台《关于规范农村宅基地和农民建房审批管理的通知》等文件10个,其中县级层面出台文件4个,共向审计委员会报送各类审计报告(含同级审报告)9篇、审计专报9篇。县委书记、县长在《审计建议进一步落实缓减企业上缴工会经费政策措施》《审计建议完善渔业养殖尾水治理长效管理》等审计专报上作出重要批示21篇次。

【财政审计】 2021年,按照党中央和国务院《关于全面实施预算绩效管理的意见》、中共中央办公厅《关于人大预算审查监督重点向支出预算和政策拓展的指导意见》等规定要求,完成"同级审"及县卫生健康局、钟管镇预算执行审计等4个审计项目,围绕财政资金绩效及支出预算、政策拓展等内容,提高财政资金使用绩效和管理。

【政府投资项目审计】 2021年,完成2021年度德清亚运场馆建设和资金使用情况跟踪审计,从资金绩效、项目建设、过程管理等方面提出意见建议4条,确保亚运场馆建设成为放心工程、样板工程、精品工程。根据《德清县县管党政主要领导干部经济责任审计对象分类管理办法》等有关规定,与县委组织部对接,起草并完成乾元镇等7个单位的11位党政主要领导经济责任审计项目计划。承担县政府交办的GEP核算体系审计应用、大花园示范县三年行动两个重要行动方案起草工作,为"绿色"发展制度建设提供审计智慧。在原有的"3+1"评价体系的基础上,完善形成自然资源资产离任审计"2+2+1"数字化评价模式,以GEP核算成果量化呈现,分析干部任职期间所辖区域生态资产质量、变化及原因,对被审计对象履行自然资源资产管理和生态环境保护责任情况进行评价，实现审计更精准、更科学。

【政策执行审计】 2021年，按照审计项目计划和领导要求，组织并基本完成《德清县美丽乡村建设等资金管理使用情况专项审计调查》《关于全县党政机关数字化项目》2个审计调查项目，上报审计专报、信息9篇，推动全县层面出台制度1项。实施的财政同级审和部分乡镇经济责任审计中，同步开展"三公经费"和"编外用工情况"两项专题审计。

【审计整改】 2021年，在经济责任审计结果反馈环节中增加"首长"会商环节，由局主要领导和被审计单位主要领导就审计发现问题"面对面"交流，明确审计整改要求，压实审计整改责任。出台《审计整改督促检查管理办法》，细化审计整改"最后一公里"监督管理，通过责任明晰化、任务清单化、工作规范化和督查靶向化举措，夯实基础，提升审计整改成效，确保整改落实落细。成立重大审计问题清单工作领导小组，对标对表加强研判，主动对接县委办、问题主管部门、整改责任单位等，做好上传下达、问题归集、梳理蓄水池问题等工作，加强管控力度，提升清单指数。

【内审指导与监督】 2021年5月，组织召开国企内审工作交流座谈会，主要针对县属五大国有企业目前内审工作中存在的问题进行探讨，交流借鉴先进管理经验。贯彻落实《德清县审计局内部审计指导监督管理制度(试行)》文件，结合在审的国家审计项目，赴新市镇、钟管镇等部门开展内审帮扶3次。推进内部审计人员的职业化建设，上半年组织2批70余人参与市审计局内审培训。组织参加上级各项评优活动，上报优秀审计论文12篇、优秀内审项目4个，其中3篇论文荣获优秀奖，1个项目获省优秀项目奖。

【审计信息化建设】 2021年，按照省审计厅、市审计局要求，按期完成金审三期建设任务推进，做好三期系统学习培训，三期系统全局使用情况在上级抽查中表现良好；规范统计口径，推进档案管理系统的使用、实现数字档案互联互通和共享利用，年内，获评省"数字档案"称号。秉持"科技强审、智慧审计"的思路，在政策跟踪落实审计、财政审计、自然资源资产审计中广泛应用大数据审计技术，为审计结论提供数据支撑，提高审计项目实施的效率。

【党风廉政建设】 2021年，通过局党组中心理论学习会、全局党员大会、全局干部职工大会组织"党纪教育一刻钟"12次，学习《中共德清县纪委关于1起违反中央八项规定精神问题的通报》等各级文件15篇次。履行"一岗双责"，层层签订年度党风廉政建设责任书31份。开展执行审计"四严禁"工作要求和审计"八不准"工作纪律检查16次。强化纪律监督，开展保密工作和网络安全专项检查各2次，开展准时上下班、公务用车纪律检查3次。更新《德清县审计局财务管理制度》《德清县2021年度镇(街道)、部门审计工作考核细则》等制度4项，针对审计局对外对内监督权力行使加强制度约束。注重业务流程管理，依托金审三期平台规定局公文审批流程，规范权力运行，降低审计监督权力自由裁量空间。

(王彦杰)

统计工作

【概况】 2021年，德清县统计局坚持"大统计 实参谋"定位，围绕"聚力三进三服务 五个先行开新局"行动，强化预警监测，优化参谋服务，发挥统计信息、咨询、监督职能，助力稳定经济基本盘，推进统计工作改革创新，被评为市第七次人口普查成绩突出集体。

【国家统计督察】 2021年，迎接国家统计督察。4月，县政府召开国家统计督察专题会议，部署迎检工作。县级层面成立统计迎督工作领导小组，定期召开迎检工作会议，协调镇(街道)、平台和部门做好迎检工作。县委常委会、县政府常务会议专题学习中共中央总书记习近平关于统计工作重要讲话指示批示精神、《关于深化统计管理体制改革提高统计数据真实性的意见》《统计违纪违法责任人处分处理建议办法》《防范和惩治统计造假、弄虚作假督察工作规定》有关文件精神。将防惩统计造假纳入各级政府机关依法行政、依法履职范围。县统计局对数据增长异常、数据指标不匹配、税务数据不支撑等企业开展数据质量核查。

【统计法治宣传工作】 2021年，开展统计法治宣传，压实各方责任。指导部门和镇（街道）制定防范和惩治统计造假、弄虚作假责任制。推进统计信用建设，倡导诚信。指导基层政府、统计调查对象创建星级镇（街道）和诚信企业。做到统计基础规范化“二星级”镇（街道）县域全覆盖，其中“三星级”6家，“四星级”1家，统计诚信示范企业95家。开展统计数据核查和执法检查工作。

【统计分析服务】 2021年，做好政务信息工作。全局撰写统计信息、分析、专报等70余篇，比上年增长32%，其中省统计局录用8篇，市统计局录用39篇。其中《2021年1—7月德清县服务业经济形势分析》《德清县第七次全国人口普查数据简析》等多篇统计分析得到县领导批示肯定。

【统计为中心和创新试点工作】 2021年，为《德清高质量发展建设共同富裕示范区先行样板地实施方案（2021—2025年）》提供统计意见和建议。将月度GDP监测工作做深做细，每月对农业、工业、投资、建筑业、服务业、城乡收入等主要经济领域做情况分析、问题剖析及有效的对策建议，以“一本账”的形式做到心中有数，提升统计服务水平。配合省统计局完成“地理信息技术在固定资产投资统计中应用试点”工作，3月通过验收。

【党建与统计业务融合发展】 2021年，推行“党建+”工作模式，将党建工作融入统计各项业务工作，使党建工作与统计工作相互促进、协调发展。局党组研究制定《关于评选住户调查工作“党员先锋示范点”和党员先锋示范户的通知》，通过党员记账户诚信记账示范和带动，使全体记账户提高源头数据质量，夯实基层基础工作。2021年将统计工作纳入全县综合考核体系，加强统计监督和责任追究，保障统计职责落实到位。

（姚丽娜）

海关监管

【概况】 2021年，湖州海关驻德清办事处在党建引领上求实，在学习贯彻上求深，在担当实干上求进，在作风建设上求效，完成各项工作任务。全年共接受申报进出口报关单1.92万票，监管集装箱数量5.92万标箱，监管进出口货物总值18.5亿美元，签发原产地证书1.06万份，入库税款2.1亿元。

【德清港海河联运新发展】 2021年，支持德清港开展“水水中转”“陆改水”“陆路转关”等多式联运，推动开通宁波舟山港至德清港国际支线，延伸乍浦港还箱点至德清港，促进码头资源优化整合。试点杭州关区首票“全程转关模式”，实现“水水中转”货物转关自动审核放行、核销，提升通关效率50%。落实内外贸货物同区监管改革，支持符合要求的外贸内支线船舶同时承运内贸货物，提高外贸内支线舱位利用率，帮助企业减少运输成本1000万元左右，减少货物港区堆存时间2天以上。2021年，监管德清港集装箱4.5万标箱，比上年增长138%。

【进出口统计分析监测预警和外贸形势研究】 2021年，立足“数据+研究”，发挥统计分析作用，提高海关辅助决策水平。报送县委县政府《德清县进出口贸易快报》12篇，县政府约稿2篇，完成浙江省“十三五”外贸情况课题欧盟篇撰写。《湖州德清为木业产业搭建新“出海口”》等信息被“学习强国”平台刊登。

【保税物流中心（B型）封关运营】 2021年，密切与地方政府、高新区、县商务局等沟通协调，做好德清B保验收及封关运营各项准备工作。通过走访调研、座谈交流、发放调查问卷等形式，向辖区重点外贸企业宣讲B保功能，了解企业保税业务和跨境电商需求，参与制定相关扶持政策。9月3日，德清B保通过四部委联合验收，12月17日封关运营。

【海关联合商务部门阿里国际站跨境平台密切合作】 2021年，联合商务部门与阿里国际站等主流跨境平台密切合作，推动中非经贸港等本地外综服务平台建设，做好跨境电商企业个性化辅导，全程指导企业办理"IC+ID+云加签"、海外仓备案手续。2021年，德清辖区新增跨境电商备案企业49家，累计备案企业84家，受理9710、9810出口报关4784票，货值14.9亿元。

【海关配合市场采购贸易发展】 2021年，密切关地配合，联合开展重点外贸企业市场采购政策宣讲会和个性化帮扶，建立信息互通、联动配合机制，加强综合管理，有效推动市场采购贸易健康发展，全年受理市场采购贸易出口报关1.38万票，货值84.3亿元。

【海关新冠肺炎疫情防控提效能强监管】 2021年，面对国际新冠肺炎疫情反复和口岸防疫任务艰巨的态势，在进出口监管工作中，加强与地方的联防联控。坚持"人、物、环境"同防，从严从细落实各项防疫规定和措施，筑牢疫情防控国门一线。帮助企业应对疫情带来的生产经营和进出口困难，统筹推进外贸稳增长和防疫工作。结合辖区业务特点，加大对通关环节重点敏感商品实际监管力度。开展进口木材等商品专项核查，开展原产地证书专项自查，加大不实贸易管控力度，开展企业实地巡查，保持贸易健康运行态势。在进境原木检疫方面，截获进境植物有害生物47批次，其中分别截获重要林木害虫花曲柳窄吉丁、检疫性有害生物黑腹尼虎天牛各一批次。

（李　晶）

◆ 农业·林业·水利 ◆

农　业

【农业基本情况】　2021年，德清县农业生产树立唯实惟先、善作善成的工作导向，紧盯八大行动，攻坚百项工程，提升"农业强"的层级、丰富"农村美"的内涵、拓展"农民富"的范围，先后获得全国农业社会化服务创新试点等13个国家级、省级荣誉，举办第三届美丽田园博览会。德清"数字乡村一张图"遥感监测助力乡村智治入选全国《数字乡村建设指南1.0》。"推进农村三地集成改革打造共同富裕绿色样本"获评全省改革突破铜奖。新一轮国家农村宅基地制度改革工作获中央政研室督察组肯定，承包地"三权分置"工作获省长郑栅洁批示肯定，代省长王浩、常务副省长陈金彪先后对德清宅改作出批示。

2021年，全县完成粮食播种面积14.39万亩，粮食总产6.02万吨。其中，单季晚稻面积7.86万亩，产量4.09万吨，亩产519.89千克，比上年下降2.6%；早稻面积0.84万亩，比上年增长290%，产量0.26万吨。单季晚稻高产创建9个千亩方1.05万亩，单季晚稻"浙优18"最高亩产919.9千克。示范推广"浙优18""秀优207""中嘉8号""浙粳99"等水稻优新品种，以及水稻机插（播）、缓（控）释肥、稻田综合种养、"两壮两高"栽培、病虫害综合（绿色）防控等技术。

【春粮小麦生产】　2021年，德清县春粮小麦面积2.06万亩，比上年增长19%，亩产比上年提高17.2千克。油菜面积0.87万亩，比上年增长81%，产量1538.9吨。在星晴家庭农场繁育常规稻"嘉67""浙粳99""秀水519""浙禾622""浙糯106""中嘉8号"等品种32.55万亩1320万千克；在洛舍镇张陆湾村省级粮食功能区繁育常规稻"嘉67""秀水519""秀水134""浙糯106""中嘉8号"等品种63.03万亩25.21万千克；在德清丰稔现代农业发展有限公司繁育常规稻"嘉67"品种200亩8万千克。采购2500千克早优73种子，储备救灾种子早稻4万千克，仓储晚稻种子36.5万千克，采购油菜籽0.025万千克、大豆0.1万千克、小麦种子5000千克。

【蔬菜食用菌生产】　2021年，德清县蔬菜食用菌播种面积6.58万亩，比上年增长0.4%，产量9.25万吨，比上年减少1.69%。果用瓜种植面积6088亩，产量0.83万吨。其中，西瓜3759亩，产量5417.5吨；甜瓜972亩，产量1273.9吨。

【农作物病虫害监测和防控】　2021年，德清县开展粮油、蔬菜等重大农作物病虫害监测预警，发布晚稻、蔬菜、油菜和大小麦病虫情报15期。年内，农作物病虫害统防统治面积9万亩，农作物病虫害绿色防控总面积10万亩，省级绿色防控示范区3个，培育县级以上示范性植保组织6家，其中市级2家、省级1家。开展草地贪夜蛾监测和防控工作，全县设置性诱监测点12个、高空监测点3个，全面监测害虫发生动态。全年粮油、蔬菜等农作物重大病虫害防治处置率90%以上，总体防治效果85%以上，做到重大病虫不大面积暴发成灾，农作物病虫害危害损失率控制在5%以内。

【茶叶生产】　2021年，德清县有茶叶面积3万亩，面积趋于稳定。全年茶叶总产量1356吨，比上年增长0.2%；产值1.99亿元，比上年增长6.5%；名优茶产量511吨，比上年增长0.8%；名优茶产值1.85亿元，比上年增长6%。

2021年4月10日，德清县第十三届“莫干黄芽”茶王赛在莫干山镇举办，图为全国知名茶叶审评专家正在审评比赛样茶　　（县农业农村局 供图）

【茶事活动】 “莫干黄芽”茶王赛　4月10—11日，德清县举办第十三届“莫干黄芽”茶王赛，通过大众评茶、春日茶会、颁奖典礼和网红直播等4个板块展现雅俗共赏、全民共享的“莫干黄芽”茶文化氛围。本届茶王赛有23个黄茶茶样和21个绿茶茶样参赛，参赛数量比上年增长37.5%。开展“茶叶审评技术解析——以莫干黄芽茶王赛为例”网络直播课，吸引500多位茶农及茶叶爱好者观看学习。德清县莫干山镇千亩山茶场喜摘“茶王”桂冠。

茶艺技术比武　组织参加2021年浙江省农业职业技能大赛（茶叶加工），德清县莫干山镇千亩山茶场高国治获得三等奖。组织参加2021年湖州市农业职业技能比赛（茶艺师），德清县莫干山镇光明茶场黄莉获得三等奖。组织参加2021年第七届“陆羽杯”湖州名优茶评，获得金奖4个、优质奖4个、最美包装奖1个。

【水果生产】 2021年，德清县水果总面积1.44万亩，比上年减少17.1%。水果总产量1.19万吨，比上年减少0.79%。水果产值0.95亿元，比上年减少1%。组织果企参加桃、葡萄等省市级评比，获得第五届“城山沟”杯桃王争霸赛暨种桃技术能手竞赛银奖1个、市种桃技术能手竞赛三等奖1个，湖州市第六届十佳精品葡萄评比会十佳（金奖）葡萄2个、优质奖1个。

【蚕桑生产】 2021年，德清桑园统计面积3.91万亩，养蚕农户0.85万户，全年饲养蚕种1.58万张，比上年减少14.4%；总产蚕茧932吨，比上年减少12.6%；茧款收入4027.1万元，比上年增长16.4%。蚕桑生产规模呈萎缩趋势。全年平均茧价47.76元/千克，比上年增长47.2%。

【种植业项目建设】 推进实施“彩色茧‘水星1号’新蚕品种育繁推一体化应用”“莫干黄芽黄茶标准化加工工艺示范”“优质早熟晚粳——直播油菜模式研究与示范”“新优花卉楼斗菜新品种生产示范推广”等项目。针对生产技术开展多次培训，通过试验示范推广相关技术，解决农户困难与需求，为广大种植户提供技术支持与服务，推进德清县种植业稳定高效发展，科技促进农业增产增效、农民增收。

水产业

【概况】 2021年，德清县水产养殖总面积18.23万亩。水产品总产量15.76万吨，比上年增长2.18%；渔业产值24.37亿元，可比产值22.46亿元。养殖主要品种有青虾、黄颡鱼、翘嘴红鲌、鳖、乌鳢等5个品种，分别占全县总面积、总产量的84.1%和77.8%。具体为青虾养殖总面积8.43万亩、黄颡鱼2.79万亩、翘嘴红鲌1.93万亩、鳖1.15万亩、乌鳢1.04万亩。

【水产生产品种技术推广】 2021年，德清县水产生产主推青虾、罗氏沼虾、中华鳖、黄颡鱼、翘嘴红鲌、乌鳢、鲈鱼7个水产生产品种；主推稻渔综合种养技术、配合饲料替代冰鲜鱼技术、池塘内循环流水跑道养殖技术3项技术。推进现代水产种业体系建设，深化种质资源库建设，提升“南太湖2号”罗氏沼虾、红螯螯虾、杂交乌鳢、鲈鱼早苗、中华草龟等种苗产能。引进开发水产新型优质原良种，全面构建起原良种场、繁育基地、苗种场、养殖基地等一整套优质种苗繁育推广应用体系，1家翘嘴红鲌良种场1家通过省级认定，1家翘嘴红鲌和1家青虾良种场通过市级认定。

【渔业绿色健康养殖】 2021年，德清县水产业开展生态健康养殖、养殖尾水治理等渔业绿色健康养殖“五大行动”，深化渔业绿色发展。年内，创建渔业转型发展先行区，建成省级水产健康养殖示范场12家、省级稻渔综合种养基地7个。

畜牧业

【概况】 2021年，德清县畜牧业生猪存栏5.64万头，其中能繁母猪0.67万头，比上年分别增长1.20%、25.02%；湖羊存栏8.52万只，比上年增长5.27%；湖羊种羊供应能力新增0.51万只，肉类总产量1.25万吨，比上年增长23.45%；实现牧业产值4.35亿元，可比产值5.66亿元，比上年增长6.76%。

【数字牧场培育创建】 2021年，德清县畜牧业创建省级数字牧场（浙江凤山奶牛养殖有限公司）1个；创建省级美丽牧场（钟管大大家庭农场）1个；创建二级湖羊种羊场（三羊生态牧业有限公司）1个。参加全国第三次畜禽遗传资源普查，共有地方品种（湖羊和绍兴鸭）2个；培育品种（中国荷斯坦牛）1个；引入品种（大白猪、长白猪、杜洛克猪）3个；引入配套系（红宝肉鸡）1个。

乡村振兴

【概况】 2021年，德清县围绕打造乡村振兴标杆县目标，以高质量发展为主线，以数字化改革为重要抓手，推动农业农村优先发展，全面完成乡村振兴各项目标任务。缩小城乡差距，推动共同富裕走在前列，有力夯实农业农村发展基础，实现农业农村工作“十四五”良好开局。德清县连续三年获评“全国县域农业农村信息化发展先进县”“推进农村‘三地’集成改革 打造共同富裕绿色样本”荣获全省改革突破奖铜奖，县农业农村局获评2021年度全省实施乡村振兴战略优秀单位，连续14年被省委、省政府评为新农村建设或乡村振兴优秀单位。

【乡村产业】 2021年，德清县实施科技强农、机械强农“双强”行动，“3鱼3虾1龟鳖1颗珍珠1粒种子1方蚕种”种业硅谷规模呈现，“水木蔬菜工厂”模式入选全省农业高质量发展十佳案例，先锋农机专业合作社入选全国农业社会化服务创新试点组织。国家现代农业产业园创建稳步推进，新市粮油产业强镇通过国家级验收，莫干山镇茶叶和禹越镇桑渔省级特色强镇通过验收。推进农业“大好高”项目21个，完成投资9.24亿元。入选第一批省级数字农业工厂企业8家，完成数字化改造规模种养基地9个，德清农村电商产业园正式开园，“五四未来乡村”“水木蔬菜工厂”在全省数字化改革成果展上展示，“浙农码”“跟着节气游乡村”“浙农险直通车”成为省级试点。

【美丽乡村建设】 2021年，德清县入选全市唯一的省级乡村振兴集成创新示范建设县。创建省新时代美丽乡村标村53个、精品村27个、特色精品村4个、示范乡镇1个、风景线1条，市美丽乡村精品村4个。高质量打造新时代美丽乡村样板片区、组团式未来乡村，完成首批市级新时代美丽乡村样本片区建设2个，启动第二批市级新时代美丽乡村样板片区建设2个。加快推进未来乡村场景落地，浙里基本公共服务（五四“未来乡村”试点）获评全省数字化改革第二批“最佳应用”。东沈村通过省级历史文化村落保护利用重点村项目的现场验收。深化“三大革命”，创建省级星级农村公厕23座。东衡村入选第二批全国乡村治理示范村公示名单，创建省级善治示范村18个、市级乡村治理示范村31个。“数字乡村一张图”遥感监测助力乡村智治入选全国《数字乡村建设指南1.0》，乡村治理数字化平台入选2021数字农业农村新技术新产品新模式优秀案例。

【农村宅基地制度改革】 2021年，德清县新一轮国家农村宅基地制度改革获中央政研室调研肯定，形成“一机制、两办法、三方案、四意见、五规定”宅基地制度体系，全国首创“空白”宅基地抵押贷款，建立全省首个农村宅基地管理信息系统“宅富通”，完成全国首宗农村宅基地线上盘活，“宅富通”入选全省农业农村数字化改革第一批“优秀应用”。承包地“三权分置”多次获省领导批示肯定。创新农业生产设施抵押“农企振兴贷”在全市推广。农村居民人均可支配收入4.25万元，比上年增长10.9%，城乡居民收入比缩小至1.61∶1，全面消除年经营性收入60万元以下的行政村。列入省乡村人才振兴先行县项目，全国农村创业创新项目创意大赛4个浙江项目中德清就占2席，分别荣获二、三等奖，入选第三批乡村振兴领军人才2名，定向培养基层农技人员4人，培育农创客340人、高素质农民512人、实用人才1347人。

（陈　哲）

林　业

【概况】 2021年，德清县林地面积61.75万亩，森林覆盖率42.65%，林木蓄积81.2万立方米，省级以上公益林12.54万亩。全县新增国土绿化面积2032亩，完成率134%。推广“一亩山万元钱”科技富民模式2.55万亩，完成率100%。濒危野生动物拯救项目取得重大实效，德清朱鹮种群数量达571只，人工圈养种群数量居世界首位。

【林业生态建设】 2021年，德清县自然资源和规划局以“互联网+全民义务植树”等活动落实植树义务。全县参加义务植树人数5.5万余人次，栽植树木23.3万余株，发放省调控容器苗9000株，县级采购赠苗5540株，为乡村国土绿化和森林彩化工作提供保障。分解落实各镇（街道）和相关国有单位年度百万亩国土绿化任务1520亩，通过重点实施山地、城市、乡村、通道等森林建设，全地域、全过程推进国土绿化，改善城乡绿化风貌。完成104个村的“一村万树”推进村“回头看”自查和“一村一档案”整理工作。制定印发《德清县新一轮“一村万树”五年行动计划的通知》，增设“一村万树”配套奖补，重点推动20个以上村创建新一轮“一村万树”示范村。莫干山镇五四村和北湖村、武康街道城西村、阜溪街道龙山村4村创建省级“一村万树”示范村。着手编制《德清县千万亩森林质量精准提升工程五年实施方案》（2021—2025年）。根据省级文件，德清县千万亩总任务3.21万亩，其中美丽生态廊道建设任务约2.5万亩，战略储备林建设任务5300亩，健康森林建设任务1800亩。完成2021年美丽生态廊道建设面积3300亩，健康森林建设面积531亩。

【森林资源管理】 2021年，德清县自然资源和规划局执行林地征占用管理制度，严控经营性开发项目，通过提前介入、严格把关等措施，保障各类建设项目不占或少占林地。2021年，办理林地征（临）占用项目61件，面积34.15公顷，收取森林植被恢复费533.02万元。办理林木采伐141件，采伐林木蓄积2975.3立方米。

林长制的实施方案　年内，出台《关于全面深化林长制的实施方案》，完善“三级林长+网格护林员”管理责任体系，以林业“一张图”为基础，运用数字化“地理信息+”应用，构建“天巡地查”森林资源监管全覆盖体系，建立德清县自然资源数字化治理遥感监测平台，实现森林湿地资源网格化管理格局。结合生态保护红线，完善自然保护地整合预案，按要求调出永久基本农田以及城镇建成区、矿业权、村庄、人工商品林等图斑，完成莫干山国家级风景名胜区勘界立标工作。规范风景名胜区建设项目审批，完成风景名胜区项目建设审批6个。出台《德清县生态公益林管理办法》《德清县生态公益林护林员考核细则》，健全护林员考核制度，加强对管护人员的指导和培训。建立公示制度，将公益林管护责任人及其管护面积、范围、责任和义务对外公示，强化社会监督。全年发放公益林损失性补偿金2284.07万元，确保“生态受保护、林农得实惠”。

【古树名木认养活动】 2021年，德清县自然资源和规划局面向全县各单位、企业、个人推出第一批认养古树名木活动，经过填报认养申请表、签订三方协议书等流程，首次公布的10株面向社会招募认养的古树名木现被浙江德清永恒建设有限公司、浙江聚益生态环境有限公司认养。加强古树名木修复保护，对25株古树进行“一树一策”保护施工。

【野生动物保护管理】 2021年，德清县域动物调查项目自2020年6月启动以来，德清县自然资源和规划局委托动物专家组织开展全面系统的清查工作，调查门类包含鸟类、兽类、两栖类、爬行类、鱼类等。在调查过程中，陆续发现国家一级保护动物乌雕、珍稀濒危野生动物大足鼠耳蝠等珍稀物种。为维护生物多样性和生态平衡，德清县自然资源和规划局与中国人民财产保险股份有限公司德清支公司合作，首次推出德清县蛇和大型野生动物损害公众责任险，因被无直接管理方或无相关责任方的野猪等大型野生动物和蛇类伤害造成的第三方人身伤亡或财产损失可以获得补偿，有利于降低野生动物肇事对当地居民造成的损失，缓解野生动物保护与肇事的矛盾。2021年，救护猫头鹰、红腹锦鸡、白鹭、蛇等10个物种，160只(条)。严厉打击破坏野生动物违法行为，查处野生动物执法案件4起，没收野生动物51条(只)(孔雀3只、蛇类48条)，罚款2.88万元。

【朱鹮人工驯养繁殖技术】 2021年，德清县依托高校科技支撑，历经人工圈养、野外放飞、野外种群重建三个阶段，德清县形成一套成熟领先的朱鹮人工驯养繁殖技术和野外重建种群培育操作体系。朱鹮人工繁育及野外种群重建取得重大进展。朱鹮种群数量稳步增长，总数量达到571只，稳居全国种群的前三名行列，圈养种群数量居世界第一位。

【林业产业和林技推广】 2021年，德清县林业产值199.4亿元，比上年增长3.6%。编制完成《德清县竹产业高质量发展实施方案》，全县早园笋产量8.28万吨，总产值4.57亿元。申报省级森林人家3个、森林氧吧3个、省级生态文化基地2个、家庭示范林场2个、森林康养基地1个、省级林业重点龙头企业(监测)1家，完成莫干山古道修复(莫干山镇仙潭村石门卡古道修复工程)招投工作并启动施工。开展林技推广工作，发展“一亩山万元钱”示范推广基地2.55万亩，完成率100%。在新技术推广方面，与浙江省林业科学研究院合作在德清县开展早园竹林新肥料试验15亩，与浙江农林大学合作在德清县开展早园竹病虫害统防统治试验100亩。

(童兰兰)

水　利

【概况】 2021年，德清县水利工作贯彻落实中央、省市关于水利事业发展的指示精神，坚持“党建统领、业务为本、数字赋能”三位一体统筹发展，全力以赴推动水利高质量发展，为建设共同富裕示范区先行样板地夯实水利基础。连续两届获得全省水利工作最高奖“大禹杯”金杯奖，连续7年获得全省水利综合考核优秀。

【水利工程建设】 2021年，德清县累计完成水利投资6.54亿元，占全年投资任务的109%。完成标准化圩区项目，建设两座闸站和3.2千米堤防等；河漾综合整治工程整治河道长度11.24千米，湖漾面积175.07万平方米。其中，清淤疏浚总量153.5万立方米，新建修复生态护岸29.66千米，建设沿河(漾)绿道13千米，生态修复9.32万平方米等；高效节水灌溉园项目全部完工并完成国家节水灌溉标准化示范区创建，展示各式节水灌溉技术与设施的园区，占地约26.67万平方米；水利科技推广项目完成10余项新技术、新产品推广应用。依托项目建设，洛舍漾创建浙江省美丽河湖并申报国家水利风景区创建；水保园完成东苕溪国家水土保持科技示范园创建。

十字港水系综合治理项目　十字港水系综合治理工程是2016年浙江省16个中小河流综合治理试点之一，主要建设内容：一是水系连通106处；二是清淤河道总长度224.2千米，清淤湖漾总面积284.13万平方米，合计清淤272.3万立方米；三是建设生态堤岸542段，总长度544.5千米；四是建立德清县河道数字化管理信息平台。项目总投资4.76亿元，用5年时间分5期实施。

十字港水系综合治理一期工程于2016年8月开工建设，2019年年底全部完工并完成结算审计工作；十字港水系洛舍漾片综合治理一期工程于2017年7月开工建设，2020年年底全部完工并完成结算审计工作；十字港水系苎溪漾片综合治理二期工程于2018年5月开工建设，2021年年底全部完工并完成结算审计工作；十字港水系洛舍漾片综合治理二期工程于2019年8月开工建设，2021年年底完成85%工程量；十字港水系洛舍漾片综合治理三期工程于2020年7月开工建设，2021年年底已完成工程量的75%。

水系连通及农村水系综合整治试点县项目　水系连通及农村水系综合整治试点县是水利部和财政部联合确定的2020—2021年中央财政支持项目，德清县作为全市唯一的试点县入选（全省共3个）。项目主要结合德清县西部山区、中部湿地和东部水乡平原三大区块独有的特点进行分类打造，实现全域治水，打造幸福河湖。工程总投资5.95亿元，总工期两年，分两期实施。工程于2020年10月6日正式开工建设，2021年年底工程全部完工。治理河流59条，治理湖塘6个，新建连通通道长度3.1千米，河面清障0.55平方千米，清游46.13万立方米，新建生态护岸106.13千米，改建生态护岸9千米，滨岸带治理0.31平方千米。

东苕溪湘溪片中小流域综合治理工程　该工程涉及武康、舞阳、下渚湖、阜溪、乾元5个镇（街道），治理面积237.93平方千米，受益人口约15.2万人。实施目的主要是提高湘溪流域防洪排涝能力，改善流域水生态环境。实施年限2016—2020年。工程主要建设项目为：湘溪干流治理工程、清水入城工程、南干渠及县乡河道治理工程，整治河道84条（144.38千米）。具体建设内容为：加固加高堤防51.04千米，护岸工程128.58千米，清淤疏浚142.6千米（清淤土方193.26万立方米），生态修复47.77千米，堰坝工程30处，水闸工程15座，泵站工程3座，桥梁改建20座，生态湿地1处。批复总投资为6.05亿元。2021年，完成投资7655万元，建设内容为河道综合整治8千米，堤防加高加固1千米，抛石护脚4千米，绿化面积12万平方米，新建机耕桥4座、堰坝2座、节点广场1座。

【水利行业管理】　2021年，德清县水利局聚焦水土保持、河湖水域空间管护、质量安全等关键领域，推动水利强监管三年行动方案完美收官，水利监管体系更加完备。落实"遏重大"风险防控，有序推进文明标化工地创建、党建进工地、清廉工程创建等，工程质量安全监管水平较大提升。

水利建设项目质量安全监督　累计开展建设项目质量安全监督130次，发现隐患492处，均完成整改。开展水利工程运行管理产权化、物业化、数字化"三化"改革示范县的创建工作，全县262个水利工程确权颁证率100%；完成物业化的水利工程172处，物业化率66%；水库、规上水闸、泵站、堤防数字化录入省运管平台率100%。编制完成《德清县水资源节约保护和开发利用总体规划》《新市镇经开区设立工业分质供水试点》完成方案编制工作并启动实施；全县完成登记造册取水口276个，完成建设取用水设施标准化40个。借助卫星遥感、无人机航拍技术，动态管理全县水域。联合"五水共治"办、镇（街道）等部门开展"清四乱"工作常态化检查，处理销号清四乱问题46个；因地制宜规范涉河建设项目，完成审批20个。

水保审批工作　完成德清县非法占用水域的处置工作，根据图斑完成整改170处。强化源头审批，按照法律法规及各级文件的要求开展水保审批工作，提升水保审批在项目前置工作中的重要性；强化事中事后监管，跟踪检查生产建设项目水保方案落实情况，启动问责机制，落实生产建设项目水土保持“三同时”制度；创建国家级水土保持科技示范园，完成钟管镇清洁小流域整治工程建设。

【水利改革】 2021年，德清县在全省率先编制完成智慧水利总体规划，统筹布局“一张图、一张网、一盘棋”，探索水利信息化建设，完成水利核心业务梳理、水利数据资源管理、水利数据仓建设、省水管理平台统建应用和部分县级自建应用。完成省水利厅“揭榜挂帅”项目建设“水利建设市场信用评价”“公众护水”2个。以做大做强做优国有企业为目标，推动公司内部改革，落实办公场地（佐力大厦），择优招聘人才13名，推动定向发债融资工作，搭建公司运营架构，公司实现实质化独立运营。推动国家水利风景区前期申报工作；完成国家水土保持科技示范园创建，设计方案获评浙江省水土保持学会优秀设计案例；以第一名的成绩通过国家节水灌溉标准化示范区水利部专家组绩效考核。

（丁云琴）

国家水利风景区前期申报工作 （县水利局 供图）

◆工　业◆

综　述

【概况】　2021年，德清县完成规模以上工业产值1199.6亿元，完成规上工业增加值244.5亿元，比上年增长12.5%。其中，规上战略性新兴产业增加值比上年增长13.6%，规上装备制造业增加值比上年增长17.2%，规上数字经济核心产业制造业产值比上年增长15.6%；规下工业增加值比上年增长11.3%。完成规上工业利税129.4亿元，比上年增长18.3%，规上工业利润98.1亿元，比上年增长22.8%；完成工业投资115.3亿元，比上年增长21.1%。全县工业新产品产值达到557.2亿元，比上年增长31.1%，新产品产值率达46.5%。服务县内企业争取省级以上荣誉76个，县经信局荣获全省淘汰落后产能工作先进县、中小微企业培育工作成绩突出集体、全市2021年度产业创强争先战突出集体、全县"三进三服务"工作先进单位、人才工作先进集体等荣誉。新入选省级智能工厂（数字化车间）企业5家，德华兔宝宝创建省级工业互联网平台。国家级高层次人才项目完成75个，省级高层次人才项目完成49个，入选"南太湖精英计划"人才项目2个。美高电气、南丰机械2家企业入选省级企业技术中心。谋皮环保设备被评为国际重大装备首台套产品，实现全市制造业企业历史突破。省级新材料首批次项目入围省级项目库3个，实现"零的突破"。欧诗漫集团成为全县首个国家级服务型制造示范企业，德华兔宝宝入选第五批省服务型制造示范企业名单。升华云峰家居工业设计中心入选2021年度省级企业工业设计中心。

【制造业产业体系发展路径明晰】　2021年，德清县制造业高质量发展"十四五"规划编制工作高质量完成，"323"制造业产业体系发展路径逐步明晰，以"工业上楼"模式推进产业平台再造促进产业链式提升的"一县一经验"初具成效。全县装备制造、生物医药、绿色家居三大主导产业规上总产值达到925亿元，在全县规模工业产值中的占比达到76.7%，其中，装备制造产业实现规上产值438亿元、规上利税总额37亿元、规上利润总额29亿元，分别占规上工业比重的36.5%、28.5%、29.2%；生物医药产业实现规上产值170亿元、规上利税总额28亿元、规上利润总额23亿元，分别占规上工业比重的14.2%、21.8%、23.3%；绿色家居产业实现规上产值317亿元、规上利税41亿元、规上利润总额33亿元，分别占规上工业比重的26.4%、31.9%、33.3%。

【智能工业体系建设】　2021年，德清县深入推进智能工业体系建设，以实施骨干企业智能化技改、重点骨干企业数字化问诊、重点行业智能化示范引领三个"全覆盖"为抓手，鼓励龙头骨干企业全面实施智能化技改，全年实施智能化技术改造重点项目105个，完成重点企业线下智能化问诊50家、智能化成熟度评估80家。欧诗漫集团入选全省第二批"未来工厂"，新入选省级智能工厂（数字化车间）企业5家，德华兔宝宝入选工信部2021年新一代信息技术与制造业融合发展试点示范名单，美高电气等7家企业入选省级2021年新一代信息技术与制造业融合发展试点示范名单，鼎力机械等3家企业入选省级工业互联网平台创建名单。

【工业项目双进双产】　2021年，德清县严格项目准入审批，以亿元以上工业项目“双进双产”为载体，积蓄新发展势能，新旧动能加快转换。按照“345+1.5”的标准对引进项目实施预评价，围绕重点主导产业延链、补链、强链的目标，把好项目准入关，全年完成市工业“大好高”项目认定44项。加快推动项目建设，开发运用项目全生命周期管理系统，实施项目清单化管理、动态化推进，排定全年计划亿元以上工业项目开竣工清单200项，累计完成开工入库项目100项。其中，3亿元以上项目32项，完成亿元以上项目竣工96项、工业项目新升规38个。深化实施“五未”项目，滚动更新项目清单，建立“签约未开工、开工未竣工、竣工未投产、投产未上规、上规未达产”的“五未”项目库，累计化解“五未”项目90个。

【企业梯度培育体系】 2021年，德清县以创新发展为驱动，实施企业培育“冠军领航”行动，完善企业梯度培育体系，全面激发企业创新活力。2021年，新认定国家专精特新“小巨人”企业3家、省“隐形冠军”企业3家、省“未来工厂”1家，入选市“金象金牛”企业7家。高质量完成国家级高层次人才项目75个、省级高层次人才项目49个；入选国家级人才11个、省级人才7个，入选“南太湖精英计划”人才项目2个，其中A类项目1个。凯润药业等12家企业入选2021年度“放水养鱼”企业培育库，累计入选企业49家。推进“企业码”德清专区建设，利用“企业码”直播间组织全县企业参加安全管理员培训、统计联网直报、法律法规宣贯等各类活动12次。运用企业码“码上融资”加速审批与资金投放，为105家企业提供贷款57.8亿元。加强惠企政策助力企业发展，新建成小微企业园4家，新开工建设小微企业园6家，德清雷甸科技园获评省数字化示范小微企业园，县中小企业公共服务中心获评国家中小企业公共服务示范平台。《德清县加快生物医药产业高质量发展的若干意见（试行）》制定出台，“制造业高质量发展30条”“降本减负28条”等惠企政策完成修订并落实，累计兑现各类奖补资金超3.5亿元，减轻企业各类负担50亿元。

【企业实现绿色低碳发展】 2021年，德清县聚焦绿色制造体系建设，推动工业领域碳达峰，实现绿色低碳可持续发展。以绿色工厂提档升星工作为载体，指导园区、企业提高资源综合利用效率，新增星级绿色工厂95家，其中新增四星级绿色工厂20家，新增工信部工业产品绿色设计示范企业1家、国家级绿色工厂1家、绿色供应链企业1家、绿色设计产品3个，申报省级绿色工厂4家。引导企业开展清洁生产、节能诊断、节水型企业创建、无废工厂等重点工作，实现绿色低碳发展。全年实施完成绿色化改造项目22个，服务企业开展节能诊断29家，申报2021年度省级节水型企业8家，审核清洁生产企业38家。

【低效企业挖潜增效处置】 2021年，德清县以推动老旧平台基础再造、低效企业挖潜增效、迟滞项目落地见效为主抓手，提升工业用地亩均贡献度。2021年，《德清县老旧工业园区改造企业和项目准入管理办法》出台实施，全县19个老旧工业园区新启动改造提升项目105个267.01万平方米，竣工改造提升项目66个165.07万平方米，新增建筑面积121.2万平方米。累计启动改造提升项目223个533.97万平方米，竣工改造提升项目129个299.88万平方米，新增建筑面积201.4万平方米。以“一企一策”为抓手，深化实施“清三低”攻坚行动。全年，累计完成“三低”企业达标提质215家，盘活低效用地217.12万平方米，新增税收4055.7万元。实施高耗低效企业整治行动，排摸形成整治清单116家，完成整治销号116家，腾出土地176.16万平方米，腾出用能3.9万吨标煤。全年整治完成“低散乱”企业350家，其中关停淘汰270家，改造提升66家，整合入园14家。

（何 赟）

信息化建设与产业

【概况】 2021年，德清县规模以上数字经济核心产业实现营收143.06亿元，比上年增长27.2%；

其中规上数字经济核心产业制造业产值113.2亿元，比上年增长36.3%，实现营收112.4亿元，比上年增长28.3%。限上服务业实现营收30.69亿元，比上年增长23.4%。产业数字化得分高于100分，列全省第15位。

【数字经济系统建设】 2021年，德清县牵头开展数字经济系统建设，建设省数字经济创新发展试验区，制定《德清县数字经济系统建设方案》。聚焦"未来工厂+产业大脑"两大跑道，构建"人工智能+北斗时空+车联网"的未来产业发展格局。对准全省数字经济系统重大应用目录1.0"浙企畅链—产业链一键通(链提升)""浙企创新—网上技术市场3.0"2个重大应用方向，"来浙里"产业链合作和"技术问诊"2个省级试点，形成"来浙里"产业链合作项目建设方案。迭代升级工业大数据平台，上线全产业经济运行系统，完善低效企业处置、土地租赁管理等模块应用。入选省区域新智造试点(全市唯一)。数字经济门户2.0版制作上线，企业亩均效益评价、项目审批、区域分析、行业分析、工业投资项目等5个政府侧PC端微门户上线应用，经济运行、数字地图、项目浏览3个政府侧移动端微门户进入试运行。争创国家级车联网先导区，智能化道路改造完成197.12千米，城市智能网联云控平台上线使用，工信部"新四跨"测试要求全面响应。

(潘夏云)

国家级园区——湖州莫干山高新技术产业开发区

【概况】 2021年，国家级园区——湖州莫干山高新技术产业开发区(以下简称高新区)围绕绿色低碳发展的探路者、争创高质量发展建设共同富裕示范区的先行市和全县高质量发展建设共同富裕示范区先行样板地的目标，加快高新化转型、夯实高质量发展基础作出贡献。全年实现财政收入31.22亿元，比上年增长24%。实现规模以上工业产值468.3亿元，比上年增长23.4%。亿元以上签约项目55个，其中百强项目2个，50亿元以上项目2个。市认定三次产业"大好高"项目22个，外资"大好高"项目7个，协议外资4.1亿美元，实到外资1.8亿美元。实现亿元以上项目开工37个、竣工32个，重大项目开竣工27个。完成固定资产总投资132.78亿元，比上年增长37.84%，其中工业投资、民间投资、高新产业投资、重大百亿项目投资分别增长25.84%、46.56%、44.10%和17.36%。

【项目引进和有效投资】 2021年，莫干山高新区把项目引进和有效投资作为实现高质量发展的发力点，盯紧盯牢指标任务，精准高效狠抓项目双进双产。统一招商引资政策口径，升级招商引资工作模式，坚持重招"高大上"(高科技、顶尖型、领军型人才的硬科学项目，固投20亿元以上制造类项目，上市或筹备上市的公司总部项目)、不招"小空房"(固投3亿元以下独立选址用地项目，无固投、无固定人员的研究院项目，工业房地产项目)原则，加大项目招引力度，累计签约亿元以上项目55个、科技人才项目37个，为全县招商引资绩效评价走在全市前列作出贡献。成立项目推进专班，实行"一个项目、一名领导、一个团队、一抓到底"制度，服务各个项目，实现重大项目开竣工27个，亿元以上项目开工37个，竣工32个，进规15个(其中新升规8个)。南方泵业、杭锅、鼎力(五期)、泰普森(二期)、海齿(二期)加快开工；本码、源成等项目快速盘活；氢谷、如意航空、海洋城、华东硅谷等项目处置工作有序推进。固定资产投资指标增速均高于市县平均20%。

【改革创新实现高质量发展】 2021年，坚持把改革作为实现高质量发展的最关键路径，抓好"资本链、人才链、创新链、供应链"四链服务，打造链企服务中心、工程师协同创新中心，争取实现政策发布、项目申报、项目审核、奖补兑现、审计监督等一站式服务。开发六重智控系统、"多图合一"系统和征迁管理系统，实现"六重"工作整体智治。加快企业"数字化"改革，启动"数字安监"系统二期建设，完成化工园区数字化省级示范平台建设。开发"德通防疫码"，实现无纸化、无感化“小门”管控，得以在市、县推广。打造“数字乡村一张图”“新冠肺炎防疫监测一张图”，参与水环境监测、数字放牧等项目，其中地信小镇“积极推进科技援青，探索对口支援新路径”得到省政府主要领导批示肯定。开展以技改、股改、容改、市改、智改、质改为主要内容的“六改”工作，推动机器换人、增量扩容、电商换市等内容落实。

企业新产品首台套发明专利　聚焦企业新产品、首台套、发明专利等，集聚优质创新资源。整治“清三低”37家，完成旧厂区改造面积73.2万平方米，新增建筑面积10.64万立方米；淘汰落后产能企业4家，绿色工厂星级提升企业36家；完成新产品备案123项，完成新产品鉴定56项。联合国全球地理信息知识与创新中心即将落地，“一带一路”地理信息国际培训中心落户地信小镇，小镇入选省级首批现代服务业创新发展区。湖州德清保税物流中心(B型)获海关总署验收批复，AG100教练机、XBL100轻型运动机亮相珠海航展，海骆航空研发的立式高速旋转试验器及转子结构完整性测试平台技术填补国内空白。国家新一代人工智能创新发展试验区建设推进，全国首个全域城市级自动驾驶与智慧出行示范区加快打造，汇编《国家新一代人工智能创新发展试验区10个应用示范成果》即将发布。

【科技创新人才引进】 2021年，坚持把科技创新作为实现高质量发展的强劲动能，打造更加完备、更具活力、更有实效的创新生态系统。

科技型企业培育计划　创新能力提升。出台科技型企业培育三年行动计划，突出抓主体梯度培育，推进“规升高”，助力“高升规”。推广知识产权质押及创新融资方式，举办知识产权宣传周暨知识产权运用保护讲座、校企直通车等活动。全年R&D投入超12亿元，比上年增长30%；无研发费用规上工业企业清零60余家；新增省级科技型企业100家、高新技术企业25家、全县省级外国专家工作站首家、省级企业重点研究院1家、省级企业研究院2家、省级新型研发机构2家、省级研发中心8家、省级博士后工作站3个、市级院士专家工作站2个、市级研发中心29家、市级重点实验室2家、尖兵领雁等省级重点研发项目7个；获省级补助3000万元；申报PCT专利30件；完成发明专利质押63个。

人才引进　双创资源集聚。出台争先进位12项变革性措施和“海归落地，才创高新”专项行动方案，连续五年举办双创大赛，建立人才专班，以企引才、以赛引才、项目引才、平台引才四轮驱动。认定国家级、省级引才计划24人，占全县总数的70%，申报数及认定数均创历年新高，鲲鹏计划人才完成最后一轮答辩，入选1个，获省补7000万元。入选省领军型创新团队1个(累计3个)，认定省海外工程师4个、南太湖特支计划5个。全年引进人才创业项目37个，入选南太湖精英计划项目18个，占全县总数的86%。

企业研究院与高校院所合作　双创生态优化。探索建立“种子仓—孵化器—加速器—生产基地”一体化服务链条。鼓励龙头骨干企业建设产业技术研究院，支持企业研究院与高校院所合作共建科研创新联合体。完善研究院“四化”(氧化、转化、催化、优化)管理工作机制，指导培育研究院向新型研发机构转型升级。认定省级新型研发机构3家、省级备案众创空间1家、市级备案众创空间1家、市级优秀众创空间1家，获省推荐申报国家备案众创空间2家。

【平台能级】 2021年，围绕平台能级整体提升，强化发展空间、园区配套和资金保障能力提升，基础设施加快建设。完成基础设施投资15.78亿元，新建道路11千米，新建雨污水管网9千米，高新区规划道路、通航产业园道路工程一期等一批基础配套设施加快推进，通航产业园六跨标准厂房、信息科技大厦等建成启用，云创科技大厦、通航人才公寓等产业项目正加快推进，园区承载力显著提升。

发展空间有力保障　抢抓杭州城西科创大走廊北翼建设红利，通过重大产业项目申报、复垦验收入库指标奖励、城乡增减挂钩指标等破除要素障碍,工业用地出让120.2万平方米。加快"五未"土地处置进程,重点消化批而未供土地213.27万平方米。

科技人才和招商项目　资金联动成效明显。研究推进"拨改投"改革,支持重大科技人才和招商项目落地及基础设施项目建设,加快实现财政持续发展、国企快速壮大的态势和政府引导、企业贡献互动发展的良好局面。新增融资164亿元,综合融资成本相比上年同期下降1.45%;发行境内债券61.81亿元,境外债券2.1亿美元,发行利率屡创新低。

【党建基础】　2021年,坚持把干部职工实干担当作为实现高质量发展的生命线,围绕发展抓党建、抓好党建促发展,推动党的建设与经济发展同频共振。

党史学习教育抓紧抓实　全年开展理论学习中心组专题学习19次、研讨4次,党史专题培训讲座5场,"百名党员读党史"接力诵读活动56期。第一时间传达学习党的十九届六中全会和各级会议精神,自觉用新思想武装头脑、指导实践、推动工作。开展"三为"专题实践活动,上门服务企业4000余次,收集和解决问题200余个,协调解决员工子女就学26人,完成企业员工微心愿87个。实施"双创双全组织力提升工程",地信小镇党群服务中心入选省级示范样本,"车间政委"做法在全国、省、市三级有关会议上作交流发言。

清廉高新区建设　全面从严治党深入推进。制定出台《加强对"一把手"和领导班子监督"五张责任清单"》,推动全面从严治党主体责任、监督责任的落地落实。推进以清廉机关建设为重点的清廉高新区建设,开展清廉工程和清廉企业建设,"建设清廉机关,创建模范机关"工作得到上级肯定。抓紧抓实省委巡视反馈问题整改和涉案企业处置,开展党性党纪教育一刻钟12次、机关效能检查5次,真正营造风清气正、干事创业的浓厚氛围。

工作实绩导向更为突出　出台《关于开展"唯实惟先 奋斗有我"队伍建设提升年活动实施方案》,坚持严管厚爱并重,强化日常管理考核,"唯实惟先"导向深入推进。落实"领导干部实绩纪实和公示公议工作",将星级评定扩大到一般干部;新增股级干部个人事项报告,实现党委领导、中层领导、股级干部廉政档案全员覆盖;提拔股级中层4人,出台国企职员管理办法,完成国企职员职级套转,选聘晋升国企职员职级4人。

（路　明）

省级园区——浙江德清经济开发区

【概况】　2021年,省级园区——浙江德清经济开发区(以下简称德清经开区)完成规模以上工业总产值186亿元,比上年增长21%;完成固定资产投资27.1亿元,比上年增长17%;财政收入首次突破11亿元。县对镇综合考核连续三年全县一等奖,工业经济高质量发展连续两年排名全县第一。完成亿元以上项目签约28个,其中3亿元以上项目14个,5亿元以上项目12个,均为上年全年的1.7倍以上。完成亿元以上项目开工22个,竣工19个,"新进规"7个,三次产业"大好高"项目认定12个。电子信息、装备制造、高新材料三大主导产业产值占比达60.6%。国家高新企业数从2018年的12家增加至32家,高新增加值占规上工业增加值比重突破60%,研发投入强度超过3.8%。申报国家引才计划14人、省引才计划15人,南太湖精英计划创业项目6个,连续4年有国家和省引才计划专家入驻。

【水环境质量人居环境改善】　2021年,德清经开区中央生态环境保护督察"回头看"高标准完成,环保信访件较上一轮督察减少一半以上。实施古镇市河清水入镇项目,水环境质量进一步提升。纵深推进省级污水零直排示范区建设,实现"污水零直排"全域覆盖,"一企一管一表"创新做法获省市、县主要领导批示肯定。五水共治深入推进,断面水质长期保持在三类以上。大气污染防治工作常抓不懈,指数排名显著提升,城乡人居环境有效改善。

【经开区园区改造提升工程】 2021年，争取到政府专项债5.46亿元，为平台形象加速蝶变提供充足资金保障。借助集团力量，加速推进经开区园区改造提升工程，园区内14条主要道路改造完成，新规划5条支路建成投用，乐安污水处理厂扩建工程建设完成，日污水处理能力4万吨。

【经开区交通体系建设】 2021年，交通体系更加完备，杭州绕城高速西复线湖州段、京杭运河“四改三”项目完成，文昌路西延工程、德桐公路与菱新公路连接线全面竣工通车，完成四好农村公路36条，总里程达41.9千米，3条镇域公交线路和1条镇际公交线路开通，新增停车位4000余个。市政工程推进有力，人居环境提升改造、德桐公路（新市段）道路景观提升改造等项目有序开展。休闲场景丰富，文体中心、古镇游客集散服务中心全面建成开放，运河公园一、二、三期竣工，群众“三感”（获得感、幸福感、安全感）有效提升。推进“三改一拆”，完成拆除整治违章建筑198万平方米。

（陈丽娜）

镇工业功能区

【乾元镇工业功能区】 2021年，乾元镇打造莫干山高新区新材料园区、乾龙工业功能区、高端装备制造园区3大园区平台。新材料园区规划总面积3.23平方千米，形成以现代物流、新型建材、生物医药为核心的产业体系。园区有企业45家，其中诺贝尔、中天产业等16家规模企业；东能、德清港、德轩3大物流园；在建的有世界500强物产中大总投资65亿元的特种线缆项目、投资3亿元以上年产5000台智能物流分拣设备项目等。乾龙工业功能区区域总面积2.5平方千米。区域内有企业110家，其中规模企业34家，以电光源、纺织服装、机械制造、饮料食品、家居等生产型企业为主。高端装备制造园区建成面积为666.67千米，园区以高端制造业为主，有企业80家，其中规模企业25家。在建的有投资10亿元以上的新建浙江德乾智造产业基地项目。

（刘建军）

【钟管镇工业功能区】 2021年，钟管镇工业功能区规划总面积601万平方米，主要分为三墩、凤山、南舍3个地块。规模以上企业66家，规下企业约180家，其中上市企业3家（瀚叶股份、完美影视、兰德科技），总市值超660亿元。主导产业为装备制造、生物医药、绿色家居。全年，实现规上工业产值92亿元，规上工业增加值20亿元，比上年增长12.1%。

三墩工业区规划工业用地283万平方米，以生物医药为主要产业；凤山工业区规划工业用地170万平方米，以新材料为主导产业，代表企业为金磊耐火、硕华医用、鑫博婴童等；南舍地块位于钟管镇南端，是未来重点发展地块，规划工业用地148万平方米。未来发展方向涉及高端装备制造、绿色家居、机械制造等产业，代表企业有美生橱柜、龙虎锻造、依蕾毛纺、中特智能等。完善南舍地块基础设施，建成“干字形”道路框架等道路工程，新建污水管网1.6千米。

（何 斌）

【洛舍镇工业功能区】 2021年，洛舍镇工业功能区总面积278.7万平方米，有杨树湾和城南两个功能区。年内，园区投入建设资金1500万元，先后完成工业区道路改造、雨污管网改造等基础设施建设，全年完成工业总产值70.2亿元。6月通过“中国钢琴之乡”复评。

随着产业结构的调整，逐步形成木材加工、钢琴生产、卫生材料和新型建材等四大支柱产业。其中木材加工和钢琴生产逐渐形成自己的特色，洛舍被誉为“木业重镇，钢琴之乡”。钢琴产业方面，园区现有钢琴制造及配件企业超100家，其中规模以上企业36家。钢琴产业总产值突破5.9亿元，从业人员超过3000人。其中专业技术人员380余人，年产钢琴超过5.8万架，约占全国总产量的七分之一。拥有“威腾”“瓦格纳”“洛德莱斯”“波尔顿”“拉奥特”等一批省、市著名商标，产品出口欧洲、东南亚等20多个国家和地区。木皮产业方面，园区加工生产的木皮占全国木皮70%的市场份额，积累丰富的木皮加工生产技术，带动木皮相关产业发展，培育一批具有行业领先水平的企业，孕育浓厚的木皮文化氛围。

（刘伊迪）

【雷甸镇工业功能区】 2021年，雷甸镇工业功能区总面积382.2万平方米。实现工业总产值239.2亿元，比上年增长27.2%。其中，规模产值135.1亿元，比上年增长27.3%；规上工业增加值30.1亿元，比上年增长17.9%。全年完成固定资产投资20.2亿元，其中工业性投入7.8亿元，高新技术产业投资6.4亿元；完成出口28.7亿元，比上年增长38.2%；实到外资2500万美元。新增国家高新技术企业5家，省级科技型企业22家，省级高企研发中心2家，市级高企研发中心6家。

全镇有工业企业600余家，其中规模以上企业86家。规划建设以高端装备制造、电力电气、新材料为主的现代产业体系。落实“345+1.5”项目准入标准，签约超神、陆记、南德、扬风等亿元以上产业项目17个，市认定三次产业“大好高”项目5个；抓好重点项目建设，亿元以上产业项目开工8个，昌美、深汇印业、宏达晶体、凯芝、泛城、德洋等14个项目竣工。市“五未项目”全部销号。斯柯兰、聚丰、南元入选2021年第一批省重大产业项目名单。临杭物流园三区项目入选2021年第三季度全市“十大推进快的好项目”榜单。围绕“工业创强”不动摇，全面启动老旧工业园区改造提升三年行动，完成改造200万平方米。整治“低散乱”企业（作坊）131家，“清三低”企业41家。

（沈宇佳）

【禹越镇工业功能区】 2021年，禹越镇工业功能区占地3.15平方千米，建成一期占地1.59平方千米，入驻企业80家。二期占地1.56平方千米，入驻企业50家。工业园区有规上企业69家，年产值约73.8亿元。其中，主板上市企业1家（浙江三星新材股份有限公司），创业板上市企业1家（浙江汇隆新材料股份有限公司），各类拟上市企业5家，年产值过亿元企业20家，以时尚产业与高端制造为主导产业，整体经济形势呈稳步上升趋势。

2021年，整治完成“低散乱”企业236家，其中关停淘汰12家，整治提升109家。工业功能区日处理能力7000吨污水处理厂二期工程建成并投入使用，有效提升镇区生活污水和工业园区污水的处理，日处理污水量1万吨。对工业功能区企业进行雨污管网整治，查改企业45家，检测管网4.3千米，确保雨污分流。8家涉VOC废气排放企业完成源头替代，全年$PM_{2.5}$下降到27，空气优良率提升至90%。安全生产形势持续稳定，安全生产事故保持零发生，安全生产考核排全县第一名。完成风险普查企业238家，针对12家危化品企业，开展检查180余次，33处安全隐患实现销号清零。

（张伟佳）

【新安镇工业功能区】 2021年，新安镇工业功能区由孟家山、太平桥、勾里和红丰4个工业区块组成，总面积约204万平方米。工业区内有规上工业企业71家，初步形成以智能制造、绿色健康、现代服务、新型纺织为主的产业格局。其中，孟家山工业区有企业69家，主要以家具、纺织服装为主导产业；太平桥工业区有企业54家，主要产业为印染纺织、食用香精、围巾加工、机械制造等；勾里工业区有企业65家，主要以绢纺、五金加工、纸箱包装行业为主；红丰工业区有企业47家，主导产业为铸钢、锻造、电镀、五金陶瓷等；中南高科产业园完成投产45家。

2021年，新启动实施老旧工业区改造企业13家、面积18.27万平方米。完成“批而未供”土地处置9.2万平方米，盘活存量土地5.27万平方米。完成“清三低”企业16家。新增亿元以上“新升规”项目2个。开展安全生产隐患排查执法行动，累计检查企业409家，排查隐患2567处，整改问题2530处，停产整顿18家，处罚罚款63万元。

（易　宁）

建筑业·房地产业

建筑业

【概况】 2021年，德清县建筑业企业189家，比上年新增45家，其中一级总承包企业9家，一级专业承包企业8家。

【行业发展】 2021年，德清县中心城区执行绿色建筑专项要求，将装配式建造和住宅全装修指标纳入土地出让条件。全年新开工装配式建筑167.96万平方米，完成市下达任务的104.98%。实施绿色建筑54项，建筑面积166万平方米，既有公共建筑节能改造4.51万平方米，完成太阳能等可再生能源建筑应用面积298.43万平方米。全年完成建筑业产值139.3亿元，比上年增长11.53%，其中完成省内建筑业产值133.2亿元，比上年增长9.18%；上缴税收6.73亿元，占全县税收总额5.4%；完成省外产值6.1亿元，同比增长110.3%。

【资质资格及诚信建设】 2021年，新增建筑业企业45家，新申报各类资质63项，具有资质的建筑施工企业189家，其中施工总承包资质一级企业9家，专业承包资质一级企业8家；工程监理企业10家（其中甲级资质1家），行业规模水平提高。全县25家企业申报参加湖州市建设局组织的2021年第一轮“信用评价”工作，经初审并上报审核后，全县10家企业的24项资质达到AAA级，9家企业的21项资质达到AA级，3家企业的6项资质达到A级，各类级别均名列全市前列。

【安全生产】 2021年，通过邀请专家，购买第三方检测服务等方式，开展安全生产、起重机械、房地产全装修项目、极端天气防御等专项检查6次，邀请第三方咨询检测单位3家，邀请专家182人，检查工地672个，下发限期整改通知书373份，暂停施工令123份，责令停止使用起重机械32台，约谈32起。全县共创建省建筑优胜标化工地7项，市建筑优胜标化工地30项，县建筑优胜标化工地70项，市绿色施工工地39项，县绿色施工工地70项。开展施工企业、工程造价咨询企业“双随机、一公开”检查，安全生产“洗楼式”排查和见底行动，起重设备、房地产项目专项检查，“综合查一次”，市交叉检查，联合安委办督查，监理专项检查以及百日攻坚执法专项行动等形式多样的建筑安全生产管理模式。

【质量监管】 2021年，办理质监项目257个，面积835.96万平方米，开展基础、主体、竣工定点验收484次。针对当前投诉热点和重大项目推进要求，规范验收程序管理，加强使用功能监督，强化抽查抽测力度，狠抓工程实体常见质量问题治理。全县创建省“钱江杯奖”工程1项，市“飞英杯奖”工程13项，县“莫干山杯奖”工程59项。

【扬尘治理】 2021年，在五大片区日常检查的基础上，建立建筑工地扬尘治理专班，通过日巡查、周通报、月亮牌的机制，不间断对工地强化督导。全年检查工地524个次，下发整改单152份、停工单67份，移交县综合执法局立案5起，报市建设局通报10起，被停工的67个工地取消评优、评杯资格，建筑工地围挡提升完成214个。

【疫情防控】 2021年，健全新冠肺炎疫情防疫防控体系，全县400余个项目全面实施疫情防控制度，各项目成立疫情防控领导小组，明确组织分工，制定相关疫情防控方案。强化精密智控，门卫处测温、亮码、“德清通”全覆盖，外来流动人员实现“一人一档”管理。帮助建筑企业、建筑工地协调解决口罩1.64万个，垫片3000个，防疫物资保障到位。加强检查巡查，做好人员管控，共检查工地468个次，发放整改单36份、停工单2份，对疫情防控存在问题项目通过“红黑榜”形式予以通报。

（徐　江）

房产管理

【概况】　2021年，德清县以建筑行业转型发展、房地产业健康平稳为目标，提升行业监管和服务水平。截至年底，全县有房地产开发企业81家，其中二级资质1家（宇诚集团股份有限公司）、三级资质6家、四级资质53家、暂定级资质21家。

【房地产市场监管】　2021年，德清县以国家房地产市场宏观调控为导向，坚持引导与规范两手抓，建立房地产市场联席会议制度，强化市场调研监管，开展房地产市场秩序整治规范专项行动，推进重点项目风险处置，促进全县房地产市场平稳健康发展。

【房产交易】　2021年，德清县全年完成商品房开发投资81.4亿元，比上年增长6.4%；完成商品房销售面积106.8万平方米，比上年下降10.2%；商品房成交均价15943元/平方米，比上年下降1.28%；住宅成交均价16652元/平方米，比上年增长1.65%；实现房地产销售额167.1亿元，比上年降低12.15%；缴纳税金27.94亿元，占全县税收总收入的22.54%。

【房屋安全管理】　2021年，德清县在上年D级危房全面启动改造基础上，查漏补缺，精准发力，推进D级危房攻坚清零和C级危房治理改造。全县469幢城镇危房中，有382幢危房通过维修加固、拆除、重建、收购、腾空等方式完成实质性解危，其余危房持续委托专业机构进行动态监测。

【物业管理工作】　2021年，德清县房产管理部门指导、督促各镇（街道）组织社区、物业企业及小区业委会搭建组织架构，加强阵地建设，创新服务载体。开展红色物业示范小区创建，以党史学习教育为载体，在小区内营造“学党史、知党情、跟党走”的浓厚氛围，推进红色物业全覆盖。高质量建成东方府、翡翠城、英溪大院等18个红色物业示范小区，隐龙山庄、欣宋嘉园等8个小区经改造提升后获评省级红色物业小区。常态化推进全国文明城市建设，会同属地开展物管小区考核评比，奖惩并举、联查联动，全县物业管理水平和服务质量稳步提升。贯彻《湖州市物业管理条例》，通过邀请专家开展专题培训、商业广场集中宣传、物管小区巡回宣传、进镇（街道）宣讲等形式，提升业主的知晓率和关注度，营造尊法、学法、守法和用法的浓厚氛围。

（姚珺　陈夏）

商　业

综　述

【概况】 2021年，德清县商贸业限额以上批发业实现销售额1090.2亿元，比上年增长30.3%。零售业销售额20.1亿元，全县社会消费品零售总额比上年增长9.4%。举办市民欢乐购、金秋购物节、“领百万消费券 享数字嘉年华”德清欢乐购等线下线上活动40余场次，联动各镇（街道、平台）开展活动130多场次，拉动消费超50亿元。

【德清欢乐购】 2021年12月，德清县商务局联合阿里巴巴共同发起“德清欢乐购”主题活动，此次活动汇聚德清县当地众多商家的优质商品，在淘宝天天特卖平台搭建线上营销会场，以互联网电商数据赋能企业的方式帮助德清本土企业实现营销突破。“德清欢乐购”活动累计组织当地128个商家的近千款优质商品，在淘宝天天特卖平台搭建线上营销会场，包括德清当地美妆、粮油食品、家居百货、服饰等多个品类品牌好货。送出百万消费券大礼包。据统计，此次促消费活动覆盖企业近4000家，累计拉动电商消费2000多万元。

商贸流通

【概况】 2021年，德清县商务局举办线上线下活动112场，参与企业4800余家，开展夜市、夜游、夜购、夜食等夜消费活动30余场，推进1个供应链创新与应用试点项目，“内外贸一体化治理场景”入选全省数字政府双循环应用首批列入培育库名单（全省共20个），在6月9日的第二届中国—中东欧国家博览会暨国际消费品博览会上进行现场展示上线。

【消费平台升级促消费】 2021年，德清县商务局加快消费平台升级。推动地信小镇、莫干山民国风情小镇数字化改造提升，加快完成“五化”改造。东城时代正式开街，推动邻里中心等开业运营，打造便民生活服务圈。全县各镇街（平台）累计开展促消费活动130余场，拉动消费约50亿元。加快推进夜间经济。实施夜坐标培育行动，完善亮化基建，拉动城市消费，推动商文旅融合发展，举办德清优品展销、潮fun、哇里哇国等系列促消费活动，形成夜间经济、智慧商圈等消费新热点。累计在莫干小镇、下渚湖田博园、千秋广场、二都小镇等地举办夜经济活动50余场，累计拉动消费14亿元。加快培育高品质步行街。推进高品质步行街提升，推进余英坊商业街改造提升，加快游子坊水街等特色步行街建设，多元结合，加快高品质步行街培育步伐，促进消费升级。

（万　琦）

电子商务

【概况】 2021年，德清县网络零售额完成97.8亿元，比上年增长21.2%，增幅连续五个月全市排名第一。其中，网络零售突破5亿元企业有2家，超亿元企业12家，超5000万以上企业22家。

【电商发展培育】 2021年3月，德清县入选浙江省2021年度产业集群跨境电商发展专项激励（培育类）名单，并获得200万元专项激励资金；4月，德清作为浙江省数字生活新服务样板县获得专项激励资金340万元；5月，德清“县域共配一体化”入选湖州市数字商贸应用场景试点（第一批）；6月，入选浙江省数字政府双循环应用首批并列于培育库名单；7月，入选国家级电子商务进农村综合示范县，获中央专项资金1000万元；9月，全省数字生活新服务工作推进会在德清召开。

【电商专业镇村企业】 2021年，德清县乾元镇、新市镇等7个镇获评电商专业镇，秋山村、上柏村等25个村获评电商专业村。欧诗漫集团、德华兔宝宝、云峰新材三家企业获评4A级电子商务企业，德清县电商公共服务中心获评省级优秀电商公共服务中心。

（朱　峰）

粮食流通

【概况】 2021年，德清县粮食总供给34.51万吨。粮食总需求34.51万吨，其中粮食消费量29.8万吨。全年县粮食部门与全县71户种粮大户签订订单1.08万吨，发放预购定金35万元，全年收购粮食1.21万吨。

【粮油储备管理】 2021年，德清县突出粮食安全，严抓粮食收购，确保"五优联动"推进，执行收购政策，优化储备结构，完成政策性粮油轮换管理和库存监管工作。完成乾元文明塔粮库和县中心粮库修缮工程，新市粮库迁建工程（一期）投入使用，储备规模落实到位。提高智治水平，在监管上，德清县粮食收储一体化平台与省粮食和物资储备局浙江粮仓平台实现无缝对接；在业务上，"浙江粮仓"系统构建粮食生产、收购等各环节的业务流程工作模块，实现业务系统一体化。

【物资储备管理】 2021年，德清县落实应急储备物资的收储、轮换和日常管理职责，完善全县应急物资储备体系，优化物资结构，强化动态管理。提高各类突发事件处置的物资保障供应能力。按照物资储备防潮、管理、安全等因素考虑，投入28万元实施储备仓库简装工程。满足应急需要，采购货架、托盘等应急物资43.65万元，代储407.5万元医疗应急物资储备。

（高　飞）

烟草专卖

【概况】 2021年，德清烟草实现卷烟批发销量2.39万箱，比上年增长3.19%；批发销售额13.03亿元，比上年增长7%；现代终端累计建设861家，非烟产品订购额超3000万元，占卷烟销售额的2.41%。

【市场监管】 2021年，德清县以构建监管资源的内外双循环机制为抓手，锚定打假打私和重点户监管，全年查获违法案件318起，比上年增长17.7%。案值460.13万元，比上年增长10.6%。查获违法卷烟2.46万条，比上年增长14.96%。破获国标网案1起。优化一窗受理、限时办结、程序透明、规范便民的服务流程，通过浙江政务网PC端和浙里办移动端的许可证申请率达到99.95%，比上年增长7个百分点。实践普法进校园和电子烟监管，查获德清首起大麻电子烟案，切实履行企业的社会责任。

（章　奇）

农村商贸服务

【概况】 2021年，德清县供销社有下属企业16家。其中直属公司7家（2家控股、5家参股），基层供销社9家。系统全年实现总经营收入11.55亿元，比上年增长19.31%；系统直属控股企业实现税利1300万元，比上年增长55.5%。2021年，县供销社深化农合联建设，拓展"三位一体"改革，提升农业社会化服务能力与水平，各项工作上新台阶。"三位一体"农合联建设实现新突破，农业社会化服务得到新提升，供销社与农合联融合发展取得新进展。县供销社被县委、县政府授予"改革突破成绩突出集体"荣誉称号；先锋农机专业合作社入选全国100个农业社会化服务创新试点组织，在全省农业高质量发展大会上被评为浙江省粮食增产保供成绩突出十大农机专业合作社，受到省委、省政府表彰。

【农合联组织体系建设】 2021年，德清县推进供销社体制机制建设，召开县供销社第七次代表大会，选举产生县供销社第七届理事会、监事会及领导班子。根据省、市供销社(农合联)统一安排,在全市率先完成镇(街道)农合联换届,为县农合联召开第二次代表大会奠定基础。重点巩固提升“1+12+10+3”的农合联组织体系建设,推动镇街农合联规范化、产业农合联标准化建设,建立健全为农服务组织体系。“三位一体”农民合作经济组织体系得到全面完善,农业全产业链服务和农民共建共享平台得到有力提升,农合联整合、聚合作用得到强势推进,全面构建以农合联为平台的新型农业社会化服务体系和现代农村综合服务体系。

【特色产业农合联建设】 2021年,德清县深化龟鳖、黑鱼、早园笋等9大特色产业农合联建设,新增1家枇杷产业农合联,使产业农合联的总量达到10家。依托产业农合联深化党建联盟、党群创业互助会、党员专家示范岗和产业扶贫服务。茭白产业农合联在东西部协作、对口支援和山海协作等行动中,开展“东郊西移”助云贵川农户增收活动,全年累计帮助当地农户销售茭白7000余吨,助推当地2.5万户农户走上“共富路”。推进舞阳街道基层为农服务示范窗口(平台)提升建设,引导建成的8家服务窗口实质性开展运行服务。“山伢儿”竹笋产业现代农业综合服务中心通过第四批省级现代农业综合服务中心认定。“黑里俏”黑鱼专业合作社被评为国家级农民专业合作社。全年累计开展农事节庆活动10场次。

【配套设施项目建设】 2021年,德清县梦里水乡田园综合体建设。在加快餐饮服务项目装修进度的基础上,加快配套设施项目建设和环境绿化建设,做好合作方洽谈、资金筹措、业务培训。

家禽定点屠宰服务项目建设 加快健丰食品综合楼(二期市场)招商进度,整合经营资源,强化质量管控,提升服务能力,从源头上保障家禽定点屠宰产品的质量安全和市场供应。

先丰农业基地项目建设 依托先丰农业发展有限公司,推进具有“全程机械化+”功能的农机服务建设,全年完成耕作、机播、插秧、收割、飞防等作业服务面积1.21亿平方米,粮食烘干近100万千克。

【再生资源回收选商引资及回收利用工作】 2021年,德清县推动生产源再生资源回收、分拣、加工利用项目建设,在项目选商引资工作中,主动利用供销系统资源,加大与省、市公司联系对接,依托省再生资源集团公司,组建德清浙再无废城市环保科技有限公司,深化再生资源利用,推进德清县无废城市建设。

再生资源回收利用 年内,德清县巩固再生资源回收业务网络,提升再生资源回收业务量。全年3家再生资源回收公司再生资源回收业务量7771万元,比上年增长4.2%。做好农药废弃包装物回收处置工作,全年57个回收点回收废弃农药瓶(袋)7.15万千克,集中处置7.15万千克。

【农村电商产业园产销对接】 2021年,德清县推动德清县农村电商产业园建设,依托德清青虾、黑鱼等优质农产品,建设产业链、盒马鲜生示范基地和供货基地,打通优质农产品销售渠道。设立网上直播间,全年累计网上直播18场次,推销农产品近百个。指导支持德清鱼、早园笋、青虾等新电商销售平台,推动农产品线上销售。

【展示展销】 2021年,德清县整合“德清嫂”诚信农产品区域公用品牌资源,推动“有德鲜生”品牌建设。全年组织企业参加展示展销活动7次,组织茶企相继参加第四届中国国际茶叶博览会和2021年“浙茶杯”优质红茶评比工作。完成2021年德洽会农产品陈展承办工作。

【农村社会化服务体系建设】 2021年,德清县参与农村社会化服务体系建设,申报全国总社“三星级”农村综合服务社3家。新建乾元镇齐星村、新市镇蔡家村、禹越镇夏东村、舞阳街道上柏村4家村级综合服务社。依托新市镇苏杭汇生活超市,建成省级城乡商贸服务中心1家。优化农超对接,推动“山伢儿”早园笋、德清鱼、阿华茭白、启航冬枣、红枫板栗等专业合作社农产品进入超市。

【数字农合联综合服务平台建设】 2021年，德清县推动数字农合联综合服务平台建设，与浙江农合数字科技股份有限公司签订双方合作协议，完成数字农合联平台主要架构的搭建。做好生产领域、供销领域、信用领域三大板块主要内容的楔入。组织开展业务培训，推进数字农合联平台的应用，打造产业链互通、服务链协同的数字农合联做好准备。

【农资供应服务】 2021年，德清县发挥供销社农资部门在保供稳价方面的“主渠道”作用，新建新市白彪村、新安镇下舍村2家新型庄稼医院。做好疫情防控期间和春耕生产时农资货源的组织、调拨供应和服务。全系统全年组织供应各类农资1480.38万千克，其中化肥1459.1万千克，农药20.84万千克，农膜4400千克，占全县农资市场供应总量的50%以上。集中组织开展春耕支农服务专项行动，在种养技术、农资供应、资金需求、农业保险等方面为广大农户提供有效服务。

【信用服务】 2021年，德清县依托德清产业农合联优势，牵头召开德清县产业农合联金融服务体系建设推进会，利用农民合作基金增值收益进行贷款贴息补助。农合联单位和个人会员信用评定和授信率100%，总授信额度7.5亿元，用信余额5.28亿元，其中两山系列贷款发放2.37亿元，比上年增长2409万元，解决农合联会员贷款难、贷款贵的问题。

（华逸丹）

招商引资

【概况】 2021年，德清县累计签约亿元以上产业项目179个，固定资产投资约780亿元。其中，3亿元以上项目91个，5亿元以上项目62个，20亿元以上项目13个，50亿元以上项目1个，外资项目41个，人才科技类项目151个（其中人才项目60个）。年内，德清县调动多方力量招商引资，招商引资氛围浓厚、成效明显，项目引进各项指标提前超额完成年度目标任务。实现商务局“全局招商、人人招商”工作机制，班子成员全部参与招商引才工作，建立招商队伍导师“传帮带”工作机制，打造科级干部与普通干部搭配、招商老兵与招商新人搭配的招商梯队，在实行扁平化管理的基础上，加大驻点招商各项规章制度的落实，形成月度考评、季度亮晒和全年表彰一体化，建立“周报告、月月比、季度晒、年底评”比拼机制。全年，全体驻外招商干部招引亿元以上产业项目38个，其中3亿～5亿元项目7个，5亿～20亿元项目15个，20亿元以上项目1个，外资项目5个（合同外资约1.2亿美元）。另有亿元以下科技项目26个，人才项目12个。

【节会招商活动】 2021年，德清县招商引资部门利用节会期间主动搭建平台扩大推介，有力提升德清投资影响力和吸引力。组织德洽会、第四届莫干山会议、湖州德清智能制造产业（上海）推介会等节会招商活动。加强与县人才办的联系对接，合力做好招才引智工作，强化创新驱动，为新旧动能转换提供人才支撑。建立健全与各相关部门、项目承接方的联动服务平台，营造良好的投资环境。全年邀请客商来德清考察300多批次。对重大项目施行专班推进，“一对一”做好跟踪服务，要求每月上报项目进度。

【招商引资】 2021年，德清县招商引资部门围绕“323”主导产业，推动项目招大引强，项目质量显著提升。全年引进固定资产投资3亿元以上项目91个，占比50.8%；5亿元以上项目62个，占比34.6%。立足德清县产业导向，建立健全产业链图谱招商，谋划精准招商目录。年内，形成高端装备制造、地理信息产业链图谱，引进相关产业项目130余个。各镇、平台分别成立招商机动组，全部实施重大项目挂图作战、统一上墙，定期进行进度督查，倒逼项目尽早落地。聚焦“大好高”项目，全年在谈5亿元以上重大项目87个，其中重点紧盯的总投资20亿元以上项目有13个。

（张中华）

进出口贸易

【概况】 2021年，德清县完成进出口贸易额279.41亿元，比上年增长30.1%，其中出口257.95亿元，比上年增长34.5%。年内开展“送政策、送资金、听建议、纾难题”活动，加快兑现2020年外经贸发展政策扶持资金，兑现资金近4000万元，惠及企业300余家。研究出台《2021年度加快德清县外经贸发展若干意见的实施细则》，实行展会补助“全覆盖”，扩大出口信保统保范围。推动湖州德清保税物流中心（B型）实现封关运营，研究出台《德清县促进保税物流中心（B型）发展若干政策》，优化企业营商环境。

【稳订单拓市场】 2021年，累计组织300多家（次）企业参与各类线上线下展会60余场（次）。其中，129届和130届广交会争取到摊位157个，参展企业63家（次）。争取到首届中国国际消费品博览会（海南）展位1个（湖州唯一），组织2家外贸企业及51家采购商参加第二届中国—中东欧国家博览会暨国际消费品博览会。发动70余家采购商参加第四届中国国际进口博览会。联合高新区、开展“数字化海外样品间”项目宣讲活动，为企业架起国际贸易新桥梁。抓好“一带一路”发展契机，引导德清县重点企业开展境外投资。申报国家级地理信息出口基地，提升德清县服贸产业整体水平。

【国际集装箱“一件事”首批试点】 2021年，德清县被列入全省国际集装箱“一件事”首批试点，承接全省试点工作推进会，制定《国际集装箱“一件事”应用场景试点推进工作方案》。针对外贸企业集装箱困境，开展“一对一”精准帮扶，联合海港集团、德清港等走访外贸企业100多家，协助泰普森、鼎力机械、华源颜料等重点企业解决舱箱困难67个，降低库存40亿元。“德清县供需配对破解外贸企业‘缺箱’难”获评省第六期“三服务”活动十个好典型，入选市二季度“三服务”担当破难典型案例。

【外贸企业抗风险能力】 2021年，加强法律支援服务，依托“浙”里有“援”专项行动、法律服务月、出口专班等，为企业解决法律问题50余个。用好出口信用保险工具，扩大出运前出险赔付范围，提升外贸企业抗风险能力，全年处理案件26件，为企业挽回损失360.98万美元。

（姚佳萍）

外经、服务外包

【概况】 2021年，德清县完成中方境外投资9660万美元，完成年度目标任务的128.8%；完成服务贸易进出口总额24.95亿元，比上年增长67.7%。2020年以来，新冠肺炎疫情状况起伏不定，国际摩擦时有发生，国际贸易受到影响。国际物流网受阻以及隔离带来的时间成本直接影响到企业“走出去”的热情。县商务局全年走访县内重点外经企业50家，询问并了解企业出口动向以及受中美贸易摩擦和疫情的影响，为企业提出解决方案和建议。例如，建议泰普森在柬埔寨的加工厂做好合规工作；从数问科技转型升级的角度出发，建议选择去德国设立研究所；走访若辰生物时，了解到企业从事跨境贸易，利用自贸区的优惠政策，建议企业在香港设立公司。

【外贸企业参与服务贸易展会】 2021年，组织企业参加中国国际服务贸易交易会、上海技术进出口交易会、宁波国际消费品博览会等大型服务贸易展会。浙江智绘信息科技有限责任公司参加第八届中国（上海）国际技术进出口交易会，接受中央品质栏目组采访。浙江合信地理信息技术有限公司参加第十九届国际消费品博览会，其间有多家企业表达合作意向。南方测绘和合信信息科技两家企业亮相中国服务贸易交易会，为德清企业开拓国际市场，为服贸工作打造特色亮点。

【服务贸易数字化改革发展争创新立标杆】 2021年，以地理信息产业园为契机，紧抓数字化改革发展，申报国家级地理信息出口基地。加快数字技术应用与贸易高质量发展深度融合，浙江众智绘云信息科技有限责任公司入选2021年浙江数字贸易创新应用优秀案例。

【服务贸易强培训重培育】2021年，举办大型“服务贸易培训会”2场，结合企业对服务贸易系统填报情况，举办“服务贸易优秀填报人员表彰培训会”，选拔44名服务贸易优秀填报员予以表彰并发放奖励，此类培训会在全市属首例。培育服务贸易进出口企业，挖掘服务贸易企业30余家，辅导企业申报中央外经贸发展专项资金，有7家企业获得资金8.81万元。

（周建荣　赵妍）

联合国地理信息大会会址夜景　（县委宣传部 供图）

旅游业·会展业

旅游业

【概况】 2021年，德清县文广旅体局围绕中国共产党成立100周年和全域高质量发展，把德清打造成文化底色和旅游魅力的“重要窗口”中的“精品窗口”。全年接待游客2390万人次，旅游总收入356.66亿元，旅游产业增加值占GDP比重8.09%，限上住宿餐饮营业额14.11亿元。全省基层公共文化服务评估排名全省第六。人均体育场地面积4.18平方米，列全市第一位。出台《德清县旅游业发展“十四五”规划》《德清县体育发展“十四五”规划》。德清上榜“2021中国县域旅游综合竞争力百强县市”，列第十六位。入选全省新时代公共文化场馆服务功能拓展综合试点(湖州市唯一)。莫干山镇获评全国乡村旅游重点镇；莫干山国际旅游度假区获评国家体育旅游示范基地；莫干山风景名胜区入选第一批国家级文明旅游示范单位；钟管镇获评2021年度浙江省民间文化艺术之乡。德清在2021国庆热门区县乡镇目的地热搜top10、2021国庆热搜度飙升“小众目的地”top20中分别排名第七、第二，莫干山景区在热门景区榜单排前三名，开元森泊位列长三角热门酒店第四。

【旅游业投资项目实施】 2021年，实施旅游业“微改造、精提升”行动，围绕“环境精美化、设施精良化、体验精致化、服务精心化、运营精细化、营销精准化、产业精全化”七个方面实施百项改造任务，全年完成微改造项目109个，完成投资额1.5亿元。37个在建文旅项目共实现旅游投入50.4亿元，完成年度计划的118%。实现新开工项目8个、竣工项目2个，通过亿元以上文旅预评价项目17个。重点做好新市古镇运河新天地、象月湖户外运动休闲基地、江南瑶坞度假区、天际森谷山野度假区等在建文旅项目的服务工作。

【文旅产业消费推广】 2021年，推动文旅消费升级，组建县文旅消费专班，协调下渚湖景区5A创建筹备、文旅体新业态项目审批、重大文旅项目推进等相关工作。承办全省促进文化和旅游消费工作会议。拓展莫名其妙的集市、夏季森林萤光市集等特色休闲度假市集活动，推出沉浸式剧目《莫干山往事》，打造凯乐石、Discovery体验店、无人超市等旅游购物场所，创建“百县千碗·德清味道”旗舰店和示范店。壮大夜游经济，在中心城区、地信小镇、新市古镇、莫干庾村四大夜经济集聚区集中发力，打造具有烟火气和德清特色的夜游新形象。

【文旅景区创建工作】 2021年，推进文旅创建工作，启动下渚湖创建国家5A级旅游景区，上渚山奇幻谷创建4A级旅游景区，欧诗漫文化园、乾元镇千年古城创建3A级旅游景区。创建浙江省4A级景区城、下渚湖街道4A级景区镇(街道)、雷甸镇和新安镇3A级景区镇，实现景区镇全覆盖。

【“旅游+多产业”融合发展】 2021年，推进“旅游+多产业”融合发展，德清洋家乐、欧诗漫珍珠之源申报省第二批示范级文旅IP。在2021中国特色旅游商品大赛中，“我飞”快收折叠床、缂丝耳环、欧诗漫“珍珠净透润白套装”获金奖，“户外一体化儿童折叠推车”获银奖，“儿童护脊旅游背包”获铜奖。清扬婉兮系列折扇获评浙江省双十佳爆款文创产品和旅游商品(湖州市唯一)，半亩文化“中国杯”入选百款红色文创精品，在国家博物馆展示。莫干山郡安里体旅综合体获评2021年长三角地区精品体育旅游目的地。泰普森创建成为省级工业旅游示范基地。莫干山通航机场飞行项目获得2021年浙江省运动休闲旅游优秀项目。久祺国际骑行营获2021年浙江省十佳露营地。莫干山登山古道获首批IMTA国际山地徒步旅游示范点。培育莫干山开元森泊度假乐园等7家县级研学基地。

【文旅推介】 2021年，举办"创业长三角，度假莫干山"2021系列文旅专题推介会、"天清云旖·山海协作"德清·缙云文旅专场推介会，在嘉兴、宁波、杭州等地区分别通过签署战略合作协议、文旅品牌推介、现场洽谈的形式增加客源的黏度。推出"疗养身心·相约莫干"职工疗休养套餐，开拓疗休养市场，参与2021国际滨湖度假大会、2021长三角旅行商大会、2021杭州都市圈春季旅游惠民大联展活动、上海旅游产业博览会、"湖光山色 度假之州"湖州文旅(疗休养)专题推介会等近10场活动。开展"5·19"中国旅游日活动，通过旅游资源线上直播+带货、旅游产品线下市集等创新方式，宣传推广德清"美景""美墅""美食"，线上直播粉丝关注量140余万人次，线上直播带货超100万元。

【乡村旅游】 2021年，德清县乡村旅游接待游客1032.5万人次，比上年增长7.2%；实现直接营业收入421.96亿元，比上年增长6.5%。推进景区村庄建设，指导仙潭村、东衡村等6个村完成示范景区村庄申报工作。推动民宿等级评定，指导瀛轩等13家民宿申报省等级民宿、三秋等3家民宿申报文化主题(非遗)民宿。组织参加湖州市"十大创意设计美宿""十佳风尚民宿主人"评选，其中6家民宿获评"十大创意设计美宿"，2家民宿经营者获评"十佳风尚民宿主人"。组织参加民宿伴手礼大赛，6家民宿的伴手礼获得"湖宿好礼"奖项，15家民宿被推选参加"浙宿好礼"伴手礼大赛。出台《莫干山等级民宿管家补助办法》，莫干山管家培训中心自2011年1月揭牌运营以来，已举办民宿管家培训8期，培训人员达100余人。举办民宿生活节、民宿峰会、文化市集、艺术沙龙、露营派对、婚旅目的地推介等十余项活动。

【旅游新业态安全监督管理】 2021年，建立业态联合监管机制，落实《德清县旅游新业态安全监督管理实施办法》，出台《"皮划艇""滑翔伞"旅游新业态项目安全管理规范》，开展"新西兰滑板车""威亚"两个项目的安全管理规范草拟。建立旅游新业态联合执法会商机制，联合公安、消防、安监、市场监管、交通等部门多次开展文化旅游跨部门检查。开展A级景区旅游新业态专项整治，对拟建和在建的28个旅游新业态项目实行多部门联合"双审查"。

文旅市场安全管理　落实安全行业主管责任，围绕重要时段节点，部署开展平安护航中国共产党成立100周年专项保障行动，创新建立631安全协调机制，有效保障各重点假期、节点文旅市场安全。围绕平安细胞建设，建立"执法人员双随机检查+第三方专业辅助排查+行业企业质监自查"的拉网式监管机制，出动检查3116人次，检查经营单位1944家次，立案查处25起，排查整治安全隐患720起，受理旅游投诉117起，收缴各类非法出版物3000余册(张)，拆除非法卫星接收装置200座，保障文旅市场检查无死角、安全零事故。围绕统筹疫情防控，落实文旅场所"预约、限时、错峰"和"测温、验码、登记"要求，开展文旅行业疫情防控应急演练，落实行业从业人员疫苗应接尽接，疫苗接种率达98%。

文旅行业品质提升　推进行业品质提升，指导天都职工旅行社和德清旅游集散中心有限公司分别创建"三星级""四星级"品质旅行社，组织开展全县导游(讲解员)培训班2期，培训130余人。开展文旅企业《浙江省生活垃圾管理条例》宣贯工作，指导文旅企业做好"限制一次性用品""垃圾分类""制止餐饮浪费"等工作，围绕"无废细胞"打造，创建"无废景区"4家、"无废民宿"2家、"无废场馆"2家。

【文旅数字化改革】 2021年，加强应用系统开发，推进省文旅厅试点改革项目“安心游浙山”山地旅游服务系统建设。搭建德清旅游大数据平台，整合共享莫干山景区换乘中心数据监控、莫干山镇“一室四平台”、莫干山景区监控、县旅游大数据四个系统数据，有效提高假期应急管理综合指挥能力。依托“我德清”App，搭建乡村旅游数字化平台基本框架和模块分区，全县文化、旅游、体育场所和设施2456个点位收录进“数字乡村一张图”。开发“玩德好”应用程序，聚焦德清本地的美景、美食、美宿，整合本地公共资源以及优质商家，提供全县景区景点、酒店民宿预约预定、餐饮美食、特产推荐、精品游线推送等便民服务，实现全域旅游一机游。推出“德清优品”“找绿道”“找厕所”等便捷旅游服务，多维度提升游客体验感。

数字营销平台优化　数字营销平台，“飞猪莫干山旅游旗舰店”销售总额突破2100万元，粉丝2.6万人次，总浏览量超80万人次，访客超30万人次，签约民宿累计100余家。打造抖音、小红书、微信视频等新媒体矩阵，官方抖音号“我在莫干山等你”发布作品112条，单条短视频点击率破260.2万人次，单条最高点赞25.2万人次，粉丝量14.6万人次。“百县千碗·德清味道”美团店自开办以来入驻大型商家酒店6家、小型商家7家，销售套餐159套，引流到商家消费约300套，美团网站浏览人数7万人次，关注收藏约3万人次。

智慧场馆建设　加强智慧场馆建设，建设线上博物馆及VR线上展览，在“我德清”小程序中展示“线上博物馆”4219套藏品信息。建设数字图书馆系统，建成智慧图书馆管理平台、个性信息推送系统、机器人图书盘点系统、AI馆员、无证借阅、大数据智慧墙、德图智能数字展厅（一期）和虚拟书架等八大系统。完善文化馆数字便民服务，打造“周周有约·云上相约”线上服务品牌，四大板块内容涉及“云展播”9期、“云展览”8期、“云直播”6期、“云课堂”3期。

（张　琳）

莫干山国际旅游度假区

【概况】 莫干山国际旅游度假区位于德清县西部的莫干山镇，地处长三角腹地，毗邻莫干山风景名胜区，由庾村集镇和10个行政村组成，区域面积58.77平方千米。度假区历史文化底蕴深厚，自然生态资源优越，南北朝文学家沈约、庾信等历史文化名人都与莫干山有不解之缘。莫干山早在民国时期就是蜚声中外的度假胜地，留存有200多幢近现代建筑，被誉为“万国建筑博物馆”，是全国重点文保单位。度假区坚持以“绿水青山就是金山银山”理念为引领，围绕“原生态养生、国际化休闲”目标，推动生态度假旅游全域发展，培育形成以“洋家乐”为代表的高端度假产业，是全国民宿发展的标杆地，是集民宿餐饮、户外休闲、农业观光、文化创意等于一体的山地生态型度假区。曾被《纽约时报》评为全球最值得去的45个地方之一，是中国国际乡村度假旅游目的地。莫干山国际旅游度假区为国家级旅游度假区，成为继高新区、经开区之后德清县第三大平台。

2021年，莫干山国际旅游度假区共接待游客240万人次，其中过夜游客106.2万人次，实现旅游总收入23.02亿元。大力推进“论剑谷”建设，完成固定资产投资6.4亿元，签约亿元以上项目16个，总投资52.42亿元，举办“花样百出，自在莫干”等百项系列文旅活动，全力推进度假区平台提档升级和产业发展。2021年，莫干山国际旅游度假区获评国家体育旅游示范基地，入选中国体育旅游十佳目的地、中国休闲度假案例等。

【资源与产品】 2021年，莫干山国际旅游度假区的主题资源是良好的自然生态环境和沉淀百年的旅游度假生活方式。度假区内人文资源与自然资源相得益彰，涉及8个主类，229个资源单体，其中五级资源单体11个。

2021年，围绕国家级旅游度假区高质量发展要求，按照产业融合发展思路，推动文旅、体旅、农旅等深度融合，形成完整的休闲度假产品体系。在文旅融合方面，举办第八届莫干山赏花节暨“花样百出，自在莫干”百项文旅活动、“一起走花路”莫干山婚恋度假游攻略大赛等活动；义新欧“一带一路”形象店落地高峰村，COSTA咖啡自选店入驻文创园，引入成熟文创业态和文创团队，打造《莫干山往事》行浸式剧游、科学文化嘉年华活动等文创业态。在体旅融合方面，引进Discovery探索极限公园、金顶飞行、路虎体验中心、久祺国际骑行营等体旅融合配套业态，举办凯乐石跑山赛、discovery户外嘉年华、竹海马拉松等品牌体育赛事活动，开发满足游客各类需求的新度假产品。在农旅融合方面，打造莫干山年俗文化节、茶王赛、莫名其妙市集等常态化节庆活动；开发农事体验项目，打响莫干黄芽、“山伢儿”早园笋等农业品牌，农产品附加值显著提高，有效促进农民增收。

【住宿设施与餐饮】 2021年，住宿接待设施体系完善，培育裸心谷、裸心堡、郡安里、法国山居等国际水准的度假酒店，带动高品质民宿集群发展。打造西坡、大乐之野、莫梵、芝麻谷等各类特色民宿800多家，其中县级精品民宿26家，省级白金宿2家，省级金宿6家，省级银宿19家，省级文化主题酒店4家。度假区餐饮文化底蕴深厚，食材新鲜，菜品丰富。莫干山竹笋更以质优闻名，主要地方特色名菜有：莫邪醉香鸡、腌菜烧毛冬、莫干油焖笋、咸菜鞭尖笋等，其中“莫邪醉香鸡”最负盛名。除本地特色乡土菜系外，推出6种国内菜系、4种西菜系列。

【服务与管理】 2021年，莫干山国际旅游度假区完善度假服务设施，聚焦“外畅内联”，实施交通互联互通工程，形成快慢结合、内外联通的交通网。完成石门卡至09省道等道路联网工程。树立“大景区”理念，按照“珠串成链，链扩成片”的思路，启动建设“大仙潭”共同富裕示范区。健全旅游咨询服务体系，完成入口形象工程，实现统一标识标牌全覆盖，为游客提供行程规划、咨询服务、导游导览等综合服务。加强民宿从业人员培训，打造民宿管家培训基地，以客房服务为重点，开展民宿阿姨培训，提升专业技能；深化校地、校企合作，培养一批代表莫干山服务水准的金牌管家。2021年，培训金银管家134人次、阿姨250人次。以控量提质为导向，修订完善民宿初审办法。

【市场结构与影响】 2021年，莫干山国际旅游度假区坚持把宣传推广作为发展的重要推动力，开设度假区门户网站、微信公众号，加强与主流媒体以及抖音、小红书等新媒体合作。全年刊播外宣报道970余篇（中央级媒体报道315篇，省级媒体359篇）。其中央视节目13条，《新华每日电讯》《人民日报》等中央纸媒33篇。提升长三角影响力，举办第八届莫干山赏花节暨“花样百出，自在莫干”百项文旅活动发布，微博话题“#莫名心动·花海情浓#”阅读量3404.4万次，讨论9574次，“一起走花路”莫干山婚恋度假游攻略大赛评选获奖攻略13篇，在微博等新媒体保持高热度。利用闲置空间，引入成熟文创业态和文创团队，工艺美术大师工作室、世集文旅等文创企业竞相入驻。莫干山镇新注册文化产业单位47家、文化类单位203家。推进“上海老字号”工作，引进百雀羚、上海牌手表、回力球鞋等10余个老字号品牌入驻民国风情街。全年接待国内外游客251.64万人次，其中过夜游客112万人次。

【经营状况与效益】 2021年，莫干山国际旅游度假区推动“两山”转化，做到经济、生态、社会、文化效益有机统一，有效促进农民增收。抢抓莫干山“论剑谷”和世界级旅游度假区建设契机，推动科技人才植入美丽山谷，自“五谷丰登”计划实施以来，度假区新签约亿元以上项目22个，总投资62亿元；引进科创板与准独角兽企业第二总部2家、高质量人才创业项目3个，完成项目竣工4个。制定加快旅游业发展、鼓励“退二进三”、支持民宿经济发展、“微改造、精提升”、发放文旅消费券等一系列政策。在资金保障方面，除财政资金投入外，搭建资金导入平台，引导金融资金和社会资本向度假区集聚。在人才引进方面，开展“两进两回”行动，推动青年、乡贤回农村。全年度假区内旅游收入22.31亿元。

（肖　锋）

下渚湖湿地风景区

【概况】　下渚湖国家湿地公园位于德清县城东南，面积约36平方千米，包含水域面积3.4平方千米，中心湖泊1.26平方千米，是国家AAAA级景区、省级风景名胜区、朱鹮易地保护暨浙江种群重建基地、国家野生大豆保护区、浙江省50个最值得去的景区之一，省级生态旅游示范区试点单位，“中国最美湿地”。2021年，下渚湖景区旅游接待人次57万人次，旅游接待收入2679万元，完成摇橹船区域游客码头、栈道、岗亭和遮阴棚等基础设施工程。同时，充分开发“研学+旅游”特色产品，聚力打造德清旅游热地，为景区旅游产业积蓄新动能。2021年，下渚湖景区成功入选湖州市十佳景区。

【产业效益】　2021年，下渚湖国家湿地风景区完成摇橹船区域游客码头、栈道、岗亭和遮阴篷工程及春渚浪花岛栈道遮阴篷等工程，提升景区的基础服务设施。全年实施已建和在建工程26个，工程总投入2251.15万元。全年景区游客接待量35万人次，旅游总收入1.38亿元（含渚上湖1.11亿元）。

【品宣营销】　2021年，加强线上线下融合，挖掘新型消费形式，成立OTA宣传小组，全年累计举办“Happy牛Year”“飞花令”“五一·飞尝下渚湖”等主题活动5个，六一、清明等节日小型活动4个。成立淘宝下渚湖旗舰店、下渚湖抖音旗舰店，全年OTA全渠道累计营业额约259万元。加大传统媒体和新媒体的宣传力度，拓宽综艺节目的入镜宣传渠道。年内，CCTV-4《美食中国》栏目《下渚湖食趣多》深挖下渚湖风土民情和湿地风景；湖南金鹰《爸爸带你闯一夏》下渚湖全程入镜，带来经济效益的同时也深化景区宣传形象。首次进入国内华东板块并初具成效；电商板块逐步成型，从依托其他电商平台的单门票销售转变为到有景区自营店铺做引导的线上销售，整合资源开发多元化销售模式；景区线路、景区产品越来越丰富，为适应市场调整增设祈福线路、捕鱼达人等常规旅游产品。

【安全文明旅游】　2021年，做好景区新型冠状病毒预防及控制工作，加强客流管控，查验健康码和行程码、佩戴口罩后方可入园，加强日常消杀等工作。营造安全文明旅游氛围，先后组织调度、驾驶员、充电工、导游的安全规范操作培训。全年，组织安全培训23次，其中驾驶员6次，调度3次，导游4次，充电工3次，全体员工2次，主管领班5次。加强安全检查，全年累计排查46次，发现隐患50多起，均已整改落实。

【业态经营】　2021年，开发下渚湖餐厅、吉尼斯鱼汤饭作为新设立的两个商业点，全年两个餐厅营收合计219万元，占商业总营收的50%。营销和商业的联动促进研学板块初见成效，全年研学总收入176万元，其中商业板块研学营收108万元（不含二销），占餐厅总收入的58%。特色鱼汤饭、螺蛳以及小龙虾等下渚湖特色水产品受到一致好评。研学板块的提升也带动景区各商业点的整体消费。

【特色产品】　2021年，下渚湖湿地景区作为一个集吃、喝、玩、乐于一体的综合性景区，有不少特色产品。备受游客欢迎的有下渚湖三道茶、吉尼斯鱼汤饭。

下渚湖景区的鱼汤饭　下渚湖景区的鱼汤饭被冠以“中国之最”的名号，品尝人数之多早在2011年就创下中国吉尼斯纪录。在风景秀丽的下渚湖景区里，当地渔民搭好土灶烧出有着千年历史的鱼汤饭，品尝这锅鱼汤饭的游客有3187人，这人数之多创下中国吉尼斯的纪录。观巨网捕鱼、品鱼汤饭成为德清下渚湖冬季的一道集美食、美景和民俗于一体的旅游大餐，鱼汤饭肉质鲜美，将饭与汤细细搅拌，回味无穷。因此，每年都有全国各地的游客慕名而来。

下渚湖畔的“三道茶”　下渚湖畔的“三道茶”风俗流传千年，有古代茶道遗风。三道茶分为甜茶、咸茶和清茶三种。泡甜茶用的是“镬糍”，一种用糯米做成的食品，属于地道的湖州农家特产，撕碎后以水冲泡。咸茶，是下渚湖最具特色的“防风神茶”。其主要材料便是当地极为特色的烘豆，另外辅之以胡萝卜、芝麻、笋尖、绿茶等一起加入水中冲泡。清茶，产自清幽的莫干山高山区“莫干黄芽”，为稀有的黄茶珍品。茶香馥郁，汤色清澈，茶味鲜醇，回味甘甜。

（徐建勇）

新市古镇风景区

【概况】 新市古称仙潭，西晋永嘉二年（308）始有新市之名，建镇历史为江南古镇之冠，距今1700余年。全镇区域总面积92平方公里，总人口8.9万人，辖19个行政村、4个社区。千百年来居民临河而建，傍桥而市，形成典型的江南风情，古镇地貌为三潭九井十八块，三十六条弄，七十二座桥。其宗教文化、运河文化、蚕丝文化、饮食文化在周边有一定的知名度。镇区有古桥梁近十四座，唐宋寺庙三座，堂、祠四处，古河道三千米，明清驳岸近千米，明清石砌河埠近百个。

新市镇相继被确定为全国重点镇、中国民间文化艺术之乡、国家卫生镇、全国特色景观旅游名镇、浙江省最具吸引力十佳小城市、浙江省旅游风情小镇培育创建单位、浙江省地名文化遗产千年古镇、浙江省小城镇环境综合整治样板镇、浙江省4A级景区镇、浙江省文化强镇、美丽城镇省级样板、第三批省级农业特色强镇、全省第二批美丽园区示范、国家4A级景区。

2021年，新市古镇旅游接待人次56万人，旅游接待收入3210万元，完成清水入城、景区镇道路、新粮餐厅附属工程、旅游厕所等“微改造、精提升”项目。同时，充分利用新市粮库资源，打造成为经开区引进的新业态网红基地，有力推进经开区（新市镇）工业产业和旅游产业的发展。2021年，新市古镇成功入选浙江省华侨国际文化交流基地。

【旅游资源与服务管理】 2021年，新市古镇按照产业融合发展思路，采用线上线下旅游相结合，文旅、农旅相融合多种方式，打造江南水乡独有的旅游产品体系。

文旅融合研学旅游项目打造　在文旅融合方面，与旅游职业技术学院合作打造研学旅游项目，借助丰富的文化资源丰富古镇旅游内容，推动当地产业和经济发展。与浙江美院、上海美院等院校合作开展写生基地计划，每年定期组织美术类学生采风写生活动。与新市职业高级中学定期开展古镇旗袍秀拍摄，提升古镇人文风貌。合力配合江南刺绣馆、洪顺丝行、月影工作室等文创店打造“绣相宜”等品牌的文创产品。

农旅融合项目打造　在农旅融合方面，打造新市蚕花庙会、羊肉黄酒节等活动，发扬新市蚕桑文化，打造新市美食地标，提高新市古镇知名度。线下旅游方面，以节为媒，举办“遇见大运河·遇见您”第23届蚕花庙会和第25届羊肉黄酒节，央视《新闻联播》等中央省级主流媒体纷纷报道，成为德清对外文旅交流的一张“金名片”。促进古镇旅游消费，复苏古镇产业经济，2021年网红直播带货基地落成开业。

【住宿设施与小吃餐饮】 2021年，新市古镇住宿接待设施体系完善，拥有主题特色型、中档型、舒适型、家庭型、低碳环保型等36家不同类型的住宿接待设施，总房间数为800余间。景区内有3家经营的民宿及申报中1家，游客能更好地体验江南水乡的浓郁韵味。

新市古镇餐饮文化底蕴深厚，有餐饮名店与特色小吃店近50家，其中有新市大酒店、银都大酒店、觉海域私房菜、仙潭老汤羊肉面馆等大型餐饮店。年内，接待游客量45万人次。古镇特色小吃产业链齐全。位于古镇中心宁夏路上的美食街区，聚集商户60家，年收入1000万元左右，不仅涵盖新市镇特色小吃，更是集中展示新市文化。新市有名的特色小吃酱羊肉、茶糕、干挑面以及蜜饯、黄酒等均可以品尝到。

【民俗与非遗项目】 2021年，第25届羊肉黄酒节在新市古镇风景区举办，该节自1997年举办以来，备受新市居民和游客的喜爱。新市历史悠久，各种民俗流传至今，很多均列入非物质文化遗传项目，其中省级非遗项目2个，市级非遗项目11个，县级非遗项目8个。其中最具代表性的为德清滩簧戏、三跳、张一品酱羊肉烹制技艺、茶糕制作技艺、马氏竹编、剪纸与皮贴画等。

民俗特色新市蚕花庙会又称“烧香市”，成型于南宋，盛于明清。传承千年的新市蚕花庙会是江南桑蚕文化的典型代表，具有鲜明的地域文化特色。庙会当天，大巡游、轧蚕花、祭蚕神等一系列活动精彩纷呈，演绎风情民俗。赋予“丝路之源”这一文化符号一种全新的文化内涵及文化感召力。在有限的空间内全面展现“丝绸之路”沿线的自然人文风貌。

新市羊肉黄酒节，通过演绎精彩节目，感受古镇穿越千年的魅力，通过对新市特色小吃干挑面、茶糕、汤包等美食的评比，品味新市耐人寻味的特色小吃，以视觉、味觉、听觉全方面展现运河名镇的独特风貌。

【市场结构与经营现状】 2021年，新市古镇风景区举办各大小节庆活动5个，包括蚕花节、粽情端午节、夏季音乐节、国庆新国潮活动等，吸引游客3万人次。开通小红书、抖音、微信公众号等新媒体账号，优化完善自媒体平台功能。全年制作海报18余张，软文20篇，阅读量2.37万次。全年，新市古镇门票收入27.81万元，比上年增长370.5%；停车场收入30.84万元，比上年增长51%；商业营收25.32万元，比上年增长95.85%。

【三个半岛古镇保护开发项目】 该项目位于新市镇南汇街西侧，京杭大运河北侧，规划占地面积约116亩，总建筑面积6.28万平方米，投资估算9亿元。本项目主要通过对区域内沿河古建筑修缮，景区环境提升及区域内商业区、艺术区、旅宿区的整体规划，着力打造一个集文化、艺术产业、商业等多元素融合在一起的有机互动体，使其升华为一个拥有运河风貌、古镇特色、人文内涵，集品质度假、休闲娱乐、艺术创作于一身的综合型新天地文化小镇。

项目设计分三个区域：古镇休闲商业区、艺术区、生态旅宿区。古镇休闲商业区由三条大街组成，水巷风情街、广场大街、林荫大道。水巷风情街主要沿河埠群一带，自北向南，小南栅至大南栅水闸口处，主要通过古街老宅、河埠群，沿河广场等一系列历史元素，打造成一条古色古香的历史风情街；广场大街主要后期置入新市镇各类当地文化元素，非遗产品、手工艺品等，让游客体验新市文化氛围；林荫大道贯穿整个商业区南北，主要提供周末集市、创意布展、餐饮美食等，南端观景台可眺望整个半岛及运河风光。

旅宿区与洲际集团合作，品牌定位为洲际假日酒店，其中客房量有165间，酒店包含会议、休闲、宴会等配套功能。酒店用地面积2.7万平方米，建筑面积3.01万平方米。其中，地下室面积1.19万平方米，配备车位128个；地上建筑面积1.82万平方米。

（陈丽娜）

会展业

【概况】 2021年，德清国际会议中心接待大小型活动45场，接待服务嘉宾2.4万人左右，实现全年营业收入567.4万元。在经过年初疫情初起的紧张时段后，国内会展业快速重启，一派繁忙景象。业内对2021年会展业复苏的速度和前景普遍看好，表示2021年中国会展业办展数量有望达到2019年的90%，甚至接近2019年的水平；展出面积有望达到2019年的80%以上。在这样的前景下，德清国际会议中心全年活动预占情况总体呈现较好态势。2021年7月，新冠肺炎疫情又一次严重暴发，各类活动暂停，后因疫情持续反复，实际经营期为5个月。

2021年德清国际会议中心接待重要会议情况表

表12

时间	会议名称	接待人数
2021年2月20日	2021年高新区经济工作会议	350人次
2021年3月25日	杭州至德清城际铁路工程可行性研究报告评审会	130人次
2021年4月7日	地理信息系统(GIS)应用技术培训	170人次
2021年4月25日	湖州莫干山高新区"抓六重 开新局"动员大会	300人次
2021年6月5日	浙江工业大学—莫干山青年学者论坛	200人次
2021年6月23日	2021德清投资贸易人才洽谈会开幕式	600人次
2021年7月17日	全县科技创新暨制造业高质量发展大会	300人次
2021年9月25日	第四届莫干山会议	300人次

2021年德清国际会议中心接待重要活动情况表

表13

时间	重要活动名称	接待人数
2021年3月3日	中国首部全景展现新时代航天事业电视剧《大国飞天》签约仪式	30人次
2021年5月19日	中国·莫干山第五届全球高层次人才创新创业大赛	100人次
2021年6月1日	佰加服饰迪卡轩品牌21冬季新品发布会	800人次
2021年10月28日	中国·莫干山第五届全球高层次人才创新创业大赛总决赛	70人次
2021年10月29日	德清首届全球高层次人才创新应用大赛总决赛	80人次

（王　杰）

【德清投资贸易人才洽谈会】 2021年6月26日下午，以"数智共建 德创未来"为主题的2021年德清投资贸易人才洽谈会开幕。数智经济领域专家、高端人才、企业家代表齐聚德清国际会议中心，共商发展、共话友谊。

湖州市委副书记、政法委书记夏文星宣布开幕，工信部人才交流中心党委书记、主任李学林，中国航天科工集团七院院长李治国，浙江省科协一级巡视员姜长才，浙江工业大学校长、党委副书记李小年出席，副市长项乐民致辞，县委书记敖煜新致欢迎词，县委副书记、县长王波主持，缙云县委副书记、县长王正飞，四川省阿坝州小金县委副书记、县长刘明刚，以及德清县领导杨明连、张林华、陈健等出席开幕式。

2021年6月23日，2021德清投资贸易人才洽谈会开幕式在德清国际会议中心举行

（县新闻中心 供图）

2021德清投资贸易人才洽谈会以"经贸合作精准洽谈、高端人才强力聚引、营商环境优化提速、城市品牌全面推广"为主要内容，通过举办一系列丰富的活动，全方位深度展示德清建设国际化现代山水田园城市的实力与潜力，凸显德清优越的营商环境和高品质共富县域的蝶变魅力。

开幕式上，德清县推介杭州城西科创大走廊北部板块；浙工大莫干山研究院、德清县驻外招商引才中心揭牌，《德清践行2030年可持续发展议程县域方案》发布，本次"德洽会"有52个项目上台签约，总投资510亿元。

2021年"德洽会"期间，全县有65个重大项目开竣工。其中，开工30个，竣工35个，总投资235.71亿元。涵盖智能制造、生物医药、地理信息和基础民生等多个领域，为德清经济高质量发展增添赶超动力。

（董　华）

地信小镇　　（县委宣传部 供图）

交通运输·邮政·通信

交通运输

【概况】 2021年，德清县完成交通综合体制改革，3月底交通系统"一队两中心"正式挂牌成立。全县完成交通投资35.87亿元，全市排名第二，完成率103.8%，全市排名第三。104国道改建工程、镇海至安吉公路德清对河口至矮部里段工程、北湖西街提升改造工程三个项目完工通车。新开工杭州至德清市域铁路，湖杭铁路、湖杭高速、浙北高等级航道网集装箱运输通道建设等重大交通工程加速推进。全年，向上争取上级交通补助资金2.64亿元。发布《德清县自动驾驶牌照互认管理实施细则》，实现封闭场地测试结果互通互认。德清县创建"四好农村路"全国示范县。县交通运输局荣获2021年度全县"五水共治"先进单位。

【基础设施建设】 2021年，德清县高速公路建设。湖杭高速公路德清段工程，累计完成投资约16.7亿元，全年累计完成14.5亿元，占年度计划100%。完成红线内房屋拆迁，土地交付99%。四标段路基工程基本完成，五标段路基完成30%，新安枢纽、东田湾大桥等处正在进行桩基工程和桥梁墩柱浇筑，德清境内全线便道基本贯通。练杭高速公路雷甸互通改扩建工程，计划总投资3.36亿元，全年累计完成投资0.9亿元，占年度计划150%。路基工程完成95%，桥梁工程完成90%，路面工程完成23.6%。

国省道公路建设　二级及以上国省道公路建设。镇海至安吉公路德清对河口至矮部里段工程，总投资14.4亿元，2021年累计完成投资1.48亿元。项目全部完工，6月18日完成房建工程交工验收。

具有重要经济战略意义的其他公路建设。北湖西街改造提升工程，计划总投资5.8亿元，2021年累计完成投资2亿元，占年度计划的200%。项目于6月29日正式通车。

水运工程建设　浙北高等级航道集装箱运输通道建设工程（德清段），计划总投资8.9亿元，2021年累计完成投资0.65亿元，占年度计划100%。拼盘桥梁金星桥已建成通车，项目内工程丁家桥和红星桥完成施工招标。红星桥政策处理基本完成，具备进场条件。丁家桥完成10根桩基浇筑，白云桥进行图纸设计。完成白三线东门城桥至三水渡段航道专项养护二期工程。2021年投资751万元，累计投资2596万元，采用内河限制性Ⅴ级航道标准，养护航道里程约11.993千米。杭湖锡线德清段大海漾应急锚地工程2021年完成投资600万元。

铁路工程建设　湖州至杭州西至杭黄高铁连接线（德清段），计划总投资26.45亿元，2021年累计完成投资9.8亿元。站前工程总体建设进度92%，栏杆、排水设施等桥面完成80%，轨道板铺设基本完成。

农村公路建设　2021年，完成打通断头路6.82千米，路面维修50.5千米，危桥改造27座，提升改善6.61千米，建设农村港湾式候车亭20个。

【行业管理】 2021年，德清县完成贵和街、304省道与云岫路交叉口两处堵点治理。启用城东公交首末站，开通801路德清—湖州城际公交。全年新增优化公交线路8条，新增纯电动公交车20辆，全县公交线66条，城乡公交一体化率100%，班次准点率达95%以上，高峰时段公交运营时速达到20千米/小时。完成城区公交停靠站新建和改建10

个，完成莫干山镇、舞阳街道等辖区的农村港湾式停靠站建设20个。农村公交卫星定位装置安装率达100%。完成生命安全防护工程和普通公路服务站建设1个，开展路面养护、路面保洁、桥隧等各类预防性养护，投入国省道、县道养护经费1404万元，累计总投资1.94亿元。

码头车辆道路专项整治提升　完成“一码一策”码头环保专项整治提升行动。6月中旬全县持证运营码头全部完成环保设施整改验收。《德清县“一码一策”环保整治提升工作圆满收官》政务信息受到副市长朱留沙批示肯定。开展普通铁路沿线安全隐患综合治理“回头看”，完成53处隐患点整治销号。开展水上渣土（泥浆）船舶整治，查处渣土（泥浆）船舶86艘、车12辆，取缔非法卸泥点17个。整治“黑车”、无证网约车、旅游客车、出租车、货车等违法违规行为，清理新安围巾市场非法集中点，查处违法车辆117辆。开展交通运输行业安全隐患大排查大整治，累计检查企业843家次，排查安全隐患162处，全部落实整改。完成“平安护航建党百年”行动，全年行业无死亡事故发生。开展德清县公路水路承载体自然风险普查工作，完成全部公路水路普查外业工作，累计完成境内公路普查1248.53千米，境内水路普查223.33千米，内河码头调查数量87座。推进基层站所规范建设，提前一年完成7个基层站所和队本部的“四基四化”建设工作。强化源头治超，加大科技治超，累计查处治超案件348起，其中非现场执法250起，占比71.8%。全年办理行政处罚案件889件，打击交通运输违法行为，形成执法高压震慑，维护交通运输市场秩序。

污染治理监督　将扬尘污染治理监督检查工作列入综合检查内容，加大项目检查监督的力度和频率，累计向属地发放500余份《湖州市交通工程扬尘管理标准化手册》。联合相关部门和属地，对全县所有汽修喷涂企业进行专项整治，汽修喷涂企业从原有的67家减少至52家，拆除不规范烤漆房18间；取缔未经备案擅自经营喷漆作业维修企业4家，拆除烤漆房4间。完成3家钣喷共享中心建设并投入使用，全县车检机构I站完成全覆盖，完成全县M站建设并投入使用30家的年度任务。全年检查在建交通工程65次，出动148人次，发现问题35处，全部整改完成。

运河等主要路段航段集中整治　对德清县境内104国道、09省道、304省道、杭湖锡线、京杭运河等主要路段航段集中开展整治，出动787人次，检查1882辆（艘次），发现问题84处，处罚37车32船，罚款37.8万元。加大港口码头现场扬尘问题治理力度，共出动338人次，检查码头134家次，发现问题83处，全部整改完成。汽修行业共出动369人次，检查128次，发现问题60处，全部整改完成。

港口码头船舶垃圾分类管理　制定全市首个港口码头船舶垃圾分类管理“十标准”，将港口码头船舶垃圾分类工作情况纳入企业信用管理体系和镇（街道）“五水共治”考核，与港口经营许可延续（变更）等事项办理挂钩。实现船舶油污水流动免费上门接收全覆盖，落实开展长江经济带船舶水污染物联合监管系统“船E行”应用，指导船户通过“e航运”App扫码实现船舶港口污染物上岸智慧监管。全县辖区15个泊位共有岸电设施40套，全年新增45个生活污水接收点，50台智能生活污水接收设备。全县船舶垃圾上岸2.53万艘次48.99吨；生活污水上岸1.02万艘次2417.3立方米。全年完成船用燃油质量抽查150艘次的检测目标任务。

【铁路运输】 2021年，杭德市域铁路建设。杭德市域铁路作为长三角地区“十四五”期间规划建设的市域（郊）铁路项目之一，3月，通过省发改委组织的项目可研评审。6月，项目正式纳入《长三角地区多层次轨道交通规划》，归类为市域铁路。8月，通过省发改委组织的项目初步设计专家预审会。11月，杭州至德清市域铁路工程取得省发改委可研批复和初步设计批复，启动项目招投标工作。12月完成项目土建施工和监理标招标工作。12月项目在千秋广场站先行启动临建工程建设。

湖杭铁路建设　2021年9

月6日，由中铁十一局承建的湖杭铁路余杭特大桥跨东苕溪连续梁合龙，这是湖杭铁路在德清县境内的最后一个连续梁合龙，标志着湖杭铁路在德清县境内全线贯通。跨东苕溪余杭特大桥连续梁，共有三跨，主跨长125米，两个边跨各长70.25米，总长265米。

【公路运输】 2021年，德清县道路运输行业共完成行驶里程8379.01万千米，其中客运企业完成行驶里程4524.5万千米，货运及危险品运输企业共完成行驶里程3154.07万千米，驾培企业完成行驶里程700.44万千米。行驶里程比上年增长9.57%。

【镇海至安吉公路德清对河口至矮部里段工程通车】 2021年2月11日，浙江交通集团镇海至安吉公路德清对河口至矮部里段工程PPP项目正式通车。项目起点位于武康街道对河口村，顺接现状304省道，与杭州绕城西复线莫干山互通相连，终点位于德清与安吉交接的矮部里，与镇海至安吉公路安吉段顺接。项目工期36个月，路线全长14.62千米，主线采用双向四车道一级公路标准设计。本项目不仅是304省道规划的重要组成部分，也是德清县公路交通规划主骨架"四横"中的一横。项目的建成对于完善德清县西部山区公路路网布局，提升国、省道运输服务水平，加强经德清、安吉两地经济交流，推动区域旅游业发展等均具有十分重要的意义，为德清县西部地区增添一条绿水青山之间的联通路、生态路、阳光路、民心路。

【德清境内高速免费通行】 2021年9月1日0时起至2022年12月31日24时，对仅行驶练杭高速公路桐乡西互通至雷甸互通段、杭宁高速公路德清北互通至德清互通段、杭州绕城高速公路西复线舞阳互通至新市枢纽段，且进出均在练杭高速公路桐乡西、新安、新市、雷甸收费站，杭宁高速公路德清北、德清收费站，杭州绕城高速公路西复线舞阳、莫干山、阜溪、莫干山高新区、乾元、钟管、新市西收费站共13个收费站，使用电子不停车收费(ETC)记账卡的浙E牌照1类客车免收通行费。

（宋金杰）

邮政快递

【概况】 2021年，德清县邮政管理局以"两进一出"工程攻坚年、快递末端提升年、数字赋能快递创新年"三个年"为中心，一体推进机关党建和行业党建，统筹推进安全监管、民生保障等工作，实现全县邮政快递行业平安稳定和健康发展。全县有邮政、快递企业12家，其中品牌主体企业6家，品牌分支6家。分支机构40家，末端服务点28个，邮政网点18个，镇级农村快递中转中心8个，村级农村快递物流中心158个，从业人员1235人。

2021年，全县快递业务收入首次突破4亿元大关，比上年增长19.86%。收件量、派件量双双突破4000万件，快递业务量累计完成4217.57万件，比上年增长25.17%；投递量完成4886.87万件，比上年增长33.24%。德清县"交邮商融合发展"服务品牌入选全省第二批农村物流重点项目和交通运输部第二批农村物流服务品牌名单。

【快递进村全覆盖】 2021年，德清县完善县级城乡共配中心建设，中通、圆通和韵达快递农村件实现统一分拣配送，提升配送效率。协调各镇落实场地建设，完善镇级中转中心8个、村级快递服务中心158个，4月底前实现全县主要品牌建制村快递服务全覆盖，快递进村率100%。

【智慧快递建设工程】 2021年，"智慧快递"建设工程作为德清县政府民生实事之一，县邮政管理局牵头开展"智慧快递"建设工程。以德清县交通强县建设领导小组办公室名义下发《德清县智慧快递建设工程实施方案》，以社会资本主建、政府财政补助形式，联合多部门、各镇(街道)共同在全县范围102个小区建成智慧快递服务驿站，改造提升11个村级智慧服务站，农村、城市快递服务网络布局基本完成，为下一步"快递活村"共富班车工作推进打下基础。

【数字邮管】 2021年，德清县邮政管理局不断完善县级安全监控网络，监控中心每日落实专人值班，通过接入企业操作场地、门店网点监控，实时监督企业落实实名收寄、过机安检、开包验视三项制度，维持全行业、全方位的安全管理、远程通话指导、可追溯查询。全县视频监控上线率始终保持96%以上。

【探索“数字配送”模式】 2021年，支持“地理信息+物流”应用创新，实现无人快递物流配送等智能化应用。支持全县中通快递、圆通快递、韵达快递和湖州得威科技有限公司合作成立德清城配物联科技有限公司，研究开发县域一体化数字配送系统，在300多台快递车上安装设备，采集人员、车辆、邮件、站点、道路等综合信息，实时记录车辆的时空信息，实现指挥中心与快递员双向互动。

【寄递业秩序维护】 2021年，开展“百日护航”行动，联合县公安、消防、应急办等部门成立德清县寄递渠道安全整治联合执法队，开展联合检查6次，邮管明查、公安暗访、部门协同机制有效发挥行业监管作用。年内，组织开展安全生产检查“洗楼”、消防安全、旺季保障等专项整治行动，联合公安部门开展涉枪涉爆、实名收寄、反恐、禁毒等执法检查，联合烟草局查处非法卷烟。全年实地检查256处快递企业经营网点，发现并消除隐患326处，隐患问题检出率与上年持平。行政约谈30家次，立案5起，处罚款4.7万元。其中黄牛案1件，处罚2.5万元。重拳打击跨区域取件，有效维护本地的寄递业秩序。协助市邮政管理局现场审核通过许可企业变更2家、注销3家，新备案分支机构18家、分支机构地址变更3家、注销3家，备案末端网点19家、注销2家，新增菜鸟驿站3家、注销1家，极兔在办理主体企业中，查处未按规定办理分支机构备案1起，实现报备许可全覆盖。

【邮快件包装减量化提倡绿色快递】 2021年，开展绿色治理专项行动，减少纸质面单使用，全县电子面单使用率达99%以上。推动邮快件包装减量化，平均每件快递包装使用量比上年减少25%。通过现场检查和监控巡查方式，发现过度包装11起，责令立即整改11起，行政约谈企业1家次。引导企业逐步淘汰一次性编织袋，全县快递企业98%以上使用可循环中转袋。在全县所有快递营业网点设置专门的快递包装回收区域，新增快递包装回收箱15个，指导创建绿色快递网点5个，发放绿色快递宣传袋2万个，倡导广大市民在收取快递时拆除包装，投入快递包装回收箱，实现快递包装的“共享”。

【邮政普遍服务监督】 2021年，德清县建制村直接通邮147个，直接通邮率100%。《人民日报》等党报、党刊在全县党政机关中当日见报率100%。对照新《邮政普遍服务标准》，从法定业务开办、安全设备、服务设施、营业时间、邮箱(筒)开取、投递频次、三项制度落实等方面开展全面检查，均已达标。开展平信时效测试43次。开展《辛丑年》《中国飞机》(三)、《中国共产党成立100周年》3种特种邮票监督检查。开展城镇住宅楼信报箱验收工作，验收小区9个7356户。

【快递服务现代农业品牌效益“快递+”】 2021年，创新“快递进厂”新路径，利用中通、圆通、韵达快递企业园区优势，联合县商务局、交通运输局培育建设德清电子商务产业园。“快递+枇杷”当季保持日出件量超千件，共收寄3.07万件，比上年增长74.73%，助农销售枇杷12万千克，比上年增长85.2%。巩固“一县一品”快递服务现代农业品牌效益，“快递+珍珠”累计寄递380余万件。

【快递物流行业党建】 2021年，成立德清县快递物流行业党委，统筹指导全县快递物流业党建工作。行业党委由县邮政管理局党组领导和管理，党组织关系隶属县委直属机关工委，接受县委组织部、县委两新工委工作指导。行业党委设书记1名，由邮政管理局党组书记担任；设副书记3名，分别由邮政管理局、交通运输局分管领导担任；下设委员若干名，包括县发改局、公安局、人力社保局、建设局、商务局、市场监管局、总工会、团县委、妇联、快递行业协会等部门单位。

2021年，全县有快递员党员36名，企业党组织2个。德清县快递行业协会党支部，属于联建性质，以此为基础建立功能性流动党支部，对分散在中通、圆通、韵达、申通、京东、极兔等快递企业党员实行统一管理。德清顺丰快递单独申请建立功能性流动党支部。通过“一中心两流动”的企业党组织格局，全县快递流动党员实现应管尽管。

【快递小哥暖心服务活动】 2021年，联合县委组织部依托社区阵地、小区物业、沿街寄递网点等建设“蜂享小屋”红色驿站7个，在德清中通打造德清县快递园区党群服务中心，为“快递小哥”提供休息场所。开展一系列“冬日暖蜂”行动，联合县红十字会发放急救包300个，联合行业联合工会发放粮米物资170份，向县防控办争取口罩3万个，手套、消毒剂等防疫物资1.8万份。联合县总工会开展暖心服务月活动；组织快递行业拔河比赛、高温慰问活动；联合县人力社保局开展专场招聘会；组织开展德清县第二届快递小哥专场相亲活动、第三届“最美快递员”评选活动，对获评的快递小哥给予表彰，选送历届德清县“最美快递员”参与市级评选活动。

（余　帅）

电信公司

【概况】 2021年，中国电信德清电信机构设置为综合管理部、市场部、政企客户部、云网部、综支中心、武康支局、武康城东支局、舞阳支局、乾元支局、新市支局、临杭支局、莫干山支局、钟管支局。分公司党委所辖机关、城东、武康、临杭、乾元、莫干山、联营站7个党支部。具有EPON（GPON）、FTTBLAN、FTTB、FTTNADSL、5G等基础电信设备，是一家综合性的通信服务运营企业。全年，分公司拥有固话计费用户和宽带计费用户近85866户，移动用户近88890户。中国电信德清电信公司累计完成税后收入1.51亿元。

【庆祝中国共产党成立100周年活动】 2021年，中国电信德清电信机构开展党史学习教育、“七一”重要讲话和中共十九届六中全会精神的学习热潮，广泛组织重温入党誓词、缅怀革命先烈、听抗美援越老兵讲故事、我为“七一”献热血等系列活动，锤炼党性修养。接应上级电信公司云改数转战略部署和《中国电信国企改革三年行动方案（2021—2022年）》，落实省、市电信党委《关于深化变革创新加快推进企业高质量发展的通知》要求。深化支部“一部一品”，“党建赋能”“党建翼联”建设，结合实际组织开展各项党业融合活动。

【服务提升】 2021年，中国电信德清公司开展全员法律知识培训，经营单元定期开展自查和监管，维护消费者权益，协调处理县消协、“12345”县长热线办、信访办、10000号电信服务热线及各服务网点转来的用户投诉、咨询、报障、申告，对反映的问题及时进行督办，确保用户投诉咨询渠道畅通。落实“最多跑一次”改革，通过线上、线下两种方式推进快速办、高效办、就近办服务，并按照要求每周上报工作实施动态成效。以建设“文明示范窗口”为契机，对厅内硬件设施逐项对标，加强宣传氛围、便民服务及现场管理。全年组织党团员志愿者142余次活动，出动510余人次。

【电信亚运项目建设】 2021年4月18日，开展一场充满激情的健步走，拉开“亚运，我来了”百场演出千场赛事的启动仪式。电信德清公司作为此次活动的冠名支持方，秉承5G赋能，助力亚运。亚运项目建设工作完成机房的整体布局并做到设备到位，完成周边管道的接入工作，光缆部分施工中，完成一次主干光缆的入开通，总体完成进度为70%。

【百团千人会战】 2021年，中国电信德清公司开展常态化活动，助推企业规模发展，分农村城市点亮、政企攻坚、营业PK、客户经营四条主线，“楼内人”和触点人员组成12支战队共同参加开展营销。党员干部以身作则、率先垂范，广大员工积极响应、全力投入，“楼内人”由“政委”率队同心同德、充实一线，上下一心、众志成城，践行“发展是解决一切问题的总钥匙”的宗旨，发扬新时代亮剑精神，在基本面拓展和规模化发展上取得成效。

（陆　彬）

移动公司

【概况】　2021年，中国移动德清分公司机构设置由4个部门和6个分局组成，具体为综合部、市场部、政企部、网络部、武康分局、莫干山分局、舞阳分局、乾元分局、新市分局、钟管分局。年内，手机日均通话份额80%，年累计新增通话市场份额60%。通信客户净增5000余户，有线宽带净增1万条，宽带电视净增9000多户。德清移动团支部荣获2021年度“中国移动浙江公司五四红旗团委（团支部）”，德清移动网格部获得2021年EAP职业幸福感最佳建设班组。

【物联网建设】　2021年，落实政企转型工程，聚焦人员能力升级。通过开展“相约星期二”2.0学战活动、模范生评价、项目案例标杆学习等措施打造学习型组织，强化网格支撑，化作帮扶成效。通过能力转型提升，德清公司大力推进优质项目复制，促进项目签约，拓展无纸化会议17家，签约79个村社200余台云喇叭，销售移动灵瞳30余台，带动村社信息化渗透率提升至90%，平均出账收入由1000余元提升至3000余元。对接县教育局、禹越镇、经开区、文旅集团等单位签订战略合作协议，拓展项目商机。2021年，中标23个项目2000余万元，其中主营收入1000余万元。

【5G建设】　2021年，网络部秉持“见人见事见行动”的工作作风，以提升客户感知为重点工作，网络基础进一步夯实，无线感知保持领先，有线短板奋起直追，各项指标改善明显。夯实基础网络，全年完成建设管道180.04孔千米，完成线路761.3千米，投入1800万元，占全市管道投资的27.31%；全年累计完成新增交付放号约2万余户。其中，农村行政村1.2万余户，城区及其他8000余户；实施“5G+”计划，以速度换优势，700M开站开通速度全市第一位；完成亚运场馆及周边配套的建设和改造升级，冲刺姿态迎战2022年亚运会。网络保障提质提速，先后完成采茶保障、五一保障、中国共产党成立100周年保障、防汛保障、十一国庆保障和民宿宽带保障；无线全量投诉通过投诉复盘分析、投诉热点攻坚和5G投诉全量回访等措施，移动业务万投比始终保持全市前两位。聚焦投诉故障短板，通过白天跑现场（驻地网交维、故障处理和质差装维）、晚上办公司复盘，销项式跟进解决问题，家宽NPR连续6个月压降，压降37%，改善效果为全市最明显。重复投诉达到市公司考核要求，十万不满意量连续5个月压降，压降80.33%，降幅全市最大。

【新冠肺炎疫情防控】　2021年疫情防控期间，秉承“不忘初心、牢记使命”的坚定信念，做好疫情防控工作，确保“抗疫”“生产”两不误。网络部员工自发参与疫情保障工作，做好莫干山世界外国语学校疫情隔离点保障、亚运保障、舞阳街道104国道路口疫情保障、德清人才公寓防疫隔离点保障、联合政企智慧门磁疫情保障、乾元网格为疫情防控提供调整资费的服务支撑、武康网格助力千丰社区防疫工作以及钟管城东安置区、新安新桥村、下渚湖街道等春节返乡疫情保障工作。

（陈　薇）

联通公司

【概况】　2021年，中国联通德清县分公司下设综合支撑中心、政企客户营销中心、公众营销支撑中心，乾元综合网格、新市综合网格、本级公众网格、本级商企网格及永安街、中兴路2个自有营业厅。加强企业党建和党风廉政建设，围绕年度生产目标，压实责任，稳步推进各项工作，在收入、利润超额完成年初预算目标的前提下，狠抓基础管理，在量质构效、OMO转型、政企重点项目取得成效。

【通信网络保障】 2021年，中国联通德清县分公司有GSM/WCDMA/FDD-LTE基站611个，其中2G基站25个、3G基站339个、4G基站216个、室内分布系统31个。联合电信公司共建5G基站205个，5G室分55个，全县建成杆路760多公里、光缆5600多皮长公里、管道350多公里。聚焦价值导向，开展“网络精雕”工程，3G、4G移动信号覆盖全县所有乡村，5G信号覆盖所有乡镇，固网FTTH端口总数37094户，覆盖全县100多个小区。

【客户服务提升】 2021年，落实高品质服务，严格管控，提升用户满意度，全年服务KPI月考核均满分，工信部满意度、实时评测满意度全市领先。围绕“及时、快速、满意”六字方针，对申投诉持续开展“三提升”工作，确保处理效率，全年一次性解决率及投诉满意度三项提升工作全市领先。运用线上手段创新客户日活动，方便客户参与。全年参加客户日5823人次，全市排名第一。

【通信数字化转型】 2021年，围绕数字化改革工作，在重点优势领域加大推广力度，为政府、企业提供优质信息化服务。为德清城市大脑和车联网提供数据存储，确保数据安全。聚焦重点局办重点项目，与政府同频，与县经信局共同推动县域智能工业发展，推进产业数字化，打造数字化车间、智能工厂、未来工厂，开启德清联通与行业客户、合作生态伙伴等多方的共享、共赢新局面，强化联通5G+工业互联网品牌影响力。完善初中、普通高中国家教育考试网上巡查系统，实行与考场监考同步的考点视频监考和考试期间的网上指挥目标。

乡村数字化平台建设　开展党建联盟，利用企业优势助力乡村数字化平台建设。全年累计签约数字乡村22个，签约数量和完成率全市排名第一，有效推动数字乡村振兴联合体的建立，加快全县数字乡村振兴建设步伐。2021年新增大项目9个及县域信息化项目13个，两项均全市排名第一，德清城市大脑和车联网IDC项目签约实现德清大项目突破，稳固公司在德清IDC高端市场的主导地位。

【联通打造“智慧咨询服务平台”】 2021年，践行“我为群众办实事”，为德清县公安局打造“智慧咨询服务平台”，实现公安出入境、户证、交管等40余项警务咨询服务事项均能实现一网通办，由传统警务向智慧警务服务方式转型升级，做到以群众需求为导向，拓展便民渠道，为群众提供更加专业、高效、精准的服务体验。通过党建联盟，社区共建，强村局长等形式，参与网格化、路长制及各类党员志愿服务活动；2021年参与浙江之声“一杯水公益”活动，两大营业厅服务近百名群众，承担社会责任；联合公安及社区开展“银龄计划”，做好广大群众防电信诈骗宣传工作。

（姚　洁）

财政·税务

财 政

【概况】 2021年，德清县实现地区生产总值615.5亿元，按可比价格计算，比上年增长8.7%。其中：第一产业增加值26.4亿元，增长2.7%；第二产业增加值355.6亿元，增长10%；第三产业增加值233.5亿元，增长7.6%。三次产业结构比为4.3∶57.8∶37.9。按户籍人口计算，人均生产总值13.89万元。城镇居民人均可支配收入68619元，比上年增长10.3%；农村居民人均可支配收入42548元，比上年增长10.9%。全县完成财政总收入134.6亿元，比上年增长15.9%，其中，地方一般公共预算收入83.2亿元，比上年增长24.1%。全县一般公共预算支出80亿元，比上年增长2.2%。全年一般公共预算收支平衡。

【组织财政收入】 2021年，德清县一般公共预算收入占全县生产总值的13.52%。全县实现税收收入74.14亿元，税收收入占一般公共预算收入的比重为89.07%，一般公共预算收入占财政总收入比重为61.83%。强化与税务部门沟通协调，定期召开财政收入专题分析会议；加强信息共享，细化开展收入预测分析，完善组织收入预案；动态监测库款保障水平和税占比等指标，研判收入形势，发挥财政部门组织收入的统筹作用。深化非税收入电子化改革，上线非税收入资金电子凭证库管理业务，开启非税资金拨付全程线上办理模式；夯实非税收入征管基础，促进非税收入精细管理；全年实现非税收入121.07亿元，比上年增长23.32%。其中，纳入一般公共预算管理的非税收入9.1亿元，比上年增长15%。全年共争取省级以上补助资金25.6亿元，其中新增地方政府债券11.32亿元。

【支持经济发展】 2021年，德清县保障重大项目和基础设施建设，统筹安排交通发展专项资金9.07亿元，保障杭德市域铁路、练杭高速、雷甸互通等重点项目推进。引导支持企业发展，全年拨付扶持企业发展政策资金3.34亿元，兑现商贸业发展专项资金5610万元。其中，外经外贸政策资金3341万元；支持传统产业改造提升，全年兑现制造业高质量发展专项资金2.67亿元。落实新一轮减税降费政策，取消或降低部分行政事业性收费标准，激发经济内生动力。加大财政科技投入，一般公共预算科学技术支出4.5亿元，比上年增长16.11%。安排各类人才经费1.14亿元，出台政策支持杭州城西科创大走廊德清片区人才管理改革试验区建设，强化人才发展财政保障。全面优化直达资金分配方案，加快资金兑现速度，全年分配上级直达资金4.76亿元。

【财政民生支出保障改善民生】 2021年，德清县财政民生支出55.42亿元，增长5.61%，占一般公共预算支出的比重69.29%。其中，公共财政教育支出14.44亿元，比上年增长4.93%。落实森林生态效益补偿机制，安排生态补偿、绿化造林、地质灾害治理及生态修复等专项资金8831万元，推动生态环境质量持续改善；安排城乡生活垃圾分类收运处置和城乡环卫一体化资金1.33亿元，纵深推进农村生活垃圾资源化利用。促推农业发展，支持水利等农业基础设施建设和农业“两区”建设，全年农林水支出8.47亿元。强化就业体系建设，完善务工人员、大学毕业生、残疾人等重点群体就业支持体系，安排就业补助资金5400

万元，增加各类人群劳动收入所得。完善社保救助，全年审核拨付各类保障和救助对象政策待遇1.83亿元，落实低保救助资金和特困人员供养经费4680万元。落实新冠肺炎疫情防控保障，全年用于新型冠状病毒肺炎疫苗及接种补助、核酸检测补助、方舱接种点建设、疫情防控设备及物资采购、发热门诊改造及运行等疫情防控经费投入8270万元，医保基金支付新型冠状病毒肺炎疫苗及接种费用6596万元。

【财政改革】 2021年，德清县推进预算管理一体化系统建设，强化预算支出标准化建设，建立日常公用经费29个项目的分类分档预算支出标准和规范列支指引。深化预算绩效管理，实现预算项目评价和镇（街道）、部门整体评价全覆盖。其中，预算项目1289个，涉及财政资金77.34亿元。开展公款存放电子招标，完成两期公款组团竞争性存放18.38亿元。

财政数字化改革 加快推进财政数字化改革，开展镇（街道）内部控制数字化建设试点，以内部管理制度重塑和数字化平台落地为核心，将试点镇下属各单位及业务条线纳入统一管理，实现经济业务活动的全流程线上管理和风险管控。

【财政监督】 2021年，德清县内控体系升级为“1+10+X”（具体是1个德清县财政局内部控制基本制度，10个内部控制风险管理办法，分别是财政专项资金管理、预算编制、预算执行、政策制定、法律、岗位利益冲突、信息系统管理、公共关系、机关运转、财政监督等，X指的是各科室或下属单位的内控操作规程），增设《德清县财政局财政监督风险内部控制办法（试行）》等制度。梳理整合历年财政扶持政策，构建财政扶持政策全周期预算绩效管理机制，强化绩效评价结果运用，对低效无效政策提出调整或取消建议。

涉农资金、政府投资项目监管 加大财政涉农资金整合使用力度，全县共统筹整合涉农资金9.18亿元，占涉农资金总量的70.41%。推进节约型政府建设，牢固树立过紧日子思想，全年压减非刚性、非重点等一般性支出5362.48万元。加强政府投资项目监管，全年审核政府投资项目246项，审核项目总投资53.86亿元，净核减金额2.89亿元，核减率为5.37%。加大财政监督检查和支出绩效评价力度，全年完成财政监督检查和重点绩效评价项目55项，并对34个项目开展绩效运行重点监控。防范化解债务风险，控制债务增量，消化存量隐性债务，政府债务率保持在绿色安全等级。

【队伍建设】 2021年，德清县举办“党史接力诵读”“沿着红色足迹学党史”等活动，组织参观洛舍砂村红色礼堂，感悟革命精神；开展“庆祝中国共产党成立100周年”系列活动，传承红色基因；举办新中国成立前我党历史上两个重要会议等系列党史知识讲座4次，筹备党史知识专题测试6次。开展中层干部聘任调整工作，新提任中层正职9人、中层副职7人，平调中层正职和副职10人，中层干部调整率达65%，“85后”中层干部占比达到40%。开展“财政大讲堂”“财政青年说”等学习活动；组织书法、登山摄影、美食文艺等兴趣活动；开展干部能力提升培训；推进网络课堂学习。建立“财智先锋”党建联盟，以开展“七联”（理论联学、资源联享、活动联办、队伍联建、工作联促、品牌联创、作风联抓）活动为主要内容，抓牢抓实会计师事务所行业党建；建设“清廉财政”展厅，打造“清廉财政”示范点，营造风清气正的政治生态。

（欧阳红英）

税　务

【概述】 2021年，德清县税务局在职干部职工217人，离退休干部职工61名，新录用公务员4名，退休4名，向全市税务系统、县镇（街道）及其他部门输送优秀税务干部5名，内部轮岗交流7人次。依法依规组织税费收入，精准落实税费优惠政策，推动征管改革蹄疾步稳，实现“十四五”良好开局。在2021年度全县综合考核中，县税务局位列D组单位（11个）第1名，考核等次为一等。全年在中央级媒体、省市级媒体分别发表信息6篇、16篇，在国家税务总局、省税务局新媒体分别录用2篇次、13篇次。

【组织收入】 2021年，累计完成各项税收收入123.96亿元，比上年增长13.42%；办理出口退税24.91亿元，增加9.07亿元，比上年增长57.2%。其中，直接退税16.11亿元，比上年增长47.3%；免抵调库8.8亿元，比上年增长79.3%。组织社保费收入41.17亿元，比上年增长41.18%；非税收入44.23亿元，比上年增长1258.85%。其中，国有土地使用权出让收入40.61亿元。

【税务法治】 2021年，落实税收法定原则，推进行政执法三项制度，全年公示各类执法信息4282条。执行"首违不罚"清单，开展税收执法督察，优化税务执法方式。开展现金税费征缴"百日攻坚"行动，强化发票开具、资料保管、税收票证、人员管理等各环节内控机制建设，建立闭环式监管服务机制，强化增值税发票日常管理和发票内控管理。

【税费政策落实】 2021年，抓实各类税费优惠政策精准落地，全年全县降本减负46.57亿元。办理增值税留抵退税12.39亿元，为企业发展增添动力；高新技术企业所得税减免1.8亿元，享受2020年度研发费加计扣除18亿元，10月，提前享受前三季度研发费加计扣除额19.15亿元，助力全县"创新指数"持续领跑；为全县6户煤电供热企业办理减、退税1480万元，缓缴815万元，为2726户制造业中小微企业办理缓缴2亿元，支持保热保电保民生。

【税种管理】 2021年，做好各税费种征收管理，加强所得税精细化管理，有序推进个税综合申报，完成城乡居民"两费"征缴，稳妥推进财产和行为税"十税"合并申报，精简表单，简化程序。搭建耕地占用税复核系统，实现"税务—自规—税务"耕地占用税复核业务闭环流转。

【办税缴费服务】 2021年，深化智慧办税，引导纳税人缴费人网上办、掌上办，全年网上综合办税率97.89%；实现社保费征缴、不动产登记等业务"网上办"，全年网上办理不动产登记业务1885件，网办率居全市第一位。12月份，在全市率先实现不动产登记业务掌上办理。升级智慧服务，开展钉钉"云直播"线上辅导8000余人次，通过征纳沟通平台将政策信息点对点精准送达4万余户次纳税人；整合咨询热线，设立"智慧呼叫中心"，实现咨询、办理一条龙服务；通过"税务专邮"寄递发票235万份、文书资料3万余件。推进税企联动，开展税企支部共建、专场税法知识讲座、政企恳谈会等，搭建税企沟通桥梁；建立税务体验师机制，招募13名企业负责人、财务等体验师进行涉税业务体验，完善服务产品；推进"银税超市"应用，全年为2050户企业办理授信额度16.34亿元，赋能企业发展。

【征收管理】 2021年，实施发票电子化改革，落实"一户式"管理机制，完成旅游业、交通业等行业发票电子化；推进办税缴费便利化改革，与桐乡市税务局构建嘉湖一体化税务事项跨区域协作通办机制，实现迁移、报验等38个跨区域涉税业务通办；配合市税务局开发非税收入智能共治平台，实现10项非税收入征管职责划转。

【税收经济分析】 2021年，发挥税收大数据的独特优势，结合德清县经济税源实际，开展"十三五"时期税收经济发展分析和"十四五"时期展望，聚焦外贸行业发展、政策落实效应、科技创新和以数治税等新发展理念，全年向省税务局党委、市税务局党委和县委、县政府报送专报24篇，得到各级主要领导批示12次。

【大数据和风险管理】 2021年，通过税收数据赋能，建立矿产资源税收风险管理一体化管理机制，对2020年度采矿企业及时查补入库税费5345万元；拓展数据共享机制，构建建筑合同印花税、混凝土行业等风险模型，重点深化房土两税疫情减免风险管理、小微企业所得税优惠享受以及非居民企业股权转让监管等，全面排查"应享未享""违规享受”风险疑点纳税人，追缴入库税费5336万元，堵塞税收征管漏洞；全年接收千户集团税收分析、企业所得税后续管理、房地产开发等风险任务28批239户次，按期完成率100%，辅导纳税人入库税额5982万元，调增应纳税所得额4582万元，入库税额创历史新高；通过情报交换，追回境外企业违规享受递延纳税优惠720余万元，维护国家税收安全。

【党建工作】 2021年，完善新“纵合横通强党建”机制体系，加快推进模范机关和清廉机关建设。深化“春风办税”“税月·乾行”“新市三原色”等支部党建品牌，完善“清心”“余音”党员工作室。推动党建与业务深度融合，在全市税务系统2020年度党委书记抓党建工作述职评议中获“优秀”等次，在地方评议中处于“第一序列”，发挥党建领航作用。

【税务纪检】 2021年，严明纪律规矩，打造忠诚干净的税务干部队伍，提升组织战斗力和队伍执行力。落实中央八项规定精神，压实“一岗双责”，全面落实“一体化”综合监督，抓好正风肃纪。从严开展干部经商办企业、家属从事代理记账、“酒驾、醉驾”以及纪律作风问题等专项整治工作，强化警示教育，全年运用“四种形态”中的“第一种形态”28人次。高质量配合浙江省税务局党委对德清县税务局党委的常规巡察工作，建立各类制度办法7项，对巡察反馈的3类11项共32个问题全部完成整改。

【教育培训】 2021年，研究制定年轻干部成长成才规划，完善干部“选、育、管、用”机制。结合“红色教育”举办“7+1”新人入职仪式，增强新录用公务员的使命感和责任感；实施分类分级教育培训3531人次，有序组织练兵比武，开展各类竞赛测试24场次，参与人数740人次，全年有26名干部入选浙江省税务局、湖州市税务局专业人才库。

【基层建设】 2021年，发挥文化兴税作用，统筹推进精神文明创建工作。县税务局通过浙江省文明单位复评，获得“湖州先进职工之家”“科技创新突出贡献集体”“湖州市三八红旗集体”等荣誉。被评为“全省税务系统先进工作者”1名，市税务系统“十佳党支部书记”“十佳共产党员”2名。乾元税务所获“全省税务系统先进集体”，新市税务所党支部获“全市税务系统十佳基层党组织”。

【税务部门党史学习教育】 2021年，开展党史学习教育，“关键少数”领学促学，广大党员跟学践学，青年干部精学笃学，全年党委会“第一议题”24个、中心组交流研讨12次、专题党课14次以及各党支部每月开展“三会一课”，做到读原著、学原文、悟原理。用好红色资源，举办登山、书法、绘画等比赛，参加全县合唱展演，以“演说角”“云直播”“微讲堂”等“自选”课程打造“党史课堂”。重点聚焦“我为群众办实事”，连续开展“便民办税春风行动”8年，推进“万民党员进万企”6年，结合“春雨润苗”“三服务”等专项行动，深入企业、贴近群众，纾困解难、便民助企。青年党史学习的相关做法被国家税务总局办公厅《每日要情》录用刊登，获得国家税务总局王军局长的批示肯定。

（黄　洁）

金融保险业

综 述

【概况】 2021年，德清县新增全社会融资总量393.79亿元，其中直接融资增加172.14亿元；各项贷款余额1240.88亿元，比年初增加221.65亿元，人民币存贷款余额2344.92亿元，比上年增长18.61%。推动全县22家银行机构入驻“绿贷通”平台，累计注册企业2152家，为3047家企业提供线上贷款102.27亿元。全国首创“单一”宅基地使用权抵押贷款、全国绿色金融试验区首笔碳排放配额质押贷款、全省首笔农业生产设施抵押贷款、全省首创GEP绿色金融贷等做法获省市领导多次批示肯定。德清县获评省财政支持深化民营和小微企业金融服务综合改革试点县。

【金融支持地方经济发展考核办法】 2021年，德清县出台《2021年金融支持地方经济发展考核办法》，加大对人民币存贷余额增速、金融产品创新、支持服务中心工作等方面的考核权重，安排金融专项资金300余万元给予奖励激励，形成比学赶超、争先创优的良好氛围。全年新增银行贷款221.65亿元，增速21.75%。探索完善银行机构信贷尽职免责制度，全县22家银行机构均建立尽职免责清单或失职问责负面清单，提高不良贷款容忍度，初步建立信贷人员“敢贷、愿贷”的服务机制。12月末，不良贷款率0.16%，为全市最低。引导金融机构下沉金融服务，加快“无贷户—首贷户—伙伴客户”体系培育，加大对小微企业、个体工商户、“三农”等金融支持力度。

【绿色金融综合服务平台】 2021年，德清县在全省创新推出基于单个项目生态价值核算结果的GEP绿色贷产品，上线湖州市绿色金融综合服务平台，发放204笔，金额2.74亿元。聚焦老旧园区提档发展，以绿色金融支持绿色建筑为导向，为园区提供低碳园区贷、低碳按揭贷、低碳物业贷等全周期绿色贷款。以“在建工程抵押+担保公司”保证模式，破解老旧工业园区改造难题，为3个园区提供预授信金额1.9亿元，入选全市绿色金融支持改革重点项目。根据《浙江省民间融资服务企业监督管理工作指引（试行）》要求，升级以德清县民间融资业务管理系统为样板的监管系统，通过数字化手段新增业务规则、经营管理、监督管理等数据模板，进行全方位监督管理，规范业务操作，规避地方金融风险，打造全省民间融资统一监测平台2.0版本。

【金融惠农服务】 2021年，德清县着眼壮大村集体经济，创新推出“减碳中和”光伏贷，为9个村集体经济合作与钟管镇平台组成光伏发电项目公司。全县涉农贷款余额比年初新增148.64亿元。在全国率先出台《农村宅基地使用权（农房财产权）抵押贷款指导意见》，全国首创“单一”宅基地使用权抵押贷款，激活农村宅基地价值，让更多农户共享改革成果。首创农业生产设施抵押贷款，在全省率先启动农业设施确权颁证和抵押融资，激活农业生产设施权益，5家企业申请抵押贷款900万元，利率为5%。发挥联盟平台优势，下沉金融惠农服务。

【资本市场做强产业】 2021年，德清县制定出台《上市后备企业认定办法》，明确认定标准和认定程序，形成股改、后备、拟上市家数比例20:5:1层级梯队，挖掘后备企业25家，企业股改19家，新增上市企业1家，新增申报企业1家，在会企业2家。鼓励引导上市公司开展“二次创业”，利用资本市场做强产业链、做深价值链，提升稳定性和竞争力。“德清高新板”作为全省首个由头部券商专业服务的区域性市场特色板块，助力中小企业融资和培育发展。发挥县域资本市场服务中心贴近服务优势，排摸挖掘挂牌上市后备资源，实施分类指导，帮助企业提供发展思路及工作方案。完成4家企业挂牌，完成6家企业发行私募可转债。初步获得省级区域性股权市场创新试点县，得到中国证监会调研肯定，有关做法在全国证监系统以及区域性股权市场推广学习。

【科创人才融资支持】 2021年，德清县加大对“南太湖精英计划”等人才企业的融资支持力度，引导金融资源进一步向县内人才和人才企业倾斜。为19家人才企业发放贷款20.87亿元，有效推动企业转型升级、项目快速落地，人才企业加速成长，实现高水平腾飞提供强有力的金融支撑。引导金融机构推出“商标贷”“知识产权贷”“高新贷”“浙科通”等科技金融专项信贷产品，为127家企业通过科技金融渠道提供信贷资金近亿元。以“数据跑”替代“客户跑”，驱动小微金融线上化，运用科技手段挖掘数据价值，提高信用贷款授信额度。推广支持税银互动、信易贷、贷款码等纯线上信贷产品。纯信用贷款比年初增加23亿元。

【地方金融组织开展业务监管】 2021年，德清县通过现场检查和非现场检查，不定期抽查和第三方审计等方式对县域内地方金融组织全面开展业务监管。全县15家地方金融组织已申领市地方金融绿色监管平台账号，实时监督业务规范开展情况。完成小额贷款公司、典当行年度监管评级和年审工作。全面排查私募投资基金，制定处置工作方案，共排查机构共567家。严格实施类金融企业审核准入，联审企业211家，通过注册5家。开展第三方财富管理公司排查整治，及时采取相应措施应对“洛安沪金”风险。加强金融安全风险预警，核查55条“天罗地网”系统风险预警，处置及时率、处置率、反馈率100%。建立健全绿色金融纠纷调解机制，在绿色金融纠纷调解系统中调解案例9起。全年无新发的非法集资案件。

（张　超）

企业上市

【概况】 2021年，德清县金融办抢抓注册制机遇，推进企业上市步伐。9月9日，汇隆新材深交所创业板上市，募集资金2.19亿元。全县上市企业总量12家，位列湖州市第一位，总市值破1000亿元。新增申报材料1家，9月28日，云峰新材申报上交所上市材料，获证监会正式受理；完成企业股改34家，完成年度任务的170%；完成企业在浙江股权交易中心成长板挂牌7家。

【企业上市政策】 2021年，德清县修订完善上市奖励政策，在《德清县制造业高质量发展若干政策意见》文件中加入企业股改挂牌上市等奖励条款，企业上市最高奖励1400万元，提高企业上市积极性。

【后备企业培育】 2021年，德清县根据《湖州市上市后备企业发现和培育机制》，制定出台《德清县上市后备企业认定办法》，明确认定标准和认定程序。完善上市企业梯队建设，形成后备企业清单库，打造多层次资本市场“德清板块”。

【高质量发展】 2021年，德清县推动上市公司高质量发展，鼓励引导上市公司开展“二次创业”，利用资本市场做强产业链，做深价值链，提升稳定性和竞争力。我武生物非公开发行股票募资7.25亿元，浙江鼎力非公开发行股票募资15亿元，巩固和提升行业领域的优势地位。兔宝宝7亿元并购青岛裕丰汉唐木业有限公司70%股权，获浙江省凤凰榜年度十佳并购案例。

【区域股权市场】 2021年，德清县“德清高新板”作为全省首个由头部券商专业服务的区域性市场特色板块，助力中小企业融资和培育发展。现有的挂牌企业达到61家，其中国家高新技术企业18家,重点上市后备企业25家,11家企业融资超4亿元,“德清高新板”初步探索区域股权市场的创新工作,得到证监会和省政府的充分肯定。

(胡思思)

金融监管

【中国银保监会德清监管组】 2021年,中国银保监会德清监管组推动辖内银行保险机构实施“民企优强、绿色金融、普惠金融、和谐金融”四大精品工程,加大信贷有效投入,将支农支小支实作为信贷投放重点,尤其是对绿色产业的支持力度,为经济转型升级提供保障。督促辖内农商银行和村镇银行完成小微企业金融服务“两增两控”目标,完善金融服务组织体系,宁波银行德清支行,德清湖商村镇银行健康路支行、康乾支行年内相继开业。金融供给能力增强,年末银行业各项存款余额921.07亿元,比年初增长19.94%,各项贷款余额1010.05亿元,比年初增长22.28%。

联合县金融办、县人行、县财政局和重点金融机构成立金融支持服务专班,协调解决企业开复工存在的金融困难和问题,重点做好加强资金要素保障、落实降息减费让利、提升业务办理质效、帮助企业渡过难关等方面工作。深入基层、企业和群众开展“三服务”活动,宣传金融扶持政策,收集金融服务需求,帮扶基层、企业消除难点和堵点。

强化信用风险防控,做好辖内银行业机构不良贷款监测分析,协调推进大额不良资产处置工作。年底,全县银行业不良贷款余额2亿元,比年初增加3.41亿元,不良贷款率0.16%,比年初上升0.37个百分点,银行业信贷资产质量仍处于全省较高水平。强化流动性风险防控,督促法人银行机构按季开展流动性风险压力测试,抓好头寸管理。推动法人银行机构抓好员工行为管理,防控案件声誉风险。

集中开展年中工作监管走访督导活动,督促县域银行业、保险业深化乱象治理,合规守序经营,实现金融业高质量发展。加强金融消费者合法权益保护工作,落实全县“122”机制工作职责。举办新冠肺炎疫情防控期间防范电信网络诈骗培训班和扫黑除恶专项斗争推进会,与20多家银保机构进行扫黑除恶专项斗争班子集体约谈。每季度组织召开辖内银行业保险业安保工作例会。参加县住建局、县人民银行、县市场监管局等多部门参与的房地产联合检查,规范商品房预售资金监管行为,维护房地产市场正常秩序和购房人的合法权益。配合县金融办等有关部门开展类金融企业工商注册变更联审和非法金融活动检查工作。

做深普惠金融服务,助力金融支持乡村振兴。围绕“一县一品牌”的总体谋划,立足德清县科技金融发展,制定县域金融优强工程活动相关子方案,下发至银行保险机构,建立科技金融统计制度。会同县科技局建立常态化工作机制,按年更新全县科技型企业清单并下发至机构,向银行保险机构提供科技专业技术咨询服务等,先后联合召开全县科技金融推进工作座谈会、全县科技金融优强工程座谈会,加强全县科技金融的顶层设计和部门协作。创新完善丰收德美贷、青年创业贷款、巾帼创业贷款等信贷产品,推动农户从分散生产转向有组织有规模生产,促进农民增收。

配合县医保局提升银行保险机构“南太湖健康保”的参保率。推进德清县农业政策性保险工作,配合县农业农村局开展关于德清县政策性农业保险承保机构遴选工作,会同县农险办召开政策性农业保险工作交流会,要求相关保险机构提高站位,增强对政策性农业保险工作重要性的认识。统筹指导辖内保险业紧急应对暴雨袭击,突出“快”“优”“防”,启动暴雨应急预案,开辟绿色通道,调配资源,应赔尽赔,将暴雨给企业和百姓造成的灾害损失降到最低,风险提示防范水淹车“黄牛”骗保案件。

深化文明创建,提升行业服务素养。会同县文明办和创建办,抓好全县银行业、保险业参与全国文明城市创建活动,加强文明创建督导工作。负责银行业、保险业垃圾分类督导考核,组织召开全县银行业、保险业深化垃圾分类工作推进会,对垃圾分类月度考核末位进行约谈。

按照职责分工，开展社区文明共建网格化管理和路长制文明劝导活动。

（沈益敏）

银行业

【中国人民银行德清县支行】2021年，德清县金融机构本外币存款余额1131.6亿元，比年初新增146.01亿元，增幅14.82%；贷款余额1240.88亿元，比年初新增221.65亿元，增幅21.75%，高出全市平均增速0.48个百分点。全年发放央行再贷款7亿元，惠及企业350家，加权平均利率4.8%。

金融惠企政策有效落实　聚焦民营小微重点领域和薄弱环节，为实体经济提供金融保障，贷款码、首贷户、应收账款融资、制造业贷款等领域亮点突出。"贷款码"扫码户数、企业支持率、融资满足率三项指标全市三县第一位。"首贷户"全年新增1210户，比上年增长101.4%。落地全市首笔核心企业应收账款数字证书融资业务，创新"工业上楼"金融服务"德清模式"。全年民营、小微、制造业贷款新增80.17亿元、84.12亿元、35.77亿元，分别比上年增长21.31%、26.19%、22.78%。全年累计对普惠小微企业24.64亿元贷款实施延期还本付息政策，发放符合政策支持条件的信用贷款13.61亿元，惠及企业共6600余户。

企业信贷资金成本稳中有降　深化利率市场化改革，增强小微企业信贷市场竞争性，企业贷款利率稳中有降。12月末，全县企业贷款加权平均利率4.9%，比年初下降6个基点，其中普惠小微企业贷款加权平均利率5.41%，比年初下降14BP。

金融改革创新成果丰硕　贯彻落实中央及省、市、县政府关于"碳达峰""碳中和"的决策部署，加大对绿色发展的金融支持力度。12月末，全县绿色信贷余额235.43亿元，全年新增71.68亿元，占全部贷款余额的18.97%。创新碳排放配额质押贷款融资模式，获市委常委吴登芬批示肯定。全省首创"GEP绿色贷"，推动生态价值转化变现。开展"垃圾分类+小微贷款"微改革试点，制订宅基地使用权抵押贷款指导意见，全国首创"单一"宅基地使用权抵押融资模式，全省率先启动农业设施确权颁证和抵押融资。

金融风险防范　加强金融风险防范。落实存款保险工作，实现数据报送与保费缴纳"零差错"。强势打击电信网络诈骗。举办全县金融系统"反诈拒赌，守护钱袋子"劳动竞赛，联合公安成立金融反诈骗宣传团，开展宣传1740次。开展"拆迁款"安全守卫专项行动，守护1600余位拆迁户的钱袋子、命根子。落实房地产金融管理政策。法人机构房地产贷款窗口指导工作获上级行肯定，协助地方政府落实资金共管、按揭保供等措施，稳妥化解华夏幸福在德清4个项目的债务危机。加大反洗钱监管力度。建立由分管县长为召集人的反洗钱联席会议制度，召开全县第一次反洗钱工作联席会议。新增反洗钱教育实践基地1个、禁毒宣传示范站2个。推动公安部门首次以洗钱罪向检察院移送案件1个。12月末，全县不良贷款率仅0.16%，比年初下降0.38个百分点。

反假货币示范县建设　联合公安部门开展"反假知识进文化礼堂"活动，督促银行机构做好反假小超人答题工作。对辖内4种类型的7家银行机构进行现场督导。严厉打击现金领域违法行为，做好整治拒收现金工作。全年，处理拒收人民币现金线索7条。做好人民币图样使用宣传管理工作。提升流通中人民币整洁度。组织开展残损人民币回笼专项活动。补齐乡镇残损人民币回笼短板，提升乡镇人民币整洁度。

2021年，德清县银行机构开业管理和营业管理履行两综合两管理职能。加强银行机构开业管理和营业管理，受理1家银行分支机构和1家证券分支机构开业申请，核准加入人民银行金融管理与服务体系。开展2021年度银行机构综合评价工作，对22家银行机构进行综合评价，强化督导考核，推动问题整改。

创新绿色外汇管理服务的应用场景。辅导佐力小贷全国率先融入使用境外专项绿色贷款，得到省外管局副局长徐子福现场指导肯定。深化外汇"放管服”改革。全县进出口企业通过“数字外管”平台网上办理名录登记业务77笔。全年共调研走访10余次，组织外汇联络员在全县范围内上门走访企业500余次，累计服务企业超200余家。

创建省级农村信用体系建设示范县。累计评定信用乡（镇、街道）15个，信用村（社区）162个，信用户81609户。建立“整村批发、整村授信”特色监测体系并被全市推广。实施新型农业经营主体联合征信奖惩激励机制和民宿行业信用评级建模两项创新。

优化老年人金融服务品质。指导28个银行网点完成262个点位的适老化改造。在养老机构及老年大学设立金融助老服务点12个。联合老干部局开展“银晖党建”“银晖志愿”“银晖乐活”专项活动。实施“金融赋能”“普惠养老”“党建助老”三项工程，老年人金融服务品质全面提升。

深化县域“移动支付之省”建设。月均活卡量、移动支付交易量分列湖州市三县第一、第二。推出公交优惠活动，建立财政兜底机制，累计服务城乡居民公交出行16.74万人次。

优化外汇服务。开展“汇聚今夏 暖心助企”百日专项行动，在“我德清”APP上发布18款汇率避险产品，推动企业套保率同比提高5个百分点，外汇衍生品规模同比增长43.5%，为涉外企业降本减负1800万元。

2021年，强化金融消费权益保护。联合县委宣传部创新开展农村文化礼堂“文化点餐”活动，送出“金融文化大餐”20余份，打造“金融知识下乡”品牌。推进金融广告“随手拍”试点和金融消费者投诉统计分类工作，全年妥善受理处置金融消费者投诉12起，维护金融消费者的合法权益。

（刘颖　刘瑜）

【中国农业银行德清县支行】

2021年，支行各项存款余额115.69亿元，比年初增加14.34亿元。其中，个人存款余额50.83亿元，比年初增加3.88亿元；对公存款余额64.86亿元，比年初增加10.46亿元。各项贷款余额142.19亿元，比年初增加32.69亿元，增长29.86%。其中，惠农e贷较年初增加1.89亿元，完成率居全市农行第一位，余额全市农行最高。不良贷款余额364万元，比年初下降161万元；不良率0.03%，比年初下降0.02%，实现不良双降，资产质量保持优质。

重点项目和重大工程贷款投放　聚焦重点项目和重大工程，争做主办行和首选银行。截至12月末，新投放项目贷款18个，完成任务数的138.46%，投放总额20.86亿元，投放数量和金额均居全市农行三县支行第一位。特别是对德清地理小镇国际展览中心建设项目3.3亿元、杭州至德清城际铁路1.85亿元2个重点项目的支持，提升农行的影响力。支持民营经济，民营企业贷款新增2.19亿元，占法人贷款增量的9.1%。支持普惠小微，银保监会监管口径普惠型小微企业贷款新增2.88亿元，增幅52.34%，完成率102.89%，列全市农行第三，县域第一。加大普惠贷款，普惠“三农”较年初增加2.14亿元，完成率居全市农行第一。加快个贷的有效投放，从战略高度重视私人银行个人资产业务发展。加强贷款数字化转型，加大贷款业务线上操作，以数字化转型提升办贷效率和客户体验度。

智慧网点建设　推进智慧网点建设，各网点装修陆续开展并逐步竣工。其中营业中心完成装修交付并使用，成为湖州市首家智慧网点。雷甸支行装修完毕待开业。以规范化服务为主线，提升网点服务水平。加快落地《德清县支行文明服务实施细则》，按期通报各网点文明服务、投诉及运营质量情况，以制度和通报约束和监督文明化服务，提升网点服务意识和服务水平，助力网点发展转型。

合规文化建设　加强合规文化建设，统筹县人行“合规建设深化年”“制度合规建设年”等系列活动。落实好银保监“七个一”工作要求，重点在检查质量提升、内控机制改进、合规理念重塑等方面取得明显成效。督促问题所在单位按“三到位”要求落实整改措施，做好责任人追究等工作。推进“三线一网格”常态化管理，做好员工行为排查，加大对有效信息的预警反映，在中层会议上进行通报。抓好“运营风险强管理年”活动。配合做好“三化三铁”验收考评，防范操作风险，确保安全运营、高效运营。加大不良贷款的清收和处置。重点围绕快农贷不良发生率高，处置回收率低，处置进度慢的现状，加强快农贷清收力度。重视线上信用方式消费类贷款风险，落实管户责任，压实管控措施，防止线上贷款风险防控出现缺位、失职。

（董玉山）

【中国农业发展银行德清县支行】 2021年，支行各项贷款余额33.52亿元，较年初增加2.78亿元，实现账面利润0.34亿元，不良贷款保持零余额。

服务“三农”发展　加大项目营销力度、加快信贷投放节奏，支持农村人居环境整治、农业农村基础设施、特色小镇等重点领域和薄弱环节，服务地方“三农”发展的同时，实现自身规模、质量和效益的全面提升。贯彻国家“六保”方针，支持政策性收储和市场化收购及保障重点农产品有效供给。累计发放粮食购销储贷款3950万元，完成粮食供应市场供应量52万余吨。

运营基础管理　夯实运营基础管理，规范反洗钱工作，加强客户身份识别，完善大额、可疑交易识别与报告，推广网银业务和手机银行业务。全年，支行开办网银客户26家，办理网上汇款业务7577笔，电子渠道支付业务笔数分流率为99.50%，电子渠道签约客户覆盖率100%。强化网银风险管控，在真实业务场景下，合规使用网上银行支付。优化服务功能，实现7×24小时全天候服务，提升网点服务功能。组织人员学习总行和省行《关于开办手机银行业务的通知》，认识开办手机银行业务的重要意义，按照电子银行业务规章制度及监管部门要求，做好手机银行业务开办准备及业务推广工作。

营销投放力度　加快业务发展，加大营销投放力度。2021年评估项目4个，获批项目4个。储备项目4个，分别为运河新城产业园一期及配套工程、下渚湖田园博览园项目三期工程、新市镇木行组拆迁安置小区工程、德清县乾元“千年古镇”复兴建设项目（西部区块）。支行通过银银合作、银企联动，营销浙江宏博新型建材有限公司在支行开立国际结算账户，完成国际结算量55.8万美元，实现国际业务的突破。向县政府有关部门汇报支行农地项目政策优势，做好政策宣传、项目对接工作。

强化同业合作　与德清湖商村镇银行、德清农商行沟通对接，在存量业务合作的基础上，向同业营销农发债，通过多方沟通赢得农商行的配合，认购农发债5000万元。向德清湖商村镇银行、德清农商行营销支农转贷款，年末，两笔支农转贷款业务均处于流程中。

树立依法合规经营的理念，夯实基础和整改，提升全行内控合规管理水平，实现基础管理与风险防控、业务发展协同并进。组织开展全面风险管理活动，将全面风险管理文件制度纳入每周信贷例会学习。定期开展客户风险排查、信贷管理自查等各类检查；从严把握信用等级评定结果，合理确定授信额度，加强贷后管理，把好企业贷款投向和资金用途监管，防止项目资金移作他用。落实各项监管要求，应对内外部监管持续加强的态势，执行上级行制定的各项政策制度、管理措施，坚持依法合规经营。年内，先后开展企业开户服务自查、“减存遏增”排查、结算账户专项自查等工作。根据中国人民银行要求，成立打击治理电信网络诈骗和跨境赌博工作领导小组，向客户普及维护消费者权益等金融知识，相继走进学校、社区、企业等地进行宣传，提升客户的维权意识和风险防控能力。

（杨雨萍）

【德清县农商银行】 2021年，全行各项存款404.97亿元，比年初新增58.26亿元，增幅16.8%，市场份额35.79%。各项贷款321.52亿元，比年初新增57.14亿元，增幅21.6%，市场份额25.91%。其中，个人贷款158.15亿元，较年初新增23.14亿元；小微企业（含个体工商户和小微企业主）贷款余额240.4亿元，较年初新增48.01亿元，占全部新增贷款比例的84.02%。实现互联网客户33.3万户，贷记卡总量达8.23万张，ETC签约数7.87万户，第三代社保卡换发激活24.1万张。五级不良贷款余额1.54亿元，五级不良率0.48%，实现各项收入22.97亿元。

服务实体经济　保持战略定力，坚守主责主业，服务实体经济。担当"乡村振兴主办银行"，举办"乡村振兴"论坛，全国首创"单一"宅基地使用权抵押贷款，在全省率先推出"农企振兴贷"，涉农贷款占全部贷款近90%，当好共同富裕的"排头兵"。强化政银合作，推进小微信贷服务扩面、提质和增效。12月底，小微企业贷款余额257.99亿元，占比达77.74%，担当支小支实的"主力军"。全省首创"GEP绿色贷""小微企业垃圾分类贷"，联合"税银贷""种子贷""知识产权质押贷款"等贷款产品，为绿色、高新技术产业发展提供足额、便捷的金融服务。12月底，绿色贷款余额137.82亿元，占比41.14%，争当绿色金融的"先行者"。

普惠金融　立足区域发展，深化全域服务，普惠金融渗透更有效。创新"丰收德美贷"农户小额线上普惠贷款，深入走千家、访万户活动，真正让全县百姓享受"一部手机、一键操作、一秒到账"的金融体验，有效融入德清"数字乡村一张图"建设。围绕"党建+金融"，组建金融指导员、金融服务员、普惠联络员三支金融服务队伍，打造普惠金融全覆盖，实现乡镇(街道)级、行政村(社区)级、村级三级联动。全县铺设丰收一码通6661户，服务客户总量达2.11万户，助力县域消费商圈建设。

数字化改革　深化数字化改革，用好数据价值，现代企业发展更有成就。用好科技武器，释放数据价值，2021年制定科技发展"十四五"规划，联合县大数据局开发"丰收德易贷"线上产品，有效构建"数字、智慧、开放"的金融科技发展新格局。加快网点智能运营建设，实现无纸化平台100%覆盖，打造县域标杆智慧网点。强调稳健经营，坚持把好风险底线，新增员工行为预警、账户风险预警、贷款风险预警等46个模型，开展"合规建设深化年"活动，以强有力的问责推动全行廉洁合规从业，以"清廉银行"建设融入"清廉德清"建设。

银企村党建联盟　深入党建领航，融入民生工程，百姓银行担当更有为。建立银企村党建联盟18个，达成党建品牌共创、融资瓶颈共破、集体经济项目共推等"10+X"项重点需求，获市委组织部肯定。主动融入德清智慧城市建设，特设公积金、社保、工商代办专柜，成为全县超85%的百姓首选的社保卡，有效融入"最多跑一次"改革。以全国文明单位的严格要求，履行反诈、助老、公益等社会责任。针对老年人运用智能技术的"痛点""难点"，搭建多渠道服务网络，实现传统服务方式与智能化服务创新和谐发展，确保数字普惠道路上老年群体"一个不落下"。

（钱贤守）

【中国工商银行德清县支行】 2021年，支行各项存款余额165.4亿元，其中对公存款余额109.79亿元，储蓄存款余额55.61亿元。本外币各项贷款余额146.9亿元，其中公司贷款余额86.62亿元，个人贷款余额59.89亿元。普惠贷款余额16.13亿元，其中小微企业贷款余额当年净增2.7亿元，个人经营性贷款余额当年净增1.4亿元，小微企业与个人经营性客户的贷款余额均呈现稳步上升趋势。支行连续入围工商银行总行、省行重点县支行，被浙江省财贸系统授予"工人先锋号"称号等。

2021年，工商银行德清支行公司业务本外币融资企业389户，本外币融资余额104.87亿元，比年初增加6.73亿元。其中，表内贷款余额86.62亿元，比年初增加9.04亿元；表外融资余额10.75亿元；委托贷款余额7.5亿元。向政府类项目投放资金10.4亿元。小微企业金融服务专营团队全年向小微企业累计发放贷款39.82亿元，本外币贷款余额26.49亿元，占全部公司贷款的30.58%，较年初增长5.72%。

2021年，面对企业和客户多元化的金融服务需求，工商银行德清支行从渠道、产品和流程等多方面入手，努力提升金融服务效率和服务水平。根据新冠肺炎疫情防控要求，减少网点人员聚集，客户通过手机预约取号、随心办、云工作室等线上办公渠道方便客户，提高工作效率和服务质量。在国际业务上，夯实国际业务客户基础，实现新拓国际业务客户13户的突破；利用远期结售汇、期权等优势产品努力提升工商银行国际业务存量客户的国际结算占比，利用境外利率优势做大风险参贷。全年，德清支行外汇对公存贷款、国际收支、跨境人民币和结售汇等主要指标在四行中均占比第一且较上年末有所提升。头部企业跨境人民币、外汇资金交易、头部企业结售汇等业务均有较大幅度提升，完成全年国际业务中间业务收入任务。响应政府和监管部门号召，提升全行针对老年客户（60岁及以上）的金融服务水平，做好工行驿站敬老服务，为行动不便的老年客户提供上门服务。

金融风险防范　2021年，工商银行德清支行将防范金融风险、维护金融秩序作为持续发展的基础，营造稳定的区域金融环境。深化信用风险防控，了解客户动态信息，加强企业财务异常变化、贷款资金用途等监测，做好风险提示和预警。执行对信贷业务的贷前防控，落实对各类融资业务双人调查制、换手核抵、核保，做好尽职调查；规范信贷放款作业，将非现场作业监控关口前移至签约放款环节，加强对操作风险的交叉控制。坚持业务开拓与内部管理两手抓，履行各级管理人员一岗二责，推行责任风险评议管理，完善管理人员内控防案履职评价体系实施办法，提高全行内控防案能力。加强合规管理，依法合规经营，加大重点环节和薄弱环节风险防控，有效地防范操作风险，实现安全经营无案件发生。执行支行新客户准入审议方案，落实法人、项目客户评估制度，土地四至管理、押品评估要求执行到位，从源头把控信贷风险。制定落实支行贷后管理考核办法，组织支行客户风险分析，定期开展各类自查工作，建立不良贷款处理呆账。年末，公司潜在风险压降100万元，任务完成率100%。完善员工行为动态管理，深化动态排查，明确基层网点部门负责人为案防第一负责人，按照“谁主管、谁负责”原则，建立一级管理一级、一级对一级负责的责任机制。

（郑少丽）

【中国建设银行德清支行】2021年，支行本外币核心存款71.38亿元，比年初增加12.98亿元；本外币各项贷款106.15亿元，比年初增加27.46亿元。不良贷款余额1141万元，不良贷款率0.11%，比年初下降0.05%。支行在2021年度全省第二组18家县域支行中获综合竞争力监测结果考核一等奖；荣获“2021年度金融支持地方经济发展考核”综合考核类一等奖和单项奖励类争先创优奖项；荣获德清县银行业金融机构2021年度综合评价A等行荣誉；荣获银行执行外汇管理规定A类银行，获得支持德清县中小企业发展专项奖励；获得金融机构第七轮安全评估第一名等荣誉。

银行业务发展　支行巩固个人资产业务，加强对公资产业务发展。加大对县域国有平台及制造业信贷客户的营销维护力度。公私协同，增强获客、活客和黏客等渠道及能力。实现县域内五大国有平台综合授信的全覆盖，新增综合授信119.5亿元；加大对重点客户、优质上市公司和民营企业的信贷投入力度；支持在德清当地有影响力的优质客户；强化与杭州分行联动，拓展杭资优质客户群体；德清云豆、建行生活、银驾通项目推进，拓宽客户合作的广度和深度；公私联动，加强与房产公司、建筑公司的合作。德清建行大力发展对公资产业务，发展个人资产业务，全年各项贷款余额突破100亿元大关，对公、个人贷款年新增均超额实现年初既定目标。

普惠贷款　发展普惠贷款，通过全员发动、全力营销，公司、个人普惠银监口径完成绝对量与计划完成率均列系统内排名第一；创新金融服务，践行新金融。履行大行使命、担当，发展“第二曲线”。在省、市分行和县委、县政府的支持下，全省首笔集体经济组织4000万元授信落地。11月，投放3000万元，该笔业务打通建设银行服务政府六级体系中的“最后一公里”，将新金融理念运用到实践中。投放首笔住房租赁贷款和首笔建信融资租赁，为高新区某地理信息企业办理首笔承诺性保函业务等。

公益性疫情防控监测系统平台　推动公益性疫情防控监测系统平台，通过“建行裕农通”公众号宣传做好防疫工作，为疫情防控做出建行人的表率。银行中共党员积极参与社区疫情防控工作，对社区居民进行疫情防控、疫苗接种等宣讲。全年前往对接社区开展活动156余人次。

银行安全工作　年初与各部门、各网点签订年度《安全管理责任书》，与员工签订安全生产责任书，在全行实行目标责任管理；开展员工异常行为排查活动，通过对员工逐个谈话、家访及走访信贷客户等方式掌握员工行为动态情况。通过人民法院、公安、工商等部门对员工涉案、涉诉、经商办企业等情况进行排查；开展案件防控工作。开展反电话诈骗和反假币宣传，做到客户提醒到位，严防案件发生。全年，德清建行堵截电信网络诈骗案件2起，为客户挽回资金损失1.3万元；组织全行员工观看警示教育片，增强全行员工廉洁合规从业和遵纪守法意识。组织全行员工进行消防培训和定期开展消防演练，开展安全工作；全年进行定期综合检查12次，对易发案时间不定时检查，全年实现“六无”安全目标和安全无事故。

（许　伟）

【中国银行德清支行】　2021年，支行本外币存款余额29.51亿元，比年初下降2.62亿元；本外币存款日均余额26.41亿元，比年初下降0.52亿元。本外币贷款余额为54.41亿元，比年初新增12.09亿元。其中，支行本外币公司贷款余额29.86亿元，比年初新增5.76亿元；本外币个人贷款余额24.58亿元，比年初新增6.33亿元。荣获2021年度德清县金融支持地方经济发展考评“三等奖”。

民营企业信贷投放　走访德清县政府，获取优质民营企业项目清单，对接德清交投、建发、文旅、高新集团四大融资平台，获取项目信息，合作平台中的优质项目，加深和当地政府的业务黏性。合作杭德轻轨、天谷智能生态城、莫干山世界外国语中学等一批重大项目。全年累计获批复项目5个，金额42.4亿元，实现投放8.6亿元，支持县内一批重大基础设施项目及重点绿色生态项目建设。

绿色信贷　响应市分行加强“绿色+”产品服务创新，陆续推出“Vocs减排企业专项贷”“绿色工厂星级贷”“工业碳惠贷”等绿色金融创新产品。将企业“碳效码”评价结果作为重要参考因素纳入授信全流程，旨在通过采取差异化的利率定价、授信额度、贷款规模等措施，引导信贷关键资源向绿色低碳方向倾斜。年末，支行绿色信贷余额14.74亿元，新增9.27亿元，绿色信贷余额占全部贷款比重为27.09%，高于国有大型银行绿色贷款占比要求。

授信结构调整　调整授信结构，加大对实体经济的服务力度。优化授信政策和综合服务方案，通过加大民营企业授信考核权重、完善抵质押相关制度、健全尽职免责和容错纠错机制、提高审批效率、降低融资费用等针对性支持措施，支持民营企业发展各项政策落到实处。“两增两控”口径普惠贷款余额7.85亿元，比上年新增3.94亿元，增幅100.77%，普惠口径小微企业贷款加权平均利率3.95%，比上年下降0.03个百分点。制造业贷款比上年新增3.19亿元，增幅93%。

金融服务　发挥国际化业务优势，加强与外管局、商务局等单位的合作，发挥其总分行、海内外以及多元化平台的优势提供跨境金融服务。全年实现国际结算业务量4.68亿美元，比上年增长18.62%；跨境人民币业务量5.47亿元，比上年增长92.79亿元。推进“我为群众办实事”活动，开展“红色引领办实事绿色服务进万家”“防诈拒赌”等主题活动，共同普及金融知识，将金融服务送到千家万户。本着客户至上的宗旨，网点员工详细记录每位客户的信息和联系方式，开展“上门服务”活动，帮助客户解决困难，提供优质金融服务。

风险管理　开展"管理质量提升年"主题活动，推动反洗钱管理质量提升和全面风险管理质量提升。开展全行授信风险大排查工作，健全风险管理机制，做好贷后全流程管理和监控预警。支行资产质量整体表现较好，不良贷款余额195万元（均为零贷不良），不良率为0.1%。

（蔡永高）

【湖州银行德清支行】　2021年，支行各项存款余额38.74亿元，各项贷款余额38.93亿元，其中"两增两控"贷款余额15.72亿元。对公日均存款余额18.44亿元，比年初增加1.02亿元，增幅5.86%。储蓄日均存款余额18.63亿元，比年初增加1.48亿元，增幅8.62%。荣获2021年度德清县银行业金融机构综合评价A等行；2021年度金融支持地方经济发展考核一等奖；"百合花·兔宝宝供应链项目"获得2021年市国资国企系统创新创优项目成果奖。

资产业务　立足本地，有效推进资产业务。抓好存量客户的维稳工作，通过"走企、助企、帮企"活动和贷后走访，守住维稳底线。抓好新客户的扩面营销工作，共营销公司新客户53户，金额3.61亿元。抓好业务创新和落地工作，重点突破的有老旧产业提升改造项目园区贷业务、园区法人按揭、地方国有企业基建项目保理业务、绿色乡村光伏贷、融资性保函等业务，投放园区项目贷款近1.4亿元、法人按揭超1.2亿元。抓好投行业务的投放工作，累计完成各类投行业务5笔，金额5.37亿元。

农村市场业务下沉　实现农村市场业务下沉。至12月末，各网点以农、林、牧、渔业为主的农户经营贷款投放329户，金额9209万元；以绿色金融赋能的"垃圾分类贷"投放83户，金额5513万元。发挥"湖银易贷"产品工具作用，通过发展农业产业供应链、发展整村授信，授信1395户，授信金额破2亿元，用信余额8310万元，启动专案50个，其中经营类占比76.21%，消费类占比23.79%。供应链业务稳健发展，百合花·兔宝宝供应链授信172户，授信总额6亿元，用信余额3.36亿元，比年初增加5500万元，贷款日均2.95亿元，比年初增9500万元，资产质量零不良。探索农业产业小供应链业务，其中以饲料生产供应商为核心的汉贝生物供应链业务，融合域内域外、线上线下的操作模式，完成授信客户54户，授信金额1517万元，用信1193万元。

风险资产处置　主动作为，处置风险资产。加快账销案存及不良贷款处置，对现有的账销案存贷款及不良贷款逐一进行梳理，进行一户一策分析，由风险管理部经理牵头落实处置进展，对每一笔账销案存落实处置责任人和领导责任人。通过一年的处置，支行收回账销案存金额20.64万元，不良贷款1431.33万元。

"绿色银行"建设　开拓创新，加强"绿色银行"建设。支行把绿金作为业务发展的重点，重点在绿色智造、乡村振兴和绿色流贷方向"寻绿""找绿"，在"绿色园区贷""全域生态贷""供应链"等绿色信贷产品上进行发力。至年底，绿色贷款余额比年初增加6.06亿元，其中绿色（央标）贷款余额比年初增加3.42亿元。在绿色金融创新上，支行完成湖州市第一笔碳排放配额质押"碳价贷"；"绿色乡村光伏贷"在新的德清模式下重新再出发，真正贴合"乡村振兴、共同富裕"，通过案例再设计，完成新投放近2400万元，帮助钟管镇9个村完成一期项目的投资。

（邱　雯）

【交通银行湖州德清支行】　2021年，支行人民币各项存款余额17.35亿元，比年初增加2.21亿元；人民币贷款余额约为28.77亿元，比年初增加5.18亿元。其中，正常类贷款余额28.76亿元，不良贷款余额145万元。在岸国际结算量4.19亿美元，比年初增加2.19亿元；全年安全无事故、无刑事案件。德清支行荣获德清县2021年度金融工作三等奖等荣誉称号。

信贷支持地方实体经济　围绕支持地方实体经济，绿色发展、科技金融，支行服务当地优质企业。为央企浙江中航通飞研究院有限公司获批中期流贷

5000万元，用于飞机研发；发挥长三角一体化优势，与上海分行联合授信，给予浙江智海化工设备工程有限公司敞口5亿元；为绿色工厂纳奇科化妆品有限公司获批4000万元绿色信贷敞口；多渠道参与城市基础建设投资，获批高新集团“双创园”项目5亿元，带动存款1.5亿元等。发挥国际业务优势，以介入核心企业方式，优化金融方案，为杭州中艺实业股份有限公司授信，将集团授信敞口增加1.3亿元。稳存量、扩增量，通过日常走访，采取名单制管理模式，组建柔性团队，实行“一户一策”服务机制，提升客户综合回报；加大上市和拟上市公司的联络，营销募集资金3.5亿元，等等。

服务小微、支持实体，创新业务开拓客户。支行率先将上级行推出的新产品积极落地，先后将“房二贷”“税融通”“经营贷”“惠民贷”“快捷抵押贷”“无还本续贷”“普惠E贷”等产品破零，开花结果，带来普惠客户的好评，形成客户带客户，客户转介绍的良好局面，通过新产品推广有效地推动普惠业务的发展。2021年，支行普惠业务新增客户65户，完成全年任务的151%，普惠贷款余额新增8708万元。

风险防范　严守合规底线，加强风险防范。由于支行客户经理入职时间较短，支行一直将风险防控作为首要任务，强化尽责履职，加强授信业务贷后监控管理质效，提升贷后管理工作。

“垃圾分类”工作　做好“垃圾分类”和创建文明卫生城市，贯彻扫黑除恶。支行按照县文明办要求每周配置一名行领导带队、三名员工参与，与永兴社区工作人员一起宣传垃圾分类和创建文明城市，对高地弄进行路长制管理，支行指派专职人员进行垃圾分类管理，对员工进行垃圾分类培训和指导。

（沈宇蓝）

【中国邮政储蓄银行德清县支行】　2021年，支行各项贷款42.7亿元（含公贷），比上年增长23.8%，其中小额贷款净增2.9亿元，再创历史新高。各项存款34.91亿元，比上年增长6.28%，不良率持续下降，较年初下降0.03个百分点。支行荣获总行“2018—2021年度先进集体荣誉”称号。

“礼赞百年·我心向党”主题活动　为庆祝中国共产党成立100周年，开展系列“礼赞百年·我心向党”主题活动。系统学习习近平新时代中国特色社会主义思想和党的十九大以及历次全会精神、集团公司领导重要讲话精神、党章党规党纪等重要内容。5月起，每周组织开展党史学习教育读书会活动；组织参加“学党史·听党话·跟党走”知识竞赛和“中邮先锋”十九届五中全会精神学习班和党史学习教育培训班；组织开展特色党日活动。参观党建主题公园、瞻仰德清县革命烈士纪念碑，拍摄歌颂红色革命歌曲《我们走在大路上》微视频、观看红色电影等，增强学习党史的积极性、主动性、自觉性。

银企合作助力乡村振兴　增强银企合作助力乡村振兴，开展钟管镇、雷甸镇等政府主办金融服务对接会，重点打造小微易贷银税互动产品，支持小微园区平台建设；连续第8年与团县委联合举办“5·28”青年创业贷款咨询对接会，吸引全县100余名创业青年参加，落地贷款1.06亿元，全年创建信用村144个，其中三星信用村5个，涉农贷款20.92亿元，较上年末增长24.15%。支持共同富裕示范区建设。优先保障重点项目的贷款投放，与五大平台公司中的三大平台开展合作，投放公司项目贷款1.7亿元，公贷结余金额7.4亿元，落地德清县支行首笔债券投资业务2亿元；响应“碳达峰、碳中和”国家战略目标，发放邮储系统内全国首笔民营企业碳排放配额质押贷款，被《经济日报》《上海证券报》《金融时报》等媒体采访报道，树立品牌形象，被评为“2021年度德清县金融系统宣传工作先进单位”。

风险管控　2021年，县支行运用多种风险管控手段，全年案件零发生。强化风险排查，逐级签订案防责任书7份，以风险与内控委员会、邮银协调会等为平台，传导压力、明确要求和落实责任。推进合规文化建设，开展案件警示教育、通报典型案例、组织全员开展“合规天天学”、开展合规“红五月”及系列学习教育活动，以学促规、以责促规、以技促规，推进“全员、全程、全面”守规。开展员工行为排查活动，对辖内员工日常行为表现进行检查与分析，杜绝风险隐患的发生；开展关键岗位轮岗，确保岗位轮岗率100%；建立员工亲属回避信息收集和督促机制。

市民卡激活业务　作为第三代社保卡的发卡行之一，提升老年人支付服务，到敬老院、福利院、农村等地开展上门服务，办理市民卡激活业务，多次被当地人行表扬且作为服务老年人案例在全县推广。组织开展“3·15”金融消费者权益日宣传、“金融知识普及月”和“反假币宣传月”等形式多样的活动，宣传普及金融知识。建立“防诈拒赌”网格化联系社区2个，乾元镇支行堵截诈骗事件1起。

（郑　聪）

【杭州银行德清支行】　2021年，支行各项存款余额为31.29亿元。其中，储蓄存款5.32亿元，对公存款25.98亿元。各项贷款余额43.90亿元，其中对公贷款36.18亿元，个人贷款余额7.71亿元；不良贷款率0.05%。支行业务稳健发展，全年无安全责任事故。

2021年，支行开展党史学习教育，提升服务质效，助力拓展融资渠道，以“债券+创新融资”多种产品形式组合营销，落地浙江首单绿色项目收益票据，项目资金用于德清新市古镇综合整治开发建设。此次票据的发行不仅满足发行人的融资需求，也降低企业融资成本，为提升农村人居环境，发展地区绿色金融作出贡献。

“清廉杭银”金融服务　支行立足从严治行，推动“清廉杭银”迭代升级。支行先后联合社区开展“‘3·15’金融消费者权益保护日”、防范非法集资宣传等50余次宣传活动。通过“请进来，走出去”的形式，线上宣传和线下活动相结合，提高社会公众的防范意识和识别能力，从源头上有效防范和打击电信诈骗等违法行为，维护广大群众的资金财产安全。6月，支行与群安社区建立金融助老网格化管理体系，举办现场授牌仪式，在群安社区服务中心设立金融助老服务点，为社区老年群体提供金融帮扶、咨询维权和金融知识宣传等多方位金融服务。10月，支行与武康街道祥和委员会成立家门口“红色银行”，每周驻点常态化做好金融爱老、助老、扶老工作。

内控管理风险教育　在业务发展及履行社会责任的同时，支行将内控管理放在首位，通过员工异常资金排查、异常行为排查、征信异常排查等举措，严防案件发生；落实常态化风险教育，关注员工八小时以外的动态，做到早预防、早发现、早查处，取得较好效果。注重企业文化建设，通过员工座谈会、个别谈话、走访客户、家访、征集合理化建议等活动，激发全体员工工作的主动性和创造性，推进支行整体经营管理水平的提高和各项目标任务的完成。

（张颜欣）

【浦发银行德清支行】　2021年，支行本外币一般存款余额29.40亿元，比年初新增11.13亿元；本外币贷款余额38.31亿元，比年初新增3.82亿元。资产质量保持优良。全年无重大案件事故和违法违规事件发生。

新冠肺炎疫情防控　按照上级分行和县委、县政府统一要求，配合做好新冠肺炎疫情防控工作。加强营业场所疫情防控。营业网点落实“三管理、三询问、三引导”管理机制，加强营业办公场所的消毒保洁管理。加大疫情防控正面引导。在营业网点播放疫情防控视频，宣传疫情防控和公共卫生知识，引导公众理性、科学应对疫情变化。

服务地方经济加大信贷投放　抓住长三角一体化发展带来的机遇，服务地方经济，对接营销长三角一体化和省、市、发改委发布的重点项目清单，围绕“两新一重”，加大投放力度。利用总分行支持政策，加强制造业中长期贷款推进和项目储备。提高政治站位，落实融资畅通工程工作要求，加大普惠金融、信用贷等推进力度。

绿色信贷科技金融推进浦发银行湖州分行《绿色金融五年规划实施方案》落地，加快推进绿色信贷，加大对科技金融、各类“治水治气”项目和重点产业转型升级支持力度，提高绿色信贷余额占比，激发辖内绿色创新活力，在德清打响“浦发绿创”的绿色金融品牌。

员工合规从业行为管理 把合规放到更加重要的位置，严字当头、严格管控。加强员工行为管理，加强合规宣贯与警示教育，促使全体人员树立合规从业理念，增强责任意识、风险防范意识和自我保护意识，提高合规从业、遵纪守法的自觉性，从根源上防范违规违法事件的发生。加强合规内控检查力度，严肃问题查处，坚持即查即改，举一反三，促进支行业务健康稳定发展。

牢固树立“服务创造价值”的理念，在环境设施标准化、服务标准规范化、客户服务个性化、专业化下功夫，提高网点核心竞争力，提升网点优质服务水平。开展公众教育服务活动，向公众普及金融知识，提高公众识别和防范金融风险的能力，履行社会责任，树立浦发良好的社会形象。

（戴建华）

【德清湖商村镇银行】 2021年，全行各项存款余额34.03亿元，比年初增加3.85亿元。其中，储蓄存款23.9亿元，比年初增加4.58亿元。各项存款日平均32.83亿元，比年初增加5.96亿元。各项贷款余额30.73亿元，比年初增加3.70亿元，各项贷款日平均28.92亿元，比年初增加4.33亿元。贷款户数达9551户，比年初增加489户。全行户均贷款为32.17万元。惠农卡授信余额30.48亿元，授信户数1.8万户；惠农卡用信余额10.82亿元，用信户数5506户。累计发卡7.2万张，比上年新增8201张。五级不良贷款率0.32%，比年初下降0.06个百分点，资产质量总体平稳。全年各项业务收入2.2亿元，利润总额4750万元，成本收入比为57.9%。2021年度被评为在浙金融机构支持浙江经济发展改革创新优秀单位、全国服务县域经济十佳村镇银行、德清县金融支持地方经济发展二等奖和绿色发展奖等。年内，新设康乾支行和健康路支行，累计设立19个网点，在德清所有乡镇都设立分支机构，实现县域机构全覆盖，区域网络成形，发挥村镇银行农村金融生力军的作用。

农村宅基地使用权抵押贷款 2021年，创新业务与产品，助力乡村振兴，支持共同富裕示范区建设。深耕农村市场，参与农村地区重大改革试点。配合德清县关于农村宅基地制度改革的试点工作，推出“宅小贷”农村宅基地使用权抵押贷款，率先在莫干山镇试点开展，成为全国首批发放宅基地使用权抵押贷款的银行之一，通过农村综合产权抵押贷款，激活农村产权这一“沉睡的资源”，为农村经济发展注入新动力。

整村授信 推进整村授信，提高农户小额贷款授信覆盖面。开展移动营销平台上门办贷，推广“惠农卡”小额贷款卡，为农户提供一笔随借随还的长期免抵押、无担保、低利率的“家庭备用金”，保障群众干事创业不差钱，做好“足额、便捷、便宜”的用信服务引导，提升农户用信比例。2021年年末，整村授信覆盖面达75%，授信农户达1.8万户，授信金额超30亿元。

金融宣讲普及金融知识 开展金融宣讲，普及金融知识。由客户经理进村入户开展拓客会活动，普及金融知识，全年19个营业网点累计开展活动1000余场，受众人数1万余人，在农村地区取得良好的宣传效果，提升农村市场的普惠金融服务质量。提升农村地区支付服务水平。优化银行卡助农服务，开发代缴水费、代扣公积金、代扣税费等业务，与新安镇利民水务、士林益康水务签订合作协议，有590余户农户签约代扣水费业务，为其减免相关手续费；对接银联开发德清县校服收款码，对接8家服装企业和45家学校，实现校服费用线上缴费，全年累计交易额970万元，方便学校收费管理，提高农村地区支付结算的便利性和安全性。

（薛晓丽）

【中信银行德清支行】 2021年，全行一般性存款余额37.69亿元，比年初增加0.6亿元。其中，对公一般性存款余额30.86亿元，比年初增加0.27亿元；对公一般性存款日均余额30.38亿元，比年初增加1.2亿元。个人存款余额6.82亿元，比年初增加0.33亿元；个人存款日均余额

6.44亿元，比年初减少0.05亿元。各项贷款余额72.5亿元，比年初增加11.95亿元。

资产投放渠道拓宽　拓宽资产投放渠道，突破传统表内贷款业务模式，营销开展投行业务，带动各项业务稳步发展。加大自身业务营销的同时，协同中信集团优势做好市场业务的拓展。5月，发行建发集团4亿元PPN绿色债券。支行累计投资各类债券9次，合计金额11.4亿元；承销的建发集团30亿元中票，累计发行24亿元。个贷业务方面，运用住房按揭、房抵贷等大单品，做大个贷规模，重视与开发商的合作，对接政府部门、中小企业科技园，通过获取的小微企业名单，分人分区域进行电话营销、上门拜访，通过现有存量客户实施产品推介，实现链式营销；通过市场经理走访营销潜力客户。全年，住房按揭余额14.82亿元，比年初增加4.13亿元。

普惠贷款　贯彻国家和总分行方针政策，开展普惠业务，实施普惠业务专项考核，加大普惠业务的投放量。截至12月，零售普惠贷款余额为3.18亿元，较年初增加5180万元，对公普惠贷款余额1.79亿元，较年初增加2309万元。全面梳理区域内优势行业和优势企业，提高与区域内实体企业龙头、优质上市公司的合作覆盖面。利用总行审批授权逐步下放，“一户一策”尽快推动项目落地，调整支行贷款结构比例，民营企业和制造业贷款比年初分别增加5.52亿元和2.53亿元。

党史学习教育　支行开展各项活动。3月，与祥和社区共建开展走访慰问困难老党员活动；4月，与党建共建单位——德清县建设投资有限公司开展“重温红色记忆·传承红色基因”党史学习教育；5月，组织员工开展“学党史·庆百年·答千题·走万步”健步走活动，组织党员和员工参加“共读百年党史，汲取精神力量”线上读书班，在全行营造“学史明理、学史增信、学史崇德、学史力行”的精神氛围，迎接党的百年生日；7月，组织党员参加县政府开展的“学习重要讲话·践行初心使命”万名党员集中服务月活动；国庆前夕，慰问结对困难群众；12月，与县建发集团、千秋社区共同组建“未来社区”党建联盟，助力打造共同富裕示范区先行地标杆。

（顾　雯）

【招商银行湖州德清小微企业专营支行】　2021年，支行人民币存款余额12.37亿元，其中公司存款余额9.95亿元，零售存款余额2.42亿元。各项贷款余额21.86亿元（含湖州），其中公司贷款余额9.15亿元，零售贷款余额12.71亿元。全年支行无重大风险事项，无案件和责任事故发生。

深化金融供给侧结构性改革，做好金融支持稳企保就业工作，提升民营企业金融服务水平，开展“百地千名行长进民企业送服务”专项活动。活动期间，走访企业30余家，与支行有合作意向的企业14家，其中开展合作10家、授信6家，授信金额6.3亿元，授信放款2家，放款金额1.72亿元。

信贷投放　加大对实体经济尤其是中小企业、科技创新、绿色经济等的信贷投放，促进综合融资成本下降，助力稳增长。支行多次对小微企业进行定价调整，小微企业抵押贷款最新定价最高可下调100BP，利率最低降至3.85%。开展创新融资，将核心企业经营与供应链中环拓展紧密结合起来，从N端开发普惠小微优质客户，通过供应链融资模式为19家供应链小微企业发放低息普惠金融贷款1.7亿元，实现普小微贷款持续量增价降，企业综合融资成本稳中有降。

金融知识宣传活动　履行银行主体责任，开展金融知识宣传活动，配合落实“3·15”金融宣传，“普及金融知识，守住钱袋子”宣传、“‘6·14’信用记录关爱日”暨“传承红色基因·践行征信为民”专题宣传、“防范非法集资警示教育”宣传、“现金服务提质效、残币回收进村镇”集中宣传以及2021年金融知识普及月宣传活动，做好知识惠民。配合公安部门做好“‘225000’防诈热线”的宣传工作，关注客户汇款、开户时等的异常情况。全年，支行堵截防范新型网络电信诈骗2起，减少客户损失8万余元。

（沈　鑫）

【华夏银行德清支行】 2021年，支行一般性存款余额19.08亿元，比年初增加2.1亿元，一般性存款日均20亿元，比年初增加1.4亿元；贷款余额34.2亿元，比年初增加3.3亿元。

“商行+投行”业务战略持续推进　在投债业务上有新突破。支行参与湖州莫干山高新集团有限公司2.1亿美元境外高级固息债券。作为联席账簿管理人及主承销商，创德清有史以来无评级境外债最大发行规模和最低票面利率，该单业务为杭州分行有史以来的首单境外债承销，支行实践“商行+投行”经营策略，贯彻落实总分行“投承联动”精神，与香港分行合作拿下承销份额。

金融回归实体加快转型　扩大金融服务民营企业、制造业的深度和广度。年内，新增浙江欧诗漫美容科技有限公司授信净额5000万元、浙江嘉宜实业有限公司授信净额3000万元以及浙江天马轴承有限公司周转新增授信净额4000万元，全年新增制造业贷款5028万元。

个人业务　德清支行2021年度把存款业务、金总业务、发展个人客户数、个人消费贷款、代销类基金及信用卡营销作为个人业务的工作重心。支行全年个人存款完成率居分行第二位，仅次于吴兴支行；个人存款日均占比完成率居分行第一位；新增消费贷款、授信客户及信用卡有效卡业务完成率居分行第一位；新增个人贵宾数、个人基础客户数完成率居分行第一位，新增批量引流有效客户数在分行完成率中排名第二；新增有效POS商户及新增代销基金量完成分行下达的全年季度任务。

反洗钱工作　开展反洗钱工作。按照监管机构和分行大额交易和可疑交易报告流程，支行加强以开立账户或其他方式与客户建立业务关系的身份识别要求，运用客户洗钱风险评估管理系统，做好客户风险等级分类管理工作。落实特色产品的洗钱风险评估，加强机构成员部门之间的交流与合作，动态管理产品洗钱风险等级。

金融宣传教育　支行不定期对业务人员进行关于金融消费权益保护工作的相关培训，且在营业网点内部设立LED字幕和电视大屏，对消费者进行日常教育，开展“3·15”消费者权益日、6月“普及金融知识，守住钱袋子”、9月“金融知识进万家宣传”活动。全年德清支行举办金融知识讲座72场次，参与人数3600人次，发放宣传资料6300余份，通过系列活动，线上线下受众7.8万人次，提升金融消费者防诈骗、拒绝非法集资等方面的防范意识。

（张伟良）

【泰隆银行德清支行】 2021年，支行各项存款余额5.03亿元，比年初增加0.88亿元，其中企业存款余额1.66万元，储蓄存款余额3.37万元；其他存款余额5万元。各项贷款余额8.38亿元，比年初增加1.46亿元，其中短期贷款5.3万元，中长期贷款3.08万元。全年支行经营平稳增长，无重大风险事项，无案件和责任事故发生。

社区化业务　夯实业务基础，业务稳步发展。做深做透社区化，提升子社区产效。以智慧社区建设为抓手，数据化驱动、精细化管理、系统化支撑，推动社区化升级。借助小微金融地图，在“三匹配”的基础上，重点推进社区建档与客户建档，通过社区化的推进促进业务良性发展。对社区的占有率提出要求，在该核心指标下通过社区活动、入户走访等形式不断提升主推子社区市场占有率。提升综合经营能力。在全面存量业务时代，更要着眼存量客户的深度挖掘，包括“口袋里的存量”和“社区里的存量”。提升多产品营销水平，强化综合服务能力，在综合经营水平、利率定价、组合营销、方案设计等方面形成案例与进行培训，通过“理论知识+案例分享”方式授课，达成专业金融服务能力的持续提升。

银行网点变革工作　推进网点变革工作，确立网点变革主题，将每月23日作为“泰隆日”加强网点服务。做好服务营销案例的汇总、提炼、分享。关注柜面服务营销举措及成果，强化服务营销意识及技巧的培养，把握厅堂活动的整体开展，有主题、有人气、有目标，确保取得实效。提升服务满意度，加强限时服务提升和缩短客户等待时间。保持柜面零有效投诉目标。

（程　蓝）

【浙商银行德清支行】 2021年，浙商银行德清支行本外币各项存款余额9.55亿元，其中个人存款余额3.12亿元，公司存款余额6.43亿元。资产业务余额31.38亿元，其中公司表内贷款余额8亿元，公司表外及表表外资产业务余额13.21亿元，个人贷款余额6.01亿元，行标小企业贷款余额4.16亿元。全年实现营业收入0.73亿元。全年无重大风险事项，无案件和责任事故发生，荣获德清县人民政府“创建全国文明城市集体嘉奖”、浙商银行杭州分行“抗疫工作先锋团队”等荣誉称号。

浙商银行平台化　支行发挥浙商银行平台化产品优势，灵活组合运用，为企业提供综合金融服务方案。运用资产池、出口池、应收款链、余值贷、政采贷、人才支持贷、标准厂房贷等产品满足不同客户需求。运用合作贷（点易贷）产品，向浙江华杨科技有限公司下游设备采购商发放贷款，该笔业务为湖州分行首笔合作贷业务。在“三为”专题实践活动中运用“政采贷”产品向德清小米医疗科技有限公司发放贷款。支行贯彻平台化服务思维，帮助企业降负债、降成本，展示浙商银行特色，打响浙商银行品牌。

支行打造和谐企业文化，提升员工的获得感、归属感，组织员工深入社区、企业、学校、市场等地宣传防电信网络诈骗、防范非法集资、反洗钱知识、存款保险制度宣传等，参与德清县创建全国文明典范城市路长制活动、网格化活动。开展“慈善一日捐”“致敬城市守护者”公益赠饮等活动，营造良好的舆论氛围，树立浙商银行的良好形象。

（姚晓华）

保险业

【中国人民财产保险股份有限公司德清支公司】 2021年，支公司累计实现保费收入4.44亿元，比上年增长5.62%。支公司市场份额平稳增长，至年末，总保费规模占县域保险市场份额占比达59.44%，其中车险县域市场占比49.51%，非车险县域市场占比71.15%。服务方面，全年保监零投诉，服务质量屡获好评。2021年荣获德清县“创建全国文明城市集体嘉奖”“2021年度金融工作综合考核一等奖”“金融系统宣传工作先进单位”。

政保合作　加强政保合作，与德清县人民政府签订全面战略合作协议。与县医保局共商完善商业补充医疗保险，推出“南太湖健康保”，参保率突破60%，完善多层次医疗保障体系。与县自然资源和规划局达成合作协议，承保全县大型野生动物肇事公众责任险，为野生动物“闯祸”买单，推动野生动物保护事业发展。

保险服务项目　开拓创新发展，落地全省首单“舌尖安全保”；中标全市首个通用类机场保险服务项目，护航德清莫干山机场资产定制保险和机场责任险项目；开出全市首单“护身福”疫苗异常反应补偿保险；实现支公司首单企财险国际业务；独家承保杭州师范大学附属德清医院财产保险。首台（套）业务上实现零的突破，与县商务局签订2021年小微企业出口信用险“政府统保合作”协议，保障德清2020年度出口额低于500万美元的小微企业的出口应收账款安全。

警保合作　深化警保合作，作为唯一一家保险机构协办单位参加全县“知危险·会避险·守护安全成长”为主题的中小学生安全教育日活动。与交警大队一起赠送2900个头盔用于校园爱心头盔角建设，为校园交通安全建设拉起“安全带”，“警保合作”助力县域交通安全向纵深发展。

提升服务能力，服务乡村振兴，保障农户需求。首席入围县政策性农险承保机构遴选项目，落地全市首单水稻种植全成本补充保险地方特色险种，开展的政策性水稻种植保险、水稻价格指数保险的基础上，为县域水稻种植户提供的第三重保障，响应保障国家粮食安全战略。

（颜晓玲）

【中国人寿保险股份有限公司德清县支公司】 2021年，支公司完成保费收入4.2亿元，比上年增长7.39%。其中，长期险首年标准保费2842.44万元，比上年下降37.58%；新单保费（含短险）1.06亿元，与上年持平；首年期交7711.24万元，比上年下降0.07%，10年期及以上首年期交4270.03万元，比上年下降10.67%，短险2872.59万元，比上年增长2.16%。市场份额为39.07%。

年内，坚持依法合规经营，加强风险管控。在销售队伍中开展诚信文化教育宣导，设立诚信墙、开展职场宣讲、合规专题培训等形式，以及风控联络员机制的实施，提高队伍的合规经营意识。在公司内开展防范和处置非法集资、反洗钱宣传月与专项排查、扫黑除恶及禁毒宣传、非保金排查、保险中介市场乱象整治及风险大排查“回头看”、重点风险专项治理等一系列合规管理动作，为公司发展营造良好内外部环境。

全年发生各类赔款及给付6775.19万元。其中，赔款支出1533.42万元，死亡及伤残给付443.23万元，医疗给付990.22万元，满期给付2731.3万元，年金给付1077.02万元。社会保障事业发挥社会“稳定器”和“减震器”的功能。

（童晓方）

小额贷款

【概况】 2021年，德清县内小额贷款公司有5家（德清升华小额贷款股份有限公司、德清德华小额贷款有限公司、佐力科创小额贷款股份有限公司、德清金汇小额贷款有限公司、德清美都小额贷款股份有限公司）。五家小贷公司由县内上市公司发起设立，总注册资本29.83亿元，贷款余额29.06亿元，当年累计支农支小2184家次，放款37.33亿元，有效助力小微企业及“三农”发展。自2008年德清县开展小额贷款试点工作以来，全县五家小额贷款公司累计发放贷款633.92亿元，服务小微企业和“三农”3.05万家次。

【合规经营】 根据省、市统一部署，组织落实对小额贷款公司开展2021年度监管评级，4家小贷公司获评省地方金融监管局优秀及以上监管评级，其中佐力小贷、金汇小贷获评A+，德华小贷、升华小贷获评A。

【创新发展】 佐力小贷公司荣获中国金融出版社主办的第四届（2021）中国金融年度品牌案例大赛社会责任年度案例奖。佐力小贷公司450万欧元的境外贷款，在优化融资结构的同时有效降低融资成本。德华小贷开拓产业链金融，与银行业机构开展合作，与核心企业紧密配合，引导银行信贷资金进入兔宝宝产业链产供销各环节；以兔宝宝公司应付供应商账款为资金池，用自有资金开展资金池业务，支持供应商增量扩产，全年产业链金融业务余额4.5亿元，其中银行合作贷款余额4.2亿元，自有资金贷款余额0.3亿元。

融资担保

【概况】 2021年，德清县获得经营许可证的融资性担保公司共6家（德清县科技融资担保有限公司、德清县农业发展融资担保有限公司、德清县民兴融资担保有限公司、德清万生融资担保有限公司、德清县融资担保有限公司、德清县商务融资担保有限公司）。全县注册资本5000万元（含）以上的有3家（德清县科技融资担保有限公司1亿元、德清县民兴融资担保有限公司5000万元和德清县商务融资担保有限公司5350万元）。注册资本3000万元（含）到5000万元的1家（德清县农业发展融资担保有限公司3300万元）。注册资本3000万元以下的2家（德清县融资担保有限公司和德清万生融资担保有限公司各注册资本金2000万元）。全年全县6家融资性担保公司担保总额7.17亿元，在保余额6.69亿元，其中科技担保、商务担保当年担保总额超亿元。

【支农支小】 6家融资性担保机构规范运营，发挥支持小微企业发展的“桥梁”作用，有效减少企业间互保联保所带来的经营风险。全年累计支农支小849家次，担保总额达7.17亿元，有效助力小微企业和“三农”发展。

（林成杰）

◆环境保护◆

综　述

【概况】 2021年，德清县以生态惠民、生态利民、生态为民为出发点，构筑蓝天常在、绿水长流的人与自然和谐共生美丽德清，县域环境质量保持平稳。省对县交接断面水质考核优秀，全县18个地表水常规监测断面水质均达到Ⅲ类水以上，地表水环境功能区达标率100%，对河口饮用水源地水质连续12年稳定达到Ⅱ类水质，达标率100%。全县$PM_{2.5}$浓度均值为27微克/立方米，环境空气质量优良率为91%，空气质量综合指数为3.36。2020—2021年连续两年空气质量六因子均达到国家二级标准及浙江省县级“清新空气示范区”标准。全县各类城市功能区昼间、夜间环境噪声均达标，区域环境噪声55.7分贝，区域昼间声环境总体水平为三级。2021年，德清县夺得“五水共治”(河长制)工作优秀县“大禹鼎”金鼎，以88.23分在全省90个县(市区)中列第26位，全省排名上升7位，成为全市唯一一个连续两年生态环境满意度双提升的县区。

【环境监测】 2021年，德清县环保局按照《2021年环境监测工作要点》，开展水、气、声、土壤等环境质量监测、重点污染源监督性监测、“河长制”监测、乡镇交界断面水质监测，全面了解县环境质量、加强环境管理提供科学依据。拓展无人机、走航车、大数据分析等科技手段以及用电监控等非现场监管手段在执法工作中的应用，加快推动企业自行监测信息公开工作。完成11个镇(街道)PM_{10}因子增设并全部联网；新建成3座地表水水质自动站及城区14个大气微站，全年提供各类监测数据38万个。

【环境管理】 2021年，编制完成《德清县生态环境保护“十四五”规划》《打造数字化美丽山水田园城 高水平建设新时代美丽德清规划纲要(2020—2035)》。开展工业园区“污水零直排区”标杆建设，德清工业园区被列入全省13个工业园区“污水零直排区”标杆建设园区之一，推进省级水生态修复示范试点县建设。完善工业企业“阳光排污口”建设，完成1613个京杭运河、东苕溪和菱湖塘德清段入河排口排查、监测、溯源、整治工作。强化VOCs源头削减，完成20家企业源头替代工作，180辆非道路移动机械完成电动化替代。全市第一个建成LDAR数字化管理系统，完成4家企业LDAR检测与建档信息数据导入。27台4蒸吨以上生物质颗粒锅炉完成在线监测设施安装或改成清洁能源。正式启用“德清县一般工业固废收贮运一体化中心”“再生资源分拣中心”和德清县危险废物收运处一体化中心。建立全省首个污泥跨区域处置生态补偿机制，从源头防止污泥的跨区域倾倒。推进全县无废城市创建，完成13个创新推广案例和4个先进适用技术，创建76个“无废细胞”。

【环保执法】 2021年，围绕生态环境治理中心，开展系列生态环境执法行动，严肃查处涉水、涉气、涉固废生态环境违法行为，强化公检法环联动。开展“利剑”系列、危险废物治理、“洗楼”式排查等专项执法行动。化解群众关注的环境问题，信访总量比上年下降13.4%，重点信访量下降54.72%。第二轮中央生态环境保护督察交办件36.33件中完成整改35.33件，整改完成率97.2%。建立县级环境专项应急物资库，推动问题发现机制落地实施。破获的“全国首例违法使用消耗臭氧层物质环境刑事案件”入选最高人民法院2021年度十大典型案例，被联合国环境规划署司法门户网站作为10件中国环境资源司法案例予以刊载并给予高度评价。

【环保宣教】 2021年，搭建宣传多元化矩阵，形成全方位、深层次、立体式的生态环保宣传网络。全年对外发布信息2676篇，其中省级以上媒体报道67篇。以“6·5”环境日、浙江省生态日等生态环境重要节日为契机，组织开展亲子活动、入户宣传、专版报道、知识竞答等系列活动。邀请全县重点环境监管企业负责人参与“我是环境守护者”宣誓活动，树牢企业污染防治主体责任意识。推进环保设施公众开放活动，在全县范围内组织3家具备条件的环境监测设施、污水处理设施和垃圾处理设施向社会公众开放，做到近距离接触、全方位了解。全年，组织开展线下活动3场、线上活动2场，保障群众的知情权、监督权。

【全国绿金试验区首笔碳排放配额质押贷款】 2021年，破解要素制约，通过环评审批情况梳理、行业整治核查等方式，挖掘出可替代总量VOCs100余吨、NOx70多吨，为全县“大好高”项目落实储备空间。发放全国绿金试验区首笔碳排放配额质押贷款，湖州新市加怡热电有限公司以持有的7.5万吨碳排放配额作为资产，通过全国动产融资统一登记公示系统质押登记和公示后，获得湖州银行德清支行发放的300万元“碳价贷”。

【首批零碳街道试点】 2021年，下渚湖街道入选全省首批零碳街道试点，莫干山镇北湖村、仙潭村入选低碳村试点，下渚湖街道和睦村入选零碳村试点。

（陈　川）

“五水共治”

【概况】 2021年，德清县开展“找寻查挖”专项行动、水生态修复项目建设、断面水污染防治攻坚专项行动等相关工作，全县治水成效显著。下渚湖入选2021年全国美丽河湖优秀案例（全市唯一）。全县河湖长制及“两污”工作（即“污水零直排区”建设、农村生活污水治理工作）在省级相关会议上作经验介绍。“五水共治”宣传片在省治水微信公众号展播，《德清县乾元镇大力推进“治水”领域数字化转型连续两年获评省级优秀》获得市领导批示肯定。德清县连续八年夺得“大禹鼎”，是湖州市唯一夺得金鼎的区县（全省仅两个县级城市获此殊荣），以实际行动奋力践行“绿水青山就是金山银山”理念的样板地和模范生。

【“找寻查挖”专项行动】 2021年，德清县在全面落实“河（湖）长制”的基础上，依托社会治理“一张网”和镇街“一室四平台”的机制优势，将“找寻查挖”工作内容纳入基层网格化管理体系。根据镇村地域、水系分布和涉水重点行业、重点企业、重点区域，划分三级网格1206个，网格长和网格员1530人，建立网格化水环境监管体系和定期巡查责任制度，确保问题隐患排查整改全覆盖、无死角。上半年，社会各界群众参与巡河7.65万人次，上报问题线索2100余个，列入问题清单162个。全年被省治水办转发“找寻查挖”优秀案例4个，被市治水办转发信息18条。

【“五水共治”数字化治理遥感监测平台】 依托地理信息小镇技术优势，结合德清“城市大脑”和“数字乡村一张图”平台建设，采取政府购买服务方式，引进运用无人机、无人船、遥感、人工智能等科技手段开展巡河、监测和走航检查，研发制作《德清县“五水共治”数字化治理遥感监测平台》数字化场景运用，实现问题自动识别、数据实时上传、事件闭环处置等功能。上半年，委托第三方使用无人机巡检飞行河道280余千米，德清全域遥感监测1次，无人船国控断面科技走航检查河道3条42千米，发现河道垃圾、水域侵占、小微水体水质反弹、渔业养殖尾水直排等问题482个，河岸非法泥浆装卸点9个，建立沈家墩国控断面区域三维景观模型29平方千米，有效弥补工作人员问题难发现、点位难到达和巡查效率低的短板。全年组织自查互查2200余人次，排查点位3200余个，发现问题1230个，其中重大问题8个、一般问题1222个。下发交办督办单112件，其中督办单47件、交办单65件，督促限期整改完成。

【水生态修复】 2021年，德清县开展东苕溪湘溪片中小流域综合治理、十字港水系综合治理、苕溪清水入湖河道整治后续等工程，推进“水系连通及农村水系综合整治试点县”各项工作。完成美丽河湖建设3条，全部通过省级验收，完成建设水美乡镇3个、水美乡村15个。围绕水韵湖城工程，谋划以“水下森林”为主的水生态修复项目建设，编制《全域水环境生态修复三年行动计划》，为高质量完成水生态修复建设工作指明方向。以下渚湖、东苕溪中心区域为主，在全县培育“水下森林”15个、生态美丽河湖20条，蠡山漾获选第一批全省“五水共治”实践窗口。

【断面水污染防治攻坚行动】 2021年，德清县18个县控以上地表水监测断面年均水质均达到Ⅲ类以上，满足功能区要求比例100%，与上年持平，省、市交接断面考核结果均为优秀。开展3个国控断面巡航溯源，对周边企业开展排查，督促企业开展雨污水管网整治，完成雨污分流改造。开展“污水零直排”回头看，对创建质量不高的单元开展提升整治。完成入河口排查1613个，逐一明确入河排污水口整治要求，分类推进入河排污水口规范整治。启动菱湖塘5千米航道清淤工作，组织人员对东苕溪洛舍段进行蓝藻打捞。建立交通、公安、环保、水利、城管等部门定期联合执法机制，就断面水污染防治和水路渣土（泥浆）监管开展“雷霆行动”，查处相关船84起（艘），罚款21.25万元，取缔14处水上临时卸泥点。

【河湖长制】 2021年，德清县组织开展县级河湖责任部门业务培训，调整县镇村三级河湖长和责任单位，进行河湖长交接，督促各级河湖长履职，推动“四率”稳定保持100%。与余杭区治水办联合召开“流域共治”一季度联席会议，启动问题联查联办协同机制。落实河湖健康评价工作，根据《浙江省河湖健康及河流水生态健康评价指南》，修改完善检测指标，加大与高校、专业院所的合作，全面分析水文水质指标、生态环境功能以及生物数量与种类等15个指标，有效推进全过程河湖精细化管理。会同浙江工业大学环境学院，评价水域面积1.26平方千米，召开健康评价报告评审验收，为科学编制“一河（湖）一策”提供重要依据和参考。

【全民治水】 2021年，德清县推广公众护水平台，累计完成注册6.8万人，活跃度保持在60%以上，申请兑换绿币612万枚。举办“红领巾治水征文比赛”“德清嫂巡河护水公益行”“世界水日中国水周主题宣传暨守护碧水迎建党百年活动”“2021小河长开学第一课”等活动，累计发放宣传折页15万余册。各镇（街道）开展“携手五水共治共享碧水蓝天”“钟姐姐‘五水共治 垃圾分类’宣传活动”“舞阳水密码·念好‘节水经’·清流润农田”等系列活动，调动和发挥全民治水的热情。全年在《人民日报》《经济日报》《中国环境报》《中国水利报》《浙江日报》等各类媒体宣传报道200余次，其中省级以上主要媒体宣传61次。省、市“五水共治”简报分别录用信息7篇、11篇，省治水微信公众号录用9篇。

（陈　烨）

城乡公用事业

综　述

【概况】　2021年，德清县城乡建设规划引领，建立德清县空间规划体系，形成县级、镇级和总体规划、详细规划、专项规划的“两级三类”国土空间规划体系。全年召开县规划管理委员会会议5次，讨论通过项目规划设计方案34个，涉及总用地面积104.8万平方米、建筑面积254.18万平方米。贯彻落实省委、省政府关于数字化改革的决策部署，推进省域空间治理数字化平台德清应用场景建设。

【城乡规划】　2021年，德清县主动谋划《杭州城西科创大走廊德清片区发展规划》《德清莫干“论剑谷”总体规划设计》《杭州德清区域协同发展研究》等重要规划战略，配合湖州市自然资源和规划局编制完成《湖州市大运河核心监控区国土空间管控细则（送审稿）》；完善国土空间总体规划方案，做好自然资源家底梳理，完成3大平台及13个镇（街道）的“一镇一梳理”及21个部门的“一部门一对接”工作；加快详细规划的编制进度，按照省自然资源厅第一批村庄规划编制和实施监督省级试点要求，开展东衡村和龙胜村的实用性村庄规划编制，在龙胜村谋划共同富裕示范区；建立“六个一”控规一张图入库体系，德清县完成控制性详细规划一张图建设的有关经验被《浙江自然资源通讯》录用交流；推行建设项目规划选址和用地预审合并办理，出具建设项目规划设计条件130件，办理规划审批事项1134件，其中办理建设项目方案审查298件。

【测绘与地理信息】　2021年，德清县以“整体智治”理念为指引，贯彻落实省委、省政府关于数字化改革的决策部署，在省市相关部门的指导支持下，聚焦数字赋能，推进省域空间治理数字化平台德清应用场景建设，以地理信息深度应用探索共同富裕实践路径。通过地理信息海量数据服务、平台建设升级、应用技术改革，推进“地理信息+”产业共融共享共赢，进而加快推动城乡一体化，为湖州德清加快打造“无差别城乡”推进共同富裕贡献地理信息新作为。

地理信息遥感数据应用入选联合国优秀范例　德清县地理信息遥感数据多场景应用相关做法入选联合国可持续发展优秀范例，作为浙江省唯一案例入选国家《数字乡村建设指南1.0》，数字赋能乡村智治获省委书记袁家军充分肯定。加强测绘管理工作。2021年，县自然资源和规划局完成32家测绘资质企业的复审换证工作，完成测绘项目报送审核500余项。做好对辖区内从事综合测绘企业的质量管理，促进行业发展，出台《关于加强工程建设项目综合测绘质量管理的通知》，建设“德清县综合测绘管理系统”，为数字化改革做好服务保障。5月25日，浙江省测绘应急演练在德清县举行。

（童兰兰）

美丽城镇建设

【概况】　2021年，德清县围绕市委、市政府关于推进“美丽城镇”长效管理和“两美”创建工作部署要求，县乡一体、统筹推进各项工作任务，实现全县城镇面貌大幅提升，建成莫干山镇、武康街道等3个市级“美丽城镇（街道）”长效管理示范镇（街道），“两美”创建整体工作排名全市第一。

【美丽城镇建设常态长效管理】　2021年，德清县建立由县综合执法局、县创建办、县小城镇整治办牵头，19个职能部门、13个镇（街道）协同参与的工作领导小组，制定《德清县“美丽城镇”长效管理实施方案》，明确20个方面的具体任务。制定《德清县“美丽城镇”长效管理考核标准及评分细则》，细化18大类重点任务及209项评分细则。“三合一”督考组每月按专业领域以“必查+抽查”形式，深入13个镇（街道）7个小集镇开展督考，落实“督查、整改、回头看”闭环，将考核结果纳入全县“季度考核亮牌”、县对镇（街道）年度综合考评内容。分析每月考核情况，梳理形成占道经营等常态化问题、流浪犬只等反弹类问题、道板破损等设施类问题3张“负面清单”，打好条块协同的“问题攻坚组合拳”。开展城镇秩序、小区管理、建筑工地、基础设施改造等七大重点领域综合整治，加速问题销号归零，2025个“负面清单”问题全部整改，销号率100%。

【“两美”创建提标争先】 2021年，德清县制定“美丽小区”“美丽街巷”实施方案及百日攻坚行动方案，成立“一办五组”进行分类指导，推进各项工作。对照“十美八景”标准，对40个创建对象（20个美丽小区、20个美丽街巷）开展督导300余次，开展业务培训35次。以“问题清单”“项目清单”“责任清单”“进度清单”四张清单为抓手，面上梳理问题297处，罗列项目145项，推动镇（街道）靶向攻坚能基本解决的突出问题852个。小区、街巷因地制宜突出亮点特色，进行彩绘150余处，设立标语200余处，建立23个家园党支部，15个红色物业，呈现出欣宋嘉园“残疾人之家”等主题鲜明的20个美丽小区，峥嵘街“埠”文化等特点突出的20条美丽街巷，整体工作排全市第一名。

城市管理

【概况】 2021年，德清县坚持以庆祝中国共产党成立100周年为主线，以全国文明城市创建首次复查测评为圆心，结合“两美”创建、城乡人居环境提升、“智慧城管”建设等重点中心工作，融合社会治理现代化理念，探索创新精细化管理路径，构建起“像绣花一样精细”的城市管理工作体系。全县在取得2020年度全国文明城市县域第一成绩的基础上，又摘得中央文明办首次复查测评成绩全国第一名，受到中央文明办通报表扬。

【细化标准抓质量】 2021年，德清县常态落实“领导带班、科室随班”“每日15.5小时值班巡查”“网格化管理、全路段包干”“挂图式作战、扁平化指挥”等工作机制，开展文明城市常态长效和专项整治行动12次，落实路口文明劝导、网格化活动320余次，完成大型活动、重要会议环境保障任务43场，规范“市容五乱”3万余处，处罚违章机动车5.8万余辆。开展第四轮犬类规范管理专项整治工作，免疫、登记犬只1.07万只，收容流浪犬只596只，办理“不文明养犬”行为执法案件229件；依托犬类管理信息平台“寻犬”功能，找回走失犬只32只。

【城市管理执法基础信息大采集工作】 2021年，德清县根据全国文明城市创建复评工作要求，重点开展城市管理执法基础信息大采集工作，完善执法信息平台数据库，打破“信息孤岛”，实现互联互通。在全市范围内率先引入车载视频AI采集服务，实现采集速率成倍提升，共采集处理城市管理事部件问题8.77万件，结案率99.82%，利用市容AI系统自动抓拍城市管理8大场景问题2.32万件、“城管哨兵”非现场执法取证280余次，对讲机派单2.13万件，处置率100%。

【城市管理多元共治】 2021年，德清县以微信公众号、抖音等平台为载体，拓展城市管理信息发布渠道，研发“有德小管家”服务码，通过一链即达、一扫即知、一电即通、一问即应，力促城市管理问题第一时间发现和解决。完善“城警一体化”工作机制，开展“城管开放日”活动，用好“城事我来说”互动栏目，深化“文明经营户”评选、“门前三包”管理等自治机制，推动城市管理多元共治。

市政公用事业

【概况】 2021年，德清县坚持严标准、高要求，落实落细环卫保洁、园林绿化、城市亮化、市政管理各项任务，坚实打牢环境保障根基，公用事业不断提质扩面。“智慧市政平台”入选2021年浙江省数字经济“五新”优秀案例。

【环卫保洁】 2021年，德清县落实主城区400余名一线保洁人员、82辆作业车辆精细化保洁，引进护栏清洗车巡回清洗城市护栏。助推完成民生实事，美丽提标公厕18座，数字赋能打造公厕一张图应用场景，生态修复完成县城生活垃圾填埋场封场项目，专业管理德清县资源再利用基地项目。

【园林绿化】 2021年，德清县对城东、城北高新园、地信小镇、城西等养护区域推行绿化养护市场化新模式，制定完善外包项目管理考核办法，落实日巡查、月联查和不定期的督查考核，提升园林养护管理水平。打造春节、五一、国庆等重要节日期间主要节点的绿化布置亮点，更换草花苗木300万余株，补植草皮5万平方米，打造7处城市绿化精致“微景观”，布置主要节点“中国共产党成立100周年”主题氛围立体绿雕。

【城市亮化】 2021年，德清县抓好路灯（景观灯）设施的日常维护管理，落实24小时不间断巡查制，开展路灯设施人工夜巡364次，发现异常358处，排查修复故障率100%，做到主城区及主要道路亮灯率及设施完好率99%以上。利用智慧化照明新系统平台，逐步实现智慧照明平台与全县信息资源的互融互通。

【市政管理】 2021年，德清县编制《德清县城区内涝防治专项规划》，推进舞阳、振兴泵站改造工作，完成群益街等3条道路脱空检测，疏通雨污水管网480千米，抓好台风“烟花”“灿都”防台防汛工作任务，全年汛期及台风期间实现县城区无内涝。

垃圾分类

【概况】 2021年，德清县深化垃圾分类行动，推动城乡生活垃圾分类“一个体制管理，一套标准推进，一个办法奖惩，一支队伍考核”。全县生活垃圾总量持续实现负增长，居民投放准确率92.8%，蝉联全省生活垃圾分类工作“三连优”。

【垃圾分类方案制定及源头治理】 2021年，德清县垃圾分类工作根据垃圾分类专项规划的编制内容与要求，制订方案，印发文件《进一步加强德清县生活垃圾分类管理实施方案》《关于完善德清县生活垃圾处理收费制度有关事项的通知》《德清县生活垃圾分类长效管理考核办法》实施；在全县169个条件成熟的居民小区“撤桶并点+定时定点”收集模式全覆盖的基础上，新增8个实施新模式的老旧开放式小区、安置小区，推动该模式从小区走向农村，扩大模式覆盖面。落实减塑限塑工作，在武康街道兴康菜场打造“竹篮子”示范点。坚决制止餐饮浪费行为，推进“文明餐桌”“光盘行动”，从源头减量治理。

【垃圾分类综合利用处置】 2021年，德清县引入“清宝宝”企业对全县再生资源进行有偿上门回收，形成网上预约和线下收废回收模式。新建标准化分拣中心1座，全县再生资源回收利用水平60%。大件、园林、建筑垃圾资源化利用稳步提升。对乾元镇生活垃圾资源化处理站进行提标扩容，将易腐垃圾设计日处理能力从原有的10吨/日提高至30吨/日，全县16处易腐垃圾处理设施总设计日处理能力218.9吨，完成生态修复填埋场1座，改建垃圾转运站4座，新增运输车辆5辆。

【垃圾分类工作共建共享】 2021年，德清县实行“党建+垃圾分类”“党员+群贤”共管模式，推出“武康阿姐”“舞阳桶嫂”“莫干红管家”等多个服务品牌，入户宣传3000余次。成立浙江工业大学垃圾分类产学研实践基地，打通“垃圾分类+商超”积分兑换通道，推出“垃圾分类小微贷”“生态绿币”“绿色信贷”“生态房券”等正向经济激励机制。

（柳婷婷）

供 电

【概况】 2021年，德清县实现“十四五”良好开局。全年完成固定资产投资1.85亿元，全社会用电量61.84亿千瓦时，比上年增长15.11%；全社会最高负荷115.63万千瓦，比上年增长13.29%；营业收入33.24亿元，比上年增长19.65%，实现利润989.07万元；资产总额19.27亿元，综合线损率2.49%，全员劳动生产率136.63万元/人·年。年内，开展党史学习教育，落实“第一议题”制度和党委理论学习中心组学习制度，推进学习教育专题活动16项、“我为群众办实事”项目20个。推进“旗帜领航·提质登高”，开展“一支部一特色”和红色方队提质增效竞赛，成立临时党支部保障重点项目建设。建成“奋斗者·幸福里”文化展厅，开展“百年德电”文化展览，获得省公司十大思想文化优秀项目，入选省公司百张文化名片。公司员工在岗位建功中彰显模范作用，获评浙江工匠、浙电工匠等称号5人，获评省、市公司劳动模范称号2人，获评湖州市技术能手1人。关心关爱员工，全年走访慰问劳模先进、困难职工等151余人次。

【安全生产】 2021年，德清县开展供电安全生产巡查问题再深化再整改，细化落实整改举措491条、发布风险预警单85张。推进安管中心规范化建设，开展各类稽查6545次，实现四级作业风险“现场+远程”安全督查全覆盖。建成国家电网数字化安全管控验证展示基地，开展首次数字化安全管控演练。促成县电力安全专委会、电力行政执法办公室常态化开展联防联控，完成重大隐患整改落实9项。实施电力设施防外破精准管控，分类定级线下企业113家，连续3年组织大型施工机械人员进行安全培训，公司荣获2021年度湖州市安全生产先进单位。

【电网建设】 2021年，德清县在全省率先取得白鹤滩入浙特高压工程规划许可证，集中攻坚完成县内所有塔基政策处理。完成“十四五”变电站选址选线8座，220千伏英溪扩、110千伏上柏变投运，110千伏跨塘变有序推进，砂村变、三桥变完成项目核准。探索采用向产业单位租赁新模式，完成35千伏庾村变主变紧急增容。开展县域网架提升专项行动，新建改造10千伏线路273.51千米，台区增容布点127台，配网线路自动化覆盖率98.88%。优化物资供应体系，打造基于工程推送计划的智慧物流模式，实施甲供物资“全接收、全配送”，实现分包单位领用物资零库存。

【供电服务】 2021年，德清县靠前服务政府工业项目“四证联发”，实现拿地当日即送电，企业新增报装容量比上年增长16.56%。开展“红色能效工程师”行动，完成物流领域首个叉车油改电项目。打造“线上办、就近办、帮你办”电力驿站服务模式，完成村级电力便民服务点建设21个。实施不停电作业“三年再提升行动”，组建不停电作业新市分部，打造县域“半小时带电作业服务圈”，实现四类带电作业能力全覆盖，带电作业次数连续3年同比增长50%以上，不停电作业率提升至95.69%，高质量完成中国共产党成立100周年系列活动、中（高）考等23次重要保供电任务。

【供电所提质增效专项行动】 2021年，德清县开展提质增效专项行动，全年接收“两产”3.02亿元，新增有效资产4.79亿元，比上年增长105.58%，实现提质增效1.01亿元。拓展业务增长点，全年实现电能替代9600万千瓦时，综合能源营收4393万元，比上年增长47.71%，充换电设施电量比上年增长158.82%。全面推进“光伏倍增计划”，累计投资光伏资源4.1兆瓦，2个项目实现并网发电，省管产业单位全年实现营收5.76亿元。加强线损精益化管控，全年入选全国“线损百强县公司”1次、入选全国“线损百强供电所”4次。完成公司“子改分”改制，推进全能型供电所“营配融合”。

（林 娄）

供 水

【概况】 2021年，德清县售水量为6570.26万吨，比上年增长

15.2%；全年收水费2.21亿元，比上年增长20.56%。1—11月安装业务收入累计3631万元，全年新装水表数2.06万户，一户一表改造数2万户，全年新建DN75以上管网45.53千米，改造DN75以上管网12.56千米。推进“智慧水务”各系统应用落地，网上营业厅完成建设并开通，全年办件量433件。通过微信、支付宝网上缴纳水费37.4万笔。完成供水管网GIS系统应用落地及日常维护人员培训工作。

【供水设施改造建设】 2021年，德清县完成康乾街道新琪村一户一表管网改造工程，改造水表495个。配合做好美丽县城提升二期道路改造工程，完成贵和街、诚信街道路管网改造。完成新市营业所2000吨和乾元营业所1000吨“低蓄高供”清水池的改装和调试工作。

（蔡文一）

供　气

【概况】 2021年，德清县供应天然气燃料的公司3家，分别为德清滨海燃气有限公司、浙江振能天然气有限公司、德清县天然气有限公司。德清县供气管道长度1164.75千米。其中，高压管道33.07千米，中压管道522.84千米，低压管道608.84千米。德清滨海燃气有限公司供气管道长度853.89千米。其中，高压管道21.79千米，中压管道340.1千米，低压管道492千米。2021年新建、更新改造供气管道长度130.68千米。浙江振能天然气有限公司供气管道长度269.01千米，其中高压管道7.16千米，中压管道145.01千米，低压管道116.84千米。2021年新建、更新改造供气管道长度9.72千米。德清县天然气有限公司供气管道长度41.85千米，其中高压管道4.12千米，中压管道37.73千米，无低压管道。2021年新建、更新改造供气管道长度4.83千米。

【供应能力】 2021年，德清滨海燃气有限公司供气总量6660.96万立方米，销售气量6656.18万立方米（其中居民家庭1038.22万立方米），燃气损失量4.78万立方米。用气户数6.68万户（其中居民家庭6.59万户）。浙江振能天然气有限公司供气总量8232.8万立方米，销售气量8213.87万立方米（其中居民家庭77.23万立方米），燃气损失量0.03万立方米。用气户数6519户（其中居民家庭6401户）。德清县天然气有限公司供气总量7764.20万立方米，销售气量7784.68万立方米（无居民家庭用气量，原居民家庭767户已移交滨海燃气），燃气损失量0.03万立方米。用气户数35户（无居民家庭户数）。

（倪　昶）

防灾减灾

【概况】 2021年，德清县防御梅雨洪水、台风“烟花”“灿都”和8月份3次突发强降雨防御工作。全县启动防台Ⅰ级响应应对“烟花”台风，全力以赴投入防汛抢险救灾工作，实现“不死人、少伤人、少损失、无舆情”的防汛防台工作目标，为全县经济社会持续健康发展提供有力保障。

【防灾减灾能力建设】 2021年，德清县围绕组织责任网、风险防控网、抢险救援网、灾后恢复网、运行保障网+数字化平台的“5+1”标准化工作体系，开展基层防汛体系标准化省级试点县建设（全市唯一），获得省级考核优秀。主汛前，全面更新县、镇、村三级防汛组织和184名灾害信息员，落实2700余名防汛责任人。全县各类危险区需转移人员913人全部赋“浙江安全码”。排摸危险区内独居老人等弱势群体106人，全部落实一对一避险转移方案。基层行政责任人100%开通掌上应急App。“烟花”台风期间，基层责任人全部到岗履职，危险区群众100%安全转移；开展防汛风险整改闭环，两轮防汛隐患大排查发现的98处（涉水工程88处、地质灾害6处、内涝4处）问题，主汛前已通过工程治理或落实非工程措施做到隐患100%整改闭环；全覆盖开展预案修编和演练，完成地质灾害、小流域山洪2场县级综合演练和全市防汛应急综合演练德清内涝抢险演练科目，13个镇（街道）100%开展防汛应急演练。县防指办技术干部下沉基层进行上门培训，全县防汛业务培训累计3000余人次。落实抢险队伍218支4840余人；县、镇、村三级均建立防汛物资仓库，基层全覆盖配置防汛物资“三大件”和“四小件”。完成年度避灾安置场所规范化建设27处，至年底全县173个避灾安置场所完成规范化建设148个，规范化率超85%，列全市第一名。莫干山镇紫岭村、北湖村分别创建国家级、省级综合减灾示范社区建设。首次开展全国自然灾害风险普查工作，至年底7个涉灾牵头部门6个已完成普查县级验收。

【森林防火灭火】 2021年，德清县健全完善森林防灭火体制机制，制定《德清县森林防灭火指挥部工作规则》和《关于健全完善森林防灭火工作机制的实施意见》。开展森林火灾隐患排查整治工作，排查整改隐患71条；开展野外火源专项治理行动，重点时段增派村巡护员100人，全年各涉林镇（街道）出动检查巡护人员1079人次，设立卡点135个，收缴火种131个，制止违法用火行为77起。在元旦、春节、清明、五一、国庆等重点时段，县森防指办成立联合检查组对各涉林镇（街道）、国有林场、风景名胜区、林区经营单位开展森林防灭火督查；对安装的203路林区重要部位监控进行全面排查，同步配套林火智能预警指挥平台，实现24小时实时监测；制定《德清县林区经营单位森林防灭火物资装备建议配备标准》，提升林区经营单位应急处置能力；新增10吨森林消防水桶24个，森林防火智慧云喇叭17个。为县级森林防扑火队伍（莫干山镇森林消防中队）新增配备森林消防泵、阻燃服、灭火救援头盔等装备物资。重点时段和高火险天气，全县9支森林防扑火队伍247人随时待命。联合县气象局开展人工增雨作业4次；修订完善《德清县森林火灾应急预案》，承办2021年度湖州市森林火灾扑救实战应急演练，莫干山镇、钟管镇、下渚湖街道三支森林防扑火队伍40余人参加。组织各森林防扑火队伍负责人及骨干队员参加业务培训7次，森林防扑火队伍全员参加每年不低于100万元人身意外伤害保险，各类森林防扑火队伍开展“以水灭火”训练演练24次。

【气象防灾减灾】 2021年，德清县气象部门申报中国气象局高质量气象现代化县级先行试点项目，推动县政府出台《关于推进高水平气象现代化和防灾减灾救灾“第一道防线”建设的实施意见》。完成《德清县气象发展“十四五”规划》《德清县气象观测站探测环境保护专项规划》编制及发文。

强化责任意识，守好防灾减灾救灾“第一道防线”。开展汛期气象业务自查，强化网络安全保障，做到“早准备、早分析、早预判、早应对”。年内多次向县委、县政府汇报气象服务工作，县委副书记、县长王波对气象防汛减灾工作给予充分肯定，县委副书记陈健、副县长王振权分别在《气象呈阅件》上批示，肯定气象工作服务经济社会取得的成效。台风“烟花”应对期间，运用强天气监测平台数字化监测预警新手段，首次面向全县决策用户开展逐3小时新增面雨量预报服务。年内发布气象决策服务材料124期、气象预警信号75个、气象预警短信296条，向相关部门发送气象信息183万条次。

【气象灾害数字联防】 2021年，德清县气象部门创新联动机制，多跨协同开展气象灾害数字联防。牵头实施“气象多业务协同数字服务”项目，纳入全县“五个先行”之一的“数字变革先行”。强化“地理信息+气象”成果场景化应用，监测到地质灾害风险报警点11个，联合发布地质灾害预警4次；开发浙政钉端“德清气象防汛”模块，向文旅、综合执法、水利、自规等部门实时共享气象信息4300余条，为提前排查隐患、实现精准转移等提供科学依据。

人工影响天气作业水平提升　坚持试点先行，人影作业水平提升取得突破。建成集生态综合监测、人工影响天气作业、气象科普实践为一体的天泉山人影基地，其中人影作业智慧安防项目被列为全省人影作业安全防范试点。实施人员动态追踪、作业现场安全管控、关键场所规范管理的全流程闭环智控，实现安全管控数字化、安全作业可视化、安全方案智能化。年内开展人工影响天气作业4次，发射增雨火箭弹22枚，增雨量超千万吨，有效改善山区土壤墒情、水环境及空气质量。

【气象服务美丽乡村示范建设】 2021年，德清县气象部门聚焦乡村振兴，生态气象服务提升乡村品质生活。实施气象服务新时代美丽乡村示范建设、乡村振兴产业发展智慧气象农业保障示范建设两个省级项目，新建气象自动监测站4套，更新2套，站网密度提升至4.8千米，气象信息融入乡村治理一张图，气象灾害防御工作纳入当地自然灾害防御体系。建成智能农业气象服务示范站点3个，开发智能农业物联网气象调控系统。助力莫干山镇后坞村入选全省首批“气候康养乡村”、省级气象科普教育基地。

【气象现代化基层治理体系】 2021年，德清县气象部门现代化基层气象治理体系深化改革创新，构建现代化基层气象治理体系。对全县92家防雷安全重点单位开展隐患排查和全覆盖检查128次，发现并督促整改隐患41处；做好综合管理服务平台“一企一档一码”，防雷安全风险码推广使用做到全覆盖。对6家雷电防护装置检测单位开展专项检查；参加浙江省雷电防护装置检测质量考核1人。完成“双随机、一公开”检查任务4个，其中跨部门监管率25%。全年办理事项39件，其中防雷行政许可11件、气球施放许可4件。

【水旱灾害防御】 2021年，德清县汛期呈现梅雨不典型、局地极端天气频发、台风影响时间长等特点，汛情总体平稳。全县累计平均降雨1623毫米，较多年同期平均1393.8毫米偏多16.4%，最大点和睦桥站2170点毫米，最小点禹越镇徐家庄站1227.5点毫米。3月、5月、7月、8月降雨比常年明显偏多，1月、2月、4月、9月、10月、11月降雨比常年明显偏少。

水位 2021年，德清大闸最高水位4.58米（7月28日，超保证水位0.42米），最低水位1米（2月25日）。以德清大闸为节点，东苕溪上游来水15.37亿立方米，入太湖水量10.48亿立方米，入东部平原5.81亿立方米，太湖水逆流156天，回灌水量0.93亿立方米。东部河网新市站最高水位2.66米（7月28日，超保证水位0.2米），最低水位0.99米（2月24日）。对河口水库最高水位51.71米（7月28日，超台汛限制水位3.51米，创历史新高），最低水位40.45米（2月25日），对河口水库累计入库径流量1.66亿立方米，城乡供水0.78亿立方米，全年泄洪弃水0.47亿立方米。最大泄洪流量100立方米/秒（7月24日14时30分至25日14时30分）。

梅雨 2021年，德清县梅雨不典型，呈现分散性、局地性、短历时强对流等特点。6月10日入梅，7月5日出梅，梅雨期25天，入梅出梅时间比常年略偏早，梅雨期与常年相近。全县雨量分布西南部多，东北部少。据水文遥测数据统计，全县平均梅雨量261毫米（其中，西部平均303.6毫米，中部平均270.5毫米，东部平均209毫米），较常年平均272毫米略偏少，最大点对河口水库370.5毫米。梅雨期，德清县遭遇4轮较为明显的降雨过程，其中6月16日至20日（第二轮，全县平均103毫米）和7月2日（第四轮，全县平均62.7毫米）降雨较大。德清大闸从1.42米（12日17时）起涨，于3.96米关闸（17日18时），最高涨至3.34米（19日18时），后水位逐步回落，至22日开闸恢复通航。东部平原新市站水位从1.37米起涨（12日19时），最高水位1.83米（19日18时），距警戒水位0.03米，后逐步回落。对河口水库从2020年7月下旬开始水位持续回落，蓄水一直不足，得益于梅雨降水补充，水位从42.78米起涨（12日16时），最高涨至47.52米（7月5日11时），距梅限水位2.68米。

汛期、暴雨 2021年德清县汛期，局地极端天气频发。8月11日，德清县中东部地区出现大暴雨，局部特大暴雨，东部平均74.5毫米，强降雨主要集中在18:00—23:00。大暴雨中心主要出现在钟管、新市一带。最大日雨量钟管集镇207毫米（水文），新市白彪166毫米(气象)、钟管新港126.6毫米(气象)、新市集镇118.5毫米(水利)、洛舍东衡103.3毫米(气象)。8月24日傍晚,全县大部分地区出现狂风暴雨,大部出现7级到9级阵风,最大单站禹越镇天皇殿站22.1米/秒(9级)。各地强降雨持续时间半小时左右,雨强极大。新安(气象)站最大5分钟雨强22.7毫米(18:20—18:25),武康万堰坝、曲园桥路最大5分钟雨强14~15.5毫米(17:35—17:40)。全县面雨量32毫米,最大下渚湖双桥89毫米,其次新安84毫米,雷甸双溪71毫米、钟管蠡山65毫米、乾元60毫米、武康45毫米。8月26日傍晚,德清县出现短时暴雨、强雷电和大风。全县平均39.8毫米,西部平均40.1毫米(最大莫干山天泉山气象站79毫米),中部平均44.4毫米(最大乾元德清大闸112.5毫米),东部平均40.1毫米(最大新安气象站90.1毫米)。最大1小时(19:00—20:00),德清大闸达98毫米(德清大闸站最大1小时为1964年9月16日152毫米,本次应是1952年以来排第二位),新安77.1毫米、下渚湖74.5毫米。

台风　2021年,先后有2个台风对德清县产生影响。第6号台风"烟花"于25日在舟山普陀区登陆,后于26日在平湖市沿海二次登陆,登陆后移动缓慢,在浙江附近滞留近80小时。台风"烟花"呈现降雨总量大,降雨时间长,时段雨强小,区域差异大(西部多、东部少)的特点。7月22—28日8时(台风影响结束),德清县平均降雨234.8毫米,其中西部平均318.1毫米,中部平均198.4毫米,东部平均187.9毫米,有12个站点超300毫米,其中6个站点超400毫米(莫干山镇金家湾、和睦桥、横岭、大造坞、后坞、碧坞),最大点莫干山镇横岭507毫米。暴雨引发洪水,东苕溪德清大闸从1.5米起涨(7月22日8时),最高水位4.58米(28日4时)。东部平原新市从1.44米起涨(7月22日8时),最高水位2.61米(28日10时)。对河口水库从45.84米起涨(25日9时),最高水位51.71米(28日18时,历史新高),超汛限水位(48.2米)3.51米。德清大闸7月24日15时关闸拦洪,水位1.97米,26日1时30分开闸分洪,分洪流量100立方米/秒,后多次调整分洪流量,最大分洪流量350立方米/秒(28日9时);截至8月3日8时,累计关闸拦洪306小时,导流入太湖水量2.6亿立方米;开闸分洪79.5小时,分泄东部平原水量0.52亿立方米。对河口水库21日起满负荷发电预泄,23日16时开启泄洪洞预泄,泄洪流量50~100立方米/秒,25日17时停止预泄,累计预泄水量1300万立方米;本次洪水对河口水发挥拦蓄作用,累计拦洪3500万立方米,削峰率100%。下游河道洪峰过后,28日18时起对河口水库泄洪迫降水位,最大泄洪流量100立方米/秒,减小上游淹没损失,8月1日1时降至48.20米以下后停止泄洪。受第14号台风"灿都"外围影响,9月12—14日德清县平均降雨65毫米,其中西部平均75毫米,中部平均44.6毫米,东部平均74毫米,最大点莫干山镇横岭(气象)站111毫米。

【6号台风"烟花"期间灾情】2021年汛期,德清县实现"不死人、少伤人、少损失"的目标,灾情损失较小,洪涝台旱灾害主要集中在6号台风"烟花"期间,全县水利设施直接经济损失30万元。启动水旱灾害防御应急响应Ⅳ级7次、Ⅲ级4次、Ⅱ级2次、Ⅰ级1次,通过山洪监测预警平台发布各类防汛预警信息3万余人次,全县紧急转移山洪灾害危险区人员490人。科学调度水利工程,发挥水利工程防灾减灾效益,整个汛期调度德清大闸、洛舍大闸和对河口水库38次,其中德清大闸关闸拦洪4次、高水位分洪1次(7月28日德清大闸350立方米/秒),对河口水库预腾防洪库容3次(7月29日最大下泄流量100立方米/秒)。

(罗建良、蔡哲俊、谢晓东、杨丽萍、丁云琴)

消防救援

【概况】　2021年,德清县消防救援大队紧紧围绕"喜迎二十大,全力保安全"主线,深化"牢记领袖训词,永做忠诚卫士",统筹抓好队伍深化改革整合等重点任务。加强政治引领,突出实践要求,坚定理想信念,做到"对党忠诚、纪律严明、赴汤蹈火、竭诚为民”，全县消防事业和消防队伍建设呈现稳中有进、持续向好、健康发展的态势，实现“两个稳定”总目标。全年接警出动1049次，其中抢险救援608次；社会救助138起，未发生亡人和有影响的火灾事故。

【消防监管责任落实】 2021年，县政府3次召开会议研究部署消防工作，县委、县政府相关领导听取消防工作情况汇报，多次带队开展消防安全检查。将镇(街道)消防工作纳入到县委政法委社会稳定“三色预警”、平安维稳考核内容中，重点考核镇(街道)每月火灾起数量和县消安委消防工作部署完成情况，对高新区、镇(街道)实行每月“一考评、一亮牌”制度。与高新区建立联席工作会议制度，定期研判消防形势，同时将重点单位的重大安全隐患问题挂牌督办，将挂牌督办结果与年终企业返奖退税工作挂钩。县级部门之间建立执法信息互通和联合执法机制，联合民政、卫健、文广新等部门对行业系统内的单位联合下发整治标准、文件以及开展消防安全标准化管理和检查。在全县范围内部署开展冬春火灾防控工作、高层建筑消防安全综合治理、沿街店面房合用场所消防专项整治、电动自行车整治等消防安全隐患集中排查整治行动。完成德清县消防实训中心建设任务，加大基层网格员培训数量，提高实训效果，全年共开展培训班13期，累计培训网格员400余人。

【执勤备战】 2021年，县消防大队针对辖区火灾形势召开研讨会15次，并结合“每战一评”合理调整力量调派，确保科学有效。重大活动安保期间，执勤备战上提升一个标准，各站人员确保在岗在位，指挥中心专门安排一名干部，保证接警调度合理迅速。完成中国共产党成立100周年消防安保、抗击“烟花”“灿都”台风，处置厂房火灾等有影响力的突发事故。完成辖区内1344个市政消火栓的维护保养和建档，对120处天然水源逐一进行排摸；熟悉重点单位和不放心场所172家，实行实战演练98家，完善修改数字化预案234家；对辖区234家单位微型消防站和15个社区微型消防站实战拉动演练4184次，电话督导4357次。

【消防宣传教育】 2021年，县消防救援大队利用“移动云MAS”短信平台向广大群众推送消防知识，对接县联通公司定期投放微信朋友圈消防公益广告，通过“德清发布”“爱德清”和“德清之声”广播等平台开展隔空云宣传，做到将消防宣传工作延伸至每一个角落。全年共发送手机短信6万条，微信朋友圈消防公益广告12万条。借助“春节”“3·15”“5·12”“安全生产月”“119宣传月”等活动，开展“五进”活动。举行各类消防安全培训班121期，培训人数2.3万余人，发放宣传资料3.9万余份。联合县教育局在寒暑假课程中加入消防安全“四课时”，并达到县中小学消防安全培训及火灾逃生演练全覆盖。将消防安全宣传教育培训纳入平安考核过程性指标，对德清县消防教育馆进行提档升级，增设MR、VR等设备以及更新消防知识板块、消防器材展示区，拓展消防宣传覆盖面。利用多功能消防宣传车开设“消防流动课堂”，对70多个行政村进行流动宣传，发放各类宣传资料3.5万余份，受教育6万余人。

【消防安全监督检查】 2021年，德清县共排查出4家重大火灾隐患单位实行政府挂牌督办，全县17家医疗机构完成蓝码注册管理工作。召开重点单位消防工作会议，部署重点单位落实“六加一”措施，做到消防安全户籍化管理系统录入、微型消防站建设、建筑消防设施检测、维保工作和单位“四个能力”建设。完成全县40家大型宾馆饭店专家团检查任务，发现问题160余处，全部完成整改。推动沿街店面房智能预警和可燃气体探测系统，全县6个镇在沿街店面房安装智能预警和可燃气体探测器，其中雷甸镇集镇区安装率达到100%。县消安委出台沿街店面房合用场所整治工作方案，重点推进沿街店铺合用场所，全年共排查沿街店面房1700余家，涉及合用场所400多家。

（郭　威）

教　育

综　述

【概况】 2021年，德清县有各级各类学校103所，在校学生69475人，在职在编教师3517人。其中，普通高中5所，在校学生8503人；初中16所(含中心学校)，在校学生11939人；小学21所，在校学生29363人；幼儿园44所，在园幼儿15654人；职教类学校1所，在校学生3935人；特殊学校1所，在校学生81人；成校12所，电大德清学院、县社区教育学院、综合实践学校各1所。局机关设置内设机构10个及直属事业单位5个149人。教育局党委下设学校党组织80个，中共党员2121名。全县小学学龄儿童入学率100%，初中毕业生升学率99.48%，九年义务教育完成率100%，高中毛入学率98.7%。

【教育工程建设】 2021年，德清县财政性教育支出14.44亿元，比上年增长4.93%，争取省级以上资金3.1亿元。全年实施教育工程建设项目24个，建成启用浙工大附属德清高级中学，上柏小学、秋山中学、千秋幼儿园市心府幼儿园区等11个项目完工投入使用，新增义务段学位3770个、学前段学位1170个。完成新一轮义务教育资源整合调整，搬迁学校12所，撤销民办学校1所，撤并教学点2个，2所中心学校办学层次调整为小学，城乡教育资源结构进一步优化。

【“学前教育补短提升工程”项目】 2021年，德清县教育局以推行“作风建设深化年”活动“四大行动”为载体，聚焦立德树人根本任务，坚决补齐短板，勇于改革创新。“学前教育补短提升工程”项目作为全省首批公办幼儿园办园体制改革创新配套政策试点县，相关做法得到副省长成岳冲批示肯定；完成全国学前教育普及普惠县验收；通过全国义务教育优质均衡发展县省级评估，主要做法得到副市长闵云批示肯定并在全市推广，被省教育厅向教育部推荐为优质均衡发展先行县(全省4个)；在全市率先完成首张转登后的“非营利性”法人证书，县域内营利性校外学科类培训机构率先清零。

基础教育

【概况】 2021年，德清县有普通中学21所，在校学生20442人。其中高中5所，在校学生8503人；初中16所(含中心学校)，在校学生11939人。小学21所，在校学生29363人。幼儿园44所，在园幼儿15654人。特殊学校1所，在校学生81人。

【学前教育】 2021年，德清县通过“强势推进建设，保障教育普惠”“聚力推进薄改，促进教育均衡”等举措，普惠性幼儿园覆盖率达95%以上，公办园覆盖率80%以上。5月，“学前教育补短提升工程”项目获省政府激励(全省仅3个)。坚持“以游戏为基本活动”，新增“自主游戏”市级实践园12所，累计“自主游戏”省级实践园2所、市级25所。12月，中心幼儿园等县内4所幼儿园的课程案例在省幼儿园课程案例征集评选活动中入选。

全县所有幼儿园采用手机“浙里办”App在线预登记做好招生工作。按照“先公办、后民办”，公办第一批定向生、第二批户籍生、第三批本县非和新居民，最后民办幼儿园的顺序，做到规范有序。招小班179个、幼儿4942名。推进教育系统“最多跑一次”改革，提高招生信息的精准性。

【义务教育】 2021年,德清县教育局阳光招生平稳有序。制定完善2021年义务段阳光招生办法。结合数字化改革,采用“浙里办”App预报名。德清县户籍6543名学生通过本系统申报义务段学校,并通过县大数据中心对申报学生进行户籍、居住证、养老保险、房产等进行信息核验。

积分制入学机制 全县申请就读小学一年级和初中一年的新居民子女且符合积分入学条件的2044人,通过统筹安排录取1968人,录取率96.3%,比上年提高3.9个百分点。其中,符合中心城区积分入学条件的436人,在公办学校统筹安排解决405人,解决率为92.9%。实行公民办学校同步招生,做到同步报名、同步录取、同步注册;在报名人数多于招生计划时,符合条件的报名对象100%实行电脑随机派位录取。实行人才新政,执行《德清县高层次人才子女就学管理办法(试行)》,对A、B、C、D类建立直接通道(按意愿直接安排),对E类建立绿色通道(就近统筹安排),对其他人才子女建立便捷通道(由辖区进行属地安排)。

教共体优质共享 搭建同步课堂硬件环境,建成同步课堂教室28个,结对帮扶学校16对,涉及全县中小学28所,2021年德清县参与同步课堂主授课老师130人,78%以上教师获得过县级以上荣誉。县域层面召开“互联网+义务教育”工作推进会和教学观摩研讨会3次,组织教师线上线下研修220次,参与教师1360人次。

“双减”工作稳步推进 贯彻落实中共中央总书记习近平关于“双减”工作重要指示精神和“双减”文件要求,出台切合德清县实际的“双减”工作实施方案和课后服务实施方案,成立县“双减”工作领导小组,设立“双减”工作专班,实施“项目化管理责任清单”。规范学生作业管理,减轻学生课业负担。各校建立《作业管理制度》,严控作业时间、作业量,优化作业设计与评价。落实课后服务“5+2”,构建“1+X”课程体系,学校覆盖率100%、学生参与率95.8%;各校打造学生社团建设,丰富课后服务内容。组织县第四届中小学优秀社团展评活动,评出优秀学生社团50个,其中精品社团18个、一级社团25个、二级社团7个。

2021年7月30日,湖州市2021年城乡义务教育共同体建设推进会在德清召开 (县教育局 供图)

【青少年心理健康教育】 2021年,德清县教育局成立教育系统心理健康教育、青春期教育、家庭教育三个指导中心,开发心理健康教育资源46个,学校心理健康教育课开课率100%,开设“树人家庭教育大讲堂”等活动196余场,线上线下服务家长2.6万余人次。县中小学校教师心理健康教育C证及以上持证率88.8%。多形式多渠道宣传青少年心理健康护航热线“2251885”,师生、家长知晓率100%。完成中小学数字家长学校1.0建设,配发《家庭教育指导手册》《法治教育读本》《法制与生命》《民法典青少年知识读本》11.2万册。联合县关工委、县妇联、县新闻中心推出“德清嫂”家教云学堂24期,观看量总计42.6万人次。联合团县委、县民政局、县科协等部门开展护航青少年心理健康主题活动200余场次。

【教育科学研究院实验学校】 2021年，德清县教育局对外交流深层合作。县教育局和浙江省教育科学研究院续签协议，舞阳学校教育集团保留成为浙江省教育科学研究院实验学校。县教育局和湖师院建立合作关系，德清二中成为湖师院附属中学。职业中专成为浙江师范大学工学院首批教育硕士实践基地。莫干中心学校、逸夫小学、远望幼儿园等学校与沪杭结对学校开展线上线下活动40余场。

【县域语言文字规范化工作】 2021年，德清县教育局推进县域语言文字规范。构建"党委领导、政府主导、语委统筹、部门支持、社会参与"的语言文字工作管理格局，从长效机制、常态管理、强化保障三方面入手，统筹协同，推进县域语言文字规范化工作。全县有省级语言文字规范化示范校3所，市级语言文字规范化示范校23所，县域内语言文字规范化达标学校实现全覆盖。全县13个镇（街道）均创建成语言文字规范化镇（街道），实现学校、镇街全覆盖，完成"十三五"语言文字工作目标。

【高中教育】 2021年，德清县教育局深化德清高级中学与浙江工业大学、上海复兴高级中学的合作交流。2021年，德清县普通高校招生考试报名人数3280人，比上年减少30人。其中，普通类2589人、艺术类203人、体育类69人；高职单独考试报名419人，比上年减少53人。特控线（全省前20%）上线420人，上线率14.79%，比上年增长0.59%。其中，德高特控线上线281人，上线率58.66%，比上年增长1.31%。新一段（全省前60%）上线1685人，上线率59.33%，比上年下降0.58%，其中4所公办高中上线率65.45%，求是高中上线率48.16%。

【特殊教育】 2021年，德清县教育局巩固提升特教普及率。3～5周岁残疾儿童33人，通过随园就读、送教、特校康复等途径全部入学，入学率100%。6～14周岁168人，通过特校、随班就读、送教等路径，解决就读167人（1人国外），入学率99.4%，送教上门学生比率为7.1%。15～18周岁67人，通过特校、职业中专、普高、送教等入学57人，占85.1%。促进特教内涵发展。提升师资专业水平，重视课程建设，推进个别化教育，提升网络IEP平台的教学管理和教学支持功能，促进残疾儿童青少年自尊、自信、自强、自立。合力推进普特融合教育。多方部门协作联动，科学、合理做好残障儿童少年入学安置工作；随班就读和送教工作规范化管理，"特殊学校+卫星班"的"1+N"模式深化推进，卫星班学生融入职业中专合适的年段和班级；通过"建、管、用、评"调研等活动，推进15所资源教室建设。推进暖心小伙伴项目，评出暖心小伙伴16名，参与面大幅度提升，创设融合教育新环境。

【民办教育】 2021年，德清县聚焦"双减"，重点压减校外培训，做到逐个排摸、摸清家底、分析症结、创新思路，以"三步走"在全市率先完成首张转登后的"非营利性"法人证书，以"最多跑一次"集成服务，优化环节，率先实现县域内"零"营利性培训机构，提前完成压减率和办结率均为100%的目标。

校外培训机构排查　开展校外培训机构"三个有效"排查，把"阳光培训"纳入2021年首批"微改革"项目，实现机构网络监管、教师刷脸认证、管理平台接入、资金监管"四个全覆盖"，实现高清摄像头校校覆盖、联网联通、全程监管，并被评为2021年度德清十佳"微改革"优秀案例。依托钉钉搭建"培训学校管理平台"，以数字化方式实现监督整改、评价一体化。

校外培训机构资金监管　由教育等七部门下发《关于加强校外培训机构资金监管的通知》，率先在全市开展县域内校外培训机构资金监管，实行监管账户和计提风险基金制度。带领"双减"综合执法队，检查培训机构（包括非学科类）273家，实行"一校一档""一校一清单"，累计出动检查人员2034人次，发出整改通知书89份，整改209条。以"三式"执法严查"地下"违规培训，构建县、镇街、社区村三级网格化监管网络。实行三色监管和有奖举报制，加强部门联合执法，网格化监管。实行政府指导价，开展格式合同、广告、“私教”等隐形变异违规专项整治。构建长效监管机制，以“稳快并重”形成强大治理合力，取缔“无证无照”培训11起，达到有效减轻校外培训负担。

职业、成人、社区教育

【职业教育】 2021年，德清县职业中专作为省高水平职业院校建设单位，机电技术应用、旅游服务与管理（民宿服务）两个专业列为省双高A类建设专业；县职业中专“铸剑”党建品牌荣获“献礼建党百年·致敬中职力量”中职学校优秀党建品牌，成为浙江师范大学教育硕士实践基地。县职业中专获得职业技能大师大赛全国三等奖1项，省一等奖1项，5名教师获“浙江工匠”称号；职业中专代表队参加省学生技能大赛成绩突出，获一等奖1项、三等奖5项，零部件测绘与CAD成图技术项目代表获国赛二等奖（第四名）。

师资水平　职业中专烹饪专业“冷菜冷拼制作技艺”获得国家级课程思政项目奖项，授课教师获评国家级课程思政教学名师和教学团队；获省教坛新秀等省级以上荣誉教师6人；市教坛新秀1人，市教学明星1人，市技术能手1人。参加县级以上学科教学能力提升培训教师近200名。

教科研能力　2021年职业院校获省级课题一等奖1项、三等奖1项；省级论文一等奖4项、二等奖8项、三等奖8项；市级课题二等奖1项，论文一等奖4项、二等奖10项。

【成人教育】 2021年，德清县教育局开展老年人智能技术日常应用培训2.08万人次，其中线下培训1.08万人次。推进示范性老年学堂建设，方便老年人在家门口参加学习，开放老年教育资源，编印《德清老年人智能技术日常应用初级读本》一册，教育微视频20个。

农科教项目　实施农科教项目16个（推荐申报市级4个），其中确认县级新项目12个。完成市级5个结题项目的材料审核与报送工作。开展农科教过程管理，对2021年实施的农科教项目推进情况进行实地检查。

成校劳动力培训　全县成校劳动力培训7.55万人次，占常住人口的13.76%（任务是10%）；社区教育培训服务活动20.08万人次，占常住人口的36.61%（任务是25%）；老年教育4.37万人次，占老年人口的35.35%（任务是35%）。

新居民培训工作　以新居民学校为平台，开展新居民成人“双证制”教育培训和有关公益培训等新居民培训工作。抓好成人“双证制”教育培训的推进工作，全县注册并参加培训学员1581名。抓好预备劳动力宣传发动工作，5月底完成组班并开展培训。

【社区教育】 2021年，德清县教育局线上线下助力家庭教育。面向县内各中学组织开展第二、三期家庭教育指导师专项证书考证培训班，76位教师取得证书，17位家庭教育指导师被聘为“树人”家庭教育大讲堂讲师团成员。结合2021县政府为民办实事项目，全年开设线下讲座近100场，服务家长1.33万人次，线上讲座8场，点击率1.2万余人次，超额完成县政府为民办实事指标。

家庭家教家风教育　品牌项目塑造学校特色。“树人”家庭教育大讲堂在浙江省社区教育指导中心公布的《关于开展助力家庭家教家风建设工作的通知》中作为示范推广；阜溪社区教育中心“向阳红”老年教育学堂被评为浙江省2021年终身学习品牌项目。

社区教育　社团培育丰富业余生活。组织全县各镇（街道）开展社区教育主题特色活动、优秀民间社团培育和第六届民间社团才艺大赛活动。其中莫干山镇社区教育中心选送的舞蹈《I love MGS》等4个节目被评为一等奖。

全民阅读　书香传递倡导全民阅读。全年组织开展以“践行社教使命，书香传递真情”进村入企送书活动，向德清县青城房地产开发有限公司第一分公司、莫干山镇仙潭村、下渚湖街道沿河村等村企赠书1000余册，倡导全民阅读，助力共同富裕。

各类考试及考点建设

【普通高考】 2021年,德清县教育局普通高考报名2861人,其中普通类2590人,艺术类202人,体育类69人;考生中应届生2746人,往届生115人。全县设德清高级中学、德清一中两个考点。

【高职单考单招】 2021年,德清县高职单独考试报名419人,报名人数比上年减少53人,设职业中专一个考点。

【普通高中学业水平考试和普通高校招生选考科目考试】 2021年,德清县教育局组织学考选考2次。1月份学考选考有考生6107人,开考22071科次,其中学考3154人、10310科次,选考2953人、11761科次。设德清一中、德清高级中学、县职业中专3个考点。7月份学考有考生6083人,涉考学科9门,总计20079科次。设德清一中、德清高级中学2个考点。

【高等教育成人自学考试】 2021年,全国高等教育自学考试报名组织工作由市统一组织管理。据统计,德清县籍自考生4月份报名354人、947课次;10月份报名303人、798课次。组织办理自学考试毕业及免考申报工作,有24人获得自学考试专科毕业证书;7人获得自学考试本科毕业证书。

【初中升高中考试】 2021年,中考报名3717人,全县设德清二中、德清四中、武康中学、新市镇中4个考点,其中德清二中考点考生1126人,试场38个;武康中学考点考生914人,试场31个;德清四中考点考生862人,试场29个;新市镇中考点考生815人,试场28个。2021年初升高比例99.50%。

【全国英语等级考试】 2021年,德清县教育局组织9月份全国英语等级考试,有1034名考生报名,设德清职业中专1个考点,安排笔试试场35个,口试试场21个。口试考官均经过资格认证并取得证书。

【考试考点建设】 2021年,德清高级中学异地新建,完成德清高级中学高考标准化考点建设,投入资金87万余元;在全市率先完成中考标准化试场建设,建成德清二中、德清三中、德清四中和武康中学4个中考标准化考点,投入资金189万余元;投入14万余元租用安检门;配备高科技防作弊设备,包括无线电信号屏蔽仪、金属探测仪、无线电信号监测仪、身份证识别仪和指纹仪等,实行作弊防控"六道关",每个考生接受安全检查。加强县考试指挥中心建设,做到省、市、县三级指挥平台畅通,有效联接考点并监控考试情况。

师资队伍

【教师管理】 2021年,德清县教育系统在编教职工3708名,其中管理人员6名、专业技术人员3679名、工勤技能人员23名。正高级教师4人、高级教师654人、一级教师1960人。

【人事制度改革】 2021年,德清县教育局探索公办幼儿园体制改革试点,制定出台《公办幼儿园劳动合同制教职工管理办法(试行)》《德清县公办幼儿园劳动合同制教职工薪酬管理办法(试行)》,规范劳动合同制教职工管理。推进中小学"县管校聘",结合教育资源布局调整,统筹配置普通高中师资,优化高中教师队伍结构,其中跨校竞聘52名,转岗26名,组织调剂3名。推进义务教育教师合理流动,有99名教师校长参与流动,占符合交流教师人数的15%,骨干教师交流25名,占交流教师的25%。规范清理在民办学校任教的14名公办教师重新回归公办学校任教。

【干部管理】 2021年,调整部分中小学校级领导,完成273名教师参加教育系统"新时代基层干部主题培训",制定出台《德清教育系统年轻干部选拔和管理办法(试行)》《德清县教育系统年轻干部培养和积分管理实施意见(试行)》,建立优秀年轻干部库136名，开展优秀年轻干部政治业务学习调研、机关(部门)上挂锻炼、专题培训、干部论坛等活动，组织125名机关(直属事业单位)中层干部职业能力测试，选派18名校(园)长参加“全国幼儿园骨干园长高级研修班”“省第二期初中校长素质提升计划”“浙派名师名校长培养工程”“名校集团化管理改革专题研修班”，加强教育系统干部队伍建设。

【人才引育】 2021年，完善教育人才引育办法，制定《德清县高层次教育人才引育实施办法》。拓宽教育人才招聘途径，开展高层次教育人才引进、自主择优、储备教师招聘和小学全科教师定向培养。年内，招聘教师88名，其中高层次人才引进和自主择优招聘40名(研究生学历占42.5%)，招聘储备教师20名，小学全科教师定向培养10名。

【评先评优】 2021年，开展县“十佳师德楷模”“十佳优秀教育管理者”选树活动，新增省“万人计划”教学名师1名、正高级教师1名、省教坛新秀2人、“南太湖特支计划”教育领军人才1人、市第六届教学明星6人、市第四期第一层次名师培养对象7人、市第十三届教坛新秀9人。

【职称评审】 2021年，深化中小学校教师专业技术职务评聘制度改革，逐步下放职称评审权。年内，在德清一中、德清四中、武康中学作为高级教师及以下教师职称自主评聘改革试点的基础上，将浙江工业大学附属德清高级中学、德清六中、职业中专、新市职高纳入高级教师及以下教师职称自主评聘改革试点。新增正高级教师1人、高级教师54人、中级教师116人、初级教师282人。

教研科研

【教学研究】 2021年，德清县教育局组织开展县级优秀教科研论文评比活动，小学语文、数学、英语、科学，初中数学、社会，高中化学、数学、历史等学科分别组织开展县级学科课堂教学评比活动、中小学(幼儿园)教师STEAM技能比武活动、首届资源教师基本功大赛、体育与健康专职教师教学技能(田径类)大赛、初中科学教师解题析题能力比赛、高中物理教学设计评比、中学思政课教师“同心向党 共育情怀”优秀党课宣讲稿评选等活动。2021年各学科业务竞赛方面省级获奖19人次，市级获奖384人次，列入省级“基础教育精品课”6节。通过各类评比和选树活动，以赛促研，过程性推动教师的业务钻研。推进精准教学，加强实践研究。3月，在2021年研训工作会议暨全县中小学教务、教科主任培训会上，对推进精准教学进行业务培训和工作布置。9—10月，组织开展基于互联网与大数据技术的40学时“精准教学”骨干培训班，去杭州进行理论和实践学习培训2次。11月，精准教学平台完成部署。

【“五育并举”工作实施方案】 2021年，组织案例征集，开展教学研究。完成浙江省中小学“五育并举”工作实施方案征集活动，推选3个案例送省参评；完成2021年度浙江省城乡教育共同体教学教研案例征集活动，其中2个案例省级获奖；完成浙江省中小学表现性评价案例征集活动，推荐10个优秀案例送市；完成浙江省“改进学校教学管理”实践案例征集活动，推荐29个案例送市，其中乾元镇中心小学林丹《小学作业管理的实践与研究》、实验学校周宏亮《基于学生核心素养发展的“BPE”课程体系的架构与实施》省级入选；完成浙江省中小学优秀作业案例征集活动，选送50个作业案例市级参评；完成“浙江省幼儿园课程案例”征集活动，其中4个案例入选省级案例。

【教师评优活动】 2021年，开展教师评优活动，选树优秀教师。完成湖州市第十三届教坛新秀县级推荐工作，推荐送市参评教师13人，其中获“湖州市教坛新秀”荣誉称号教师9人；完成湖州市第六届教学能手县级选树推荐工作，推荐送市参评教师17人。12月完成县第十八届“教坛新秀”和2017届、2018届“教学新苗”评选活动。

【学校“双减”调研活动】 2021年，开展集中调研，推动“双减”落地。全年对高中、初中、小学开展集中调研活动15次，通过深入课堂、访谈调查、常规检查、集中反馈等方式，了解学校“双减”措施和班级实际状况，帮助学校发现问题，提供对策，助力学校提升业务水平。加强作业研究，助力质量提升。各学科围绕“双减”要求，通过研究课程标准、教材，开展关于命题和作业的培训、研究、评比等活动，达到精准命题和作业提质控量的目标。

【教育质量监测】 2021年，完善评价方案，促进学生发展。上半年完成义务教育学校教学质量考核，下半年完成《2021学年德清县义务教育学校学生学业水平考核奖励办法》修订，办法更注重五育并举和学生的全面发展。5月、10月分别完成国家和省义务教育质量监测，两次监测过程进一步推动学生学业水平和学校育人环境的提升，促进学生全面发展。

【教育区域教研活动】 2021年，开展区域教研，实现共同提升。4月，将全县所有义务段学校重新调整成7个区域教研共同体，明确牵头学校，建立教研共同体活动方案、教研员联系制度，制定学期计划开展活动。研训中心指导和推动各教研共同体开展主题鲜明、形式多样的教研活动。各教研共同体依托城乡教育共同体这一载体，开展同步课堂和网络教研活动，推动和丰富校本研训工作，提升校本研修实效。组织参加2021年度浙江省城乡教育共同体教学教研案例征集活动，其中逸夫小学、春晖小学案例省级获奖。

【教育支教协作】 2021年，开展支教协作，贡献教研智慧。9月，初中语文教研员张琴英随湖州市教育系统柔性支教援疆团赴新疆柯坪，给柯坪学生送教，与柯坪教师们进行互动交流与研讨；11月，研训中心副主任、初中道德与法治学科教研员嵇永忠老师赴缙云盘溪中学、缙云实验中学送教，开设初中道德与法治送教课《维护国家安全》，为两校教师作专题讲座。

【教育科研活动】 2021年，开展集体备课。发扬合作精神，凝聚团队智慧，促进学科教育教学质量的提升。9月初，高中各文化学科在周一、周二晚上开展集体备课活动，截至11月底各学科完成活动10次，在各学科教研员的组织下，围绕高考备考、课程整合开展研讨，活动计划翔实，提前一周预告研讨主题与内容，精研共进。

集中开展指导　11月至12月中旬，根据《德清县教育研训中心集中开展指导学校教育教学研究活动的办法》，研训中心在编在职人员根据自身岗位职责与研训重点工作，针对教育教学研究活动相对薄弱的学校或学科，开展指导活动。学科教研员亲身示范送教、做讲座，教科员指导课题研讨，师训员指导校本研修，行政人员指导学校教学改革。

指导课题研究　做好教科研的过程管理、指导和服务工作。3月、5月、10月分别召开2020年度省市课题教研课题结题评估、研讨会，2021年度省市规划课题中期检查培训会等，促进学校以及全县课题研究质量的提升与教师教研能力的发展。教科研成果在省市评比中取得佳绩。获市教科、教研优秀成果奖课题58项；2021年浙江省优秀教育论文评比及省教研论文评选中获奖195篇；在市教科研中心和市教育学会的年度论文评比中获奖344篇。

【教师培训】 2021年，开展专题研训。各学科根据自身特点，围绕课程改革、教研模式、核心素养、项目化学习等开展各类专题研训。幼儿园村点半日活动研讨，小学数学和科学围绕主题开展课堂实践、多维评课、团队磨课、二次上课、再次改课等教学研讨，小学语文、高中数学围绕课堂提质增效开展研训活动，初中语文、数学开展命题、解题、《作业本》使用等研讨活动，高中语文和高中物理开展课程标准、课程整体建构等研讨，高中化学开展项目化学习研讨等。

主题培训　推进新教师培训，组织2020届、2021届新教师试用期上岗培训班。通过体能训练、专家助练、学科陪练、课堂演练、考核升练“五练式”研训形式，助力教师专业化成长。依托高校及培训机构的优势资源联合办班，开展七学科90学分集中培训，培训教师1000余人次，年均完成平台注册教师数的21%以上。组织46所学校依托校本研修参加中小学信息技术应用能力提升2.0培训，第一批15所学校均通过整校推进绩效评估，6个项目获得第一期省级优秀成果。指导实验学校等3所小学通过省级教师发展学校验收，获得二优一良的好成绩。

校本研修　7月，组织第五届校本研修展评活动，对84个项目进行初选和展评，评出一、二、三等奖共51个，评选出4个精品项目参加市级评比，有2个项目获市一等奖。

名师引领　2021年名师名校长管理工作站统筹协调，调动名师名校长积极性，开展各类研讨活动15次，完成名师线上线下送教活动100余人次。

办学条件

【教育经费】　2021年，德清县教育局开展调整优化结构，完善管理制度建设，建立生均经费制度，提高教育经费使用效益。全县教育经费总投入26.67亿元，比上年增长14.08%，其中公共财政预算安排教育经费18.88亿元，比上年增长13.89%。全县公共财政教育支出（含教育费附加）14.44亿元，比上年增长4.93%，比县财政经常性收入的增长比例高0.91个百分点。全县普通初中生均公共财政预算教育事业费支出2.83万元，比上年增长0.4%；普通小学生均公共财政预算教育事业费支出1.87万元，比上年增长4.05%。全县普通初中生均公共财政预算公用经费支出6167.49元，比上年增长6.05%；普通小学生均公共财政预算公用经费支出6026.06元，比上年增长3.71%。全县国家财政性教育经费投入占县内生产总值3.07%，全县公共财政预算教育经费投入占财政支出的比例为18.05%。

2021年8月5日，浙江工业大学附属德清高级中学启用（县教育局 供图）

【教育资源扩容校舍改造工程】　2021年，德清县教育资源扩容工程，投入资金2.17亿元。新建并启用上柏小学、秋山中学、舞阳学校教育集团千秋校区3所学校，新建城南幼儿园、市心府幼儿园和地信小镇第二幼儿园3所，新增学位1330个，缓解“入园难”“入学难”问题。教育工程建设项目24个，计划完成年度投资9.69亿元，实际完成投资4.6亿元。其中，上柏小学等11个项目完工并投入使用；凤栖小学等4个项目正在施工；阜溪中小学等9个项目正在办理土建招投标的前期手续工作。

【教育装备】　2021年，德清县以争创全国义务教育优质均衡县为目标，投入1700万元用于改善德清县学校的信息化教育装备水平，更新教师笔记本电脑656台，安装教学多媒体219套、计算机房6个，建设学校创新实验室3个。创建市级智慧校园2.0学校8所。

【数字化改革】　2021年，德清县“互联网+创客空间”教学系统被列入浙江省教育领域数字化改革第一批创新试点项目名单，“五四村”未来教育项目被列入浙江省数字社会未来教育重点场景先行建设单位。德清教育智慧平台完成基础建设。

【招标采购】 2021年,德清县完成限额以下工程公开发包项目14个,总预算金额2245万元,总成交金额1751元,节约资金494万元;完成预发包内项目29个,总估算金额871万元;完成直接发包备案登记项目54个,总估算金额209万元。

【后勤保障】 2021年,德清县全年配发学生空白作业本11.37万套,采购教学用纸3188拎、复印纸1144箱,完成大米配送53万千克、鲜猪肉45万千克、食用油25万千克。定期召开食堂大宗物品集中统一采购定价会,第一时间公布价格。通过引进专业的后勤服务企业为试点学校提供后勤服务,提升后勤服务质量。

(胡建良)

上渚山奇幻谷景区　　(县文广旅体局 供图)

◆ 科学技术 ◆

综 述

【概况】 2021年，德清县科学技术局（简称德清县科技局）科技创新工作坚持“创新强县”首位战略，深化产学研合作“德清模式”，让创新“关键变量”转化为推动德清高质量赶超发展的“最大增量”。荣获省科技进步考核优秀县“六连贯”，获得全省首批、全市唯一的科技创新最高奖——科技创新鼎。全市唯一上榜2021年度全国科技创新百强县市榜单，列第32位。全县研究与试验发展（R&D）经费支出占地区生产总值比例3.7%。全年高新技术产业增加值比上年增长11.9%，占规上工业增加值的66.2%，高新技术产业投资增长39.4%。德清县抢抓纳入杭州城西科创大走廊规划管理建设先机，借梯登高、加速融入，助力体制机制衔接、片区规划发布和管委会组建挂牌等。年内，德清县全县加强科技合作交流、创新载体建设，推进科技成果转化。全年实现技术交易总额22.48亿元，实施科技合作和成果产业化项目90项。

【制造业高质量发展若干政策】 2021年，结合“湖十条”修订科技奖励政策，联合经信等部门出台《德清县制造业高质量发展若干政策意见》，全面升级科技奖励力度。落实企业研发投入后补助、高新技术企业和重点研发项目等财政补助6387万元。实施研发投入一票否决制度，无研发投入的企业不予兑现科技奖励，反向引导企业重视研发活动。

【科技创新平台】 2021年，莫干山国家高新区排名上升至全国第54位，比上年提升10位。全县累计创建省级产业创新服务综合体3家。其中，地理信息综合体获评省级综合体绩效评价优秀，为全市唯一。全县新增省级备案众创空间2家、市级优秀众创空间2家、市级备案众创空间3家。全县累计建有众创空间34家，其中国家备案2家、省级备案13家、市级认定12家、市级备案26家。

【科技创新主体培育】 2021年，完善省级科技型企业、国家高新技术企业、省级创新型领军企业梯队培育机制，完善科技新政，对首次认定的高新技术企业给予30万元奖励（10万元待3年后复评通过再给予），兑现资金1214万元。新认定高新技术企业64家，累计327家，总数全市第一位。省级科技型企业255家，累计1103家，新增数和总数全市第一位。新认定省级创新型领军企业1家，累计2家。新认定省级新型研发机构2家，数量全市第一位。新认定省级重点企业研究院1家，累计5家。新认定省级企业研究院5家，累计36家。新认定省级高企研发中心16家，累计119家。新认定首批市级重点实验室3家。新认定市级企业研发中心69家，累计204家。

【国内外高校、科研院所产学研合作】 2021年，开展“高校院所万里行”“@0572校企直通车”“百名教授联百企”等活动10场，达成科技合作项目55项。特别是借助浙工大智力资源，启动开展“百名教授联百企”活动，建立科技专家服务团，联合开展技术攻关，促成9家企业与浙江工业大学建立合作关系，签约金额1000余万元。

【人才引育科技】 2021年，践行“创新强县、人才强县”首位战略，推进德清县人才新政4.0落地，通过实施“企业提需求、政府给支持”联合引才机制，拓宽高层次人才引进渠道，吸引科技人才带技术、带成果来德清创新创业，形成企业重视人才、重视创新的浓厚氛围。年内，获评市委、市政府“人才科技工作先进集体”称号，科技人才引育数创历史新高，入选国家和省引才计划16项，列全市第一位；入选省领军型创新团队1家（全市仅3家）；入选省“万人计划”科技创业领军人才1人；市南太湖特支计划科技创新创业人才5人、后备2人；市南太湖精英计划创新团队1家；创建入选全市唯一的浙江省外国专家工作站。

【科技项目】 2021年，省科技厅重塑科技计划体系，首次实施“尖兵”“领雁”研发攻关计划，全面实行“揭榜挂帅”机制。全县科技计划项目立项数创历史新高，入选省“尖兵”“领雁”研发攻关计划项目8项，名列全市第一。

【科技金融】 2021年，激发企业创新活力，全年在省科技创新云服务平台共发放创新券2300万元，使用1300万元。加大对科技中小企业信贷支持力度，为126家次企业2.4亿元科技信用贷款提供风险补偿。促进科技与金融的紧密结合，种子资金资助科技型中小企业13家，惠企资金2400万元。

（张佳音　杨燕　秋秋　王伊　张诗雯　李思思）

科技创新成果

【科技与高校合作交流】 2021年，德清县深化与浙江工业大学战略合作，联合举办“才聚德清 创享工大”科技人才校地合作大会，发布关键核心技术需求“揭榜挂帅”榜单20项，榜金达1.85亿元。开展“@0572校企直通车”活动，围绕产业发展和企业创新需求，组织企业与高校院所开展专场对接交流活动。根据需求排摸情况，组织企业走进各大院校、科研机构等进行实地参观交流，为企业精准匹配技术专家开展现场对接。组织60余家企业走进浙江大学、同济大学、浙江工业大学、安徽大学等高校，促成科技合作项目35项。

【科技创新载体新型研发机构建设】 2021年，德清县新引进大院名校合作共建新型研发机构、联合研发中心和技术转移机构等各类科技创新载体8家（含企业合作引进）。借力高校院所科研资源优势，大力发展“研究院经济”，引导研究院与企业共建“1+N”联合创新中心5家。推进莫干山研究院建设，谋划国家大学科技园、研究中心等落户县域。加大对研究院的分类梳理和清理，分层管理和服务，强化绩效评价，促进研究院更好地服务县域经济发展。

【科技中介培育】 2021年，德清县科技大市场征集科技成果1700项，走访企业344家，摸排企业技术需求109项，线上线下组织开展科技对接交流活动58场，邀请专家160人次。浙江大学、浙江工业大学等7所在德清高校成果转化中心围绕全县主导产业，通过实地走访和现场诊断，挖掘企业技术难题和需求79项，促成所在高校与德清企业合作签订产学研合作项目29项。举办科技成果竞价（拍卖）会德清专场、技术经纪人培训等活动，打响“德清拍”品牌。参与浙江科技成果拍卖会德清专场的9个项目全部成交，总金额达1055.6万元。

【科技成果转化】 2021年，德清县67家企业与浙江大学、浙江工业大学、浙江理工大学等37家高校、院所联合实施90项科技合作和成果产业化项目，新增产值8.5亿元，新增利税近亿元；实施发明专利产业化项目45项，新增产值2.7亿元，新增利税0.7亿元。

（杜杨芬）

农业和社会发展科技工作

【概况】 2021年，德清县科技局围绕“乡村振兴”“共同富裕”“可持续发展”“生态文明”等重点，做好科技兴农惠民文章。聚焦平台建设，激发创新活力，开展下渚湖淡水智能渔业省级农业科技园区、农星创天地等创新平台建设，新认定市级众创田园2家。加强农业主体创新能力提升，组织各类主体申报县级以上科技项目38项。落实科技特派员常态化管理，完成第九批科技特派员换届工作。落实五水共治工作职责，编制金鹅山港一河一策工作方案（2021—2023年）；推进省级可持续发展创新示范区建设，落实科普宣传、科技动员等工作。

【农业科技园区规范化建设】 2021年，推进下渚湖淡水智能渔业省级农业科技园区规范化建设，指导园区做好科创服务中心基础设施建设、功能区块设计、设备采购等工作，推进园区建设步入常态化、规范化轨道。做好星创天地培育创建工作，发挥平台科技创新、研发应用、试验示范、技术推广与科技服务等功能，加快形成“星创天地+孵化器+科技园区”全链条农业科技企业孵化育成体系，壮大创新创业力量。组织星星乡庄园星创天地等申报市级众创田园，获得市级认定2家；完成对已认定的9家市级众创田园的绩效评估。

【社会发展领域建设】 2021年，推进可持续发展创建工作，完成《德清县省级可持续发展创新示范区建设实施方案》编制，配合完善国家可持续发展议程创新示范区实施方案、5年行动计划、建设项目征集和典型案例报送。围绕落实“碳达峰”“碳中和”工作，制定德清县重点领域“碳达峰”技术路线图，组织申报省“双碳”领域“尖兵”“领雁”科技计划项目4项。

【农社科技项目】 2021年，引导企业加强研发投入，主持或参与重大专项，开展应用技术研发和各级各类科技计划项目申报实施，抓好省重点研发项目“尖兵”“领雁”的申报工作，完成省级项目立项2项。完成市级科技计划项目立项24项、县级科技计划项目立项12项。做好县级科技计划项目的验收工作，4个到期项目均通过验收。

【科技特派员制度实施】 2021年，落实科技特派员常态化管理，对第八批科技派员工作进行总结，推选省级、市级优秀科技特派员各2名；落实第九批科技特派员人选，结合项目申报、强村局长等工作，加强科技特派员力量，农业科技特派员人数增至18人。组织申报市级以上科技特派员专项24项，加强科技特派员在扶贫指导、新技术推广、新品种引进、新机具示范等方面的支持力度。

（白雪飞）

文化·新闻传媒

文　化

【概况】　2021年，德清县实施新时代文化浙江工程，提高公共文化服务现代化水平。以文化润民推动公共服务上台阶。举办德清县庆祝中国共产党成立100周年大合唱比赛、百年潮涌——德清县庆祝中国共产党成立100周年大型图片展、望道之路——陈望道首译《共产党宣言》纪念展等红色主题文化活动，推出“革命文物说党史”短视频、“建党百年 非遗献礼”微视频、《连环画里的中国共产党100周年》《党史百年天天读》专题阅读，“读百年党史 悟红色记忆”线上党史知识竞赛，“红色薪火 百年荣光”线上主题纪念等系列活动，为庆祝中国共产党成立百年营造浓厚氛围。

【公共文化服务】　2021年，德清县文化部门创新“我们‘德’系列”文化服务品牌，举办乾元龙灯会、新市蚕花庙会、雷甸枇杷文化节、钟管旅游文化节等“我们‘德’节庆”活动；开展“我们‘德’有约”5期，“我们‘德’培训”105期；建设“我们‘德’书屋”20家；开展文化惠民活动2800余场次，送书下乡近2万册。举办第四届前溪艺术节，收到参赛作品102件。开展对外交流，到安徽当涂县、杭州余杭区、湖州长兴县、安吉县等县区，开展文艺演出、非遗表演、视觉展览、书画交流、线上交流等形式多样的文化走亲活动16场。举办驻馆作家（春晖讲堂）5期，分别邀请王旭烽、徐小斌、黄德海、吴玫、步根海、徐小斌等名家讲师到德清举办讲座，与读者面对面交流。

探索新时代公共文化场馆服务功能拓展，德清县入选全省3个综合试点之一（湖州市唯一），禹越镇高桥村文化礼堂、舞阳街道上柏村文化礼堂入选先行先试试点单位。培育基层文化能人，入选省级文化示范户7户、省级乡村文化能人17名。汲取全县基层公共文化服务绩效评估实际，制定《乡村旅游民宿参与公共文化服务规范》，印发《德清县文旅演艺点单积分制管理办法》，修订《德清县基层公共文化服务专项补助资金管理办法》，加强文化设施建设及文化活动专项资金使用管理，让适合的演艺节目定向传播，鼓励和扶持民间文艺团队。

【文化传承】　2021年，德清县文化部门公布的2020年度浙江省非遗保护发展指数评估指标数据中，德清位列全市第一。实施“文化基因解码工程”，以艺术创作、文化活动、文旅融合、文创开发等为转化途径，促进文化基因转化利用，完成20个重点元素的解码报告。开展省级蚕桑丝织文化传承生态保护区建设工作，厘清以蚕桑丝织为基础的德清文化事项和文化元素，制定《蚕桑丝织文化传承生态保护区总体规划（2021—2030）》。

非遗传承项目申报　做好非遗传承项目申报工作，11项非遗项目入围第八批市级非遗项目，5位传承人列入第七批（第一阶段）市级非遗传承人，“三道茶”等三项非遗旅游商品入选第三批浙江省优秀非遗旅游商品名单。策划“艺术有约·遇见非遗”系列活动，举办德清县首届“非遗少年说”传统传说故事讲述大赛。曲艺评书《香樟树下》参加浙江省第十一届群众曲艺大赛获银奖。

【文物保护】　2021年，德清县文化部门坚守文物安全底线，7月，挂牌成立德清文物局，开启全县文物保护与发展工作新篇章。新增中初鸣遗址等3处为县级文物保护单位，公布火狼山遗址等5处旧石器遗址为县级文保点。实施省文物平安工程二期工程，在5处国家级文保单位、7处省级文保单位、7处木质结构的县级文保单位点安装动态监控摄像。推进原始瓷窑址考古遗址公园建设，完成遗址公园规划编制和亭子桥遗址保护展示工程方案编制工作。开展中初鸣遗址考古发掘，制定遗址保护展示方案。完成省级文物保护单位清河桥修缮工作、省保单位云岫寺檐口瓦片替换工程，找回全国重点文物保护单位兼济桥桥栏并完成归安，开展县级文物保护单位蠡山戏台修缮工程方案编制。开展洛舍新四军标语保养维护，完成第二次革命文物专项调查，洛舍新四军标语和23件套可移动文物列入浙江省第一批革命文物名录。

丰富馆藏文物，公开向社会有偿征集文物22件套，接受市民捐赠木匠工具35件套、篆刻46件套，新增对河口水库出土的汉末陶罐等文物4件套，邱家坝平整土地出土的宋代铜钱币12斤4两。配合杭德市域铁路建设需要，完成县博物馆搬迁，选定新址，高质量做好新馆建设。

（张　琳）

新闻传媒

【融媒体中心】 2021年，德清县文化部门投入6000万元完成融媒体中心改造提升，依托AI人工智能技术，搭建智慧化数据中台和“新闻+”多跨场景，让报纸、电视、广播、新媒体等平台稿件在一个系统内流转，解决过去各平台媒体资源不通畅、不兼容的问题。引入自动拆条、智能校对等多款媒体机器人及6个沉浸式演播场景，新闻采编效率得到有效提升。在县“两会”期间，联动新华智云创新应用5G、AI、全息投影等先进技术，推出《有德小子说“两会”》《全息会客厅》等全媒体产品，延伸新闻传播价值。融媒体中心2.0版建设入选德清县新时代精神文化地标项目之一，助力打造精神富有县域样板，成为全市宣传系统比看活动德清站的首个考察点。

【主题新闻宣传】 2021年，德清县新闻中心牢牢掌握新闻舆论工作主动权，围绕项目双进、“三进三服务”、疫情防控、党史学习教育、双一流全国文明城市、中国共产党成立100周年、共同富裕、数字化改革等主题主线推出《打造双一流全国文明城市》《奔向共富路，打造示范县》等20多个栏目6000余篇报道。先后开展“为奋斗者加油”“助力五个先行开新局”“聚焦共富裕·点赞服务者”“双百攻坚一线行”四场大型新闻行动，累计推出融媒体新闻作品500多篇，精准传递主旋律。

【舆论监督报道】 2021年，德清县新闻中心全链条打造曝光追踪平台，做精做深监督专栏《直击》。围绕垃圾分类、餐饮浪费、消防安全、城乡环境、整治攻坚等领域问题，开展跟踪式追击、图文式反馈，形成监督闭环报道手段，倒逼解决一批难点问题，助推相关工作提质增效。刊播报道85期，其中点位曝光79篇、追踪报道7篇、整改反馈13个。先后获县委书记敖煜新批示4次，县委副书记、县长王波批示7次，取得良好社会反响。

【新闻媒体外宣】 2021年，德清县牢牢把握重大主题、重要节点等外宣契机，坚持传统媒体和新媒体齐发力，外宣工作取得高分报表，助力擦亮“在湖州看见美丽中国”市、县城市品牌。全年在中央、省、市等各大媒体刊发2000余条。其中，《人民日报》海外版头版3条，《光明日报》头版1条，新华每日电讯头版4条，《浙江日报》头版（图片）7条（其中头条1条），新华社内参1件。中央电视台《新闻联播》25条（其中头条3条、单条1条），中国之声《新闻和报纸摘要》《全国新闻联播》10条，浙江卫视《浙江新闻联播》头条11条，浙江之声《浙江新闻联播》头条6条，央视专题片11条。在“学习强国”平台上线“德清融媒号”，开设“今日德清”“德言德语”“德清百灵”等6个栏目，刊发稿件500余篇，“南太湖号”客户端录用稿件1800余条，新闻“头条”录用128条。

【新闻创优工作】 2021年，德清县实施新闻创优提质工程，组建采编系统创优团队，责任具体落实到人，生产有思想、有温度、有品质的新闻作品。由中心牵头策划、组织、举办的“长三角数字乡村赋能广播融媒体活动”荣获2021年浙江省广播电视对农活动一等奖。此外,广播对农考核连续6年优秀,获省政府新闻奖二等奖作品3件、三等奖作品6件,新闻创优水平保持全省前列。

【新闻传媒产业经营多元化】2021年,德清县寻求政务合作新途径。抓住节点,提前谋划,以系列策划宣传提升合作深度和层次。在既有合作的基础上,以短视频为切入点联络承接新业务,拓展政务合作业务。承接德洽会、第四届莫干山会议、全县科技创新大会、游子文化节等各类大型会议活动50余场。

推进“德清云豆”项目。5月份上线以来,消费群体不断扩展,服务质量持续提升。签约机关、企事业单位108家(59个机关单位和49所学校),“云豆”开户数6785人。平台入驻可消费商户165家,250多个门店。商家种类涵盖景区、民宿、酒店、特色餐饮、大型超市、影院、加油站、农庄等,助力数字生活产业。

找准少儿培训发展定位。改造启用德清县少儿艺术培训中心,利用广播电视播音主持场景资源和设备、人才优势,开设《出彩少儿星》栏目,为学员提供展示才艺的平台,播出《出彩少儿星》栏目70余期,400多名学生参与节目录制,通过全媒体平台进行全方位展示,打响艺术培训品牌。

(姚孝芬)

2021年1月4日,“为奋斗者加油”德清县百名记者新年基层行动员大会召开 (县新闻中心 供图)

2021年5月28日,长三角县(市、区)“数字乡村”赋能大体验、大联动、大直播广播融媒体活动在莫干山镇五四村启动 (县新闻中心 供图)

◆ 卫生·体育 ◆

医疗设施

【概况】 2021年，德清县拥有各级各类医疗卫生机构278家。其中，省级医疗机构1家，县级公立医疗卫生单位153家，民营医疗机构124家。武康健保集团下辖县人民医院、县中医院、8家镇卫生院（街道社区卫生服务中心）及77家村卫生室（社区卫生服务站），新市健保集团下辖杭州师范大学附属德清医院（县第三人民医院）、4家镇卫生院及57家村卫生室（社区卫生服务站）。全县总计拥有医疗床位2459张，卫生技术人员3984人，其中执业（助理）医师1597人，注册护士1531人，药剂、检验人员等856人。2021年，全县总诊疗471.35万人次，住院6.19万人次，人均预期寿命达到82.73岁。德清县在全省公立医院综合改革绩效评价中连续4年获得优秀，在健康浙江考核中连续3年获评优秀，县域排名逐年靠前（全省第16名）。2021年，德清县获评健康浙江建设先进集体，通过国家卫生县城复评。

【基础设施】 2021年，德清县加快推进卫生健康系统重大建设项目。浙江大学附属儿童医院莫干山院区开工建设，桩基工程完成25%。县人民医院二期扩建项目、杭州师范大学附属德清医院（县第三人民医院整体搬迁项目）年初投入使用。县公共卫生应急救治中心开工建设，县人民医院和杭州师范大学附属德清医院（县第三人民医院）公共卫生楼主体结顶。谋划县中医院和县公共卫生中心迁建项目。钟管镇中心卫生院干山分院改扩建基本完工，雷甸镇卫生院扩建完成地下室底板浇筑。打造“环境美、人文美、服务美”的美丽村卫生室，新创建29家，累计创建54家。

【智慧医疗】 2021年，德清县成立县卫生健康“数字化改革”工作办公室，建立“专人专班+例会”工作机制，在全省率先上线医共体电子审批平台；在全市率先实现“120”网络管理一体化，开启“互联网+医疗”急救新时代；实现医疗机构间检查检验结果互认；升级“腾讯觅影”辅助诊断系统、临床决策辅助系统等人工智能应用，提高鉴别诊断与治疗能力；利用地理信息技术，开展慢性病管理的精密智控，实现数字慢病一张图；上线区域临床检验信息系统和无偿献血“三免政策”门诊诊查费医院直免系统。年内，德清县争取省发改委数字社会项目2个（老年人“两慢病”数字健康服务和数字医共体“住院服务一体办”项目），省卫健委数字项目1个（老年人数字健康主动关怀服务项目），获省数字化改革“最佳应用”1个（重要成员单位）、省级数字化改革试点3个。

【医疗卫生人才引育实施】 2021年，德清县修订《德清县高层次医疗卫生人才引育实施办法》，申领和拨付人才引育专项经费300万元。新引进人才324名，其中博士研究生2名，实现零的突破；硕士研究生14名。全系统拥有硕、博士79名，省级人才3名，市级人才34名。

（戴鉴清）

医疗卫生

【县域医疗卫生共同体】 2021年，德清县调整县医改领导小组成员名单，设立县公立医院管理委员会。下派24名县级业务骨干担任卫生院业务副院长，选派140多名县级专家每周2～3天排班在基层工作，推动基层医疗机构服务能力共同提升、管理效率共同提高。2021年，基层医疗机构门急诊人次占比70.08%，5家乡镇卫生院恢复或新开展一、二级手术，做到患者“愿意去”、基层“接得住”。加大“三医联动”力度，落实5批国家和1批省级药品、1批国家和2批省级医用耗材集中带量采购任务，医保基金支出比上年下降14.23%，落实“结余留用”资金1.25亿元。德清成为全省县域医共体行业自律示范点、全省县域医共体财务管理制度与利益分配机制研究样本县，入选国家首部《紧密型县域医疗卫生共同体实践案例》。

【医联体建设】 2021年，德清县在杭州邵逸夫医院的帮扶下，县人民医院创建省级重点专科4个、市县级重点专科13个，开展心脏介入、神经内科介入等治疗技术，胸痛中心、卒中中心通过国家验收，年手术量超万例（居全省同级医院前5位）。德清县第三人民医院由杭师大附属医院紧密托管，常驻专家和管理团队20人，全年开展新技术、新项目27项。德清启用上海复旦大学公共卫生学院健康中国研究中心德清合作中心，成为全国第二批儿童青少年近视防控适宜技术试点县和浙江省慢性病防治研究基地。

【疾病救治】 2021年，德清县医疗费用得到有效控制，门诊、住院均次费用增幅控制在5%以内，腹腔镜胆囊切除术、阑尾切除术等平均费用下降2500元。经过医联体建设，德清县域CMI值由合作前的0.72上升到0.85，增长18.06%（其中县人民医院CMI值1.02，全省排名第二；RW≥2病例数占比5.24%，全省排名第一）；DRG病组数614组，增长24.54%；平均住院日6.61天，下降10.55%；三、四级手术占比由合作前的9.89%上升到19.12%。钟管、阜溪两家卫生院达到国家优质服务基层行活动推荐标准。

【中医中药】 2021年，德清县抓好中医药服务网络建设、人才培育、学科建设。年末，全县公立医疗机构的中医门诊总人次77.5万人次，占全县总门诊人次的21.16%；中药饮片处方张数24.02万张，占全县总处方数的7.4%；门诊中医非药物诊疗人次19.34万人次，占全县总门诊人次的5.28%；65岁以上老年人和0~3岁儿童中医药健康管理率分别为73.9%、84.7%。

【对口地区医疗支援】 2021年，德清县参与四川省木里县、吉林省靖宇县和浙江省缙云县对口支援工作，落实落细医疗资源共享、医疗技术培训、医疗人才培养等帮扶内容。新市健康保健集团与四川小金县妇幼保健院、县中医院与小金县中藏医院分别签署帮扶合作协议，捐助65万元用于帮助结对医院医疗卫生医务建设，有效助力对口地区医疗服务能级提升。

（戴鉴清）

疾病防控

【新冠肺炎疫情防控】 2021年，德清县成立新冠肺炎救治专班75人、流调溯源队伍119人，建立呼吸、感染、重症等专科人员储备库611人，紧急援派上海口岸、绍兴等地一线医护近百人。三家县级医院和县疾控中心PCR实验室均投入使用。设立核酸采样点230个，储备采样人员1975人，日最大负荷量17.4万人次，各镇（街道）大规模核酸筛查应急演练实现全覆盖并延伸至村（社区）。按照“应接尽接、梯次推进、突出重点、保证安全”的原则，安全有序推进新冠肺炎疫苗全民接种，全年累计接种123.49万剂次，其中第一剂次55.99万剂次，覆盖率103.92%，3~11周岁人群累计接种7.8万剂次，加强针累计接种11.37万剂次。

【医防融合】 2021年，德清县以全省慢性病防制研究基地、全国慢阻肺高危人群早期筛查与综合干预试点县落户德清为契机，加强慢病管理。在全省率先实施高血压、糖尿病、高血脂部分基本药物免费使用项目，实现慢病免费用药“三高共管”，受益患者3万人，减省开支1077万元。高标准打造“两慢病”一体化门诊6家，为患者提供全程连续医疗、诊间随访、健康教育等服务。为患者开具“药物+健康教育”双处方和慢病用药长处方。完善“1个专科团队+N个签约团队”建设，组建县、镇、村家庭医生服务团队148支，推动县级医院专家参与村卫生室家庭医生团队服务，提供专业指导与现场服务。派遣县级医院高年资主管护师（指有15年以上的临床工作经验，从事一线护理工作的主管护师）下沉村卫生室，从事健康教育、慢性病管理、家庭医生签约服务和双向转诊工作。全年，全县高血压患者和糖尿病患者规范管理率分别为71.2%、70.6%，重大慢病过早死亡概率7.87%，低于省市平均值。

卫生监督

【爱国卫生】 2021年，德清县加强对各镇（街道）卫生村镇创建长效管理落实情况的监督检查，推动镇（街道）完善长效管理机制，全县基本完成国家卫生城镇、省级卫生村全覆盖目标。推进健康浙江专项行动26项，完成行动细化方案及“一镇一品”行动申报，以“合理膳食行动”“全民健身行动”“优化医疗卫生服务体系行动”三项全省示范试点行动为重点进行打造。实施健康德清“百千万”工程，加大健康支持性环境建设，推进健康细胞培育，重点指导2个省级健康镇、52个省级健康村以及2家省级健康促进医院创建或复评，开展32所金、银、铜牌健康促进学校创建工作指导。发挥健康巡讲团优势，实现健康素养进农村文化礼堂全覆盖目标任务。

【公共卫生】 2021年，德清县入选全省基层卫生健康综合试验区（全省6个、全市唯一）。全县家庭医生户籍人口签约率46.15%，重点人群签约覆盖率92.31%，家庭病床350张。设立“两慢病”一体化门诊6家，增加厄贝沙坦片等3种高血压免费用药品种，免费接种水痘疫苗5643剂次、老年人流感疫苗5.66万剂次，免费筛查直肠癌1.88万人。

【医疗监督执法】 2021年，德清县强化部门联动，紧盯医疗机构、美容行业、疫情防控、职业健康、公共场所等事关民生、百姓健康领域，有序推进“蓝盾春雷”专项执法行动。检查2291家（户）次，立案439起，结案383起，罚没款274.58万元。新增“口腔诊疗机构智慧监管”“职业病危害因素浓度在线监控”试点2个，开发“职业卫生在线培训”平台，实现医疗卫生行业综合监管数字化、规范化、法治化。

（戴鉴清）

计划生育

【概况】 2021年，德清县孕产妇死亡率为0，婴幼儿死亡率为1.32‰，5岁以下儿童死亡率为2.65‰。

【妇幼保健】 2021年，德清县加强高危妊娠筛查，执行孕产期保健闭环管理流程。首诊医院按照《湖州市孕产妇妊娠风险评估与管理工作规范》对首次就诊建档的孕产妇进行妊娠风险筛查与评估分级，分级管理。紧盯重点人群管理，建立由基层妇幼保健医生和村卫生计生服务员组成的网格化管理队伍，对辖区内的高危孕产妇专人专案、全程管理、动态监管，确保做到“发现一例、登记一例、报告一例、管理一例”。完善急救中心建设，加快危重孕产妇和新生儿救治中心标准化建设，完善救治网络。降低剖宫产率，以加强“孕妇体重管理与营养指导”为抓手，通过控制孕妇体重，指导合理膳食，降低妊娠期糖尿病、高血压等合并症发生率及巨大儿出生率，间接降低剖宫产率，使德清县剖宫产率呈现下降态势。

【计生工作】 2021年，德清县实施“三孩”生育政策，推进生育友好社会建设。落实全员户籍人口信息平台的完善及应用，加强对镇（街道）全员计生信息统计的日常指导和工作督查。全县出生2763人，生育登记审核1321人，再生育审批发证55人，生育登记线上办理率92.28%；做好出生一件事掌办，线上办理率达91.46%。落实计生奖特扶，把好申请、公示、审核及发放关，新增奖扶856人，累计8692人，新增特扶92人，累计744人；开展计生关怀慰问310户20.68万元，保障原计划生育家庭利益。完善生育配套设施，开展“三孩”

政策配套设施建设，全县建母婴室30家，落实属地长效管理措施。县妇计中心、新安镇、钟管镇创建湖州市儿童早期发展示范基地。

【生育关怀】 2021年，德清县以“生活、精神、养老、健康、再生育”五关怀为重点，总结推广计生特殊家庭“四必访”等帮扶经验，巩固提升“政府购买”“社区志愿”“邻里互助”等帮扶模式，推动各镇（街道）计生协开展暖心家园体系化建设，为计生特殊家庭提供暖心服务阵地。春节和“5·29”计生协会纪念日期间慰问计生困难家庭267户，发放慰问金33.7万元，实现圆梦微心愿51个。推进生育关怀系列保险工作，增强计生家庭抵御风险能力，政府出资12.38万元为952个计生特殊家庭购买意外伤害和住院补助保险，为293名参加城乡居民医保的特扶家庭成员提供免缴费服务。

（戴鉴清）

老龄医疗

【概况】 2021年，德清县以老年人需求为导向，积极开展湖州市“基层医疗卫生机构提升医养结合能力试点项目”，通过调整病房设置、增设安宁疗护床位，提升德清县医养结合机构服务质量。武康街道祥和社区被国家卫健委、全国老龄办命名为“全国示范性老年友好型社区”，为德清县首家。杭州师范大学附属德清医院（德清县第三人民医院）、德清县中医院、新安镇卫生院创建老年友善医院。

【“智慧助老”医疗活动开展】 2021年，德清县开展湖州市“基层医疗卫生机构提升医养结合服务能力试点项目”，开展“智慧助老”行动，县老年电大开设“智能技术运用”课程，解决老年人在就医服务中运用智能技术遇到的各种困难，提升老年人就医服务的便利性和满意度。开展“老年健康宣传周”“敬老月”活动，通过组织志愿者走进城乡社区、养老服务机构和老年人家庭，开展家政、照料、护理、心理疏导等志愿服务活动，动员志愿者与贫困、高龄、失能老人结成帮扶对子。

（戴鉴清）

体　育

【概况】 2021年，德清县完善全民健身公共服务体系，制定“我们‘德’运动汇”德清县群体比赛（活动）方案，开展绿水青山欢乐跑、百村争霸篮球赛、迎亚运排球联赛、美好家园运动会、文化礼堂运动会等五个项目比赛，启动“端午龙舟竞渡活动”等系列活动，促进群众体育活动常态化、生活化。实施“运动空间”公益体育培训，开展乒乓球、羽毛球、篮球、游泳、平衡车、瑜伽等群众喜爱项目共四期，参加培训1.06万余人次。

【群众体育】 2021年，德清县完善基层体育场地设施建设，坚持硬件建设与软件服务同步推进，围绕群众体验感，整体规划群众健身项目设置。全年新建体育设施百姓健身房8个，村级全民健身广场5个，体育设施进公园项目2个，社区多功能运动场4个，笼式足球场1个。

组队参加全国第十四届陕西全运会健身气功比赛（线上决赛），浙江省第四届体育大会飞镖、木兰拳、航海模型比赛，省社区运动会广播体操，健身气功比赛，省文化礼堂运动会气排球、体能等比赛，300多名运动员参加市级以上群众体育比赛10多项。蒋继剑获东京残奥会男女PRE级双人双桨铜牌，金银姬获十四届陕西全运会群众比赛象棋女子团体项目业余组金牌，陈雪君获群众比赛乒乓球女子团体项目铜牌。

【体育竞赛】 2021年，德清县优化“项目布点”计划，形成以德清二中、清溪小学、三桥小学等9所学校为重点的学校竞训体系，组建射箭、游泳、摔跤等8支竞训队伍，组织参加2021年浙江省青少年田径锦标赛、U系列田径联赛、省青少年射箭比赛、省青少年拳击锦标赛等各类省、市比赛，获25枚金牌、32枚银牌、35枚铜牌。

加强运动员输送，备战省运会，输送到省队运动员14人，完成省运会项目注册运动员200余人。以县少体校为主，教体联动,开展拳击、射箭、男排、女足4个项目赛前训练。

【亚运筹办】 2021年,德清县按照“绿色、智能、节俭、文明”的亚运办会理念,有序推进各项筹办工作。加快推进场馆建设,体育中心排球馆改建项目3月份通过验收,新增改造热身馆项目、建立高低压配电间电气设备运行监控系统及体育中心景观提升项目。三人制篮球场地8月底正式开工,建设用地3.16万平方米。编制完成场馆运行工作关键性节点任务表和场馆运行工作进度详表,明确计划编制阶段、测试演练阶段、赛时运行阶段、赛后移交阶段的时间节点和任务要求。强化对外宣传工作,推出《亚运,我来说》宣传片和《爱上亚运爱上你》主题曲,邀请郎平、傅园慧等社会各界知名人士为德清办赛发声宣传。推出《亚运,我来说》《亚运,我来了》两个亚运宣传主题视频。开展“亚运,我来了”——百场演出、千场赛事活动。与湖州援疆指挥部联动,开展“同心筑梦、共享亚运”走进新疆柯坪县,传承亚运精神。

(张　琳)

亚运,我来了　　　　(陈艳艳 供图)

社会事业

就业创业

【概况】 2021年，德清县统筹推进各类群体就业，精准排摸未就业原因、求职意愿等信息，帮扶就业服务2万余人次。招引大学生2.37万人，其中博士271人。在德清县召开全省职业技能评价监管应用推广会。申报“民宿管理师”新职业，进入国家层面论证阶段，为全国首例以政府名义申报的新职业。全县户籍法定人员基本养老保险参保率99.73%，企业职工养老保险人均待遇2641.89元/月，城乡居民养老保险人均待遇411.43元/月，保障水平11.58%。推进“无欠薪”县建设，欠薪案件、欠薪金额和涉及人员比上年分别下降35%、37%和33%。

【就业创业】 2021年，德清县开展就业失业统计监测调查，每月对全县1167家规模以上工业企业和限上服务业深度排摸企业缺工情况，分析研判就业形势。举办德清县首届东西部人力资源协作交流大会，全国7省17个区县的人力社保部门负责人和德清县企业代表参会，推出230个工种、5000余个岗位，畅通人力资源供需共享渠道。强化创业带动就业，发挥浙工大莫干山校区、德清人才创业园、科技创业园、地信小镇、莫干山高端民宿集聚区等创业创新载体作用，鼓励引导各类人才返德入园创业，培育认定大学生创新创业团队40余个。提升就业者职业技能水平，实施职业技能培训1.49万人次，新增职业技能等级认定试点企业50家。

（王　玲）

社会保障

【概况】 2021年，德清县实施全民参保计划，应保尽保原则，引导灵活就业人员、新业态从业人员、城乡居民等重点群体积极参保和持续缴费。提升养老保险待遇水平，完成机关事业、企业职工退休人员、被征地农民待遇调整工作。执行养老保险政策，完成2510名被征地存量人员政策告知工作。推进社保基金管理问题专项整治工作，加快“社保基金全链条监管”应用场景建设，确保基金安全运行。

【“南太湖精英计划”创业项目及人才引进】 2021年，德清县新入选“南太湖精英计划”创业项目13个，新建省级博士后工作站4家，新进站博士后14人。打

2021年4月22日，德清县首届东西部人力资源协作交流大会举行

（县人社局　供图）

响创优“才聚德清·职等你来”聚才引智品牌，设立1亿元专项人才资金，制定“人才新政4.0版”，对住房、教育、就医、出行、旅游实施全方位保障。在全国县域城市率先推出“人才码”，设立人才“一件事”服务专窗，全年服务各类人才9000余人次，兑现人才资金超7000万元。推进人事档案基础信息数据采集，完成档案信息采集3.34万份，推进人事档案整理及影像化，全年完成档案4539份。

【劳动纠纷高效化解】 2021年，德清县全年完成企业劳动用工体检503家，推荐市级以上劳动关系和谐企业20家，认定工伤2462人次，出具劳动能力鉴定结论1805人次。落实新业态就业人员职业伤害保障政策。开展根治欠薪冬季专项行动，有效预防和遏制工程建设领域拖欠农民工工资等违法违规行为。强化劳动纠纷高效化解，提升基层劳动纠纷当地化解力度，应对新情况和新问题。

（王　玲）

医疗保障

【概况】 2021年，德清县基本医疗保险参保人数48.57万余人，参保率99.92%。享受待遇45.3万余人，职工医保、城乡居民医保的县域政策范围内住院报销比例分别达到87.94%和70.97%。

2021年，德清县职工医保基金总收入13.51亿元（包括统筹基金、个人账户基金、公务员补助基金），总支出11.49亿元，当期收支结余约2.02亿元，累计结余11.51亿元。其中：基本医疗保险统筹基金当年结余7364万元，累计结余3.11亿元；个人账户基金当年结余8404万元，累计结余5.46亿元；公务员补助基金本年收支结余4395万元，累计结余2.94亿元。城乡居民医保基金收入约2.74亿元，支出约2.48亿元，当期收支结余2687万元，累计结余8974万元。

【医保改革】 2021年，德清县医疗保障局完善总额预算管理下按人头付费，住院按DRGs点数法付费的多元支付方式改革，确定2021年预算总额为9.9亿元，增长率控制在6%以内。配套制定医保绩效评价机制，细化完善医疗机构和零售药店考核办法，督促医疗机构合理治疗。

年内，按照市医疗保障局“制度政策统一、基金统收统支、管理服务一体”要求，县医疗保障局调整德清县职工基本医疗保险和城乡居民基本医疗保险相关政策，自2022年1月1日起，在全市实施基本政策、待遇标准、基金收支、经办服务、定点管理、信息系统“六统一”的基本医疗保险市级统筹，实现市域范围内筹资责权对等、待遇享受公平、经办服务一体的高质量医疗保障。

【医保基金监管】 2021年，德清县通过第三方监管、多部门联动、数字医保监管加大医保基金监管宣传和打击力度，实现定点医药机构检查全覆盖，累计发现医保定点医药机构违规线索86条，责令整改5家，暂停协议10家，解除协议5家，查实违规金额936.58万元。

【医保经办服务改革】 2021年，德清县推进经办服务标准化，统一医保经办服务事项、经办流程、经办标准，逐项梳理规范主项政务服务事项11个和子项24个，精简权力事项6个，实现医保经办服务的迭代升级，提升医保服务质量和效率。全年医保服务窗口受理“零星报销”等事项3.62万件，被县政务办评为“季度优胜窗口”2次，群众满意率达95%。

【医保扶贫救助】 2021年，德清县推进困难群众救助“一件事”集成改革业务，建立困难人员信息实时共享机制、大额医疗费用预警机制和救助人员医保中断预警机制，将医疗救助核查工作情况纳入年度医保工作目标考核，确保医疗救助“不落一户、不落一人”。全年医疗救助资助参保5110人，资助参保金额265万元，医疗救助“一站式”结算7.05万人次，医疗救助金额934万元。

【药品耗材集采】 2021年，德清县监测国家集采药品耗材采购，落实国家集采药品、冠脉支架协议签订、药品平台采购等工作，各医疗机构按月完成协议药品任务量和购药货款结算，落实预付周转金339.12万元，节约药品费用达9791万元。

【疫情防控】 2021年，德清县县医疗保障局落实新冠肺炎病毒疫苗采购及接种费用保障工作，全年上解至省级财政专户疫苗采购费用6120.46万元，拨付至县内各接种单位新冠肺炎疫苗接种费用1122.46万元。

【“南太湖健康保”参保工作】 2021年，德清县县医疗保障局推动“南太湖健康保”健康发展，区分机关事业单位、学校、镇（街道）、企业等不同范围重点，科学有序推进参保工作，参保率达61.6%。全县有4372人享受赔付，金额达1791.07余万元，最高理赔达14.4万元。

【省级县域医共体医保行业自律示范点建设】 2021年，德清县创新省级县域医共体医保行业自律示范点建设，武康健康保健集团成为全省首批试点单位，基金支出增长得到抑制，住院均次费用明显下降，比上年下降5.5%，门诊均次费用比上年下降1.36%；合理用药取得成效，抗菌药物使用强度指标31DDDS，处于全省同级医院前列，重点监控药品使用占比控制在1%以下，基本药品使用占比40%以上，实现医保基金平稳、医院可持续发展、群众就医负担减轻的三赢局面。

（周李斌）

住房保障

【概况】 2021年，德清县发放公租房租赁补贴706户，城镇住房保障受益覆盖率23.84%，棚户区改造交付入住394套，2017年年底前开工建设的棚改安置住房竣工率100%，交付入住率97.7%。

【保障性住房管理】 2021年，德清县创新工作方式，完善住房保障体系，提升城镇住房保障受益覆盖率。利用交易限制、梯控管理等技术手段，提升精准审核及腾退力度。2021年，8户公租房保障家庭因交易限制而主动退出保障，腾退不符公租房家庭75户。依托“浙里办”和政务2.0，把公租房申请受理从窗口搬到云端，全年受理公租房288件，网上受理率99%。兜牢民生底线，关心关爱特殊群体，完成2021年度优先保障家庭分房工作，实物配租97户。发展保障性租赁住房，解决新市民、青年人等群体的住房困难，“十四五”期间计划筹集保障性租赁住房1.2万套。

（陈诗颖）

住房公积金管理

【概况】 2021年，德清县归集住房公积金14.2亿元，归集余额38.1亿元，累计归集总额98.1亿元。全年提取住房公积金9.3亿元，累计提取总额59.9亿元。发放贷款7亿元，贷款余额31.9亿元，回收贷款3.6亿元。实现公积金全年增值收益5280万元。湖州市住房公积金管理中心德清县分中心（以下简称分中心）荣获市对县目标责任制考核一等奖和县对部门综合考核D组二等奖。

【公积金扩大覆盖面】 2021年，德清县扩面新增缴存职工3.06万人，完成目标任务的199.97%；净增缴存职工8870人，完成目标任务的158.39%；缴存职工活跃人数9.95万人，占社保活跃缴交人数的44%，非公企业活跃职工占比61.1%。

为扩大制度覆盖面，分中心依靠行政推动，创新推出“简报+通报”机制，每月编写扩面简报，将扩面完成情况通报至县委书记、县长、各镇（街道）主要领导和分管领导；联合县政府督查室，每季度1期扩面督查通报，实现压力传导。为改变原有“靠后续发力”的扩面模式，新增按时序推进的扩面要求，将镇（街道）任务数以外的净增数折算给银行，银行扩面数算入各镇（街道），改变镇（街道）与银行扩面“平行线”局面。

【公积金便民惠民服务】 2021年，德清县创设“德清公积金”微信公众号，宣传公积金政策法规，上线“预约办”。制作“一事一码”公积金便民服务卡，实现“扫码办”和“精准导办”。拍摄在支付宝、浙里办上操作公积金业务的视频，实现“不见面”网办。支持首套房和改善型住房消费。优先发放首套首贷公积金贷款。截至年底,分中心优先发放首套首贷1287户4.82亿元,占贷款业务的69.7%。为5500名新市民建立公积金制度,开启首笔高层次人才公积金优惠贷款业务,支持租购并举。通过政策支撑,为老旧小区"微更新、微改造"减负。截至年底,老旧小区改造加装电梯支持缴存职工提取公积金27.5万元。支持农村危旧房改造、翻建、大修提取公积金480.9万元,支持提取城市廉租住房(公共租赁住房)建设补充资金6600万元。

【公积金数字改革赋能】 2021年,德清县"做智慧加法"。深化公积金领域数字化改革,聚焦企业和职工全生命周期服务,推进一证式智办、"一件事"联办和跨省通办。实现缴存、提取和贷款业务100%网上可办,办理率95%以上,提高校核、审批、结算的自动化水平,实现智办、易办、秒办。截至2021年年底,分中心办理各类"一件事"3092笔,办理个人异地转移"跨省办"事宜。

"做便民乘法" 对银行延伸网点实行"每月考核+每季通报"机制,实现延伸网点办理"质""量"双提升。截至年底,全县15个银行延伸网点办理公积金业务占比43.85%。推进服务事项下放承接工作,安排业务骨干对镇(街道)窗口经办人员针对政务服务2.0中涉及的公积金办事事项进行集中讲解。经办人员分批到公积金窗口现场学习收件,提高镇(街道)便民服务中心受理公积金业务的能力,打造"家门口"的公积金。

"做流程减法" 针对公积金贷款业务,推行"一课时"办结(即45分钟内),贷款从受理到抵押时间从原先的6周缩减为现在的7天以内;针对提取业务,租房提取业务实现"即提秒到",其他90%以上提取5分钟到账。

(姚虹丽)

社区与社会组织管理

【概况】 2021年,德清县有幸福邻里中心58家、社会工作站14个。全县累计登记注册社会组织505家,其中社会团体181家、民办非企业单位317家、基金会7家,备案的社区社会组织2047家。

【基层治理】 2021年,德清县有3项试验区试点,钟管镇沈家墩村入选首批全国村级议事协商创新实验试点单位,武康街道通过第二批省级社区治理和服务创新实验区结项验收,新市镇第三批省级社区治理与服务创新实验区完成中期评估。德清被确认为全省首批智慧社区试点名单,成为湖州市唯一入选单位。初步搭建以"社区概述、社区党建、社区环境、社区治理、社区服务、社区安防"六大模块为主的一张图架,完成智慧社区中期评估。

【社区建设】 2021年,德清县开展幸福邻里中心赋能提质行动,出台《德清县幸福邻里中心赋能提质"十条"(试行)》和《德清县幸福邻里资金补助管理办法》,举办第三届幸福邻里月活动。开展社会工作站建设,依托幸福邻里中心,率先在全市实现镇(街道)社工站全覆盖。出台《关于开展全县镇(街道)社会工作站建设的实施意见》,进行《德清县中心城区社区规划》修编。

【社工人才】 2021年,德清县社会工作人才持证人数1550人,其中高级(合格)1人、中级343人、初级1206人。依托"我德清"小程序,新增"幸福社工"社会工作人才管理模块,探索社会工作人才"一平台三计划"("一平台"指数字社工管理平台;"三计划"是赋能计划、展翅计划、翱翔计划)服务管理新模式。举办第二届县志愿服务与社区治理莫干山论坛,率先在全国启动实施"志愿服务参与社区治理指数"应用。

【社会组织】 2021年,德清县新增社会组织64家,完成社会组织年度检查388家,等级评估19家,其中5A级1家、4A级1家、3A级12家。开展"社区微治理项目暨第九届公益创投"活动,激发社会组织活力。加强对年检中发现的社会组织违法违规行为查处力度,开展行业协会商会收费检查7家,整改1家。配合教育局做好"双减"工作,完成转登6家。开展打击整治非法社会组织专项行动，取缔2家、劝散3家、规范备案2家。开展“僵尸型”社会组织专项整治行动，撤销1家，注销5家。

社会救助工作

【概况】 2021年，德清县低保标准提高至每人每月917元，惠及全县低保对象1692户2747人，发放低保救助金2600.12万元；支出型贫困家庭87户304人，发放救助金293.88万元；特困人员316人（散居供养232人，机构供养84人），发放散居特困人员基本生活费428.60万元；临时救助619人，发放救助金219.56万元。

【数字救助改革】 2021年，德清县实施社会救助“一件事”集成改革，推进“浙里救”在德清的落地。按照“一站式”服务要求，完成各部门涉及低收入家庭的救助政策和优惠政策清单梳理。完成“助联体”建设，借助政务服务2.0、省大救助信息系统，构建数据支持网络，提高救助政策执行效能。聚焦困难群众物质、精神双富有，落实困难群众优惠政策，发放“幸福清单”，“幸福码”“一户一码”为救助家庭提供专属服务。

【救助管理】 2021年，德清县救助管理站救助流浪乞讨人员147人次，其中危重病人2人、精神患者15人、未成年4人、亲人接回3人、护送返乡5人。结合“6·19全国开放日”“寒冬送温暖”“夏季送清凉”等开展救助政策宣传活动，出动巡查车辆126台次，出动巡查人数348人次，街面主动救助19人，劝导入站5人，发放衣物17套、棉被9床、食品172份、降暑药品57份，发放引导卡621余份。

福利事业

【概况】 2021年，德清县有困境儿童626人，发放基本生活补助731.1万元。开展残疾人两项补贴省级试点，两补发放由残联转移到民政，于10月进行首轮补贴发放，有在册困难残疾人1456人、重度残疾人4929人。

【儿童福利】 2021年，德清县有困境儿童626人。根据市民政局儿童之家建设标准，会同县妇联等单位，综合利用幸福邻里中心、日间照料中心等资源，完成15家儿童之家建设，累计建成儿童之家34个。完善“收养一件事”新模式，在办理收养证后，通过部门内部流转，仅在民政提交资料即可办理户口、社保、医保等相关后续事务，方便群众办事。全年办理弃婴公告17起，收养证20起，收养“一件事”19起，解决不符合收养条件的落户问题3起。

【残疾人帮扶】 2021年，德清县关心关爱福利企业残疾职工，开展“迎新春送温暖”“炎炎夏日送清凉”等活动。借助德清县人力资源交流大会开设爱心岗位招聘区，为福利企业与求职残疾职工搭好便捷的就业桥梁，全县有集中就业残疾人职工1300余人。

德清县慈善总会

【概况】 2021年，德清县慈善总会善款总收入3822.05万元。其中，募捐总收入2378.48万元，慈善基金理财1303.09万元，其他收入（含存款账户利息、房租等）140.48万元。各项救助资金总支出2376.63万元。县慈善总会通过“中国社会组织等级”评估，获颁“5A级社会组织”，被评定为“湖州市2021年品牌社会组织”。

【换届工作】 2021年年初，德清县慈善总会与组织、民政等部门汇报对接，着手工作报告、收支情况报告起草、会员调整、理事推荐、章程修改等各项换届准备工作，多次召集会议进行讨论修改和进一步完善。5月28日，德清县慈善总会第四次会员大会召开。会议总结三届理事会的工作，审议通过相关报告和章程的修改。会议选举产生新一届理事会及会长、副会长、秘书长，对新一届理事会5年工作目标进行规划与展望，为县慈善总会加快发展夯实组织基础。

【“慈善一日捐”活动】 2021年8月30日，德清县慈善事业发展

2021年5月28日，德清县慈善总会第四次会员大会召开

（县慈善总会 供图）

工作领导小组印发《关于开展2021年“慈善一日捐”活动的通知》。9月1日，县委、县政府召开全县第十七个“慈善一日捐”活动动员大会和“慈善一日捐”集中捐赠仪式。县委书记敖煜新在集中捐赠仪式上作动员讲话，县委副书记、政法委书记陈健作“慈善一日捐”动员报告，县四套班子领导带头进行捐赠。9月下旬至10月底，县慈善总会组织人员分赴高新区及各镇（街道）、部门进行走访，与各单位主要领导和慈善分会负责人进行沟通、交流。针对近几年金融行业捐赠工作有所下滑的状况，会同县金融办进行专门研究，在全面梳理排查的基础上，确定重点募捐对象进行劝募，推进募捐工作有序深入开展。“一日捐”活动募集资金2178.48万元。有15个企业和124名个人入选县级“慈善排行榜”，3个企业、1名个人和5个村（社区）慈善工作站（分会）荣获湖州市2021年度慈善捐赠奖。

【“慈善村”创建】 2021年，新增创建“慈善村”7个，实现“慈善村”全覆盖目标。新增创建“慈善社区”1个，新市镇仙潭社区成为第9个“慈善社区”。创建乾元镇幸福村、钟管镇干山小学两个“慈善文化基地”。钟管镇被命名为第二批省级“示范慈善分会”，钟管镇青墩村、乾元镇城北村、洛舍镇东衡村荣获第二批省级“示范慈善工作站”称号。3月5日，市领导夏坚定针对“德清县十年深耕村级慈善帮扶工程助推基层社会治理”作出“此做法好！”批示肯定。4月26日，湖州市推进基层慈善基金建设工作现场会在德清召开。

【慈善救助】 2021年，实施重大疾病慈善关爱行动，重点实施“困难癌症患者专项救助”项目，有493人次恶性肿瘤患者受益181.16万元。配合县政府开展元旦、春节送温暖活动，慰问贫困户及孤寡老人，发放慰问金139.29万元。实施常规性生活补助项目和紧急救助行动，对159户困难家庭进行生活补助69.1万元，对因突发性困境的44户家庭实施紧急救助59.8万元。县慈善总会慈善救助工作向“对口支援”领域延伸，捐资400万元用于四川省小金县、吉林省靖宇县的结对帮扶。

（徐旦洪）

养老服务

【概况】 2021年，德清县60周岁以上老年人口12.56万人，占总人口的28.12%，其中70周岁以上5.85万人，80周岁以上1.86万人，90周岁以上2675人，100周岁以上38人。

【养老机构建设】 2021年，德清县有养老机构17家。其中，公办养老机构7家，民办养老机构10家。全县有养老床位2796张，其中护理型床位1641张，占58.7%。推进养老机构建设，建设康养联合体2家（德清康富颐养中心、新安康复康养综合体），县福利院迁扩建项目（一期）完成主体结构。在全县养老机构安装离床感应器1593套，对入住老人进行数字化服务与监管，达到“一人一床一码一设备”的精准监管效果，通过一键帮助感应器及时了解并解决老人需求，实现管理效能提升、补贴精准发放、服务更加贴心。根据《德清县人民政府关于加快发展养老服务业的实施意见》文件要求，对符合条件的民办非营利性养老机构发放建设补助14.48万元、运营补助4.46万元。

【居家养老服务】 2021年，德清县新建示范型居家养老服务中心4家，累计建成15家。在142家居家养老服务照料中心安装监控摄像头，将数据连接到智慧养老平台，实现服务监管双提升。实施"8812349"居家养老服务平台改革，由被动式服务转变为主动点餐式服务，惠及全县8200位老人，发放养老服务补贴600万元。完成275户困难老人家庭适老化改造，为54位90周岁以上重度失能失智老人免费安装健康检测设备。对全县187名困难老年人进行能力评估，作为提供养老服务补贴、入住公办养老机构等养老服务兜底保障的依据。完成"金色爱心工程"（老年人意外伤害保险续保工作），共有12.31万人投保。

【养老人才队伍建设】 2021年，德清县加强机构养老护理员水平整体提升，联合湖州技师学院，开展养老护理员职业技能等级培训，完成初级护理员培训189人，中级护理员培训33人。全年新增持证护理员144人，累计持证护理员281人，实现每万名老年人拥有持证护理员22.56人。

（潘崎娟）

社会公共事务管理

【概况】 2021年，德清县推进民政数字化改革，获省民政厅殡葬数字化改革试点和数字门牌应用试点。深化生态殡葬综合改革，建设镇级纪念堂4家，钟管镇镇级纪念堂和下渚湖八字桥纪念堂获省级节地生态安葬示范点。

【殡葬管理】 2021年，德清县节地生态安葬率90%。开展"鲜花换纸钱"活动，完成清明、冬至祭扫。利用地理信息优势，开展殡葬领域规范管理监测及整治项目，完成三沿五区坟墓治理853穴。身后事平台在浙政钉2.0全面启用，完成"身后一件事"联办2953件。惠民殡葬基本服务全流程免费惠及2992人，有效减轻群众丧葬负担。

【婚姻登记】 2021年，德清县办理婚姻登记2665对，其中结婚登记2035对，离婚登记630对，登记合格率100%。按照5A级标准完成婚姻登记处新址装修，3月15日新址正式启用。开展婚姻登记补证下乡活动，补发结婚登记证5528对。

【地名管理】 2021年，德清县完成建筑物命名17件，新建道路命名32件，编制门楼牌2.19万件。开展门牌安装更新工作，设置城镇门牌4495块，制作农村门牌7万余块。推进平安边界工作，落实界桩界线日常检查，做好吴德线联合检查工作。创新地名文化宣传模式，举办德清县地名文化进民宿暨送书下乡活动，召开地名文化座谈会，举办德清县首届地名大会。

【水库移民安置】 2021年，德清县实施大中型水库移民后扶项目43个，安排资金1515.6万元。出台《德清县水库移民后期扶持项目资金使用管理办法》，做好水库移民后扶资金的稽查审计。开展大中型水库移民后期扶持人口年度复核工作，发放直补资金294万元。开展"入千访万"活动，做好帮扶解困工作，及时回应移民诉求。

（潘崎娟）

退役军人事务

【概况】 2021年，德清县完成接受安置军转干部工作。受理和审核退役军人保险接续补缴申请（有书面承诺放弃补缴情况），财政补助资金434.48万元，另有完成补缴者。全县各级拥军慰问48.62万元，为驻德清部队安装路灯、购买空调等项目列入省拥军优属"百件实事"实施清单。落实"法律政策落实年""服务保障能力提升年""轮值站长"以及党史学习教育等工作。11月4日，副省长王文序调研德清县退役军人服务体系建设和就业创业工作时，肯定全县服务站建设取得的成效。

【移交安置】 2021年，德清县接收转业干部和转业士官（100%安置事业和国有企业单位）。按照军人退役“一件事”要求，接收退役士兵，统一由政府安排工作，国家机关、事业单位、国有以及国有控股和国有资本占主导地位的企业安置比例100%。全年发放各类补助金600.62万元。通过开展就业市场调查和收集退役士兵的培训意向，组织职业技能培训和专场招聘会各1次，提升移交安置服务保障成效。

【就业创业】 2021年，德清县线上发布招聘信息16次、提供岗位78个，其中参加应聘30人，达成意向7人。线下组织参加专场招聘会4次，提供岗位1.4万个，其中参加应聘100人，达成意向人数6人。9月份，组织参加浙江省第二届“双创杯”退役军人创业大赛，阜溪街道退役军人王家豪荣获市三等奖。申报首批省级退役军人就业创业基地2个，德清县科创园获评创业基地，浙江顺带供应链有限公司获评就业基地，聘请负责人为就业创业导师，就后续发挥基地与导师作用达成初步合作意向。

【拥军优属】 2021年，德清县利用双拥工作优势资源，发挥社会化拥军辐射效应，杨宝庆、蔡永法、刘志国3人荣获2021年度湖州市“模范拥军人物”，杨宝庆、蔡永法获评浙江省首届“最美拥军人物”（全市仅德清县2名），泰普森实业集团被推荐为全国社会化拥军企业表彰对象。打造“双拥街”，352家企业和商铺加入拥军行列，11家社会组织参与双拥优抚服务，与3家5A级社会组织签约，提升服务保障能力。文旅集团下属企业成立“退役军人之家”，营造浓厚的拥军氛围。8月份，“我飞拥军”慈善项目关爱金发放仪式上，全国爱国拥军促进会会长罗平飞到会指导，给予充分肯定。

【优待抚恤】 2021年，德清县按时足额发放各类定期抚恤补助，全年发放各类生活补助、优待金和大学生一次性奖励金共4637.6万元。完成全县2746名60周岁农村籍义务兵、带病回乡退伍军人数据核查审定和完善工作，完成191名残疾军人证更换和“两参”人员档案信息核查。开展走访边海防官兵、困难退役军人和优抚对象活动，累计走访慰问3300余人次，发放年历画1.8万余幅。组织优抚对象家庭免费体检436人次，重点优抚对象赴嘉兴荣军医院短期疗休养46人，受到广大军人军属、退役军人和其他优抚对象的好评。开展为立功受奖家庭送喜报180余份，发放慰问金10万元。

【烈士纪念】 2021年，德清县隆重举行清明、“9·30”公祭活动。全年接待233个单位近3万人到烈士陵园开展纪念活动。走访慰问英烈遗属家庭12户，邀请参战老兵、烈士遗属讲述英烈故事9场，发放《文明祭扫宣传手册》1000余份，拍摄英烈故事短视频2部，各级媒体报道50余篇。改善瞻仰环境，推进县级以下英雄纪念设施整修工程。8月份，完成全县纪念设施信息校核工作42处，龙山烈士墓维修改造竣工。9月份，对全县烈士纪念设施进行全覆盖检查走访，联合县委宣传部、县财政局下发整修方案，对县东山陵园烈士集中安葬区进行提升改造，有6座散葬烈士墓同意迁往县东山陵园。

【军休干部管理】 2021年，德清县做好军休干部工资待遇调整工作。定期开展学习教育，落实政治、生活“两项待遇”，定期开展上门走访服务，了解思想、生活状况，把党和政府的温暖送达干部、遗孀的心坎上，全年累计上门看望或到医院看望住院老干部29次，得到老干部的一致好评。采取政府购买服务的形式，引导社会组织参与军休干部服务。

【帮扶困难退役军人】 2021年，德清县落实“六个一”服务意识，主动帮助有困难的退役军人。会同镇（街道）、村（社）退役军人服务站有关人员，采取上门服务的方法，深入基层困难退役军人及优抚对象家庭，及时倾听诉求，做好思想工作和矛盾化解，累计帮扶困难退役军人16人，帮扶金额3.43万元。

【退役军人服务站建设】 2021年，德清县累计投入近1000万元，建立退役军人服务中心（站）188个，实现县、镇（社区）服务体系全覆盖。推进创建全国“示范型”和全省“枫桥式”退役军人服务中心（站），完成“枫桥式”服务中心（站）创建23个，全国“示范型”服务中心（站）160个。通过推进“轮值站长”建设、打造“老兵调解”体系和落实就业创业服务，完善退役军人服务体系建设。深化老兵自治共建品牌和规范参与基层治理渠道，全县县域“兵支书”68人，占全县村（社区）支部书记的40%，提升退役军人的获得感、幸福感和荣誉感。

（俞菁菁）

美丽仙潭　（莫干山镇 供图）

乾元镇

【概况】 德清县乾元镇地处德清县中部，东邻新安镇，东南接雷甸镇，南与杭州市余杭区仁和街道为邻，西南与下渚湖街道交界，西界康乾街道，北连洛舍镇，东北毗邻钟管镇。区域面积54.14平方千米，辖8个行政村、5个社区。2021年，全镇常住人口5.59万人，户籍人口3.72万人。实现工业总产值223.3亿元，与上年基本持平；财政总收入7.3亿元，比上年增长8.9%。2021年入选浙江省第一批千年古城复兴试点，连创浙江省“五水共治”工作考核优秀乡镇、浙江省园林城镇，获评浙江省“枫桥式”司法所、湖州市美丽提标争先战突出集体、湖州市数字生活新服务特色镇等荣誉，镇综合考核“五连冠”。

【工业经济】 2021年，乾元镇规模以上工业产值125亿元，比上年增长15.5%；规上工业增加值21亿元，比上年增长7%；全社会固定资产投资13.16亿元，比上年增长5.3%，其中工业投资11亿元，比上年增长18.3%；自营出口19亿元，比上年增长26.67%；实到外资2434万美元，完成年度目标任务的101.4%；全镇研发投入强度上升至3.1%，规上企业突破100家大关，经济运行基本稳定。

【引进亿元项目双进】 2021年，新引进亿元以上项目14个，其中3亿元以上项目6个，5亿元以上3个，超额完成全年任务。实行在建项目“全生命周期管理”模式，围绕打桩结顶、设备安装、上规达产等重要节点，抓实企业“承诺践诺”，清单式推动23个亿元以上项目实现开竣工，市认定“大好高”项目7个，臻鑫智能科技项目入选全市三季度“十大推进快的好项目”名单。

【新材料园区建设】 2021年，推进新材料园区建设，提高乾龙工业功能区、高端装备制造园园区管理，优化平台承载力。坚持“亩均论英雄”导向，实施老旧工业园区改造提升三年行动，按照“收储、税务指导、租赁”等形式，推动克鲁森区块、乾龙中路东侧79亩区块回收开发，完成“三低五未”企业达标提质27家，全镇规上工业亩均税收增至25万元。创新驱动增强，新申报高新技术企业7家，新认定市级企业研究开发中心7家。深化产学研“德清模式”，发挥“南太湖精英计划(后备)产业园”集聚效益，联合上海硅酸盐研究院、同济大

2021年2月27日，德清县一季度重大项目集中开竣工活动暨建鼎智汇创谷项目开工仪式在乾元举行 （乾元镇 供图）

学共建实践基地，新引进高端人才1人、教授级人才2人、青年人才1人，省级引才计划入选2人，获县招商引才工作先进单位。

【城乡建设】

千年古城复兴　2021年，乾元镇推进以人和产业为核心的千年古城复兴，借助省发展规划研究院、杭州市城市规划设计研究院等专业力量，完成《千年古城复兴综合规划》编制方案。挖掘提炼传统建筑、历史街区的“书香”“里弄”“乡愁”文化符号，梳理保护、传承和开发范围，明确近期、中期、远期开发顺序，排定5大类30余个古城复兴重点保护、建设和改造项目，重塑“文化核心内圈、品质生活中圈、全域美丽外圈”空间格局，千年古城景区通过3A级景区景观质量评定。

危房治理　深化危房治理3年行动，综合运用“收购、重建、加固”三种模式推动镇区4200余套C、D级危房解危，总签约率超97%，70幢D级危房全部完成加固，69幢C级危房加固进度过半。

美丽乡村建设　构建美丽乡村发展新格局，依托农村水系连通等项目，打造亲水滨岸，提升绿化11.2千米，新增“美丽河湖”8条、国土绿化建设5.8万平方米，打造乾元“5分钟亲水见绿圈”“10分钟登山望河圈”。

【现代农业】　2021年，乾元镇组建全县首家强村公司，运用市场化的手段进行“兵团作战”，加强镇级统筹与村级联动，推出镇属国有资产或小体量的工业用地，交由强村公司开发运营，首批推出3个物业经济地块正有序推进。开工的33个乡村振兴项目24个竣工投用，总投资1.2亿元的“稻颂乾元”田园综合体项目11月底启动建设，恒星电商产业园正式启用，各村经营性平均达到228万元。现代农业提质增效，新认定市级“大好高”项目1个，新培育市级示范性家庭农场1家，县级示范性家庭农场1家，科宇智慧冷链中仓项目完成验收。

【污染防治】　2021年，坚持标本兼治、综合治理，消除劣Ⅴ类水体120余处，推广生态健康养殖行动，做好养殖尾水治理行动，对全镇184个尾水治理点循环巡查，对53个存在问题的尾水治理点要求整改并督促落实。全域创建省级“污水零直排”区，成为全市唯一一个连续两年获评省“五水共治”工作考核优秀乡镇。推进农村垃圾、污水、厕所“三大革命”，完成星级公厕创建2个。开展大气污染防治雷霆行动，$PM_{2.5}$指数下降34.3%，空气优良率上升14.8%。推进渣土矿山综合整治，打击渣土非法倾倒，实施废旧矿山综合利用工程。拆违控新高压不减，拆除存量违建103处，拆除面积约22.91万平方米，完成城中村、旧住宅区、旧厂区改造面积39.54万平方米。

【党史学习教育】　2021年，建成德清县党史学习教育基地，展示德清历史上影响较大的100个事件，举办德清县党史学习教育基地启动仪式暨全县新党员集中宣誓活动，该基地获评市级社科普及基地。推动党史学习教育走深走实，开展青年微党课宣讲赛、德清县第二届“农民讲党史”故事大赛，启动“百部红色电影片献礼建党百年”主题活动，开辟党史学习教育路线，参与人数超5000人次。

【社会事业】

文教卫救助　2021年，乾元镇提升“优学”环境，完成镇中心小学曲园分部扩建及恒星幼儿园主体建设，清溪小学荣膺全国教育系统先进集体，第二幼儿园成为全国足球特色幼儿园示范园试点。深化“健康乾元”建设，市级卫生村实现全覆盖，重点人群家庭医生签约覆盖率超90%。垃圾分类精准扩面，在全县率先实现垃圾分类示范村、标杆村全覆盖。开展“双千万”结对，发放各类救助和补助金、低保金256万元。做好退役军人“双拥”工作，发放优待金、慰问金185.1万元。城镇登记失业率控制在2%以内。

城镇管理　年内，基层治理水平提升，镇级社会矛盾纠纷调处化解分中心建成投用，“言和堂”调解品牌持续打响，矛盾纠纷调解成功率超95%。交通安全“两站两员”成效显著，交通事故率比上年下降5%。推进“三进三服务”活动，解决企业、群众、基层反映的实事难事。推进“最多跑一次”改革，304项政务服务事项“网上可办率”100%，群众办事时长压减50%。实体化运作城市智慧化管理体系，日均收集信息超200条，办结率98%，城镇管理水平进一步提升。

矛盾纠纷调处　年内，推进矛盾纠纷和安全隐患两个排查见底工作，落实矛盾纠纷见底排查五级责任体系，累计排摸“六必排”各类矛盾纠纷479件，化解率95%以上。受理政府阳光热线880件，办结867件，信访件53件全部办结。

维稳安保工作　年内，掌握社会动态，落实“五位一体”稳控工作措施，完成各级“两会”“双节”、中国共产党成立100周年大庆期间维稳安保工作。完善治安防控体系。狠抓防范打击违法犯罪行为，全年接群众报警3070起，比上年下降4.9%；行政受案417起，比上年下降17.9%；刑事立案117起，比上年下降11.4%。

（沈旭茜）

新市镇

【概况】　德清县新市镇位于杭嘉湖平原德清县东部，东与桐乡市相连，南与杭州市余杭区毗邻，北与湖州市南浔区接壤，西接莫干山山麓，是江南七大古镇之一，区域面积93平方千米，辖19个行政村、4个社区。2021年，全镇常住人口8.9万人，户籍人口6.5万人。完成财政总收入11亿元，连续两年突破10亿元大关。完成规模以上工业产值183亿元，比上年增长9%。2021年获评浙江省首批产业链“链长制”试点、湖州市市派“第一书记”（农村工作指导员）工作突出贡献集体、浙江省数字生活新服务特色镇、浙江省文化创意街区、浙江省美丽乡村示范乡镇、浙江省“五水共治”（河长制）工作考核优秀乡镇（街道）。

【平台能级提升】　2021年，新市镇强化精准研判、产业链招引，累计引进亿元以上项目74个，其中3亿元以上33个、5亿元以上29个、20亿元以上4个，经开区成立以来引进项目数占5年来总数的2/3，展现大平台对好项目的强大吸引力。深化“三进三服务”活动，全市首个工业项目“四证联发”实现“拿地即开工”，亿元以上项目开工76个、竣工45个；认定市三次产业“大好高”项目35个，完成工业项目新进规（2021年新投产的达到2000万元销售的入库项目）23个，固定资产投资从10.9亿元提升至26亿元，完成工业供地136.07万平方米。

2021年，新市镇产业发展、工业经济竞争力增强，工业投资从7.2亿元提升至14.5亿元，电子信息、装备制造、高新材料三大主导产业产值占比从45.3%提升至60.6%，电子信息装备制造产业链获批全省首批“链长制”试点。企业主体壮大，规模以上工业企业增加到129家，培育年销售收入超10亿元企业4家、超20亿元企业2家、年入库税金超1000万元企业10家，五龙新材获评县功勋企业、市“金牛金象”企业；兆龙互连上市，实现上市公司零的突破。高新技术产业增加值从8.2亿元增加到20亿元，国家高新技术企业从10家增加到31家。

年内，创新驱动战略研发投入经费从1.2亿元增加到2.9亿元，研发投入强度3.8%。强化人才招引，入选国家和浙江省引才计划4人，首个南太湖创业团队项目上规模以上企业，实现国家引才计划、院士领衔创业项目两个零的突破，首个产业人才创新中心建设完成，入驻人才项目10个。新业态经济蓬勃发展，浙北地区首个电商集聚平台“浙北电商谷”开园，入驻企业20余家，举办“德清好物节”等重要活动10余场，关注量超1000万人次，带动网络零售额超3亿元。

【城乡建设发展】　2021年，打好生态保护修复组合拳，高标准完成中央生态环境保护督察“回头看”，环保信访件比上一轮督察减少一半以上。实施古镇市河清水入镇项目，水环境质量进一步提升。推进省级污水零直排示范区建设，实现“污水零直排”全域覆盖，“一企一管一表”创新做法获省、市、县主要领导批示肯定。实施小城镇环境综合整治项目72个，完成城乡危旧房改造494户，创成小城镇环境综

2021年6月24日,“新市跑小二”小程序启用　　（新市镇 供图）

合整治和美丽城镇省级样板。垃圾分类、人居环境提升等工作开展,美丽乡村实现全覆盖。

古镇保护开发旅游业　年内,完成古镇保护开发、古镇旅游等控制性详细规划编制,完成童润夫纪念馆、沈铨故居等10余个展馆的修缮提升,创建钟兆琳纪念馆市级爱国主义教育基地,古镇游客集散中心、文史馆等文旅驿站建成投用,获评国家4A级景区,实现新市人多年奋斗的目标。文旅融合深化,运河新天地项目加速推进。区镇好声音频繁发出,累计在省级以上媒体刊发报道1080条,其中国家级239条。

集体经济项目发展壮大　年内,推进乡村振兴,提速推进发展壮大集体经济项目9个,村均经营性收入从23万元提升至105万元,集体经营性收入60万元以下行政村全面消除。创建3A级村庄2个,A级村庄8个。守好耕地红线,新增耕地面积900亩,提升基本农田1500亩。增粮保粮任务大力推进,省级粮油产业项目申报成功,获评第三批省级农业特色强镇。

【社区治理】　2021年,社区治理改革率先突破。创新推出“一核四特满天星”集成治理模式,成立“跑小二”服务队伍,成为全市乡镇首个省级社区治理和服务创新实验区。

【村社数字化信息全覆盖】　2021年,启用全省首个数字园区“云治理”中枢,获评浙江省“第二届县域高质量发展创新案例”,经济开发区创建数字化转型示范(试点)园区。“数字乡村一张图”全面铺开,实现全镇23个村社数字化信息全覆盖。首创“幸福指数”应用并在全县推广,形成村社共治共享的新市经验。

【文化教育医疗民生保障】　2021年,以文化传承推动群众精神富有,蚕花庙会和羊肉黄酒节品牌持续打响,获评浙江省文化强镇。医疗教育资源供给进一步增强,教育布局完成调整,新市二幼建成投用,杭师大附属德清医院竣工投用。社会服务完善,百姓健身房、退役军人服务站等建成投用。全县首批哈罗共享单车投放使用,入选县“微改革”项目并获央视《新闻联播》报道。困难群众帮扶力度持续加大,残疾人、低收入农户等重点群体关怀有效覆盖,累计发放各类补助资金4000余万元。

【平安维稳建设】　2021年,筑牢新冠肺炎疫情防控“护城河”,完成疫苗接种15万人次。探索维稳新机制,排查走访“六必访”人员3.2万人次,化解矛盾纠纷1.5万件。扫黑除恶累计打处黑恶势力违法犯罪嫌疑人180人,摧毁涉恶集团20个。整改安全隐患2.2万余处。“一支队伍管执法”创新实施,“综合行政执法+部门专业执法+联合执法”搭建形成,社会治理水平处于全县领先。

（武芳红）

钟管镇

【概况】　钟管镇位于德清县东北部,东接新市镇,南连新安镇、乾元镇,西邻洛舍镇,北与吴兴区东林镇接壤,东北毗邻南浔区菱湖镇、千金镇。区域面积78平方千米,辖19个行政村、1个社区。2021年,全镇常住人口

5.27万人,户籍人口4万人。实现工业总产值203亿元,增长13.1%;财政总收入9.2亿元;农民人均可支配收入4.41万元,比上年增长11.2%。浙江谋皮环保科技有限公司研发的设备获评国际首台(套),实现湖州市在该领域零的突破,打造蠡山古风爱情小镇,在全市互学互比活动中荣获第一名的好成绩。

【工业经济】 2021年,钟管镇完成工业产值104亿元,比上年增长17.64%;规上工业增加值24.78亿元,比上年增长11.2%;完成固定资产投资13.2亿元,比上年增长18.9%。全年完成亿元以上签约项目16个,其中10亿元以上项目4个。完成亿元以上工业项目开工入库13个,竣工项目11个,项目签约、开工、竣工均提前超额完成任务。实到外资2428万美元,率先超额完成任务。认定市"大好高"项目6个。实现出口额20亿元,比上年增长46%。

【平台建设】 2021年,启动三年老旧工业园区整治提升行动,改造完成后企业总体容积率超过2.04。启动南舍、凤山、三墩工业园区基础设施建设,进入施工阶段。三墩环城南路完成改造提升道路长度约1000米,南舍完成2号路、4号路道路建设约2000米,新改造恩泰、升腾硕创新项目周边基础设施提升,全年完成搬迁线路基站项目9个,完成凤山及南舍区块表土剥离共2.74万平方米。实现"项目双进"蓝牌大满贯。

【科技创新人才引进】 2021年,健全工业重点企业培育库,量身定制科技项目申报方案,落实相关奖补政策。全年R&D经费投入2.3亿元,比上年增长10%。完成全年高新投资6.95亿元,高新增加值比上年增长10.2%。全年引进顶尖领军人才(B类)1名,海外工程师2名,入选"南太湖特支计划"1人,新增青年博士13人,完成目标任务的186%,完成专利质押65件,完成目标任务的162%,引进外国人才3名,完成国家高新技术企业认定7家,新培育市"双高"企业2家,认定第一批市级企业研发中心7家,认定浙江省科技型企业24家。

【现代农业】 2021年,推进5大农业重点项目,其中新建项目5200万元的德清县小根水产养殖场的水产品冷冻加工项目。通过推进21个项目实现集体经济持续增长,确保19个村经营性收入超过60万元,壮大村集体经济,其中干山农贸市场综合体项目完成并投入使用,干山红色港湾项目主体工程完工,9村联建光伏项目于10月实现并网发电并产生150多万元效益。在初步实现钟管等5个村的整村集聚的基础上,尊重群众意愿原则,稳步推进全镇全域土地综合整治,分钟管片、干山、戈亭三个片区,采取中心村安置和跨村集聚模式,完成农户调查摸底工作和方案编制工作。完成十字港水系洛舍漾片综合治理项目标段、前村圩区整治工程、三漾一港水系贯通项目等水利工程验收。实体化运作强村公司,通过拿地、与德悦公司合作承接家宴等形式,拓宽共富道路。

【全域旅游】 2021年,蠡山漾在高标准创成全国首批国家级美丽示范河湖后,获评省"五水共治"实践窗口。通过美丽生态引来美丽经济,在钟管镇第四届乡村旅游文化节上,国内首家全场景沉浸式运营的文旅综合体——蠡山沄居正式开业运营,丰富红、橙、蓝、绿四条精品乡村旅游线路,4年累计接待游客20余万人。

【生态环境】 2021年,开展大气污染防治攻坚行动,紧扣空气优良率和$PM_{2.5}$浓度"一升一降"两个关键指标,紧盯工业窑炉、车船、扬尘和挥发性有机物四大污染源治理,$PM_{2.5}$浓度和环境空气质量优良率跃至全县第一名。第二轮中央生态环境保护督察销号整改工作,完成6个督察件的销号整改任务。加强执法力度,查处被环保部门立案的钟管镇企业环境违法案件22起,处罚金额247万元。

【全国文明典范城市创建】 2021年,围绕全国文明典范城市创建,紧盯全国文明城市复评、全国卫生镇复评工作,聚焦常态

2021年5月18日，钟管镇第四届乡村旅游文化节在蠡山开幕

（钟管镇 供图）

化、制度化，巩固提升创城成果，打造"双一流"文明城市，承办第70次全国文明城市建设工作例会。提升城镇品质、城镇素养、城镇功能，成立精细化网格管理专班，健全完善"三张清单"制度。探索推广"文明积分"，结合新时代文明户评选、垃圾分类积分兑换以及"人人都是保洁员"等举措，推进常态长效管理。

【民生实事】

道路交通提升改造工程 2021年，钟管镇投资2000万元完成钟管镇老街区改造提升工程。实施钟管镇道路交通提升改造工程，其中除病危桥梁维修工程涉及湖杭高速公路工程连接公路的实施，需对该区域的交通规划进行调整等原因暂缓实施外，其余"四好农村路"打通断头路工程、打通环城北路"断头路"、农村公路大中修工程、农村公路提升改造工程均完工。完成钟管三漾一港水系贯通项目及2021年水利应急度汛工程，实施钟管镇村镇环境秩序精细化管理工程，通过制订方案、优化重组、成立专班等形式，创新"人人都是保洁员"工作机制，提升村镇精细化管理水平。投入千万元完成钟管凤山森林公园建设工程，全面启动钟管镇污水处理改造整合提升工程。

【社会事业】

教育资源整合 2021年，钟管镇进一步优化教育资源整合，钟管中心学校和干山中心学校两校初中部合并迁入德清五中现址，保留德清五中校名，两所中心学校办学层次调整为小学。全镇各学校和幼儿园深化办学办园特色，素质教育成果显著，各学段教育质量稳居全县同类学校前列。2021年，全镇两所中心学校中考再创佳绩，公办高中上线97人，其中重点高中录取26人，上线率、录取率均居全县前列。

国家卫生镇 通过国家卫生镇复审暗访，指导沈家墩村作为全省首个"无四害"可持续控制村的试点工作。做好常态化新冠肺炎疫情防控工作，组织发动全民接种新冠肺炎疫苗，在全县率先完成3～11周岁第一针接种任务。在沈家墩村开展大规模人群核酸检测实战演练，提升疫情防控组织协调和应急处理水平，筑牢疫情防控安全防线。

食品安全规范化管理 食品安全各环节的规范化管理，通过省五星级食安办评价验收。指导5个农村家宴中心开展省级放心厨房建设，通过现场验收。

幸福邻里建设 完成干村村、塍头村2家幸福邻里建设；塍头村、干村村儿童之家开始正常运营；实现全镇居家养老服务中心全覆盖；国家级村级议事协商创新实验区落地沈家墩村；蠡山村入选"中国地名文化遗产"千年古村落，列入全省千年古村名录。

【平安建设】 2021年，坚持"防为主、防为上"工作理念，以矛盾纠纷和安全隐患"两个排查见底"为牵引，全年调解矛盾纠纷465件，调处成功465件，调处成功率100%。创建2021年度省级"枫桥式"司法所，并创下"四个第一”[建成全省第一个所属法治实践馆、全市第一个全国民主法治示范村(沈家墩村)、全市第一个跨区域联调委员会、全县第一个实现基层两级调委会规范化达标]。首创“股票田”法治实践,打造“钟官断案”调解品牌,助力乡村共同富裕。张林泉工作室获评省级金牌调解工作室。推进平安建设基础工作,通过健全制度+抽查+考核的形式,完善指挥室工作人员、专职网格员考核奖惩等机制。抓好警企共建道路交通管理工作,落实道路交通安全管理责任,创造良好的道路交通安全环境。

(何　斌)

洛舍镇

【概况】 洛舍镇位于德清县北部,东邻钟管镇,南与乾元镇接壤,西南与阜溪街道相邻,北与吴兴区埭溪镇、东林镇毗连,区域面积47.32平方千米,辖6个行政村、1个居委会。2021年,全镇常住人口2.58万人,户籍人口1.85万人。实现工业总产值56亿元;财政总收入4.85亿元,比上年增长17%;农村居民人均可支配收入4.5万元,比上年增长10%。年内,“中国钢琴之乡”通过复评,荣获全国轻工业产业集群管理服务先进单位、国家级全域土地综合整治试点、浙江省重点文化产业园区、新时代美丽城镇建设基本达标镇等荣誉称号;洛舍镇东衡村获评第二批全国乡村治理示范村。

【双进双产】 2021年,洛舍镇规模以上工业增加值8.6亿元,比上年增长20%;规模工业利税14亿元,比上年增长500%,规模工业利润13亿元,比上年增长800%;高新技术产业产值22亿元,比上年增长25%;年度固定资产投资完成5.5亿元,完成年度计划110%,其中工业投资5亿元,比上年增长8.7%。树立“项目为王”理念,提高发展质量和水平,打好高质量发展系列组合拳。开展以企引企、驻点招商,引进亩均效益好、科技含量高的好项目。2021年度亿元以上签约项目累计完成12个,完成年度任务120%,其中3亿元以上项目11个,占比91.7%;5亿元项目4个,占比33%。外资项目4个,占比33%。高层次人才引进1人,申报省海外工程师2人。市认定“大好高”项目2个,亿元以上项目开工入库7个。

【企业新旧动能培育转换】 2021年,实施老旧工业区改造提升工程,提升亩产效益,增强发展动能。新启动改造企业2家2.33万平方米,竣工4家3.93万平方米,新增建筑面积1.76万平方米。实施“腾笼换鸟”,利用现有企业闲置厂房新引进项目6个,盘活厂房面积3.88万平方米,完成“低散乱”企业整治43家。成立衡安物业管理公司,通过“明确入园标准、规范内部管理、合理清退淘汰”,对众创园开展精细化管理。

【美丽城镇建设】 2021年,每周六确定为环境整治服务日,镇村联动开展组团服务。完成外立面修复约5500平方米、路面修复6000平方米、改造停车位300余个,创建湖州市新时代美丽城镇建设市级样板镇,沿河路获评市级美丽街巷示范街区。推动

2021年1月6日,德清县重大基础民生项目集中竣工活动暨洛舍镇绕镇公路项目竣工仪式举行

(洛舍镇　供图)

"三改一拆"，拆除省级点位2个，县级点位9个，完成砂村平台内13.33万平方米非法钢管市场拆除清退。新建四好农村路1条，新桥至东升项目完成聚新桥施工，完成兴旺桥拆除重建，年底建成通车。开展旅游"微改造、精提升"，新增民宿1家；全年旅游人数2.8万人次，比上年增长40%。

【共同富裕方案编制】 2021年，探索乡村共同富裕新路径，编制完成洛舍镇共同富裕方案。以东衡村为试点，通过整土地、聚村庄、建平台、引项目、抓产业，走出一条一、二、三产融合，人居环境优美，强村带弱村，全域均衡发展的共同富裕新路子，完成共同富裕指数模型构建和村级方案编制。做好"特色农业+""农文旅+"等文章，发展砂村村红色研学、东衡村现代综合农业和文创园打造。做好张陆湾村现代水利示范园水文章，发挥三家村农业土地资源效益，加大农业项目招引，整合资源谋划现代农文旅产业，打造全域旅游格局，振兴乡村经济，拓宽村级集体经济增收途径。

【钢琴产业带动乡村致富】 2021年，央视大型直播节目《走进乡村看小康》专题报道洛舍镇钢琴产业带动乡村致富。全面推进钢琴课程进校园，完成中心学校钢琴教室装修、钢琴配置以及电子教学平台建设。钢琴协会将12架钢琴、2套智能化自动演奏系统定向捐赠给四川省小金县。

【儿童之家建成老人适老化改造项目】 2021年，启动洛舍镇中心学校"双减"系列活动，丰富学生研学实践。东衡村儿童之家建成投入使用，完成12户困难老人适老化改造项目，省级民生项目东衡村残疾人之家全面启用，常态化开展新冠肺炎疫情防控，做好加强针接种工作。

【社会治理】 2021年，深化全科网格建设，完成21个网格区划调整和人口场所数据采集。推动乡村"微治理"，组织10名专职网格员成立网格微讲团，开展入户宣传1100余次。围绕"机制、服务、品牌、数字+治理"建设理念，建成东衡众创园综合治理工作服务中心。开发"信用账本"微改革板块，加强群众的诚信自律意识及社会责任意识。设立"老高"工作站，借助乡贤力量助力排查化解企业矛盾纠纷。创建浙江省四星级规范化乡镇(街道)食品安全办公室。

【党建引领】 2021年，推动党史学习教育，在红色越剧《情满苕溪》原有的基础上增加纪念淞沪战争抗战三周年、组建本地抗日土枪队等情节，邀请本地艺术团——秋枫艺术团共同创作编排《日照苕溪满江红》红色越剧，7月开展巡回演出。编纂《阳光照在古银杏树上》图书，与上海新四军研究会六师分会开展融合共建活动。全方位建成农业、工业、服务业等各类党建联盟4个，涵盖党委4个、党支部10个，覆盖党员1300余人。高质量完成乡镇党委换届。党务公开品牌入围市级标准化示范点。开展领导干部大下访、接访活动30余场，拓展信访举报渠道。以德华集团为试点，建立"承诺—协议—监督—回访"闭环监督机制，助推企业迈入高质量发展"快车道"。组织青年党员参加"筑梦青春迎百年、砥砺前行谱新篇"理论宣讲大赛等活动，选拔10人组成洛漾红韵宣讲团队，进村入企开展党史宣讲活动。以洛舍砂村村新四军故事为素材，邀请俞守明等红色乡贤，在红色书场、砂村村红色文化礼堂、洛舍中心学校古银杏树下等宣讲阵地，开展"红色书场寻初心"红色故事会月月讲活动，开展各形式宣讲38次。挖掘洛舍红色资源，整理收集新四军在洛舍的故事，制成红色连环画，形成小铁军军校校本教材，提升红色文化品牌。

（刘伊迪）

雷甸镇

【概况】 雷甸镇位德清县东南部，南接杭州市临平区塘栖镇、余杭区仁和街道，西北接乾元镇，东北毗连新安镇。区域面积54平方千米，辖10个行政村、2个社区。2021年，全镇常住人口近9万人，户籍人口3.53万人。实现工业总产值239.2亿元，比上年增长27.2%；财政总收入9.42亿元，比上年增长19.7%；农村居民人均可支配收入4.33

万元，比上年增长5.2%。2021年创建全国文明镇，平安雷甸实现“十七连冠”。

【工业经济】 2021年，雷甸镇有工业企业600余家，其中规模以上企业86家，规上工业产值135.1亿元，比上年增长27.3%；规上工业增加值30.1亿元，比上年增长17.9%；规上亩均税收46.6万元，比上年增长21%。实现自营出口21亿元，比上年增长11.8%。全年签约亿元以上产业项目17个，市认定三次产业“大好高”项目5个。亿元以上项目新开工8个、竣工14个，市“五未”(签约未开工、开工未竣工、竣工未投产，投产未进规、进规未达产)项目全面销号。完成固定资产投资20.2亿元，其中工业性投入7.8亿元。申报省重大产业项目6个，第一批入围实施类1个、预选类2个。落实人才新政4.0版，认定国家级引才计划1人，省级引才计划3人，入选“省万人计划”1人。龙头企业加快发展，鼎力机械、欧诗漫控股等2家企业获评市“金牛”企业，欧诗漫入选省级未来工厂，鼎力机械入选2021年智能制造创新50强、省级工业互联网平台，立泰、聚丰两个项目入选《浙江省重点新材料首批次应用示范指导目录》，实现全县新材料首批次项目入选零的突破。

【现代农业】 2021年，强化项目赋能，申报农业“大好高”项目(浙江和甸园生态农业有限公司新建1万平方米接待中心项目)1个，花媛家庭农场水果生产基地建设项目基本完工。推动粮食生产，完成1204亩稻虾轮作种植任务。培育绿色渔业品牌，申报省级水产健康养殖示范场创建项目(塘北村故乡家庭农场)1个。加快水利工程建设，德清县水系连通及农村水系综合整治工程杨墩港水系综合治理项目雷甸段基本完成，德清县十字港水系洛舍漾片综合治理三期工程(雷甸片)正在推进中。

【物流园区企业集聚发展态势明显】 2021年，物流园区企业集聚发展态势明显，全年实现市场交易额450亿元，临杭物流园区连续5年荣获“全国优秀物流园区”称号，入选国家第三批示范物流园区。

【城乡建设】 2021年，启动城乡风貌整治提升与未来社区建设，对塘北村商贸区块实施雨污分流改造，抢修临杭物流园区污水总管，完成全镇污水总管3年运维公开招标工作。翻修农村生活污水治理终端19座，维修管网3.5千米，开展农村房屋安全信息采集工作，采集并录入房屋信息5576户。加快交通建设，打通断头路2千米，提升改造0.8千米，大中修0.8千米，整治道路交通事故隐患点位15处，湖杭高速雷甸段征地搬迁工作完成，加速推进练杭高速雷甸互通改扩建工程。结合浙北高等级航道网集装箱运输通道建设白云桥改建工程，提前谋划东西环线工程，完成项目前期立项、设计与部分路基填筑。开展治违除患促安全违法建筑专项整治行动，累计整治安全隐患点位31处，全年累计拆除各类违法建筑约13.4万平方米，拆出土地面积8.1万平方米，完成“三改”面积82.5万平方米。完善河长制体

2021年6月4日，“党建引领聚合力 建党百年启新航”雷甸镇庆祝建党100周年“六百”礼赞主题活动举行 (雷甸镇 供图)

系，打造河(湖)长制工作升级版，创建完成的“污水零直排区”进行“回头看”，巩固治水成果，完成各主干道及工业园区雨污管网改造。

【社会事业】

教育优先发展　2021年，雷甸镇坚持教育优先发展，雷甸中学上公办高中分数线共139人，上线率和德高录取率均位列镇级初中第一名。改善教学条件，基本完成第一幼儿园(东港园区)改造提升项目，雷甸第二幼儿园迁建进场施工，青云幼儿园已取得土地指标。

公共卫生服务提升　常态化开展疫情防控工作，超额完成疫苗接种任务，开展县级、镇级应急实战演练2次，以战促练提升应急处置能力。加速推进雷甸镇卫生院改扩建项目，完成对雷甸村、东新村、杨墩村、下高桥村4个村的卫生服务站的改造提升。

文化工作亮点　文化工作亮点纷呈，何七妹被评为“全国优秀农家书屋管理员”；雷甸村文化礼堂被评为“省五星级文化礼堂”；“新农人学堂”获浙江省社区教育进文化礼堂品牌项目(全县唯一)；中兴社区、雷甸村被评为“湖州市公共文化场馆服务功能拓展先行先试单位”，完成和平村文化礼堂建设。

社会救助体系完善　推进社会救助兜底保障工作，全年发放低保金145.4万元、支出型贫困发放金23.84万元、特困发放金29.36万元、临时救助15.6万元。困难老人家庭适老化改造17户，90岁以上重度失能失智老人免费安装生命体征监护设备2人，全镇60周岁以上参保“金色爱心”9275人，投保金额32.46万元，雷甸村建立浙江省示范型“儿童之家”，新建幸福邻里1家，申报水库移民后期扶持项目4个。加强基层食品安全办公室能力建设，落实基层食安办分类管理工作。

数字化赋能基层治理　率先搭建全方位平安“304”数字化信息平台，基本实现镇域治理可视化指挥，其中“风险辨识一张图”助力企业安全生产的做法得到上级肯定。高质量推进阵地建设，新建科技园综治工作站、南元泵业综治工作站和天马轴承社会治理综合体等综治工作站。发挥镇村两级矛调分中心(工作站)作用，累计排查化解各类矛盾纠纷882件；常态化开展隐患排查，累计走访场所点位2.08万个，排查各类隐患问题1.53万个。

【党史学习教育】　2021年，开展庆祝中国共产党成立100周年等系列活动，成立13支宣讲团，围绕“四史”和《习近平新时代中国特色社会主义思想学习问答》开展宣讲372余次，综合素质提升授课6场。坚持以人民群众为中心解决群众急难愁问题，开展“忆嘉兴南湖·扬红船精神”“党建引领聚合力·建党百年启新航”“微心愿活动”等主题活动。

(沈宇佳)

禹越镇

【概况】　禹越镇位于德清县东部，东邻桐乡市洲泉镇，南与临平区运河街道接壤，西与新安镇相邻，北与新市镇毗连，位于德清县经济开发区(省级)核心区块。区域面积39平方千米，下辖10个行政村、1个社区。2021年，全镇常住人口4.5万人，户籍人口3万人。实现规模以上工业总产值73.8亿元，比上年增长21.6%；财政收入3.57亿元，比上年增长16.8%；农村居民人均可支配收入约4.4万元，比上年增长9.8%。9月，浙江汇隆新材料股份有限公司正式在深圳证券交易所创业板挂牌上市，是德清县2021年首家上市企业，也是禹越镇第2家上市企业。12月，省科协在三林村万鸟园召开之江科技智库——德清县禹越镇乡村振兴建言资政会，为科技助力乡村振兴建言献策。禹越镇获评浙江省电商镇，以高分通过省级桑渔特色产业强镇验收。

【新冠肺炎疫情防控】　2021年，禹越镇牵头成立“两节”“两会”期间疫情防控专班，建立和落实平急一体化的突发疫情应急指挥机制，激活联防联控工作机制。完善镇村(社)“三级包保”“五包一”网格化管理制度，开展人口底数排摸、疫情防控业务培训和应急实战演练。向全镇人民发放疫情防控倡议书1.5万余份，镇设置核酸检测集中采样点

12个,不定期对采样点位进行大规模核酸检测实战演练,做到定点、定人、定岗。检测3507人次,累计接种新冠肺炎疫苗8.31万剂次。

【工业经济】 2021年,禹越镇有规模以上企业74家,工业增加值13.3亿元,比上年增长12.7%;完成固定资产投资8.8亿元,比上年增长12.3%,其中工业投资8.53亿元,比上年增长21.8%,重大百亿投资完成4.68亿元,比上年增长62.4%;出口创汇14.9亿元,比上年增长41.3%。全年整治完成"低散乱"企业236家,其中关停淘汰12家,整治提升109家,通过市、县对镇考核验收。全年签约亿元以上产业类项目任务10个,完成任务数180%,其中5亿元以上3个。完成市认定"大好高"项目4个;完成亿元以上项目开工7个、竣工8个。加大企业培育力度,全年完成工业"小升规"11家、"新升规"3家、服务业"下转上"2家;完成2家企业股改,有上市企业2家。

【人才引进产业创新】 2021年,贯彻落实人才政策,加大高层次人才引进力度,完成国家"千人计划"、省级"千人计划"人才申报材料15份,入选答辩3人,引进顶尖领军C类人才1名,引进省级人才2名,签约人才项目7个,其中1个入选"南太湖精英计划"领军型创业团队。开展年初招聘会及外出院校、劳务输出地招聘协助企业招工3次,引进首保(即第一次缴纳社保)大学生450人、首保博士8名,开展劳动关系协调员等技能人才培育工作;完成高新技术投资5.02亿元,比上年增长13.1%,3家企业通过高新技术企业申报。

【现代农业】 2021年,全镇有基本农田2.16万亩、粮食功能区1.06万亩,签约清理腾退面积1185.22亩,推广"稻虾轮作"种养模式,种植早稻1860亩、小麦1500亩、晚稻1786亩,其中大户种植面积1320亩。水产养殖面积1.9万亩,主要以黑鱼、青虾、甲鱼为主,特别是黑鱼产业,占全省黑鱼养殖的30%以上,黑鱼产业链销售额约5亿元。成立"黑里俏"黑鱼养殖专业合作社,实行统一购苗、统一购料、统一供药、统一技术服务和统一销售"五个统一",申报"德清黑鱼"地理标志证明商标和农合联会员信用等级3A级评定。

2021年9月9日,浙江汇隆新材料股份有限公司在深圳证券交易所创业板挂牌上市 (禹越镇 供图)

【城乡发展】 2021年，研究制订新一轮强村计划，推广“强村十法”，细化5类129项指标，逐村制定“强村志”，全镇村集体完成经营性收入1135万元，比上年增长12.5%，全面消除年经营性收入60万元以下的村股份经济合作社。

污水处理废气排放 创建美丽河湖3条及夏家池塘水下森林示范点，三林村上南斗港生态河湖完成市级验收。禹越镇污水处理厂二期工程建成并投入使用，日处理污水量7000吨，提高镇区生活污水和工业园区污水的处理。对开发区企业进行雨污管网整治，整治企业45家，检测管网4.3千米，确保雨污分流。全年$PM_{2.5}$下降到27，空气优良率提升至90%，8家涉VOC废气排放企业完成源头替代。

县道交通危房排查堤防抢险 向上争取县级县道资金800余万元，完成新五线、油天线大中修等工程，消除镇辖区交通安全隐患80处，排查危房7092处并腾空全部危房。组织开展堤防抢险演练1次，开展隐患排查整改回头看2次，完成投资2000万元护岸工程15千米。

新农村垃圾分类试点 在全县率先试点农村集聚区（新农村）“撤桶并点、定时定点”垃圾分类模式。城镇运维更精细，完成市政维护约400万元工程量。投资1580万元对东港、西港、木桥头3村基础设施进行提升并通过验收。

乡村振兴精品示范区建设 争取到实施“全域联创”乡村振兴精品示范区建设项目地方政府性专项债资金2.5亿元。

【民生实事】 2021年，利用有限财力，推进6件政府民生实事。

教育文化医疗 “优学”环境全面提升，禹越成校搬迁、徐家庄小学扩建等项目启动建设。“文体”氛围不断浓厚，镇百姓健身房全面开放，创新打造图书馆与新华书店的馆店合作项目，建成钱塘村多功能运动场省级项目，举办禹越镇第五届运动会、村落文化节等镇村文体活动512场。高桥村、三林村文化礼堂分获省、市公共文化场馆服务功能拓展先行先试单位。禹越镇卫生院获评省优秀家庭医生签约服务培训基地、省两慢病全周期健康管理工作试点单位、省慢阻肺全周期健康管理工作试点单位、慢病数字化改革打造健康画像最佳应用试点单位。

居家养老幸福邻里服务 加快推进居家养老服务工作，打造设施完善、功能多样、实用方便的综合养老服务中心项目，申报5名百岁老人补贴，完成“金色阳光”爱心骨折补充保险1334人及全镇60周岁以上老人“金色阳光”爱心保险8490人，完成90周岁以上双失老人生命体征监护设备申报工作。6家幸福邻里正式投入运营，木桥头村幸福邻里项目完成装修。

【社会治理】 2021年，安全生产事故保持零发生。联合安监、城管、防控、消防、环保、市场监管6支队伍，排摸生产经营单位480余家次，排查整改各类问题929个。分别成立南北片区社会治理工作站，累计化解群众各类矛盾诉求357件。受理处理信访热线件365起，办结率100%，镇处理纠纷57起，全部调处完毕。检查租房1500余家次，发现租房隐患530余处；全年检查12家危化品企业180余家次，发现隐患33处，均已整改完毕。对企业、小作坊、沿街店铺、场所等行业开展检查消防857家次，下发整改372份，开展宣传教育30家次，出动救援55次（其中火警救援32次），抢救被困人员6人。

【中国共产党成立100周年宣传活动】 2021年，举行以“奋斗百年路·实干开新局”为主题的庆祝中国共产党100周年系列活动启动仪式、“百年风华颂党恩·同心共筑禹越梦”禹越镇庆祝中国共产党成立100周年文艺演出、“中国红·巾帼心向党”庆祝中国共产党100周年百人旗袍展演活动。组织镇、村干部和党员、团委等志愿者200余人开展义务植树活动。禹越镇第五届运动会在禹越中学田径场开幕。开展文化夜摊活动，集中宣传各项政策及相关知识。开展“基层党建工作解读村社书记强村富民”论坛，激发创业干事热情。组织各村（社）党员代表、民兵连长、退役军人、禹越中学越清社团等到县革命烈士陵园，开展清明祭扫活动，弘扬英烈精神,传承红色基因。

(张伟佳)

新安镇

【概况】 新安镇位于德清县东部,东邻禹越镇,南接杭州市余杭区塘栖镇,西与雷甸镇、乾元镇接壤,北靠钟管镇、新市镇。区域面积57平方千米,辖11个行政村、1个居委会。2021年,全镇常住人口3.3万人,户籍人口3.1万人。实现工业总产值38.79亿元,比上年增长15.24%;财政总收入3.69亿元,比上年增长25.87%;农村居民人均可支配纯收入39293元,比上年增长10%。荣获全县招商引才工作先进单位荣誉称号。

【工业经济】 2021年,新安镇财政收入实现新突破,税收挖潜增效措施获得县主要领导批示肯定。全年完成固定资产投资6.77亿元,比上年增长21.76%;完成进出口9.69亿元,比上年增长31.12%;完成实到外资5083万美元,比上年增长154.15%。完成新上规企业3家,改造老旧工业区园区企业13家、面积18.27万平方米。

【项目双进】 2021年,全年签约项目14个,完成年度目标任务的140%,其中市认定工业"大好高"项目3个,完成年度目标任务的100%;认定外资"大好高"项目1个;亿元以上工业项目开工6个,完成年度目标任务的100%,竣工7个,完成年度目标任务的175%;重大项目百亿工程项目开竣工3个,完成年度目标任务的100%。申报顶尖领军人才6人、国家引才计划5人、省级引才计划6人,引进青年博士9人、青年大学生403人。

【美丽乡村建设】 2021年,开展人居环境整治,将全镇12个行政村(居委会)划分为37个网格,排查村庄环境中的脏乱差和薄弱点,实行挂图作战、销号推进。开展每周"一巡查、一例会"制度,开展村庄环境大排查、大整治。推进全国文明典范城市建设、垃圾分类精准化管理,巩固全国卫生乡镇创建成果。累计完成整治问题点位5780个,清理杂物和垃圾350万千克,补种绿化1.8万多平方米。完成勾里集镇沿街开放式小区的"撤桶并点"工作。

【治水拆违】 2021年,完成915户"一户两宅"清零任务,累计拆除违法面积近30万平方米。拆除存量违法建筑点位235个、17.9万平方米;实现拆后利用9.4万平方米,拆后利用率98%;完成"三改"26.2万平方米,其中旧厂区改造12.9万平方米;城中村拆迁改造10万平方米,城中村综合整治3.3万平方米。开展河(湖)长巡查,巡河巡湖达标率100%。推进十字港流域三期工程,推进34条河道治理项目,启动实施水系治理一期工程和二期工程,已完成政策处理工作。开展"污水零直排"创建,加快推进西葑漾、十字港流域等河湖水漾治理。

【现代农业】 2021年,申报总投资5.2亿元的三中粮油农业大好高项目1个,引进总投资1.2亿元的运河七星岛农耕文化园农业旅游综合项目1个。完成下舍村、舍东村两个高标准农田建设工程项目改造提升工程。完成全年"稻虾轮作"面积,早晚稻种植面积2950.77亩。制定粮食功能区二次规划调整方案,提高粮食复种指数。

【村级集体经济培育共同富裕】 2021年,培育村级集体经济新增长点,推动共同富裕。聚焦"农文旅"等20个项目,增强村集体经济造血功能。盘活利用"三资",规范村集体资产资源交易,前三季度11个行政村村集体收入2015.7万元,经营性收入807.3万元,投入竞争性存款2190万元,村集体资产效益进一步提升。

【社会事业】

教育 2021年,新安镇启动实施下舍幼儿园改扩建工程项目,通过"全国义务教育优质均衡发展县"创建现场迎检检查,创新探索"数字民生服务图",以群众需求为导向订制打造七大服务板块,培育数字化惠民共享新经济。

新冠肺炎疫苗接种工作 推进新冠肺炎疫苗接种工作,完

2021年11月27日，新安镇开展“庆丰收 感党恩 共富裕”健身欢乐跑活动

（新安镇 供图）

成第一针接种29228剂次、全程接种29013剂次、加强针接种2512剂次；率先完成3～11周岁儿童接种工作，接种1854剂次。完成家庭医生签约服务，有效签约率45.87%，位于全县前列。

【为民办实事项目】 2021年，新安镇完成为民办事项项目5个。新安镇农村水系治理提升改造工程。完成投资3540万元，开工河道42条，打造生态护岸33.5千米，完成清淤10.9万平方米。启动百富兜、舍南、舍东、城头、勾里、舍西6个行政村的水系治理提升改造工程和西庙桥村、孙家桥村西葑漾周边水系建设。

养老服务中心建设工程 新安镇集镇示范型养老服务中心建设工程。项目位于新安镇康复楼四楼，总投资104.32万元，建筑面积1000平方米。新增男女助浴室、多功能区、洗涤室、心理咨询室、日托区等功能室，为新安勾里辖区内老人提供助餐、康复护理训练和指导、日托服务、心理疏导等服务。

优化镇级道路，完善交通体系 完成韶塘线至张家角打通断头路工程，道路全长0.5千米，附桥梁1座，项目总投资约250万元。杨禹线太平桥隐患点增设红绿灯，老杨禹线（下舍加油站）隐患点增设机动车和非机动车道1条，道路拓宽面积约660平方米，完成红绿灯建设。

工业区清淤及污水零直排工程 完成红丰工业区雨水管网及渠道清淤工程，总长度约420米，清淤工程量近1500平方米。完成太平桥工业区“污水零直排”创建，总长度约550米，包括渠道清淤和新建部分管道。勾里工业区星安印业厂区周边污水管网完成1260米新建工程，其中雨水管网480米、污水管网780米。

实施环杨线亮化工程 项目在环杨线（舍东村加油站至舍南村陆家桥段）3.3千米路段，完成新装8米单臂LED光源路灯65座，10米射灯1座，改造原有6米单臂路灯光源路灯11座。

【全民健身欢乐跑】 2021年11月27日，新安镇首次大型健身活动“全民健身欢乐跑”在舍北村鸣枪开赛，全镇130余名跑步爱好者积极参与，其中55岁新桥村村民唐兰科成为本次活动的“高龄选手”。健身跑以舍北村的村道及田间小道作为赛道，全程5千米，参赛者们可以边跑步运动边欣赏乡村美景，领略美丽乡村建设带来的可喜变化。

（易 宁）

莫干山镇

【概况】 莫干山镇位于德清县西部，东接武康街道，南邻杭州市余杭区百丈镇、黄湖镇，西连安吉递铺镇，北靠吴兴区埭溪镇，是一个“八山半水分半田”的山区镇，毗邻国家级风景名胜区——莫干山，区域面积191.38平方千米，辖17个行政村、3个居民区。2021年，全镇常住人口3.51万，户籍人口3.25万人。实现财政总收入1.65亿元，比上年增长8.94%。村级集体经济总收入超4500万元，经营性收入超2500万元。国家体育旅游示范基地、全国乡村旅游重点镇、浙江省数字生活新服务特色镇，荣获浙江省农业产业强镇（茶叶）、湖州市平安建设模范单位、湖州市乡村产业高质量发展突出贡献集体等荣誉称号。

【经济发展】 2021年,莫干山镇推进项目双进、共同富裕等中心工作,全镇经济社会持续健康发展,全年签约亿元以上项目14个,完成全年任务的162%,其中3亿元以上项目6个,5亿元以上项目4个。认定市"大好高"项目2个,完成全年目标任务。固定资产投资5.48亿元,完成全年任务的105%,其中民间投资3.94亿元,完成全年任务的112.6%。新开工亿元以上项目3个,新竣工亿元以上项目4个,开竣工完成全年任务的140%。提升产业发展水平,何村村、大瑶村创建为省级农家乐集聚村,五四村、仙潭村创建为省级休闲乡村,瀛轩、弥宫被评为省级金宿,莫上隐、山夏山居等6家民宿被评为省级银宿。

【城乡建设】 2021年,开展阜溪水街综合体项目11户房屋征迁"拔钉清零"攻坚行动,实现遗留问题"清零"目标。制定《莫干山镇全域环境集中整治提升工作方案》,开展全域环境整治,文明城市建设、人居环境、水气土治理持续保持前列。出台全省首个镇级农村宅基地审批和建房管理工作实施细则,上线全省首个农村建房"红黄绿"三色动态预警系统,有效提升宅基地审批管理的规范化、制度化、标准化水平。

农村污水管网建设地质灾害治理　推进农村污水管网建设,完成高峰村污水管网建设工程。加强自来水厂规范化建设,莫干山镇英宏水务有限公司获评省年度农村供水规范化水厂。加强地质灾害治理,完成上皋坞村黄回山联网公路山体滑坡等7处治理工程。

美丽莫干建设　推进美丽莫干建设,五四、高峰、燎原、劳岭、何村创建成为市级新时代美丽乡村样板片区,五四、后坞、大瑶、佛堂、筏头被评为市级新时代美丽精品村。生活垃圾分类,高峰村创建为省高标准农村生活垃圾分类示范村。镇获评浙江省首批新时代美丽城镇建设样板。

【社会事业】 2021年,以控量提质为导向,鼓励存量盘活,择优初审,重点控制后坞、仙潭、燎原等民宿大村的新增数量,禁止二级水源保护区发展民宿。依托莫干山成校,开展民宿阿姨客房服务实操培训,通过"考核+发证"的方式,提升培训实效。依托民宿管家培训基地,打造莫干山民宿金牌管家品牌。

文旅文创企业工作　利用闲置空间,引入成熟文创业态和文创团队,工艺美术大师工作室、世集文旅等文创企业竞相入驻。发挥"莫名奇妙"、萤光森林等夜经济效应,提升度假品牌形象。挖掘人文历史底蕴,"莫邪干将的传说"、竹编制作技艺、黄茶制作技艺以及2个传承人完成非遗申报。

【平安稳定】 2021年,坚持"防为主、防为上",深化社会治理体系和治理能力现代化建设,从聚焦"重复信访"向聚焦"初信初访"转变,强化初信初访首办责任制,坚持化解纠纷在前头,处理矛盾在源头。作好定期回访与反馈,在案件办理重点环节主动反馈情况和走访慰问,与信访人员沟通交流,稳定信访人情绪,确保不反弹、不反复,受理各

2021年3月26日,莫干山赏花节启动仪式在德清县莫干山郡安里举办

(莫干山镇 供图)

类信访案件51件，办结率100%。由“群众上访”向“领导下访”转变，开展“一线恳谈服务”活动，领导班子每日坐班接访，深化联村干部每周“下村接访、下村工作”工作机制，开展“矛盾纠纷排查见底行动”，加大矛盾纠纷处理力度，有效解决群众合理合法诉求，累计化解积案4个，排查调处各类矛盾纠纷106起，化解率96%。从“被动服务”向“主动研究”转变。针对群众投诉较多的热点难点问题，树立“变信访为走访、化被动为主动”新观念，发挥社会治理中心、红管家服务驿站、民宿管家志愿服务队、网格员等作用，构建协同联动新机制，在全镇范围内健全顶层设计“大格局”，铺开先锋模范“大宣传”，开展帮扶结友“大走访”，推动多方体系“大服务”。统筹推进社会治安、公共安全等工作，开展扫黑除恶专项斗争，降低社会维稳风险。

【党建引领】 2021年，系统抓好党史学习教育，常态坚持主题党日、党校培训轮训、理论学习中心组学习、党性党纪教育一刻钟等制度，党员干部“两个维护”的政治自觉更加坚定。压紧压实意识形态工作责任制，网络综合治理能力加强，主流思想舆论持续巩固壮大。完成党委换届，“两委一代表”意向人选全部高票当选。拓展“数智”党建，推进基础性党务工作“无纸化”改革，鼓励党员网上亮身份、参加组织生活。

党员志愿服务队 组建各类党员志愿服务队，引导党员在环境整治、垃圾分类、文明创建工作中做表率。抓党建示范带提升融合，完成五四、高峰、燎原3个村的阵地建设，完成紫岭村阵地改造。深化“导师帮带”机制，通过红领导师团“传带帮”，组建60余支政治素质高、工作能力强的导师帮带队伍。依托民宿党支部“民宿有约”“民宿学院”，建立“村+民宿支部+人才”合作模式，组织人才队伍入村开展订单式服务，实现人才与村无缝对接。创新开展党风廉政和纪检监察“望闻问切”工作，纠正苗头性问题5个；科学运用“四种形态”特别是第一种形态，开展批评教育9人次，给予12名党员党纪处分。

（常　飞）

武康街道

【概况】 武康街道位于德清县中西部，东邻康乾街道，南与舞阳街道为邻，西南与杭州市余杭区交界，西接莫干山镇，北连阜溪街道。区域面积59平方千米，下辖12个社区、2个行政村。2021年，常住人口12.8万人，户籍人口6.1万人，暂住人口6.7万人。地区生产总值20.83亿元，比上年增长2.78%；实现财政收入7.02亿元，比上年增长15%；完成工业总产值0.35亿元，比上年增长16%；完成固定资产投资19.48亿元。全年限上服务业企业营业收入完成31.14亿元，比上年增长5.06%。完成外贸出口额3.93亿元。武康街道获得第二批省级社区治理和服务创新实验区“良好”单位，湖州市第七次人口普查成绩突出集体，农村饮用水达标提升工作突出贡献集体。

【项目双进】 2021年，建立项目全程代理制度，全年协助企业完成投资项目预评价7个，完成固定资产投资项目入库1个，房地产项目入库2个。加快战略性新兴产业项目浙江塔山人工智能研究院落地动工。做好能源“双控”，淘汰关闭“低散乱”企业12家。加强“创新创业空间”建设，利用“空间+运营+基金”的模式共同打造“清云居·德清微创空间”。招引大学生1005人、博士4人，受理48家小微企业申报社保补贴累计约12.3万元，受理12家中小微企业申报就业补贴累计2.5万元。

【旧城改造】 2021年，围绕前溪未来社区、杭德城际铁路（博物馆地块）等重大工程征地14万平方米、征收房屋14.4万平方米。推进城西六期国有土地上房屋征收，签约1492户，签约率96.2%，拆除24幢4.8万平方米。完成长广宿舍（兴业、盐业苏荷）改造提升，老旧小区改造完成道路改造1.5千米、通信管线10千米、给水管网2.5千米、污水管网1.6千米、雨水管网1.7千米、绿化面积1096平方米，停车位划分60个。启动新丰未来社区创建工作，结合未来社区九大场景，落实落细未来社区创建工作，推动社区公共设施、便民服务、智慧平台等场景全面提升。构建“街道+社区+小区”三级党组织体系，建成“红色物业”23个，包括物管小区21个和业主委员会自管小区2个，提升小区常态化服务和长效化管理。完成金宇花园等13个美丽小区创建，打造示范型美丽小区4个。

【社会民生】

新冠肺炎疫情防控　2021年，武康街道新冠肺炎疫情防控“线上+线下”多途径宣传，动员居民群众“应接尽接”新冠肺炎疫苗。全年累计接种20.4万剂次，其中第一针剂8.71万剂次，全程接种8.87万剂次。

文化体育社区卫生活动　丰富居民文化生活，开展文艺演出19场、文化走亲2场。做好浙江省体育现代化县创建工作，金都阳光小区“百姓健身房”建成并投入使用。增设城东新丰社区卫生服务站。加快社保城乡一体化进程，养老保险参保率99%。发动企业提供就业岗位，新招引大学生1005人。

无障碍社区居家养老　在全县率先实现公共场所无障碍全覆盖，群安社区创建省级无障碍社区，新建残疾人辅具共享点10个，建设示范型居家养老照料中心1个，祥和社区被评为全国示范性老年友好型社区。既有住宅加装电梯开工建设9台，投入使用4台。

【治水拆违】　2021年，发挥网格员、城管队员、街道干部三级队伍作用，加大拆违力度，完成“三改”48.1万平方米，拆违5.9万平方米。加强城市管理，开展乱堆放、流浪犬等整治行动，抓捕流浪犬100余只，办理不文明养犬行为案件60余起。投入近400万元，完成余英溪水系清淤5.4千米，补种绿植3000平方米。对辖区内从事油漆行业的危化经营单位进行地毯式排摸和检查，勒令关停4家特种经营许可证过期的油漆店。排查整顿机动车维修服务部，指导相关工作人员针对存在的4个问题严格规范处理。加强在建工地巡查，严格管控扬尘，对倾倒建筑垃圾等行为立案处罚30余起。全年$PM_{2.5}$平均浓度降至26μg/m³，空气优良率90%。

【文明城市创建】　2021年，强化主城区、主阵地意识，聚焦重点小区，围绕“双一流”全国文明城市建设目标要求，高标准推进各项建设任务，深化人居环境整治，探索推进物业管理进小区全覆盖等。开展“身边的好人”“最美武康”系列评选和各类贴近群众、贴近生活的新时代文明实践活动，弘扬社会正能量。常态化开展固定宣传日、网格化活动，发动村社、机关干部200余人，志愿者3000余人及全城居民共同参与全国文明创建复评工作，德清县以全国第一名的好成绩通过全国文明城市复评考核。

【平安建设】　2021年，高质量推进安全隐患排查见底行动，排查各类隐患630个，100%完成闭环整改。重点排查人员密集型场所和沿街店面594家次，督促整改隐患3.1万余条，排查餐饮单位1200余家，完成食品安全隐患问题整改255家。完成“两站两员”建设，整治交通安全隐患点位20个。创建省四星级乡镇(街道)食品安全委员会办公

2021年11月，武康街道金都阳光小区“百姓健身房”建成并投入使用

(武康街道　供图)

室。完成城西四期328户、城西六期5批次226户分房工作。发挥街道矛调分中心和社区矛调工作站“线上+线下”调解模式，调处矛盾纠纷1074起。受理上级交办信访事项176件，承办“‘12345’政府阳光热线”2307条，保障重要节点时期及城西片旧城改造六期项目、老旧小区改造、垃圾分类建设等中心工作的平安稳定。

（金　科）

舞阳街道

【概况】　舞阳街道位于德清县南部，东接德清县下渚湖街道，南邻杭州市余杭区瓶窑镇，西连、北靠德清县武康街道。区域面积96平方千米，辖3个社区、11个行政村。2021年，户籍人口3.5万人，常住人口5.5万人。完成财政总收入1.81亿元，比上年增长25.7%；规模以上工业产值3.82亿元；服务业限上批发零售企业销售收入6.67亿元，比上年增长16.79%；限上住餐企业7999.5万元，比上年增长48.48%；其他营利性服务业营业收入3399.5万元。荣获浙江省文化强镇（街道）、浙江省民兵工作成绩突出单位等荣誉称号。

【房屋征迁安置】　2021年，舞阳街道推进地信产业园南拓和杭德市域铁路征迁项目，克服体量大、政策新、时间紧等情况，在不到3个月的时间内实现600多户签约，签约率99%以上。平稳有序完成塔山村5批次、313户安置房分房结算工作，有利维护地信小镇周边和谐稳定。完成高新区区域内征地等政策处理任务，完成3块住宅用地面积16.91万平方米的征地报批手续，三调建设用地复垦11.03万平方米，废弃矿建设用地复垦19.47万平方米，为平台项目发展提供用地保障。高质量做好公共服务、综合治理等7大类60项社会管理职能，助力营商投资环境优化。

【经济发展】　2021年，加大项目双进推进力度，象月湖一期项目建筑主体完工，相关配套建设正有序推进，象月湖项目被列入浙江省重大产业项目、湖州市外资“大好高”项目。绿色建筑工业产业园项目通过验收，被认定为湖州市工业“大好高”项目，实现当年投产、当年达产、当年上规模。创新实施抱团联建发展模式，五村入股绿色建筑工业化产业园项目，每村平均增收近40万元/年。支持现有规模企业做精做强，加速低散乱企业“退二进三”，优化街道整体产业结构。强化创业创新势态，树心农业与浙江大学等院校联合建立项目产学研技术服务团队，构建院企合作新平台。坚持靠前服务，精准指导布布熊、树心农业等农旅项目做大做强，强化牧歌、洼娃茭白等农产品品牌建设。

人才引进　完成国家引才计划1人、省级引才计划2人，外国人才B类工作证办理4件，推荐“南太湖精英计划”领军型创业团队1个，申报南太湖特支计划1个，引进青年博士2名，发明专利质押4件。

【生态环境】　2021年，完善全域“污水零直排”长效管护机制，深化水环境提升整治，确保县控以上断面Ⅲ类及以上水质比例稳定在100%。完成美丽河湖项目3个，完成北港、孟郊潭水生态修复工程，完成排查整治排水口112个。完成生态停车场、竹林幽径等项目建设。紧盯扬尘、废气、废烟三大领域，高标准强势推进大气污染防治攻坚行动。

老旧小区改造工程　推进杭州绕城高速公路西复线舞阳段沿线环境整治，拆除违建2000平方米，立面改造3200平方米，把好美丽环境“入口关”。推进汽车城老旧小区改造工程，加强老旧小区长效管理。深化“三改一拆”，拆除违建8.77万平方米，城中村改造45.86万平方米，旧住宅改造24万平方米。有序推进双燕村福庆寺区块改造提升。

【民生福祉】　2021年，把提升民生福祉作为实现共同富裕的重要抓手，年初确定的5件民生实事项目基本完成。

新冠肺炎疫情防控　常态化做好疫情防控，分类制定疫苗接种方案，完成疫苗接种第一针3.5万剂次，第二针3.51万剂次，加强针1024剂次。

教育及非遗项目　提升“优学”环境，新上柏小学已正式启用。深层次发掘陆费、报恩寺等

2021年8月5日，共同富裕优质教育资源共享暨德清县上柏小学新校区启动仪式举行　（舞阳街道 供图）

文化内涵，培育舞阳侯会、上柏马灯、朱派竹刻、陆氏医技传人等非物质文化遗产；完成浙江省非物质文化遗产项目“舞阳侯会”评估；建成陆费纪念馆，提升舞阳文化影响力。

政务服务改革　深化“最多跑一次”改革，推进“无差别全科受理”，创新“外卖点单”服务，根据平台人员数字化工作环境，建立平台企业微信群点单，实现预约服务提前受理，为平台人才提供暖心便利服务。推进政务服务2.0综合受理新模式，设置智慧服务区1个，政务服务2.0模式窗口6个，实现标准化全科办理，推动政务服务改革提质增效。依法依规及时发布政务信息，全年主动公开156条。

【平安建设】 2021年，完成街道矛调分中心和13个村(社区)矛调工作站改造提升，建立“1+13+N”矛盾纠纷调处化解机制。推进“共享法庭”建设，健全基层信访和矛盾纠纷调处化解机制，推动矛盾纠纷就地化解、源头化解、实质化解。提升街道级社会心理工作站，利用“燕博士工作室”、妇联“五氧行动”等载体，开展心理健康护航行动。推进安全生产大排查、大整治，累计检查1058家次，发现隐患1817条，整改率98.5%。深化消防、道路交通等8个“遏较大”领域为重点的隐患排查整治行动，实现社会平安稳定。

【党建引领】 2021年，抓好党建主阵地。重点打造双燕村精品示范村，同步做好城山、山民、双燕、上柏党建示范点，打造1条党建精品示范带，深化基层党建阵地提升和品牌建设。牢固树立政治标准，开展党史学习教育，开展喜迎中国共产党成立100周年系列活动，落实全面从严治党主体责任和党风廉政建设“一岗双责”，推进“清廉机关”建设，深化党纪教育一刻钟，持之以恒加强作风建设。强化思想认识，把牢意识形态领域的主导权和话语权。围绕街道中心工作，把握对外宣传的“时度性”，加强与主流媒体的精准沟通，提升舞阳知名度。发挥党建联盟提质聚力作用，整合各类型党组织的优势资源力量，依托“强村公司”“两山银行”等平台，带动各村抱团发展。全年，11个村集体经济总收入100万元以上，其中5个村300万元以上；11个村经营性收入均值141.61万元，比上年增长13%。

（胡倩仪）

阜溪街道

【概况】 阜溪街道位于德清县中心区域，东接康乾街道、洛舍镇，南邻武康街道，西连莫干山镇，北靠吴兴区埭溪镇。区域面积82平方千米，辖3个社区、6个行政村。2021年，常住人口6.29万人，户籍人口2.27万人。人均居民可支配收入51424元，比上年增长9.1%。阜溪街道司法所荣获全国模范司法所。阜溪街道荣获全国民族团结进步示范区示范单位、全省法治化综合改革试点乡镇、省农村文化礼堂建设示范街道、市美丽乡村示范乡镇、市乡村产业高质量发展突出贡献集体等荣誉称号。

【党建引领】 2021年，阜溪街道启动实施以“百年百项”争创整乡推进示范街道的五大工程、百个小微项目。改造提升龙胜村、三桥村等党建阵地，龙胜村作为全县一把手例会和省政协主席到德考察的点位之一。实施“提振精气神、决胜全年红”干部队伍赛马比拼行动，建立星级科室等考评督促机制。

【项目双进】 2021年，围绕高新区产业平台北拓，12天实现郭肇村区块245户征迁百分百签约，完成阜溪卫生院、公路应急中心和中国航天806研究所等项目政策处理工作。

人才引进 成立城北高新园社会综合服务中心，申报完成国家级引才计划人才8名，省级引才计划人才8名，青年博士3名，认定首保大学生就业226名，申报南太湖精英计划特支项目1个，认定发明专利质押4个。

【乡村振兴示范带建设】 2021年，阜溪街道坚持“以点连线、以线促面”，以郭肇、龙山、龙胜乡村振兴示范带为核心，完成龙山老村委整体改造、阜溪滨河公园建设和龙胜商业街全面提升工作。探索创新农村保洁队伍“组队竞聘、服务内包”新模式，推动安置小区红色物业覆盖，获评三季度担当破难典型案例。

【文明城市建设】 2021年，阜溪街道开展文明典范城市“补短板抓提升”五大行动，实行四级网格联动，以每周推行“啄木鸟”行动实施集中攻坚，累计整治点位3623个，梳理整改重难点问题37个。开展大气污染提标行动，全年关停整治“低散乱”企业15家，“蓝天保卫战”成效显著。

【商铺自治会和心理健康服务】 2021年，阜溪街道入选并实施“心晴花开”青少年心理健康服务、“物资+服务+精神”救助助力共富不落伍2个微改革项目。《浙江日报》专程到街道采访报道沿街商铺自治会和心理健康服务2个微改革项目。申报省级乡村振兴集成创新示范项目。省级农村集体经济数字管理系统在街道试点，村(社)银企直联全部上线开通。

2021年11月25日，全国首个农业科技创新中心——水木数字农业科技创新中心正式揭牌 (阜溪街道 供图)

【党建示范带幸福街道打造】 2021年，阜溪街道打造城市社区党建示范带和民族特色共同富裕幸福街道，推动实施狮山、兴山、阜溪成校组团式提升。农村文化礼堂建设以湖州市第一名成绩成为省级示范。依托微改革，实施民生服务“四送”活动，发放低保救助金、护理补贴等各类救助金192万余元，构建多层次社会保障体系。

【社会治理品牌建设】 2021年，阜溪街道深化全省唯一的“双枫桥”社会治理品牌建设，创设全县首个企业综合治理工作站——泰普森综治工作站。完成“枫桥式”综合执法中队改造提升，打造“三枫桥”治理品牌街道。开展“平安护航建党百年”专项整治，检查单位1892家次，督导问题898个。全年调处各类矛盾纠纷512起，“110”联动警情出勤78起，比上年下降48%，辖区内未发生重大公共安全问题。

(贾群达)

下渚湖街道

【概况】 下渚湖街道位于德清县中南部，东接杭州市余杭区仁和街道，南邻杭州市余杭区良渚街道，西连舞阳街道，北靠康乾街道。区域面积63.35平方千米，辖13个行政村、1个居委会。2021年，常住人口2.62万人，户籍人口2.2万人。实现财政总收入2.45亿元，比上年增长25.02%；规模以上工业总产值24.05亿元，比上年增长20.25%；限上服务业企业营业收入4.28亿元，比上年增长56.64%；外贸出口2.06亿元，比上年增长46%；居民人均可支配收入约4.3万元。下渚湖街道获评全国美丽河湖典型案例，创成省级生态文明教育基地，入选省美丽城镇建设样板创建名单、省级首批低(零)碳乡镇(街道)试点创建单位。

【绿色低碳】 2021年，下渚湖街道和睦村入选全省首批低(零)碳村(社区)试点创建单位名单。全省首个河湖健康报告——下渚湖健康评价报告通过评审验收。常态化长效化推进人居环境整治提升、垃圾分类、五水共治、三改一拆、大气污染防治等中心工作，累计整治提升企业63家次，取缔"散乱污"企业和作坊113家；推进"水漾精灵"新时代美丽乡村示范带建设、下渚湖国家5A景区创建和省级美丽城镇创建验收工作，形成"以路串景，全域美化"的特色优势。

【湖城一体】 2021年，保障环鸭啄山通景道路、湖杭铁路等重大基础设施按期推进，提速推进山湖入城、景城相融"湖城一体化"发展进程；重点推进杭德市域铁路下渚湖段工程建设，在部署上重点安排、力量上重点倾斜、攻坚上重点突破，践行一线工作法，专班化推进，机制化协商，涉及杭德市域铁路征迁农户30户、企业6家全部签约完成，交付施工。

【产业发展】 2021年，以项目建设增强内生动力，推动经济转型升级。天际森谷山野度假区国庆期间正式营业以来，吸引游客10万人，旅游形势喜人；浙江智博电力"产学研用"一体化项目开工建设，建成后将实现营收1亿元以上、利税1300万元以上。围绕"企业服务加速季"开展"三进三服务"活动，通过企业升规、盘活收储等方式企业潜能，累计完成高新技术企业创建2家、省级科技型中小企业7家；实施引才计划形成人才集聚效应，累计完成大学生引进267人，申报国家级引才项目5个。

【乡村数字治理新模式】 2021年，围绕数字治理、数字惠民，探索乡村数字治理新模式，通过"生态绿币"融入社会多元化治理微改革，完善"生态绿币系统"，对接垃圾分类、五水共治等数据接口，纳入"数字乡村一张图"管理，居民累计兑换238万枚。以美化全域环境，改善全域面貌为宗旨，推进全域弱电整改工作，以政府最小投入、社会群众最大参与改善城乡面貌，构建以"微改革"为品牌的民生获得感提升机制。启动未来乡村建设，选择二都、上杨等精品村和精致小村进行提升，打造更多智能化生活场景。

【文化事业】 2021年，加强公共文化阵地建设，和睦村文化礼堂主体建设完成，进场装修；塘泾村文化礼堂被列入县"微改造、精提升"文化示范点；下杨村茶礼文化馆创建成为县特色馆。

2021年9月18日，德清下渚湖防风文化旅游节暨"天际森谷"强村项目启动仪式在上杨村天际森谷景区举行 (下渚湖街道 供图)

开展群众文化活动，全年开展村级文化礼堂活动300余场，结合传统节日开展欢喜过元宵、清明龙舟会、立夏游园会等活动；围绕党史学习教育和“迎建党百年·享美好生活”主题，开展“革命歌曲大赛”等系列群众文化活动；“烘豆茶”申报参与评选省第三批优秀非遗旅游商品，防风氏祭典传承人冯彩根申报评选省第六批非遗传承人；开展趣味运动会、广场舞大赛、职工趣味飞镖赛等体育赛事，助力亚运盛会；启用下渚湖百姓健身房二都村站点，开展下渚湖街道省级现代化体育示范县创建培训。

【惠民实事】 2021年，以“健康、互助、幸福”为核心理念，新增总投资60万元朱家村村级幸福邻里中心1个。对14个村(居)用于生产经营的300户农民自建房和集体土地公共房屋进行隐患排查、房屋安全鉴定，对排查出的3户农村困难群众危旧房进行修缮。投入100万元完成八字桥集镇市政道路改造提升工程，在八字桥农贸市场增设电动车停车棚3座、充电桩10组，解决居民生活出行难题。产业助推乡村振兴，推进总面积2.67万平方米，总投入350万元的数字生态渔仓项目。推进塘泾、和睦、塘家琪3个村的文化礼堂建设。做好新冠肺炎疫苗接种、美丽村卫生室建设、电子医保卡及“南太湖”健康保推行工作。全街道累计投保1.18万人，投保率70.1%，超额完成目标。

【社会治理】 2021年，深化“平安下渚湖”建设，针对生产、消防、交通、食药品及社会公共安全5个方面风险隐患组织开展“大排查大整治”行动，累计查处企业45家次，整改隐患89处。做好全国“两会”、中国共产党成立100周年等重要时期安全稳定工作，建立健全“五个一”矛盾纠纷化解长效机制，信访、热线、网上投诉案件办理完成率100%。创新打造“法治夜校”新阵地，以“周四夜学”为契机，提升基层综治干部治理能力。

（徐建勇）

康乾街道

【概况】 康乾街道位于德清县中部，东接乾元镇，南邻下渚湖街道，西连阜溪街道，北靠乾元镇。区域面积27.77平方千米，下辖1个社区、5个行政村。2021年，常住人口3.2万人，户籍人口1.2万人。居民可支配收入6.9万元，比上年增长11.2%。街道拥有浙江工业大学莫干山校区、浙江工业大学附属德清高级中学、德清舞阳学校秋山校区、德清县秋山中学、浙江工业大学附属秋山幼儿园等优质教育资源。街道获评浙江省高标准生活垃圾分类示范区，德清县疫情防控、文明城市建设、改革突破先进集体等荣誉称号。

【经济发展】 2021年，康乾街道全年签约落地项目52个，完成投资额15.2亿元，投资指标完成率214%。完成浙江大学医学院附属儿童医院莫干山院区政策处理，215亩土地净地交付开工。湖杭高铁、杭德市域铁路、创新创业产业园、天安云谷等项目推进。

【改革创新】 2021年，浙工大莫干山研究院建设取得实质性进展，展厅设计、一楼实验室框架装修完成，星星乡庄园获得市级众创空间认定。

人才引进　落实人才新政4.0版，累计招引大学生256名、博士11名、高技能人才66名。

数字化改革　推进数字化改革，建设完成康乾一体化数字驾驶舱，落地未来治理等8大场景、73项具体业务功能，初步形成“事件受理—研判处置—反馈评价”的工作闭环。

【城乡环境建设】 2021年，建成莫舞路南延、德升街、余英街、秋南街、文澜路等11条道路，浙工大附属高中、秋山中学正式启用，千丰社区筹建并实体运作。打通联合村严家墩至下戴家的断头路，完成新琪村病危桥梁维修工程。完成1座污水处理站点、66座污水检查井等设施建设。推进“三改一拆”专项行动，完成1户农村困难户危房改建，拆除违建点112个。打好蓝天碧水净土保卫战，空气质量得到明显提升。

【乡村振兴产业】 2021年，推进壮大村集体经济项目，秋山村、秋北村兆丰欣苑沿街商铺购买项目累计创收120余万元。总投资600万元的新田农庄数字工厂和果蔬基地设施建设等乡村振兴产业发展示范建设项目完成。推进粮食生产工作,完成水稻种植600亩、小麦200亩,非粮化项目整治278亩,粮食功能区139亩腾退任务全部完成。

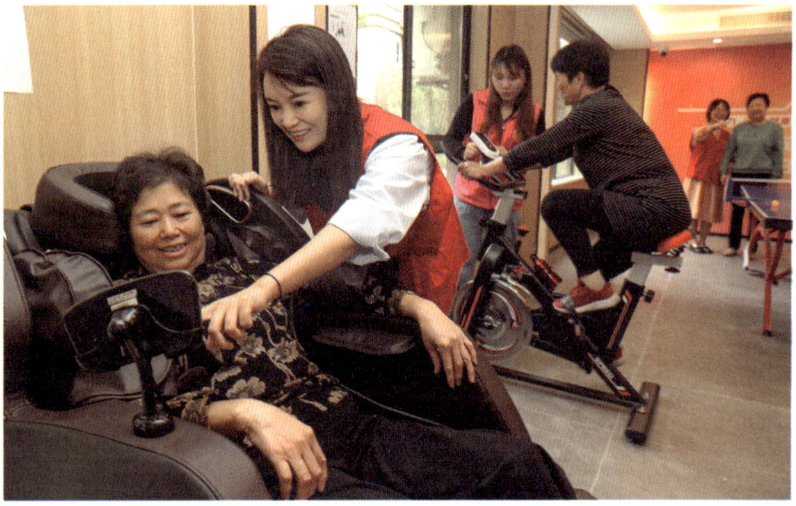

2021年10月8日,康乾街道示范型居家养老服务中心正式启用

(康乾街道 供图)

【社会事业】 2021年,做好社会救助,累计发放救助金51万元,惠及群众56人。投资130万元建成面积750平方米的街道示范型养老服务照料中心。完成秋山村临时农贸市场周边停车场、管理用房等配套设施的改造提升。牵头成立县青少年心理健康"校地医"公益互助联盟,全方位搭建青少年心理健康服务体系。

【平安建设】 2021年,抓好新冠肺炎疫情防控,3岁以上疫苗接种任务完成率107.7%。在五村一社区以及浙工大莫干山校区举行新冠肺炎大规模人群核酸筛查应急演练,提升应对大规模人群筛查协同处置能力。建设提升秋山村、秋北村、新琪村及千丰社区等4个社会矛盾纠纷调处化解中心工作站,矛盾纠纷化解率98.5%,累计处理办结各类事件2902起,排查各类矛盾纠纷593起,全年未发生赴京上访事件。

【中国共产党成立100周年活动】 2021年,围绕中国共产党成立100周年主线,开展"党建七个一"献礼"七一建党百年"活动,向光荣在党50年的党员颁发奖章。抓好党史学习,组织学习《论中国共产党历史》《中国共产党简史》等党中央指定的4本学习教材,通过周一固定学习日、党史培训等方式,观看《建党伟业》《旗帜》《觉醒年代》等影视纪录片,重温中国共产党从成立以来100年的成长历程,帮助机关干部忆苦思甜,激发干部担当作为干事积极性。

(阮晓沁)

党史学习教育

【概况】 2021年，在庆祝中国共产党百年华诞的重大时刻，在“两个一百年”奋斗目标历史交汇的关键节点，党中央决定在全党集中开展党史学习教育，宣示了新时代共产党人不忘初心、牢记使命的坚定决心。年初，中共中央印发《关于在全党开展党史学习教育的通知》，要求在全党开展党史学习教育。德清县落实中央和省、市委关于党史学习教育的工作部署，以更高站位抓推进、更严标准抓指导、更实举措抓结合，做实规定动作、做精特色亮点，推动德清党史学习教育走深走实走出成效。

2021年，德清县累计开展党史专题学习1084场、宣讲1856场，被中央录用信息1篇、省级录用信息5篇，在市对县重大专项考核中位列第一，在全省党史学习教育座谈会作交流发言。“共同富裕”“数字化治理”等为民办实事做法获省委书记袁家军批示3次，省委常委、宣传部部长朱国贤批示2次，党史学习教育工作获中央党史学习教育调研组充分肯定。

【全面动员部署】 2021年，德清县立足早思考、早谋划、早部署，起草工作方案，健全组织体系，完善工作制度，推动德清县党史学习教育工作开好局起好步。德清县第一时间集结成员，成立由县委书记任组长的党史学习教育领导小组，抽调20余名精干力量，设立“一办五组”架构，实行集中办公，全面统筹协调党史学习教育工作。领导小组每半月专题研究党史学习教育，累计开展例会26次。

3月16日，在全市党史学习教育动员部署会后，德清县当天立即组织召开全县党史学习教育动员部署会。结合县域实际，谋划特色动作，制定《县党史学习教育方案》《学习贯彻党的十九届六中全会精神工作方案》。研究下发《2021年度县党史教育工作考核办法》，将全年主要工作细化为10大块，27项具体举措。

4月12日，组织召开全县党史学习教育工作推进会。会后，高新区、各镇（街道）、县级机关各部门迅速行动，在3月底前完成所有单位党史学习教育方案部署。

11月25日，组织召开学习贯彻党的十九届六中全会精神“六讲六做”大宣讲活动动员会。

全面推行“清单式”督学，累计下发学习任务“周清单”32次。根据《县党史学习教育巡回指导组工作实施方案》要求，开

2021年3月16日，德清县召开全县党史学习教育动员部署会

（县委宣传部 供图）

展实地巡回4轮次，累计巡查单位300余次。各项组织活动安排流程化、时序可视化。

【学习形式多样】 2021年，德清县把抓好党员干部的学习作为首要任务，创新载体形式，打牢思想基础。县委常委先行一步作表率，通读必读书目，研读《中国共产党简史》等四本规定学习书目和《习近平在浙江》《习近平新时代中国特色社会主义思想在浙江的萌发与实践》《习近平科学的思维方法在浙江的探索与实践》等系列学习材料；组织开展专题集中学习会15次、研讨会6次，县委中心组成员累计发言75人次。结合“七一重要讲话精神”“中共十九届六中全会精神”开展读书会，形成“心得体会”汇编。邀请专家指导教学，紧扣“八八战略”“数字化”等核心命题，邀请省记协副主席周咏南作《习近平在浙江——忠实践行“八八战略” 奋力打造“重要窗口”》主题报告，邀请省大数据发展管理局副局长蒋汝忠作《数字化改革与一体化智能化平台》主题报告，邀请省、市领导开展党史宣讲教学，提升专业宣讲能力。

组织全县各级党组织开展“每周一练、每月一考、每季一晒”答题活动，累计参与7.5万人次，掀起党史学习教育新热潮。依托镇(街)精品党建示范带，借助展板、宣传标牌展示党史知识，打造“流动党史馆”。莫干山镇庙前村将村里的香水岭游步道打造成党史学习长廊；乾元镇成立德清县首个党史学习教育基地；阜溪街道改造修缮龙山烈士陵园；新修百米党史小道、新建思源亭，为党史学习教育提供阵地保障；遴选公布18个党史学习教育基地，打造2条精品红色旅游线路，活用红色资源助推全域旅游。

在报纸、电视、广播、新媒体开设《奋斗百年路 启航新征程》，下设《3万+党员的初心》《伟大历程·德清记忆》等子栏目，其他设《和主播一起学党史》《〈习近平在浙江〉采访实录在德清持续引发热议》等专栏，结合图文、短视频学习党史知识。全年累计在各平台刊播各类新闻作品2500余件，省级及以上外宣报道216篇，新媒体累计阅读量超430万人次。

结合德清县创建全国文明城市“党史学习教育进万家”新时代文明实践志愿服务，将“微心愿”认领推广至村(社)，累计收集“微心愿”829个，认领并完成803个。在“七一”前后举行“德清县庆祝中国共产党成立100周年图片展开展暨集中宣誓仪式”；拍摄制作德清革命英雄人物纪录片《余英溪畔别样红》；举办“德清县庆祝建党100周年大合唱比赛”“建党100周年主题灯光秀”；中宣部中国共产党成立100周年重点献礼剧目《大国飞天》在作为出品方之一的德清完成取景拍摄。

【宣讲活动丰富】 2021年，德清县开展一系列主题鲜明、形式多样的活动。广大党员、干部受到一次全面深刻的政治教育、思想淬炼、精神洗礼，在学史明理、学史增信、学史崇德、学史力行上取得显著成效，为德清打造“改革创新高地品质生活新城”凝聚起强大合力。

按照对象化、分众化、互动化要求开展宣传，坚持以上率下，做好示范带动。县委书记敖煜新带头开展宣讲，浙江新闻客户端县委书记讲党史栏目刊播《以学史悟思擦亮初心本色 全力争当为民办事排头兵》《六讲六做：共富路上，村社书记要勇担当》两则宣讲视频，《浙江日报》同步刊发宣讲稿，点击量超过60万人次。由县领导领衔，整合各级各类宣讲资源，形成“县领导+镇(街道)领导+县直单位负责人+基层干部+青年宣讲员+媒体记者”的“大宣讲团”。县处级领导干部分赴相关基层联系点，以调研会、座谈会或报告会等形式开展党史专题宣讲，累计开展宣讲100余场。

基层党组织及时响应，线下推进“六个一百”宣讲活动。组织百名基层干部结合“我为群众办实事”专题实践活动开展宣讲200余次；组织“乡音党课”“德清嫂”“三民三微”等100个基层特色团队开展走亲宣讲活动300余场。遴选100名左右典型人物进企业、进农村、进机关、进校园、进社区、进网站宣讲600余次。组织100名记者结合回访习近平总书记当年在德清的考察点，与不同层面对象访谈互动200余场。组织100名优秀“80

2021年3月24日，德清县"有德青年"党史专题宣讲团举行出征仪式

（县委宣传部 供图）

后""90后""00后"青年宣讲员，在基层一线开展宣讲活动800余场。依托新时代文明实践中心、农村文化礼堂等100个文化阵地，推动党史学习走进千家万户。

开设"有德说"线上宣讲平台，通过"干部说""青年说""模范说""记者说"短视频学习贯彻中国共产党的十九届六中全会精神，全年累计拍摄短视频28个，获省级及以上媒体刊登14篇。以青少年红色研学夏令营为契机，策划"毕业加一课"之青少年党史宣讲专题比赛，通过开展"5+X"系列活动，选拔一批优秀的青少年宣讲选手赴社区、企业、学校开展宣讲，掀起"00后"宣讲热潮，使党史学习教育的受众从党员群众辐射到小学生，增强党史学习教育的覆盖面和影响力，培养德清县青少年爱党爱国爱家乡的良好品质。

组织青年理论宣讲大赛暨微型党课大赛，在全县遴选优秀青年宣讲员，分层分类组建"有德青年"和"有德少年"宣讲团，落实宣讲名师传帮带制度，紧密结合德清地方党史和思想教育资源，深入田间地头、工厂车间、课堂讲堂开展特色宣讲活动。

【实事办到群众心坎上专题实践活动】 2021年，德清县在党史学习教育中，德清聚焦"微改革"，把实事办到群众心坎上。通过"德清发布""爱德清"公众号，"我德清"小程序等线上平台，面向全社会征集"微改革"建议500余条，围绕交通出行、医疗卫生、教育文化、养老服务等领域确定"农企振兴贷"服务农业企业等"微改革"项目35个，德清市民免费通行境内高速累计为群众减免通行费635.7万元；新建和提升街道级示范型居家养老服务中心4家，完成180户特殊困难老年人家庭适老化改造，项目增强群众获得感和幸福感。

"强村志"助推基层减负增效　德清实施"强村志"，助推基层减负增效。全县169个村（社）实现"强村局长"全覆盖，组织带动万名党员、新乡贤等参与人居环境再提升、村集体经济再造血、文化生活再丰富，特别是在疫情防控、抗台防台、共同富裕中发挥中流砥柱作用。建立"强村论坛"比看机制，群众出题、村社答题，每季度择优筛选8～10个村社晾晒工作成绩单，在互比互学中推进村社工作，全年收到群众点评713条。整合各村社资源优势，采取抱团合作、村企联建等方式，共建强村公司，开展集体经济联建项目，年内，28个重点村的60个"强村产业"项目落地率64%。

"学史力行"为企业发展破解难题　践行"学史力行"，德清当好"跑小二"，为企业发展破解难题。打造助力企业"三进三服务"2.0版。县四套班子领导常态化开展"请进+走进+推进"活动，每月请进恳谈会、走进联系企业、推进重点项目，对企业进行"点对点"精准帮扶，解决税费减免、上市股改、引人留人等129个难点堵点问题。深化"专家+专班+专员"三服务模式，发挥专家智力优势，搭建与高校院所"产学研"合作平台，攻关核心技术难题，促成产学研项目71个，解决"卡脖子"问题166个，增加利润超2亿元。"党员+专员+网格员"发挥属地优势，508名党员干部常态化密集式开展驻企服务，累计帮扶企业8190家次，解决问题3638个。

（钱陶兰）

附　录

重要文件选编

县　委
重要文件目录

1.《中共德清县委关于进一步深化“双创双全”组织力提升工程以高水平基层党建统领推动高质量发展的实施意见》（德委发〔2021〕4号）

2.《打造数字化美丽山水田园城高水平建设新时代美丽德清规划纲要（2020—2035年）》的通知（德委发〔2021〕15号）

3.《德清高质量发展建设共同富裕示范区先行样板地实施方案（2021—2025年）》的通知（德委发〔2021〕16号）

4. 中共德清县委　德清县人民政府关于率先打造精神富有县域样板的实施意见（德委发〔2021〕17号）

5. 中共德清县委　德清县人民政府关于印发《德清县青年发展“十四五”规划》的通知（德委发〔2021〕25号）

县委办
重要文件目录

1.《中共德清县委办公室　德清县人民政府办公室关于建设“双一流”全国文明城市的实施意见》（德委办〔2021〕2号）

2.《关于深入开展“聚力三进三服务五个先行开新局”行动实施方案》的通知（德委办〔2021〕4号）

3. 中共德清县委办公室　德清县人民政府办公室印发《关于进一步减轻中小学教师负担营造教育教学良好环境的实施意见的通知》（德委办〔2021〕22号）

4.《德清县农村宅基地制度改革试点实施方案》的通知（德委办〔2021〕25号）

5.《德清县推进旅游业“微改造、精提升”专项行动工作方案（2021—2025年）》的通知（德委办〔2021〕27号）

6.《德清县新时代美丽乡村建设五年行动计划（2021—2025年）》（德委办〔2021〕34号）

7.《中共德清县委办公室　德清县人民政府办公室关于高质量实施全域综合整治助推共同富裕示范区先行样板地建设的实施意见》（德委办〔2021〕40号）

8. 中共德清县委办公室关于加强对“一把手”和领导班子监督“五张责任清单”的通知（德委办〔2021〕41号）

9. 中共德清县委办公室　德清县人民政府办公室印发《关于开展全县文物安全工作全面提升三年行动的实施方案》的通知（德委办〔2021〕46号）

（县委办）

县政府
重要文件目录

1.《德清县人民政府关于印发德清县国民经济和社会发展第十四个五年规划和二〇三五年远景目标纲要的通知》（德政发〔2021〕9号）

2.《德清县人民政府关于印发德清县新一轮制造业“腾笼换鸟、凤凰涅槃”攻坚行动实施方案（2021—2023年）的通知》（德政发〔2021〕38号）

3.《德清县人民政府关于印发进一步深化完善生态保护补偿机制实施意见（试行）的通知》（德政发〔2021〕34号）

县政府办
重要文件目录

1.《德清县人民政府办公室关于印发德清县大花园示范县建设三年行动计划的通知》（德政办发〔2021〕23号）

2.《德清县人民政府办公室关于推行耕地保护“田长制”

实施意见(试行)的通知》(德政办发〔2021〕30号)

3.《德清县人民政府办公室关于印发德清县闲置农房与闲置宅基地盘活利用实施方案的通知》(德政办发〔2021〕42号)

4.《德清县人民政府办公室关于进一步强化和规范镇(街道)财政管理的实施意见》(德政办发〔2021〕57号)

5.《德清县人民政府办公室关于印发德清县小微企业三年成长计划(2021—2023年)的通知》(德政办发〔2021〕72号)

(县政府办)

先进集体先进个人名单

2021年度德清县先进集体名单

表14

单位	荣誉
中电科技德清华莹电子有限公司	2018—2020年度模范集体
浙江伟博包装印刷品有限公司	2018—2020年度模范集体
德清华宝玻璃有限公司机修车间	2018—2020年度模范集体
浙江新市油脂股份有限公司	2018—2020年度模范集体
浙江拜克生物科技有限公司	2018—2020年度模范集体
德清县洛舍镇社会事务管理办公室	2018—2020年度模范集体
德清县雷甸镇塘北村村民委员会	2018—2020年度模范集体
德清县禹越镇钱塘村村民委员会	2018—2020年度模范集体
新安镇社会治理办公室	2018—2020年度模范集体
德清县莫干山镇南路村村民委员会	2018—2020年度模范集体
德清县武康街道社区卫生服务中心	2018—2020年度模范集体
德清县舞阳街道城山村村民委员会	2018—2020年度模范集体
德清县阜溪街道成人文化技术学校	2018—2020年度模范集体
德清县下渚湖街道社区卫生服务中心	2018—2020年度模范集体
德清县逸夫小学	2018—2020年度模范集体
德清县交通运输局	2018—2020年度模范集体
德清县人民医院	2018—2020年度模范集体
德清县环境卫生管理处	2018—2020年度模范集体
国网浙江德清县供电有限公司输变电运检中心(不停电作业中心)	2018—2020年度模范集体
德清县委政法委基层治理指导室	2018—2020年度模范集体
浙江佐力药业股份有限公司原料药车间发酵工序班	德清县工人先锋号
安泰(德清)时装有限公司桃花庄汉服生产线	德清县工人先锋号
莫霞家居有限公司研发部	德清县工人先锋号
浙江克鲁森纺织科技有限公司工程部	德清县工人先锋号
德清县乾元镇人民政府便民服务中心	德清县工人先锋号
德清尚邑塑料制品有限公司一号制袋班组	德清县工人先锋号
浙江中天建筑产业化有限公司喻明通班组	德清县工人先锋号

续表14

单 位	荣 誉
德清南方水泥有限公司包装班组	德清县工人先锋号
浙江威原天盛作物科技有限公司设备科机电班	德清县工人先锋号
浙江兆龙互连科技股份有限公司研发创新班	德清县工人先锋号
德清凯瑞高温材料股份有限公司机修组	德清县工人先锋号
德清县延炜耐火材料厂岩棉车间	德清县工人先锋号
浙江谋皮环保科技有限公司机械设计一室	德清县工人先锋号
浙江九钢金属制品有限公司轧钢甲班	德清县工人先锋号
欧诗漫生物股份有限公司消毒车间	德清县工人先锋号
浙江南元泵业有限公司模具部	德清县工人先锋号
浙江汇隆新材料股份有限公司设备动力科	德清县工人先锋号
浙江辰鸿纺织品科技股份有限公司生产线A班	德清县工人先锋号
德清县新城照明器材有限公司技术研发组	德清县工人先锋号
德清莫干山醉清风度假酒店有限公司前台接待	德清县工人先锋号
浙江义远生态农业有限公司供应链中心	德清县工人先锋号
德清县武康街道成人文化技术学校心理健康教育教研组	德清县工人先锋号
浙江龙一毛纺科技有限公司纺纱车间	德清县工人先锋号
德清县社会矛盾纠纷调处化解中心阜溪街道分中心社治办	德清县工人先锋号
浙江锦欣节能科技有限公司生产部	德清县工人先锋号
德清一洲制冷科技有限公司质技科	德清县工人先锋号
德清县钟管镇中心学校初三年级组	德清县工人先锋号
浙江德清农村商业银行股份有限公司雷甸支行	德清县工人先锋号
德清文旅物业管理有限公司地信小镇西片区	德清县工人先锋号
德清县恒丰污水处理有限公司生产运行科	德清县工人先锋号
德清南方水泥有限公司包装班组	湖州市工人先锋号
浙江中特智能装备股份有限公司职工科技创新研究小组	湖州市工人先锋号
德清县大数据发展管理局	湖州市五一劳动奖状
英格瓷(浙江)锆业有限公司	浙江省安康杯优胜企业
德清郡安里旅游开发有限公司	省级职工书屋

2021年度德清县先进个人

表15

姓 名	单 位	荣 誉
吴 勉	浙江明贺钢管有限公司	2018—2020年度德清县劳动模范
王小奇	浙江泰普森实业集团有限公司	2018—2020年度德清县劳动模范
徐晓瑛	浙江松华新材股份有限公司	2018—2020年度德清县劳动模范
朱启蒙	浙江瀚镪自动化设备股份有限公司	2018—2020年度德清县劳动模范
沈文芝	浙江久运汽车零部件有限公司总经理	2018—2020年度德清县劳动模范

续表15

姓 名	单 位	荣 誉
廖 明	浙江中测新图地理信息技术有限公司	2018—2020年度德清县劳动模范
沈兴龙	德清县联盟石料有限公司	2018—2020年度德清县劳动模范
钟建琴	德清诺贝尔陶瓷有限公司	2018—2020年度德清县劳动模范
陈国根	德清乾元星品元果园	2018—2020年度德清县劳动模范
沈国琴	新市镇镇总工会	2018—2020年度德清县劳动模范
宋旭强	浙江五龙新材股份有限公司	2018—2020年度德清县劳动模范
徐新和	德清南方水泥有限公司	2018—2020年度德清县劳动模范
嵇丽亚	英格瓷(浙江)锆业有限公司	2018—2020年度德清县劳动模范
沈国庆	浙江依蕾毛纺织有限公司	2018—2020年度德清县劳动模范
李 波	浙江中特智能装备股份有限公司	2018—2020年度德清县劳动模范
吴建良	德清县乾升生态农业有限公司	2018—2020年度德清县劳动模范
潘智平	湖州剑力金属制品有限公司	2018—2020年度德清县劳动模范
程树伟	德华集团控股股份有限公司	2018—2020年度德清县劳动模范
陆新龙	德清县洛舍镇张陆湾村	2018—2020年度德清县劳动模范
蔡荣辉	浙江南元泵业有限公司	2018—2020年度德清县劳动模范
许 仲	浙江鼎力机械股份有限公司	2018—2020年度德清县劳动模范
陆根忠	德清县雷甸镇锋阳家庭农场	2018—2020年度德清县劳动模范
徐连荣	德清康润生态农业开发有限公司	2018—2020年度德清县劳动模范
童镇青	浙江美宝工业科技股份有限公司	2018—2020年度德清县劳动模范
沈煜潮	德清星晴家庭农场有限责任公司	2018—2020年度德清县劳动模范
林 萍	浙江郡安里文旅发展有限公司	2018—2020年度德清县劳动模范
卓慧青	浙江久祺运动发展有限公司	2018—2020年度德清县劳动模范
黄立忠	德清县莫干山镇勤劳村	2018—2020年度德清县劳动模范
李 宏	武康街道永兴社区	2018—2020年度德清县劳动模范
管李红	德清县凯乐涂装设备厂	2018—2020年度德清县劳动模范
姚军华	浙江朝华生态农业有限公司	2018—2020年度德清县劳动模范
谢菲菲	浙江银杏物业管理有限公司德清分公司	2018—2020年度德清县劳动模范
叶伟丰	德清武康小叶子食用菌场	2018—2020年度德清县劳动模范
陈伟强	德清县下渚湖街道下杨村	2018—2020年度德清县劳动模范
徐伟强	德清县三合乡九龙果园	2018—2020年度德清县劳动模范
贾宝春	浙江德清乾溪渔业专业合作社	2018—2020年度德清县劳动模范
俞林初	德清县康乾街道金鹅山村	2018—2020年度德清县劳动模范
屠文杰	德清县教育研训中心	2018—2020年度德清县劳动模范
施国扣	浙江省德清县职业中等专业学校	2018—2020年度德清县劳动模范
蔡丽芬	德清县莫干山镇中心学校	2018—2020年度德清县劳动模范
姚 佳	浙江德清湖商村镇银行股份有限公司	2018—2020年度德清县劳动模范
王毅超	国网浙江德清县供电有限公司	2018—2020年度德清县劳动模范
张旭波	德清县恒丰污水处理有限公司	2018—2020年度德清县劳动模范

续表15

姓 名	单 位	荣 誉
朱 赢	德清县道路运输管理局	2018—2020年度德清县劳动模范
范建山	德清县粮食收储有限公司	2018—2020年度德清县劳动模范
张恒超	德清县新市健康保健集团	2018—2020年度德清县劳动模范
董晓莲	德清县疾病预防控制中心	2018—2020年度德清县劳动模范
徐 欢	德清县中医院	2018—2020年度德清县劳动模范
顾月青	德清县阜溪街道社区卫生服务中心	2018—2020年度德清县劳动模范
沈水丽	德清县水利工程管理所	2018—2020年度德清县劳动模范
章忠红	德清县综合行政执法局	2018—2020年度德清县劳动模范
杨伟勇	德清县综合行政执法局	2018—2020年度德清县劳动模范
朱建红	德清县新闻中心(德清县广播电视台)	2018—2020年度德清县劳动模范
胡炳华	德清县公安局武康派出所	2018—2020年度德清县劳动模范
邝时彪	德清县公安局	2018—2020年度德清县劳动模范
陈晓青	德清县人民检察院	2018—2020年度德清县劳动模范
王以新	浙江五味和食品有限公司	德清工匠
王 平	浙江久运汽车零部件有限公司	德清工匠
王晓玲	浙江正元地理信息有限责任公司	德清工匠
王颖斌	浙江省德清县职业中等专业学校	德清工匠
历 扬	浙江泰达微电机有限公司	德清工匠
刘钟节	浙江福斯达气体设备有限公司	德清工匠
肖志彬	德清申达机器制造有限公司	德清工匠
汪会英	浙江依蕾毛纺织有限公司	德清工匠
宋满华	浙江云峰莫干山装饰建材有限公司	德清工匠
张旭波	浙江美生橱柜有限公司	德清工匠
张 杰	国网浙江省电力有限公司德清县供电公司	德清工匠
张 诚	湖州市技师学院	德清工匠
张新龙	浙江立泰复合材料股份有限公司	德清工匠
陈国勇	湖州市技师学院	德清工匠
信文娟	浙江佐力药业股份有限公司	德清工匠
侯智伟	浙江高领新能源科技有限公司	德清工匠
姚伯如	德清欣业装饰材料有限公司	德清工匠
姚建秋	湖州市技师学院	德清工匠
钱国平	浙江泰普森实业集团部门	德清工匠
唐书震	浙江汇隆新材料股份有限公司	德清工匠
陈鸿叔	德清县职业中等专业学校	湖州工匠
沈勤峰	浙江省德清县职业中等专业学校	湖州工匠
于 辛	浙江天马轴承集团有限公司	湖州工匠
宋文伟	德清县中能热电有限公司	湖州工匠
张 超	德清武康街道青禾装修服务部	湖州工匠

续表15

姓名	单位	荣誉
步鸿彬	德清申达机器制造有限公司	湖州工匠
胡业云	浙江润禾有机硅新材料有限公司	湖州工匠
夏忠良	浙江腾云制冷科技有限公司	湖州工匠
康青霞	德清县莫干山镇石颐茶场	湖州工匠
高千永	浙江正元地理信息有限责任公司	浙江工匠
黄建勇	浙江汇隆新材料股份有限公司	浙江工匠
蔡建国	德清尚邑塑料制品有限公司	浙江工匠
张小军	浙江新华机械制造有限公司	浙江工匠
冯　纬	浙江五味和食品有限公司	浙江工匠
王毅超	国网浙江德清县供电有限公司	浙江工匠
张锴梁	湖州技师学院	浙江工匠
何施哲	浙江兆龙互联科技股份有限公司	浙江金蓝领
周德美	浙江兆龙互联科技股份有限公司	浙江金蓝领
石秋晨	德清县人民医院	浙江金蓝领
刘　明	浙江明贺钢管有限公司	德清县职工创客
孙亮亮	航天南洋(浙江)科技有限公司	德清县职工创客
陈黎成	湖州天丰电源有限公司	德清县职工创客
沈永泉	浙江拜克生物科技有限公司	德清县职工创客
鲁华仙	浙江南元泵业有限公司	德清县职工创客
陈云华	浙江南元泵业有限公司	德清县职工创客
肖　阳	浙江华美电器制造有限公司	德清县职工创客
阮红连	浙江汇隆新材料股份有限公司	德清县职工创客
冯云海	浙江科佳机械有限公司	德清县职工创客
毛晨安	德清县莫干山镇星颐陶艺工作室	德清县职工创客
刘钟节	浙江福斯达气体设备有限公司	湖州市职工创客
易　天	德清县新城照明器材有限公司	湖州市职工创客
潘巨明	浙江高领新能源科技有限公司	湖州市职工创客
俞忠建	浙江德清升华临杭物流有限公司	湖州市职工创客

（县总工会）

索 引

说 明

一、本索引采用主题分析法编制。
二、索引按主题词首字拼音字母顺序和音序排列，按标引词首字的汉语拼音音序排列，首字相同按第二字音序排列，以此类推。
三、标引词后的阿拉伯数字表示内容所在的页码。
四、正文索引仅限于具体条目、类目、分目及条目中的“综述”“概况”“概述”“先进名录”不作索引。
五、“特载”“大事记”“附录”内容未做索引。

条目索引

C

D

E

F

G

K

L

M

N

P

Q

R

S

T

W

X

Y

Z

表格索引